走遍全球 GLOBE-TROTTER TRA

柬埔寨和吴

Cambodia & Angk

日本《走遍全球》编辑室 编著

中国旅游出版社

泰国
THAILAND
柬埔寨
泰国湾
Gulf of Thailand
豆蔻山脉
KRAVANH MOUNTAINS
(CARDAMON MOUNTAINS)
DAMREI MOUNTAINS
(ELEPHANT MOUNTAINS)
洞里萨湖
Tonle Sap Lake
呵叻府
Nakhon Ratchasima
武里南府
Buri Ram
素林
Surin
干他拉劝
Kantharalak
国境
柏威夏
Preah Vihear
安隆汶
Anlong Veng
萨阿姆
Sa Aem
三隆
Samraong
班迭奇马
Banteay Chhmar
班迭奇马寺庙遗址群
Banteay Toap
汤姆波克
Thma Pok
蒙村
Moung
斯雷诺伊
Sre Noy
高布斯滨
Kbal Spean
高盖
Koh Ker
女王宫
Banteay Srei
荔枝山
Phnom Kulen
托库周
Toek Chou
格罗兰
Kralanh
亚兰
Aranyaprathet
波贝
Poipet
诗梳风
Sisophon
普雷亚尼特普拉
Preah Netr Preah
传统树林
米色旅馆
地雷博物馆
龙搏山
212米
周穗韦伯寺
Chau Srei Vivol
崩密列
Beng Mealea
Ta Seng
吴哥寺
Angkor Wat
格罗姆寺
Phnom Krom
罗洛士群遗址
Roluos
普列托尔观鸟售票处
暹粒
Siem Reap
巴维勒
Bavel
蒙哥博雷河
Mongkol Borei River
马德望
Battambang
磅克良
Kampong Khleang
磅克提
Kampong Kdei
普拉普特斯桥
Spean Prar tos
斯东
Stoung
拜林
Pailin
Reang Kesei
Moung Roessel
桑克河
Sangker River
罗勇
Rayong
尖竹汶府
Chanthaburi
菩萨市
Pursat
特拉皮安
Trapeang Ve
Kompong Thom
Mt. Tumbot
1551m
菩萨河
Pursat River
Mt. Samkos
1717m
达叻
Trat
磅清扬省
Kompong Chhnang
洞里萨河
Tonle Sap River
Mt. Aoral
1771m
Khum Krang Lvea
阁昌岛
Chang Island
乌栋
Oudong
占纳
Chamnar
达萨
Tasal
合叻
Hat Lek
戈公
Koh Kong
磅士卑
Kampong Spoe
戈公岛
Kong Island
基里隆
Kirirom
基里隆国家公园
斯里克朗
Sre Khlong
达茂山
Phnom Tamau
达茂山寺
Wat Phnom Tamau
野生动物园
Chimeal
Antoat
Sre Ambel
查蓉斯瑞
Cham Srei
昂达松
Angk Tasaom
Peam Kay
Chhuk
菲诺姆塞达
史努克山
田园度假村
韦伦
Veal Renh
波哥国家公园
西哈努克市（磅逊港）
Sihanoukville (Kampong Som)
高龙岛和高龙萨冷岛
p.277C图
西哈努克云壤国家公园
云壤
Phsar Ream
贡布
Kampot
白马
Kep
磅德拉
Kampong Trach
河仙市
Ha Tien
富国岛
Phu Quoc Island
不丹
印度
中华人民共和国
孟加拉国
缅甸
内比都
老挝
越
河内
万象
泰国
南海
孟加拉湾
曼谷
柬埔寨
金边
胡志明市
泰国湾
马来西亚

柬埔寨全图
（文前图①）
柬埔寨
CAMBODIA
老挝
LAOS
越南
VIET NAM
占巴塞
Champassak
孔县
Khong
磅斯罗劳
Kampong Sralau
国境
暹邦
Siempang
塔维恩
Ta Veaeng
维拉差国家公园
云赛
Voen Sai
金井区
Andoung Meas
昆嵩
Kon Tum
波来古
Play Cu
公河
Kong River
桑河
San River
腊塔纳基里（班隆）
Ratanakiri (Bang Lung)
特崩棉则
Thbeng Mean Chey
Miu Prey
Khsach Thmei
博尔科奥
Bor Kheo
塔拉博里瓦
Thalabarivat
上丁
Stoeng Treng
隆发
Lumphat
斯雷博河
Srepok River
Spong
戴耶克山
大圣剑寺
Preah Khan,Kampong Svay
湄公河
Mekong River
普雷克普雷亚河
Prek Preah River
Dong Huoch
Kaoh Mayeul
普雷克普雷亚
Prek Preah
磅德罗贝
Kampong Trabek
三波坡雷古寺庙群
Sambor Prei Kuk
森河
Sen River
Chhbar
邦美蜀市
Buon Ma Thuot
松博
Sambor
三丹
Sandan
普雷克特河
Prek Te River
森莫诺隆（蒙多基里）
Senmonorom(Mondul Kiri)
Mt. Nam Lea
1078m
达旦
Dak Dam
桔井
Kratie
O Rang
Spoe Tbong
Sre Khtum
川龙
Chhlong
斯努
Snoul
男山和女山
Phnom Pros & Phnom Srei
斯昆
Skuon
磅湛
Kampong Cham
大叻市
Da Lat
Suong
Khcheay
斯雷桑特
普利安哥
Prey Nokor
金边
Phnom Penh
见槛
Kien Svay
达克茂
Ta Khmau
波萝勉
Prey Veng
西宁
Tay Ninh
洞里巴萨
Tonle Bati
巴南
Banam
塔布茏寺
Wat Ta Prohm
瓦伊佩乌
Wat Yeay Peau
吴哥博雷
Angkor Borei
柴桢
Svay Rieng
巴维
Bavet
白麦
Moc Bai
古芝
Cu Chi
边和
Bien Hoa
潘切
Phan Thiet
胡志明市
Ho Chi Minh
奇德山寺
Phnom Chisor
巴塞河
Bassac River
朱笃市
Chau Doc
新安
Tan An
湄公河（前江）
Mekong River
湄公河（后江）
Mekong River
美荻
My Tho
沙沥市
Sa Dec
龙川
Long Xuyen
永隆
Vinh Long
槟知
Ben Tre
头顿市
Vung Tau
迪石
Rach Gia
芹苴
Can Tho
茶荣
Tra Vinh
N
0
100km
国界
县界
铁路
道路编号
主要道路
普通道路
遗迹
C
D
1
2
3
7
1

湄公河
Mekong River
洞里萨河
Tonle Sap River
塔山寺周边图p.253
中央市场周边
p.254~255
乌那隆寺周边图
p.256
至乌栋方向（约40公里）
至丝绸岛方向（约5公里）、磅湛方向（约120公里）
国道6A线
至金边市警察局（外籍科）、旅游警察方向（约4公里）
本书调查时因施工禁止通行
金边克洛伊断桥
老体育场
艺术大学
消灭枪支纪念碑
法国大使馆
金边日出医院
金边寿司店（2号店）
西索瓦码头
晚上有大排档
金边卡拉酒店
卡尔梅特医院
卡尔梅特餐厅
星玛特（便利店）
巴黎市酒店
斯莱扎克寺
金边
绿墙餐厅
10号湖边G.H.
大观园G.H.
因再开发，正在进行填拓工程
Sisowath Quay
Vithei Sotheavong
Vithei France (47)
Oknha Hing Penn
Vithei Chrouk (86)
Vithei Chivapol (90)
Preah Monivong Blvd.
莫尼旺大道
瑞恩莫尼快线
驿站青年旅馆
湄公快线
洞里萨餐厅
KFC
夕阳巡航乘船处
乘客&旅客候船处（发往暹粒与朱笃方向的游船码头）
双威酒店
塔山寺
正面入口
莱佛士皇家酒店
美国大使馆
中央邮局
吴哥艺术学校
纳塔坎（柬埔寨）有限公司
经济大学
科技大学
科罗尼亚尔别墅
P. Ang Non (102)
P. Mohaksat Treiyan Kossamak (106)
金边夜市
老市场
金边河景酒店
河畔之家西餐厅
金边火车站
舍利塔
加华银行
交通警察
Preah Ang Duong Blvd.(110)
Preah Ang Duong Blvd.
Kramuon Sar St.
Moha Sena Pramouk Kim Il Sung Blvd. (Samdach Penn Nouth & 289)
罗塔里
韩亚航空
金边国际机场方向（约3公里）
入境事务处方向（约3公里）
DHL方向（约500米）
金边皇家医院方向（约3公里）
Russian Confederation Blvd.
Jok di mi Trov
金鹿像
首相府
斯瓦伊·丹库姆寺
柬埔寨商业银行
中央市场
Khemarak Phomin
蓝色南瓜餐厅
干丹市场
Ang Eng
阿玛华亚帕克姆套房酒店
乌那隆寺
金边索卡酒店&住宅
FCC金边餐厅（3&4F）
特拉马特（便利店）
索邦纳布米酒店
舒适之星酒店
A-One酒店
南京大酒店
拉托列伊·桑博G.H.
好日子G.H.
瑞斯莫尼巴士
街边市场
天堂酒店
金边苏利亚客运公司、巴士总站
苏利亚购物中心
G.S.T.高速巴士公司、巴士总站
Dekcho Damdin
诺罗敦大道
萨拉旺寺
普雷帕卡剧场
国家博物馆
P. Ang Makhak Vann (178)
西索瓦码头
鹿港小镇
明和酒店
康玉饭店
中信酒店
查理酒店
帕里斯酒店
萨马基市场
黎璃尔酒店
Kampuchea Krom Blvd. (128)
柬埔寨下大街
国际书店
总统酒店
神户
博雷·利阿克雷G.H.
达拉餐厅
青·斯基
R. STchecoslovaquie Blvd.
天使酒店
洛克莫商店
金边莱莉安娜酒店
自由市场
戴高乐大道
Charles de Gaulle Blvd.
梅尔霍伦酒店
苏基师傅酒店
康博尔比奇G.H.
莱茵洛克G.H.
圣巴法罗酒店
小学
爱尔餐厅
瓦特克寺

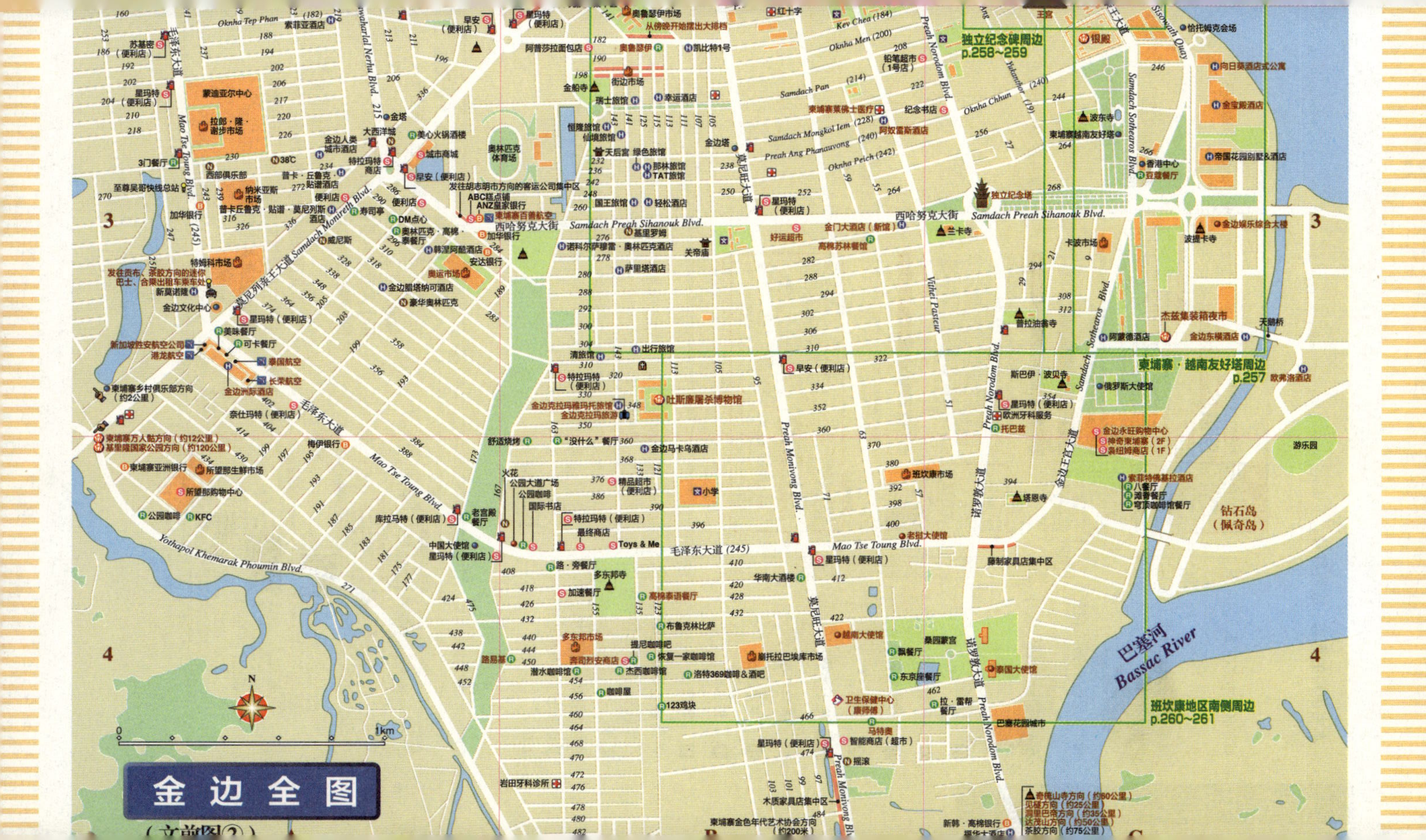

金边全图
（文前图②）
独立纪念碑周边
p.258~259
柬埔寨、越南友好塔周边
p.257
班坎康地区南侧周边
p.260~261
巴塞河
Bassac River
钻石岛
（佩奇岛）
游乐园
毛泽东大道
Mao Tse Toung Blvd.
莫尼旺大道
Preah Monivong Blvd.
诺罗敦大道
Preah Norodom Blvd.
西哈努克大街
Samdach Preah Sihanouk Blvd.
Samdach Sothearos Blvd.
Sisowath Quay
Vithei Pasteur
Yothapol Khemarak Phoumin Blvd.
Samdach Monireth Blvd.
莫尼列东王大道
Okhna Tep Phan
Kev Chea (184)
Okhna Men (200)
Samdach Pan
Samdach Mongkol Iem (228)
Preah Ang Phanavong (240)
Okhna Pech (242)
Okhna Chhun
Yukanthor (19)
独立纪念碑
王宫
银殿
塔仔山寺
皇家大宫
乌那隆寺
兰卡寺
波东寺
波涛卡寺
金塔寺
塔仔寺
多东邦寺
吐斯廉屠杀博物馆
金边地区一院
中央市场
奥运市场
奥林匹克体育场
奥林匹克体育场
特蒂科市场
班坎康市场
多东邦市场
东南亚大酒店
卡波市场
柬埔寨·越南友好塔
金边文化中心
泰国大使馆
越南大使馆
中国大使馆
老挝大使馆
俄罗斯大使馆
卫生保健中心
（康师傅）
小学
Toys & Me
KFC
1km

本书使用的标志 · 缩略符号

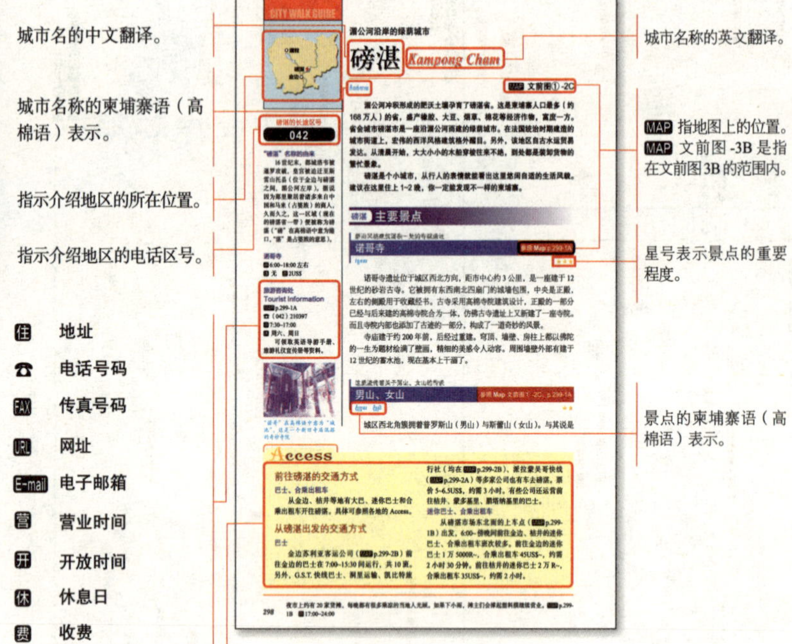

- 住 地址
- ☎ 电话号码
- FAX 传真号码
- URL 网址
- E-mail 电子邮箱
- 营 营业时间
- 开 开放时间
- 休 休息日
- 费 收费

※ 固定电话的电话号码与传真号码均未包含电话区号。

说起柬埔寨的地址，相邻建筑的地址表示完全不同的情况并不少见。本书尽量统一表示，请确认好地址与地图。另外，还有些地方城镇的某些地址尚不明确。这种情况请在地图上进行确认。

柬埔寨有很多公共机构、餐厅以及商店会在节假日与柬埔寨正月内的 3 天 ~1 周停止开放或停止营业。本书所记载的是除上述之外的休息日和停止开放日。

✉ 读者投稿

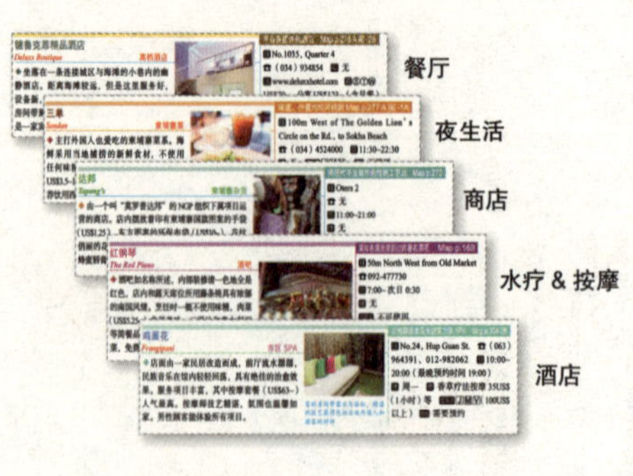

酒店、餐厅以及商店（主要建筑）的名称，原则上采用音译汉字或者英文标示，但是，各地区的柬埔寨语（高棉语）发音会有不同。本书尽量采用金边的标准发音进行音译。

除了单人间与多人间之外的房间类型均以房间为单位进行费用标注。另外，本书中只要没有特别提示，所记载费用均为酒店的标准费用。

- Ⓢ 单人间
- Ⓣ 双人间（标准间）
- Ⓦ 双人间（大床房）
- Ⓓ 多人间

（→ p.331）

地图

- 景点
- 餐厅
- 商店
- 酒店
- 夜生活
- 银行
- 市场
- 按摩
- 水疗
- 邮局
- 网吧
- 旅行社 & 旅行事务所
- 航空公司
- 巴士总站
- 医院、诊所
- 加油站
- 学校
- 洗手间
- 遗迹
- 寺院
- 教堂
- 清真寺
- 电影院
- 警察局
- 观光咨询处

基本上所有城市的景点、酒店、餐厅以及商店等均在地图上做出了标注。未包含在地图范围之内的均采用☞指明了方向。金边与各城市郊外的遗迹，若未包含在刊载地图的范围之内，则会在文前地图中做出标注。

住 地址　☎ 电话号码
FAX 传真号码　URL 网址
E-mail 电子邮箱　营 营业时间
开 开放时间　休 休息日
费 费用
信用卡 可以使用的信用卡
　A 美国运通卡
　D 大来卡
　J JCB 卡
　M 万事达卡
　V 维萨卡
预约 预约的必要程度
着装 进店的穿着要求
Wi-Fi 提供免费 Wi-Fi
※ 固定电话的电话号码与传真号码均未包含市外区号。

■参考本书登载信息时的注意事项

编辑部尽可能地登载最新且最准确的信息资料，但由于当地的规则与手续等经常发生变更，此外，对某些条款的具体解释也会出现认识上的分歧，因此，若非本社出现的重大过失，因使用本书而产生的损失与不便，本社将不予承担责任，敬请谅解。此外，使用本书时，对于书中所刊载的信息或者建议是否符合自身的状况或者立场，请读者根据自身情况自行作出正确的判断。

■当地取材与调查时间

本书根据 2017~2018 年的取材调查数据编辑而成。但是，随着时间的推移，部分数据有可能会发生变化。特别是酒店与餐厅等场所的费用多会随旅游季节发生变化。此外，柬埔寨这个国家对明码标价的认识比较薄弱，价格通常会根据买卖双方的交涉来确定，而这一习惯在当地也已经根深蒂固。因此，本书的数据仅供参考，请游客尽量在当地通过观光咨询处等获取最新信息。

5 吴哥遗迹群巡礼

20 天空的乐园 吴哥寺

40 王与神的都市 大吴哥

48 大吴哥遗迹

55 大吴哥周边遗迹

74 暹粒近郊

76 罗洛士群遗址

79 郊外遗迹

86 较远的遗迹

99 如何享受吴哥遗迹

出发前必读！ 治安与纠纷…p.335

127 探秘高棉文化

155 城市漫步指南

305 旅行的准备与技巧篇

341 柬埔寨百科

主要专栏 /information

国旗

没有固定的名称，可以称作铜奇（旗子）或者铜奇·奇（国旗）。国旗上所描绘的是吴哥寺。

正式国名

柬埔寨王国 Kingdom of Cambodia

国歌

《柬埔寨王国国歌》*Bat Nokor Reach*

面积

181035 平方公里

人口

约 1506 万（2015 年）

首都

金边。人口约 183.5 万人（2015 年）

国家元首

诺罗敦·西哈莫尼国王 Norodom Sihamoni

首相

洪森 Hun Sen

国家政体

君主立宪制

民族构成

高棉族占 80%。其他还有占族与越南人等 20 多个民族，共占 20%。

柬埔寨的民族→ p.354

宗教

佛教为国教，93% 的柬埔寨人信奉佛教（上座部佛教）。其他还有伊斯兰教（几乎所有占族人都信奉伊斯兰教）与天主教等。

柬埔寨的宗教·信仰→ p.356

语言

通用语为高棉语。与旅行相关的机构还通用英语与法语等。此外，还有很多地区通用越南语、泰语以及中文。

旅行中的高棉语→ p.359

货币与汇率

货币单位为瑞尔（Riel：本书通过在数字后面加 R 的方法表示），没有辅助货币。US$1 ≈ 4100R，1 元人民币≈ 600R。公开发行的纸币有 20 余种，但实际在市面流通的是下面图片所示的 50、100（2 种）、200、500（2 种）、1000（3 种）、2000（2 种 ※）、5000（2 种）、1 万（2 种）、2 万、5 万以及 10 万瑞尔等 18 种纸币。此外，通常情况下，美元在柬埔寨也可以流通。但是，美元的辅助单位美分并不通用。

※2013 年 11 月，为配合独立纪念日，发行了新的 2000 瑞尔的纸币，但是下图中并未包含。

50 瑞尔　1000 瑞尔

5000 瑞尔

100 瑞尔　1000 瑞尔　10000 瑞尔

100 瑞尔　1000 瑞尔　10000 瑞尔

200 瑞尔　2000 瑞尔　20000 瑞尔

500 瑞尔　2000 瑞尔　50000 瑞尔

500 瑞尔　5000 瑞尔　100000 瑞尔

纸币的图案是国王的肖像、遗迹以及纪念塔等。虽然发行了 50、100、200 以及 500 等面值的硬币，但是并未流通。

货币与兑换→ p.323

出入境

●签证

入境时需要签证。可以前往柬埔寨驻华使领馆申办签证，也可以在网上申请柬埔寨电子签证（e-Visa）。虽然在暹粒、金边的机场以及陆路边境也可以办理签证，但还是事先办理为宜。一般的旅游签证（单人签证）可以滞留1个月。

●**护照**

入境时，自计划入境日期开始计算，护照需要有6个月以上的剩余有效期。

护照与签证的取得方法→ p.308
前往柬埔寨的方法→ p.311
柬埔寨出入境→ p.317

气候

柬埔寨属于热带季风性气候，大致分为旱季与雨季两个季节。如果是同一时期，暹粒与金边等地区在气候上并没有太大的差异。旅行的最佳季节是旱季的11月~次年5月，其中，11月~次年1月的雨量较少，比较舒适。

作为空调过冷与晒伤的对策，准备一件长袖衫会比较方便。

暹粒的气温和降水量

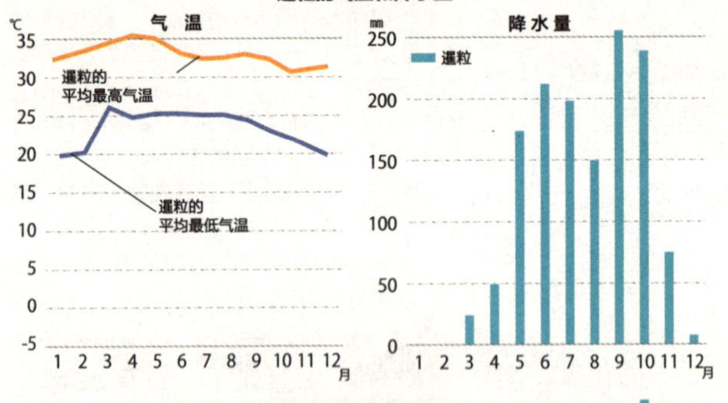

自然与气候→ p.342

雨季的午后，天空出现很大的积雨云，很有可能降下一阵暴雨

阵雨过后，排水不畅的道路出现积水（图片是7月的暹粒）。2011年10月，近年少有的大雨导致暹粒城区积水

金边的气温和降水量

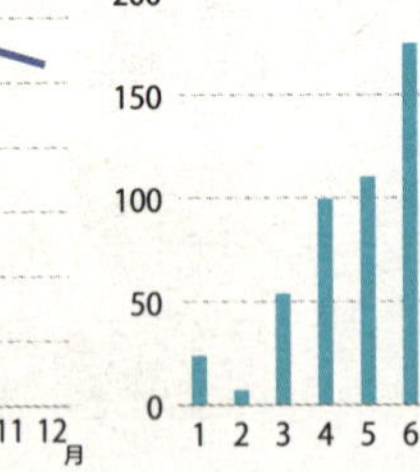

营业时间

以下是较为普遍的营业时间。商店与餐厅等的具体营业时间因店而异。

●**政府机关**：周一~周五8:00~12:00、13:00~17:00。周六、周日以及节假日休息。

●**银行**：周一~周五8:00~16:00。周六、周日以及节假日休息（也有很多银行到了周六，只在上午营业半天）。

●**商店**：8:00~18:00（面向游客的商店营业至21:00）。

●**餐厅**：有很多餐厅的营业时间为10:00~22:00，但是，也有6:00开店或者营业至零点的餐厅。此外，还有些餐厅会在午餐与晚餐之间闭店2~3小时。

在大排档用餐也是东南亚旅行的魅力所在。几年来，菜品种类与口味俱佳的大排档也逐渐多了起来

节假日（主要节假日）

请注意具体日期每年都会发生变动的节假日（※标记）。以下2019年的节假日均以政府公示的官方日历为准，但依然有可能发生变化，需要多加注意。

时 间		节 日 名 称
1月	1/1	元旦
	1/7	解放纪念日
2月	2/19	※麦加宝蕉节（万佛节）
3月	3/8	国际妇女节
4月	4/14~16	※柬埔寨新年
5月	5/1	国际劳动节
	5/13~15	西哈莫尼国王生日
	5/20	仇恨日
	5/22	御耕节
6月	6/1	国际儿童节
	6/18	太后华诞
9月	9/24	宪法纪念日
	9/27~29	※亡人节（盂兰盆会）
10月	10/15	国父逝世纪念日
	10/23	巴黎和平协议定纪念日
	10/29	国王登基纪念日
11月	11/9	独立纪念日
	11/10~12	※送水节
12月	12/10	国际人权日

电压与插座

220V、50Hz。多为A型与C型的复合型插座，偶尔会有SE型。

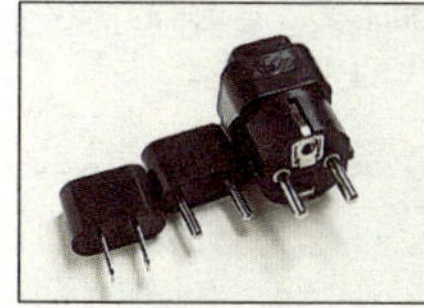

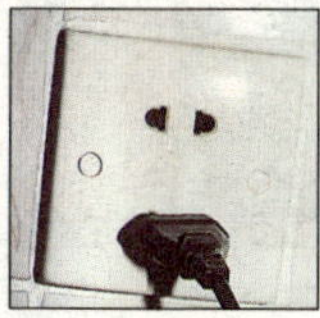

从左开始依次是A型、C型以及SE型的转换插头（左）。不同的地区、酒店以及客房，会有各种形状的插座（右）

视频制式

随着VCD与DVD的普及，录像机越来越罕见。

小费

没有付小费的习惯，基本上不需要付小费。

●**餐厅：**除高档餐厅之外，其他餐厅不需要付小费。高档餐厅如果附加收取服务费，则也无须支付小费。

●**酒店：**可以给行李生与客房服务员支付2000~4000R的小费。

●**出租车：**不需要付小费。

●**摩的与嘟嘟车：**不需要付小费。

●**导游：**一天US$1~3。

●**专属司机：**一天US$1~3。

饮用水

由于存在卫生问题，最好不要直接饮用从水管流出的自来水。若未标明“本店所使用的水源为矿泉水”，即使是高档餐厅，也最好不要饮用店内的水。矿泉水在市区的商店与所有场所均有出售。价位取决于矿泉水种类与店面情况，500毫升的矿泉水售价为500R~。大概1~2天就可以习惯当地的水质。

※硬水是指钙与镁等含量较高的水。反之，软水中上述元素的含量较少。

邮政

每家邮局的营业时间多少会有些差异，但是基本会在7:00~18:00的范围之内，有很多邮局在周日也会照常营业。

电话与邮政→p.324

金边的中央邮局是一座残留有法国统治时期风貌且意趣浓厚的建筑

税金 TAX

基本上是10%的VAT（增值税），但实际上游客在购物与支付费用时几乎不需要支付这种增值税。游客只有在中高档酒店、高档餐厅支付费用时与在收银台能够提供购物小票的超市等地购物时才需要支付VAT。VAT没有退税制度。

安全与纠纷

请做好十足的安全防备

犯罪事件的发生多集中在夜间，夜晚外出时务必要加以注意。柬埔寨的文化与风俗习惯与中国不同，在交流过程中如果含糊其词很容易导致误会的发生。在柬埔寨务必要防患于未然，把行动限制在自身的危机管理能力范围之内。位于柬埔寨与泰国国境线的寺院遗迹柏威夏，两国均主张自己的领有权，2008年10月与2009年4月，两国军队发生枪战，双方均出现人员伤亡。但是，2017年10月，只留有国境监视队在该地驻守，两国的主力军队均已撤离，紧张状态得以缓和。尽管如此，还是无法完全避免不测事件发生，因此在前往观光时，请提前确认最新的信息。

警察局 117 或者 012-999999
消防局 118 或者 012-999999
救护车 119
治安与纠纷→ p.335

年龄限制

在柬埔寨，法律明令禁止未满18周岁者吸烟与饮酒。驾驶汽车与49cc以上的摩托车需要驾照（外国人也同样需要驾照），驾驶摩托车需要佩戴头盔且摩托车需要装配后视镜。目前外国游客造成的摩托车事故多发，因此需要特别注意驾驶安全。

电话的拨打方法

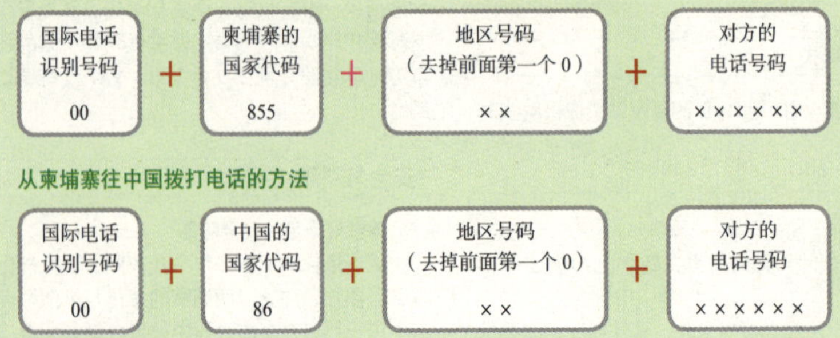

→电话与邮政 p.324

度量衡

国际公制。

其他

● **禁忌：** 应避免谈论政治话题与战争话题。参观寺院时不要穿着短裤与短裙，此外，进入殿堂时需要脱掉鞋子。对僧侣要保持敬意。女性不能触碰僧侣或者直接递东西给僧侣。柬埔寨人认为人的头上居住着精灵，因此不要用手触碰他人的头部，也不要抚摸孩子的头部。

● **DVD：** 几年之前VCD还很多，但是，现在DVD已经成为主流。需要注意的是，市场上有很多非法复制的盗版光碟。购买时切勿忘记对区域码进行确认。此外，即便表面上看是贴有政府认定标签的正规商品，但其中实际上也有很多复制品，有不少商品上直接保留了美国等的外国区域码，购买时需要多加注意。中国的区域码是6，其他地区的光盘在中国有可能无法正常播放。

● **照片冲洗：** 在暹粒与金边的照相馆与电器店可以买到SD记忆卡与普通电池等。电池等在礼品店也有出售。市区既有提供照片冲洗服务的商店，也有很多提供数码打印与CD刻录服务的场所。打印的质量（色调等）因店而异。

● **洗手间：** 城市中的酒店，基本上均采用西式抽水马桶。地方还有很多使用水瓢冲水的蹲式马桶。西式抽水马桶旁放有垃圾桶，请将厕纸扔进垃圾桶，切勿放入马桶内冲走。市区基本上没有公共卫生间。吴哥遗迹内的主要场所均设有卫生间。

在市区也可以看到僧侣，但是女性不能触碰僧侣，也不能与僧侣说话等，这些都是戒律，需要多加注意

吴哥遗迹群巡礼

『众神的世界』
吴哥寺与
『菩萨的居所』巴戎寺，
这两大遗迹是吴哥文明盛开的
灿烂之花。
壮丽的历史之门，
就此打开。

作为世界文化遗产之一而闻名的吴哥寺，
在距今约 150 年前还鲜为人知。
在法国博物学家亨利·穆奥发现它之前，
它一直在密林深处沉睡着。
就在因规模与精美程度而享誉世界的吴哥寺建造完成半个世纪之后，
又建造了由边长约 3 公里的城墙环绕而成的王都。
这座王都被称为吴哥城，
处于其中心位置的便是巴戎寺。
吴哥寺与巴戎寺是高棉建筑艺术中不可或缺的两大遗迹，
让我们以此为中心，
探访那些从沉睡中渐渐苏醒的亚洲至宝吧。

吴哥遗迹 Information

可以购买门票的收费处在 2016 年 4 月搬家了。收费处还同时开设有旅游纪念品商店与西餐馆

只有 7 日券进行了层压胶合加工。1 日券与 3 日券均为纸质票据

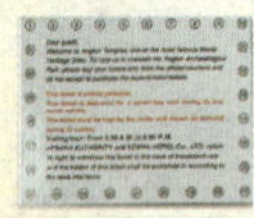
进入遗迹时，工作人员会在门票背面记载有日期的部位打孔

请勿弄错售票窗口

穿着制服的工作人员负责为游客们检票

左 / 进入遗迹范围时，游客需要在立有图示向导牌的地方接受检票
右 / 这里就是检票点

入场时间

各遗迹的参观时间基本为 7:30~17:30（吴哥寺与皇家浴池是 5:00~17:30，而巴肯寺与变身塔则为 5:00~19:00）。参观吴哥遗迹需要购买门票（吴哥观光证）。只能在收费处（票务中心 MAP p.11-2C 营 5:00~17:30）购票（信用卡 D J M V）。从 17:00 起可以购买次日的门票。

收费

门票分为 1 日券（US$37）、自购买日起 10 天之内的任意 3 天可以使用的 3 日券（US$62）以及自购买日起 1 个月之内的任意 7 天可以使用的 7 日券（US$72）等三种。门票种类不同，售票窗口也不一样。

这些票几乎可以参观所有的吴哥遗迹。郊外的荔枝山（→ p.82）、崩密列（→ p.84）以及较远的遗迹（→ p.86）需要另行支付入场费用。11 岁以下的儿童免费（如果无法通过外表判断，工作人员会要求出示护照以确认年龄。如果同行儿童的年龄不易通过外表准确判断，务必要随身携带护照）。

所有的门票均印有持票人的面部照片，该照片为当场拍摄（免费）。

遗迹区入口处设有检票点，主要遗迹的入口处还安排有查票的工作人员，如果工作人员发现正在参观的游客没有门票，则会对其处以 US$100~300 的罚款。

无须为司机与导游购买门票。

前往各遗迹的交通方式

汽车（出租车→ p.330）

旅行社、酒店以及招待所可以为游客安排。如果移动范围在吴哥遗迹群内，一般需要支付 US$30/ 天的费用（配有司机）。

嘟嘟车（→ p.330）

酒店与招待所可以为游客安排。如果移动范围在吴哥遗迹群内，一般限乘 2 人的嘟嘟车费用为 US$13。如果搭乘汽车、嘟嘟车以及摩的等前往女王宫（→ p.79）、荔枝山（→ p.82）、高布斯滨（→ p.83）以及崩密列（→ p.84）等郊外区域，需要另行支付费用。此外，如果为了看日出而安排在一大早出行的话，也是需要另行支付费用（US$2~）的。

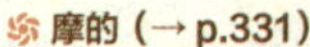

摩的（→ p.331）

酒店与招待所可以为游客安排。如果移动范围在吴哥遗迹群内，一般需要支付 US$10/ 天的费用。

自行车（→ p.331）

酒店、招待所以及自行车租赁店等可以为游客安排。租赁费用依自行车的种类发生变化，一般为 US$1~3/ 天。部分自行车租赁处需要支付 US$10~30 的押金。各遗迹均未设有自行车停放处，游客需要将自行车存放在遗迹前的旅游纪念品商店与饮品店的摊位上（1000~2000R）。吴哥遗迹群内坡路少、树荫多，因此，即便是女性游客也不必担心体力上会出现问题。但是，需要注意的是，遗迹内没有可以修理自行车的场所，因此，如果自行车出现故障或者因体力消耗而产生疲劳感，游客也需要自行返回。

导游

游客可以提前几天预约导游。此外，游客也可以参考导游手册等自行完成游览。

嘟嘟车最多限乘 4 名成人

对于单独出行的游客来说，如果想要降低旅行成本，摩的也是非常具有利用价值的一种交通工具，但不推荐在雨季搭乘

吴哥大道前的交通岛与索辛街等地均开设有自行车租赁店

请勿将物品放入自行车的前车筐内

绿色 E 型自行车实为电动车，即便是对体力没有自信，也可以放心使用

持有政府所颁发的执照的导游身着橘色制服

采用耳机进行装饰的卡车正在营业

语音导览

自2016年起，吴哥寺开始提供语音导览服务。语音导览对西参道至第三回廊之间的18个景点进行解说，费用为US$7。租用语音导览设备时，需要支付US$50的押金或者抵押护照。

详细情况请咨询

☎（063）763069

营 8:00~17:30

URL www.angkoraudio.com

上 / 位于吴哥寺北部圣池附近的餐厅摊位
下 / 可一边欣赏吴哥寺美景一边用餐

餐厅

一般在遗迹入口处附近会有很多兼营旅游纪念品的饮品摊位，可以在那里买一些饮料。部分遗迹还设有餐厅。特别是吴哥寺前、巴戎寺北侧以及皇家浴池北侧有很多餐饮店。但是，与市区的餐厅相比，这里的菜品种类少且味道不好。此外，价格还很高。

椰汁售价为US$1~

饮料与旅游纪念品的价格也很贵

吸烟、饮食

各遗迹内均禁烟，此外也禁止饮食（只允许游客饮用随身携带的水）。

吴哥寺前的“吴哥咖啡”空调开放且设有干净的洗手间

洗手间

并非每个遗迹都设有洗手间，需要通过吴哥遗迹群地图p.10~11与吴哥城周边遗迹群地图p.12~13进行确认。如果持有遗迹门票，可免费使用洗手间。否则需要支付2000R的费用。

主要遗迹内均设有冲水马桶

服装

因为需要上下坡度较陡的台阶，所以最好穿着便于行走且相对合脚的鞋。有时还需要长时间在酷暑下行走，因此，帽子与太阳镜也是必需品。此外，请切记各遗迹皆为圣地，从表达敬意的角度出发，不要穿着过于暴露的服装。

通往吴哥寺第三回廊的阶梯非常陡峭

自2017年8月起，着装规定更加严格，所有持吴哥观光证便可进入的遗迹均禁止身着露膝短裤、露肩短贴身衣以及吊带背心等服装的游客入场。

吴哥寺第三回廊入口处对着装的检查十分严格

需要注意的是，除了进入遗迹时会检查着装之外，购买吴哥观光证时也会对游客的着装进行检查，违反规定的游客将会被禁止购买门票。

方便的物品

有时可以在疾风骤雨之后看到漂亮的彩虹

防晒用品与防虫喷雾都是吴哥遗迹群巡礼中不可或缺的必需品。除此之外，柬埔寨的雨季有时会突降阵雨，因此，如果随身携带雨具，就会方便许多。切勿遗忘早晚出行时用于照明的手电筒，在洗手间与殿堂等昏暗场所也可以派上用场。

注意事项

本书调查时，因交通管制，7:00~11:30期间经由南大门（MAP p.12-3A）进入吴哥城的路段为单向通行。如果要在上述时间段内驶出吴哥城，则需要通过胜利之门（MAP p.12-2B）或者北大门（MAP p.12-1A）离开。需要注意的是，无论采用上述任何一条线路回到市区，都会绕远。可根据实际前往时间，查询交通信息。

早晨8:00~10:00前后团体游客最多，也是南大门最为混乱的一段时间

此外，自2016年起，为缓解拥堵，机动车、摩托车禁止驶入吴哥寺西参道前的道路。只有步行者与自行车可以通过西参道前的道路，驾驶机动车与搭乘嘟嘟车的游客需要从停车场步行前往。请提前确认与司机会合的地点。

遗迹内有很多难以通行的场所，特别是雨天路滑，务必多加注意。

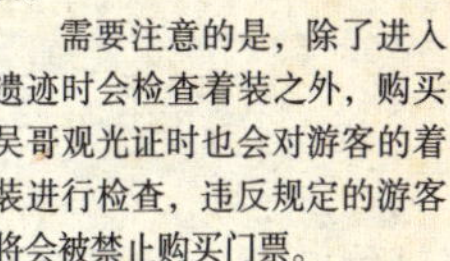

吴哥遗迹群地图
KOUK YEANG
Prasat Kok Po
Prasat Phnom Rung
吴哥城周边遗迹群地图 p.12~13
Banteay Thom
Krol Romeas
圣剑寺
普拉皮图寺
北大门
北仓库
普拉帕利雷寺
胜利之门
癞王台
王宫
空中宫殿
南仓库
西大门
巴方寺
死者之门
斗象台
十二生肖塔
巴戎寺
大吴哥 ANGKOR THOM
Beung Thom
南大门
巴色占空寺
巴肯寺
BAKHENG KHVIEN
吴哥窟热气球
检票点
吴哥寺
西池
WEST BARAY
本书调查时，西池（西梅奔寺）正在修复，因此参观区域有所限制
西梅奔寺
BARAY
吴哥丝绸农场方向（约7公里）
诗梳风方向（约90公里）
波贝方向（约140公里）
马德望方向（约190公里）
福克瑟拉乡村俱乐部方向（约23公里）
纳凉小屋集中区
烤鸡、烤鱼的小屋鳞次栉比
乘船处
阿约寺
莫罗波·勒赛
Prasat Kas Ho
Prasat Ta Noreay
KHNAT
BANTEAY CHHEU
暹粒国际机场 Airport
莫罗波·东
巴萨卡航空
胜安航空
大韩航空
首尔航空
陶库比卢市场
暹粒市警察局（外国人科）
Prasat Prei
陶库比卢巴莱
检票点
领事服务办事处（3F）
暹粒索卡宫酒店
战争博物馆
吴哥皇家国际医院
暹粒市警察局
旅游警察
陶麦寺
暹粒太平洋酒店
大屠杀纪念馆
国道6号线
柬埔寨民俗文化村
吴哥乡村度假村
吴哥高尔夫胜地
PREY THOM
圣安高塞寺
暹粒吴哥莱佛士大酒店
TOTEA
暹粒
SIEM REAP
蓬柏塘酒店
快乐马场
纳塔坎（柬埔寨）有限公司
梅斯大街
高棉温泉
暹粒市区 p.202~203
阿玛涛热带公寓酒店
KANTRAK
普拉亚花园
Prasat Rsei
Wat Chedei
暹粒河 Siem Reap River
沃阿维寺
Prasat Kuk O Chrung
洞里萨湖水满期边界线（雨季时水可以到这里）
BANTEAY CHEY
鳄鱼农场
N
0
3km
格罗姆寺
格罗姆山
PHNOM KROM
宗克尼洞里萨湖游船售票处方向（约1公里）
洞里萨方向（1~3公里）
开往金边与马德望方向的快艇码头（1~2公里）
A
B
1
2
3

C
D
1
2
3
班德普瑞寺
格劳尔哥寺
塔逊寺
涅槃宫
飞翔长臂猴丛林探险
Ta Nei
托玛侬神庙
思宾玛石桥
茶胶寺
周萨神庙
东池
EAST BARAY
湖泊遗迹(Former Lake)
普拉达库村
东梅奔寺
街头市场
生产椰子砂糖的农户集中区
Prasat To
传统树林方向（约8公里）
米色旅馆方向（约8公里）
地雷博物馆方向（约10公里）
女王宫方向（约15公里）
高布斯滨方向（约30公里）
荔枝山方向（约25公里）
吴哥塔尼烧窑遗迹博物馆
博克山神庙
龙博
班提色玛寺
罗洛斯河
Roluos River
周穗韦伯寺（约3公里）
RAHAL
塔布茏寺
餐厅与餐厅集中区
变身塔
Leak Neang
Top
皇家浴池
斑蒂喀蒂寺
巴琼寺
Prei Prasat
Prasaat Komnap
苗木栽培试验场（有水车）
豆蔻寺
检票点
暹粒速卡度假酒店&会议中心
Kuk Bangro
收费处（票务中心）
圣·诺罗敦·西哈努克·吴哥博物馆
吴哥的微笑剧场
吴哥全境博物馆
普劳何塞
亚洲传统纺织品博物馆
阿普莎拉像
吴哥天堂别墅酒店
阿库雷达银行
幸运吴哥酒店
暹粒罗萨娜百老汇
吴哥达拉雷昂赛酒店
吴哥时代酒店
博雷新安南城
合乘出租车、迷你巴士以及皮卡乘车处
巴士汽车站
暹粒庭院度假酒店
吴哥的微笑
市场
Tram Neak
国道6号线
Kuk Taleh
柬埔寨暹粒富荣乡村俱乐部
阿普萨拉机构办公室
Prasat Pou Teng
圣剑寺方向（约150公里）
崩密列方向（约55公里）
高盖方向（约80公里）
金边方向（约280公里）
罗莱寺
神牛寺
罗洛士群遗址
ROLUOS
巴孔寺
Prasat O Kaek
Prasat Daunso
暹粒纳布杜梦想度假酒店
PRAHU
瑞孟提寺
CHREAV
Prasat Kok Thlok
Svay Pream
Prasat He Phka
Prasat Totoeng O Thngal
Prasat Trapeang Phong
洞里萨湖水满期边界线（雨季时水可以到这里）
空邦鲁洞里萨湖游船售票处

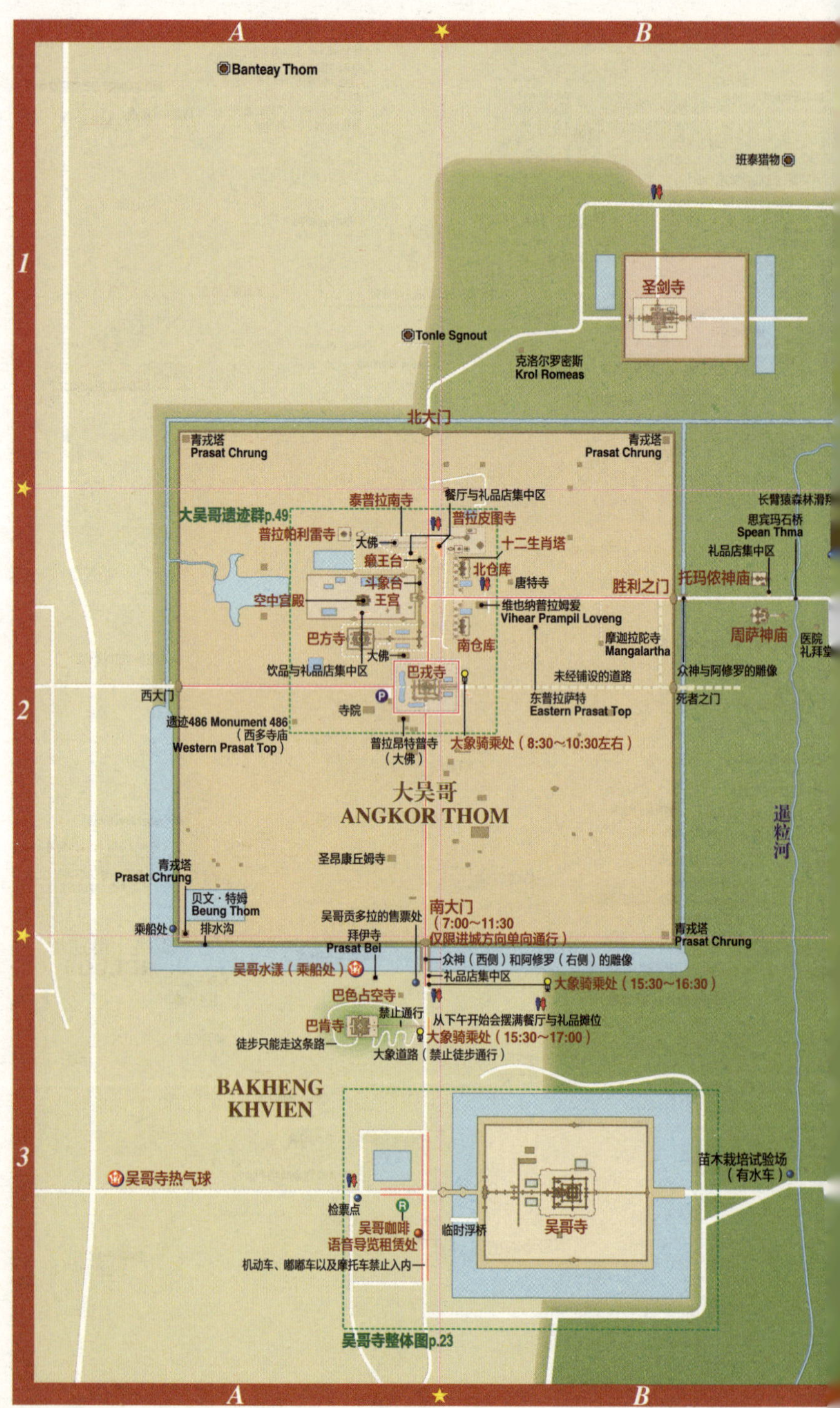

A
B
1
2
3
Banteay Thom
班泰猎物
圣剑寺
Tonle Sgnout
克洛尔罗密斯
Krol Romeas
北大门
青戎塔
Prasat Chrung
青戎塔
Prasat Chrung
泰普拉南寺
餐厅与礼品店集中区
大吴哥遗迹群p.49
普拉皮图寺
普拉帕利雷寺
大佛
十二生肖塔
癞王台
北仓库
斗象台
唐特寺
空中宫殿
王宫
胜利之门
托玛侬神庙
维也纳普拉姆爱
Vihear Prampil Loveng
巴方寺
南仓库
摩迦拉陀寺
Mangalartha
大佛
饮品与礼品店集中区
巴戎寺
未经铺设的道路
众神与阿修罗的雕像
西大门
寺院
东普拉萨特
Eastern Prasat Top
死者之门
遗迹486 Monument 486
（西多寺庙
Western Prasat Top）
普拉昂特普寺
（大佛）
大象骑乘处（8:30~10:30左右）
长臂猿森林滑翔
思宾玛石桥
Spean Thma
礼品店集中区
周萨神庙
医院
礼拜堂
大吴哥
ANGKOR THOM
暹粒河
圣昂康丘姆寺
青戎塔
Prasat Chrung
贝文·特姆
Beung Thom
乘船处
排水沟
吴哥贡多拉的售票处
拜伊寺
Prasat Bei
南大门
（7:00~11:30
仅限进城方向单向通行）
青戎塔
Prasat Chrung
众神（西侧）和阿修罗（右侧）的雕像
吴哥水漾（乘船处）
礼品店集中区
大象骑乘处（15:30~16:30）
巴色占空寺
禁止通行
从下午开始会摆满餐厅与礼品摊位
巴肯寺
大象骑乘处（15:30~17:00）
徒步只能走这条路
大象道路（禁止徒步通行）
BAKHENG
KHVIEN
苗木栽培试验场
（有水车）
吴哥寺热气球
检票点
吴哥咖啡
语音导览租赁处
临时浮桥
吴哥寺
机动车、嘟嘟车以及摩托车禁止入内
吴哥寺整体图p.23

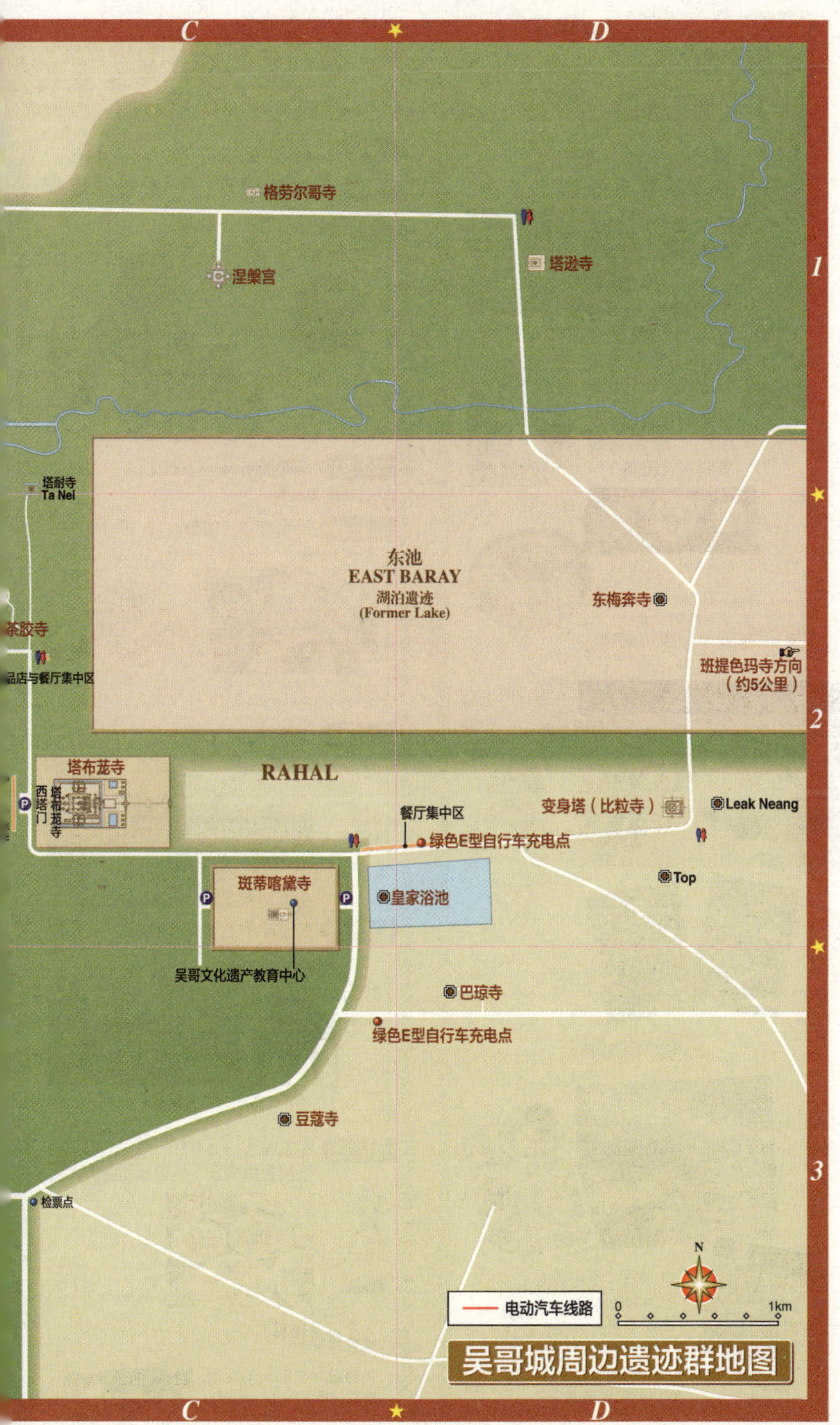
C
D
1
2
3
格劳尔哥寺
涅槃宫
塔逊寺
塔耐寺
Ta Nei
东池
EAST BARAY
湖泊遗迹
(Former Lake)
东梅奔寺
茶胶寺
品店与餐厅集中区
班提色玛寺方向
（约5公里）
塔布茏寺
西塔门
塔布茏寺
RAHAL
餐厅集中区
变身塔（比粒寺）
Leak Neang
绿色E型自行车充电点
班蒂喀黛寺
皇家浴池
Top
吴哥文化遗产教育中心
巴琼寺
绿色E型自行车充电点
豆蔻寺
检票点
电动汽车线路
0
1km
N
吴哥城周边遗迹群地图

饱享遗迹观光与城市漫步 3宿4天经典线路

第1天 抵达暹粒！一起出发，饱享晚餐 & 夜游

抵达暹粒国际机场

约20分钟

在酒店办理入住，根据到达时间安排酒店休息或附近休闲

约5分钟

18:30 在茉莉花餐厅（→p.172）享用柬埔寨料理（晚餐）

约5分钟

上/贡布胡椒
右上/2015年开业的高档柬埔寨料理餐厅
右/柬埔寨风味拌面玛库·密

20:00 在吴哥夜市购物

市场从18:00左右陆续出摊，20:00左右，所有的店铺均开店迎客

其他可选项目

对于第一天想要奢侈一把的游客来说，罗格朗餐厅（→p.172）的宫廷料理晚宴绝对是你的不二之选。晚餐后还可以前往酒吧街散步

第2天 终于来到了令人向往的世界遗产——吴哥遗迹群！

10:00 巴戎寺（→p.40）

约10分钟

巴戎寺是大吴哥的中心寺院，52座佛塔均为巨大的四面佛雕像

11:30 塔布茏寺（→p.60）

约10分钟

13:00 吴哥咖啡（MAP p.12-3A）

约1分钟

除了快餐与甜品之外，吴哥咖啡还供应柬埔寨料理

14:00 吴哥寺（→p.20）

约3分钟

16:00 在巴肯寺（→p.56）观赏夕阳美景

约20分钟

还可以骑乘大象前往巴肯寺的山顶

19:30 在荔枝（→p.129）一边欣赏阿普莎拉舞蹈表演，一边享用自助晚餐

阿普莎拉舞蹈是"高棉文化之花"，每天晚上都会有多家餐厅为顾客准备阿普莎拉舞蹈表演

其他可选项目

乘船观赏夕阳美景也是推荐项目之一（→p.120）

暹粒是一座规模并不算大的乡间小镇，同时也是遗迹观光的据点。
但是，随着观光游客的增加，日益发展的暹粒也出现了很多充满魅力的景点。
下面我们就来介绍一条涵盖遗迹观光、城市漫步以及郊外短途旅行的高效经典线路。

第3天 为神秘雄姿而感动！在吴哥寺观赏旭日

6:30 在吴哥寺观赏旭日

约20分钟

8:00 在李利餐厅（→p.174）享用早餐

和当地人一起享用早汤（→p.139）与猪肉盖饭等地方特色早餐

约5分钟

8:30 在酒店休息

约5分钟

12:00 在老市场（→p.163）散散步

从淳朴的常规旅游纪念品到高雅精致的商品，应有尽有，可以在这里饱享购买旅游纪念品的乐趣

约5分钟

13:00 在罗哈特咖啡馆（→p.172）享用午餐

采用从洞里萨湖捕捞的新鲜鱼类烹制而成的炸鱼（US$6.5）

约30分钟

14:00 前往洞里萨湖乘坐游船（→p.170）

推荐可以乘坐小船在红树属植物林中穿梭游览的“空邦鲁”（→p.170）

其他可选项目

可以选择体验高棉式香草桑拿浴等柬埔寨特有的水疗项目（→p.184）

第4天 郊外遗迹短途旅行 & 市内最后的疯狂购物

9:00 崩密列（→p.84）短途旅行

约1小时

沿着在倒塌的遗迹上用木板铺成的小道参观

11:00 女王宫（→p.79）

约1小时

被誉为吴哥遗迹中最细腻且最美丽的红色砂岩雕刻是绝对不容错过的看点

15:00 在吴哥T广场（→p.183）购买旅游纪念品

约20分钟

二层的柬埔寨特产专区供应“可可高棉”的椰子油化妆品与“sombai”的烧酒等

17:00 从暹粒国际机场出发

其他可选项目

可以搭乘嘟嘟车前往罗洛士群遗址

如果时间允许，可以到女王宫跟前的地雷博物馆（→p.164）与前往崩密列途中的罗洛士群遗址（→p.76）等地参观游览

高效巡游遗迹

吴哥遗迹精品

塔布茏寺的巨树

午后，吴哥寺的观光客蜂拥而至

1日游 短期停留线路

购买1日券的游客可以选择这条线路。用半天的时间来参观吴哥寺与巴戎寺这两大遗迹，剩下的半天可以从以下两个选择中任选一条线路来巡游大吴哥周边遗迹。

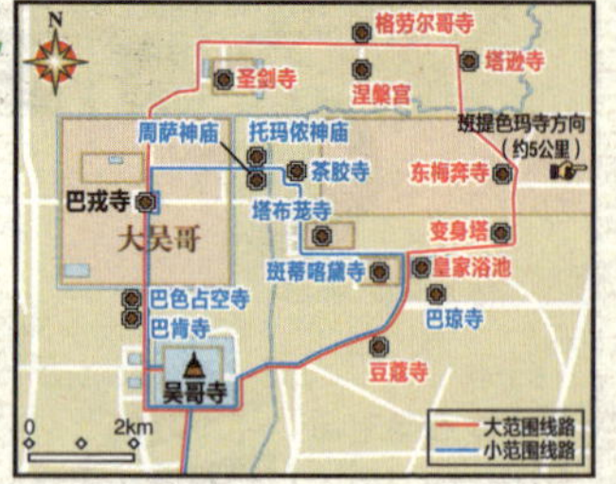

大范围线路 Grand Course

需时：4小时~／预算：US$15~

圣剑寺（→p.70）
↓ 约5分钟
涅槃宫（→p.72）
↓ 约2分钟
格劳尔哥寺（→p.73）
↓ 约5分钟
塔逊寺（→p.69）
↓ 约5分钟
东梅奔寺（→p.67）
↓ 约3分钟
变身塔（→p.66）
↓ 约3分钟
皇家浴池（→p.64）
↓ 约5分钟
豆蔻寺（→p.65）

上／圣剑寺保留有十分罕见的双层构造的遗迹
下／漂在水上的涅槃宫

被狮像与蛇像守护的皇家浴池的平台

踏实地沉浸在素描写生中，也是吴哥遗迹特有的享受方式

小范围线路 Small Course

需时：4小时~／预算：US$13~

巴肯寺（→p.56）
↓ 约1分钟
巴色占空寺（→p.57）
↓ 约5分钟
托玛依神庙（→p.55）
↓ 约3分钟
周萨神庙（→p.55）
↓ 约3分钟
茶胶寺（→p.58）
↓ 约3分钟
塔布茏寺（→p.60）
↓ 约3分钟
斑蒂喀黛寺（→p.59）
↓ 约5分钟
巴琼寺（→p.64）

保存在巴肯寺中央祠堂内的漂亮的湿婆像

登上茶胶寺陡峭的阶梯后可以欣赏到一片绝景

One Point Advice

- 嘟嘟车的费用基本上与遗迹数量、时间无关，而是与行驶距离成正比。
- 如果在柬埔寨停留的时间有限，建议选择包含塔布茏寺在内的小范围线路。
- 如果可以多停留一天，建议前往无须吴哥观光证（需要另行支付门票费用）的“荔枝山（→p.82）+崩密列（→p.84）”或者“高盖（→p.88）+崩密列”。

线路（门票种类）

上／试一试古迹内的占卜吧，这应该也是很有趣的体验（巴戎寺）
下／旅途疲劳，可以在各古迹的茶馆与礼品店内稍事休息（吴哥寺）

若要充分感受高棉建筑的魅力，游客们最好尽可能地访问更多的遗迹。这与“只有与更多的人相识，才能够在其中找到三两知己”的感觉是相似的。每一处古迹都隐藏着要向人们传达的信息，不妨去找一找能够打动自己内心的遗迹吧。而且，为了更好地感受吴哥寺的建筑魅力，将其与其他古迹仔细比较也是非常重要的。参观的时间越长，能够解开的谜团就越多。但是，现实情况下，游客们的停留时间有限，而且从安全上考虑，还有几处古迹在部分时间不适合观光。到访一次很难将所有古迹巡游一遍。下面我们就按照吴哥遗迹门票（吴哥观光证→p.8）的种类（1日券、3日券以及7日券），介绍可以高效巡游遗迹的精品线路。要想游遍吴哥遗迹群的所有景点实属难事，因此可以选择其中比较感兴趣的遗迹进行游览，这种慢节奏的游览方式也是一个不错的选择。

3日游 短期强体力线路

购买3日券的游客可以选择这条线路。第二天可以一口气饱览大吴哥周边遗迹。

日	时段	线路
1	上午	包含巴戎寺在内的大吴哥遗迹
	下午	吴哥寺 在巴肯寺观赏夕阳美景
2	上午	圣剑寺 涅槃宫 格劳尔哥寺 塔逊寺 东梅奔寺
	下午	变身塔 皇家浴池 斑蒂喀黛寺 塔布茏寺 茶胶寺 托玛侬神庙 周萨神庙
3	上午	在吴哥寺观赏旭日
	下午	罗洛士群遗址（→p.76）

南大门的阿修罗像

可以看到身着橘色袈裟的僧侣的身影

变身塔顶部视野

要不要买一条披肩？

7日游 悠闲线路

购买7日券的游客可以选择这条线路。可以前往暹粒近郊与郊外的遗迹观光。

日	时段	线路
1	上午	包含巴戎寺在内的大吴哥遗迹
	下午	吴哥寺
2	上午	女王宫（→p.79）
	下午	班提色玛寺（→p.68）
3	上午	在吴哥寺观赏旭日
	下午	罗洛士群遗址
4	上午	豆蔻寺（→p.65） 巴琼寺 皇家浴池 斑蒂喀黛寺
	下午	塔布茏寺 茶胶寺 托玛侬神庙 周萨神庙 在巴肯寺观赏夕阳美景
5	上午	变身塔 东梅奔寺 塔逊寺 格劳尔哥寺 涅槃宫
	下午	圣剑寺 西池（→p.74）
6	全天	高布斯滨（→p.83）
7	上午	格罗姆寺（→p.75）
	下午	沃阿维寺（→p.75）

可乘牛车往返于罗洛士遗址群的巴公寺与格劳尔哥寺之间

皇家浴池附近的道路标识

遗迹至今依然是当地人信仰的对象。参观时请注意礼节

吴哥遗迹群列入世界遗产名录

阿普莎拉机构与区划

世界遗产认定

1992年12月，吴哥遗迹群被联合国教科文组织认定为世界遗产（濒危遗产）。此前柬埔寨在1991年11月批准了《世界遗产条约》。被认定为世界遗产的区域的面积为400平方公里，在此范围内的古迹均可视为世界遗产。其特征在于：并非是对一个单体（点），而是对包含森林（自然）与村庄（居民）在内的地区（面）进行整体的保护。如果一定要列举其中的遗迹数量，粗略估算大概有100个，但是这个数字的意义并不大。其原因在于，吴哥遗迹群是作为一个地区整体被列为世界遗产的。除了遗迹区域之外，暹粒河畔的水利景观与从吴哥地区向地方延伸的古道周边也在一定的规定限制下得到了保护。

认定的背景・因由

1992年，在评定世界遗产之际，实际上要求柬埔寨在3年之内必须实现5个条件。当这5个条件逐一实现后，也就是在1995年12月，吴哥遗迹群才正式成为世界遗产，而这一情况并未广而周知。

5个条件具体如下：①制定新文化财产保护法；②设立国家保护机构；③设立基于ZEMP[※1]的永久性界限；④设定缓冲地带；⑤监查和调节国际合作活动。

联合国教科文组织“附带条件的濒危遗产认定”的做法是为了保护遗迹免受“无次序开发”。最主要的是，当时还未充分掌握遗迹的分布情况。1993年10月，柬埔寨接受《东京宣言》[※2]，同年12月在金边召开了第一届ICC国际会议[※3]。之后的1994年5月，发布了区域划定规定。1995年2月，设立了管理遗迹的国家机构阿普莎拉机构，1996年1月开始实施文化财产保护法并延续至今。柬埔寨的ICC获得成功后，值得一提的是，自2003年起，为了救助阿富汗的文化遗产，也采用了同样的方法。

阿普莎拉机构

阿普莎拉机构负责的区域是暹粒全省，地域广阔。这是一个横向组织机构，其工作内容除了保全遗迹之外，还综合地处理开发、观光以及环境等相关事宜。这可以说是该机构引以为傲的最大特征。关于区域划分，实际上设定了5个阶段，主要的开发限制对象区域是下图虚线内的部分。2004年7月，在阿普莎拉机构自身与众多保护遗迹的国际支援团队的努力下，吴哥遗迹群成功脱离濒危遗产的称号。

2004年8月，政府向区域居民说明了“彻底实施区域管理”的决定，并且强化了取缔机制。最初，感到震惊的居民们强烈反对政府的上述举措，但是考虑到与森林同在的遗迹才能真正地体现价值，政府迎难而上，将其作为首要课题，至今依然在进行推广普及。2006年3月，阿普莎拉机构取得ISO14001（环境管理标准）[※4]认证。这是世界遗产地区中出现的第一个先进组织。

未来

今后，对于其他地方的遗迹，也要加以保护，逐步推进世界遗产认定与向旅游胜地过渡的工作。保护遗迹的人才培养需要很长的时间，但是，随着柬埔寨国内基础建设的兴起，遗迹转眼间就会过渡为旅游胜地，这样下去，遗迹保护的充实度与旅游胜地的发展速度之间就很难平衡。尽管遗迹保护的重要性已广为人知，但实际上，“保存问题”对于“开发”而言，是十分脆弱的现实问题。我们应该学习联合国教科文组织在认定吴哥遗迹群为世界遗产时所采取的紧急应对措施，并将该经验灵活运用于其他遗迹的未来规划工作。

※1　ZEMP

ZEMP指“暹粒地区的区域划分与环境管理计划（Zoning and Environmental Management Plan for the Site of Angkor）”。1992年以后，联合国教科文组织形成了以外国专家为中心制订的包括各个领域的政策方案在内的计划。1994年2月，该计划得到了柬埔寨政府的认可。之后对吴哥地区的整体政策产生了极大的影响。

※2　《东京宣言》

1993年10月12~13日在东京召开了“吴哥遗迹救助国际会议”，对以吴哥地区的保护与发展为目的而采取的国际合作方式进行了讨论，并发表《东京宣言》。10年后，2003年11月14~15日在巴黎召开的会议对迄今为止的10年进行了总结，并围绕今后10年的规划展开了讨论。

※3　ICC国际会议

接受东京宣言之后召开的名为ICC的国际会议。第一次会议于1993年12月22~23日在金边召开。会议至今仍在持续，近年来，暹粒每年会召开2次会议。各国专家广泛讨论以吴哥遗迹保护问题为主的城市开发与环境问题等。

※4　ISO14001（环境管理标准）

在吴哥地区，庞大的垃圾量、垃圾处理力度不足、河水水质恶化以及森林破坏等与观光开发相关联的环境污染已经成为十分严重的问题。阿普莎拉机构致力于引进世界标准ISO（国际标准化机构：International Organization for Standardization）的ISO14001（环境管理系统：与EMS相关联的国际标准）。2006年3月，成为世界范围内首个获得认证的世界遗产区域。

柬埔寨人眼中的吴哥遗迹

因吴哥寺而闻名的国家柬埔寨，经常会被问到这个问题："以吴哥寺为首的石造古迹，对于柬埔寨人（高棉人）来说，意味着什么？"这是很难用一句话回答的问题，但我是这样理解的：寺院即石造古迹，特别是吴哥寺，是凝聚了柬埔寨历史、文化、传统以及风土人情的存在，是高棉民族之魂，是自我认同的承载。那么，就让我们想一想，柬埔寨人在什么时候会深深地感受到自己是柬埔寨人呢？

柬埔寨人的自我确认

长年以来，能够让柬埔寨人意识到自己是柬埔寨人的具体形象有哪些呢？首先是自古以来一直存在的王国，通用的高棉语，大湖、大河以及大平原等自然环境中的村落生活，佛教寺院的存在等；其次是祖先建造的随处可见的吴哥时代的各处石造古迹，这些都是"让柬埔寨人感觉到自己是柬埔寨人的标志"吧。

自古以来，柬埔寨的自然、生活、传统文化以及信仰都没有中断，一直传承了下来。回顾柬埔寨的历史，至今为止虽然曾几度陷人民族存续的危机当中，但其文化之魂却以顽强的生命力得以传承，并且一直流淌在柬埔寨人的血液当中。

古迹是祖先与今人交流的桥梁

大家如果去了吴哥地区南部的洞里萨湖，便可通过巴戎寺古迹的回廊浮雕了解当地的自然环境与古人的生活状态，继而发现现在的自然与生活并未发生什么变化。此外，如果访问附近的村庄，还可以看到自古流传下来的牛车与家舍，人们的笑脸让人联想到古迹浮雕中的阿普莎拉（天女）与蒂娃妲（女神），或者四面塔上雕刻的观世音菩萨的微笑。

对于柬埔寨人来说，古迹不仅仅是石造的建筑物，还意味着与祖先相遇与牵绊。基本上所有的古迹中都有寺院或者祭祀"涅阿库塔"祖先的殿堂。当地人通过参拜寺院与祭祀祖先来保持与祖先之间的牵绊。此外，为了避免日常生活中的疾病与灾难，或者为了许愿而向古迹内的佛像与神像供奉供品也是出于相同的目的。每逢宗教祭祀仪式与新年，人们会从全国各地来到吴哥寺与巴戎寺参拜，其热闹情景非同一般。

古迹与生活紧密相连

在柬埔寨人的家中经常可以看到仿照吴哥寺、巴戎寺的四面塔以及阿普莎拉制作的雕刻作品。以酒店为代表，餐厅、迪斯科舞厅、照相馆以及礼品店等众多场所均以古迹的名称命名。如果没有准确地向导游传达要去"女王宫餐厅"的话，则很有可能被拉到40公里开外的"女王宫"古迹去。游客中应该有人经历过这种让人哭笑不得的遭遇吧。总之，祖先遗留下来的古迹已经是柬埔寨人生活的一部分了。

柬埔寨的精神之源与骄傲

一方面，这些古迹的地位可以说已经上升到了国家高度。柬埔寨的国旗上描绘有吴哥寺的剪影，古迹形象也被用于纸币设计当中。另一方面，人们认为古迹中居住着国家的守护神，每当发生与国家命运息息相关的事件时，都会前往祈祷。

1994年，吴哥寺的中央塔遭受雷击，政府的高官们曾祈祷国家免受灾害。此外，1998年，大选中当选的议员们也在国王与吴哥寺的众神面前宣誓，将忠诚于国家与国民。在祖先面前，无论是谁都会变得正直。

如此这般，吴哥古迹就成为了柬埔寨国家本身与柬埔寨人的精神寄托，同时也是民族统一的象征。它也是每个柬埔寨人的骄傲。

最后，有一点令人担心的地方。在近年的观光热潮中，当地居民逐渐被从祖先的灵魂居所——吴哥古迹中驱散了出来。作为一个柬埔寨人，我真心希望吴哥古迹是一个作为当地居民生活场所的"活着的古迹"，而不要因经济第一主义牺牲成为"死掉的古迹"。

大家不妨站在上述视角来观赏吴哥古迹。

劳·基姆·梁（上智大学吴哥遗迹国际调查团）

天空的乐园

吴哥寺

Angkor Wat អង្គរវត្ត

MAP p.12-3B

参观时间 2小时

创 建 者：	苏利耶跋摩二世
建造年代：	12 世纪初
宗教信仰：	印度教
寺院形态：	金字塔式

※被南北约 1300 米、东西约 1500 米的护城河所环绕

从老市场出发，汽车=15 分钟、嘟嘟车=20 分钟

高棉王国拥有以吴哥寺为代表的巨大寺院群，其领土曾扩大到中南半岛的大部分区域与马来半岛的部分区域，是真正意义上的大帝国。除了因宏大的规模与漂亮的外观而闻名世界的吴哥寺之外，王国全境内还建造了数百座宗教设施。

现在的暹粒地区保留的王都遗迹曾是大农业王国的首都，同时也是王国内水资源最为丰富的都市。

暹粒地区建造了大小各异的百余座寺院，但是，创建时便具有崇高地位的可以说就是这座吴哥寺了，吴哥寺不仅是一座宗教设施，同时还是这座城市的象征所在。

密林中忽然现出的吴哥寺雄姿，就仿佛是拥有独自世界观的一个强大的小宇宙。

①吴哥寺被南北约 1300 米、东西约 1500 米的护城河所环绕，参拜道长约 600 米 ②吴哥寺在全世界也是屈指可数的观光胜地，全年约有 300 万游客到访 ③面向吴哥寺，左侧的北圣池前是“逆光下的吴哥寺”纪念照的拍摄地点，景色十分美丽 ④西参拜道南侧约 50 米处临时架设的浮桥。西参拜道修复工程期间，需要通过此桥梁进入景区 ⑤吴哥寺的日出是一生之中务必要看一次的绝美景观 ⑥墙面上雕刻的美丽女神像也是吴哥寺的看点之一

information

● 入场时间

本书调查时，参观时间是 5:00~17:30。6:00 之前只能参观西塔门至藏经阁附近区域。此外，17:30 之前必须由西塔门离开景区。收费处（票务中心）的营业时间是 5:00~17:30。

吴哥寺的中心部分规定有大致的参观线路（MAP p.→26）。

● 最佳游览时间

吴哥寺正面朝西，因此上午是逆光。由此看来，下午前往参观更佳，但是，上午虽然逆光，游客却相对较少，夏季与冬季的旅游旺季，下午多会出现人山人海的拥挤场景。

此外，如果天气好的话，日出与日落的时段也可以欣赏到非常精彩的景色。不过，西塔门内侧的参观时间截至 17:30，因此，无法从中央殿堂欣赏日落美景。

● 餐厅与洗手间

西参拜道的入口附近设有餐厅与众多出售果汁等的摊位。餐厅中设有洗手间。吴哥寺内共有两处洗手间，分别位于距离北侧圣池数十米处摊位较为集中的小巷深处（1000R）与南侧新建寺院的北侧（免费）。

● 服装

由于需要上下陡峭的台阶，因此要穿着易于行走且合脚的鞋子。此外，切忌穿着过于暴露的服装。

● 吸烟与饮食

吴哥寺内全境禁烟，同时禁止饮食（只能饮用随身携带的水）。但是，在北侧圣池附近摊位较为集中的街道可以吸烟或者饮食。

※ 西参拜道自 2017 年 5 月起因修复工程禁止通行。修复工程计划用时 5 年，其间可使用架设在西参拜道南侧的临时浮桥。

1 吴哥寺中隐藏的秘密及其魅力

为能够修行成神而修建的仪式空间

吴哥王朝时代拥有强权的国王并不算多，国王总是在与地方势力互相斗争。尽管如此，暹粒地区在500年间一直是国都的所在地，究其原因，除了该地区是经济与政治要地之外，新任国王还需要通过兴建寺院等来证明自己是前任国王的正统继承者。此外，还有一个重要的原因，那就是吴哥王朝的国都实际上也是宗教意义上的圣都。

国王控制圣域并对其周边地区进行统治之后，往往会兴建比前任规模更大的寺院，并在此举行盛大的登基仪式以向全体国民彰显自己的权势。该寺院不仅仅是王权的象征，同时还是国王与作为宇宙统治者的诸神达到王神合一的神圣场所。虽然每个宗教的方法各异，但是，自古以来，人们普遍认为国王可以在特定的神圣场所与被誉为宇宙统治者的诸神进行交流。而残留在吴哥地区的众多宗教古迹便是国王与天界（宇宙）交流的场所。

吴哥寺的创建者苏利耶跋摩二世为了把王权加以神化，通过这座建筑表达了自己的宇宙观。吴哥寺供奉有印度教三大神之一的毗湿奴神，寺院内以中央殿堂及将其环绕的4座尖塔作为宇宙中心，而中央殿堂便是毗湿奴神降临后王神合一的神圣场所。

同时，这座寺院还是埋葬苏利耶跋摩二世的墓地。虽然乍看有些矛盾，但是基于死后王与神将融为一体的神王思想，寺院与其说是信仰的对象，倒不如说是国王死后居住的地上乐园。

吴哥寺的宇宙观

中央殿堂▶象征着位于世界中心且居住有众神的迷楼山（须弥山）。

周围的回廊▶象征着雄伟的喜马拉雅山脉。

环形渠▶象征着浩瀚无边的大洋。

那迦▶象征着永生不死。被认为是连接神界与人界的桥梁。

为神建造的宫殿与为王建造的宫殿

在高棉建筑中，为神而建的宫殿采用经久耐用的岩石与砖作为原材料，而为国王建造的宫殿则采用象征着自然恩赐的木材作为原材料。在“为神建造的宫殿”吴哥寺中，沿着参拜道一步步向中心方向行走，到了最后就是最重要的空间了。吴哥遗迹的宗教建筑，未采用西洋式的拱门构造，而是通过堆积岩石与砖而建造完成的石造建筑，由于技术上的制约，很难通过这种方式建造大型建筑。因此，吴哥寺所采用的是将各种小型且独特的建筑连成一体的建筑手法。

金边市中心是一座面朝大河的王宫（→p.218）。

治水者则治国

吴哥寺中心部位的十字回廊中，有4处被认为是沐浴场所的圣池。第三回廊也一样是有4座圣池分别位于4个方向。但是，这些圣池不仅仅是国王沐浴用的设施，同时还是展示支撑帝国农业的治水技术的宗教设施。农业用的蓄水设施，由确保必要水源的池子与对水源进行再分配的水道构成。这些圣池中的水向四方扩展，象征着可以确保旱季必要的水源。也就是说，神灵居住的乐

十字回廊的天顶与柱子还残留着当时的色泽

园里的圣池，实际上是高棉的灌溉装置，充分显示出这种将水源分流并全面对耕地进行灌溉的方法的优越性。吴哥寺正是这样以各种形式将宗教的宇宙观具体化的。十字回廊的4个圣池代表地上的圣池，而第三回廊的4个圣池则代表天上的圣池。

除了这些宗教含义之外，还有技术方面的原因。包含吴哥寺在内的高棉建筑，除了对回廊进行组合之外，没有办法建造出大的内部空间，因此就有必要建造出不加屋顶的水池空间了。此外，在比地面高的位置建造蓄水池，即使是现代技术也是不容易实现的。

设计者们为了突破技术上的制约而进行了各种努力，最终建成了这座“天空中的乐园”，这既是高棉建筑的秘密所在，也是它的魅力之处。

2 造型的影片——风姿变幻的吴哥寺（西参拜道~第一回廊入口）

一边享受风景，一边漫步前行

站在西参拜道前，吴哥寺好像全景照片横在长条相框中一样，水平线特别突出，这更加彰显了其壮丽的身姿。不必着急走向第一回廊，慢慢地走在参拜道上，体验一下往日的氛围吧。

一边享受风景一边漫步前行，是从视觉上把握建筑的一种方法。将有广角镜头的照相机挂在脖子上，每 20~30 步停一下，看看镜头里的风景吧。尽量将相机放平，这样可以通过取景器确认景色的变化。不必每每按下快门。人若过分专注，反而容易失去观察力……

西参拜道因修复工程关闭，计划在 2020 年前后竣工。工程期间请使用临时搭设的浮桥

随着在参拜道上前行，位于中央的 3 座尖塔（实际是 5 座）若隐若现。注意观察的人应该马上可以理解设计者的意图。这种有意识的平面构图，正是解开隐藏着的吴哥寺造型表现之谜的关键线索。同时，吴哥寺作为高棉建筑的集大成者，也是我们了解吴哥寺建造完成前建筑技术变迁的关键点。

上智大学吴哥遗迹国际调查团自 1996 年起便开始对西参拜道展开了考古学·建筑学调查与修复工作，并一直延续至今。

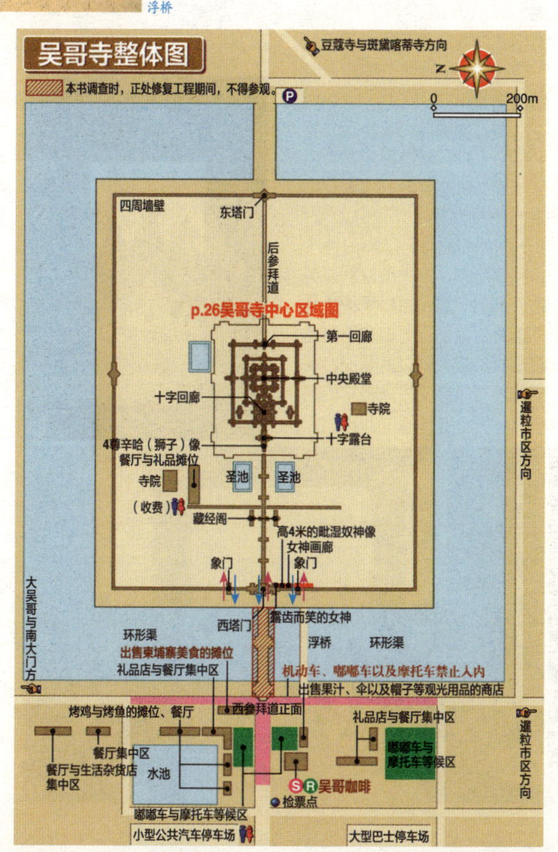

在参拜道上前行

登上参拜道的第一级台阶（图片①）后便是一个平台。请试着感受吴哥寺浮现在代表着大海的环形渠中的场景。参拜道的两侧设有雕刻着那迦（蛇神）的栏杆，这里的那迦意味着船只，意为渡海。站在平台上，应该可以看到前方带有回廊的西塔门与中央殿堂群重合在一起。这里的入口，暗示着里面还有大型建筑在等待着我们。

到了下一个平台，之前看到的中央殿堂群的身影便会突然消失（图片②）。

①站在西参拜道的正面平台上，可以看到两座尖塔，但是却看不到中央殿堂。这里有工作人员为游客检票，马上就可以入场了　②沿参拜道朝着平台方向前行，两座尖塔逐渐从视野中消失

③到了西塔门，中央殿堂的身影开始从门框中显现
④西塔门山墙上深刻细致的雕刻

继续沿参拜道前行，就到了四周建有围墙的西塔门前的台阶（图片③）。在这个西塔门的台阶前面，所有殿堂的身影都消失了，只能仰头看到西塔门的山墙（图片④）上的雕刻。山墙部分是重要的装饰对象，被施以用心的装饰，因此备受美术史的关注。它所选用的题材、构图以及雕刻的深浅等都成了判断风格类型的标准。

接着登上西塔门的台阶，黑暗的塔门中央突然出现了犹如置于纵向相框中的中央殿堂的身影（图片⑤），这无论如何都不能算是偶然。在这里只能看到中央殿堂一座建筑，上下左右严丝合缝地被门框框入。刚刚从参拜道走来的时候，一直被遮挡的中央殿堂却在这里突然出现了。很明显这是有意设计的空间结构效果。

在昏暗的西塔门中，可以看到纵长的长方形开口部外三座塔楼的身影（图片⑥）。附带说一下，在西塔门内西行，祭祀有高4米的毗湿奴雕像（→p.36），西塔门背面还有罕见的露齿微笑的女神（→p.27）浮雕，因此，游客可以前往观赏。

穿过西塔门之后，在立有4根柱子的门廊处可以看到由三层回廊围绕且两侧建有副殿堂的中央伽蓝（即中央殿堂，图片⑦）。此时，门廊的柱子将画面分割，中央殿堂群显得格外突出。离开由柱子构成的框架之后，可以更加意识到建筑规模的宏大。也就是说，在塔门内可以感受中央殿堂的高度，而离开门廊之后则可感受中央殿堂群的横向宽度，建造者通过上述双重技巧将中央殿堂的宏大规模渲染到极致。

⑤在西塔门的入口处，可以看到宛如图画一般的中央殿堂　⑥在西塔门中，逐渐可以看到殿堂群的全貌了　⑦穿过西塔门后，在这里初次看到殿堂的全貌。这里是人人都想拍照的场所

⑧参拜道两侧的圣池也是人气极高的摄影场所。游客可以在北侧的圣池前骑马留影 ⑨通往中央殿堂方向的参拜道两侧设有藏经阁。游客还可以在参拜道南侧的藏经阁前骑马留影。无论何处，骑马留影均为收费项目，每张照片需要支付 US$1~ ⑩如果看到了辛哈与那迦，就请暂时停下来，欣赏一下周边的景色吧。设置在参拜道上的那迦，寓意为船只（十字平台前的那迦栏杆）

让人暂时停驻的标志物

沿着参拜道继续向前走，仿佛是为了让游客确认自己与中央殿堂之间的距离一般，左右两侧依次对称地分布着圣池（图片⑧）与藏经阁（图片⑨）。而且，在藏经阁与圣池的分界点，还设置了简朴的平台。西参拜道前与经过西塔门后的参拜道上，共计有 10 个平台。平台南北两侧设置的辛哈（狮子）雕像与那迦（蛇神）栏杆（图片 10）是吸引游客暂时停下的重要标志物。

另外，人们基本上都会下意识地进行水平方向的移动，但是对于垂直方向的移动，则需要某种意义上的判断力。准备登上台阶的时候，有时会突然想起忘记的东西，或者对之前没有注意到的周边风景而感到惊讶。有人说，如果水平移动表现的是“日常性”，那么，垂直移动则代表“非日常性”。也就是说，台阶、有上下落差的位置以及平台等建筑装置都是在向游客发出信号：“请在这里暂时停下，好好观察一下周边的建筑吧。”

建筑造型的连续剧

看到中央殿堂之后继续向前，不久便可抵达十字平台（图片⑪）。站在正面，平台、第一回廊以及中央殿堂连为一体，好像陷入了一种遇到建于群山山顶的殿堂群的错觉。很明显，这种设计是有意识地使第一回廊至第三回廊之间的屋顶产生连续性。构成这种连续面的回廊之间存在一定距离，因此，游客站在不同的平台上望去，会有不同的感官印象。

站在十字平台的台阶下方，台阶本身就会遮挡视线（现在设置的是木质台阶，因此不会出现遮挡视线的情况）。但是，一步一步登上台阶之后，中央殿堂的身姿便会再次出现。

随着距离第一回廊的入口越来越近（图片⑫），那若隐若现且之前一直被游客当作目标的中央殿堂的尖塔再一次完全从视线当中消失。之后，在穿过十字回廊并登上陡峭的台阶之前，游客们要先暂时告别这座尖塔的身影了。

从设计原理来看，中央殿堂的尖塔应该是距离越近，视觉效果越大。但是，其若隐若现的视觉感使建筑造型充满戏剧性，这也是吴哥寺的建筑秘密所在。

通过遗迹内的任何一处设计，均可感受吴哥寺的建筑布局与不同的建筑高度所引发的视觉表现的变化。“蓄意遮挡”是吴哥寺建筑手法之一，这比展现在游客面前的空间设计更具难度。这种“不让看”的设计给游客带来了强烈的视觉冲击。

⑪在 4 座辛哈的迎接下登上十字平台。本来在登上台阶之前，前方的风景会一度从视野中消失，但是，现在所使用的是便于攀登的木质临时台阶，因此就不会出现这种景象了。如果想体验原始的状态，可以蹲在建筑的正面去尝试一番 ⑫从平台继续前行，可以看到通往内部的一条昏暗的通道。还可以看到第一回廊的格构窗

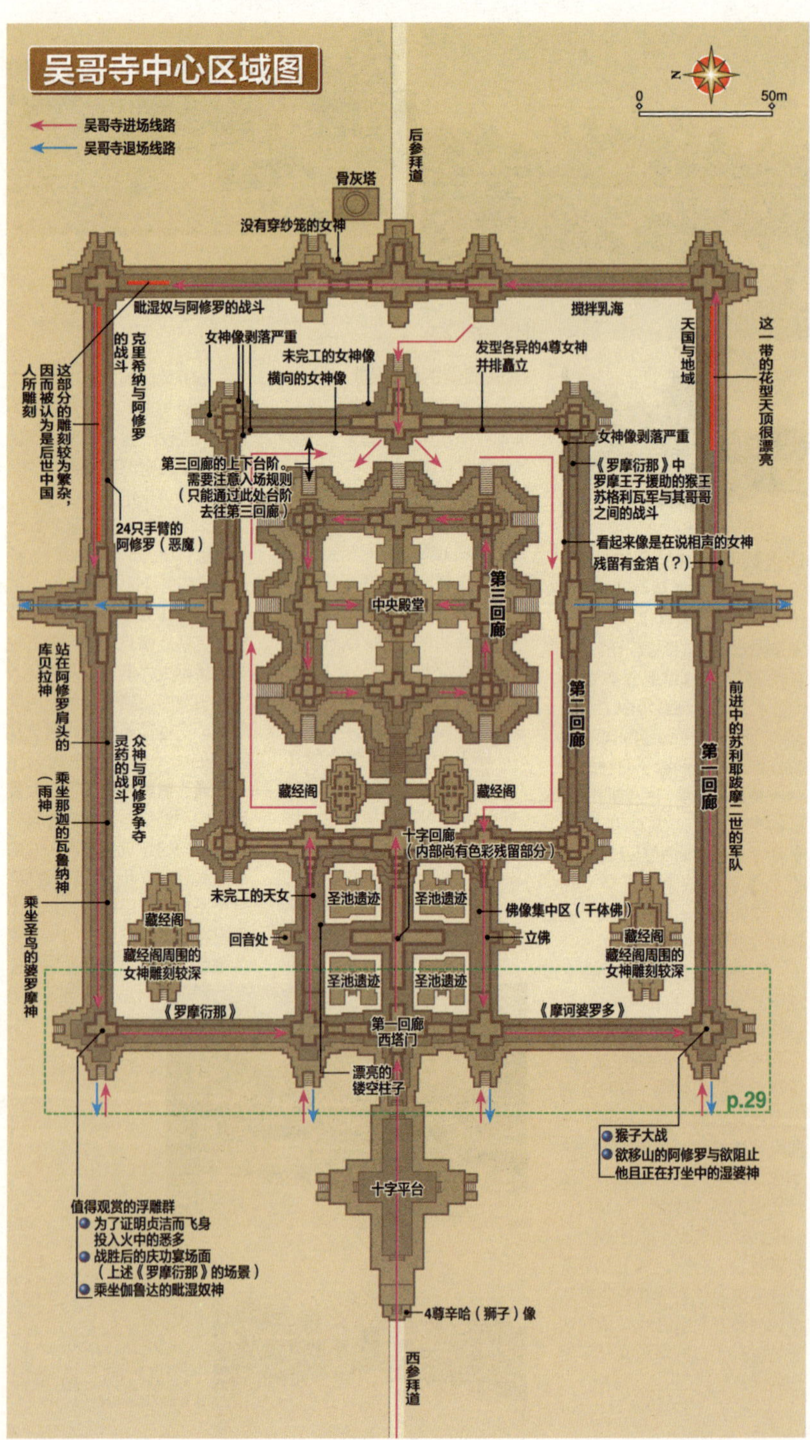
吴哥寺中心区域图
吴哥寺进场线路
吴哥寺退场线路
0
50m
N
后参拜道
骨灰塔
没有穿纱笼的女神
毗湿奴与阿修罗的战斗
搅拌乳海
这部分的雕刻较为繁杂，因而被认为是后世中国人所雕刻
克里希纳与阿修罗的战斗
天国与地域
这一带的花型天顶很漂亮
女神像剥落严重
未完工的女神像
横向的女神像
发型各异的4尊女神并排矗立
女神像剥落严重
第三回廊的上下台阶。需要注意入场规则（只能通过此处台阶去往第三回廊）
《罗摩衍那》中罗摩王子援助的猴王苏格利瓦军与其哥哥之间的战斗
24只手臂的阿修罗（恶魔）
看起来像是在说相声的女神
残留有金箔（？）
中央殿堂
第三回廊
站在阿修罗肩头的库贝拉神
第二回廊
众神与阿修罗争夺灵药的战斗
前进中的苏利耶跋摩二世的军队
第一回廊
乘坐那迦的瓦鲁纳神（雨神）
藏经阁
藏经阁
十字回廊（内部尚有色彩残留部分）
未完工的天女
圣池遗迹
圣池遗迹
佛像集中区（千体佛）
乘坐圣鸟的婆罗摩神
回音处
立佛
藏经阁
藏经阁周围的女神雕刻较深
藏经阁
藏经阁周围的女神雕刻较深
圣池遗迹
圣池遗迹
《罗摩衍那》
《摩诃婆罗多》
第一回廊西塔门
漂亮的镂空柱子
p.29
猴子大战
欲移山的阿修罗与欲阻止他且正在打坐中的湿婆神
十字平台
值得观赏的浮雕群
为了证明贞洁而飞身投入火中的悉多
战胜后的庆功宴场面（上述《罗摩衍那》的场景）
乘坐伽鲁达的毗湿奴神
4尊辛哈（狮子）像
西参拜道

争奇斗艳之美

女神聚集的妖艳世界

吴哥寺的墙壁上雕刻有无数的女神像。她们的美丽无声地隐现在让世人折服的高贵气质中。每一位女神的薄衣式样、装饰品以及面部表情均有微妙的不同。发型、发饰以及纱笼（缠在腰间的筒状长裙）等装饰品，有从豪华到大胆的各种各样的设计，将它们逐一进行对比也将会是非常有趣的一项体验。

此外，遗迹中还隐藏有独具特色且略显另类的女神像。不妨一边遥想当年女官的风貌，一边享受探寻秘境的乐趣吧。

那些充满诱人魅力的微笑女神，正穿越时空，把我们引向众神的世界。

美丽的女神壁雕

沿西参拜道径直前行便可抵达象门，从象门到西塔门，雕刻精细的美丽女神像排列紧密，如同画廊一般。其中，有一座露齿而笑的女神像尤为罕见。西塔门南侧的背面也要好好看一看。

在第二回廊的东侧与南侧也可以看到很多风格各异的女神像。

压轴作品位于第三回廊的内壁与中央殿堂周边。站姿看上去虽然有些奇怪，但是女神像的表情与雕刻师的技术堪称完美。

①不知为何将头侧到一边并呈现出悲哀的神情（第二回廊内侧东墙） ②头饰与颈饰等装饰品特别漂亮（中央殿堂两侧） ③第一回廊与十字回廊附近的女神像大都很光滑。其原因可参照本书后续内容 ④姿态十分有趣的女神像，仿佛在表达“为什么呢”“对不起”等含义（第二回廊内侧南墙） ⑤发型各异的4尊女神像并排在一起，看上去十分壮观（第二回廊内侧东面）。据说每尊女神像都有实实在在的女官原型，如此众多的女神像中绝对不会出现相同的姿态与表情 ⑥露齿而笑的女神像，看上去可爱动人（西塔门背面） ⑦第一回廊内侧的藏经阁的女神像与其他女神像相比，雕刻得更深

第一回廊是壮丽的浮雕画廊

西面（北侧）

西面北侧、西北角以及西南角的拐角处，雕刻有印度古代叙事诗《罗摩衍那》的场景。其他吴哥遗迹中也大都可以看到以此故事为题材的雕刻。在柬埔寨，"罗摩衍那"又被称为reamker，通过舞蹈与皮影戏的形式将故事展现在世人面前。据说故事中出现的猴将军"哈努曼"是《西游记》中孙悟空的原型。

《罗摩衍那》

很久以前，本应继承阿逾陀城王位的罗摩王子与妻子悉多以及弟弟一起在森林隐居。之前一直想对悉多下手的魔王罗波那劫走悉多并将其监禁。罗摩王子前去营救悉多，但是途中遇到了猴王苏格利瓦，并听说苏格利瓦的妻子也被他的哥哥夺走了。罗摩王子十分同情境遇相似的猴王并与其结盟，打败了苏格利瓦的哥哥。为了报恩，苏格利瓦率领猴群协助罗摩王子进攻罗波那所居住的浪卡岛。战斗空前激烈，但是在神猴哈努曼与神鸟揭路荼的帮助下，终于战胜魔王罗波那。不过，罗摩王子怀疑悉多的贞操，悉多感到十分悲伤并投火自明。火神从熊熊烈火中托出悉多，证明了她的贞洁。罗摩王子携妻子悉多回国并登基为王。

①用脚踢狮子的猴军尼拉咬住恶魔军普拉哈斯塔不松口，双方扭打在一起的场景　②战斗的最高潮。站在猴军将领哈努曼肩头上射箭的罗摩王子。罗摩王子后方手持弓箭的是他的弟弟罗什曼那，再后面是魔王罗波那的弟弟维毗沙那。罗摩王子的姿容酷似创建吴哥寺的苏利耶跋摩二世　③与哈努曼军队对阵的是长着20条手臂与10个脑袋的魔王罗波那　④罗摩王子射出的箭击中苏格利瓦的哥哥巴林并将其致死的场面

※①~⑧分别与示意图上的编号对应。

吴哥寺第一回廊的浮雕通过将图像依次排列在同一平面的方式来对空间进行描绘，
与其把它比喻成徐徐展开供人观看的画卷，倒不如说是具有情节的完整的故事。
在美术史学家中，有人认为高棉的壁画雕刻只是一种画面的连续重复，
情节单调且绘制不够精彩。的确，从艺术作品的角度来看，它还未达到尽善尽美的境界，
不过想要表达的内容却已经真实地传递出来了。
请在这里尽情地享受长篇巨制的画卷世界吧。

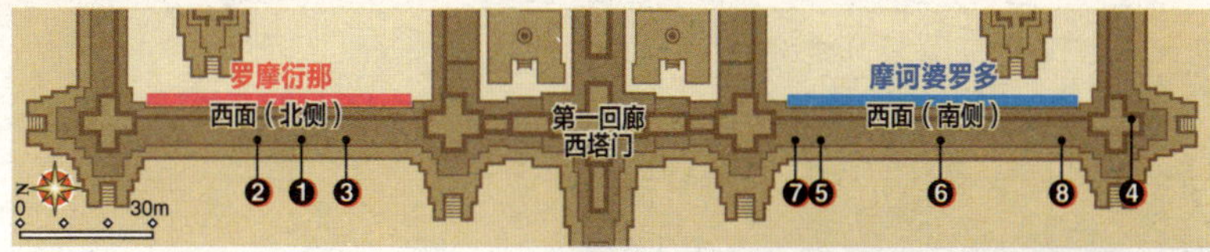

西面（南侧）

第一回廊的西面南侧描绘的是印度古代叙事诗《摩诃婆罗多》的最高潮场景。

克利须那神的故事与印度教的经典等逸闻与传说穿插其中，被誉为印度教神话的源泉。

《摩诃婆罗多》

是讲述潘达瓦军与库拉瓦军之间围绕王位展开王室内部争斗的悲剧。潘达瓦军借助克利须那（毗湿奴神的化身）的力量在这场历时18天的殊死战斗中取得了胜利。

⑤被箭射中后倒下的指挥官仍然在发号施令的场景　⑥向敌区进军的双方士兵激烈交战的场景　⑦面向墙壁，由左至右进攻的是库拉瓦军　⑧由右至左进攻的潘达瓦军秩序井然。他们手持枪与盾，在大象与马车上拉弓射箭

南面（西侧）

南面西侧描绘的是吴哥寺创建者苏利耶跋摩二世行军的场景。

①坐在正中央的是苏利耶跋摩二世，他是建造吴哥寺的国王。据说在建造之初，浮雕中国王的身上覆盖了一层金箔。现如今，周围残存的朱红色也是当时的色彩。这幅浮雕描绘的是国王在出征之前命其右下方端坐的占卜师对出征日期与战争情况进行占卜的场景。这场战争是与越南的占婆军之间展开的战斗。即便是现在，柬埔寨人通过占卜来决定重大事件的习惯依然根深蒂固　②行军中还有暹罗（泰国）的雇佣兵。雇佣兵的面部表情与行走姿态不同于高棉军，他们多会露齿或者嗤笑，与整齐行进的高棉军队的士兵相比显得十分有趣　③奔赴战场的苏利耶跋摩二世，头戴象征神的尖顶三角帽。被很多遮阳伞簇拥彰显着他极高的地位　④描绘宫廷内女性仪容整洁的姿态

Column

壁画的欣赏方法

高棉壁雕的构图，基本上分为3个部分。画面自下而上依次为近景、中景以及远景，通过这种画面分割方法来彰显透视感。因此，可以通过壁画来品味与现代透视法不同的趣味。特别是近景，很多人物与动物的手脚都重合在一起，因此，不习惯这种表现手法的人会有繁杂的感觉。因部分区域被过分刻画使作者真正想描绘的主题反而变得模糊不清。

漫步回廊的时候，可以将这些雕刻作品当作连续的动画，信步前行，慢慢欣赏。切忌对其中某个画面断章取义。在连续的故事当中感受作者想要表达的意图，才是最重要的。如果带着这种心态去观赏，壁雕自然会将其中的故事娓娓道来。

这些采用人们所不熟识的透视法所表现的作品，无疑带给我们的是超乎想象的意外感动与新鲜感。只要创作意图明确，无论采用何种技法，它都是充满魅力且具有说服力的作品。总之，对于创作来说，想要表达的内容才是最重要的，作者自身散发出的强烈能量往往会引发人们内心的感动。

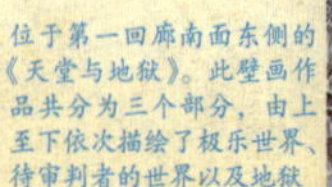

位于第一回廊南面东侧的《天堂与地狱》。此壁画作品共分为三个部分，由上至下依次描绘了极乐世界、待审判者的世界以及地狱

南面（东侧）

南面东侧详细地描绘了“天堂与地狱”的场景。地狱的景象令人细思甚恐。

⑤南面东侧的《天堂与地狱》。这幅壁画共分为三个部分，情节十分丰富，值得一看 ⑥这是阎王（阎魔）。18只手拿着剑，骑着水牛 ⑦堕入地狱的人们。在最下面的地狱部分，倒吊着的人们被棍棒殴打。据说以人们生前的行为为依据将地狱分为32层 ⑧阎王刺出手中的利剑并下达判决的场景 ⑨⑩⑪⑫地狱的刑责与苦难。被拔舌的人（⑨）、被穿刺的人（⑩）、全身被钉满钉子的人（⑪）、很多人被放在上面火烤（⑫），这些关于地狱的描绘，与其他壁面的雕刻相比显得更加详尽

天堂与地狱

第一回廊的南面东侧雕刻的是描绘死后世界的“天堂与地狱”。这是吴哥寺被认定为坟墓寺院的依据。壁雕共分为三个部分，由上至下依次描绘了极乐世界、待审判者的世界以及地狱。地狱的部分描绘了遭受拔舌、火刑、针刺以及鞭打等酷刑的人们，同时，还有恳求阎王减刑的人们。为篡权夺位而对政敌进行残忍镇压的苏利耶跋摩二世应该比任何人都渴望死后走向通往天堂的道路吧。为了死后能够与毗湿奴神合体，国王无疑会用尽各种手段。这种情况下，害怕墙壁空白的也许正是国王本人吧。

东面

东面南侧描绘的是“乳海搅拌”，北侧描绘的是毗湿奴神与阿修罗的战斗。

乳海搅拌

在第一回廊的东面南侧，是长达50米的描绘了“乳海搅拌”的故事的壁雕，这是广为人知的印度教的创世神话。神龟库尔马是毗湿奴的十种化身之一，它稳稳地拖住了曼达拉山，两侧的众神与阿修罗（与众神对立的恶魔）用大蛇（瓦苏吉）作牵动大山搅拌的绳索，一切准备工作就绪，神魔们开始奋力搅拌大海，这也是柬埔寨的创世神话。还可以看到在中央指挥的毗湿奴神的身影。他们搅拌了成千上百年，将大海变成乳海，从中诞生了阿普莎拉与毗湿奴神的妻子拉克什米，最后得到了长生不老的灵药“阿姆利塔”。

①“乳海搅拌”的中心画面——在曼达拉山上指挥的毗湿奴神。想要拿到长生不老药的众神与阿修罗谈判并约定药出现在哪一方就归哪一方所有，意见达成一致后开始搅拌。画面最下方描绘了海里的鱼因搅拌而被撕裂拉断的场景。灵药出现在阿修罗军队一方，阿修罗马上就将它吞了下去。如果阿修罗真的能够长生不老，将会是非常麻烦的一件事情，因此，毗湿奴神迅速将阿修罗斩首，并将掉落的药物分发给了众神。之后，众神变成不死的象征，而被斩首的阿修罗则变成了卡拉（→ p.65）（东面南侧） ②众神之中还有四面佛的形象。关于四面佛有如下传说：最初四面佛有5个头，但是，有一次他被爱神的箭射中之后性情大变，被湿婆神砍下第五个头。等他恢复之后，就变成了现在4个头的样子了（东面南侧） ③据说是后世（16世纪前后）由中国人雕刻的浮雕。可以看出明显不同（东面北侧） ④规模壮大的“乳海搅拌”。经过1000年的搅拌，出现了长生不老药、神妃拉克什米、因陀罗神的坐骑阿拉伐陀象、五头马以及水妖阿普莎拉5个形象（东面南侧） ⑤众神军队的最后是猴军将领哈努曼（东面南侧）

北面

北面东侧，据说是由后世雕刻的描绘克里希纳神与阿修罗战斗的场景，西侧描绘的是围绕长生不老药阿姆利塔而发生的诸神之战。

⑥站在阿修罗肩上的库贝拉神（金钱财富之神）（北面西侧） ⑦骑在那迦上的瓦鲁纳神（雨神）（北面西侧） ⑧骑在圣鸟上的四面佛。在这幅壁雕中，各路神灵乘坐专用坐骑纷纷登场（北面西侧）

Column

尝试占卜

柬埔寨人非常喜欢占卜。不过，与其说非常喜欢，倒不如说占卜根植于他们的生活之中，甚至会通过占卜的形式来确定行动的时日与方位等。柬埔寨有由僧侣进行的传统占卜，也有中国式的占星术与纸牌等，形式多种多样，下面就最具人气的传统占卜进行介绍。

传统占卜主要有“空僻”与“哈奥拉”2种，外国人可以轻松参与的是“空僻”。这种占卜由僧侣或者被称为阿恰的寺院男仆主持进行。占卜方法：有一种被称作“托雷安”的与椰树叶极为相似的叶片，叶片上写有经文，将经文叶片合订为一册经文本并放在头上，心中默念希望占卜的内容并将经文本附带的一根小棒插入本中。届时阿恰会打开插入小棒的那一页并进行解读。这种经文本，每60页为一组，每页上都书写着传说故事。阿恰就是根据叶片上所记载的传说故事来解读占卜。如果第一次占卜就占出好运的话，请就此停止；如果占卜3次且全部是不好的结果，请先暂停，待阿恰将圣水洒在你的头上后再进行挑战。费用方面并没有规定的金额，一般是1000~2000R。只要是寺院就都会有占卜，遗迹中的吴哥寺（→ p.20）、巴戎寺（→ p.40）以及市区中的姐妹庙（→ p.165）等比较有名。阿恰不懂英语，因此，需要由同行的导游代为翻译。

另一种传统占卜“哈奥拉”由德高望重的僧侣或者拥有某种灵性的专业占卜人士主持进行，比“空僻”的规格更高，并非随时都可以轻松地参与其中。这种占卜需要先对人进行观察，然后根据天干地支与生日等进行占卜，用时30分钟~1小时，有时还会超过2小时。人气较高的占卜师（据说算得很准）需要预约，有时需要等1个月。当然，前去占卜的人也是相当认真的，据说从占卜当天的早上开始就会十分紧张。费用方面完全要看占卜人的心情，听说有的有钱人会支付2万R~数十美元。暹粒的罗莱寺（→ p.76）、沃阿维寺（→ p.75）以及王宫附近的泰普拉南寺（MAP p.49-1B）等比较有名。部分僧侣精通英语，但是大多数人只会讲高棉语。

左／在吴哥寺十字回廊进行的“空僻”占卜
上／托雷安上写有高棉语的传说

将人间与神界连接在一起

十字回廊

十字回廊是连接第一回廊与第二回廊的十字形回廊。关于十字回廊旁的4处沐浴池遗迹，有的说是高僧们沐浴的场所，有的说是国王祈祷前净身的场所，众说纷纭，但是，其最主要的目的是作为一种设施以展示王国的治水技术。此地区雨季多洪水、旱季又为干旱所苦，能够对维持臣民性命的水资源操控自如是国王受到大家尊敬的前提条件。而且，在比地面更高的位置建造水池需要高超的技术能力。此处的水池便是通过高超的技术能力来炫耀当时可以向王国各地平均供给水资源的事实，是一种权威的象征。

沐浴池的遗迹。现在已经看不到装满水的样子了

独特的建筑设计理念使得在十字回廊的人们看不到中央殿堂

拍打胸部便可产生回声的空间

十字回廊北端有一个略向外侧突出且天顶较高的空间。在那里背对着墙站立，可以尝试用手掌轻轻拍打胸部。届时会出现“梆~梆~”的回音，声音大得令人吃惊。建造之初，有人说这里是根据回声音量大小来试探对国王忠诚度的场所，还有人说这里是检查是否患有疾病的场所，众说纷纭。附带说一下，令人意外的是，即便是在吴哥寺外部，只要是狭小的殿堂内部均可听到这里的回声。

即使理解回音原理，还是感觉这个回音不可思议。站在侧壁比站在中央的回音效果好

遗留有建造时色彩的部位

完工时，用作表面装饰石的砂岩被涂成了朱红色。十字回廊的天顶与立柱上，有部分区域还微弱地遗留有建造之初的色彩。附带说一下，据说第一回廊的浮雕表面曾使用金箔进行过装饰，在第一回廊南面东侧的部分区域有微弱的金箔痕迹，但是真伪不详。

左/朱红色的女神雕像看上去十分新鲜，给人留下与众不同的印象　下/十字回廊的天顶上遗留有一些朱红色的色彩

装饰有200尊以上的女神雕像

第二回廊

第二回廊总长约430米。回廊内部几乎没有浮雕，但是，外侧墙壁上则有很多身着当时流行服饰的女神们。不妨在可以仰望第三回廊的石板路中庭环绕1周，仔细鉴赏一下这些女神雕像。这里的女神雕像仿佛是在争奇斗艳一般，每一尊都是独一无二且不可替代的。

左/第二回廊内部几乎没有浮雕，但是，外侧墙壁上则有很多缤纷绚丽的女神浮雕　右/在第二回廊的内侧眺望第三回廊。越向上攀登，就越靠近诸神的世界

诸神的世界

第三回廊

周长约 60 米且呈正方形的第三回廊是吴哥寺的圣域，比第二回廊高 13 米，回廊四角屹立有 4 座尖塔（副殿堂），回廊中央还有高约 65 米的中央殿堂。这是根据古代印度的思想，模仿位于世界中心的诸神居住的“须弥山（弥楼山）”建造而成。建造之初，中央殿堂中供奉有黄金的毗湿奴神，苏利耶跋摩二世曾在殿堂内与神对峙，但是，经过约 400 年前的宗教改革，中央殿堂的墙壁得以涂固并将释迦牟尼供奉其中。1935 年，法国调查队在中央殿堂正下方开展挖掘调查时发现了金圆盘（→p.37）。

通过东侧的辅助阶梯向上攀登并最终抵达第三回廊

左/左侧较高的尖塔便是格外显眼的中央殿堂
右/供奉在中央殿堂内的释迦牟尼像

国王看到的风景

游客可以在西面俯瞰约 600 米的参拜道，曾经只有国王才能看到这样的风景。附带说一下，暹粒的各个地区对建筑的高度有所限制，因此，这里是暹粒的制高点。

从第三回廊可以俯瞰到长约 600 米的延绵参拜道

吴哥寺最美的女神雕像

古代式的微笑、通过装饰品与纱笼覆盖下的腿部彰显出的逼真的透明感等，中央殿堂外侧墙壁上雕刻的女神雕像对细节的追求堪称完美，这才是真正的艺术品。即便经过几个世纪之久的岁月，女神雕像依旧绽放着无与伦比的美丽，来到吴哥寺的游客不妨近距离地观赏一下。

上/中央殿堂外侧墙壁上的女神雕像，就连指尖都十分逼真，活灵活现
右上/手法精细的发饰与首饰令人震惊　右下/中央殿堂外侧墙壁西面的女神雕像特别漂亮

国王专用的楼梯？

第三回廊的东西南北共计 12 个地方均设有坡度极陡的楼梯，但是，只有位于西侧中央的楼梯坡度较缓。这里原是只允许国王通行的空间。据说当时只有西侧的楼梯投入使用，而其他三个方向的楼梯均为装饰。

关于第三回廊的入场事宜

需要注意的是，第三回廊是特别神圣的场所，此外，供游客上下的楼梯坡陡危险，因此，该景点有严格的入场规定且工作人员会对入场的游客进行检查。共有 12 处楼梯可以通往第三回廊，但是，只有东侧的一处楼梯准备了木质辅助阶梯以方便游客上下通行。

- 入场时间为 7:30~17:00。
- 为了保护遗迹与参观者的安全，景区内仅限 100 人同时入场参观，有时需要排队等候。
- 参观者需要在 15 分钟内退场。
- 入场游客不得穿着可以看见膝盖的短裤、露出肩膀的无袖系带贴身服饰以及吊带式女背心。有时可将围巾等裹在腰间当作贴身裙以遮挡膝盖，也可以披在肩膀上覆盖露出的身体部位，但是入场检查一年比一年严格，因此建议游客尽量避免穿着上述服饰前往游览。
- 11 岁以下禁止入内。
- 孕妇禁止入内。
- 心脏疾病患者禁止入内。

不可进入第三回廊的日期

每个月有 4 天左右的佛日（佛教法会日），届时仅有第三回廊禁止入内。

※ 规定在无事先通知的情况下也有可能突然发生变更，因此请游客事先做好确认。

吴哥寺中隐藏的

种种不可思议之处

吴哥寺的神秘之处尚有很多。
请在参观时多加留意。

吴哥寺北侧圣池前是极具人气的观赏日出的场所（拍摄时间：8月）

吴哥寺为什么面向西方？

吴哥遗迹群的大部分建筑均坐西向东而建，与此相反，吴哥寺则是坐东向西。有“吴哥寺是作为国王的坟墓而建造的，因此才会面向日落方向（＝人生的终点）”与“吴哥寺是祭祀掌管西方的毗湿奴神的神庙，因此才会面向西方而建”等说法，众说纷纭。

但是，春分与秋分时，在参拜道上眺望朝阳便可发现，朝阳升起后恰好位于中央塔的正上方，这就不难看出，如此设计是在缜密测量的基础上才得以实现的。

西塔门处高 4 米的毗湿奴雕像之谜

当地人时常会虔诚地向西塔门南侧经过修复的 8 臂毗湿奴雕像祈祷。有传言称，这座毗湿奴雕像正是吴哥寺创建之初供奉在中央殿堂内的那座毗湿奴雕像。

可以看到虔诚祈祷的人们的身影

未完工的女神像成为推测操作过程的珍贵资料。好像是有意留给后世的说明雕刻进展过程的作品，按照由左至右的顺序完成

西参拜道上残留着阿修罗的足迹？

位于西塔门前的西参拜道石板路上残留有宛如巨人足迹一般的痕迹。30~40 厘米的足迹深深地刻在地面上，传说这是南大门处阿修罗雕像的足迹。但实际上这应该是后世在修复时雕刻的作品吧。

西参拜道的修复工程会一直持续到 2020 年，因此在现阶段看不到这个足迹

镂空雕刻的美丽之处

在浮雕中，最杰出的雕刻技术当属镂空雕刻了。深度的立体雕刻堪称完美。这种美丽的雕刻在西塔门的内侧上部与十字回廊的中央北侧柱子等地可以看到。千万不要错过。

十字回廊的柱子上的镂空雕刻。吴哥寺不仅宏大，这些工匠的精湛手艺也值得观赏

女神（→ p.27）是这样刻画的

吴哥寺给人的印象是，到处都是精雕细琢的雕刻作品，其实在不易看到的地方也不乏偷工之处。周围墙壁的基座下部与阴暗中隐藏的地方，有好几处还处于初创状态就停工了。容易找到的是第二回廊的东面北侧。这里有好几处被认为是还在初创状态的女神像。通过这些未完成的浮雕可以让人了解“原来浮雕是这样雕刻而成的”。而且，未完工的女神像好像也传递着工匠当时的心情。诸神的世界中出现了人类的气息，令人心情平静下来。

有关财宝的传言究竟是不是真的呢?

女神像表面发光是何缘故?

第一回廊的女神像表面有如同打磨后发出的光泽，特别是乳房部分可以看到特别细腻的光泽。有人说是经过人手长年地触摸而变成这样的，也有人说仅仅人手触摸不会达到那种光泽。据说建造时第一回廊的浮雕表面被贴上了金箔（→p.34），为了贴上金箔，首先要在砂岩表面涂漆。据说只有那些上了漆的部分，砂岩上的孔才会被堵住，进而再由人的触摸产生光泽。但是真伪不详。

有很多女神雕像的乳房与脸部因经常被人触摸而特别光亮

第一回廊壁面的四角形孔洞是怎么回事?

为安装照明灯而开的孔洞、为挖掘财宝而开的孔洞、修复古迹之际为搭建脚手架而开的孔洞等，有着各种各样的说法。其中最令人信服的说法如下：针对强度不稳定的部位，将部分区域按照四方形的形状切除并装入新的石块用于替换，但是新装的石块也消失了，原因不详。结果，最初开出的四角形孔洞就以这种状态残留了下来。很遗憾，这种说法也不知真伪。

只出现在吴哥寺第一回廊的不可思议的孔洞

参拜道的石砖组合为何咔嗒作响?

参拜道的石砖组合，石砖的大小与排列方法都不同，人走在上面会咔嗒作响，很不自然。这被认为是为了当某个方向受力时，石砖组合能够分散受力，不至于一下子全部错位，从而保证构造的稳定性。此外，这也是为了大石砖不被浪费且能够完整使用所下的功夫。

吴哥寺里有财宝吗?

很多柬埔寨人相信，吴哥寺发现的大量金、银以及宝石等被运到海外去了。据文献记载，实际上法国在挖掘调查之际，在中央殿堂正下方 24 米深的地方挖出了直径 20 厘米有余的金圆盘，但这是镇殿之物（奠基仪式上为镇定土地神与地灵而埋在地中的供品），因此并没有出土财宝的文献。关于财宝外流的说法也不过是流言罢了。

为何吴哥寺有那么多的不解之谜?

吴哥时代不是用纸，而是把文字记载在贝叶（用植物的叶子加工而成的记录用媒介）与动物的皮革上。但是，东南亚高温多湿，苛刻的气候条件与虫蛀等，导致大部分材料都腐坏了，记录都消失了。石雕的碑文内容也是不完整的。13世纪末到访的中国人周达观等外交官的记述在各国虽有残留，但是他们驻留的时间短，所述内容也具有很强的局限性，结果就无法验证那些传言是否符合历史事实，只能一直是谜了。

可惜西参拜道在 2020 年前因修复工程而禁止通行

时刻变化的
吴哥寺的面貌

吴哥寺有各种各样的表情，你可以从不同的角度来欣赏它。首先我们挑出具有代表性的角度，探寻一下它神秘的身姿。

考虑到各种各样的自然条件并经过缜密计算而建造的吴哥寺，根据季节、观赏角度以及时间段的不同，向游客展示了各种各样的面貌。时而雄伟壮观，时而纤细优美，好像可以与观赏者的意识保持同步一般变幻着身姿。

下面就来介绍一些观光与拍照的热门场景，这些都是吴哥寺极具代表性的看点。此外，除了下面介绍的内容，无论任何场所与任何瞬间，吴哥寺都富有强烈的存在感。从早到晚、从晴到雨、从仰望到俯视、从静立到回眸……不妨在这里寻找一下那专属于你的吴哥寺吧。

西参拜道正面的吴哥寺

这是每个人想象中可以代表吴哥寺的角度。向参拜道左右两侧移动，可以看到最初映入眼帘的 3 座尖塔变成了 5 座。

后参拜道的吴哥寺

与西参拜道（前参拜道）相比，后参拜道较短，随着与尖塔之间距离的缩短，透视感会发生变化，会使人产生不可思议的感觉。在树木掩映下的尖塔景色也别具一番韵味。

倒影中的吴哥寺

西参拜道的左右圣池中倒映着的吴哥寺是广为人知的看点。可以观赏吴哥寺在早晨与中午各自不同的美妙身姿。

吴哥寺的日出（→p.118）

再也没有什么时间段会如此深刻地反映吴哥寺随着季节与天气的变化而呈现的多姿变幻。无论看过多少次，每一次的吴哥寺日出都不一样。在柬埔寨逗留期间，请务必要安排一天早早起来去看一看吴哥寺的日出。下面的照片是 8 月份在西参拜道的北侧圣池看到的朝霞。

从神的视角看吴哥寺

从空中俯瞰也被称为“神的视角”。这个角度，仿佛从神的视角俯瞰同样也是神的宫殿的吴哥寺。密林中浮现的吴哥寺是神秘的。右上的图片是在热气球（→p.120）上拍摄的，除此之外，还可以通过直升机（→p.199）等工具从空中俯瞰吴哥寺。

在巴肯山上看吴哥寺

可以在巴肯山山顶眺望密林中浮现的吴哥寺。据说吴哥寺建造之际，可以在这里一步步地确认其进度状态并指挥建设。肉眼难以看清是个难点。

Column

遗迹损毁的各种状况

吴哥遗迹群在建成后经历了 800~1100 年的岁月，也有很多损毁的情况且至今依然在继续发生。即便我们将其通称为毁损，但是损毁的方式与程度确实多种多样，其中包括因结构发生严重变形而导致塔楼坍塌的大规模损毁事件，也有石头表面雕刻剥落的小规模损毁事件。

下面列举 3 个大规模的古迹损毁事件。

①1947 年 6 月，吴哥寺第一回廊南面的“天堂与地狱的浮雕”倒塌约 50 米。

②1952 年 10 月，西参拜道北侧侧墙倒塌 50 米以上。

③近年来，大吴哥的城墙也多有损毁，2011 年 10 月共计有 4 处倒塌，总长超过 70 米。

据统计，古迹的损毁大多发生在雨季的集中暴雨期。因此，6 月与 10 月可以说是古迹管理的“鬼门关”。石块组合的力学平衡遭到破坏时便容易发生损毁。雨季引起古迹损毁的主要原因有以下两点。

①石材浸水之后，强度降低。

②地基浸水之后，土压加上水压，石块组合在外力作用下凸出，导致结构变形。

古迹损毁的原因通常是综合性的。有时是构造缺陷与施工不良所致。也有可能是因为地处古代河床遗址等地，地基与地质条件等环境因素不佳所致。还有其他特殊的案例，如植物根系过于繁茂与树木倒塌等造成的遗迹损毁。坐落在柬埔寨与泰国边境的柏威夏可以说是因战争遭受损毁的典型案例。如今，供水系统的普及造成地下水过量抽取，从而导致地基下沉，这对古迹的影响也着实令人担心。综上所述，遗迹遭到损毁的原因包含天灾与人祸两个方面。

小规模损毁事件可以参考吴哥寺女神雕像的表面剥离现象。石材（岩石）长年风化是导致这种现象的主要原因。风化的状态与程度取决于气温、湿度、日照、风（风向与风速）以及降水量等因素，环境不同，风化的状态与程度也会大相径庭。因此，有研究人员以保护古迹的石头为目的，踏实地在古迹内开展了长达 30 年的气象观测工作。

石块组合的微小误差，在整体浮雕中十分明显

吴哥寺第二回廊的女神雕像砂岩不断脱落，令人看着都心痛。砂岩脱落难以修复，阻止脱落是唯一的应对措施

王与神的都市

大吴哥

Angkor Thom អង្គរធំ

MAP p.10-1B、49

格劳尔哥寺
塔逊寺
圣剑寺
涅槃宫
详细图p.49
托玛侬神庙
班提色玛寺方向（约5公里）
巴戎寺
茶胶寺
东梅奔寺
周萨神庙
大吴哥
塔布茏寺
变身塔
斑蒂喀黛寺
皇家浴池
巴色占空寺
巴肯寺
巴琼寺
豆蔻寺
吴哥寺
0 2km

吴哥寺兴建半个世纪之后，被称为高棉霸主的阇耶跋摩七世建造了由单边长约3公里的城墙环绕的王都。该王都又被称为大吴哥，位于大吴哥中心的是巴戎寺。四面佛林立的巴戎寺作为佛教寺院，在高棉人特有的宇宙观的中心灿然发光。

同时，阇耶跋摩七世还在领土内各地修建寺院，完善道路网络，建立了102处免费治疗站与121处驿站。也就是说，阇耶跋摩七世构建了高棉帝国的统治框架。让我们一边想象上述时代背景，一边去探访阇耶跋摩七世创造的世界吧。

Column

被五道城门环绕的都城——大吴哥

大吴哥（吴哥城）由高约8米、周长约12公里的红土城墙围绕。城墙内的主要道路呈十字形分布，城中央就是巴戎寺。巴戎寺略往北一点的位置曾是王宫（现在已经消失不见）。王宫正式的塔门与斗象台、癞王台是一体的。斗象台由阇耶跋摩七世建造而成，从巴方寺至癞王台之间长达300米以上的斗象台可谓规模宏大。

王宫的正面是广场，广场上有5处突起的地方，其中，位于中央的3个癞王台曾是王族阅兵时的皇家专座。正面的道路是专为从战场凯旋的士兵们建造的入城通道，而王族们会在平台上阅兵。这条凯旋路与城墙相交处的城门被称为胜利之门。平台坐西向东，人们普遍认为这与宗教建筑相同，同样是受到了印度教的影响，但实际上平台同时也面向着曾反复交战的占婆王国的方向。

建造王宫广场的阇耶跋摩七世与大臣们在石造平台上设置了木质结构的观景楼并曾在此观赏美景。这座广场每年都会举行一些仪式，如召集市民谒见国王的仪式、从王国全境收集神佛雕像并在国王的见证下对其进行清洗的仪式等。

宇宙的中心

巴戎寺

Bayon បាយ័ន

MAP p.49-2B

参观时间 1小时

创建者：	阇耶跋摩七世
创建年代：	12世纪末
宗教信仰：	佛教、印度教
寺院形态：	金字塔式

从老市场出发，汽车=20分钟、嘟嘟车=25分钟

①在吴哥寺通往巴戎寺的道路上建造的南大门 ②巴戎寺在吴哥遗迹群中属于构造复杂且更具神秘氛围的场所 ③南大门前的道路两侧，诸神与阿修罗互相拉拽那迦身体的雕像（各54尊，共计108尊雕像）迎接到访游客。图示为阿修罗像 ④如今静立的胜利之门。过去，战胜的士兵们会穿过这座胜利之门凯旋 ⑤癞王台与胜利之门之间是一条笔直的凯旋路 ⑥死者之门。至今依然完整地保留着3头用鼻子卷起荷花玩耍的大象雕像

多次出现四面佛微笑的观世音菩萨塔

巴戎寺在都城大吴哥的中央。这座寺院建于12世纪末，是以安详微笑的观世音菩萨为主题的著名寺院。除了巴戎寺之外，在圣剑寺（→p.70）、塔布茏寺（→p.60）、塔逊寺（→p.69）以及斑蒂喀黛寺（→p.59）等地均可看到与巴戎寺相同的观世音菩萨造型的四面塔。在吴哥寺参观后来到这里，令人有一种心情平和的感觉。大概是因为这里有我们所熟悉的佛教氛围，还有遍布各处的人性化的造型吧。

巴戎寺中蕴藏的宇宙观

位于大吴哥中心的巴戎寺象征着须弥山。据古印度的宇宙观记载，须弥山是众神居住的圣域，此外，也是神灵降临的场所。将这种宇宙观正确地表现出来是国王的重要使命。向东西南北延伸的主干道象征着从须弥山通往世界的道路，城墙象征着喜马拉雅的灵峰，围绕城墙的环状沟渠象征着大海。这种宇宙观会因解释方法而发生微妙的变化。深深皈依于大乘佛教的阇耶跋摩七世的宇宙观与吴哥寺所表现出来的宇宙观不同，是理所当然的。

建筑特征

寺院是对称形式的，东面是正面，设有向东西轴方向突出的平台。参拜道南北各建造有两座圣池，游客可一边观赏圣池遗迹，一边进入由双层回廊围绕着的寺院。与外观不同，其内部构造极为复杂。不像吴哥寺的参拜线路那样明快，且有很多外部光线几乎无法射入的地下区域。很明显，在建造中或者建造后进行了大幅度的设计变更。对上层被平台遮挡的部分进行了雕刻，人体刚好可以通过的狭小位置设置了藏经阁，用于装饰的假门（无法打开的门）与壁面雕刻随处可见。

如果沿壁面雕刻徘徊前行，有可能会搞不清楚自己的位置。这里就像迷宫一样错综复杂。实际上，高棉建筑中几乎没有内部空间。但是，巴戎寺最大限度地克服了技术上的制约，实现了内部空间的表现，这正是设计者的意图所在。

第二回廊的中央平台由16座尖塔围绕，寺院构造如朝拜圣地一般布局。据说各尖塔内部祭祀有全国各地的守护神。这一点也很好地体现了大乘佛教所主张的普度众生的宇宙观。中央殿堂与尖塔的顶部雕刻有50余尊表情各异的四面佛像，在巴戎寺的任何地方都能够感受到菩萨和善的目光。

①平台上有49座观世音菩萨四面塔，再加上5座塔门，共计有54座。在第二回廊平台上的部分区域可以看到3座面部相连的菩萨像 ②北门的佛祖坐像。这是后世移入的佛像 ③将入口当作相框进行欣赏

巴戎寺的浮雕绝对不容错过

请务必要注意观赏位于最外侧的第一回廊的浮雕。吴哥寺的浮雕具有强烈的宗教与政治色彩，与此相反，巴戎寺的浮雕则生动地描绘了日常的庶民生活与贵族生活。仔细观察与占婆军的战斗场面，可以发现后方的女性与孩子做好饭菜送往前线、整个家庭都投入战场的情景。此外，建筑场景对搬运石材、加工以及垒砌等施工过程进行了详细的描绘，重现了建筑现场的真实状态。

建造巴戎寺时的社会背景

吴哥寺与巴戎寺的区别，不仅仅是国王在宗教观上的差异。在都城被暹罗军暂时占领时期，王朝内部应该已弥漫有希望恒久和平的氛围了。此外，这之后的复兴期也存在着进行大胆的行政改革的必要性。由于长期处于印度教统治之下，负责祭祀的婆罗门僧侣的权力日益增大，对国政有很大的发言权，其中不乏中饱私囊者。为了改革这种社会结构，阇耶跋摩七世积极引入大乘佛教，试图构建新型官僚系统。在巴戎寺便可以充分感受这种意气高昂的氛围。

④最有名的观世音菩萨像。这座雕像被印在200R的纸币上 ⑤被上层平台遮挡的观世音菩萨与阿普莎拉的雕像。一般不会在看不到的地方进行雕刻，因此可知上层为后世所造 ⑥在第二回廊的平台上看到的美丽的女神雕像。女神脚尖笔直地正对前方，由此可见雕刻的深度 ⑦第一回廊中描绘当时生活与战争情景的浮雕连在一起。图示描绘了表情丰富的高棉军行军的情景

information

●最佳游览时间
巴戎寺没有屋顶，因此，常规线路多会安排在上午凉快的时间，让游客踏实地鉴赏浮雕，这个时间段团体游客众多。

●饮食售货车・洗手间
巴戎寺的北侧的一块区域有十余家餐厅，洗手间位于西侧。

●骑大象（详见本书→p.121“在代步工具上欣赏遗迹”相关专栏）

●巴戎寺展棚 Bayon Hat
介绍 JASA 从事的巴戎寺的修复过程等的设施。
MAP p.49-2B 开 6:00~17:00 休 无休
费 免费

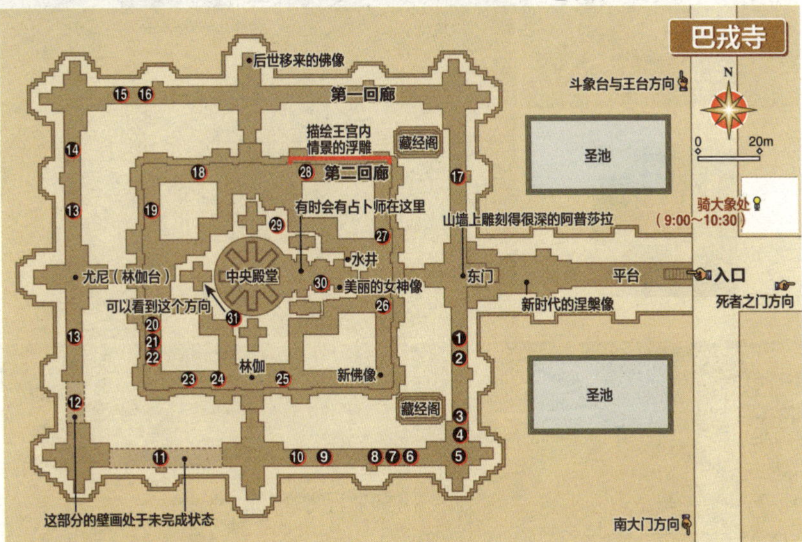

第一回廊

❶ 与占婆军作战期间，行进中的高棉军
❷ 高棉军中混有中国军队的身影
❸ 被作为供品的水牛（人们坚信，如果喝下滴入水牛血的酒，可以取得战争的胜利）
❹ 中国人举行宴会的情景
❺ 在莲花上跳舞的阿普莎拉
❻ 上半部分是高棉军与占婆军在水上作战的情景。下半部分是做生意的人、狩猎的人以及烤鱼的人等
❼ 战败的人落入海中被鳄鱼吃掉。下半部分是仿佛受到老虎袭击，逃到树上的人
❽ 医院内看护病人的人
❾ 描绘生活场景的浮雕（在市场里做生意、分娩、斗鸡、撒网以及下棋等）
❿ 战胜占婆军后的庆功宴（烹制菜肴的情景等）。还有描绘木工与石匠工作场景的浮雕等
⓫ 乘坐大象前进的军队、与占婆军的战斗
⓬ 虎口脱险的婆罗门僧侣
⓭ 高棉人之间的内战
⓮ 为冥想而进入森林的国王军队
⓯ 进行曲艺表演的人们
⓰ 栩栩如生的摔跤比赛
⓱ 大象骑兵部队的战争

第二回廊

⓲ 前往冈仁波齐峰巡礼的人们
⓳ 乳海搅拌
⓴ 可让人了解古建筑方法的浮雕
㉑ 梳扎头发并化妆的女官
㉒ 横跨伽鲁达上的毗湿奴神（战斗的情景）
㉓ 向湿婆神与毗湿奴神奉献供品的人们。阿普莎拉在空中飞舞
㉔ 宫殿（众神的世界）的情景
㉕ 训练大象
㉖ 大象骑兵部队的行进
㉗ 依次描绘了癞王传说（杀掉义父海比王的癞王因沾鲜血而染病后接受治疗的情景）
㉘ 魔王拉瓦纳意欲移动冈仁波齐峰。将要阻止他的湿婆神正在冈仁波齐峰上打坐
㉙ 被称为“高棉的微笑”的著名的观世音菩萨像
㉚ 能够透过窗户看到菩萨面容的摄影地点
㉛ 能够看到并排的3尊菩萨面容的地方（参考→的方向）

※今后，计划依次修复第一回廊北面・西面。届时，开展修复工程的场所不得参观，需要多加注意。

※ 地图上 1~31 的编号与 p.44~47 浮雕图片的 M 编号相对应。

巴戎寺的
回廊是一幅巨大的画卷

第一回廊（东面）

高棉军与占婆军的决战前夜。以奔赴战地的高棉步兵的行军为核心进行描绘。仔细观察还可以看到祈祷战争胜利的活供品供献仪式。

①②与占婆（位于越南中部的国家）争战的部队行军场景。北侧是高棉人，其后是中国人的队列 ①是高棉人。特征是头发剪得很短且耳垂很大 ②是中国人，特征是结着发髻与下巴蓄须等。高棉士兵显得更加强壮（M1、2） ③行军后方是运输食物的部队。还能看到女人与孩子的身影。还有做饭、喝坛子酒的两个人以及背后被乌龟咬住屁股回头看的人等非常幽默的人物形象 ④王宫内的情景。描绘出了女官的手势细节，传递出优雅的氛围 ⑤被作为活供品的水牛。人们坚信，喝了滴入水牛血的酒，就能在战争中取胜（M3）

※M：对应巴戎寺示意图（→ p.43）上的编号位置。

东西约160米、南北约140米的第一回廊的壁画，以12世纪与占婆军之间的战争为核心，描绘了众多兵士们战斗的情景与对战争作出支持的人们的生活状态。除了捕鱼、狩猎、做饭、斗鸡以及下象棋之外，还有摔跤与分娩的场景。人物与动物的表情生动，仿佛通过石头表面，传递出了体温与味道。第二回廊描绘了印度教的诸神世界与当时宫廷内的情况。

第一回廊（南面）

第一回廊（南面）分为3层，上层是高棉军与占婆军在洞里萨湖战斗的场景，而下层则描绘了庶民的生活。

⑥为庆功宴烹制菜肴的场面。画面中央是在煮猪肉，右侧在烤香蕉，左侧则是在煮饭。还有搬运汤水的人们（M10） ⑦高棉军与占婆军在水上作战的部分画面。落入水中的士兵被鳄鱼吞食（M7） ⑧水战雕刻的下面是狩猎的情景。这是被老虎袭击的人（M6） ⑨有名的斗鸡场景。左侧是高棉人，右侧是中国人。两边还各自站着一个持有金壶的局东男人（M9） ⑩墙壁的上部有撒网捕鱼的人。现在在洞里萨湖还可以看到这样的场景（M9） ⑪分娩的场景。在寺院内留下人类诞生的情景可能有什么特别的意义吧（M9） ⑫凯旋的聚会。下半部是烹饪的场面（⑥的壁画），上半部描绘了人们享用美食的场景（M10）

第一回廊（南面·西面）

西面未完成的壁画众多。描绘了作战训练与加工石头等与占婆军战斗之前的场景。

①战争之前王宫内的场景。还有正在下象棋的人（M9） ②有人在加工石头，有人在打木桩，描绘了建筑工地的场景（M10） ③做生意的场景。中国商人正在称重售卖着什么东西，而买家则正在说着什么（M9） ④被老虎追赶的婆罗门僧侣逃到树上的情景（M12） ⑤高棉人之间的战斗，由此可知发生过内战（M13）

守护着被供奉的佛像与林伽的老人

※M：对应巴戎寺示意图（→p.43）上的编号位置。

第一回廊（北面·南面）

描绘了摔跤的人们、为国王表演曲艺的人们以及打扮的女性等宫廷内的场景。

⑥第一回廊比较高，通过三个部分展现了壁画作品。建造时是有屋顶的，但是现在均已坍塌，变成了露天的画廊　⑦高棉军（左侧）与占婆军（右侧）的战斗。大象们也在激烈战斗（M17）　⑧可以看出在进行摔跤表演（M16）　⑨壁画中很少见的杂技情景。可以看到正在欣赏通过双手举起或者用头部顶起儿童与脚蹬车轮等杂技以及魔术表演的人（M15）

第二回廊（南面·西面）

第二回廊共分为4边，分别是湿婆神区域（北面）、毗湿奴神区域（西面）、佛教区域（南面）以及王室区域（东面）。

⑩王宫中的女官们在化妆、绾发的样子。能看到王宫里面的情景，很有意思（M21）　⑪第二回廊部分区域已经没有了屋顶，浮雕破损严重。保存得比较好的浮雕描绘了向毗湿奴供奉供品的人们。阿普莎拉在空中跳舞（M23）

①据说创建时中央有高约50米的塔，后来坍塌了 ②参拜道长约200米。据说如果两侧水池的水量增加，参拜道便会像浮在水上一般 ③王宫内的地面上散落着破损古迹的石片

有“藏子”的意思

巴方寺

Baphuon

MAP p.49-2A

创建者：优陀耶迭多跋摩二世
建造年代：11世纪中叶前后
信奉宗教：印度教（湿婆派）
寺院形态：金字塔式

从老市场出发，🚗=20分钟、🛺=25分钟

参观时间30分钟

巴方寺是一座3层的金字塔形寺院，据说曾经比巴戎寺（→p.40）还高（高50米左右）。

进入东塔门，是一条由圆柱支撑的长达200米的“空中参拜道”。经过装饰的高约2米的圆柱排成3列，上面铺着石板，从东塔门通往中央部分。参拜道被誉为连接地上与天界的彩虹桥。走过参拜道进入内部，在中央金字塔形建筑的上部，是由两个回廊围绕而成的殿堂，这个殿堂与吴哥寺一样，也代表着须弥山。

这处古迹，由法国远东学院从1954年开始断断续续进行着修复，2011年全面完工，现在中央殿堂全场面向观光游客开放。但是要注意的是，对入场游客的服装与年龄有限制。此外，还规定了上行与下行各自专用的台阶。

Checking

后世佛教徒建造的卧佛像

除了优先修复的殿堂之外，古迹内还有一座14世纪之后建造的巨大的释迦牟尼卧佛像（约70米）也在几年前完成了修复。一般参观者无法登上基座，只能从远处眺望。释迦牟尼像上面残留着勉强可通过一人的狭小回廊的一部分。这个回廊与其说是功能性的，不如说是为了协调整体造型而存在的。第二层西门的壁面上有《罗摩衍那》的浮雕。

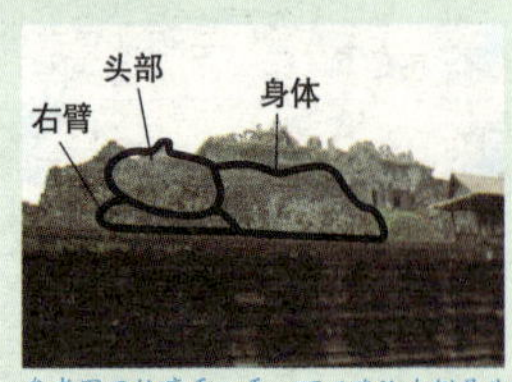

参考图示轮廓看一看。可以确认左侧是头与右胳膊，右侧是身体

空中参拜道被誉为吴哥寺兴建过程中的一次大胆的建筑尝试

Column

“藏子”传说

在古代，暹罗（现在的泰国）的国王与柬埔寨的国王是兄弟。有一次，暹罗国王提出将自己的孩子放在柬埔寨国王那里寄养，柬埔寨国王也很高兴地接受了这个提议。但是，柬埔寨朝廷的大臣们反对道：“这是暹罗国王的阴谋，将来暹罗王子会篡夺这个国家的王位。”于是，柬埔寨国王就杀害了暹罗王子。愤怒的暹罗国王命大军进攻柬埔寨。这时，柬埔寨的王妃害怕自己的孩子被泰军报复杀害，便将其藏在了这座寺院当中。这便是“藏子＝巴方寺”的来历。

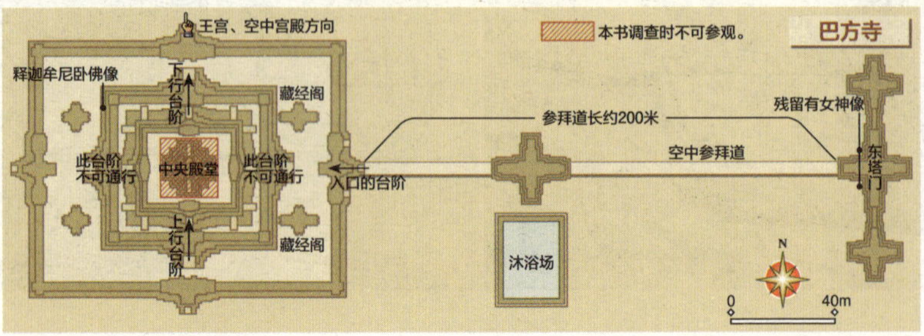

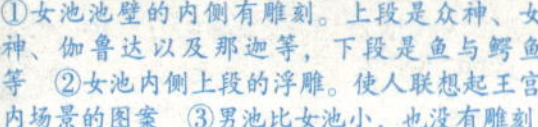

①女池池壁的内侧有雕刻。上段是众神、女神、伽鲁达以及那迦等，下段是鱼与鳄鱼等 ②女池内侧上段的浮雕。使人联想起王宫内场景的图案 ③男池比女池小，也没有雕刻

消失的曾经的王宫

王宫

Royal Palace ៖ វាំង

MAP p.49-1A

沿着巴戎寺向北的道路行走，有一座被东西约 600 米、南北约 300 米的围墙所包围的建筑，这就是经历了整个吴哥王朝时代的王宫。穿过厚厚墙壁中的东塔门，可以看到空中

宫殿（→ p.50）、男池、女池以及王宫遗迹等（→见如下示意图）。

王宫本身是木结构建筑，所以已经荡然无存。可以看到当初王宫曾用过的屋顶瓦片与陶器碎片等散落在周边（均为出土文物，不得触碰。切记这里是文化遗产）。一边浮想着引诱了高棉国王的美丽那迦神的传说（→ p.50）等古代王宫中的故事，一边漫步吧。

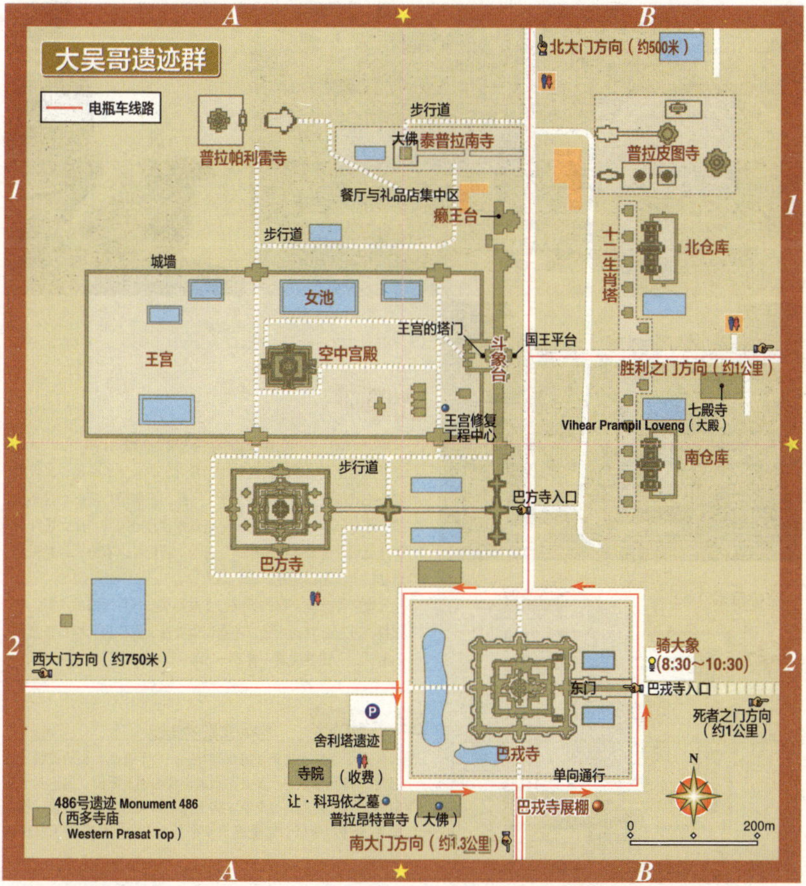

大吴哥遗迹群

电瓶车线路

北大门方向（约500米）
步行道
大佛 泰普拉南寺
普拉帕利雷寺
普拉皮图寺
餐厅与礼品店集中区
癞王台
步行道
十二生肖塔
北仓库
城墙
女池
王宫的塔门
国王平台
王宫
空中宫殿
斗象台
胜利之门方向（约1公里）
七殿寺
Vihear Prampil Loveng（大殿）
王宫修复工程中心
南仓库
步行道
巴方寺入口
巴方寺
西大门方向（约750米）
骑大象 (8:30～10:30)
东门
巴戎寺入口
死者之门方向（约1公里）
舍利塔遗迹
寺院
（收费）
巴戎寺
单向通行
486号遗迹 Monument 486（西多寺庙 Western Prasat Top）
让·科玛依之墓
普拉昂特普寺（大佛）
巴戎寺展棚
南大门方向（约1.3公里）
N
0 200m

※ 有关上述男池与女池，有传言称大的是男池，小的是女池，各古迹修复团队、旅行社以及各语种导游的意见不一。至今还没有得出定论。

天上的宫殿

空中宫殿

MAP p.49-1A

Phimeanakas វិមានអាកាស

创建者： 苏利耶跋摩一世
建造年代： 11 世纪初
信奉宗教： 印度教
寺院形态： 金字塔式

从老市场出发，🚗=20 分钟、🛺=25 分钟

参观时间 30 分钟

王宫城墙之中，有 11 世纪初建造的空中宫殿。正确的读音是“毗靡安·阿卡哈”，有“天上的宫殿”与“空中楼阁”的意思。

进入王宫正门的东塔门，可以看到王宫的中心部位有一座亮丽的红色小型金字塔式建筑。从建筑构造上看，这座建筑是在垒建了 3 层红土的基座上面建造了一座小殿堂。在接近顶端的部分，也像巴方寺那样，建有宽 1 米、高 2 米左右的回廊。建筑采用了金字塔式的造型，意在提醒人们这座王都的中央设施需从地面仰视。

①传说中的中央塔是被金箔覆盖的“黄金之塔” ②遗迹禁止入内，只能在外面参观 ③基座的四角立着大象石像，不过损毁严重 ④回廊与中央塔历经沧桑，早已变样。在这里可以一边回想着国王与蛇精的传说（见本页 Column），一边参观

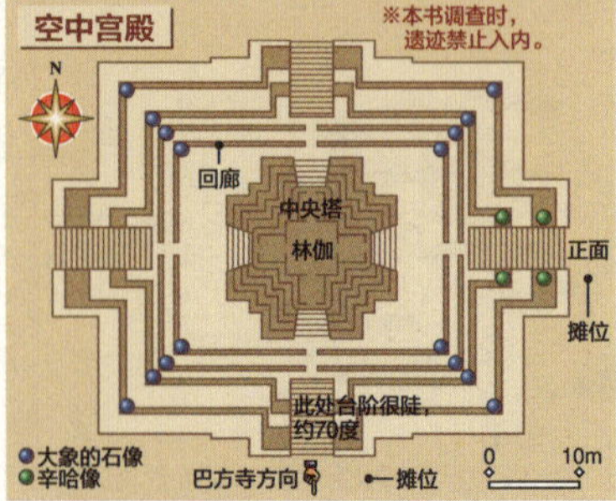

Checking

隐藏在造型当中的秘密

建城之初，空中宫殿曾与巴肯寺（→p.56）一样，是仅限部分王族成员参加仪式的场所，一般人不能轻易接近。这个造型，是象征着当时高棉国王宇宙观的须弥山的缩小版，设计者将神灵居住的须弥山搬到了王宫内。由此可以看出，宗教正从隐秘一点点走向开放。

宽广如泳池一般的男池与女池是男女各自沐浴的场所。特别是女池阶梯状的内壁，还残留着女神、伽鲁达、鳄鱼以及鱼的雕刻，一定要去看一看（→p.49）。

Column

空中宫殿的传说

空中宫殿的塔里住着那迦神——一个有 9 个头的蛇精。这条蛇，每晚都以一个美女的形象出现在国王面前，国王与王后就寝之前必须先与她交欢。国王深信如果他怠慢了一夜，就会缩减寿命。所以，这里连王子都禁止入内，只有国王每夜前往。

成对的遗迹

仓库

MAP p.49-1B~2B

Khleang ឃ្លាំង

创建者：阇耶跋摩五世、苏利耶跋摩一世
建造年代：11 世纪初
寺院形态：平地式

从老市场出发，🚗=20 分钟，🛺=25 分钟

参观时间 15分钟

通往胜利之门的道路两边，残留有南北对称的建筑古迹，但用途尚不了解。13 世纪末访问此地的中国人周达观所著的《真腊风土记》中，曾介绍此地为外国宾客的住宿设施。

从出入口木门使用的木材与部分区域重新堆装的情况来看，可以了解到后世曾对仓库进行过修复。

①砂岩上的雕刻正在逐渐消失（北仓库） ②北仓库比南仓库更古老 ③北仓库与用砂岩建造的南仓库不同，它使用了红土 ④回廊状延伸的建筑中使用了窗棂状的窗户（南仓库）

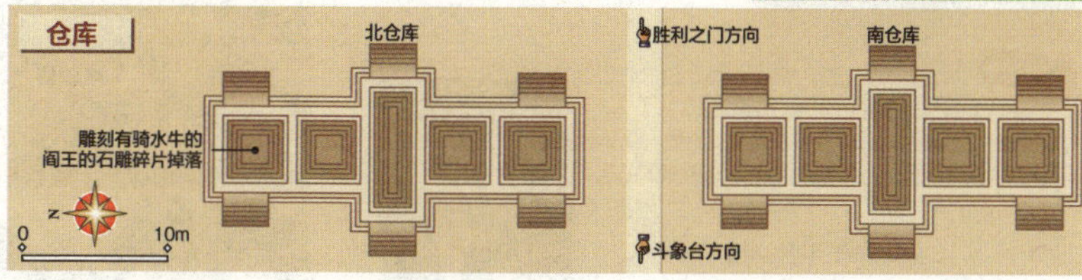

藏有秘密的 12 座塔

十二生肖塔

MAP p.49-1B~2B

Prasat Suor Prat ប្រាសាទសួព្រ័ត

创建者：阇耶跋摩七世
建造年代：12 世纪末

从老市场出发，🚗=20 分钟，🛺=25 分钟

参观时间 15分钟

被称为“走钢丝之塔”，据说观众会在王宫广场上聚集，观看在塔之间拉起的钢丝上行走的表演，但不知真伪。12 座塔是以红土（土的一种→p.104）为主要材料建造的，用于接受献给国王的宝物时举办仪式。

①关于这处古迹的用途众说纷纭，有人说是审判的场所，也有人说是向国王宣誓的场所 ②谜一般的 12 座塔，呈横列矗立。如果走钢丝的说法是真的，那国王应该是从正面的平台上观看的吧

动感强烈的浮雕如长蛇般延伸

斗象台

MAP p.49-1B

Elephant Terrace ព្រះលានជល់ដំរី

创建者：阇耶跋摩七世创建、
阇耶跋摩八世改建

建造年代：12世纪末（13世纪后半期改建）

从老市场出发，🚗=20分钟、🛺=25分钟

参观时间 30分钟

王宫正面的平台长约350米。外壁连续雕刻有伽鲁达与大象的形象

斗象台在王宫前，是王族们举行阅兵式的平台。中央台阶的砂岩柱子上有3个头的巨象用鼻子摘莲花的雕刻。斗象台与癞王台是由阇耶跋摩七世将其与巴方寺连成一体而建的。在巴方寺停下车来，走到癞王台约300米。

在斗象台，能够看到象骑士们各种生动的形象。实际上，在高棉时代就开始使用大象狩猎了。

此外，还有由狮子与伽鲁达合为一体的神兽噶加辛哈的雕刻，仿佛支撑着平台，表情各异。仔细看看，还能发现它们抓着伽鲁达的天敌那迦。骑着带有装饰的马匹进行勇敢的马球运动、象与老虎争斗的场面等也都被雕刻了下来。

①王宫塔门的正面被称为国王平台，外墙上交替雕刻有伽鲁达与噶加辛哈的形象，仿佛是它们在支撑着平台 ②生动的大象浮雕装饰着外壁 ③国王平台北侧雕刻有莲花的平台值得一看。雕刻是3个头的大象卷起莲花的样子

Checking

平台内隐藏的著名雕刻

在平台北侧内部有一个小房间似的空间，能够看到保存很好的雕刻。有5个头的马、在象鼻子上玩耍的小孩以及国王的御用马等雕像。

雕刻有莲花的平台墙壁共有两层，有很多耐人寻味的雕刻。图示是有5个头的马（观世音菩萨的化身）。马、白鸟以及伽鲁达象征着天国，即国王的居所

站在国王平台眺望

王宫塔门前的平台被称为国王平台，正对着从胜利之门延伸过来的道路。这里曾是从战场凯旋的将士们觐见国王的场所，同时也是迎接各邻国国王的地方。遥想一下当年的情景吧。

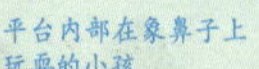

平台内部在象鼻子上玩耍的小孩

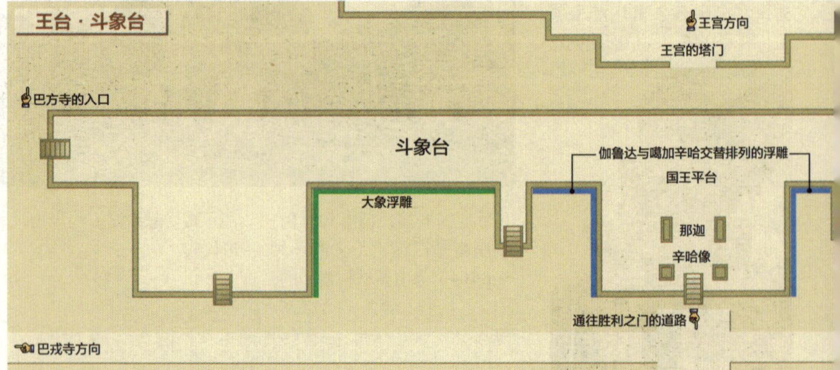

误入浮雕迷宫

癞王台

MAP p.49-1B

Leperking Terrace ស្តេចគម្លង់

创建者：阇耶跋摩七世
建造年代：12 世纪末

参观时间 30分钟

交通 从老市场出发，🚗=20 分钟、🛺=25 分钟

癞王台因三岛由纪夫的戏剧《癞王台》而闻名，1996年，由法国远东学院进行的正规修复工程完成。挖掘调查发现，现在的平台在完工之前曾一度崩塌，而后又进行过重建。由此可知，12 世纪末之前平台原型就已经存在，如今保留的建筑是由后世在原基础上修复而成的。因此，为了能够让游客参观被新平台遮挡的原墙面，修复时在墙与墙之间设计了通道。

①平台高约 6 米，单边边长约 25 米，采用红土与砂岩建造而成 ②女神像表情丰富 ③平台上的癞王像，有传言称他是患上麻风病的国王，还有人说通过胡须与獠牙可以判断出这是阎王。这座雕像是复制品，真品藏于金边的国家博物馆 ④内墙与外墙之间设有通道，可以看到原来的壁画。多描绘为敌对形象的众神与阿修罗同时出现在这里 ⑤有 9 个头的那迦，比例均匀，十分完美

Checking

迷宫状的通道展现了须弥山的内部？！

高约 6 米的平台内部同时描绘有众神与阿修罗，耐人寻味。最初建造的墙面上的雕刻与后来的雕刻，无论是女神的表情还是雕刻手法均不相同，可以好好看一看，比较一下。特别是注意一下众神的配饰，很容易看到不同之处。通道的修建可以让人们了解平台构造的形式，好好观察一下吧。

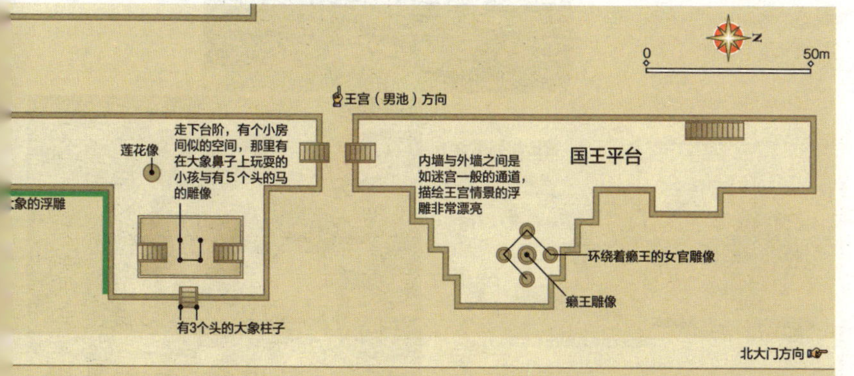

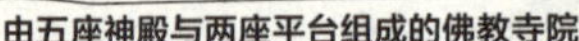

由五座神殿与两座平台组成的佛教寺院

普拉皮图寺

MAP p.49-1B

Preah Pithu ព្រះពិធូ

创建年代： 12 世纪初
信奉宗教： 佛教
寺院形态： 平地式

参观时间 15分钟

从老市场出发， =20 分钟、 =25 分钟

普拉皮图寺被视为王宫的关联设施。有人定期除草，可以参观，但是古迹损毁严重，要留心脚下。平台与神殿部分区域残留的雕刻与周萨神庙（→p.55）相似，比较一下会很有趣。

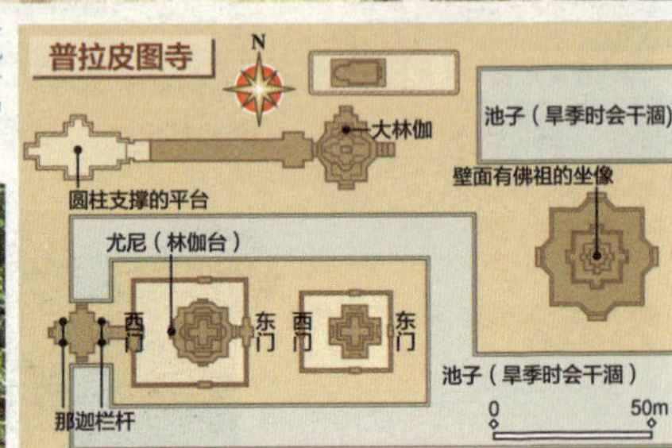

没有修复过，来访的观光客也少。是一处有着不可思议氛围的古迹

西门的平台上残留有那迦栏杆

山形墙上的雕刻引人注目

普拉帕利雷寺

MAP p.49-1A

Preah Palilay ព្រះបាលិល័យ

创建年代： 12 世纪初
信奉宗教： 佛教
寺院形态： 平地式

从老市场出发， =20 分钟、 =25 分钟

参观时间 15分钟

普拉帕利雷寺是位于王宫的泰普拉南寺后面的佛教寺院。泰普拉南寺安置有后世所造的小乘佛教的佛像，成为村民的信仰对象。

普拉帕利雷寺还未完工便被搁置一边。它与阇耶跋摩七世兴建的寺院形式很相似，但详细情况还不明确。

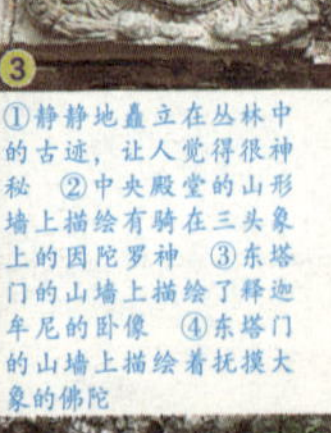

①静静地矗立在丛林中的古迹，让人觉得很神秘 ②中央殿堂的山形墙上描绘有骑在三头象上的因陀罗神 ③东塔门的山墙上描绘了释迦牟尼的卧像 ④东塔门的山墙上描绘着抚摸大象的佛陀

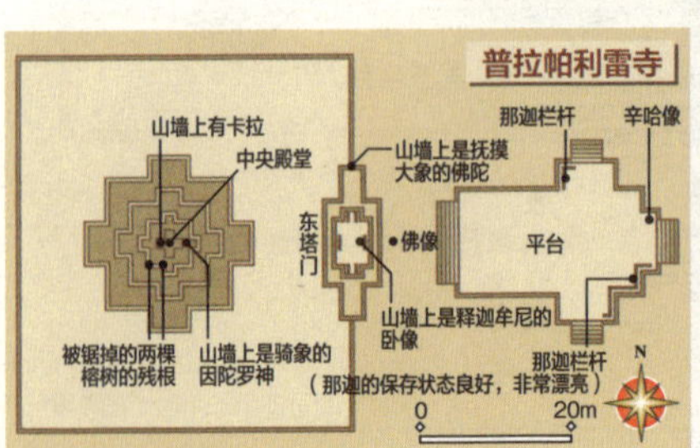

大吴哥周边遗迹

Around Angkor Thom

①虽是平地式建筑，但基台的高度有2.5米，台阶比想象中的要多一些 ②中央殿堂的周围排列有优美的女神像 ③中央殿堂内部山墙上的部分浮雕。那迦从玛卡拉的口中出现，那迦的身上是伽鲁达，而伽鲁达身上站立的则是毗湿奴神

优美的女神雕像绝对不容错过

托玛侬神庙

MAP p.12-2B

Thommanon ធម្មនន្ទ

创建者：苏利耶跋摩二世
建造年代：12世纪初
信奉宗教：印度教
寺院形态：平地式

参观时间30分钟

从老市场出发，🚗=25分钟、🛺=30分钟

沿着以王宫正面为起点的主要道路一直东行，可以看到道路两旁各有一座大概同等规模的小寺院南北相向而建。北侧是托玛侬神庙，南侧是周萨神庙。进入托玛侬神庙后，依次可以看到与中央殿堂相连的参拜殿以及东塔门。西塔门被采用红土建造的墙壁围绕，与中央殿堂之间稍微有一点距离。墙壁内的东南角有一处藏经阁，东塔门则有一座附属平台。托玛侬神庙是一座紧凑型的平地式寺院建筑，特别是中央殿堂，是一处四面建造有台阶的十字形平面建筑。除东侧之外的其他三个方向均设置了配有前房的假门等，各种各样的造型组合是托玛侬神庙的特征之一。

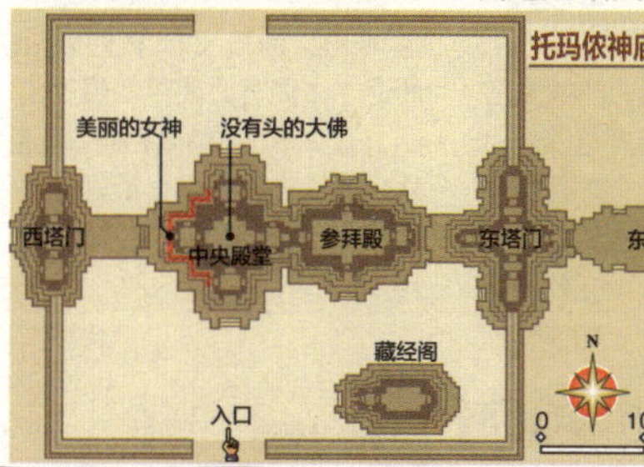

与周萨神庙比较一下

尽管两者均为12世纪初修建，但是托玛侬神庙现在基本还保留着它建成时的样子。这要归功于法国远东学院历时十余年的修复。

建有空中参拜道的小型遗迹

周萨神庙

MAP p.12-2B

Chau Say Tevoda ចៅសាយទេវតា

创建者：苏利耶跋摩二世
建造年代：12世纪初
信奉宗教：印度教
寺院形态：平地式

从老市场出发，🚗=25分钟、🛺=30分钟

从遗迹可见，周萨神庙与托玛侬神庙几乎在同一时期修建，同样是平地式寺院，有南北两处藏经阁，平台与四方塔门相连。这里的中央殿堂与参拜殿也是连在一起的，中央殿堂东侧的前房中设有尤尼，用于供奉林伽。此外，周萨神庙还采用了巴方寺（→p.48）参拜道上所使用的砂岩圆柱连廊，连通了东塔门与参拜殿。当然，这也有可能是在后期进行加固的。

这里有很多优美的女神浮雕。残留有建造之初的红色色彩的女神浮雕、墙面柱状结构及门楣（窗户与出入口的构材）上装饰的连续花叶纹与女神雕像的王冠发饰等都雕刻得深入且精致。

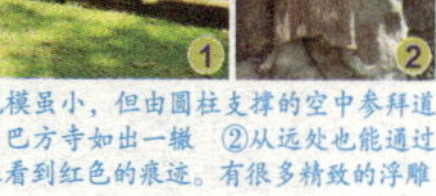

①规模虽小，但由圆柱支撑的空中参拜道却与巴方寺如出一辙 ②从远处也能通过肉眼看到红色的痕迹。有很多精致的浮雕

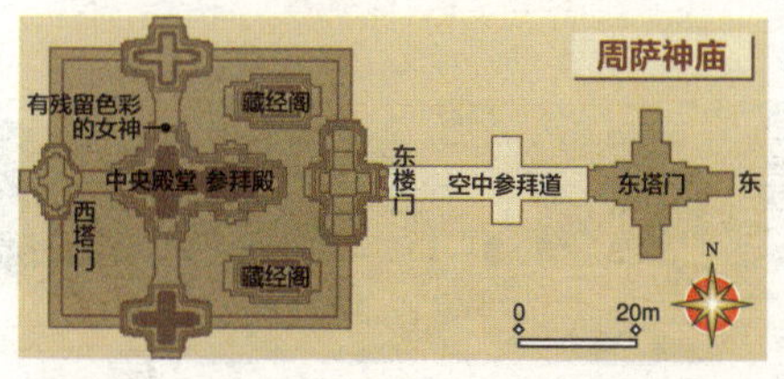

观赏夕阳的名胜

巴肯寺

MAP p.12-3A

Phnom Bakheng ភ្នំបាខែង

创建者： 耶苏跋摩一世
建造年代： 9 世纪末
信奉宗教： 印度教 （湿婆派）
寺院形态： 山顶金字塔式

从老市场出发，🚗=15 分钟、🛺=20 分钟

①可以骑大象登上巴肯山（详见本书“在代步工具上欣赏遗迹”→p.121） ②在巴肯山眺望深处林海中的吴哥寺

巴肯山、荔枝山以及博克山一起并称为吴哥三圣山。利用高约 60 米的自然丘陵修成了陡急的参拜道，沿参拜道上行可看到平台状的广场，广场后便是巴肯寺。

巴肯寺是耶苏跋摩一世在这座都城的中心建造的代表着须弥山的寺院。利用自然地形，垒砌了 6 层平台，中央是 5 座殿堂。除了最上部的殿堂之外，5 层平台各有 12 座小殿堂，最下层的周边是 44 座砖造殿堂。造型与印度尼西亚爪哇岛的婆罗浮屠寺古迹相似。

此外，需要注意的是，当地对攀登遗迹所在山丘的游客着装有一定的要求。攀登通往主殿堂的阶梯需要入场证件（在阶梯前发放，限 300 人以内）。通往主殿堂的阶梯会在 18:30 关闭，因此必须在此之前登上山丘。但是，即便还不到 18:30，向 300 人发放入场证件之后也会关闭通往主殿堂的入场通道，因此有必要早些登上山丘。登上山丘的道路不算陡急，但从山麓出发，最好能够预留出 30 分钟左右的攀登时间。

Checking

欣赏绝景的遗迹

此处与其他金字塔式的寺院不同，无法从地面直接仰视。不过，登上山丘之后，可以俯视东南方向隐藏在林海中的吴哥寺与蓄水满满的西池（→p.74）等。这里的设计意图并不是让游客从下向上仰视，而是正好相反，从上向下俯瞰。

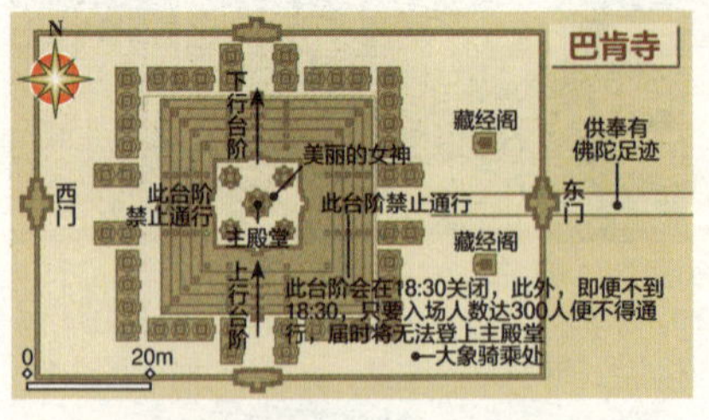

Column

巴肯寺周边 360° 全景立体画

建议在遗迹观光期间尽早登上巴肯山。在这里可以俯瞰吴哥地区的全景。

首先从巴肯山向东侧眺望。可隐约看到位于东南方丛林深处的吴哥寺殿堂。把视线转向南侧，可以看到暹粒城区，更远处是格罗姆寺（→p.75）。再往西侧看，可以看到暹粒国际机场与西池（→p.74）。坐落在东北方向的丘陵是荔枝山（→p.82）。荔枝山东侧便是圣山博克山。看日落时可以尽早上山，慢慢欣赏吴哥全景。

※本书调查时，巴肯寺部分区域正在进行修复，施工区域不得参观。观赏日出与日落的游客需要提前掌握景区信息。（→p.118、119）

砖造金字塔式寺院

巴色占空寺

Baksei Chamkrong ❀ បក្សីចាំក្រុង

MAP p.12-3A

创建者： 曷利沙跋摩一世、罗贞陀罗跋摩二世
建造年代： 10 世纪初
信奉宗教： 印度教
寺院形态： 金字塔式

参观时间30分钟

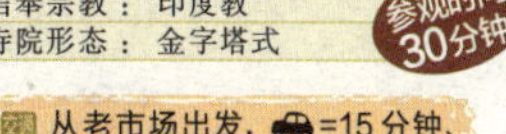

规模虽小，但高约 27 米的砖造结构却散发出一种凛然正气。巴色占空寺内供奉有曷利沙跋摩一世所推崇的湿婆神。几乎在同一时期还建造了另外一座砖造建筑，那就是有 5 座塔呈直线排列的豆蔻寺（→p.65），但是这处古迹在 3 层红土台座上又加盖了一层台座，且上面只有一座砖造殿堂。

构造虽然简单，但因考虑到神灵降临而在金字塔形建筑上加盖殿堂的创举，可谓是为后世的金字塔形寺院的建造做了一次探索尝试。登上古迹上部，的确有一种接近神灵的感觉。

容易被遗漏的小型古迹，不过，奇特的金字塔形构造让人印象深刻

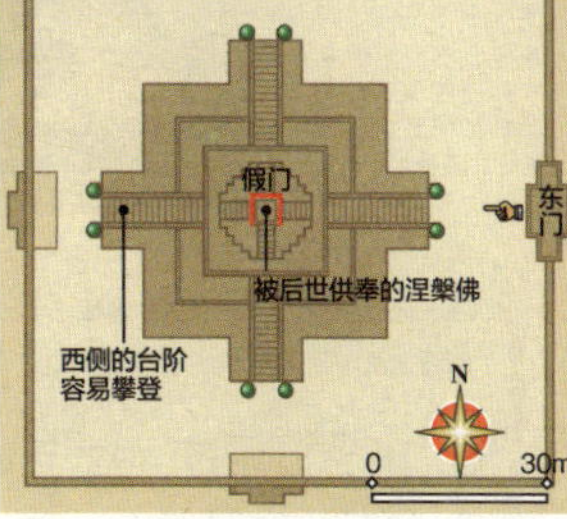

Column

鸟的传说

曾经，敌军进攻吴哥首都时，出现了一只拥有巨大翅膀的鸟，它张开双翼保护了国王。意为“飞鸟之都”的巴色占空寺正是因此传说而得名。

从巴肯寺看到的全景

凹凸不平的外观是其特征所在

茶胶寺

MAP p.13-2C

Ta Kev ꩜ តាកែវ

创建者： 阇耶跋摩五世
建造年代： 11 世纪初
信奉宗教： 印度教
寺院形态： 金字塔式

从老市场出发，🚗=25 分钟、🛺=30 分钟

茶胶寺的名字有“古老的水晶”之意，据说是作为建造吴哥寺的试金石而建造的。这座寺院由阇耶跋摩五世于 11 世纪初开始建造，但由于国王突然去世，石材垒砌完成后就被放置不管了。茶胶寺是四方设有副殿的五塔主殿型平面构造，尝试了在金字塔形寺院周围组建回廊的新式造型。如果完工的话，在金字塔形寺院中也算得上是造型优美的一座吧。

Ta Kev（与 Ta Prohm 和 Ta Som 相同）中的 Ta 是老爷爷的意思，直译过来就是 Kev 爷爷。当地也称其为 Prasat Kev

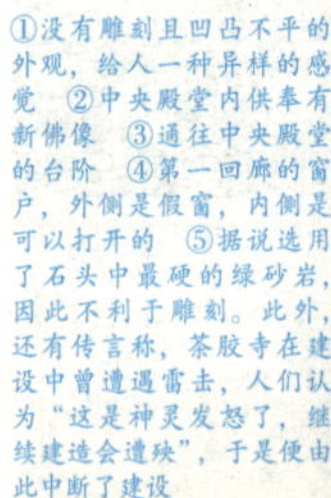

①没有雕刻且凹凸不平的外观，给人一种异样的感觉 ②中央殿堂内供奉有新佛像 ③通往中央殿堂的台阶 ④第一回廊的窗户，外侧是假窗，内侧是可以打开的 ⑤据说选用了石头中最硬的绿砂岩，因此不利于雕刻。此外，还有传言称，茶胶寺在建设中曾遭遇雷击，人们认为“这是神灵发怒了，继续建造会遭殃”，于是便由此中断了建设

茶胶寺

第一回廊
第二回廊
N
0 20m
藏经阁
西楼门
东楼门
中央殿堂
上下行台阶
南迪像
入口
残留有模仿林伽像的遗迹
藏经阁
足迹状的小路
托玛侬神庙与周萨神庙方向
塔布茏寺方向
餐厅与特产商店集中区
本书调查时，因进行修复工程，无法参观

Checking

与其他古迹不同的氛围

环绕寺院的回廊外侧墙壁上的窗户是假窗，内侧墙壁上的窗户是真窗（可以采光与透气的窗户）。因为未完工，所以只能想象，不过这种窗户的结构使得整处古迹弥漫着古板的氛围。这是因为第一层回廊不是立柱排列式的回廊，而且从窗棂处无法透入光线，所以给人以封闭的印象吧。

基本上没有看到建造中途被放弃的壁画雕刻。由此可知，当时采用的是垒砌完石头后再实施雕刻的手法。登上顶部的神殿，让我们感受来自茶胶寺的悠久历史气息，任思绪飞扬吧。

在宛如迷宫一般的通道上漫步

斑蒂喀黛寺

Banteay Kdei ※ បន្ទាយក្តី

MAP p.13-2C

创建者：阇耶跋摩七世
建造年代：12 世纪末
信奉宗教：印度教→佛教
寺院形态：平地式

从老市场出发，🚗=25 分钟、🛺=30 分钟

最外侧的墙壁东西长约 700 米，南北长约 500 米

东侧的沐浴池是皇家浴池（→ p.64）。据说在建造斑蒂喀黛寺之前，这里曾有一座名为克蒂的寺院。

寺院的整体构造与巴戎寺相似，寺院殿宇在 4 层围墙内展现出绚丽的场面。进入由红土墙壁环绕的东塔门后，可以看到排列在东西轴线上的平台、东楼门、舞女平台、前柱殿堂以及中央殿堂等诸多建筑。中央殿堂被由砂岩与红土垒砌的四面墙壁环绕，可以看出这里曾经经历过设计变更或者扩建。现在内部虽由十字形回廊环绕，但当初是将这里作为一座独立殿堂而设计的。

高棉建筑频繁进行改建与扩建，想依靠建造年代来还原兴建时的状况是非常困难的。

上智大学吴哥遗迹国际调查团会定期进行考古学·建筑学方面的调查，出土文物在圣·诺罗敦·西哈努克—吴哥博物馆（→ p.161）展出。

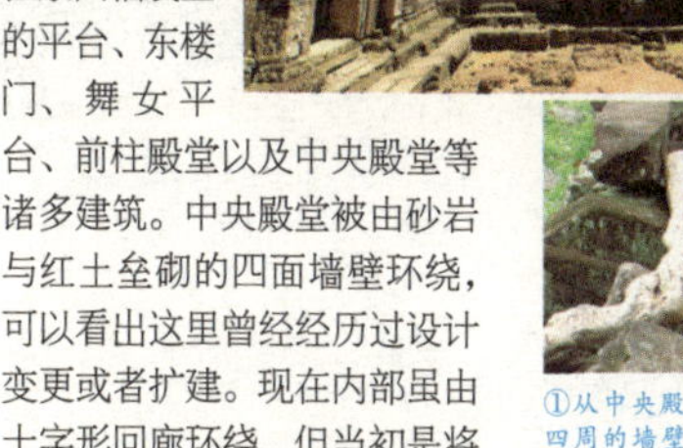

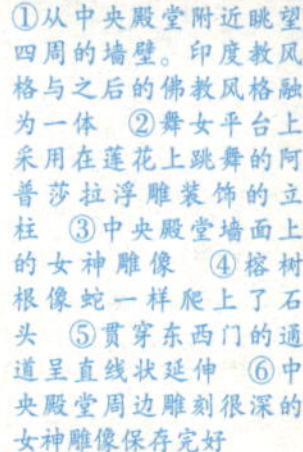

①从中央殿堂附近眺望四周的墙壁。印度教风格与之后的佛教风格融为一体 ②舞女平台上采用在莲花上跳舞的阿普莎拉浮雕装饰的立柱 ③中央殿堂墙面上的女神雕像 ④榕树根像蛇一样爬上了石头 ⑤贯穿东西门的通道呈直线状延伸 ⑥中央殿堂周边雕刻很深的女神雕像保存完好

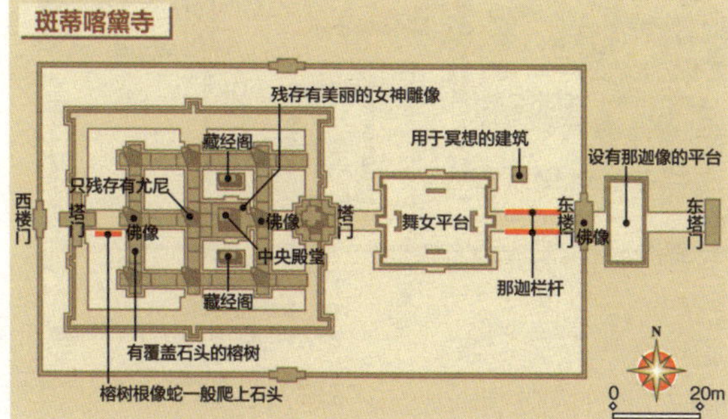

Checking

宗教变迁揭晓

含有“寺院城堡”之意的这处古迹，原本是作为印度教寺院而建的，后来又由阇耶跋摩七世改造为佛教寺院。再后来，为了方便僧侣生活，又改造了回廊等设施。回廊内供奉有林伽，塔门内有后世移入的佛像，外侧围墙的内部也逐渐成为散步的场所。内部迷宫般的构造，可以让游客体验一下探险的感觉。

神秘的气氛充满魅力

塔布茏寺

MAP p.13-2C

Ta Prohm ※ តាព្រហ្ម

创建者：阇耶跋摩七世
建造年代：1186 年
信奉宗教：佛教→印度教
寺院形态：平地式

参观时间 1 小时

从老市场出发，🚗=25 分钟、🛺=30 分钟

据说这里在创建时曾是阇耶跋摩七世为母亲修建的佛教寺院，但后来被改造成了印度教寺院。因此，佛教色彩浓厚的众多雕刻均已被刮掉。

塔布茏寺坐落在由东西约 1000 米、南北约 700 米的红土围墙所环绕的广阔区域内，建成之初，据说曾有 5000 余名僧侣与 615 名舞女住在里面。

塔布茏寺在竣工之后也在一直持续扩建，围墙内部像迷宫一般交错复杂。这处古迹以砂岩作为主要建筑材料，但围墙与居住建筑则采用了红土。

在这里，为了让人们了解自然的力量，从未采取过任何树木修剪与修复手法，而是任其自然发展。但是，近年来，这种传统已经逐渐接近极限。虽然寺院在巨大榕树的压迫下勉勉强强地保住了原有形态，但却令人切身感受到，在热带气候条件下，如果不进行管理，遗迹将会受到强大的自然威胁。

塔布茏寺是一处如同仙人居住的、充满神秘氛围的古迹。

此外，一般情况下，参观古迹的游客需要从西侧进入，但是正规的入口其实是在东侧。

①塔布茏寺从西门与东门均可入内。图示为进入西门后的样子 ②印度教徒将第一回廊外墙上的佛像刮掉之后，只剩下了一片空白

※ 据碑文记载，寺院周边曾有 3140 座村落。

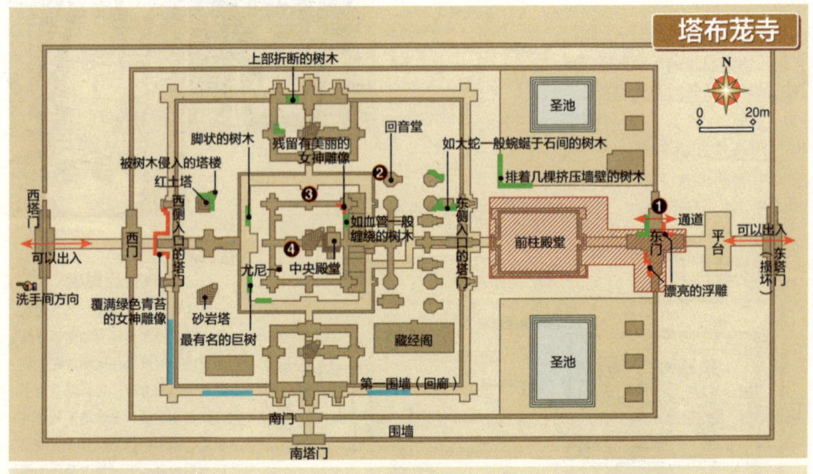

❶ 描绘有长发女传说的浮雕
❷ 描绘有四面佛和鹿的浮雕
❸ 四只手拿着念珠的四面佛
❹ 山墙上雕刻的佛像被刮去，改成了林伽

绿色：值得一看的榕树
蓝色：被印度教徒刮掉的佛像浮雕的痕迹

本书调查时处于修复期间，斜线区域 因为处于修复中，无法参观。

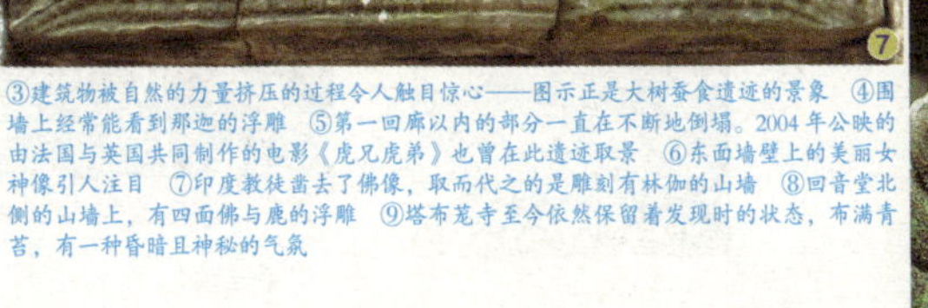

③建筑物被自然的力量挤压的过程令人触目惊心——图示正是大树蚕食遗迹的景象 ④围墙上经常能看到那迦的浮雕 ⑤第一回廊以内的部分一直在不断地倒塌。2004 年公映的由法国与英国共同制作的电影《虎兄虎弟》也曾在此遗迹取景 ⑥东面墙壁上的美丽女神像引人注目 ⑦印度教徒凿去了佛像，取而代之的是雕刻有林伽的山墙 ⑧回音堂北侧的山墙上，有四面佛与鹿的浮雕 ⑨塔布茏寺至今依然保留着发现时的状态，布满青苔，有一种昏暗且神秘的气氛

①中央殿堂周围是漂亮的女神雕像的宝库。这个角落如同被女神雕像与精美雕刻所围绕的中庭　②女神雕像从树间露出　③请一定鉴赏一下雕刻很深且十分妖艳的女神像

Checking

回音堂

塔布龙寺共有39座殿堂与塔楼。其中，建于中央殿堂东北侧的祠堂，因在内部拍打胸口会产生回音而广为人知。与吴哥寺内能产生回音的空间有异曲同工之妙，不妨在这里也试一试吧。

在回音堂，拍拍胸口听一听回音吧

金银财宝之谜

据碑文记载，塔布龙寺收纳了佛像与金银财宝等各种贵重物品。游客们应该会注意到中央殿堂内部凿有无数的小洞。据说建成时这里镶嵌了宝石与玻璃。从顶部开口处射入的光线经过宝石与玻璃的反射，使这里熠熠生辉、异常美丽，殿堂外墙上的女神雕像则展现出迷人的微笑。宝石之说虽无法判定真伪，但想象一下那种情景也令人十分愉悦。

中央殿堂内部点点密布的小洞，令人遐想

亲身感受大自然的艺术

令人惊异的榕树鉴赏景点

鸟爪状的树木

仿佛细细的、青筋暴露的爪子，用爪尖紧紧地抓住建筑物。位于中央殿堂的西侧。

如血管般缠绕的树木

中央殿堂附近，榕树根又被其他植物的根所缠绕，看上去宛如毛细血管一般。周边矗立有雕刻精美的女神像。

侵入塔内的树木

部分树木根系穿刺进了位于西侧入口塔门边的红土塔身。

在塔布茏寺可以见识到自然的威力。树木像蛇一般缠绕着石头，仿佛是要吞噬石头的怪兽。这也可以说是一种“自然的艺术”。让我们体验一下这处古迹发现者所感受到的震撼吧。

如同巨蛇一般的树木

榕树根挤进石缝，蜿蜒前行。如同巨蛇一般，看上去异常奇妙。据说这些大树的树龄有300~400年。从这棵树的后面看，树根都有凹陷下去的地方，人若是站在那里，就好像被怪物缠住一般。此处是可以拍摄到有趣照片的好地方。位于东侧入口的塔门旁。

东门的树木

巨大的榕树探进回廊的姿态，势不可当。

最有名的巨树

十分显眼的最有名的巨树倚靠中央殿堂西南侧的回廊，仿佛要将其压垮。这棵树垂下许多巨大的根系。看上去如同外星生物一般，令人不可思议。

Column

长发女子的传说

东门东北侧墙壁上的长发女子浮雕。长发女子正站在莲花上拧头发

东门的东北侧有几处以长发女子为主题的浮雕。这些浮雕是依据某民间传说雕刻而成的。据说释迦牟尼打坐时，阿修罗前来捣乱。于是长发女子用头发将打坐场所的池水吸起并移至打坐场所周围，以提高水位，这样阿修罗就进不来了。

这名女子的名字是龙萨伊索，关于她还流传着下面的故事。

以前，国王出海时，遭遇风暴沉船，只有国王漂流到了婆罗门僧侣修行的岛屿上。婆罗门僧侣养育的女孩救了国王，不久两人便坠入爱河。另外，婆罗门僧侣饲养的鳄鱼也对女孩抱有爱恋之心，因为无法与之结婚而将其视为妹妹。女孩想与国王结婚。然而，不知国王去向的国王父母，想让国王与长发女子结婚，并让长发女子龙萨伊索去寻找国王。在岛上找到国王的龙萨伊索，与婆罗门僧侣养育的女孩发生争执，抢去国王并将其带回。女孩无法渡海，无计可施，只能哭泣。这时前面提到的鳄鱼，对国王抛弃女孩而去的做法很是愤怒，便去阻碍离岛的国王航船。但是，长发女子用头发将海水全部吸尽，逃过一劫。海水没有了，鳄鱼也干死了。国王与长发女子龙萨伊索结婚，而婆罗门僧侣养育的女孩也死了。据说在马德望郊外，有那条死掉的鳄鱼与那个女孩死后化成的山丘（→p.279，马德望景点普农三伯寺）。

国王的沐浴池

皇家浴池

Sras Srang ស្រះស្រង់

MAP p.13-2C

创建者：阇耶跋摩七世
建造年代：12 世纪末

参观时间 15 分钟

从老市场出发，🚗=25 分钟、🛺=30 分钟

①皇家浴池东西约 700 米，南北约 300 米。有时可以在这里看到绝佳的日出景观 ②在平台上眺望浴池。这里也是小憩的好地方

皇家浴池位于斑蒂喀黛寺（→p.59）的前方，是国王沐浴用的水池。原型建于 10 世纪中期，是斑蒂喀黛寺建造之前的寺院的关联设施。之后，斑蒂喀黛寺正式完工，皇家浴池的平台与水池周边也采用砂岩进行了镶边装饰。

东侧的围墙位于平台所在的西侧对岸，是备受当地人欢迎的晚霞观景点（→p.119）。

注视水池中央的塔楼

向浴池中央望去，可以看到这里也建有一座塔楼，这一点与东梅奔寺（→p.67）如出一辙。塔楼几乎已经损坏，但是塔的位置错开了斑蒂喀黛寺的正面，由此可见，当时的人们已经能够巧妙地利用原有设施进行城市建设了。据说这座塔是当时的国王冥想的场所（参照右侧专栏）。

Column

雨季是修养的好时节

僧侣在雨季会减少外出，大部分时间都在寺院中度过。这是佛教的教诲，必须在这个时期专心冥想、修身养性，被称为“雨安居”。7 月～10 月是柬埔寨的雨季，为时约 3 个月。普通人大多也不会在雨季期间举办结婚典礼等仪式活动。

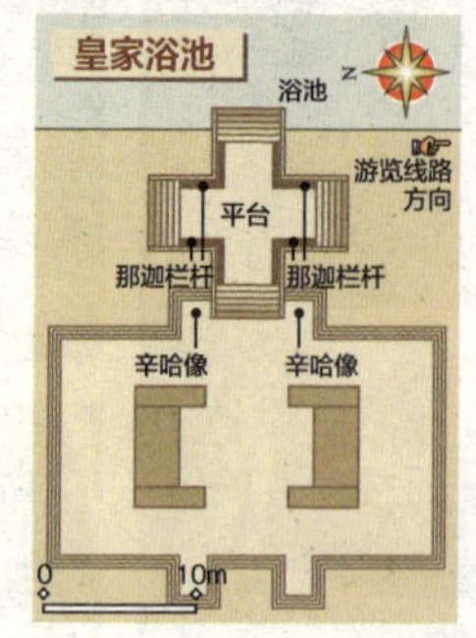

三座砖造塔楼排成一行

巴琼寺

Prasat Bat Chum ប្រាសាទបាតជុំ

MAP p.13-3D

创建者：罗贞陀罗跋摩
建造年代：10 世纪中期
信奉宗教：佛教

从老市场出发，🚗=20 分钟、🛺=25 分钟

巴琼寺位于皇家浴池南侧，长时间内因道路未经修整而无法探访，1994 年，在法国远东学院与阿普莎拉机构·文化遗迹局的协助下，道路进行了整修。这条路是一条古老的道路，可通往崩密列（→p.84）。

这座佛教寺院的建筑师与东梅奔寺的设计者是同一个人，他是唯一一名留下姓名的建筑师，这在保留有较多碑文的高棉时代也极为罕见。

三座面向东方的塔楼在同一基座上排成一行，这座三主堂式的砖造建筑虽然只是一处小型遗迹，但是东面却建有楼门、环形沟渠以及蓄水池。开口部位采用砂岩作为辅助强化材料，三座塔楼分别保留有刻在石头上的碑文。

①中央塔的山墙上雕刻了骑象的因陀罗神。遗憾的是头部未能保留 ②三座塔楼均面向东方而建。本书调查时，遗迹禁止入内。遗迹周边人迹罕至，因此最好不要单独前往 ③开口部位的砂岩上残留有碑文

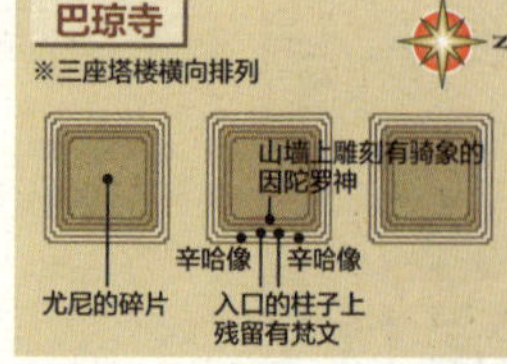

美丽的塔楼内部浮雕

豆蔻寺

MAP p.13-3C

Prasat Kravan ប្រាសាទក្រវ៉ាន់

创建者：曷利沙跋摩一世
建造年代：921年
信奉宗教：印度教
寺院形态：平地式

从老市场出发，🚗=25分钟、🛺=30分钟

豆蔻是一种花的名称，这种花香气怡人。豆蔻寺是一座简单的遗迹，但是其中的壁画却极具震撼力

豆蔻寺是一座平地式寺院，它的特征在于这里所有的建筑均为砖造结构。面向东方的5座塔楼在同一个基座上排成一列。这座寺院是毗湿奴神的供奉场所，因此，中央塔内部雕刻有毗湿奴神像。此外，在最北侧的塔楼中可以看到毗湿奴神的妻子拉克什米的立像。

自1964年起，法国远东学院对豆蔻寺进行了修复，寺院本身的保存状态也比较好。他们以内部美丽的拉克什米等浮雕的保存为主要目的，因此在修复时首先将塔楼拆卸，然后采用混凝土制造立方箱体，最后将从塔楼拆卸下的砖瓦垒砌在箱体两侧。豆蔻寺修复精度很高，作为高棉砖造雕刻的展厅，非常值得一看。

①最北端的塔楼内部，有毗湿奴神的妻子拉克什米的立像 ②骑着伽鲁达的毗湿奴神（中央塔楼内部、南面） ③中央塔楼内部有三种形态的毗湿奴神。背面描绘了拥有四只手臂的毗湿奴神用三步跨越世界的姿态 ④拥有八只手臂的毗湿奴神。周围还有正在冥想的人们的身姿（中央塔楼内部、西面）

Column

卡拉为什么没有身体

作为浮雕中经常出现的题材，只有面部与手部的怪物（？）卡拉（→p.117），实际上也是有身体的。那么，为什么身体不见了呢？下面就来为大家讲一个故事。

想要将乳海搅拌（创造天地）（→p.32）时出现的长生不老药阿姆利塔据为己有的卡拉夺药而逃。但是，只有月亮与太阳识破了卡拉的企图，倘若恶魔的化身卡拉长生不老，将会非常麻烦，于是他们马上将情况通知给毗湿奴神。毗湿奴神投出如曲形飞镖一般的武器，将卡拉的头颅斩下，但卡拉当时却已经把阿姆利塔吞入口中。阿姆利塔刚好到了卡拉喉咙的位置，在将头颅斩下之后，脖颈以上的部分便真的长生不老了。

故事到这里还没有结束，愤怒的卡拉将月亮与太阳一并吞入口中。但悲催的是，没有身体的卡拉，即便是将物体吞下，也会马上排出体外。据说这便是月食与日食的由来。

此外，还有下面这样一种说法。传说卡拉是个大肚汉，会将所有的东西吃光。最后只剩下了自己的头部。

山墙与浮雕中经常出现的卡拉，给人一种莫名的幽默感

Checking

殿堂内宛如雕刻美术展览室

豆蔻寺内部墙面上刻有浮雕，这在吴哥遗迹群中也实属罕见。殿堂内残留的雕像，其面部表情中还有很多未解之谜。

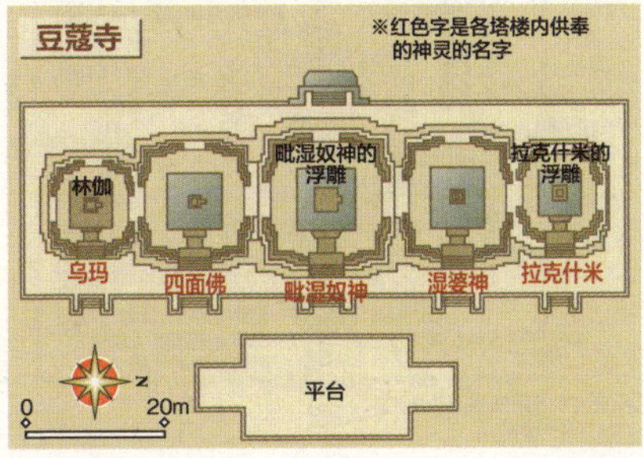

最上部视野绝佳

变身塔（比粒寺）

MAP p.13-2D

Pre Rup ប្រែរូប

创建者： 罗贞陀罗跋摩二世
建造年代： 961 年
信奉宗教： 印度教 （湿婆派）
寺院形态： 金字塔式

参观时间 1 小时

交通 从老市场出发，汽车=25 分钟、嘟嘟车=30 分钟

据说这是吴哥王朝最后一座砖造建筑

①据说这里是冲走死者骨灰的地方 ②精心装饰的假门 ③西南部的殿堂中有野猪脸女神拉克什米的立像 ④拥有四张脸的四面佛的妻子萨维德丽 ⑤寺院名称来源于 Pre Rup（神的姿态，Pre 是神，Rup 是姿态）。最上部的视野绝佳，是人气极高的晚霞观景点（→p.119） ⑥东南侧的殿堂山墙上雕刻有骑着大象的因陀罗神（雷神）

变身塔是一座金字塔式寺院，坐落在东梅奔寺（→p.67）南侧约 1.5 公里处。虽与东梅奔寺造型相同，但是这里看上去却更加壮观。中央殿堂与东塔门之间放置有用于火化尸体的石槽，据说这里曾是举行火葬仪式的场所。

变身塔是一座金字塔式寺院，从构造上来看，3 层的红土平台上共排列有 5 座殿堂。确切地说，是在第三层的四角分别建造了 4 座殿堂，而中央还有一个两层的小型基座，中央殿堂便建造在这个小型基座之上。上述建筑被周围的双层围墙环绕，围墙在四个不同的方向分别设有塔门。在被 20 余栋藏经阁与仓库环绕的寺院中央，12 座小型殿堂、4 座副殿堂以及中央殿堂排列得整整齐齐，这便是典型的五塔主堂型平面构造。

5 座殿堂除了东侧的出入口之外，均建有砂岩假门。假门是保持紧闭的"打不开的门"，不能通过假门入内。此外，假门所采用的门楣与立柱等装饰与其他外墙的门相同，从远处很难判断出哪里才是真正的入口。入口造型虽然没有特别的意义，但是其方向性却意义非凡。之所以入口朝东，是因为东方是太阳升起的方向，由此彰显了建筑与自然崇拜之间的关系，但是这种说法尚无定论。

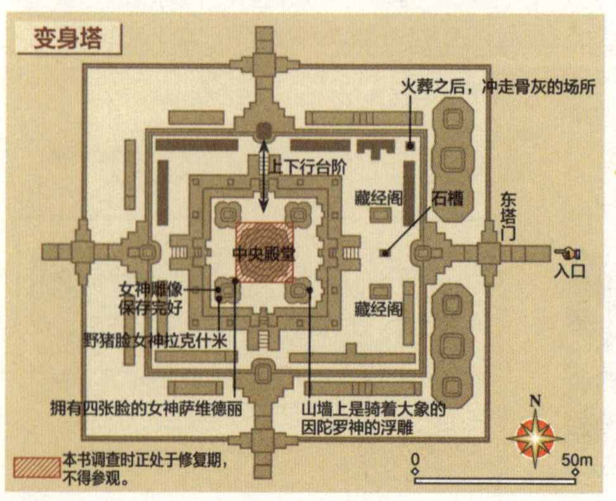

Checking

女神们的精美表演绝对不容错过

殿堂四角的墙面上，雕刻有浓妆艳抹的女神雕像。这些雕像斑驳陆离，保存状况不佳，但是，弥漫着淡淡哀伤气息的女神雕像，仿佛忧伤于高棉王国的衰亡，别有一番魅力。毗湿奴神的妻子拉克什米变成毗湿奴神的化身野猪的场景与拥有四张脸的女神雕像（→上图）等，西南部殿堂内珍贵的浮雕作品非常值得一看。

曾是漂浮在蓄水池中心的寺院

东梅奔寺 MAP p.13-2D

East Mebon មេបុណ្យខាងកើត

创建者： 罗贞陀罗跋摩二世
建造年代： 952 年
信奉宗教： 印度教（湿婆派）
寺院形态： 金字塔式

参观时间 1小时

交通 从老市场出发，🚗=25 分钟、🛺=30 分钟

金字塔式的东梅奔寺在建造时考虑到了从远处便可观望的效果

东梅奔寺坐落于东池（蓄水池）的中心区域，仿佛漂浮在大池中央一般（现在水已经干涸）。这座寺院是罗贞陀罗跋摩二世于 952 年建造的湿婆派寺院，9 年后他又建造了变身塔（→ p.66）。东池建于耶苏跋摩当政时代（889~910 年），因此人们普遍认为蓄水池建造在先，而寺院则是在其之后建造而成的。

遗迹采用了砖、砂岩以及红土等高棉建筑的三大建筑材料，砖造屋顶与木造屋顶的痕迹等至今仍有残留，各自的构造也富于变化。

此外，东梅奔寺被双层围墙环绕，围墙与围墙之间还建有各种附属建筑。内侧围墙构成金字塔的第一层，上面还有两层基座。从结构上来看，东梅奔寺比变身塔简单，金字塔结构的视觉效果较弱。

Checking

有水位变化的痕迹

东池是东西约 7 公里、南北约 1.8 公里的灌溉用蓄水池，漂浮在池内中央区域的这座寺院又被称为“黄金山”。曾浸于水中的部分已经变色，由此可了解东梅奔寺建造之初的水位高度（水位曾到最外侧围墙的上部）。在殿堂的砖造墙面上可以看到无数的小孔。据说这些小孔中曾镶嵌有钻石、红宝石等宝石与黄金。不过，还有传言称，实际上是为了防止装饰墙面的灰浆脱落才开凿的这些小孔。

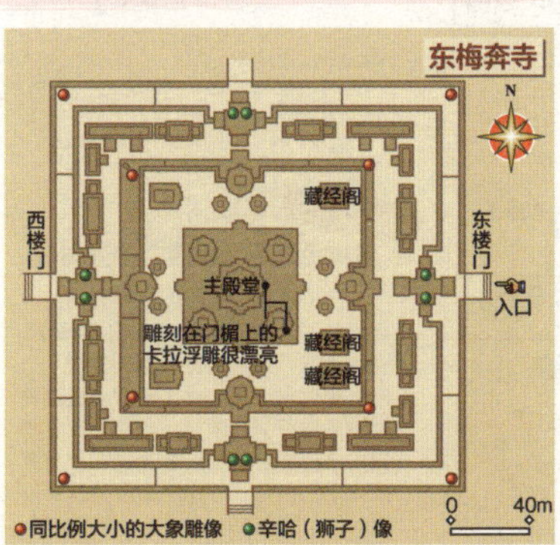

①孩子们玩耍的情景令人心情平静 ②门楣上是毗湿奴的化身纳拉辛哈要将阿修罗撕裂的场景 ③那迦从中央的卡拉口中出现。上面是骑着水牛的阎王 ④巨大的大象雕像矗立在围墙的四角

解读雕刻在遗迹上的神话浮雕

班提色玛寺

Banteay Samre បន្ទាយសំរែ

MAP p.13-2D

创建者：苏利耶跋摩二世
建造年代：12 世纪初
信奉宗教：印度教（毗湿奴派）
寺院形态：平地式

参观时间 1小时

交通 从老市场出发，🚗=35 分钟、🛺=40 分钟

来客相对较少，建议想与遗迹静静交流的游客前往

班提色玛寺意为“色玛族的城堡”，但是，色玛还有刺青的意思。这座寺院的外观看上去格外稳重，这与被环形沟渠与高墙围绕的城堡的名称十分相符。寺院内部，中央殿堂被回廊环绕，回廊周围建有附属平台。特别的是，中央殿堂的附属建筑参拜堂与东塔门相邻，而中央殿堂则与东西塔门都分离开来。第一、第二围墙（回廊）分别建有东、西、南、北 4 个塔门，第二围墙内部有两栋面向西方的藏经阁。这座寺院继续使用了同时期建造的周萨神庙与托玛侬神庙（→p.55）所采用的殿堂与参拜殿相连接的模式。此外，通过回廊连通围墙与中央殿堂的模式在吴哥寺中也得到了应用。

此外，中央殿堂与参拜殿的窗户均有两列，每列共并排有 5 个窗棂，沿用了吴哥寺中央殿堂窗户的形式。但是，附带平台的回廊外侧是没有窗户的墙壁，只在内侧开放，寺院整体继承了用作城堡的郊外型寺院结构。

①各塔楼山墙上的雕刻值得一看 ②围绕寺院周围的城墙之高也是班提色玛寺的一大特征。最高处高约 6 米 ③据说方形石箱用于倾倒死者骨灰。排水口有卡拉的雕刻 ④浮雕描绘了拥有 8 只手臂的毗湿奴神摁倒了他的兄弟阿修罗（山墙） ⑤猴子抓住阿修罗并且正在咬他的臀部

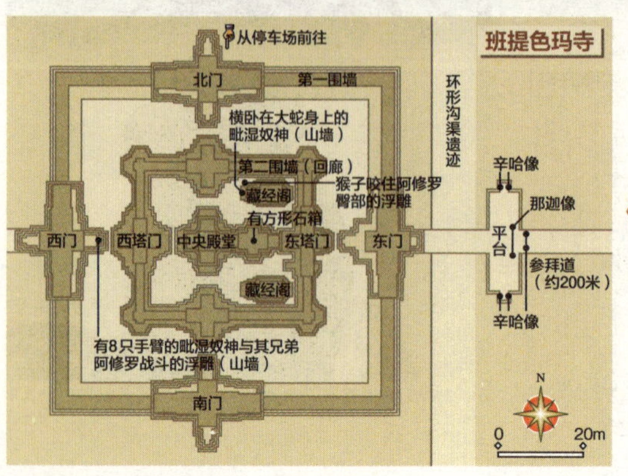

Checking

班提色玛寺又被称为小吴哥寺

漫步回廊平台便可绕寺院内部一周的想法，在巴戎寺就已经实现了。在吴哥寺开始兴建后马上又建造了这座班提色玛寺，当时人们对建造这种模型的寺院兴趣浓厚。此外，在色玛族中还流传着有关这处遗迹的“甜黄瓜之王”的传说。详见高棉建筑解读术中的专栏→p.106。

去看一看变化多样的女神雕像吧

塔逊寺

MAP p.13-1D

Ta Som ❀ តាសោម (塔逊寺)

创建者：阇耶跋摩七世
建造年代：12 世纪末
信奉宗教：佛教
寺院形态：平地式

从老市场出发，🚗=25 分钟、🛺=30 分钟

涅槃宫东侧的塔逊寺原本就是一座寺院。寺院周围可以看到僧人居住的痕迹。塔逊寺的破损程度不断加重，植物枝蔓盘根错节地覆盖着东塔门处巴戎寺风格的微笑女神雕像的面部，这些女神像仿佛正在发出痛苦的悲鸣。垒砌的石块渐渐错位，不再匀称的外形却更加充满魅力，但是，如果就这样放置不管，就连那些微笑与发出痛苦悲鸣的雕像身影都将会彻底从这个世上消失。

①西门的墙壁上完好保留了很多女神雕像。图示是将头发梳起的女神雕像 ②建造塔逊寺时期，在耳垂上打耳洞、佩戴大耳环是非常漂亮且时尚的装扮 ③东西塔门的顶部均为四面佛 ④塔逊寺的西侧是出入口。图示为从东侧看到的塔逊寺 ⑤东塔门被大树的根部完全覆盖

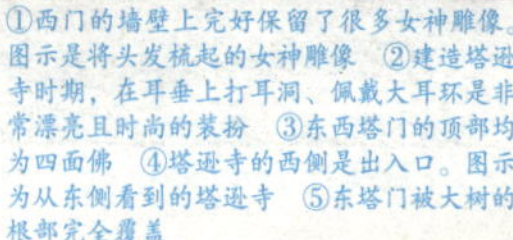

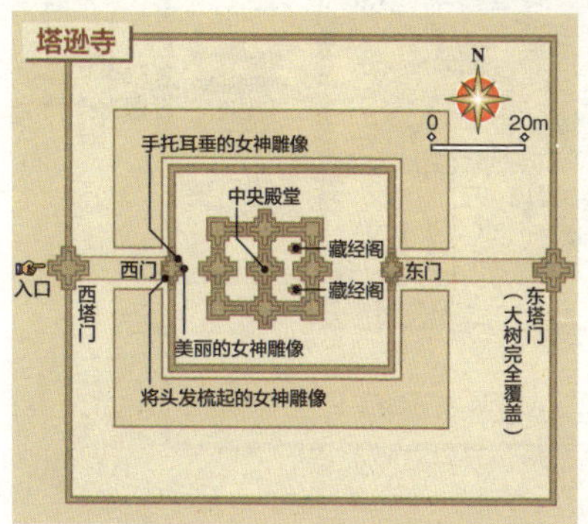

Checking

通过材质看出时代背景

塔逊寺的西塔门，将三种颜色各异的砂岩同时用在了一座建筑上。很多位置因材质不佳而出现了石灰质溶解且表面剥离的现象。由此可见，建造之初，寺院兴建所需材料曾难以得到保证。塔逊寺规模虽小，但破损严重，令人感受到自然的神奇变化与这座寺院不为人知的那一段沉寂时光。

此外，塔逊寺的女神雕像变化多样，非常养眼。刻画出了各种动作与姿态，表情也十分丰富。

宛如希腊神庙一般的谜之建筑绝对不容错过

圣剑寺

MAP p.12-1B

Preah Khan ព្រះខ័ន

创建者：阇耶跋摩七世
建造年代：1191 年
信奉宗教：佛教
寺院形态：平地式

从老市场出发，🚗=25 分钟、🛺=30 分钟

建在中央殿堂东北侧的建筑物是非常罕见的双层构造。有传说称这里曾是图书馆

Preah Khan 有“圣剑”之意，据石碑文记载，圣剑寺是阇耶跋摩七世为了纪念在与占婆军的战斗中取得胜利而建造的，同时也是国王父亲的菩提寺。此外，据石碑文记载，曾有 10 万人参与了寺院的兴建，即便数据略有夸张，但也可以想象到当时的繁荣盛况。创建之初，圣剑寺并不仅仅是一座寺院，这里还形成了居住有各种职业人群的村落，同时也是学习佛学教义的场所。

寺院被 3 层围墙环绕，内侧是被回廊包围的中央殿堂。可通往正面平台的东侧第二塔门打开了 3 扇门，这一点与只有一个出入口的西塔门有所不同。从东侧第二塔门的中央入口进入，穿过有立柱排列的前柱殿（舞女平台），便可通往中央殿堂。该处立柱上部的浮雕描绘有 13 人翩翩起舞的阿普莎拉。建造之初，中央殿堂供奉有观世音菩萨，但现在已经没有了，残留下来的是 16 世纪前后建造的舍利塔。

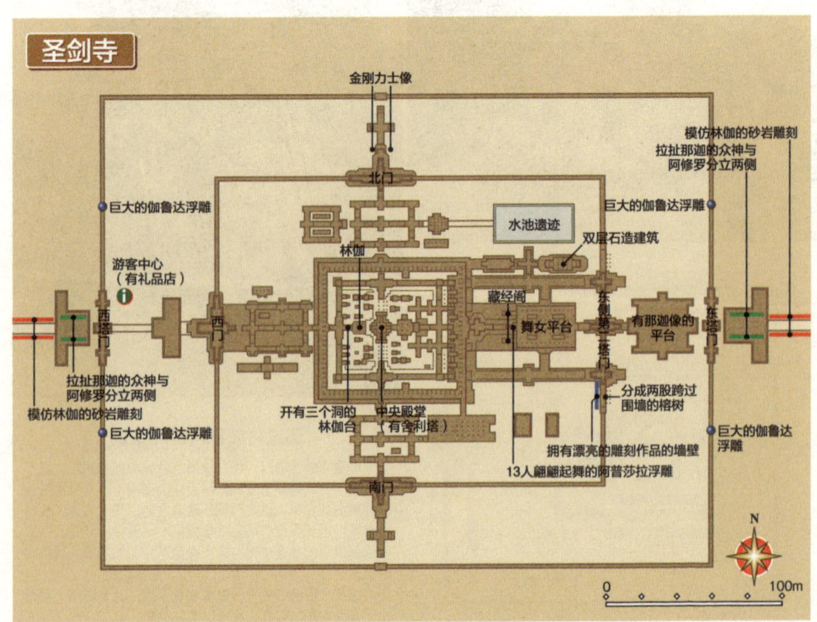

①东两两侧参拜道上是模仿林伽的砂岩雕刻。基座部分雕刻有伽鲁达，上部则雕刻有佛陀，但是多数佛陀已遭到破坏（每侧有54座） ②圣剑寺从东西两侧均可进入 ③东侧第二塔门的内侧是有漂亮的雕刻作品的墙壁 ④进入东塔门之后便可抵达平台。骑在那迦身上的伽鲁达栏杆非常好看 ⑤围墙上巨大的伽鲁达强有力地站立着，脚下踩着那迦（东塔门） ⑥在舞女平台上可以欣赏到细腻的浮雕作品 ⑦将三座林伽合并在一座林伽台上的形式非常少见。从右（北）侧起依次是毗湿奴神、湿婆神以及四面佛

Checking

独一无二的双层建筑

从东侧入口进入，北侧有一座双层石造建筑。这座石造建筑直接采用木造建筑结构进行建造，绝无仅有。宛如希腊的古神庙一般。

伽鲁达与那迦的纠缠

伽鲁达与那迦是老对手。除了争吵的画面，雕刻中经常出现的是他们扭打在一起的场景。圣剑寺的东塔门与西塔门均有巨大的伽鲁达脚踩那迦的雕刻作品，非常值得一看。此外，骑着那迦的伽鲁达与举起那迦的伽鲁达等也充满跃动感，不容错过。

被凿去的佛陀像

圣剑寺内部随处可见人为凿去佛陀雕像与苦行僧雕像的痕迹。大力保护佛教的国王死后，阇耶跋摩八世统治时期爆发宗教战争，据说圣剑寺内残留的这些佛陀雕像与苦行僧雕像的遗迹就曾遭到过激的印度教湿婆派教徒的破坏。通过这些被凿去的雕像可以感受到被国王改革所压迫的婆罗门势力的愤怒。

被人为凿去的佛像浮雕痕迹随处可见

同一时期修建的三处遗迹

从宏观上看，大池（阇耶塔塔迦）、涅槃宫（12世纪末）遗迹和塔逊寺（12世纪末）同处于圣剑寺东西轴的延长线上。很明显，同一时期建造的这三座建筑之间存在着有机关联性。

漂浮在圣剑寺蓄水池中的圆形寺院

涅槃宫

Neak Pean ន្នាគព័ន្ធ

MAP p.13-1C

创建者：阇耶跋摩七世
建造年代：12世纪末
信奉宗教：佛教
寺院形态：平地式

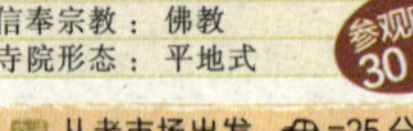

从老市场出发，🚗=25分钟、🛺=30分钟

涅槃宫意为“缠绕在一起的蛇（那迦）”。殿堂漂浮在中央的水池中，两条大蛇盘绕在殿堂基座上。涅槃宫与漂浮在东西池（蓄水池）上的东西梅奔寺（→p.67、p.74）相同，是治水信仰的体现，同时也是高超技术的象征。单边约70米的中央水池的四面建有小水池，中央水池的水通过导水口流向四面的小水池。

观世音菩萨的化身瓦拉哈。在天空飞驰的神马下部共有18个人。其中便包含辛哈拉（→见下文“观世音菩萨化身的传说”）

①建在水池中心的中央殿堂，传说这个水池是仿照能治愈百病的湖泊“阿那婆达多”建造的 ②两条那迦缠绕在圆形基座上。后面的蛇尾缠在一起 ③石造人头像。水从张开的嘴中流出。像殿堂一样，供奉有香火与鲜花 ④南侧的狮子头像。除此之外，还有大象与马头状的导水口

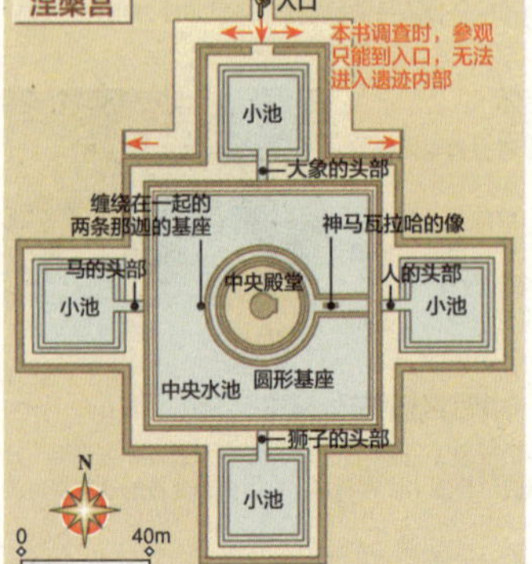

Checking

检查水池构造

中央水池中，有以印度神话为题材的瓦拉哈（神马）的同比例雕像。中央水池的水通过大象、人类、狮子以及马头等形状的导水口流向小水池，这种建筑手法象征着擅长治水的高棉的农耕文化。此外，大池（阇耶塔塔迦）又环绕在上述建筑的周围。雕刻的故事性很强，大小也基本与实物相同，因此很容易理解创作者的意图。殿堂的基座上缘雕刻有莲花，池水灌满时，可以看到宛如建在莲花上一般的殿堂。

Column

观世音菩萨化身的传说

从前，有一名叫辛哈拉的男子非常崇拜观世音菩萨。某日，辛哈拉与商人同伴们在航海中遇难，他被迫成为化身为美女的罗刹女（食人女）的丈夫。某一天的晚上，房间的灯忠告他说：“她是食人女。你现在有危险，赶快骑上正在海边等候你的马逃走吧。但是，在抵达对岸之前，你绝对不能睁开眼睛。”他与同伴们骑上那匹马逃走。马在高空飞驰，只有谨记忠告、没有睁眼的辛哈拉得救了。这匹马便是观世音菩萨的化身瓦拉哈。

※本书调查时，受2011年洪水的影响，涅槃宫部分坍塌，而且今后还有坍塌的危险，因此禁止入内。一般的参观只能到入口，在入口处眺望殿堂。

不断倒塌的小型遗迹

格劳尔哥寺

MAP p.13-1C

Krol Ko ក្រោលគោ

创建者： 阇耶跋摩七世
建造年代： 12 世纪后半期 ~13 世纪初期
信奉宗教： 印度教

从老市场出发，🚗=25 分钟、🛺=30 分钟

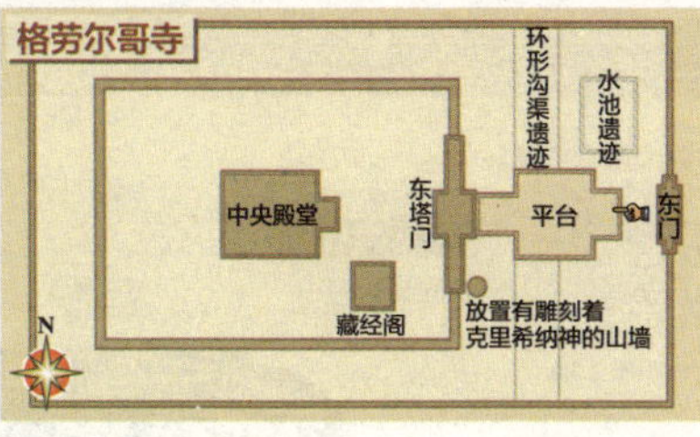

格劳尔哥寺是一座巴戎寺风格的小型印度教遗迹。在红土围墙环绕的区域内，保留有塔门、建有附属参拜殿的中央殿堂遗迹和藏经阁。

这处遗迹的山墙上有雕刻有克里希纳神举起牛增山的印度神话。为保护放牛人与牛群免受雷神因陀罗的伤害，克里希纳神单手举起了牛增山。这一题材在柬埔寨颇受欢迎，常见于6~7世纪前后的建筑之上，但是到了这个时期，克里希纳神没有了强大的力量，而是变成了幽默的构图。

密林中的遗迹

周穗韦伯寺

参照 MAP p.11-1D

Chau Srei Vivol ចៅស្រីវិបុល

创建者： 苏利耶跋摩一世
建造年代： 11 世纪
信奉宗教： 印度教 （湿婆派）
寺院形态： 山顶式

参观时间 30 分钟

从老市场出发，🚗=1 小时

在严重坍塌的中央殿堂的背后（图片右侧）可以看到现在的新佛教寺院。进入新佛教寺院内可以感受到出人意料的凉爽，是避暑的好地方

周穗韦伯寺坐落在从吴哥寺向东延伸的古道边上，是建在高约 30 米的小山丘上的山顶式寺院遗迹。这座寺院位于吴哥寺东侧约 20 公里处，在吴哥寺与崩密列（→ p.84）的中间点。直至最近为止，这里由于交通不便，鲜少有游客到访。近年修建了连接罗洛士群遗址（→ p.76）与女王宫（→ p.79）的新路，从暹粒出发，仅需约 1 小时便可抵达周穗韦伯寺。

寺院周围的环形沟渠长边约 1500 米，短边约 1000 米，规模可与吴哥寺匹敌。古道同时是该遗迹环形沟渠的北部堤岸。从跨越环形沟渠的西参拜道进入寺院区域内，可以看到右侧的红土围墙与左侧的现代佛教寺院。从西楼门附近进入围墙，有一条由红土铺设的平缓台阶通往山顶。走过现代寺院建筑后便是遗迹。山上的遗迹由中央殿堂、回廊以及南北藏经阁构成，布局简单。中央殿堂损毁严重，在其间行走都会感到十分辛苦。向北方望去，可以看到圣山——荔枝山。转向寺院东面，有一座与寺院不太相称的大型楼门，这里的损毁状况也极为严重。山丘南麓有一座独一无二的田字形平面的独立建筑。

阿普莎拉负责这处遗迹的管理工作，旨在将这里打造成为“被森林环绕的野生动植物乐园”。实际上，围墙内的大型树木枝繁叶茂，有一种静谧神秘的气氛。相信在各方的努力下，这处在密林中掩藏的遗迹今后应该还会继续得到传承。森林、遗迹以及原住民的共生，是吴哥遗迹群最大的魅力。周穗韦伯寺具备成为典型范例的可能性。

①从寺院的西楼门朝山顶方向前行，平缓的参拜道是采用红土铺设的台阶
②田字形平面建筑，坐落在寺院所在山丘的南麓。是非常罕见的建筑形式

暹粒近郊

Around Siem Reap

曾发掘大型青铜像

西池

MAP p.10-1A~1B

West Baray ✲ បារាយណ៍ខាងលិច

创建者：苏利耶跋摩一世、优陀耶迭多跋摩二世
建造年代：11世纪末
信奉宗教：佛教
寺院形态：平地式（西梅奔寺）

参观时间 30分钟

从老市场出发，🚗=20分钟、🛺=25分钟

西池是由苏利耶跋摩一世建造的东西约8公里、南北约2公里的大规模蓄水池。登上巴肯山（→p.56）便可了解其壮大的规模。从阿约寺（→下文）出发，在堤坝对面的水闸附近有乘船处，游客也可以乘船前往中心寺院西梅奔寺参观。西梅奔寺遗迹所剩不多，但却有与巴方寺（→p.48）相同风格的精美雕刻。

此外，收藏于金边国家博物馆的“侧卧的毗湿奴神半身像”（→p.221）就是在西梅奔寺内的一口古井中发现的，这口古井至今依然保留在西梅奔寺中。

本书调查时，西梅奔寺所在岛屿因整体修复工程而无法参观。游客只能在外围透过铁丝网向内观望，无法靠近。

①发现“侧卧的毗湿奴神半身像”的古井　②西梅奔寺现在还残留有部分环绕寺院周围的回廊

information

西池的乘船处有发往西梅奔寺的机动船。船只限乘10人，单人包船往返的费用为US$14~，2~3人同行的费用为US$8~/人。单程用时约10分钟。此外，乘船处西侧有一处沙滩，设有凉亭，还提供游泳圈与遮阳伞租赁服务（收费）。

Checking

避开酷暑时段，在傍晚时前往观光吧

来到西池，可以与孩子们一同戏水，也可以漫步于损毁的遗迹中想象建造之初的场景，这都将是十分有趣的体验。

Column　寺庙中悬挂的鳄鱼

在柬埔寨，寺院与民居在举办葬礼时会悬挂鳄鱼形状的布（主要是白色）。有关这一风俗，流传着这样一个传说。

很久以前，国王在西梅奔寺饲养了鳄鱼。有一天，国王的女儿坠入鳄鱼池，被鳄鱼吃掉了。国王命人捕捉鳄鱼并将它的肚子剖开，但是，国王的女儿已经气绝身亡。国王悲愤至极，在女儿的葬礼上将这条鳄鱼吊了起来。不知从何时开始演变成悬挂模仿鳄鱼形状的布，这一习惯一直流传至今。

悬挂在寺院内的白布。的确是鳄鱼的形状

吴哥遗迹中最古老的金字塔式寺院

阿约寺

MAP p.10-1A

Ak Yum ✲ អកយំ

建造年代：7世纪初
信奉宗教：印度教
寺院形态：金字塔式

参观时间 30分钟

从老市场出发，🚗=20分钟、🛺=25分钟

阿约寺位于西池南侧，建于7世纪初期，是历史价值极高的印度教寺院。因建设西池，阿约寺的绝大部分区域均沉入池中。普遍认为在迁都至吴哥地区之前，曾在这里兴建过国都。采用砖材垒砌的3层金字塔上，至今还残留有部分砖造殿堂。

①阿约寺坍塌严重，已经无法通过现状联想创建之初的构造　②殿堂下方可以找到圣水流入的洞口

Checking

殿堂的祭坛下方……

祭坛下方有宛如水井一般的洞口，圣水可以流入其中。参观西梅奔寺与西池时可以顺便前往。

四个方向均建有楼门

格罗姆寺

Phnom Krom ភ្នំក្រោម

MAP p.10-3A

创建者：耶苏跋摩一世
建造年代：9世纪末~10世纪初
信奉宗教：印度教
寺院形态：山顶式

参观时间 1小时

从老市场出发，🚗=20分钟、🛺=25分钟

格罗姆寺位于远离吴哥遗迹群的洞里萨湖畔的山上。格罗姆寺、巴肯寺（→p.56）以及博克寺均为耶苏跋摩一世建造的山顶式寺院。由红土墙壁环绕的区域中央，有3座殿堂建在同一个基座上。在上述砖造殿堂中供奉有毗湿奴神（北殿堂）、湿婆神（中央殿堂）以及四面佛（南殿堂）等印度教三大神，表现了三神一体的印度教世界观。

①站在西门处望去，北侧（图片中左侧）的殿堂供奉着毗湿奴神，正中间是湿婆神，而南侧则是四面佛 ②雨季，格罗姆寺整体淹没于水中。游客可一边眺望美景一边向上攀登。也可以乘坐摩的前往山顶

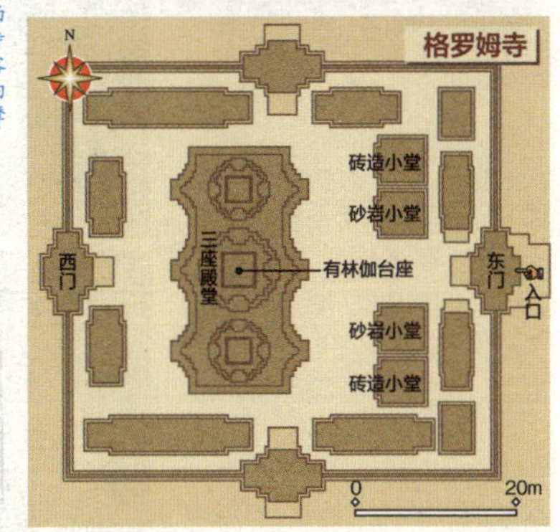

Checking

访问时期与时间

雨季大量降雨过后，有时水会漫过山麓。格罗姆寺就像是漂浮在湖畔中的神秘小岛。这处遗迹曾是监视从洞里萨湖逆流而来的水军并给予对方致命一击的绝佳场所，直至1994年前，这里一直有柬埔寨国民军驻扎。自高棉时代直至最近，这里一直是军事要塞。格罗姆寺面向东方，因此，最好是在上午拍摄照片，但是，这里的日落景观也非常漂亮（→p.119）。夕阳倒映在湖面上熠熠生辉，更加让人深刻地感受到洞里萨湖与吴哥文明是紧紧地联系在一起不可分离的。

与吴哥寺同向西方

沃阿维寺

Wat Athvea វត្តអធ្វា

MAP p.10-3B

创建者：苏利耶跋摩二世
建造年代：12世纪前半期
信奉宗教：印度教（毗湿奴派）
寺院形态：平地式

参观时间 30分钟

从老市场出发，🚗=5分钟、🛺=10分钟

沃阿维寺坐落在暹粒城区与洞里萨湖的中间，位于暹粒河西岸。这座寺院由围墙、中央殿堂以及藏经阁构成，是以西侧作为正面的一处中等规模的遗迹。自古以来，吴哥遗迹群的来访者乘船渡湖，然后乘小船逆流而上，再搭牛车北上，首先抵达的休憩场所便是沃阿维寺。

据史实记载，1972年，战火迫近吴哥寺，遗迹修复工程无法继续时，柬埔寨籍遗迹保存管理者便在位于城南的这处较为安全的遗迹继续修复工作。在沃阿维寺可以感受到年轻的柬埔寨专家为保护遗迹拼命努力的精神。

①殿堂山墙部分的雕刻处于未完成的状态 ②可以看出遗迹已经修复且草坪也修剪得十分漂亮 ③中央殿堂的内部墙面描绘有女神像，立柱上还残留有梵文 ④沃阿维寺被红土围墙环绕，红色与灰色砂岩的对比搭配十分漂亮

罗洛士群遗址

Roluos ព្រះរលួស

在国都迁至现在的吴哥地区之前，曾在从暹粒沿国道六号线向东南方向行进约 13 公里处的罗洛士建造了王都。790 年前后，阇耶跋摩二世在这一地区奠基，并由因陀罗跋摩一世着手兴建王都。罗洛士群遗址以模仿须弥山而建的巴孔寺为中心，建造了献给国王双亲的神牛寺与位于大蓄水池因陀罗塔塔迦中央的罗莱寺。

罗莱寺曾经与位于吴哥都城东西两侧的梅奔寺具有同样的意义。东北殿堂祭祀有因陀罗跋摩一世

东西梅奔寺的原型

罗莱寺 MAP p.11-2D

Lolei លលៃ（罗莱寺）

创建者：	耶苏跋摩一世
建造年代：	893 年
信奉宗教：	印度教 （湿婆派）
寺院形态：	平地式

参观时间 30分钟

从老市场出发，=25 分钟、=30 分钟

建造之初，罗莱寺曾建于大蓄水池中央的小岛上（现在水已经干涸）。这个蓄水池是耶苏跋摩一世的父亲因陀罗跋摩一世下令建造的，因此取名为因陀罗塔塔迦。罗莱寺曾是国王用来祭祀父王与祖先的场所。

①罗莱寺殿堂的水道交汇处有林伽雕像 ②墙面上还有金刚力士的雕像 ③笑容安详的女神像 ④西北殿堂的门楣部分。伽鲁达的口中吐出那迦，还可以看到骑马的天神 ⑤罗莱寺遗迹的旁边，有古寺院与新建的寺院，还建有果园

这座建筑是吴哥地区在后期建造的东西梅奔寺的原型。据推测，当初应该是计划建造 6 座殿堂的，但是现在却只剩下 4 座。西南侧的塔楼破损严重。东侧的阶梯是大池停船处的遗迹，位于北侧两座殿堂的延长线上，岛屿中心与建筑群的中心并未重合。由此可见，建造计划曾在中途进行过变更。

寺院内的部分区域建造有小乘佛教的僧房与新寺院，诵经声不绝于耳。

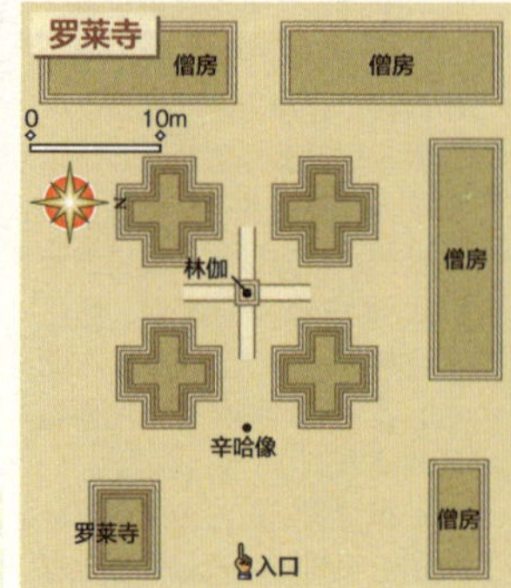

Checking

中央林伽是不容错过的看点

4 座殿堂的中央建有十字形的砂岩水道（传送水源的长管）。水道交汇处建有林伽雕像，圣水自上方注入之后会向四方流出。它象征着被誉为高棉农业支撑点的治水技术。使圣水注入并流入因陀罗塔塔迦的仪式，在祈祷确保旱季充足水源的同时，还有向民众展示高棉治水技术的效果。

吴哥遗迹中最古老的寺院

神牛寺

Preah Ko ព្រះគោ

MAP p.11-2D~3D

参观时间 30分钟

创建者：因陀罗跋摩一世
建造年代：879年
信奉宗教：印度教（湿婆派）
寺院形态：平地式

从罗莱寺出发，🚗=3分钟、🛺=5分钟

神牛寺东西约500米，南北约400米。因陀罗跋摩一世为祭奠先祖而建造了这座寺院，但主要还是为了祭祀先王阇耶跋摩二世。最前面的中央殿堂中祭祀着这位先王

Preah Ko意为“神圣的牛”，神牛寺因寺院内供奉的圣牛南迪而得名※。据说因陀罗跋摩一世是为先王与祖先建造的这座寺院。穿过崩塌的楼门，可以看到并排在基座上的6座殿堂。神牛寺有两层围墙，由东西楼门连接的围墙将中央殿堂环绕其中。以东西轴为核心相互对称的两座藏经阁是参拜道围墙的附属建筑。藏经阁的入口面向殿堂。此外，南面与北面的两对建筑应该具有收藏宝物等的功能。

※神牛寺原名为“帕麦夏拉”，意为湿婆神。

①这座寺院的名称意为“神圣的牛”，寺院内有3尊南迪雕像 ②金刚力士像的上部残留有灰浆部分，可以看到部分精细的雕刻 ③可以看出中央殿堂是采用砖、砂岩以及灰浆建造而成的 ④门楣上的雕刻，中央的卡拉看上去十分显眼

神牛寺

红土围墙
6座殿堂
西楼门
东楼门
东塔门
南迪雕像
这两处的殿堂雕刻保存得比较好
N
0 50m

Checking

殿堂的雕刻痕迹所讲述的内容

试想一下整座建筑都被白色灰浆覆盖且进行细致雕刻的场景，整体印象应该会发生一些变化。可以关注一下坐落在西南角的殿堂西面。其他5座殿堂均采用砂岩进行建造，而只有这座殿堂采用切削的砖块来装饰门楣与假窗。

此外，基座前有3尊圣牛南迪的雕像与6座殿堂相对。南迪是湿婆神的坐骑。

强有力的阿修罗浮雕引人注目

巴孔寺

MAP p.11-3D

Bakong ◈ បាគង (巴孔寺)

创建者：因陀罗跋摩一世

建造年代：881 年

信奉宗教：印度教（湿婆派）

寺院形态：金字塔式

参观时间 1 小时

从神牛寺出发，🚗=3 分钟、🛺=5 分钟

巴孔寺是因陀罗跋摩一世奉献给印度教诸神的寺院。巴孔寺作为殿堂周围环绕有环形沟渠的最早的金字塔式寺院而闻名。

以中央殿堂为中心，东西分别建造有塔门，巴孔寺便由连接上述塔门的围墙所环绕。围墙由红土建造而成，共有 3 层。第三围墙内部，有 8 座砖造殿堂，看似僧房的长方形建筑以及入口面向殿堂的建筑物等，呈几何状分布。第三围墙的中央，5 层高的金字塔形基坛上，有一座红色砂岩殿堂坐落在中央。从远处眺望巴孔寺，可以看出中央殿堂规模比基坛更小。被砂岩覆盖的基坛与中央殿堂曾被后世修复过。

巴孔寺是罗洛士群遗址中规模最大的遗迹（东西约 900 米，南北约 700 米）

①参拜道两侧是伏在地面的那迦栏杆。这是首次将那迦用于栏杆的场所 ②登上上部便可发现巴孔寺由 3 层围墙环绕。法国远东学院正在对第三围墙内部进行重新垒砌与修复 ③建于祭坛外侧的殿堂 ④南侧基坛下部身躯沉重的辛哈保存状态完好

Checking

宛如绘画作品一般的看点

楼门与第一层的基坛相连，从楼门山墙空隙处望向中央殿堂，就像是看到"装裱在画框中的绘画作品"一般。山墙空隙的主要作用是减轻门楣负重，但可以从中捕捉到中央殿堂顶部的身影。

从第一基坛的楼门山墙的空隙望去，可以看到如同绘画一般的殿堂

保存完好的阿修罗浮雕

第五层的墙面上，曾雕刻有漂亮的浮雕。现在仅有位于南面东侧的一处描绘阿修罗作战场景的浮雕不可思议地完好地保存了下来。

6 个阿修罗与众神之战的浮雕孤单地残留下来

建筑构造

巴孔寺由环形沟渠环绕，通过狭窄的参拜道后可前往象征天界的金字塔中心参拜，这座宗教设施自创建之初应该便被当作旨在表现天界的环境的装置。可以将其作为吴哥寺平面构造的一块试金石。

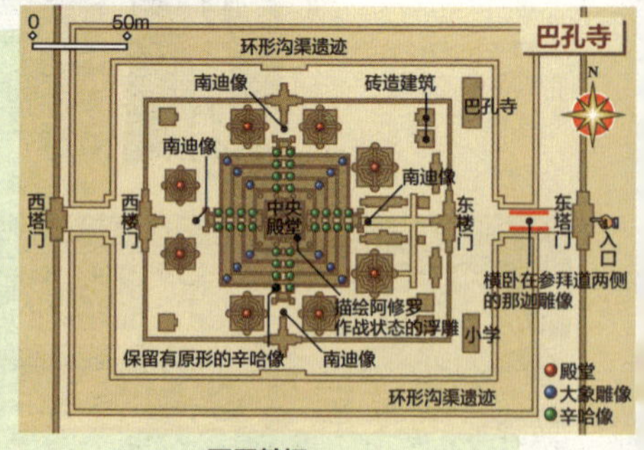

五层基坛

各层均有独特的含义。

第一层（最底层）……那迦的世界

第二层……伽鲁达的世界

第三层……夜叉（恶神）的世界

第四层……罗刹（恶鬼）的世界

第五层……神的世界

※本书调查时，女王宫的参观线路为"逆时针方向行进，必须从东门进入，从西门离开"（→女王宫地图）。但此线路仅限上午参观者众多的时间段，下午等参观者较少的时间段，即便有工作人员值守，也无须严格按照规定的线路游览，可自由参观。今后将如何规定，现阶段暂无从得知，但是请务必提前了解参观女王宫是有一定规则可循的。

郊外遗迹

Short Trip

拥有美丽的红色砂岩的寺院

女王宫

Banteay Srei ⚜ បន្ទាយស្រី

MAP 文前图① -1B

创建者：罗贞陀罗跋摩二世、阇耶跋摩五世
建造年代：967 年
信奉宗教：印度教（湿婆派）
寺院形态：平地式

参观时间 1 小时

交通 从老市场出发，🚗 =45 分钟～1 小时

女王宫东西约 115 米、南北约 95 米，规模较小，不过值得慢慢参观。是艺术性极强的一处古迹

女王宫意为“女人的城堡”，据说当初是作为吴哥王朝摄政国事的亚那发拉哈的菩提寺而建造的。女王宫内供奉有湿婆神与毗湿奴神，周围是约 400 米的小寺院，外墙采用红色砂岩与红土建造，而屋顶的部分区域则采用了砖造结构，是非常漂亮的一处古迹。从东侧正面进入女王宫后可以看到宛如铺设有红色绒毯一般的红土参拜道不断向前延伸，参拜道两侧则排列有模仿林伽造型的石柱。这一表现手法加强了到访者对中心区域的期待感，将旨在突出中央殿堂的透视构图法发挥得淋漓尽致。

第二围墙的塔门浮雕中，有很多描绘《摩诃婆罗多》（→ p.29）的优秀作品。现在，该山墙装饰的一部分陈列在金边的国家博物馆（→ p.220）。

位于第三围墙中央的东塔门山墙采用红土建造而成，保留着像背带状交叉的带子雕刻，看上去十分特别，红色砂岩上的雕刻简练而美丽。女王宫内特有的主题雕刻随处可见，与其他遗迹的相似性很低。由于多采用红色砂岩与红土，因此感觉中央殿堂看上去就像燃烧的火焰一般。

①塔门的山墙顶端是漩涡形状的雕刻，这便是女王宫的特征所在。据说上述雕刻是以蛇作为主题的 ②女王宫实际上有丰富的动物神及与其相关的故事。图示为从卡拉（→ p.117）口中出现的马卡拉（→ p.115） ③图示主题为从马卡拉口中出现的那迦

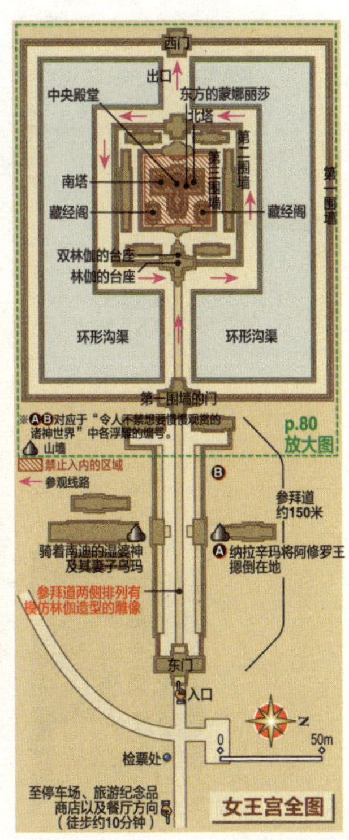

information

女王宫坐落在暹粒东北方向约 40 公里处。这处遗迹的特征在于红色砂岩的颜色，最佳游览时间是光线较为充足的上午。在太阳光的照射下，女王宫看上去如同熊熊燃烧的红色火焰。此外，被雨淋湿后会变为更加醒目的红色。开放时间为 6:00~17:00。

左 / 据说是因为红色砂岩的质量上乘，才使大量精美的雕刻得以保存
右 / 第二围墙的塔门无论是姿容还是雕刻均荣膺最美称号，同时还被印在 50R 的纸币上

Checking

优美的浮雕“东方的蒙娜丽莎”

女王宫规模虽小，但描绘印度神话的雕刻刻痕较深，而且几乎全部由红色砂岩所造，其造型之美在吴哥遗迹中也算得上是出类拔萃，非常简练而优美。同时，这处遗迹的保存状态也很好。曾有一位名为安德烈·马尔罗的法国作家醉心于殿堂墙面的女神雕像，1923 年，这位作家挖掘盗取女神雕像，在准备将其偷运出境时遭到逮捕。后来，他以上述事件为背景写了一本名为《王道》的小说，而这座雕像也成了著名的“有案底”的雕像。这座女神雕像被称为“东方的蒙娜丽莎”，通过这一段逸事，足见其非凡的魅力。

※ 本书调查时，中央殿堂周边因遗迹保护而用绳子环绕，禁止入内。因此无法近距离观赏“东方的蒙娜丽莎”等女神雕像。

左 / 被称为“东方的蒙娜丽莎”的女神雕像。柔美的身体线条与表情令人着迷
右 / 这也是一座漂亮的女神雕像。与吴哥寺相比，女王宫的雕像刻痕更深且线条也更加柔美

狭缝状的窗户

在女王宫观光时请留意只有在这里才可以看到的特殊的狭缝状窗户。对红土进行加工并在上面开凿出狭缝状的孔洞，由于是多孔隙，因此特意采用难以加工的红土作为窗户的原材料。这些在藏经阁可以看到的狭缝状窗户，被认为是向窗棂状窗户过渡的技术。从技术的角度来说，女王宫在吴哥遗迹群中的地位并不仅仅局限于美术史，在建筑史上也是极其重要的。

可以看到为嵌入窗框而开凿的孔洞

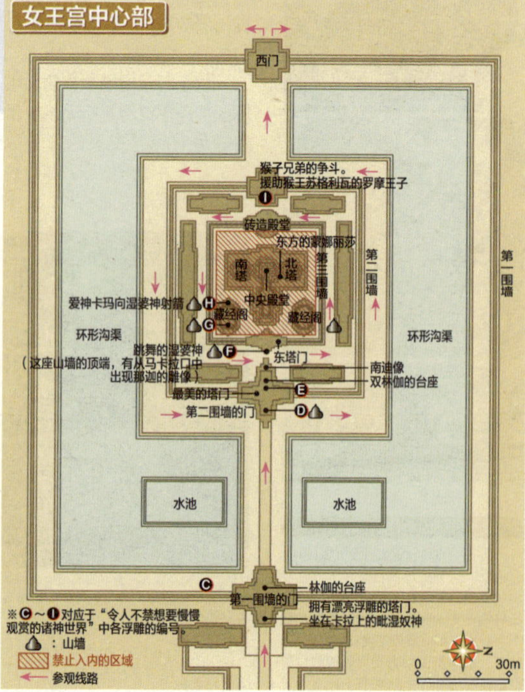

Column

令人不禁想要慢慢观赏的诸神世界

女王宫可以称得上是浮雕之美的极致，让我们用心去观赏一下这些艺术作品吧。下面是一些比较有名的浮雕。

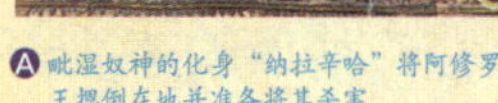

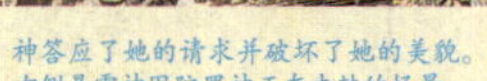

A 毗湿奴神的化身“纳拉辛哈”将阿修罗王摁倒在地并准备将其杀害

B 魔王拉瓦纳诱骗西塔的场景（《罗摩衍那》中的故事情节）

C 骑着白鸟的四面佛。两侧是辛哈（狮子）

D 荣膺最美称号的塔门浮雕。坐在卡拉上的毗湿奴神

E 毗湿奴神的妻子克拉米什正在通过大象的圣水净身。下部描绘有伽鲁达与那迦

F 跳舞的湿婆神。坐在左侧的是名为卡利卡拉米亚的女性。她是一位非常美丽的王妃，国王死后，各国国王都争先恐后地想要得到她。忧愁的卡利卡拉米亚请求湿婆神破坏自己的魅力与美貌，湿婆神答应了她的请求并破坏了她的美貌。右侧是雷神因陀罗神正在击鼓的场景

G 在冈仁波齐峰冥想的湿婆神。抱着的是他的妻子帕尔瓦蒂。下面是拥有 20 只手臂与 10 个头的魔王拉瓦纳，他为了影响正在冥想的湿婆神而正准备移动冈仁波齐峰。湿婆神在冈仁波齐峰上冥想并正准备狠狠地教训阿修罗一顿。还描绘有感到害怕的婆罗门僧侣、老虎、狮子、大象以及鹿等

H 冥想的湿婆神与妻子乌玛。那时，婆罗门僧侣开始争斗，世界陷入混乱。乌玛放弃了冥想，但湿婆神并没有放弃，因此，乌玛请求爱神卡玛让湿婆神放弃冥想。答应乌玛的卡玛在用弓箭瞄准湿婆神时，湿婆神额头中央的第三只眼发出光芒，烧死了卡玛。乌玛哀叹是她害死了卡玛，并请求湿婆神让卡玛复活。这时，复活的只是卡玛的灵魂，但正是因为爱神的灵魂得到了复活，世界上的任何人才都会相信爱的存在

I《罗摩衍那》中的一节。为了寻找被骗的悉多，罗摩王子进入森林，却发现猴王苏格利瓦正在哭泣。在询问缘由后得知，猴王的哥哥夺走了他的妻子，同时还被夺取了王位。同情猴王遭遇的罗摩王子帮助了他。中部是相互争斗的猴子兄弟，在右侧射箭的是罗摩王子。在这场战斗中取得胜利的苏格利瓦成功夺回了王位并帮助了罗摩王子。

※照片 A~I 对应“女王宫全图”与“女王宫中心图”中 A~I 的位置。

吴哥发祥地的圣山

荔枝山

MAP 文前图① -1B

Phnom Kulen ភ្នំគូលេន

创建者： 阇耶跋摩二世
建造年代： 9世纪前后
信奉宗教： 印度教

从老市场出发，🚗=2小时

参观时间 2小时

以尤尼（→p.113"印度众神简介"中有关林伽的介绍）为中心，雕刻有无数个林伽的水下林伽

荔枝山是位于暹粒东北方向的一处沿河遗迹。这座自西北向东南方向绵亘，高约400米左右的砂岩群山因荔枝树较多而被称为"荔枝山"。802年，阇耶跋摩二世作为神王在这座山上即位，因此这里又被称为"最高神因陀罗神之山"。

散布在荔枝山上的砖造寺院建造于前吴哥向吴哥的过渡时期，同时，这里还是在之后的600年间长盛不衰的吴哥王朝的发祥地。

荔枝山的看点有停车场附近的河中岩石上雕刻的毗湿奴神像与四面佛神像、附近的瀑布、检票处南侧约1公里处的河中岩石上雕刻的水下林伽

（1000尊林伽雕像）等。此外，水下林伽后有一座采用巨大的岩石雕刻而成的高约9.4米的"波列昂通"（卧佛），这也是当地人的信仰。

为今后能够列为世界遗产，旅游部所采取的方针是将荔枝山作为国家公园来推进管理。

①河底的雕刻是横卧的毗湿奴神与在小坑附近生长的莲花上冥想的四面佛　②在大瀑布与宽敞的水潭中戏水的人们

information

荔枝山位于暹粒东北方向约50公里处。随着观光客的增加，一般的线路都已经修整得畅通无阻，但是线路之外的区域还有很多没有清除的地雷，而且治安也不好，因此应尽量避免单独行动。不要从暹粒搭乘摩的前往荔枝山，应选择租用值得信赖的当地旅行社的车辆并安排导游同行。这里不需要吴哥遗迹的入场券，但是需要单独购买门票，票价为US$20。收费处检票口的开放时间是6:00~12:00。无休。前往荔枝山与高布斯滨（→p.83）的最佳季节是7~8月。旱季水少，景观不好。此外，如果完全进入雨季，水会变得浑浊，看不清楚。因此，雨季的最初阶段是当地的最佳旅游季节。

③水量与水的透明度会随季节发生很大的变化，因此最好事先确认一下可否参观　④跨过吊桥后便可以看到采用砂岩建造的寺院。到访的游客较少，有一种静谧感　⑤被称为"波列昂通"的卧佛是由安赞一世在16世纪时建造的。环绕卧佛一周的步行线路，可看到奇岩与供奉佛像的洞窟等

Checking 河底的神像与河流的构造

荔枝山有两处瀑布。首先，吊桥附近的河底有毗湿奴神与四面佛的雕像，这一带是国王的沐浴场所。继续往前，有一处小瀑布，瀑布下方平坦的水域仅限身份较高的人使用。再往前还有一处约20米落差的大瀑布，据说瀑布潭下的浅水区域是士兵们的沐浴场所。现在这里成为当地游客纳凉的绝佳戏水场所。

那么，为什么会在河中建造神像呢？据说是为了在更加神圣的场所供奉神灵，如果将神像建造在水中，诸神的能量便可以通过水这一媒介传递给更多的人。

雕刻有诸神与林伽的水中遗迹

高布斯滨

Kbal Spean ✎ ក្បាលស្ពាន

MAP 文前图① -1B

创建者： 优陀耶迭多跋摩二世
建造年代： 11 世纪前后
信奉宗教： 印度教

交通 从老市场出发，🚗=1 小时 30 分钟

参观时间 2 小时

河中的岩石上有雕刻，主要内容为：横卧在阿南达（蛇）上的毗湿奴神，他的肚脐上长了一束莲花，四面佛正在莲花上冥想

高布斯滨意为“河流的源流”，位于荔枝山东北部。正如其名，这里是暹粒河的源流，人们通常会将荔枝山、暹粒河以及洞里萨湖比作喜马拉雅山脉、恒河以及印度洋，从古至今一直作为山与海连接的起点而备受重视。

从停车场前往遗迹，必须沿山路攀登 40 分钟左右，但是，途中可以看到长约 200 米的砂岩河底以及河堤上与河流相得益彰的诸神雕刻群，非常有趣。高布斯滨雕刻有林伽与毗湿奴神、湿婆神等印度教诸神的雕像，由此可见，这里不仅是河流的源流，同时也是一处特别的圣地。

①横卧在阿南达上的毗湿奴神及其妻子拉克什米。据说他们正在等待被湿婆神破坏的世界获得重生 ②直径约 2 米的尤尼（林伽台）与五座林伽。这里的林伽与东梅奔寺遗迹的布局相同 ③岩石上雕刻的是湿婆神与妻子乌玛骑在南迪上奔赴婚礼的场景 ④图示雕像是 1968 年由法国人发现的。该雕像为四面佛 ⑤传说当婆罗门僧侣正要喝下有毒之水时，出现了一只挺身相救的青蛙。图示为传说中的青蛙的石像

四面佛
林伽、毗湿奴神以及骑在南迪上的湿婆神
石桥
※检票处徒步前往石桥约需要40分钟
骑着阿南达（蛇）的毗湿奴神与拉克什米
大林伽
古代梵文、林伽以及骑在南迪上的湿婆神与乌玛
青蛙像
萨拉斯瓦蒂之池
瀑布
步行道
吊桥
检票处
P
餐厅集中区
N
高布斯滨

information

高布斯滨位于暹粒东北方向约 50 公里处。停车场通往遗迹群的山路上有用油漆将树木与岩石涂红的标记。这表示山一侧的排雷工作暂未完成，因此请勿在该区域行走。高布斯滨距离城区有一段距离，此外，来到这里后多会在人烟稀少的僻静山路上行走，因此最好有导游同行。前往高布斯滨需持有吴哥遗迹的入场券。开放时间为 6:00~15:00。无休。

Checking

名字的由来

Kbal 意为头部，Spean 意为桥梁，高布斯滨原有“拥有上千根林伽的桥梁”之意。高布斯滨由优陀耶迭多跋摩二世于 1059 年创建，一直以来都被人们比作圣河恒河。也就是说，用这里的水沐浴可以治病，并获得幸福。流过林伽的水被称为圣水。如果在河底雕刻无数的林伽，能使水变得更具有能量。

东面的吴哥

崩密列

Beng Mealea ❁ បឹងមាលា

建造年代： 11 世纪末 ~12 世纪初
信奉宗教： 印度教
寺院形态： 平地式

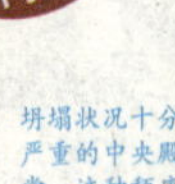

从老市场出发，🚗=1 小时 ~1 小时 30 分钟

坍塌状况十分严重的中央殿堂。这种颓废的氛围也极具魅力

崩密列位于吴哥寺东侧，直线距离约 50 公里，现在还未修复，是一座静静地沉睡在森林中的巨型寺院。继续向东约 50 公里便可抵达磅同省的大圣剑寺，这是吴哥时代规模最大的寺院。吴哥寺、崩密列以及大圣剑寺（→p.86）这三座寺院坐落在同一条直线上。以前，崩密列是通往东、西大寺院，西北的荔枝山以及东北的高盖（→p.88）的交通要塞，非常繁荣。

崩密列位于荔枝山东南侧的采石场附近，由优质砂岩建造而成，有“花束之池”的含义，采用的是三层回廊与十字形中庭等寺院布局结构。环形沟渠宽约45米、长约4.2公里，规模虽小，但与吴哥寺之间存在很多相似之处，因此又被称为“东吴哥”。崩密列建于吴哥寺兴建之前的 11 世纪末 ~12 世纪初，是平面展开型的寺院构造。没有可以明确建造年代的碑文，东参拜道一直延伸至大规模蓄水池，游客可就这样的结构形式与细节装饰等与吴哥寺进行对比，非常有趣。

这处隐藏在森林深处的遗迹，坍塌情况较为严重，可供游客行走的区域十分有限。参观时常常需要在由树木交叉盘亘的步道上行走。尽管如此，游客可以时而走在布满青苔的屋顶，时而在光线无法射入的回廊中穿梭，在品味探险氛围的同时观赏遗迹刚刚被发现时的状态，也正是崩密列的魅力所在。

Column

残留着采石场痕迹的欧·托莫达普

吴哥时代，在崩密列周边的森林中开采砂岩后运出，建造遗迹。采石场大多隐藏在密林深处，难以探访，但是在干道沿线的欧·托莫达普（=“刨去石头的小河”）却可以瞥见其中的景色。离开崩密列，在通往高盖的道路上前行，不久便会通过从荔枝山流下来的小河，这条小河的河床是砂岩的岩盘，至今依然完整地保留着古代的采石痕迹（MAP p.85）。

十分罕见的马卡拉排水口。据说这是表示陆上与水中交通要塞的象征。马卡拉是恒河女神的坐骑

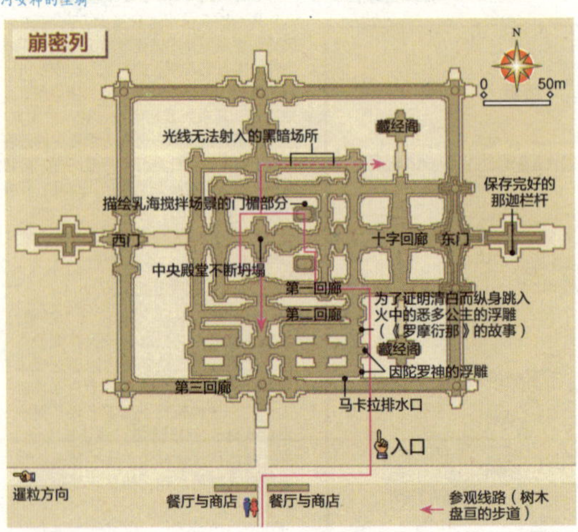

Checking

最美那迦

东门平台栏杆部分的那迦是绝对不容错过的看点。为什么这么说呢？因为这里的那迦破损很少，保存得十分完好。连细节部分都清晰可见的五头那迦与崩密列的损毁程度形成强烈对比，给人留下不可思议的震惊感。

保存状态完好的五头那迦。连锐利的牙齿都清晰可见

Checking

隐蔽的房间

在第二回廊北侧的一角有一个区域，窗户开在天花板附近，因此阳光几乎无法照进。传说这里曾是用于开会的会议室，不过其用途与建造意图等具体情况不详。

①《罗摩衍那》中的一节。描绘的是为了证明清白而纵身跳入火海的悉多公主。上部的山墙部分描绘了罗摩王子与猴子兄弟的故事 ②崩密列观光的高峰期是上午。如果想慢慢观光，最好选择在下午前往 ③从遗迹入口出发，在用木板铺成的小道上前行，不久便可在左侧山墙上看到因陀罗神的身影。多亏有这条用木板铺成的小道，游客才可以近距离欣赏这些雕刻作品 ④沿着用木板铺成的小道前往遗迹上部 ⑤近年来，通过遗迹管理部门阿普莎拉机构的努力，已经坍塌的部分得以重新搭建。从南参拜道进入时，可以看到右侧几乎完整保存下来的那迦，非常漂亮 ⑥第一回廊内部，崩塌的石块散落在地。这块石头描绘的是诸神与阿修罗拉扯蛇神之网以及乳海搅拌的场景

Column

白象物语与青戎塔

崩密列与高盖（→p.88）一带流传着一个名为“白象传说”的民间传说。白象象王为了寻找惨遭抓捕的女儿，在崩密列境内跑来跑去，遗迹因此遭到严重破坏。白象追着女儿来到了遗迹外部，在位于南参拜道入口东侧约 3 公里处的青戎塔（=意为“装有象牙的场所”MAP 下图）休息，之后一直追到了高盖，但是却死在了那里。崩密列严重坍塌与高盖金字塔形建筑平面西侧背后的土堆坟墓（=白象墓）均可通过上述传说揭示缘由。很有意思的是，从吴哥向北方延伸的两条王道尽头处的老挝与泰国至今依然流传着同样的传说。

information

崩密列位于暹粒东侧约 50 公里处。这里的道路铺设完备，遗迹周边正在对地雷进行拆除。游客最好租用比较有信誉的当地旅行社的包车，并配备导游。

崩密列无须吴哥遗迹群的门票，但是遗迹前设有售票处，游客需要支付 US$5 单独购买门票。景区内有时会有导游为游客做向导，游客只需向导游支付少许酬金即可。开放时间是 6:00~17:00。无休。

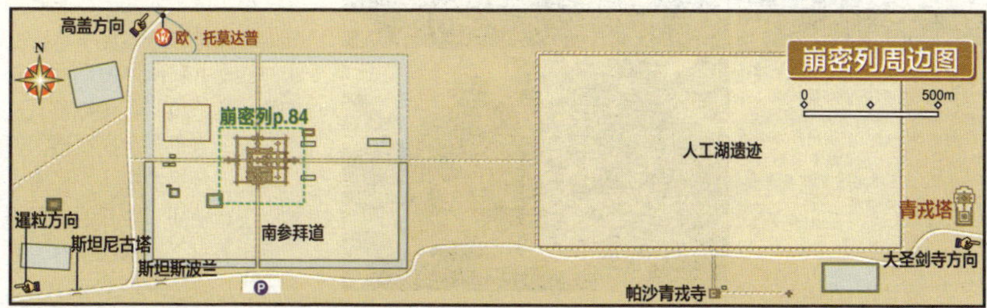

泰国
柏威夏
老挝
班迭奇马
拓阿部宫
高盖
高布斯滨
荔枝山
女王宫
崩密列
大圣剑寺
吴哥寺
暹粒
罗洛士群遗址
马德望
三波坡雷古寺庙群
洞里萨湖
Tonle Sap Lake
0 50km

保留有美丽的伽鲁达像

大圣剑寺

Preah Khan, Kampong Svay ព្រះខ័នកំពង់ស្វាយ

MAP 文前图① -1B

创建者：苏利耶跋摩一世
建造年代：11 世纪中期
信奉宗教：印度教
寺院形态：平地式

从暹粒出发，🚗=5 小时

从吴哥出发，沿经过崩密列（→p.84）的古道前行，继续向东约 100 公里便可抵达大圣剑寺。当地人称大圣剑寺为巴康。大圣剑寺是坐落在城中央的一座寺院，而这座都城被单边边长约 4.8 公里的四方形土墙环绕。史实记载，19 世纪末，法国调查队到访大圣剑寺，将众多雕像带回法国并取得了很好的研究成果，这些雕像现在均已成为巴黎吉美东洋美术馆的馆藏。金边的国家博物馆（→p.220）收藏的一级品阇耶跋摩七世雕像的头部（一般不对外公开）便出土于此地。世上现存 4 座阇耶跋摩七世的雕像，其中两座在柬埔寨。雨季时，大圣剑寺就成了“陆地上的孤岛”，多年来一直是柬埔寨最难造访的古迹之一。近年来，道路状况大为改善，到访者剧增。大圣剑寺被永久冠以“负遗产”的称号，旨在强调这里保留有被偷盗者破坏的痕迹。中央正殿周围的雕刻几乎全部遭到破坏，无一幸免。这都是不懂得石刻工艺的门外汉们使用蛮力凿打的结果。

①普利斯东的四面佛。殿堂附近坍塌的石块散落在地且脚手架不太稳定，因此需要多加注意　②梅奔的伽鲁达非常漂亮，即使只是为了看它一眼，也算没有枉费此行。但是，雨季时需要在被水淹没的道路上行走，十分不便

这处遗迹除了大圣剑寺（中央寺院）之外，还有其他 3 处主要景点。

①普利斯东是位于巴莱（人工湖）西侧平台处的遗迹，建有四面佛塔楼。这里是游览大圣剑寺时的必经之地，因此可以顺路参观，非常方便。但是，遗迹内部有很多坍塌的石材，在外部向内观望才是最明智的选择（图片①）。

②梅奔（池中寺院），位于巴莱的中央区域，这里的伽鲁达雕像极具感染力，值得一看。巴莱内部缺乏标志物，道路难寻，因此需要多加注意（图片②）。

③大象塔，位于巴莱的东南角区域，这里有一座大象的雕像，可以从顶部俯瞰巴莱的水面（图片③）。

这处遗迹东侧的一片区域，自古以来便是少数民族奎族的居住地。这里保留有奎族生产铁器并将所产物品供奉王朝的记录。20 世纪中期前，这里好像一直都在生产铁器，但是现在已经很少见了。吴哥寺实际上也使用了大量的铁器用于固定石材，而这些铁器也很有可能是从这一地区运送的。

③大象塔的大象雕像。Damrei 意为大象　④只保留有腰部以下部分的普利恰托姆克的佛陀立像。仔细看的话，可以在图片右侧看到左手手指　⑤寺院中央附近的殿堂严重坍塌，脚下碎石散落，因此需要多加注意

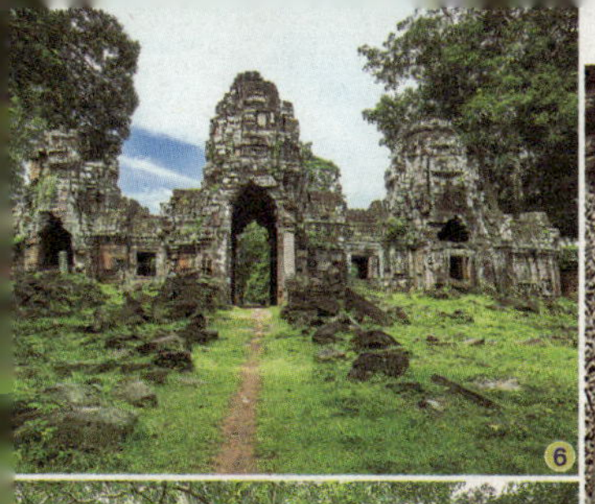

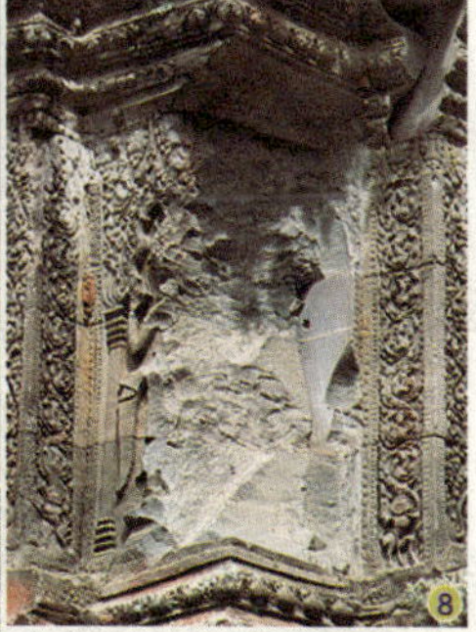

attention

虽然柬埔寨的治安状况有所改善，但是，在较远的遗迹中还有很多手机信号无法覆盖的区域。有可能会因为紧急情况下无法取得联系而导致在发生事故、受伤时难以及时处理，这一点请务必铭记在心。此外，有地雷标记的区域切勿入内。

⑥东塔门是通往大圣剑寺中央寺院的入口　⑦穿过暂未完全倒塌的塔门后继续向前，便可到达中央寺院　⑧女神雕像已经被粗鲁地破坏。如果留下来的话，应该是非常漂亮的浮雕作品

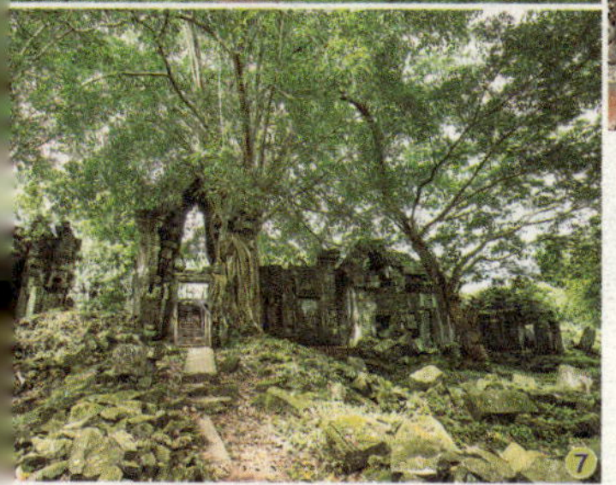

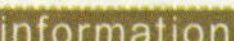

information

实际上，一般的遗迹参观线路是从暹粒出发，沿国道6号线向东，经过磅格岱之后，从下一个城市斯东北上（单程约150公里）。原来，线路沿途未经铺设的部分十分漫长，还有多处坑洼地，但是近年来这里却已经修建了钢筋混凝土桥梁。遗迹附近连通塔逊村与柏威夏州首府的道路也进行过大规模的维修，游客也可以从柏威夏州出发，前往大圣剑寺游览参观。

参观大圣剑寺无须吴哥遗迹的入场券，但是当地有时会以独立门票的名义向游客征收US$5~10。

大圣剑寺中央寺院
北塔门
只保留有卧佛的面部
红土建筑
佛陀与卡拉的浮雕
北塔门
西塔门
西塔门
8
圣池
7
东塔门
6
空中参拜道
南塔门
中央殿堂5
（殿堂中央周边均已崩塌）
N
0
100m
南塔门

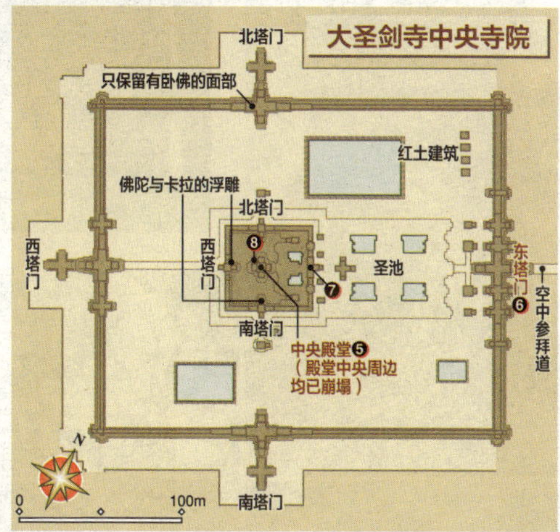

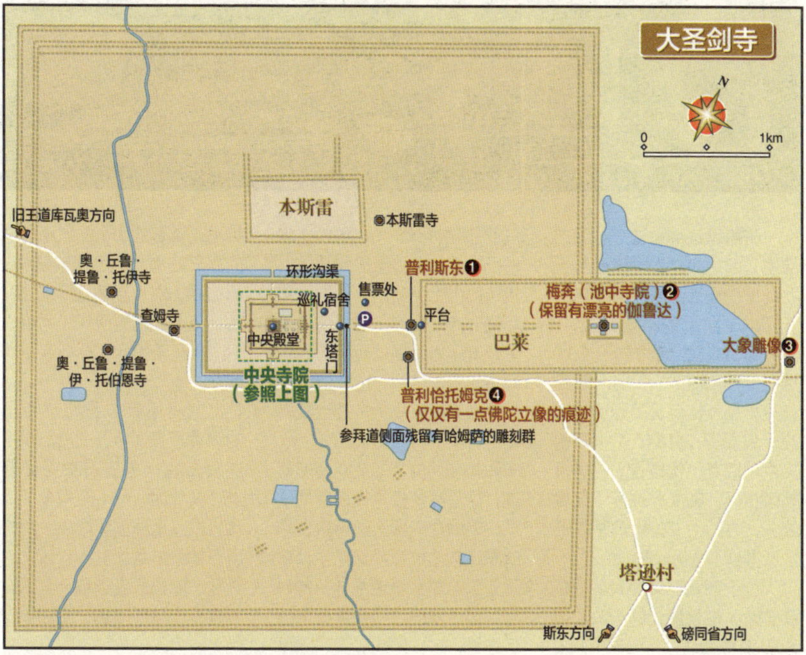

大圣剑寺
N
0
1km
本斯雷
本斯雷寺
旧王道库瓦奥方向
奥·丘鲁·提鲁·托伊寺
环形沟渠
巡礼宿舍
售票处
普利斯东1
梅奔（池中寺院）2
（保留有漂亮的伽鲁达）
查姆寺
P
平台
中央殿堂
东塔门
巴莱
大象雕像3
奥·丘鲁·提鲁·伊·托伯恩寺
中央寺院
（参照上图）
普利恰托姆克4
（仅仅有一点佛陀立像的痕迹）
参拜道侧面残留有哈姆萨的雕刻群
塔逊村
斯东方向
磅同省方向

※ 地图上①～⑧的编号对应大圣剑寺图示的编号。

漂亮的 7 层金字塔

高盖

MAP 文前图① -1B

Koh Ker កោះកេរ្តិ៍

参观时间 2 小时

创建者：阇耶跋摩四世
建造年代：10 世纪初
信奉宗教：印度教（湿婆派）
寺院形态：平地式（部分区域为金字塔式）

从暹粒出发，🚗=2 小时 30 分钟

普兰是一座漂亮的金字塔形寺院。建造之初，寺院顶部应该曾建有中央殿堂

高盖遗迹群是这一地区的要塞，921~941 年间曾定都于此。据说遗迹数量多达 60 处。长期以来由于道路状况恶劣，这里曾是很难到访的一个区域。从 2005 年 7 月起，阿普莎拉机构开始负责管理这处遗迹，但是从 2016 年 4 月开始又由柏威夏机构接管。与吴哥地区相同，高盖也进行了区域划分，方圆约 9 公里的正方形区域得到了全面保护。

位于都城中央的大塔寺是高盖地区规模最大的寺院。金边国家博物馆（→p.220）入口正前方所展示的高约 2 米的巨大型伽鲁达雕像便是这处遗迹的出土文物。由环形沟渠环绕的寺院中有一些小型的砖造建筑。为了保护砖面上残留的古代壁画色彩，中央殿堂顶部覆盖有遮盖物。来到寺院西侧的背面，有一座高约 35 米、被称为普兰的 7 层金字塔形建筑，这是高盖极具代表性的景观，印刷在门票上的场景便是这座建筑的雄姿。从普兰顶部眺望到的树海景色绝佳。2014 年，通往顶部的楼梯重新进行了维修，这样便能够更好地保护观光游客的安全。这座建筑的背后还有一座名为普诺·达姆雷伊·索（意为白象之墓）的小土山。这里便是民间传说中“至死苦等女儿的白象王的葬身之地”。

这里还有被称为拉哈尔的大型巴莱（人工池），周围还散布有一些值得参观的遗迹。以林伽一号（图南寺）为代表的巨型林伽塔排成一列的巨石林伽群是绝对不容错过的景观。库拉恰普寺是一座四面均建有山墙的建筑，比例十分优美。大象寺的大象雕刻非常

①五塔庙的树根如血管一般缠绕。现在这里是非常罕见的景观之一 ②5 万瑞尔的纸币上也印有大象寺的大象雕像。脖子上系有铃铛 ③库拉恰普寺的山墙。中部描绘有骑在水牛上的阎魔 ④直径约 1 米的林伽一号（图南寺） ⑤碑文柱林立的班黛·比丘安寺 ⑥切勿进入有“地雷危险”标识牌的区域

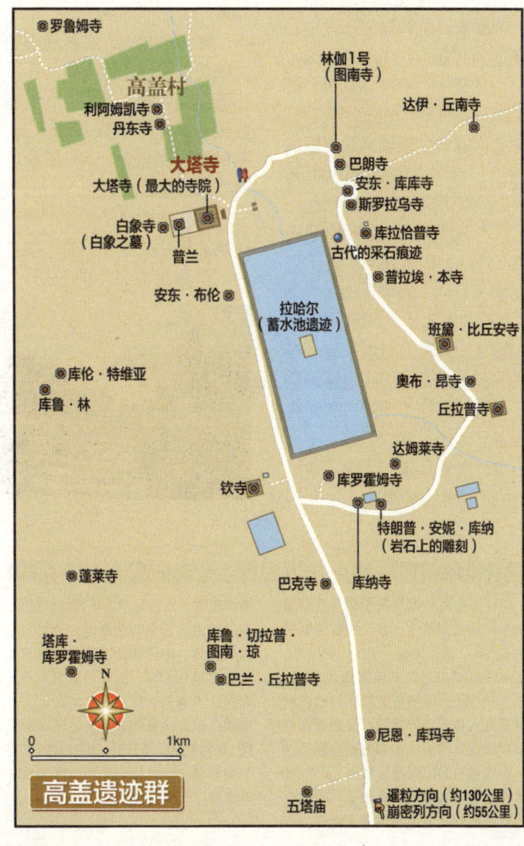

漂亮。在位于拉哈尔南侧的特朗普·安妮·库纳（水池）可以欣赏到池边岩石上漂亮的雕刻。尼恩·库玛寺意为“黑色贵妇”，是一座非常漂亮的红土塔楼。

information

高盖位于暹粒东北方向约 90 公里处。道路状况良好。高盖遗迹群无需吴哥遗迹群入场券，但是游客需要花费 US$10 来购买这里的独立门票。遗迹周围的森林中还有具有危险性的地雷，因此需要注意，不要无谓地偏离主路。

世界遗产“天空的寺院”

柏威夏

MAP 文前图①-1B

Preah Vihear ព្រះវិហារ

创建者：耶苏跋摩一世
建造年代：9世纪末
信奉宗教：印度教
寺院形态：山岳平台式

参观时间 2小时

交通 从暹粒出发，🚗=4~5小时

在山顶上俯瞰柬埔寨大地。哪怕只是欣赏这里的景色，也不枉此行

继吴哥遗迹群之后，2008年7月，坐落在扁担山北斜坡的山岳寺院柏威夏成为柬埔寨境内第二处被列为世界遗产的遗迹。9世纪末，耶苏跋摩一世兴建了柏威夏，11世纪前半期，苏利耶跋摩一世又对其进行了大规模的改建。柏威夏与一般的高棉寺院不同，这里例外地以南北方向作为寺院的轴线。从大致的整体结构上来看，5座塔门自北向南依次分布在同一条直线上，水平距离约800米。游客需要在通往山顶方向且海拔约100米的区域一边攀登一边参拜。从第一塔门沿通往北侧的石级下行后抵达的山谷便是柬埔寨与泰国的国境，南侧山顶是悬崖峭壁，可以俯瞰广阔的柬埔寨大地。

参观时最先看到的第一塔门被应用于2000R纸币的图案，向世人展现了构造之美（本书调查时正采用钢骨进行加固）。从这里向东，有一条古代的小道，石级一直延伸到了山脚下。这里为步行的游客准备了木造阶梯，但是上下有近500米的落差，因此不建议体力不佳的游客攀登。

第二塔门与第三塔门水平分布，看上去非常漂亮。这里的屋顶原本是木造瓦盖的结构，但是现在均已丢失，只剩下了石造部分。残留在各塔门山墙上的浮雕十分精美。

第五塔门以供奉湿婆神的殿堂为中心，由回廊与塔门等构成。

参观遗迹时，在抵达山麓之前可以看到道路自东向西沿山麓迂回蜿蜒。途中，右侧海拔约650米的山脉高耸入云，其雄姿实属壮观。这一景观只有在柬埔寨才能看到。

观光途中会经过位于丝拉菲姆北侧几公里开外的一座名为“洪森生态村”的开拓村，这里也是遗迹探访过程中的中转地。洪森生态村是柬埔寨政府近年来建造的一座全新的村庄，村庄内还为居民建造了学校与医院。政府在国内独立建造的首家博物馆“生态全球博物馆”也坐落在村庄的一角。为了加强对遗迹的管理，曾居住在遗迹周边的居民均被强制迁入该村。

①通往第一塔门的台阶上设有那迦栏杆 ②比例优美的第一塔门。这一景观被印在了2000R的纸币上 ③第二塔门上描绘乳海搅拌场景的浮雕 ④描绘在第三塔门山墙上的用右手举起山峰的克里希纳神

attention

这座寺院的遗迹位于柬埔寨与邻国泰国的边境线上，领土主权问题曾搁置多年，悬而未决，但是，1962年，国际法庭判决其为柬埔寨领地。2008年7月，联合国教科文组织正式将柏威夏列入世界遗产名录，而柬埔寨与泰国两国之间的关系却因遗迹周边的国境线划定问题而越发紧张，同年10月份之后，两国军队在遗迹周边发生过数次枪战，双方均出现了死伤。本书调查时，当地只留下了国境监视队，两国的主力军队均已撤退，紧张状态得以缓解。尽管如此，国境附近的地雷有意得到保留，游客切忌贸然进入森林。本书调查时，普通游客无法与泰国一侧发生任何往来。边境口岸在这10余年间反复开关，因此也被称为是柬埔寨与泰国两国之间微妙关系的晴雨表。

⑤第三塔门山墙上部，骑在圣牛南迪上的湿婆神 ⑥经过第三塔门之后，有那迦栏杆 ⑦中央殿堂的山墙上刻画了正在跳舞的湿婆神 ⑧中央殿堂内有时会有人为游客占卜

information

以暹粒城区为起点，有多条线路可通往柏威夏遗迹，但是现在一般都会经由安隆汶前往。地图上的直线距离仅有140公里左右，但实际路程光单程便有250公里。近年来，道路已经基本铺设完毕，但是不论是什么季节，为了防备不测，建议游客使用四驱车前往。通往遗迹的道路，最终均需经由丝拉菲姆，从那里再继续行驶约20公里便可抵达遗迹所在的山麓区域，沿山麓上行约6公里便可最终抵达遗迹所在地。

上山时，需要换乘当地的汽车或者摩托车，因此游客要在这里购买定额的车票（汽车US$25/辆、摩托车US$5）。遗迹参观门票为US$10。购买门票时需要出示护照，因此请务必注意（本书调查时）。

从山麓通往山顶（第一塔门，海拔约575米）的道路，高度落差有500米，这段道路虽然已经开通，但却未经修整，偶尔会发生塌方事故并由此导致车辆无法通行，需要游客多加注意。

开放时间是7:30~16:30。

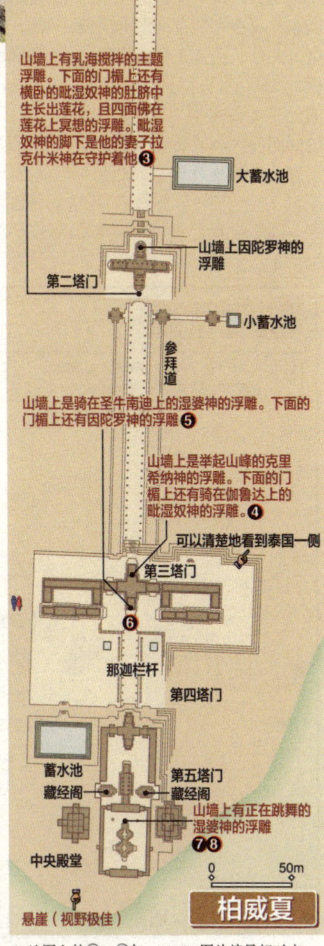

※ 地图上的①~⑧与p.90~91图片编号相对应。

千手观音的浮雕非常有名

班迭奇马

MAP 文前图① -1B

Banteay Chhmar ※ បន្ទាយឆ្មារ

创建者：阇耶跋摩七世
建造年代：12世纪
信奉宗教：佛教

从暹粒出发，🚗=3小时

班迭奇马是阇耶跋摩七世为了祭奠自己死去的孩子而建造的寺院。这座寺院坐落在连接吴哥与现在的泰国皮迈寺之间的古道附近，由此可见其重要性。

班迭奇马被宽约65米的环形沟渠（护城河）围绕，东西约700米、南北约600米，占地十分广阔。这座寺院坐西向东，周围有两条环形沟渠围绕。此外，遗迹东侧还建有东西约1600米、南北约800米的巴莱（蓄水池）。遗迹周围的回廊有大型的长篇浮雕，描绘有著名的观世音菩萨（千手观音）、高棉军与占婆军的争战、阇耶跋摩七世与阿修罗之间的战役以及王宫内的情景等。回廊内侧倒塌情况十分严重，但是重要的山墙上还残留有漂亮的伽鲁达与四面佛等浮雕，是非常值得一看的看点。

班迭奇马在20世纪90年代遭受了有组织的集团盗窃，众多雕刻被强盗盗取，现在那些盗取痕迹还依然赤裸裸地留在那里。回廊西面的观世音菩萨旁，至今还依然散落着1998年前后惨遭盗窃集团盗抢后留下的石块。从偷盗痕迹可以推断，当时是由专业的石匠来完成作业的。

班迭奇马的东西南北四个方向各分别建有两座被称为“卫星寺院”的小型寺院。坐落在寺院南侧的塔布茏寺遗址是最易前往的一座寺院，同时，这里的四面佛塔也非常的

班迭奇马

与季节无关，一直有水的环形沟渠、圣池
仅雨季有水的环形沟渠、圣池遗迹巴莱（蓄水池）

塔·拜寺
三隆方向
皆空寺
环形沟渠
中央寺院
（参照班迭奇马中央寺院平面图）
巴莱（蓄水池）
涅姆寺
萨姆纳·塔库寺
巡礼宿舍
收费处
塔·伊姆寺
遗迹共同管理办公室
近年建造的坐在那迦上的佛陀雕像
遗迹管理警察署
红土墙壁
⑧ 乳海搅拌主题栏杆
数家餐厅鳞次栉比
杰·出寺
塔布朗寺
塔布茏寺 ⑨
诗梳风方向（约60公里）
拓阿部宫方向（约12公里）
N
0 500m

※ 地图上的⑧～⑨与p.92~93浮雕图片的编号相对应。

漂亮。此外，巴莱的中央还有一座拥有两条环形沟渠的梅奔寺院，旱季时可以徒步前往探访。不论哪座寺院，雨季时，道路多会泥泞不堪，无法通行。从班迭奇马出发，向南侧的诗梳风方向前行约 12 公里，便可抵达拓阿部宫遗迹，这里残留着带有花样装饰的木质天顶，是非常珍贵的史料。

①中央寺院内倒塌的石块散落在地，脚下路况不稳定，需要多加注意 ②东塔门平台上的伽鲁达雕像至今依然保留着漂亮的身姿 ③门楣上的浮雕描绘的是婆罗门僧侣向四面佛及其坐骑圣鸟汉莎奉上竖琴演奏的情景。即便是在柬埔寨全境，四面佛浮雕都十分少见，是非常珍贵的作品 ④山墙上的浮雕描绘的是正在向恶魔射箭的罗摩王子 ⑤图示浮雕描绘的是奔赴战场的阇耶跋摩七世。在马车上指挥战斗的便是阇耶跋摩七世 ⑥图示浮雕描绘的是阇耶跋摩七世与阿修罗之间战争的场面。正在挥剑的便是阇耶跋摩七世 ⑦最著名的观世音菩萨（千手观音）浮雕 ⑧南参拜道上正在修复的乳海搅拌雕像 ⑨塔布茏寺的四面佛塔。通往四面佛塔的道路没有维修，因此游客难以接近塔楼参观。不过，即便是从远处观望，也可将美景尽收眼底

information

暹粒至班迭奇马遗迹约有 170 公里。一般会经由诗梳风或者库拉郎前往。这里无须吴哥遗迹群的门票，但是需要支付 US$5，用于购买该遗迹的独立门票。

现在班迭奇马正在以柬埔寨政府文化艺术部为核心开展遗迹的修复工程。游客不得进入正在开展修复工程的区域内部。

遗迹的东南侧有市场与餐厅。

attention

这一区域还有很多暂未拆除的地雷，此外，治安状况也相对较差，因此，普通游客是无法轻松游览的。如果要前往观光，可以参加从暹粒出发的观光团，或者包车与柬埔寨导游同行。切勿从诗梳风搭乘摩的前往。参观班迭奇马遗迹时需要在崩塌的石材上行走，因此要格外留心脚下安全。卫星寺院的位置比较难找，需要多加注意。

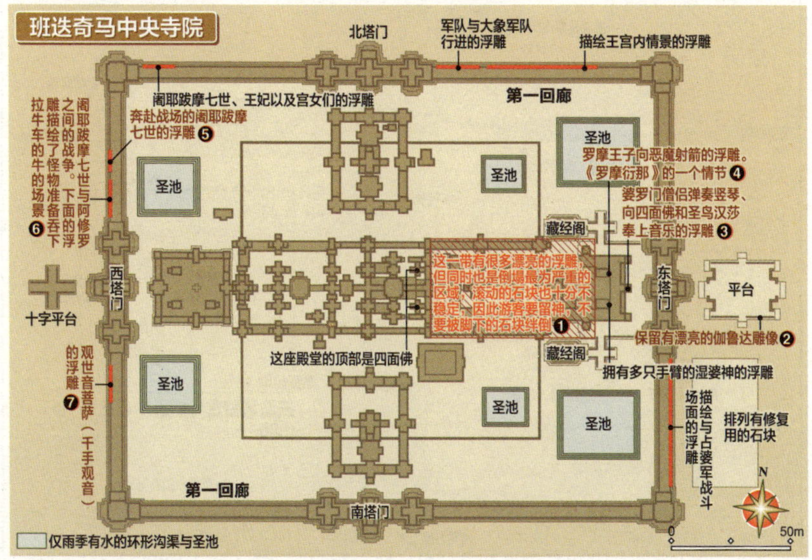

※ 地图上的①～⑦与浮雕图片的编号相对应。

2017 年 7 月列入世界遗产名录

三波坡雷古寺庙群

MAP 文前图① -2C

Sambor Prei Kuk សំបូរព្រៃគុក

创建者：伊奢那跋摩一世
建造年代：7 世纪初期 ~9 世纪
信奉宗教：印度教
寺院形态：三波坡雷古风格

参观时间 2 小时

从暹粒出发，🚗=3 小时　从磅同的中心区域出发，🚗=30 分钟

①三波寺的 N7 建筑的全景。在高棉建筑中，只有在三波坡雷古寺庙群可以看到拥有八角形平面的建筑，这也是该遗迹的特征所在

继吴哥遗迹群与柏威夏（→ p.90）之后，2017 年 7 月，三波坡雷古成为柬埔寨第三处被列入世界遗产名录的遗迹，是备受瞩目的前吴哥遗迹。

代表前吴哥时期的砖造遗迹群是在 7 世纪前半期由伊奢那跋摩一世（616~628 年）创建的。唐僧玄奘（600~664 年）曾在《大唐西域记》（646 年）中谈到“伊赏那补罗国（= 伊奢那城）”，由此可见，三波坡雷古寺庙群即便是在当时也闻名海外。

在高棉建筑中，八角形殿堂与“飞翔的宫殿”浮雕等均为只有在三波坡雷古寺庙群才可以欣赏到的建筑、美术风格，这也是该遗迹的特征所在，从 20 世纪初期开始便有法国人关注并对其展开了调查。

遗迹散布在东西 6 公里、南北 4 公里以上的广阔区域内，现有约 60 座砖造塔楼。遗迹的西侧有由环形沟渠环绕的都城遗迹。

观光的核心区域位于遗迹东部，有 3 座主要的寺院，分别名为三波寺（北：N group）、狮庙（中部：C group）、耶艾彭寺（南：S group）。下面就分别对这 3 座寺院进行介绍。

三波坡雷古寺庙群

N
0
1km
罗宾·罗梅亚
斯雷伊·库鲁普·利阿库
库尼·夏伊寺
雷恩松果沙斯寺
波斯·雷阿姆寺
隆·强巴库寺
桑达姆寺
磅同方向
玛·奥阿托寺
N18❺
（丘雷伊寺）
杜梦寺
三波寺
(N group)
斯雷恩·图雷阿奇寺
狮庙
(C group)
特拉彭·图罗库
东·蒙寺
普朗寺
索鲁特库寺
耶艾彭寺
(S group)
帕侬·邦德鲁寺
特拉彭·塔·皮鲁
⑫⑬特拉彭·洛佩阿库
三波坡雷古寺庙群中心区域
p.95
克库·图鲁奥恩寺
磅同方向

※ 地图上的①~⑯与 p.94~95 图片的编号相对应。

②战斗女神难近母雕像的复制品。可以通过扭动的性感腰身感受希腊文化的传承（N9） ③面部因雨水冲刷而变得模糊不堪的哈里哈拉神像的复制品。建议游客务必要前往国家博物馆看一看这座雕像的原物（N10） ④三波寺的N7塔楼上的“飞翔的宫殿”雕刻。还可以看到下边狮身鹫首的怪兽

●三波寺

在N7八角形塔楼①可以欣赏到“飞翔的宫殿④”等雕刻，非常有意思。从构图上来看，“飞翔的宫殿”是被人称为“狮身鹫首的怪兽”的生物举起了宛如宫殿一般的建筑。

N9是湿婆神的妻子乌玛的化身难近母雕像的复制品②，N10处则放置有湿婆神与毗湿奴神的合体神哈里哈拉雕像的复制品③。附带说一下，上述雕像的原物均收藏在金边的国家博物馆（→p.220）中。

※“狮身鹫首的怪兽”起源于欧洲，上半身是带有翅膀的鹫，而下半身则为狮子，是假想出的一种生物。

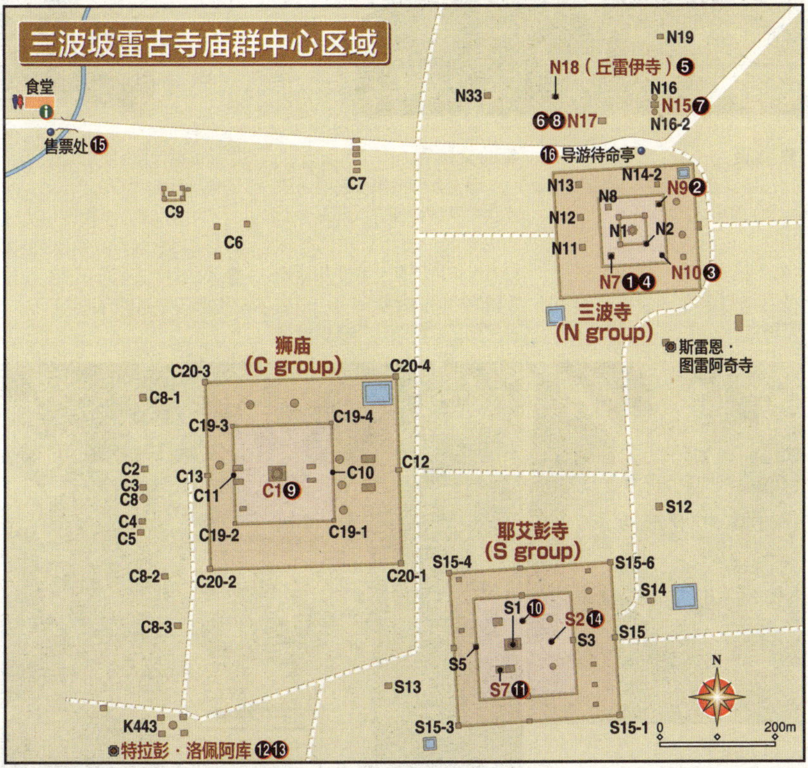

三波坡雷古寺庙群中心区域

N19
N18（丘雷伊寺）⑤
食堂
N33
N16
N15⑦
⑥⑧N17
N16-2
售票处⑮
⑯导游待命亭
C7
N14-2
N13
N8
N9②
C9
N12
N1
N2
C6
N11
N7①④
N10③
三波寺
(N group)
斯雷恩·图雷阿奇寺
狮庙
(C group)
C20-3
C20-4
C8-1
C19-3
C19-4
C2
C13
C10
C12
C3
C8
C11
C1⑨
C4
C5
C19-2
C19-1
S12
耶艾彭寺
(S group)
S15-4
S15-6
C8-2
C20-2
C20-1
S14
S1⑩
S2⑭
S3
S15
C8-3
S5
S7⑪
S13
N
K443
S15-3
S15-1
0
200m
特拉彭·洛佩阿库⑫⑬

※ 地图上的①～⑯与p.94~95图片的编号相对应。

⑤N18建筑北面。至今依然保留有树木将建筑物箍得紧紧的样子，是非常典型的一种遗迹形态。曾经有众多建筑物均为这种状态

●三波寺的北面

N15“飞翔的宫殿”浮雕⑦保存完好，同时也被印在了三波坡雷古寺庙群的入场券上。

N17是砂岩材质的箱形建筑⑥，屋顶处雕刻有希腊风格的人脸雕像⑧，让人感到与西方文化之间的交流。

丘雷伊寺（N18）⑤被拥有200年左右树龄的树木缠绕，可以看出维修前的状态。

⑥N17建筑物看上去很新，但据说这是在初期建造完成的 ⑦“飞翔的宫殿”中有很多戴有三角帽的人们的身影。宫殿的出入口处还有门卫神的身影（N15） ⑧雕刻在N17屋顶上的希腊风格人脸雕像。边缘处仿佛还可以看到一双手

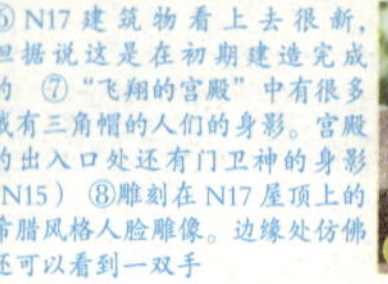

●狮庙

矗立在C1塔楼正面入口两侧的狮子雕像⑨拥有一层层的鬃毛与形态饱满的下半身等，设计独特，经常被称作是可以代表整个遗迹群的主题雕像。

●耶艾彭寺

耶艾彭寺有很多在吴哥遗迹欣赏不到的拥有八角形平面的塔楼⑩。S2塔楼内部有独特的台座，还有与N17相似的希腊风格的面部雕刻⑭。柬埔寨文化艺术部为这座塔楼设置了能够整体覆盖的顶棚，进行了特别的保护。

在S7塔楼西侧围墙的砖面上可以看到与狮子战斗的图像⑪。暂时还解释不清楚上述图像所要表达的含义。

⑨矗立在C1塔楼正面入口两侧的狮子雕像
⑩矗立在森林里边的八角形塔楼

●其他

耶艾彭寺西侧约 500 米处有一个名为特拉彭·洛佩阿库的小型遗迹群⑫⑬，到访游客也相对较少，充满神秘色彩。如果时间充裕，务必要前往参观。

遗迹北端还有两个小型遗迹群，分别名为罗宾·罗梅亚、斯雷伊·库鲁普·利阿库。出入上述两处遗迹群的交通状况较差，因此游客需要乘坐四驱车前往观光。

information

三波坡雷古寺庙群位于暹粒东侧约 180 公里处。从磅同的首府出发，向北约 30 公里即可到达。

公路网络完善，游客可驾驶普通汽车当天往返。随着季节变换，路况有时也会变差，因此需要事先确认。

三波坡雷古寺庙群不需要吴哥遗迹群的入场券，但是游客必须支付 US$3，用于购买该遗迹的独立门票。遗迹内的信息标志较少，森林中的道路也比较难找，因此最好请在亭子⑯里等待的遗迹导游（2 小时 US$6）同行。

以下旅行社可以提供区域性密集型的三波坡雷古寺庙群遗迹向导与安排遗迹周边农村寄宿等服务。

Napura-works
☎ 092-165083
E-mail info@napuraworks.com
URL sambortime.com

⑪与狮子格斗的场面。砖墙上的雕刻极为少见（S7） ⑫⑬在特拉彭·洛佩阿库可以欣赏到与自然融为一体的遗迹景观 ⑭ S2 塔楼内部的台座上的西洋风格人脸雕刻。珍贵的台座在 2006 年与 S2 建筑物一同倒塌，但是之后进行过修复 ⑮售票处。道路两侧有餐厅与洗手间 ⑯英语导游员待命的亭子

建在圣山顶上的大殿堂

茶胶达山寺

Phnom Da ភ្នំដា

MAP 文前图①-3C

建造年代： 7 世纪
信奉宗教： 印度教
寺院形态： 山顶式

参观时间 2 小时

交通 从金边出发，🚗=1 小时 30 分钟

旱季可以驱车到近处，但是雨季需要乘船前往。尽量不要单独前往，有必要聘请一位信誉度较高的当地旅行社的导游同行

茶胶寺以东约 15 公里处，与达山相连的圣山巴肯山上有一个茶胶达山寺遗迹。山顶上采用红土与砖块建造的大规模殿堂是一座单塔建筑，其周边还有很多被称为茶胶达山风格的最为古老的印度教雕像。沿着从这座圣山向西延伸的小路下行，有一座被认为是僧院的阿斯朗姆·马哈·鲁赛。虽然保持着未完工的状态，但是其内部的双重构造与环绕外周的平面结构却与印度的神庙有着异曲同工之妙。雕刻朴素，看上去就像是印度的小规模僧院。

位于茶胶达山寺西北方向约 3.5 公里处的吴哥博瑞博物馆陈列有周边遗迹出土的雕像与浮雕，可以一起观赏。

information

谈论吴哥王朝时，茶胶达山寺是非常重要的一处遗迹，从金边等地前来的参拜者与参观者为数众多。虽然看点并非零散分布，但是如果独自前往，经常会不知道该从哪里开始参观，应该如何参观。游客可以参加配有导游的观光团；如果是单独前往，最好聘请一位导游同行。茶胶达山寺不需要吴哥遗迹群的门票，但是游客需要支付 US$2，用于购买该遗迹的独立门票。

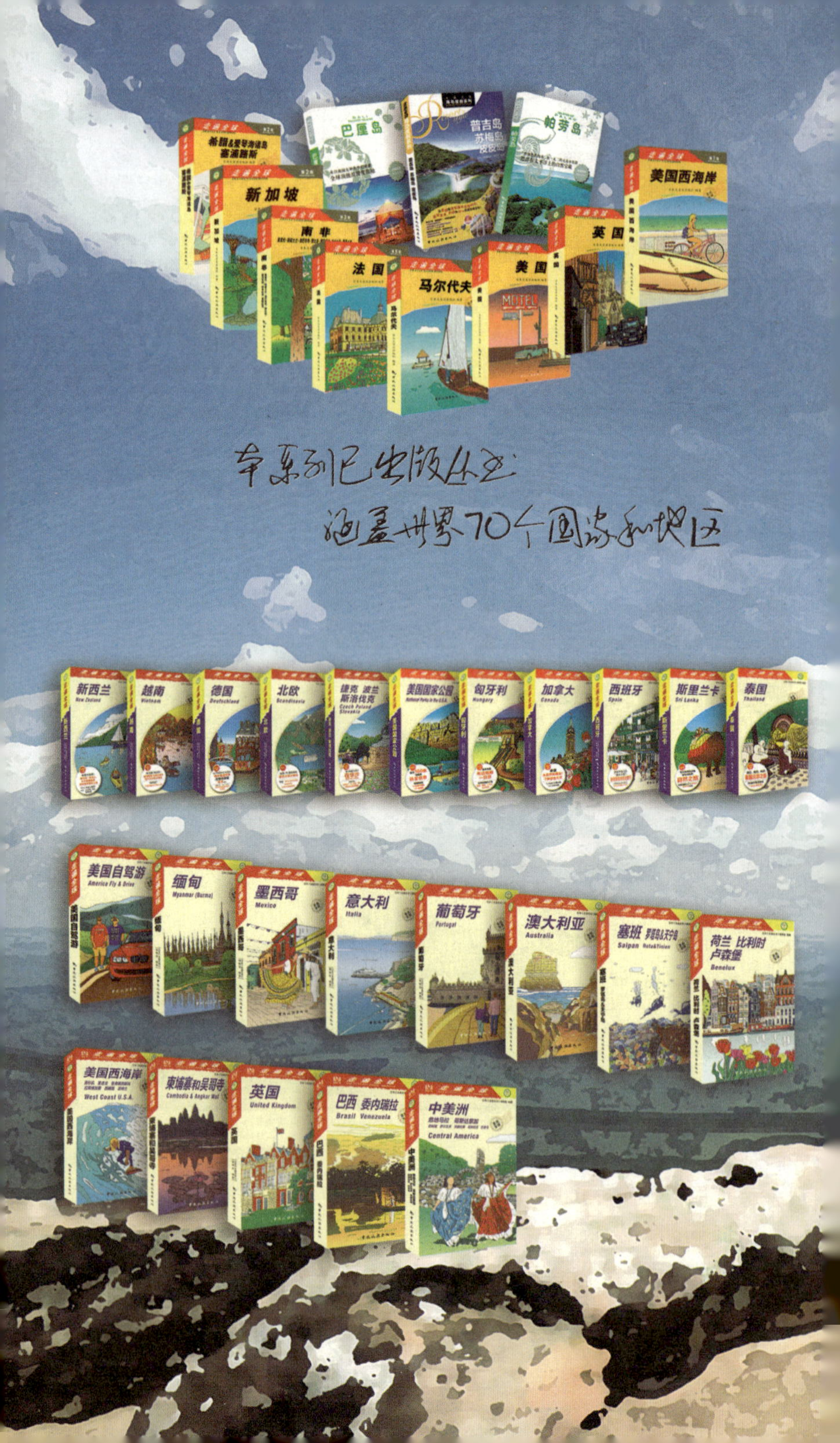
走遍全球
希腊&爱琴海诸岛 塞浦路斯
巴厘岛
普吉岛 苏梅岛 皮皮岛
帕劳岛
美国西海岸
新加坡
南非
英国
法国
马尔代夫
美国
本系列已出版丛书
涵盖世界70个国家和地区
新西兰 New Zealand
越南 Vietnam
德国 Deutschland
北欧 Scandinavia
捷克 波兰 斯洛伐克 Czech Poland Slovakia
美国国家公园 National Parks in the U.S.A.
匈牙利 Hungary
加拿大 Canada
西班牙 Spain
斯里兰卡 Sri Lanka
泰国 Thailand
美国自驾游 America Fly & Drive
缅甸 Myanmar (Burma)
墨西哥 Mexico
意大利 Italia
葡萄牙 Portugal
澳大利亚 Australia
塞班 罗塔岛&天宁岛 Saipan Rota&Tinian
荷兰 比利时 卢森堡 Benelux
美国西海岸 West Coast U.S.A.
柬埔寨和吴哥寺 Cambodia & Angkor Wat
英国 United Kingdom
巴西 委内瑞拉 Brasil Venezuela
中美洲 Central America

如何享受吴哥遗迹

用于加深对吴哥遗迹理解程度的

高棉建筑解读术

在东西轴线上设有入口的吴哥寺

1 进入遗迹 方位、参拜道的走法

高棉建筑原则上都是在东西轴线上修建的。除了以朝西而建的吴哥寺与在南北设有入口的藏经阁之外，基本上中央殿堂均向东而建。因此，各建筑物的入口均设置在东西轴线上，但也可能与轴线存在少许误差。这种误差多被认为是建造期间发生设计变更或者后世扩建所造成的。12 世纪之后，在确立统治地位的王国边境地区，也有几座寺院并未采用东西向轴线的建筑布局，而是将山顶方向作为了轴线。这一现象受到了将山作为神圣之物的山岳崇拜思想的影响。这些方位与轴线的不同，反映出了寺院建设中的不同意图，例如，反映了吸纳统治前的当地信仰并拉拢原统治者与居民的意图等。方位与轴线的确定也隐藏了各种政治背景与考量的问题。

吴哥时期的遗迹年表

年　代	砖造遗迹	砂岩遗迹
	罗洛士群遗址	
879 年	神牛寺（p.77）	
881 年		巴孔寺（p.78）
893 年	罗莱寺（p.76）	
	吴哥遗迹群	
7 世纪初期	阿约寺（p.74）	
9 世纪末期		巴肯寺（p.56）
9 世纪末～10 世纪初期	巴色占空寺（p.57）	格罗姆寺（p.75） 柏威夏（p.90） 高盖（p.88）
921 年	豆蔻寺（p.65）	
952 年	东梅奔寺（p.67）	
961 年	变身塔（p.66）	
967 年		女王宫（p.79）
11 世纪初期		空中宫殿（p.50） 茶胶寺（p.58） 仓库（p.51）
11 世纪中期		巴方寺（p.48） 大圣剑寺（p.86） 周穗韦伯寺（p.73）
11 世纪末期		西池（p.74）
12 世纪初期		吴哥寺（p.20） 班提色玛寺（p.68） 托玛侬神庙（p.55） 周萨神庙（p.55） 普拉帕利雷寺（p.54） 普拉皮图寺（p.54） 沃阿维寺（p.75）
1186 年		塔布茏寺（p.60）
1191 年		圣剑寺（p.70）
12 世纪末期		巴戎寺（p.40） 斗象台（p.52） 癞王台（p.53） 十二生肖塔（p.51） 皇家浴池（p.64） 斑蒂喀黛寺（p.59） 塔逊寺（p.69） 涅槃宫（p.72）

●是平地式寺院、●是金字塔式寺院、●是山顶式寺院、●是山岳平台式寺院　※（　）内是详细介绍的页码。

沿东西方向呈一条直线延伸的吴哥寺参拜道

2 有哪些种类的建筑物
各建筑的布局

宗教建筑不是用言语来解释宗教教义与宇宙观，而是用形态来表达。而这些建筑形态有时易于理解，有时却又像是难解之谜。建筑物可以用肉眼看、用手触摸、用心感受，因此比语言更能展现宗教的本质。但是这些建筑曾经用于何种用途，现在基本上不得而知。这是因为从印度传来的印度教与佛教在与当地的信仰相融合后，形成了一种被称为“高棉教”的独立宗教。

从现在残留的建筑物看，寺院的核心是供奉有印度教诸神的“殿堂”。为了表现王权及其永久性，殿堂内供奉有四面佛与毗湿奴神等印度教诸神。此外，被誉为湿婆神化身之一的林伽（男性生殖器的象征）等也作为信仰对象被收纳了进来。林伽信仰直接意味着生殖，因此这也与子孙的繁荣与部族的永久持续性是相通的，林伽也正因此才得到了人们的信奉。

除了殿堂之外，还有收藏经文与宝物的藏经阁、扮演着大门角色的楼门与塔门、举行祭祀活动的僧侣的生活场所僧房以及各种仓库、平台、回廊、围墙等附属建筑群纵横交错地组合在一起。这些附属建筑曾被多次反复扩建改建，能够保留有创建初期形态的很少。游客可以尽量了解这些复杂交错的历史拼图，想象一下创建时的状态。

上／位于中心区域、地势略高处的中央殿堂（吴哥寺） 左下／林伽被众多寺院供奉。但是林伽部分被损坏，只留下尤尼台座的比较多 右下／巴戎寺的构造非常复杂，由此可知，这座寺院在建成后进行过设计变更与扩建

上／将四面佛置于塔门顶部也是一个特色（塔布茏寺的塔门） 下／巴戎寺的回廊规模宏大。图示为第二回廊

藏经阁多设计为轴线左右两侧对称的形式

宗教建筑的工程

虽然只是推测，但人们还是认为高棉的宗教建筑是按照以下大致流程完成的。首先，用于祭祀的小型建筑被单独修建在圣山的山顶等处。然后再慢慢地增建附属建筑物。其次，建造被称为围墙与回廊等的环绕宗教建筑的设施，这也是一个比较大的变化。这时就有必要进行正式的整体设计了。当然，对以前的建筑逐渐扩建、改建并增建其他建筑物的手法在这之后也流传了很长时间。

从高处眺望，可以清晰地看出建筑的布局（吴哥寺）

3 感受到什么 设计者的3种造型意图

国王会选择什么样的地方作为自己成为神的场所呢？从所选地域的种类上来看，可大致分为3种类型。这3种类型分别为地势基本不存在高低落差的“平地式”、利用山丘顶部的“山顶式”以及利用山体斜面的“山岳平台式”。此外，殿堂的布局有两种类型：一种是在多层基坛上建造殿堂的“金字塔式”；另一种是在同一平面建造殿堂与附属建筑物的“展开式”。

金字塔式的东梅奔寺。基坛采用红土建成

9世纪之前的前吴哥遗迹大多是山顶式或者平地式，但是，之后又将山顶式的自然地形也纳入到了造型范畴，便逐渐开始在修建金字塔式基坛的基础上修建殿堂。这就是所谓的采用红土与砂岩修建金字塔式基坛，然后在上面用砖与砂岩建造殿堂的手法。这意味着在与上天交流的神圣场所丘陵上也可以进行人工构筑了。

大规模的平地式遗迹，有一种城市设施的感觉（圣剑寺）

在山顶式遗迹巴肯寺俯瞰柬埔寨大地

4 无数的浮雕意味着什么？建筑如同画布，要避免出现空白

下面让我们共同走进吴哥寺华丽的浮雕世界。这座坟墓寺院的立柱、墙壁以及天顶等目光所及之处均雕刻有精致的浮雕。有学者形容吴哥寺建筑整体“如同被蕾丝纱帘覆盖”。对于生活在战乱时代的柬埔寨人来说，这里可以说是唯一一处心理支撑，同时也是精神宝藏。

古代高棉的国王们将寺院作为建在地上的一种乐园。他们向往诸神居住的天界，并希望能够将天界的乐土具体化。吴哥寺就是为了实现上述梦想而建造的。我们可以通过上述内容想象并理解寺院的创建意图，但是现实中如此壮大的规模还是令人十分惊叹。而且这座巨大的建筑物从基坛到塔顶，到处都布满了浮雕，这种追求完美的意志令人不禁感受到一种“病态的执着”。吴哥王朝的当权者让人在建筑各处雕刻上了神话传说中的诸神与动物。为了衬托这些形象，还在周围雕刻了蔓藤花纹与花叶纹等。

经过修复的吴哥寺第一回廊南面东侧的天顶上遍布着花纹形状的浮雕

吴哥寺在向高棉民众展示王权的同时，也表达了国王自身对神灵的敬畏，可以说是一座不折不扣的宗教展览馆。

Column

王之神灵与土地神

自古以来，国王决定在哪里修建神圣的场所，与作为宇宙绝对统治者的诸神进行交流。各宗教的交流方式不同，但是交流场所却具有共同之处。吴哥地区残留下来的众多宗教遗迹可以说是一种与天界（宇宙）交流的场所。与此相反，对于普通的高棉人来说，神灵就存在于人们的身边，土地神涅阿库塔与家族神阿拉库等就存在于他们所住村落旁的树木、巨石以及洞穴中。

并未特意选择场所的平民化诸神，在不同的地域变换着不同的姿态，没有所谓的体系。由于国王与民众的信仰立场产生差异，这些原本可以说是同根同源的诸神也出现了统治者神灵与非统治者神灵、非日常神灵与日常神灵等的差异。就在高棉诸神被神圣化的同时，外来的印度教与佛教在柬埔寨大地扎根并与平民化的神灵达成了完美地融合。

例如，在高棉的本土信仰中，“毗埃里”作为那迦的一种化身而成为人们信仰的对象。毗埃里是地球的创造神，人死的时候需要得到毗埃里的许可。小乘佛教的神话中也出现过毗埃里。为了能够更深层次地了解高棉诸神，在了解印度教的同时，有必要挖掘那些扎根于人们生活中的本土信仰。

吴哥寺无论过去还是现在，都是信仰的场所

5 匠心凝聚 建筑材料的灵活运用

采用砖块建造的罗莱寺的殿堂。墙面雕刻部分使用了砂岩。当时的砖块大小不一，厚度、宽度以及长度均各不相同

吴哥遗迹中采用了各种建筑材料。主要的建筑材料是自远古时代便开始使用的砖块，兼具装饰与构造材料的功能。此外，还有用作装饰与构造材料的砂岩、用于支撑瓦质屋顶或者在天顶与门等处使用的木材、用作构造材料的红土以及装饰用的灰浆等，共有5种。

1. 适合用作装饰材料的砖块

吴哥时期以前，最主要的建筑材料就是砖块，除了用作构造材料之外，同时还是装饰材料。砖块均采用黏土在窑中烧制而成。9世纪前后，砂岩作为建筑材料开始有限地得到应用，但是当时砖造的宗教建筑还是占主流。

上／采用鲜艳的红色砂岩建造的女王宫
下／砂岩上的雕刻（图示为巴戎寺第一回廊的浮雕）

2. 配色之妙——砂岩

砂岩不仅被用作构造材料，易于雕刻的红色砂岩、蓝色砂岩以及灰色砂岩等也作为装饰材料来使用。建筑物中看得见的部分采用砂岩来装饰，而看不见的部分则会使用构造材料红土等，像这样巧妙地同时使用两种材料的案例还有很多。

还有一点绝对不容错过的是，砂岩的用法也随着时代的变迁发生了变化。在初期的遗迹中，人们将颜色相似的砂岩材料用心地搭配组合并垒砌施工，但是，到了12世纪以后，越来越多的建筑只是将颜色不同的砂岩简单地垒砌起来。这是因为当时的建筑材料开始出现了不足。

虽然用法上存在差异，但是基本的建造方法并没有发生改变。这些建筑没有使用灰泥等黏着材料，而是采用了比较简单的方法，人们精心地将各接触面磨平，从而使砖块达到贴紧的效果。

入口上部的门楣部分装饰有细致的雕刻，是不容错过的看点

上／吴哥寺回廊内也有使用木材的区域（第二回廊）
右／砂岩墙壁的内部是采用红土建造的地基（吴哥寺中央殿堂）

3. 看不见的地方也用木材

在石材垒砌的建筑物中，木材只得到了有限度地应用，但是几乎所有的宫殿建筑等王族日常生活的建筑物均为木结构建筑。此外，木材不光会在木结构建筑中得到应用，还会用于砖石结构建筑出入口的开口部分，同时也会用作天顶材料与门窗隔扇等。

4. 地基使用红土

不仅亚洲地区有红土，实际上这是赤道一带所生产的一种土壤。红土作为建筑材料得到了广泛地应用，在吴哥寺中，是主要的建筑材料。现在，柬埔寨南部在建造住房时依然还会使用红土打地基。红

全字塔式的茶胶寺基坛采用红土垒砌而成

土表面粗糙且坚硬，不适合进行纤细的雕刻，但是用做建筑物构造材料与道路铺设材料是最适合不过的。

5. 多用于年代古老建筑的灰浆

在9世纪后半期的罗洛士群遗址、东梅奔寺以及变身塔等吴哥时期的遗迹中，年代相对古老的砖造建筑多采用灰浆作为外墙面的装饰材料。在装饰砖造墙面时采用的方法是先在砖面上大致刻出草图，然后再在纹样上涂覆灰浆。这种方法与直接在砖墙上进行细致地雕刻相比，更加容易操作。但是，由于灰浆容易剥落且耐久性较差，之后便逐渐不再使用。

假门旁的女神雕像脱落，只残留有灰浆的痕迹。墙面的洞是为了不让灰浆轻易脱落而特别设置的（巴色占空寺）

采用错出式构造建造的入口上部（变身塔）

6 施工技术的秘密 错出式构造

高棉的宗教建筑，基本上均为砖石结构。但是，建造砖造结构建筑时，墙壁的垒砌虽然容易，屋顶的搭建却十分困难。因此，据说当时只是墙壁采用了砖石结构，而屋顶则采用了木材等较轻的材料完成搭建。到了吴哥时期，为了建造经久耐用的建筑物，人们为了搭建砖石结构的屋顶而动了不少脑筋。在高棉建筑中，石材一点点错位出来并逐渐向上搭建屋顶的“错出式结构”是最为常见的一种构造。占婆与爪哇等邻国也采用了相同的建筑构造。

进入殿堂内部后可以抬头向天顶望去。这里同样采用了错出式构造（豆蔻寺）

7 偷工的魅力
从看得见的地方开始建造

在高棉建筑中，一些应该已经完工的建筑到处都会存在一些未完成的部分，如同是在建造期间停止修建了一样。特别是雕刻部分，有很多区域都会出现上述情况。

除了因国王突然去世而中途停工之外，出现未完工区域的原因尚不明确。即便是吴哥寺这样完成度很高的建筑，也会有很多未完工的区域。

宗教建筑一旦确定竣工日期，为了能够按时完工，往往会全力推进工程进度。据说即使有局部区域处于未完工状态，在仪式结束之后也不会再继续施工。因此，雕刻等最后的工程，首先会从看得见的地方开始。由于当地通常会根据占卜与历法吉日等确定竣工日期，因此无法平衡工程总量与时间，继而导致出现无法按时完工的区域。

吴哥寺东塔门残留的未完工区域，如果完成，应该是一幅玲珑剔透的精致作品

但是，历时10余年之久才完成建造的吴哥寺，依然有很多偷工的地方，这令人十分不解。由此可见，不光是石匠与负责管理的官员，就连国王及其王族等所谓的“业主”对包含细节在内的完美工艺也并不是十分重视。

“面子工程”意识较强是东南亚建筑共有的特征之一。说得极端一点，吴哥寺可谓是面子工程的顶级建筑。它采用了各种建筑造型的技巧并将其凝聚在一起，形成一个完美的综合性作品。在这座大型宗教设施完工之后，人们满足于眼前的成果，失去了继续向新型创造挑战的能量与动力。随着造型欲望的逐渐衰退，勇于创造的热情也遭到摒弃。“已经造不出比这更好的建筑了”“那么辛苦的工作已经做够了”，也许这样颓废的气氛已经在当时的柬埔寨蔓延。

从某种意义上来说，这种看似随意的态度与遗迹各处残留的精致雕刻及其独特的建筑技术之间形成的对比，应该是高棉建筑所特有的魅力吧。

Column

“甜黄瓜之王”的传说

班提色玛寺意为“色玛族的城堡”，在色玛族内流传着一个著名的传说。

色玛族姑娘莲在田间干活时，一个从森林中出来的隐者恰巧路过。他被莲的美貌所吸引，因激情而使其怀孕。不久，莲生下了一个男孩，并取名为巴乌。隐者回到森林，巴乌在不知父亲是谁的情况下慢慢长大，但是在从母亲那里了解到父亲的情况之后，便前往森林寻找父亲。在森林中，巴乌遇到了冥想的隐者，但是他并不知道那位隐者便是自己的父亲。隐者觉察出那就是自己的儿子，于是给了他黄瓜种子。

巴乌回到村子之后，马上播种，并且结出了非常甜的黄瓜（这种黄瓜至今依然存在，名为陀罗索斯拉乌）。黄瓜所获评价甚高，后来还被献给国王。国王格外喜欢这种黄瓜，命令巴乌不能将其卖给别人，只能为国王一人种植。同时，国王还给了巴乌一杆长矛，并且告诉他如果有小偷进入瓜田，格杀勿论。

进入雨季之后，黄瓜收成减少，向国王进献的黄瓜也随之减少。国王无法控制自己的口腹之欲，悄悄潜入瓜田。巴乌误以为是小偷，投枪将国王杀害。

国王没有继承者，王宫的高官们将决定权交给神的意志，他们放出了被誉为神象的白色大象，能够骑到象背上的人便可成为下一任国王。大象无视高官们的存在，在巴乌面前跪下并让他骑到了自己的背上。于是巴乌就成了国王，据说在这之后便建造了班提色玛寺。然而，高官们并不尊敬巴乌，巴乌因此对他们处以刑罚，王宫变得极为混乱。得知此事的隐者做出了“吴哥今后将不再是都城”的诅咒。据说吴哥在后来逐渐衰落，国都也迁至其他城市。

这个传说在柬埔寨广泛流传。

左／吴哥寺的假窗。可以看出该建筑十分重视设计 右／时间不同，格构窗可以衍生出各种光线的模样（吴哥寺第一回廊）

上／罗洛士群遗址的巴孔寺的多孔型窗户
下／变身塔的微缝状窗子

8 建筑的重要要素 窗子中隐藏的秘密

高棉族的 3 种窗户

开口部位，即窗户的处理方法是探明吴哥寺魅力的重要视点之一。高棉建筑中窗户的处理十分重要，可大致分为 3 个种类。

第一种是在两边设置砂岩材质的侧柱（或者堆石），然后将同为砂岩材质的过梁搭设在上方，通过这种处理方式完成的是过梁式的开口部位。采用 3~9 根纵横格子支撑开口部位的窗子被称为格构窗。

第二种是在岩石多而裸露的墙体上开孔的多孔型（挖通型）窗子，这种处理方式多用于次要窗户。多孔型窗子采用砂岩与砖瓦等作为构件，同时在墙壁上有规则地开孔，这些都以追求窗户效果作为终极目标。

第三种是微缝状窗子，采用的是从墙壁上抽出部分砖瓦与红土之后设置开口部位的手法。9 世纪末期的罗洛士群遗址与 10 世纪中期的变身塔等均将这种类型的窗户用于过渡，而 12 世纪初期的吴哥寺却完全没有使用过这种类型的窗户。

作为设计名词的格构窗

在这里我们将重点放在格构窗的处理上进行阐述。吴哥寺使用了很多格构窗，但是有作为开口部位而起到一定作用的窗户与被称为假窗而不具备原始功能的窗户两种。假窗只是将窗户的形状用作一种设计，完全没有作为开口部位的功能。

虽然几乎不为所知，但是高棉族建筑的窗户，除了能够使建筑整体看上去更加匀称之外，在其他方面也动了各种脑筋。其中之一便是将各个窗棂全部设置在了建筑外墙的表面。从结构上来考虑，为了对上部结构形成稳定平衡的支撑作用，将窗棂设置在窗户纵深宽度的中央部位应该会发挥最佳效果。特意将其从中心部向外墙面错位的设计方法是为了遮挡从外部照进的热带强光，使从“花边形”窗棂照进的光线有效地射入内部。为了实现这样的设计，就有必要在构造上进行特别的处理，使窗子不直接负重。吴哥寺在开口部位的处理上加以考虑，进行了构造力学的解析。附带说一下，“花边形状”的窗棂有两种处理方法，首先，它可以作为单独的建筑材料进行切割雕琢，此外，还可以将窗框与窗棂当作一个整体来进行雕刻。假窗也同样具有上述两种处理方法。

左／极具原始感的微缝状窗子（东梅奔寺）
右／也有一些假窗只在下部加入窗棂元素用以装饰（巴戎寺）

透过格构窗看到的风景别有特色（吴哥寺第三回廊）

给人以厚重印象的茶胶寺

可以看见的窗户与看不见的窗户

除上述内容之外，从效果上来看，在格构窗外部很难透过窗子看到内部状态，在内部隔着窗棂看到的外部情景，在视觉上可以突出重点。然而，这里还隐藏着另外一个创造出绝佳效果的表现手法。那便是从整体外观上来看，避免使各个格构窗出现直线型的影子。正如你所见，吴哥寺的建筑十分重视远景效果。这种情况下，会有意识地让参观者将视线集中到矗立在顶部的各个塔楼。为了能够最大限度地达到这一目的，就需要使所有墙壁在整体的光辉下失去自己的意义。不光要将光影交错的部分显得秩序井然，而且还要将外部光线引入内部。这便是设计者在设计之初的构思。

吴哥寺第一回廊外侧的一列立柱并排着，有一种开放感

假窗是为了弥补建筑结构上的缺陷，同时使用假窗与真窗（拥有采光通风功能的窗子）成为设计上的一种处理手法。然而，假窗得到充分运用也是高棉族建筑的特征之一。吴哥寺的假窗并不是为了掩盖结构上的缺陷，相反，通过类似的设计，有效消除了墙面给人留下的沉闷的感觉，而这一设计意图也的确收获了效果。

格构窗的摸索

茶胶寺遗迹被誉为兴建吴哥寺的试金石之一。虽然茶胶寺以未完成的状态而被搁置，但是从构造上来看，这座建筑在金字塔式寺院周围设置了回廊，向不同于以往寺院的新造型发起了挑战。

在这里应该重视的是，各层回廊外侧使用的是窗棂状的假窗，而内部采用的则是格构窗。茶胶寺遗址虽然是未完成的状态，但是依然会营造出一种严肃的氛围，这是因为位于寺院外侧的回廊部分的假窗给人留下了十分结实的印象。但是，与此相反，进入内部之后却会有一种安心感。从外部看，虽然有一些排他性，但还是会给人一种保护生命安全不受外敌侵害的要塞的印象。

相比之下，吴哥寺在外部多使用格构窗，作为底边的第一回廊采用的则是用于支撑单边突出的屋顶的立柱群。因此，从整体上看会有一种轻快的感觉。

Column

《摩诃婆罗多》中的伽鲁达

据印度叙事诗《摩诃婆罗多》所述，伽鲁达出生时，他的母亲正被那迦（蛇）族所控制。伽鲁达得知母亲是因在打赌中赌输而被逼入如此境遇之后，请求蛇族还他母子自由。蛇族提出条件，可以用天界长生不老的仙露来换取自由。因此，伽鲁达前往天界，打败诸神与群蛇并拿到了长生不老仙露。不过，就在要返回时，毗湿奴神出现在了伽鲁达的面前，双方再次展开激烈的战斗。战斗并未决出胜负，毗湿奴神提出条件，“我可以将长生不老仙露给你，但是你要答应成为我的坐骑”，伽鲁达接受了这个条件，从此，毗湿奴神与伽鲁达之间便形成了主从关系。

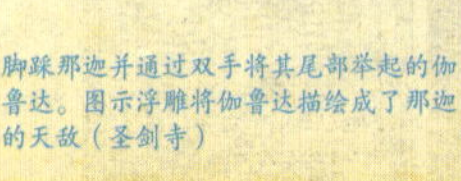

脚踩那迦并通过双手将其尾部举起的伽鲁达。图示浮雕将伽鲁达描绘成了那迦的天敌（圣剑寺）

吴哥遗迹这样拍

站在神秘的吴哥寺前，谁都想拍照留念。接下来就教大家一些如何将照片拍得更写意的吴哥遗迹拍摄方法。但是，这里不再赘述光圈、曝光度等专业摄影师也无定论的拍摄技巧。

遗迹摄影篇

长焦并不仅限于拍摄远景。从它的拉近效果来看，镜头里出现了仅用"肉眼"无法观察到的角度（南大门）

其1▶摄影最重要的问题是如何选取拍摄的角度。甚至可以说拍摄效果的好坏，多半取决于摄影者所处的位置。

对于普通游客来说，选取拍摄位置时，可以抛开复杂的理论，选择让自己不由得惊叹"啊，真漂亮！""太棒了！"这样的地方就行。窍门是需要进一步问自己："感觉到哪里漂亮？""感觉到哪里很棒？"例如，"蓝天和中央塔的对比真漂亮"或者"被雨淋湿的女神像充满了魅力"，这就够了。如此一来，之前不自觉地将镜头瞄准的风景更增加了可塑性，"把天空的比例再增加一点试试""这一块再放大点"，就这样，拍照的技术会越来越好。

其2▶吴哥遗迹的寺院除吴哥寺外，几乎都是正面朝东建造。也就是说，想从正面用顺光拍出好照片的话，上午是最佳时段（在吴哥寺拍摄下午最佳）。

其3▶各大遗迹都是在缜密计算的基础上设计建造的，有时会呈现出意想不到的艺术角度。只要时间允许，慢慢走，"回头看一看""往上看一看"等就显得很重要了。另外，在大型建筑前，人会无意识地被其气势所震撼，想拍摄一些强调宏大效果的照片，但此时应该有意识地保持宏观的眼光。其实仅仅凭借"倒在地上不为人知的岩石上的迦楼罗雕像"之类的特写照片，就可以表现出印记了悠悠岁月的吴哥遗迹。

选取了最近、最恰当的角度，凸显了雕像的真实感（巴戎寺）

其4▶拍照时，身边最近的参考恐怕就是导游的解说了吧。他们深谙遗迹，带去参观的地方一般都能拍摄到相当有趣的照片。

另外，也可以借鉴一下遗迹的画册。在暹粒和金边的大型书店、部分高档酒店内的书店都能买到。

人物摄影篇

柬埔寨人大多胸襟开阔，为人朴素，只需要打声招呼"能帮我拍张照吗？"（→p.362），一般都会爽快地答应。另外，为了避免"其他游客在镜头里，结果错过了按下快门的时机"这种常见的拍摄纪念照的问题，最好的办法是不管怎样先照下来。在国外旅行，脑子里要经常想着"这个地方不会再来第二次了"，对于转瞬即逝的拍照时机一定要把握好机会。

其他建议

暹粒和金边有一些挂着大型招牌的照相馆和电器店，一般的电池和SD存储卡都能买到。数码相机的快照一张400R~，复制到CD是US$3~。另外，卖胶卷的商店也不少，但是考虑到它的存储状态，还是从国内带吧。一次性相机（用完就扔的相机）在暹粒、金边可以买到，可以拍摄25张照片的US$8~。另外还能冲洗底片，打印照片。冲洗、打印费为24张US$3~，36张US$4~。不推荐使用他们的胶片打印照片。

最后要提醒游客，柬埔寨的灰尘之大超乎想象。遗迹里就不用说了，市区也尘土飞扬。夜里，在酒店花点时间把相机上的灰尘小心擦去吧。

可以窗棂为背景拍照

成为遗迹达人吧！

吴哥遗迹 诸神鉴赏方法

深入地欣赏

高棉的众神

印度教与佛教的微妙关系

人们对外来文化，尤其是宗教很难产生心理认同。印度教对我们中国人而言就显得非常遥远，并没有什么亲切感。事实上，吉祥天、梵天（四面佛）、帝释天（因陀罗）、自在天等众神会被认为是佛教固有的神灵，但是当你了解到这些被称为“天”的诸神多数是来自古印度神话中出现的印度教时，就会明白原来中国的佛教诸神体系脱胎于印度教等异教。在中国的佛教神话中，梵天的境界低于如来佛祖，但是像帝释天，这些“天”神比起

左／骑着迦楼罗的毗湿奴神是浮雕中经常看到的主题（巴戎寺） 上／吴哥窟第三回廊上坐在7头那迦之上的佛陀雕像

左./女王宫藏经阁的山墙上的叙事壁画。中间舞动的神是湿婆神，右侧打鼓的是雷电之神因陀罗 下/吴哥窟第一回廊"乳海搅拌"壁画中登场的大梵天神，他有四个头

上/巴戎寺内有老人守护佛像以供后世祭拜，长年香火旺盛 右/遗址内还能看到僧人

佛教的神灵，与民众的亲和度其实更高。

"寺院"中出现的诸神

传入柬埔寨的印度教，与在印度一样，以梵天、毗湿奴神、湿婆神三大神为中心形成了诸神体系。除此以外，还有其他众多的神灵复杂地交织在一起。印度教除了这三大神，还有神的"妻子""儿子"等神灵。而且，这些神灵又有各种化身。这个家族众神体系的构成，可以说是以娶异教神为妻的形式而形成的。

本来是印度教最高神的梵天为何在印度和柬埔寨都不常见于雕刻的主题，反而是毗湿奴神、湿婆神的形象出现的概率高呢？这是因为具有实际功效的神更受普通民众的欢迎。

关于佛教，以雕刻形式表现的佛陀身着袈裟，身配宝石饰物的情形较多，甚至有戴上王冠头饰的。有一种解释非常有趣：佛陀是毗湿奴神的一个化身。佛陀多以坐在7头那迦上的形象出现，现在的柬埔寨人仍然喜欢并信仰这种形式的坐像。

简明易懂的印度教神灵家谱图

印度教复杂的诸神关系让人眼花缭乱，下列图谱清晰地展示了善于合体与化身的诸神的家族关系。记住他们的手持物、坐骑是区分各神的第一步。

创造天地的神
梵天
手持物……念珠、水罐、弓箭等
坐骑………………桓娑（神鹅）

智慧和知识之神
萨拉斯瓦蒂

财富之神
库贝拉

太阳神、保护神
毗湿奴神
手持物……法轮、仙杖、法螺等
坐骑……迦楼罗（金翅大鹏鸟）

爱神、美神、繁荣之神
拉克什米

爱神
卡玛蒂瓦（卡玛）

破坏和创造之神
湿婆神
手持物…………法螺、三叉戟等
坐骑…………南迪（雄牛神）

智慧之神
帕尔瓦蒂（乌玛）

军神
斯坎达

智慧之神
伽耐什

诸神的盛会

印度众神简介

湿婆神

湿婆神是破坏之神，同时拥有凶暴与温和的双重性格。住在圣山冈仁波齐峰，圣牛南迪为其坐骑。他的额头中央有第三只眼，手持三叉戟、法螺、鼓、斧子、剑、盾、骷髅杖等物品。作为本尊被祭奉的时候，多为林伽这种男性生殖器的造型。这表明湿婆神不仅是专司破坏的凶暴之神，也是破坏之后重新创造的神灵，因此与生殖崇拜结合在了一起。通常，与尤尼（女性生殖器的象征）同时出现，供奉在很多印度教寺院中。

在哪里能够看到?

古迹群中的很多地方都能看到林伽雕像。在吴哥窟第一回廊、女王宫、高布斯滨、崩密列等寺院的浮雕上可以看到湿婆神的形象。

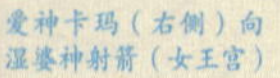

爱神卡玛（右侧）向湿婆神射箭（女王宫）

毗湿奴神

毗湿奴神是把太阳光芒四射的状态进行人格化后的神，据说能够三步跨越天、空、地。乘坐金翅大鹏鸟迦楼罗，一般形象多为4只手臂，分持法螺、法轮、仙杖、莲花。在神话中，湿婆神与山地的关系亲密，而毗湿奴神则与海洋的联系更紧密。毗湿奴神性格温和，经常施恩于信徒，被视为在人类生死存亡的关键时期，变成各种化身拯救世界的神灵。

在哪里能够看到?

雕像中，吴哥寺西塔门南侧高约4米的毗湿奴神很有名。浮雕中，主要有第一回廊的“乳海搅拌”，此外还有巴戎寺、豆蔻寺、女王宫、荔枝山、高布斯滨等地都能看到毗湿奴神的形象。金边的国家博物馆中，“8只手臂的毗湿奴神雕像”“横卧的毗湿奴神半身像”也很出名。

吴哥寺西塔门附近的毗湿奴神雕像近4米高

遗迹中供奉了印度教和佛教的诸神。
他们有时以类似人的姿态出现，有时以化身形象出现，造型多样。
接下来介绍遗迹中经常看到的 5 种印度教神灵以及湿婆神的象征——林伽。

梵天

原本是宇宙的创造之神、语言之神，是婆罗门教的最高神。在印度神话中，湿婆神与毗湿奴神在同魔王苦战时，曾向梵天求救。

然而，中世纪的柬埔寨与印度一样，梵天并不那么受欢迎。梵天拥有 4 张面孔和 4 只手臂，分持念珠、笏板、莲花、水罐、弓箭等物品。

在哪里能够看到?

在柬埔寨能看到梵天的古迹很少。吴哥寺、荔枝山、高布斯滨等地能看到关于梵天的浮雕。

河底雕刻的梵天（高布斯滨）

林伽

林伽是形似男性生殖器的湿婆神的象征。它的造型通常分为 3 个部分，基部是方形断面，中部是八角形断面，上部是圆柱形。林伽一般被置于方形台座形状的尤尼（女性生殖器的象征）上面。尤尼侧面设计有导流圣水的沟槽（举办仪式时向林伽注入圣水），沟槽向北延伸，因此圣水一般向北导流。

水中雕刻的林伽在雕刻时考虑到了从河岸向下看的角度问题（高布斯滨）

在哪里能够看到?

在各类印度教寺院中都可以看到。其中，高盖古迹群的林伽 1 号是其他地方看不到的巨型林伽。罗莱寺的林伽与其他地方形状不同。另外，荔枝山和高布斯滨河底雕刻的林伽也十分珍贵。

Column

吴哥王朝的国王与信仰

世界上无论哪种文明都信奉超越人类力量的神灵，柬埔寨也不例外。吴哥王朝的国王们笃信印度教和佛教。但是，这种情况下的神不只是宗教信仰，还伴随着国家治理的需要。高僧们既建造了蓄水池等灌溉设施，也为防止疫病蔓延而给民众施予救治。启迪人们的生活智慧也是宗教的功能之一。说起来，当时从事宗教事业的人也是科学文明的倡导者，宗教设施既是神殿，同时也是科学文明的实验室。

在亚热带地区，维持国家运转的最重要课题是如何在农业生产中治水。一年之中，只要把水分配好了，这个王国就有很大可能迎来丰收年。为了防止雨季的大量降水造成河水泛滥，缓解旱季雨量不足问题，僧人们修建了巨大的蓄水池——巴莱。很多寺院既是排水和蓄水技术以及高水平建筑技术的展示场，也是宗教博物馆。

宗教为了适应气候风土而发展了农业技术，而宗教本身也在发展。吴哥王朝的宗教表达，从印度的雕刻、雕像学的技法和概念中借鉴良多。这种吸收学习期被认为在 7 世纪左右，此后吴哥逐渐酝酿出自己独特的审美意识。

诃里诃罗神

诃里诃罗神是湿婆神和毗湿奴神的合体神。与印度相同，右半边是湿婆神，左半边是毗湿奴神。通过将神格各异的两大神合为一体这种大胆而合理的想象，很好地展示了东方宗教的特性。

在哪里能够看到?

古迹群内基本看不到，在金边的国家博物馆内展示着一座高约 1.9 米的诃里诃罗神雕像。

矗立在暹粒市内的诃里诃罗神像
※ 本书完稿时，诃里诃罗神像被换成了尼亚基像

拉克什米

拉克什米女神是毗湿奴神的妻子。由于她非同寻常地美艳，在印度是理想妻子或者典型女性的象征，很受欢迎。据说她是众神和阿修罗在搅拌乳海寻求阿姆利塔（长生不老药）时，从海中出现的。站立在红色的莲花之上，4 只手分持莲花、阿姆利塔瓶、毗黎勒的果实和法螺等。也被称为吉祥天女。

在哪里能够看到?

豆蔻寺的浮雕、金边国家博物馆中的藏品，以及神牛寺发现的拉克什米雕像都很出名。

刻在砖墙上的拉克什米神像（豆蔻寺）

其他的神

除了上述神灵外，在古迹群还能看到佛陀、雷神因陀罗、毗湿奴神的孩子克里希纳神、湿婆神的妻子乌玛（帕尔瓦蒂）、爱神卡玛（卡玛蒂瓦）等神像。

天界的动物园
虚构动物的天堂

遗迹内各种虚构的动物纷纷登场。源自印度神话中的这些动物（神）时而独具魅力，时而威严雄壮，它们都被雕刻在石头上。
下面介绍 5 种最常见的。

迦楼罗

出现在印度神话中的怪鸟，有金色的羽毛。据说起源于巡视天界的太阳。迦楼罗是毗湿奴神的坐骑，广为人知的圣鸟，身体是人的模样，头、喙、翅膀和爪子是老鹰的形象。它还是那迦的天敌，在壁画雕刻中可以看到很多描绘迦楼罗和那迦战斗的场面。

迦楼罗原来是与毗湿奴神组合在一起的，不过在柬埔寨已经成了被单独信仰的神。

在哪里能够看到？

各处遗迹基本都能看到，主要是吴哥寺、巴戎寺和斗象台。其中，圣剑寺的第一围墙东塔门入口处的左右两侧描绘的站在那迦身上的迦楼罗雕像着力极深，且气势恢宏。

踩在那迦身上的迦楼罗（圣剑寺）

马卡拉

马卡拉是水中、陆上生物的象征。其蔓草状花纹代表植物，也就是象征了陆地；同时张开的大嘴和四足兽坐着时后肢的样子又代表了水中的生物。

神话中的马卡拉是神秘而富有魔力的，是天界和地界的水神瓦鲁纳、恒河女神冈伽的坐骑。

在哪里能够看到？

装饰吴哥寺第三回廊排水口的马卡拉是直接体现他与水的密切关系的经典之作。另外，女王宫的浮雕也非常精美，保存完好。

从卡拉口中出来的马卡拉（女王宫）

那迦

那迦蛇神在印度原住民中广受崇拜，雅利安人也将它吸收进了宗教中。东南亚人对那迦蛇神的信仰同样广泛。其由于带有剧毒、动作敏捷而成为神秘的存在，让人恐惧的同时，又因每年蜕皮成为“不死的象征”，从而受到崇拜。在神话中，它有人脸、蛇尾和眼镜蛇的头，是一个半人半兽的神。

崩密列的那迦雕刻是吴哥古迹群中最美的一座

在哪里能够看到?

吴哥寺、巴戎寺的南大门、涅槃宫、巴孔寺等各处古迹中的浮雕、栏杆上都能看到它。其中，崩密列的那迦雕刻姿态纤细优美，保存完好。普拉普特斯桥（→ p.122）的那迦雕像非常大，能清楚地看出有 9 个头。

哈奴曼

哈奴曼是猴神，长着长尾巴，拥有神力与魔法。据说可以在天上飞，还可以自由地改变身体的大小。在《罗摩衍那》中，哈奴曼作为为罗摩王子尽忠的猴将军出现，在从恶魔手中救出悉多的战斗中发挥了巨大的作用。

在哪里能够看到?

吴哥窟第一回廊和女王宫的《罗摩衍那》题材浮雕中都可以看到。

吴哥窟第一回廊《罗摩衍那》浮雕中驱魔的哈奴曼

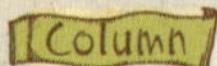

生活与动物的关系

在壁画雕刻中，随处可见猎人、鹿、孔雀等形象，不过它们不是作为神出现。鹿、孔雀是旱季的代表动物，猎人猎杀这些动物的主题意味着即将进入雨季。代表雨季的动物是牛和大象，特别是大象，它象征着雨的恩惠。在高棉的图画中，季节和生活与各种动物紧密相连，它们并不是各自独立的存在，而是相互关联，共同讲述着一个个动人的故事。

卡拉

卡拉和马卡拉一同构成壁画中的经典主题，通常以卡拉在上面，马卡拉在下面的形式组合在一起。卡拉是象征时间的神，另外作为死者之王还有一个柬埔寨"阎王"的称号。在印度神话中，作为食欲旺盛的怪物出现，据说连自己的身体也吃光了，只剩下这张脸。相比于印度，卡拉在爪哇、柬埔寨更受欢迎，它并不可怕，反而被塑造成一个诙谐的形象。在佛教界，卡拉相当于阎王。

卡拉在大部分雕刻中只有脸部（女王宫）。有的雕刻同时出现了脸和手（→p.65专栏照片）

在哪里能够看到？

在很多古迹的塔门及佛殿的山墙、门楣部分的装饰中经常出现。

大象将圣水洒在毗湿奴神的妻子拉克什米身上的情景。基部描绘了迦楼罗与那迦扭打在一起的场景（女王宫）

Column

柬埔寨人与"那迦"

那迦是被印度、东南亚信仰的蛇神，在柬埔寨神话及传说中，那迦的形象并不令人畏惧，相反，它还有几分友好。

那迦与水、雨关系密切，被当作海、湖、泉、水井等的守护神，用7个头或5个头的眼镜蛇形象来表现，或者以眼镜蛇头后面配有佛光的形象出现。

那迦也被认为是连接人界（地上世界）与其他世界（天界）的彩虹（桥梁）。在通往寺院的路上采用这种主题的雕刻，或许正是出于这个原因吧。吴哥城南大门前的环形沟渠意味着大海，而跨于其上的那迦造型的栏杆则是桥梁。另外，那迦与印度教众神关系紧密，那迦是众神和阿修罗搅动乳海时所使用的大网（吴哥窟第一回廊东面南侧的浮雕）；在世界即将毁灭时，那迦将沉睡的毗湿奴神背在身上浮出海面。即使在现在，那迦也是柬埔寨人喜欢的形象之一。

柬埔寨的民间舞蹈"阿普莎拉舞"（→p.128）表现的就是那迦的动作。那些博古通今的老人们深信，人生下来的时候是那迦，入了佛门才变成人。因此，即使在今天，当地的礼仪中还保留着拔出新娘犬牙（犬牙被认为是蛇的牙齿）的环节。人们相信经过这种仪式，新娘就由那迦变成了人，成为好妻子。在建筑中，那迦作为本地神被刻在山墙等部位的上部，而作为外来神的迦楼罗被刻在下部。

王宫古迹女池中的那迦

被戏剧性的日出、日落深深感动

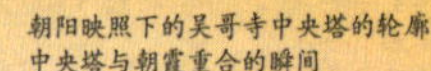

朝阳映照下的吴哥寺中央塔的轮廓。中央塔与朝霞重合的瞬间

星光闪烁的夜空，如同被白色染料染过一样，渐渐地在东方露出了鱼肚白。在伸手不见五指的夜色下，吴哥古迹群的背影轮廓开始显现。不一会儿，大地和天空的交界处迸发出白光，瞬时阳光普照大地，众神开始苏醒。傍晚，当众神开始入睡，轮廓清晰的火红太阳也即将隐没在西天的丛林。虽然是千百年来每天周而复始的景象，为何单单那个瞬间会成为特殊的回忆，深深印刻在每个人的心中？古人也在眺望的日光，今天仍然继续照耀着众神庇佑下的大地。在吴哥古迹中看到的日出和日落是壮观而神圣的，或许会成为永生难忘的体验。在这里，将介绍一下吴哥古迹群观赏美丽、感人的日出、日落胜景的地点。

日出（朝阳）

水面上倒映着朝阳的皇家浴池日出美景。与吴哥寺的日出各有韵味

吴哥寺

最有人气的观赏点还是吴哥寺（→p.20）。话虽如此，吴哥寺面积广大，里面有很多观赏点，各处转转的过程中，太阳就升起来了。所以还是让我们筛选一下观赏地点，好好安排一下行程吧。

其 1　从西参拜道观赏

从西参拜道虽然看不到太阳从地平线上升起的景象，但是可以看到包括中央塔在内的吴哥寺整体轮廓浮现出来时的景色。随着时间的推移，天空的颜色在变，此时的吴哥寺令人感动。其中，从西参拜道的西塔门到圣池之间是最佳观赏地点。

另外，每年春分、秋分这两天，可以从西参拜道看到从正面的中央塔处升起的朝阳。如果恰巧在这两天游览吴哥寺，一定要早早起床，去感受其计算之精准、设计之精巧。

其 2　从北圣池前观赏

面向吴哥寺，左侧的圣池可以看到 5 座尖塔，它们的轮廓壮美雄浑。这个圣池因可以看到吴哥寺倒影而闻名。建议下午顺光的时候再去游览一次。

其 3　从南圣池遗址前观赏

若从西塔门～南圣池遗址前的这块区域观赏朝阳，等太阳完全升起，能见到返回酒店的游客的时候是最佳时机，此时的朝阳最为动人。从这里可以看到 5 座尖塔的轮廓。另外，中央塔与朝阳重叠，吴哥寺在此时令人感动。

其 4　从外城观赏

不要走参拜道，在面对外城的寺院的时候，可以从它的右侧看到完全不一样的风景。

注意！ 本书完稿时，吴哥窟规定早 5:00~6:00 不能从西塔门进入内城。另外，到太阳完全升起前，无法从第一回廊进入内城。

巴肯山

仅次于吴哥寺的观赏点是巴肯山（→p.56）。这是海拔约 60 米的吴哥三大圣山之一，从山顶的神殿可以看到 360° 的开阔全景。在吴哥古迹群中，这里是位置最高的日出观赏点。只是，由于朝阳从丛林中升起，如果要以“吴哥古迹群的朝阳”为主题拍摄，还需要在摄影时下点功夫。

注意！ 本书完稿时，巴肯山制定了 5:00~19:00 限 300 人入场参观等规定。制订旅行计划时，要考虑到这些规定。

皇家浴池

皇家浴池（→p.64）并不具备成为观赏点排行榜第三位的人气，但是在这里可以看到别具一格的古迹朝阳。据说这里曾是国王沐浴场的大水池，从皇家浴池的西侧平台看日出，非常精彩。朝阳从水池的对面缓缓升起，水面上顿时波光粼粼，流光溢彩，是一种用语言无法表达的美。需要注意，旱季池子里的水有时会干涸。

置身巴肯山的日落中，大家心照不宣地保持静默，任时间流转

巴肯山

最有人气的欣赏日落的地点无疑是巴肯山（→ p.56）。眼前是宽阔的西池（→ p.74），远处广袤的高棉大地上夕阳缓缓西沉……如此雄伟的日落景观，可以说是一天游览的高潮。在这里，大约日落前 2 小时，前来观赏日落的人群便开始聚集。游客们展开了一场最佳观赏点的争夺战。其实如果不是单纯地为拍照，大可不必如此大费周折。

注意! 本书完稿时，巴肯山制定了到 18:30 为止限 300 人入场参观等规定。制订旅行计划时，要考虑到这些规定。

变身塔

仅次于巴肯山的适合欣赏日落的地点是变身塔（→ p.66）。这里被一片丛林包围，从中央塔可以看到沉入丛林的夕阳。虽然不像巴肯山那么主流，在回头客中也很有人气。只是这里离城区较远，需要从人烟稀少的黑路原路返回。因此，如果是乘坐摩的、嘟嘟车的，需要找有信用的司机同行。

格罗姆寺

日落观赏点排行榜第三位的是格罗姆寺（→ p.75）。这座古迹游客甚少，着实令人意外。格罗姆寺南望洞里萨湖，其他三面全部被一望无际的水田围绕。因此，在雨季洞里萨湖的丰水期或农忙时节到访这里，可以看到格罗姆山被水环绕，如火般的夕阳倒映在水田中的景象。另外，同样是在水边，从西池（→ p.74）还能看到映入池中的落日，景象令人动容（有时从码头也能看到）。

其他观赏点

有的旅行社组织可观落日的洞里萨湖游览，还有的旅行社开设了从船上观赏落日的旅行套餐。洞里萨湖游船基本上到 18:00 为止，所以在日落时间段，个人乘船的话有时候会被拒绝。最好是由旅行社事先安排好。

从皇家浴池（→ p.64）东侧的城墙可以看到水面上橙色的夕阳，如梦如幻，美不胜收，景致与在古迹中看到的略有不同。

上／用壮阔、神圣的夕阳结束一天。格罗姆寺水边映照着的夺目夕阳　下／变身塔的日落观赏点深受欧美游客的欢迎

观赏日出、日落时的注意事项

早上看日出时天色很暗，落日西沉后天也会一下子就变黑，为了防止出现不必要的麻烦，要极力避免单独行动，最好聘请可信的导游或司机同行。另外，格罗姆寺发生过强奸、抢劫等案件，因此即便带了导游，女性游客也要避免单独行动。

观赏完落日，从巴肯山返回过程中，有很长一段路不太好走，几乎看不见路。所以需要带手电筒去，走路时注意脚下安全。

由于吴哥通票从早上 5:00 开始销售，当天去票务中心购票，然后清早前往观赏日出也是来得及的。不过即使雨季，票务中心前也会排起长队，因此最好提前一天购票。

最后需要提醒的是，并不是每天都可以看到景色优美的日出和日落。即使是最合适观赏的旱季（11 月～次年 5 月），也存在连续 2~3 天阴雨连绵的情况。如果是雨季（6~10 月），连续一周下雨的情况也时有发生。此时能不能看到美丽的朝阳、落日，只能顺其自然了。

重新寻找遗迹 在代步工具上欣赏遗迹

乘坐热气球从空中俯瞰

从吴哥寺（→p.20）的正面，沿着一派田园牧歌风光向西行进约 1 公里即可乘坐“吴哥寺热气球”。气球用绳系住，大概 10 分钟后就能升高至 200 米。这段从“神灵的角度”俯瞰悠然森林与密林下的神秘遗迹的体验，一定能在你内心留下特殊的回忆。

吴哥寺热气球 Angkor Baloon

MAP p.12-3A

住 1 km on the West from Angkor Wat

☎ 012-520810

营 日出～日落（各季节有所不同）随时有票

休 无

费 US$20（12 岁以下 US$10）

一个热气球可容纳 15~20 人，最终的乘坐人数要看风力的强弱。欣赏日出需要至少提前一天预约，欣赏日落只限当天预约、当天乘坐。每个热气球每次最多接受 25 人的预约。由于预约者中团体游客较多，观赏日出、日落以外的风景最好也提前预约。开放时间受季节和天气影响，雨天、大风天会关闭，请提前电话确认。

左／蓝天上的蓝色热气球分外醒目　右／吴哥寺肯定可以看得到，如果天气好，还能看到荔枝山（→p.82）和格罗姆寺（→p.75）

各条船只有一名船夫。他们会简单的英语

乘船从水上赏景

坐在巴戎寺壁画中曾出现过的战船上，想象自己是吴哥王朝的子民，在吴哥城（→p.40）幽静的护城河上悠闲荡漾，河的一旁则是一片点燃乡愁的密林。船从巴色占空寺附近的码头出发，终抵吴哥城西南角的青戎塔，往返共耗时约 1 小时。

船上还能享用下午茶和鸡尾酒（US$55~）

吴哥水漾 Kongkear Angkor

MAP p.12-3A

☎（063）6550655　URL www.kongkearangkor.com

营 7:00~18:00（售票处 ~17:00）

休 无

费 每人 US$15（赠饮品），VIP 船每人 US$50

船只最多容纳 4 人。普通的观光无须预约，如果想在船上用下午茶和鸡尾酒，则需要提前一天预约。

日落时分的水面被晚霞染得绯红一片，景色梦幻。可来这里纳凉

走普通的线路基本参观完遗迹后，
接下来可以试试不同寻常的游玩方法。
满足冒险心理的热气球与骑大象，
以及日常并不常见的乘船巡游等，
这些特殊的体验能给你的旅行带来更多欢乐。

骑马前往遗迹

从饲养着 50 余匹马的牧场出发，骑马前往位于郊区的沃阿维寺（→p.75）。骑马与徒步、坐嘟嘟车不同，马匹信步在绮丽的田园风光中，柬埔寨传统的高脚屋，莲香浮动的美丽水池与捉鱼捕虾的孩子们……与城区完全不同的景色在眼前铺展。当你发现暹粒的另一面时，不知不觉便来到了沃阿维寺。

右上／途中还会经过佛教寺院和小学。孩子们热情地向游人挥手　右／有教练同行，初次体验者也可放心

可以在马背上与遗迹一同合影留念。从牧场到沃阿维寺，单程约 1 小时

快乐马场 Happy Ranch Horse Farm
MAP p.202-3A　住 Group 4, Svay Dangkum
☎ 012-920002　URL www.thehappyranch.com
营 5:30~17:30　休 无　费 1 小时 US$28~
有 1~4 小时共 4 种选择，前往遗迹的线路是 3 小时的古寺骑行（US$59）。需要提前一天预约。

骑大象游古迹

上／沿着吴哥城的护城河巡游，途经巴色占空寺，最后返程
下／能骑大象的时间是固定的，巴戎寺只在上午，巴肯寺只在下午

象是古迹壁画中的常见形象。可以骑着大象游巴戎寺，体验古代帝王的尊贵感。坐在宽厚的大象背上，仿佛瞬间进入到了壁画的世界。大象背上很稳，孩子也能体验。至巴肯山步行近 30 分钟的路程，骑大象可以抄近道。这条线路同样具有几分冒险意味。

悠闲地环游巴戎寺

巴戎寺（→p.40）：MAP p.12-2B　营 8:30~10:30 左右　费 每人 US$20（最多 3 人）
巴肯寺（→p.56）：MAP p.12-3A　营 15:30~17:00 左右　费 每人 US$20（最多 3 人）
巴色占空寺（→p.57）：MAP p.12-3A　营 15:30~16:30 左右　费 每人 US$20（最多 3 人）

条条大道通吴哥

说起柬埔寨，每个人对世界文化遗产吴哥古迹及自然富饶的洞里萨湖都有自己的理解。在这里，我们请大家注意一下平常意识不到的“道路”。

普拉普特斯桥护栏上的那迦（蛇神）雕像有9个头。2006年另建了一座汽车专用道，现在这座桥仅限行人、自行车和摩托车通过

从古桥看古代的繁荣

让我们遥想一下古代的情景。在阇耶跋摩七世（1181~1220年左右）的统治下，吴哥迎来了它的鼎盛时期，王国势力一度扩展到现在的泰国、老挝境内。从海上沿着湄公河而上，经过洞里萨湖再往北，就到达了作为政治、经济、宗教中心的吴哥。它位于水路航线所能到达的最北端。而且，处于内陆的吴哥还构筑了通往各地据点的交通路网。

根据碑文的记载，沿路有121个驿站，国内有102个医院。为了让交通路网最大限度地发挥作用，相应地配置了住宿设施和休息场所，以促进人员和物资的流动。完善基础设施的好处很快在军队派遣上得到了体现，并且由于它促进了流通，支持了经济发展，是吴哥繁荣的重要力量。

另外，道路上还有众多的石（红土）桥。把现在的古桥连成线，古道就会浮现出来，能够确认当时王国的风貌。

田园风景中，道路向普拉普特斯桥延伸

从暹粒上6号国道，向东南行驶约300公里，可到达首都金边。在这段路程中，特别是罗洛士群遗址（→p.76）与磅克提之间约50公里的范围内，遗留着10余座古桥，它们中大多已坍塌。为了对这些破损的桥等共11座古桥进行保护，柬埔寨在修建道路时特意避开了这些古桥。这是非常了不起的决策。其中有一座横跨齐克莲河的磅克提桥，规模

左／下车后附近的村民就会一拥而来。可以想象来这里的外国人不多　上／磅克提6号国道旁的路牌上写着“至金边252公里”

左/去桥下看，仍然会惊叹于它的大　右/6号国道上有很多这样的小型古桥

宏大，作为一处建筑文化遗产值得一看。游人能欣赏的不仅有沿途的风景，古迹也是景点之一。

出了暹粒城，蓝天之下，柬埔寨的牧歌风光一览无余。天晴时北边的圣山荔枝山（→p.82）看起来典雅大方。穿过罗洛士后，可以看到朴素的干栏式茅屋民宅散布各处，有人闲坐门前静看屋外的风景。地上鸡群来回踱步，孩子们在水里嬉戏玩耍。对面从金边过来的汽车上，行李满载，人们挤在一起。

古人曾踏过的道路，今天依然发挥着它的作用

途中可以在多姆戴库市场稍事休息，就餐。从这里北上的话，可以到达崩密列（→p.84）。从那里再前行30分钟就到了磅克提的古桥普拉普特斯桥（Spean Praptos，Spean在高棉语中是“桥”的意思。MAP 文前图①-2B）。

工艺之精巧与规制之宏大令人叹为观止

普拉普特斯桥全长近90米，宽约16米，高约10米。根据法国研究者的研究结果，它的桥面具有通行的功能，同时大桥还兼备蓄水、调节水位的大坝功能。这座桥的设计能够应对旱季只有几厘米，雨季超过数米这种水位的大幅变化，能够调节水量。桥在20世纪60年代进行过加固，而且在2006年，古桥南侧建造了绕行的新桥。古桥仅允许行人、自行车和摩托车通行，其他车辆需要绕道新桥，以达到保护古桥的目的。

看完桥后，坐在树荫下，一边眺望桥和来往的行人，一边想象古代的部队行军、水位随季节变化以及行人的样子，颇有一番乐趣。

横跨河流的巨型古桥让人想起古代的交通网络，正是条条道路通吴哥。今后随着研究的深入，古桥有可能成为下一个可媲美吴哥古迹群的文化遗址，成为跨越柬埔寨、泰国和老挝三国的广域世界文化遗产也不再只是梦想。

※“普拉普特斯”在高棉语中意为“告知方向”。当地一般将此桥称为“磅克提桥”。

其他道路上残存的古桥

1. 塔恩桥

从吴哥古迹群向东，穿过崩密列，古桥就位于通往大圣剑寺（→p.86）的古道上。

跟普拉普特斯桥一样，横跨在齐克莲河上，位于河流上游约40公里处。全长约65米，宽近13米，高7米，静静地矗立在森林中。从崩密列向东行进约20公里可达。2008年，桥面上铺设了红土道路，方便通行。为了保护古桥，正在讨论建设绕行道路。目前由柬埔寨政府阿普莎拉机构管理。

2. 托普桥

位于从吴哥古迹群前往披迈（泰国）方向的古道上。

从6号国道（克拉兰附近）出发，取道68号国道，再北上约50公里，古桥就位于通往三隆的中间地带。下到桥的一侧才能看到它的全貌。桥长约150米，宽16米，高近9米，其规模之大令人惊讶。从2015年开始由柬埔寨政府文化艺术部开始全面的修复工作。前些年已经讨论过建设绕行道路的方案。

3. 斯连桥

位于从吴哥古迹群西池的西北角向涠南河（华富里）方向去的古道上。

根据历史记录，这是一座宏伟的桥（全长近120米，宽约15米，高8米）。但是在波尔布特政权时期，桥体被埋，现在还埋在土堆里，只能看到裸露在外的部分石材。不过通过桥的道路比周围高出几米，高高的土堆向东西方向延伸，可以看得出这是古道。从6号国道进入68号国道，向北行驶约10公里，经过与古代堤坝的交叉点后，再往西约10公里即可到达。

注意！ 以上3座桥，除研究人员外，几乎无人参观。桥周边的治安也有问题，如果要去游览，需要事先获取准确的信息，然后包车与柬埔寨导游同行。考虑到道路情况以及丰水期有可能桥被水淹等不稳定因素，最好是旱季前往。周边的人家很少，所有的行动都要三思后行，自负责任。

文化遗产修复与国际合作

参观吴哥古迹的时候，经常可以看到外国组织开展的古迹修复及考古挖掘现场。在一个限定的地域，这么多外国组织密集活动的情况并不多见。这些国际活动可以说是吴哥古迹魅力的一个缩影，同时也体现了国际合作及现代人对某些内在事物的追求。在柬埔寨很难系统地获取关于它的历史与古迹的资料，因此，有必要对现场古迹修复了解。

巴肯山的大规模修复作业现场

古迹保护活动始末

柬埔寨曾经的宗主国法国从 1908 年开始，一直在开展古迹保护工作。后因柬埔寨内战，保护工作一度中断。20 世纪 90 年代之后，外国组织又开始了合作活动。1992 年，吴哥古迹被列入世界遗产名录。由联合国教科文组织担任外国组织会聚一堂的国际调整会议的筹委会，1993 年在东京召开了第一次会议，此后每年召开两次。

如何开展国际合作

柬埔寨古迹本应由柬埔寨人来守护，但是由于连年内战，人才流失严重，柬埔寨的古迹维护管理、保存、研究和修复体制被破坏。因此，很多组织在当地的活动最终以“柬埔寨人自己的修复”作为共同目标。在柬埔寨人自己的保护活动中，指挥项目的学者、技术人员（建筑、考古等）和实际作业的操作人员（石匠等）等人才的培养不可或缺。平日与柬埔寨人接触，可以感受到他们勤勉且有很大的潜能。问题在于缺乏发挥才能的方法和场所。

柬埔寨当地的保护组织 APSARA（阿普莎拉：吴哥地域古迹保护机构）于 1995 年成立，对吴哥地区的所有古迹，包括外国组织负责的在内，进行统一管理。从金边皇家艺术大学（因内战停课，1989 年复课）毕业的建筑师和考古学家等现在已年近 40 岁，在第一线活动中担当着相当一部分职责。柬埔寨方面的组织筹备、人才培养正在不断进步，所以今后柬埔寨人将自己把握、分析古迹现状，进行目标设定，

吴哥寺西参道由外国的吴哥古迹调查团修复

主要的国际组织及其负责的古迹

组织名称	国家	调查、修复的古迹
EFEO	法国	癞王台的平台（终）、巴方寺（终）、西梅奔寺
ASI	印度	吴哥寺（终）、塔布茏寺
上智大学 吴哥古迹调查团	日本	塔尼村烧窑遗址（终）、吴哥寺西参拜道、斑蒂喀黛寺
WMF	美国	塔逊寺（终）、圣剑寺、巴肯寺、吴哥寺回廊东侧
奈良文化研究所	日本	塔尼村烧窑遗址（终）、西托普
JASA	日本	十二生肖塔（终）、吴哥寺北藏经阁（终）、巴戎寺
ITASA	印度尼西亚	吴哥城王宫塔门（终）
GACP	德国	吴哥寺的雕刻、神牛寺
I.Ge.S	意大利	变身塔、吴哥寺回廊南侧
CSA	中国	周萨神庙（终）、茶胶寺
东京文化研究所	日本	塔奈
GAP	澳大利亚	吴哥古迹群的调查
BSCP	瑞士	女王宫
ERDAC	日本	吴哥地区环境调查
RAF	匈牙利	高盖
KOICA	韩国	圣皮度寺、道路修建
—	朝鲜	吴哥全景博物馆

（终）表示活动结束，其余表示活动正在进行。

※ 中国对外援助修复的吴哥古迹除周萨神庙（终）、茶胶寺外，还有崩密列等。

左／柬埔寨工人（吴哥寺西参道） 右／修复工作的第一步是为每块石块标注编号，这是一项需要耐心的工作（巴孔寺）

到现实中去实践他们迄今为止学到的知识。

对于开展国际合作和援助的外国人来说，需要的是一份静静守护柬埔寨人成长的体贴，以及与当地文化接触时的细致用心。从疲惫的过去到站立起来的今天，柬埔寨仍然处在对未来的模糊憧憬中。如今，淳朴的柬埔寨人也容易毫无条件地接受各种支援。由于援助、合作方的方法问题，其结果可能导致柬埔寨自我认知的丧失和他们主观能动性萌芽的破坏。外国人所能做的，应该是最大限度地支持他们，把他们自身的能力充分挖掘出来。

展望未来

可以说，“古迹·人·自然和谐共存”是挖掘吴哥古迹活力的关键所在。为此，修护工作人员应探索出一条在不损坏古迹魅力的前提下进行开发、发展的道路。随着近年来观光游客的增加，可以看到暹粒的快速发展，城市和古迹都发生了令人惊喜的巨大变化。可是，城市和农村的差距、人们生活和意识的差异也越发明显。从旅游的角度看，暹粒城区在柬埔寨可以说是一个个案，它向我们展示了旅游城市的发展。

进入21世纪的今天，人类需要从整个地球的角度来看问题，今后越来越频繁的文化合作也将充分考虑到有限的自然环境。那时，如果过度强调经济至上主义或者政治思维，将有可能威胁到活动主旨本身，这一点在文化项目上的体现将更加明显。柬埔寨将来在经济平稳运行之后，下一个追求的“富裕”会是“文化生活的富裕”。我们看了各个发达国家的例子就会明白这点。希望柬埔寨人时时保持洞察未来的平衡感，一边反复确认现阶段的情况，一边向着今后更好的方向发展。

由法国人开始的古迹管理工作历经了100余年。今天，终于迎来了由柬埔寨人主导活动的启动时刻，这是新时代的序幕。担当柬埔寨未来的年轻专家们的成长和表现，令人期待。

Column

斑蒂喀黛寺的遗址发掘现场

我们眼前的这些古迹，历经了怎样的沧桑才变成了今天的模样？为解开古迹形成之谜，某国际组织从1991年开始对阇耶跋摩七世在12世纪末下令建造的大乘佛教寺院之一的斑蒂喀黛寺（→p.59）进行考古研究。

在建寺前，古人会先在选址附近堆一个2米高的土堆，它的结实程度要足以承受石头建筑的重量。除了石头建筑，从出土文物中近七成为瓦片判断，似乎同期建造的还有砖瓦建筑。一个佛像坑中发现了270座存在部分破损现象的佛像（目前正在圣·诺罗敦·西哈努克—吴哥博物馆中展出），对此现象的解释是：这是阇耶跋摩七世死后，信奉印度教的国王“去佛教”的结果。吴哥王朝衰落后，柬埔寨开始了利用原寺院的石材，建造小乘佛教寺庙的过程。在只留下基坛的佛殿周围发现了用作骨灰罐的15~16世纪的中国陶瓷。根据19世纪末到访此地的法国游客的记录，当时的僧人们祭拜供奉在这座佛殿中的佛像。

为了将类似这样的研究结果共享给当地柬埔寨人，每一次发掘调查都会召开情况说明会（文化遗产培训项目）。项目的规划与运营均由柬埔寨大学生完成，从说明会召开前1周开始，他们就开始反复演练，会议当天的一大早，他们就来到遗址处等候，紧张的心情可想而知。当孩子们抛出一个个“为什么”“怎么样”的问题时，牵头的年轻学子们才终于稍稍平复一下心情，友爱地回答一个个问题。

2015年8月召开现场情况说明会时的场景

情况说明会的另一个目的是向大家介绍在附近村子居住的博古通今的老人。他从小就跟大人们一起清扫作为祭祀场所的古迹，有时也在护城河钓些小鱼以作果腹之资。内战前，他曾跟着法国人一起修复古迹，现在则是发掘现场的一名工作人员，是与斑蒂喀黛寺同生的村民。斑蒂喀黛寺对考古人员而言不过是一座遗址，对柬埔寨人来说，却是一个神圣的地方，是他们生活的一部分。工作人员正是在领悟遗址多样价值的过程中，将研究工作不断引向深入。

本系列已出版丛书

涵盖世界70个国家和地区

新西兰 New Zealand
越南 Vietnam
德国 Deutschland
北欧 Scandinavia
捷克 波兰 斯洛伐克 Czech Poland Slovakia
美国国家公园 National Parks in the U.S.A.
匈牙利 Hungary
加拿大 Canada
西班牙 Spain
斯里兰卡 Sri Lanka
泰国 Thailand

美国自驾游 America Fly & Drive
缅甸 Myanmar (Burma)
墨西哥 Mexico
意大利 Italia
葡萄牙 Portugal
澳大利亚 Australia
塞班 罗塔岛&天宁岛 Saipan Rota&Tinian
荷兰 比利时 卢森堡 Benelux

美国西海岸 West Coast U.S.A.
柬埔寨和吴哥寺 Cambodia & Angkor Wat
英国 United Kingdom
巴西 委内瑞拉 Brasil Venezuela
中美洲 Central America

探秘高棉文化

『被誉为高棉文化之花的阿普莎拉』舞蹈

模仿吴哥寺女神像的“阿普莎拉”舞蹈

7 名女子抛撒莲花、翩翩起舞的莲花舞

巴戎寺的壁画上，可以看到“阿普莎拉”舞蹈的浮雕

柬埔寨引以为傲的高棉文化之花“阿普莎拉”舞蹈是一种宫廷舞蹈，诞生于 9 世纪前后。它在吴哥古迹中多次出现。“阿普莎拉”被视为“天女”“天使”，舞蹈则是向神灵祈福的一种仪式。

“阿普莎拉”的复活

舞者全在王室古典舞蹈学院接受过培训，但是在波尔布特政权时期，超过 300 名老师和舞者中，90% 遭到屠杀。记录舞蹈动作的书籍也几乎消失殆尽。

尽管如此，在几位逃过劫难的老师的努力下，阿普莎拉重见天日。从 1989 年开始，柬埔寨重点以孩子为对象，开展“舞蹈培训课程”，旨在复活这一传统舞蹈。

舞蹈的精髓

高棉舞蹈受到爪哇岛的印度文化影响，如果要追溯源头，印度文化应该是高棉舞蹈的鼻祖。吴哥王朝在 15 世纪被暹罗（泰国）军队所灭时，宫廷舞蹈团也被带到了泰国，供阿育王朝娱乐。后来舞蹈回流至柬埔寨，并流传至今。

仔细分辨的话，会发现柬埔寨和泰国的舞蹈似是而非。柬埔寨的舞蹈更加优雅，动作也更舒缓。莫非，这是心理作用？

高棉宫廷舞蹈的剧目都是以《罗摩衍那》（→ p.28）为基础创作的。舞蹈中，头、手臂、脚的细微摆位，还有手、指的扭动及打开方式都有不同含义。这些都是作为灵魂语言来表达感情的。

很会讲故事的舞蹈之手

舞者翻回的手掌和手指的动作、形式各有意义。如果把生命的运动比作从植物萌芽到结果的过程，那么下面的手势则代表了如下含义：

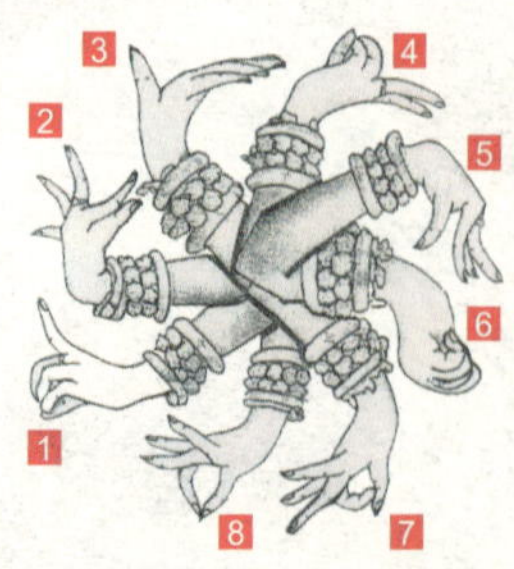

1 萌芽　2 新芽生长
3 长叶　4 枝丫生长
5 开花　6 结出花蕾
7 果实成熟　8 果实落下

舞蹈表演的主要剧目

暹粒带剧场的餐厅每天都有 1 小时左右的舞蹈表演。不同剧场的剧目有所差别，主要是以下 5~6 个节目，最后以“阿普莎拉”舞蹈压轴。

●花舞

5 名女子抛撒莲花、翩翩起舞的莲花舞带来欢迎宾客的含义，一般是开场节目。

●椰子舞

村中男女一边敲击着椰子壳，一边踏着音乐的旋律起舞。发源地是柬埔寨东南部的柴桢省，在婚礼上会跳这种舞蹈。

●梅卡拉舞

讲述的是女水神梅卡拉使用炫目的光线，战胜意图制造闪电的恶魔的故事。该舞蹈的中心思想是惩恶扬善。

●渔夫舞

描述村中男女追求对方的策略的喜剧，是柬埔寨的传统民族舞蹈。起舞时舞者手持竹质鱼篓。

●孔雀舞

舞者装扮成孔雀起舞的柬埔寨传统舞蹈。据悉发源地为著名的宝石产地拜林，在佛教寺院祭祀时常上演此舞。

●金色美人鱼舞

此舞为《罗摩衍那》(→ p.28) 的一个章节。描述的是猴将军哈奴曼为从恶魔手中救出悉多王后，向全身金光的美人鱼求救的情节。

哪里可以看到“阿普莎拉”舞蹈？

来到柬埔寨，一定要看一次“阿普莎拉”舞蹈。市内各餐厅和酒店均有演出。接下来为大家介绍几处定期上演的主要演出地。节目基本上各处都一样，但是菜品和价格有所不同，请根据个人爱好和预算适当选择。如果在旅游旺季，中档以上的酒店均会上演。

暹粒

◉荔枝 Koulen

位于西瓦萨大街上，交通便利。该自助餐厅供应 80 余种各国菜品。还有情侣餐厅。舞蹈水平高。

MAP p.204-2B ☎（063）964424、092-630090
营 18:30~20:30（表演时间 19:30~20:30）
休 无 费 带自助晚餐 US$12 信用卡 M V 预约 最好预约

◉吴哥亚马孙餐厅 Amazon Angkor

这是一家大型餐厅，约有 700 张席位。舞台也超大，近 40 名舞者和歌手带来的表演气势恢宏。

MAP p.202-1B ☎ 012-966988
营 18:00~20:30（表演时间 19:30~20:30）
休 无 费 带自助晚餐 US$12 信用卡 M V
预约 需要提前半天预约

◉阿普莎拉露台餐厅 Apsara Terrace

舞台设在吴哥莱佛士大酒店（→ p.186）的花园中。这个大剧场最多可容纳 200 名观众，不是酒店的住客也可申请观看。供应自助式亚洲美食和 BBQ。情侣餐厅十分豪华。

MAP p.205-1C ☎（063）963888 营 19:00~（表演时间 19:45~）
休 4~10 月的周一、周二、周四、周六 费 带自助晚餐 US$46
信用卡 A J M V 预约 需要预约 着装 商务休闲

◉波美食 Por Cuisine

距离市区较远的一家时尚餐厅。可以一边品尝套餐，一边悠闲地欣赏舞蹈。

MAP p.203-3C ☎ 078-969997
营 10:00~22:00（表演时间 19:30~20:30）
休 无 费 带套餐 US$20 信用卡 M V 预约 需要预约

◉吴哥蒙地亚尔 Angkor Mondial

暹粒规模最大的时尚餐厅，有近 1000 张座位。位于 6 号国道沿线。

MAP p.202-2B ☎（063）760875
营 17:00~20:30（表演时间 19:00~20:00）
休 无 费 带自助晚餐 US$12 信用卡 M V
预约 需要提前半天预约

迫切想看的娱乐节目。近年来餐点的品质也越来越高

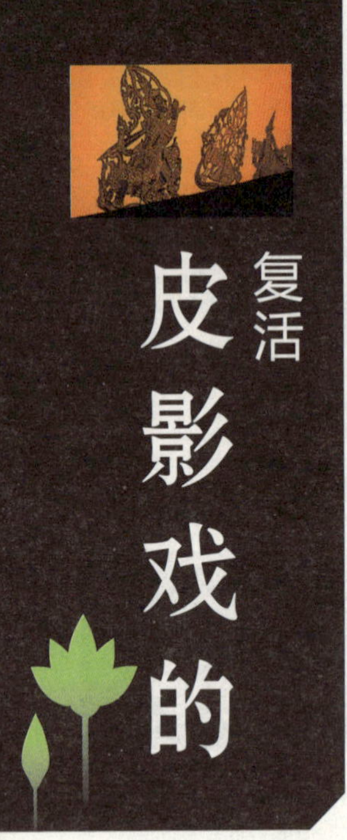

复活的皮影戏

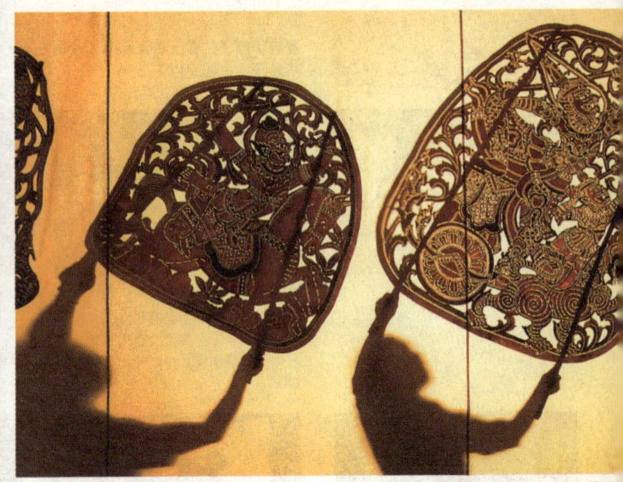

在一块大屏幕上上演的大型皮影戏"斯巴艾克·托姆"震撼人心。图片中为提其安剧团排练现场

红色高棉时期皮影戏濒临绝迹，如今这项柬埔寨的传统民俗重新在暹粒获得了新生。

现场演奏传统音乐引人入胜

皮影戏斯巴艾克的历史

柬埔寨的皮影戏又称斯巴艾克。斯巴艾克在高棉语中意为"牛皮"，而皮影正是使用牛皮人偶进行表演的一种节目。斯巴艾克一共有两类，一类是使用大型皮影的"斯巴艾克·托姆"；另一类是人偶的手、脚均能自由转动的小型皮影"斯巴艾克·托伊"。两种皮影戏的发源地都是暹粒。作为一种民俗、手工艺，皮影戏在法国殖民地时期迎来成熟发展期，但是在波尔布特政权下，皮影戏的演员、人偶工匠的人数都急剧减少，面临灭绝的危机。战后，柬埔寨国内兴起了保护传统工艺的风潮，"斯巴艾克·托姆"也于2005年被联合国教科文组织评为非物质文化遗产。

"斯巴艾克·托姆"与"斯巴艾克·托伊"的区别

两种皮影戏均按照古典音乐叙述故事情节。大型皮影戏"斯巴艾克·托姆"的演出剧目只限于印度叙事诗《罗摩衍那》的柬埔寨版本《里穆克》(*Reamker*)。在一幅大型屏幕前，手持刻有剧中人物和故事场景的大型人偶的操控者不念台词，旁边有解说员念。一般在露天舞台表演，现在没有定期演出，多为大型佛教庆典或祭祀时才能见到，是一种比较少见的古风节目。

使用小型人偶的"斯巴艾克·托伊"主要讲述的是关于农民生活的喜剧、神话等，大多为简短的故事。但是不管什么故事均情节明快，通俗易懂，手持皮影手、脚的演员一边说着台词，一边推动故事向前发展。目前，暹粒的餐厅等地有定期演出。

左／每个人偶都是手工制作而成
右／斯巴艾克·托姆的人偶图案细腻，美观

在屏幕后，一个演员操作多个人偶

即使不懂高棉语，人偶滑稽的动作也足以娱乐身心

可以欣赏到皮影戏的地方

暹粒

◉斯巴艾克·托伊

吴哥水晶　Crystal Angkor

2014年开业的餐厅，内设一个现代化的剧院。每晚19:10~20:00有斯巴艾克·托伊演出。

MAP p.202-1B　住 Krous Village　☎ 012-786786　营 11:00~14:00、17:00~21:00　休 无　费 带套餐 US$20　预约 需要预约

竹子舞台　Bambu Stage

设置在花园里的露天舞台上演梦幻的斯巴艾克·托伊。滑稽的动作与炫酷的台词让人印象深刻。

MAP p.207-3C　住 Bamboo St.　☎ 097-7261110

URL bambustage.com　营 周一、周三、周四、周六的 19:00~

费 US$18~　预约 需要预约

◉斯巴艾克·托姆

提其安剧院

传承传统民俗工艺的中流砥柱。提其安剧院不定期上演节目，只在每周六、日 18:00~19:00 在普恩 & 提其安夫妇的工作室内可以观赏排练过程，另外，皮影人偶和同题材的书签工坊也对外开放。

MAP p.202-2B　☎ 012-857532（只提供高棉语服务）

营 视报名情况不定期上演

①在吴哥水晶可以一边用餐一边欣赏节目　②竹子舞台节目中的滑稽动作令人捧腹　③提其安剧院的排练现场　④参观排练现场要听从指挥　⑤参观提其安剧院的工坊要交 US$5

Column

暹粒的皮影戏很受欢迎！

充满梦幻气息的“斯巴艾克·托姆”

暹粒省是柬埔寨皮影戏的发源地。其中被称为“斯巴艾克·托姆”的大型皮影戏在演出时，会在露天点上篝火，场面壮观。使用的皮影是用凿子在鞣制得很好的牛皮上将剧中人物和背景细致雕刻出来的，一个皮影的大小从1米到1.5米不等。表演时使用50~80个这样的大型皮影。以宽10米、高5米的白色幕布作为舞台，舞台后燃烧大量椰子壳，让橙色的火焰作为光源映出皮影的影像。以打击乐器为主的传统音乐和说书人的声音在夜空中回荡，故事徐徐展开。

不知不觉，村里人已经聚集在了观众席周围，孩子们则在偷看幕后的风景，他们为火光着迷。一边看着皮影背后摇曳的火光，一边沉浸在皮影戏所营造出的现场氛围中，感觉棒极了。

剧目《里穆克》的故事是印度叙事诗《罗摩衍那》（→p.28）传到柬埔寨后，吸取了当地的风俗习惯后改编而成的作品。如果想要讲完《罗摩衍那》中的故事，“斯巴艾克·托姆”需要连续上演7个晚上。不过面对游客的精简版只用1~1.5小时就结束了。

在暹粒可以观赏到皮影戏的地方

虽说是皮影戏的起源地，但实际上暹粒只有两个“斯巴艾克·托姆”剧团。长期内战造成了这种传统艺术的断层。社会安定之后，大约从20年前开始，这种民俗艺术才一点点引起人们的关注。近10年来也在游客中获得了不错的口碑。虽然有点亡羊补牢的意思，但是柬埔寨国家文化艺术部也终于着手研究保存和复兴这项技艺了。

左／普恩先生　右／栩栩如生的皮影很有艺术感

夜色中，一个精彩纷呈的光与影的世界给观众呈现了皮影戏

从克马拉吴哥温泉酒店旁边的小道向南可进入萨拉空桑村。位于那里的提其安剧院（→上述）是斯巴艾克·托姆的老牌剧团。剧团由一位名为提其安的老艺人领衔，遗憾的是老人于2000年离世。之后他的亲人、孙子及附近的青年们开始合力继承这项技艺。过去，皮影戏从业者多为农民，如今，柬埔寨城乡面貌今非昔比，餐厅的服务员、摩的司机和以皮影戏人偶制作为业的工匠也多了起来。

提其安老人的孙子普恩（奇安·索凡）继承了爷爷的事业。他在演出皮影戏的同时，也制作、销售皮影。除了演出时使用的皮影，还雕刻作为旅游纪念品出售的墙壁挂饰、钥匙扣。普恩的私宅就是剧团的办公场所，展示了皮影戏的相关图片等资料。这里也接待参观的游客，可预约演出。另外，暹粒河以东的沃波寺（MAP p.207-1D）也有一家剧团。

小型的“斯巴艾克·托伊”是喜剧风格

柬埔寨的皮影戏中还有一种被称为“斯巴艾克·托伊”的小型皮影戏。这种皮影使用互动性强的幽默台词，深受平民喜爱。虽然对于外国人来说理解剧情比较困难，但是对柬埔寨人民来说却十分亲切，观看时大家笑得前仰后合。这种剧目可以在暹粒的餐厅及郊外的儿童中心等场所观看。

①人气美食阿莫克（Amok）。用洞里萨湖的鱼和椰汁共同制作 ②足量香料和椰奶制作的咖喱 ③汤和炒菜中经常用到的莲茎（藕带） ④椰子砂糖也分几种。颜色淡的更好吃，色浓的略带酸味 ⑤在金边和西哈努克市还能吃到新鲜的海鲜 ⑥在米粉中加鸡蛋、姜黄摊出的薄饼，饼中间夹肉末和豆芽食用。原来是越南的煎饼（巴音·恰艾） ⑦洞里萨湖产的鱼干（暹粒的老市场） ⑧种类丰富的汤可以说是这顿饭的主角 ⑨南瓜既可做菜，也是甜品的原料

柬埔寨菜肴探索

美食荟萃

中南半岛位于东西方文化的交会处。回顾历史，公元 1 世纪左右，柬埔寨大地上诞生了扶南国，这也是东南亚第一个国家。柬埔寨的饮食文化对周边各国都有深远影响。随着时间的推移，多种文化在这里交融，因此，柬埔寨菜肴便混合了多种风味，采用多种烹饪手法，并形成了独特的饮食文化。虽然算不上精美，但是可以享受到丰富的食材组合调制出来的美味。接下来就让我们打开柬埔寨内涵丰富的饮食世界的大门，进去一探究竟吧。

常用的香草、调料和干菜类

香草类

具有改善食欲功效的香草是柬埔寨菜肴中不可缺少的角色。目前当地市场上的香草一共有将近 7 种。香草在高棉语中称为“奇”。柠檬草（斯拉库勒）可入汤，罗勒（奇·温康姆）和鱼腥草（奇·恰姆）可作为沙拉的原料。其次还有散发甜酸香气的奇·年·磅，用来做酸汤。

调料和干菜类

红蒜（图片左侧）色香俱佳，经常用来做沙拉。从红蒜开始，按顺时针方向，照片中依次为箭叶橙叶（用于给酸甜汤提鲜）、炒米（加入一种被称为“索姆罗·可可奥”的汤中）、姜、姜黄和一种特殊的姜。

鱿鱼干用来炖汤提鲜，红辣椒干用来增加辣味，斯塔阿尼斯（八角，图片右下）用于增加咖喱香味。中间的黄色物质是露兜树的花，可放入菜中食用。碟子里的是绿豆，去皮后是一种黄色颗粒（右上）。白色和黑色颗粒物为胡椒。

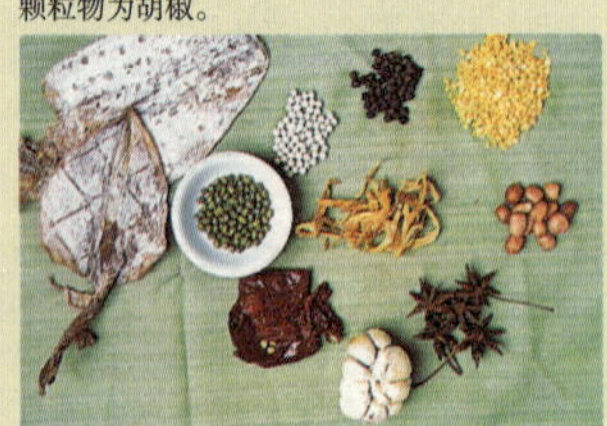

椰子也是必不可少的材料。削下壳内部的白色果肉，加水榨出来的汁就是椰奶（袋中的液体）。在咖喱或汤、阿莫克等菜肴中广泛使用。削下来的椰片可以用来做甜品或糕点。

柬埔寨菜肴是怎样的?

柬埔寨菜不像泰国菜那么辣。虽然也使用香草，但也不如越南菜用得那么多，是比较容易入口的菜肴。有家常菜的风味，能让人安心享用。

决定味道的调味料

1 柬埔寨菜成败的关键是鱼酱油（Tuk trey）。这种调料含盐多，半透明。加入咸汤中或炖菜时使用，可提鲜；也能加入砂糖后作为蘸料使用 2 辣椒酱 3 酱油 4 椰子砂糖。炖菜使用它能产生更浓郁的甜味 5 辣椒酱与鱼酱油的混合调料 6 柬埔寨产黑胡椒。可以用在任何一道菜中，增加香味或提鲜 7 制造酸味的罗望子果实 8 鱼露。传统菜肴的必备调料，作用与中国的大酱类似 9 醋腌酸橙 10 番茄酱 11 酸橙。挤入酸橙汁可抑制臭味 12 盐

主食是大米，菜以鱼为主

在巴戎寺（→p.40）第一回廊的浮雕上，刻着买卖和烤制从洞里萨湖捕来的鱼的情景。可以看出当时柬埔寨的饮食文化以鱼类为中心。洞里萨湖是位于柬埔寨中心位置的巨大湖泊，这里的产鱼量位于世界前列。洞里萨湖捕获的淡水鱼等鱼贝产品是柬埔寨人餐桌上不可或缺的食材。

鱼类菜肴的种类多得令人惊叹。不仅有鲜鱼，还有多种易于保存的干鱼、熏鱼。特别是添加了干鱼的汤或沙拉，是柬埔寨人喜爱的代表美食。为了清除淡水鱼的腥味，他们会用盐仔细清洗。

另外，用盐腌渍后发酵形成的鱼露（Prahoc）和鱼酱油（Tuk trey）也是菜肴中必不可少的材料。鱼露闻起来像臭鳜鱼，却是重要的调味料。使用鱼露烹饪是柬埔寨菜肴的特征，一旦喜欢上就会欲罢不能。

鱼露闻上去奇臭无比

味觉特点是酸甜兼备

柬埔寨菜中酸甜兼备的比较多。例如，使用从砂糖椰子中提取的天然椰子砂糖和鱼酱油混合调味的菜肴中，有很浓郁的甜味。汤和沙拉里面会使用柠檬草叶和罗望子果实，产生的酸味让人迷恋，是夏日的消暑佳品。

此外，还有一些在中国根本无法想象的做法。比如在汤里加入尚未成熟的木瓜或芒果等水果。柬埔寨人擅用食材，并形成了种类丰富的菜品。

有的人用菠萝制造酸味

在哪里可以吃到什么东西

餐厅

在餐厅可以吃到种类丰富的柬埔寨菜肴。菜单上列有汤类、沙拉、按食材分类的主菜，以及米粉、饮料等。很多餐厅同时设有室内和露天席位。有些地方用餐完毕后会赠送客人水果或甜品。暹粒还有上演民族舞蹈的餐厅。

上／暹粒上演“阿普莎拉”舞蹈的餐厅一次性可容百人用餐　右／人气餐厅的后厨忙得热火朝天

饭馆

除了家常菜，还能吃到当地的乡土风味。店门入口处的橱窗内摆着菜和汤，客人可看样品点餐。有些店备有英语菜单。饭馆一般是开放式，一道菜2000R起，价格亲民。多分布在市场内或市场周边（→p.178）。

专营店

有米粉店、火锅店、汤店等。米粉店多以饭馆的形式存在，在店头可以选择米粉的种类和配菜。

米粉店忙碌的厨房

从进店到结账

餐厅攻略

餐厅的餐桌收拾得很整齐

寻找餐厅的方法

“好吧，我们就挑战一下柬埔寨菜肴吧！”虽然在街上反复这样念叨，但怎么也找不到餐厅?！这种情况很常见。这是因为几乎没有任何一家餐厅的招牌上写着“柬埔寨菜”。那么，有什么特殊标志可作为识别餐厅的标准呢?

首先，是招牌上有着非常显眼的高棉文字的餐厅。其次，比如在暹粒，用大大的英语写着“巴戎寺”“女王宫”“荔枝山”“高盖”等古迹名称的地方，基本上就是经营柬埔寨菜肴的餐厅（※ 招牌上除了高棉语还有英语）。

另外，味道的好坏可以由进店的客人多寡来判断。当地人多的餐厅应该味道不会差。外国客人多的餐厅大多会少放香草，以更贴近客人的口味。

点餐的方法

近些年，大部分餐厅都采用高棉语和英语并用的菜单。而且大部分餐厅都有会说英语的店员，应该可以比较顺利地点餐。没有菜单的饭馆会在店前摆上样品，方便客人选择。

很多时候菜单上没有标注菜肴的价格，点餐的时候可以指着菜名，问一句“托来伊·蓬曼”（多少钱）。大致的价格标准是一道菜 US$3。饭馆是一道菜 2000R 左右。

结账

用现金支付。除了酒店内的餐厅，一般不能使用信用卡或旅行支票。用完餐后说一句“索姆·库托·路易”（结账），就会有人拿着账单过来。这时需要注意是否有计算错误。餐厅基本上不需要支付小费，不过满意服务的话，也可以在结账时多付 1000~2000R，或者把部分找零作为小费返还。

左 / 有些餐厅的服务员穿着民族服饰
右 / 饭馆的各个餐桌上摆着调味料、筷子、汤匙、茶壶和纸币

Column

柬埔寨人的饮食

7:00，金边市内的米粉店已经挤满了上班族和带着孩子的家长们。除了米粉外，还有粥、干捞米粉等常见的早餐品种。

柬埔寨上班族有很长的午休时间，大概是 11:00~14:00，所以中午回家吃饭的人居多。一般是主食米饭加上汤或者几个菜。一天之中很重要的午餐，要花时间吃得饱饱的。

全家人一起吃火锅

下午 5:00 左右下班，这时候肚子也有点饿了。此时，各处的粥铺或者咖喱米粉店也开始营业。人们在菜摊上买些副食品用塑料袋装回家，再到甜品店买些饭后甜品。

近年来，在金边渐渐也能看到全家人一起出来吃饭的情景，不过当地人基本还是在家吃饭。

饮食文化巡游

柬埔寨菜肴受到东西方文化的影响，所以与亚洲邻国有很多相似的菜品并不让人奇怪。例如，柬埔寨米粉与泰国米粉、越南米粉很相似，这些其实都是华人从中国带至东南亚的米粉的衍生品。煎饼（巴音·恰艾）和油炸春卷则来自越南。也有人说酸汤索姆罗·马秋是泰国冬荫功汤的雏形。

“美味的”高棉语

米饭……………………拜伊
汤……………………索姆罗
面包……………………奴姆·磅
牛肉……………………赛怡·阔
猪肉……………………赛怡·秋鲁库
鸡肉……………………赛怡·莫安
鱼……………………托列伊
虾……………………蓬空
蟹……………………库达姆
蛋……………………蓬
蔬菜……………………崩拉爱
砂糖……………………斯阔
盐……………………恩贝鲁
辣椒……………………姆贴黑
甜……………………帕埃姆
酸……………………秋
辣……………………黑鲁
煮……………………斯噶奥
烤……………………安
炒……………………恰
炸……………………崩蓬
好吃……………………奇盖因

探秘珍奇异味，竟然有这些食物……

让人感觉到饮食文化不同的不仅仅是餐厅和饭馆的菜肴，市场一角出售的“昆虫”也会让人顿生“哦，这里是柬埔寨”的感觉。干炸的“强列托林”（蟋蟀）、“空贴奥托林”（水爬虫）、“空贴翁林”（龙虱）、“阿宾林”（蜘蛛）等，与东南亚各国一样，这些都很受欢迎。至于味道，大家试试就知道了。而且，柬埔寨人对这些“食物”也有偏好，其中“强列托林”（蟋蟀）最受青睐。当然，这些“昆虫”并不是哪里都有卖的。在暹粒吴哥寺前的小吃一条街，以及18:00左右开始营业的酒吧街（→p.168）的移动小吃摊会有卖。在金边，中央市场正门左侧的店（→p.224）很有名。

右前方是“空贴翁林”（龙虱），中间靠左是“空贴奥托林”（水爬虫），中间靠右的是“强列托林”（蟋蟀），最里面的是“阿宾林”（蜘蛛）

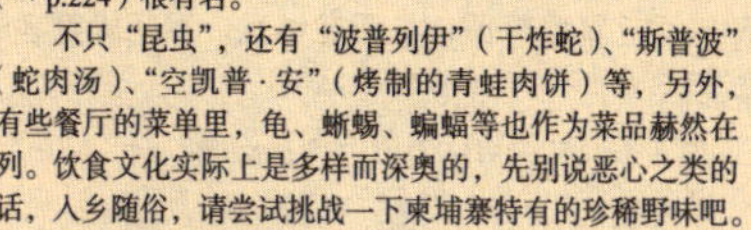

不只“昆虫”，还有“波普列伊”（干炸蛇）、“斯普波”（蛇肉汤）、“空凯普·安”（烤制的青蛙肉饼）等，另外，有些餐厅的菜单里，龟、蜥蜴、蝙蝠等也作为菜品赫然在列。饮食文化实际上是多样而深奥的，先别说恶心之类的话，入乡随俗，请尝试挑战一下柬埔寨特有的珍稀野味吧。当然，这些野味是给那些肠胃比较好的游客准备的。

“波普列伊”（干炸蛇）。在一家专门卖蛇的摊位发现的。一条小蛇2000R

柬埔寨火锅“秋南·大依”简介

“秋南·大依”是柬埔寨的一大特色。若是直译，“秋南”的意思是锅，“大依”的意思是土，合在一起即“土锅”之意。不过现在所有的火锅都叫“秋南·大依”。暹粒和金边有很多“秋南·大依”专营餐厅，每天都有很多当地家庭前来，煞是热闹。到柬埔寨后一定要去品尝一次。

主要的配菜

基本上是猪肉（赛怡·秋鲁库）、牛肉（赛怡·阔）和鸡肉（赛怡·莫安）3种。有些店菜单上还有鱼、鳗鱼、鲨鱼等。另外，牛脑（库·阔）也是一种人气很高的火锅配菜。这些肉类与蔬菜、腐竹、蘑菇、米粉、粉丝等一起，在盛满高汤的锅里炖煮，蘸着各店特制的酱料吃。酱料本来是吃猪肉时用猪肉酱料，吃牛肉时用牛肉酱料，但是现在什么肉都使用同一种酱料。

点餐的方法

被领到座位后，首先说“秋南·大依”，向店员表达想吃火锅的意愿。然后，告诉店员人数和想吃哪种肉。经常会遇到无法用英语沟通的店员，不过只要说出前面肉类的高棉语读音，对方大概就能明白意思。另外，当地人的吃法是如果吃猪肉，就只能点猪肉，一个锅里不能同时放两种以上的肉类。

烹饪方法

汤锅与配菜端上来后，最关键的烹饪就要开始了。这也是柬埔寨火锅的乐趣所在（图片1、2）。

首先开大火，将腐竹、蘑菇、粉丝等放进去，然后放蔬菜类（图片3、4）。水开后放肉。柬埔寨人喜欢用肉蘸上生鸡蛋，再放入锅中（图片5）。最后盖上盖子等一会儿。等待的过程中可以配蘸料。虽说如此，第一次吃柬埔寨火锅的人面对摆在一起的多种调料，可能会想到国内火锅的吃法，也不会太难。当然也可以让店员帮助调配蘸料。放火锅配菜的时间和顺序如果不太明白，可以全让店员代劳。只是，店员也是随意放。

食用方法

火锅煮开后，把火调小，清除浮沫。确认食材都煮熟后，就可以开吃了。

首先，最常见的吃法是各自将想吃的东西取到自己碗里，蘸上蘸料吃（图片6）。也有很多人事先放些蘸料在碗里，然后放入配菜和汤一起吃。火锅里的菜大概剩下一半的时候放米粉，同时把火调成中火。米粉和肉一起放入也可以。这时，可以请店员加一些汤，也可以再点一些配菜。

（图片提供：龙之汤→p.174）

1 猪肉（赛怡·秋鲁库，右上）、牛肉（赛怡·阔，正前）、鸡肉（赛怡·莫安，左上） 2 桌子上摆满了配菜。这是2人份 3 4 先放蔬菜。有些餐厅全部由店员帮助下菜入锅 5 肉先蘸蛋液再下锅 6 各自夹菜盛入碗内，开始食用

柬埔寨菜肴菜单 42道菜品

手指着点菜也OK!

来到地道的柬埔寨餐厅，菜单上菜品的种类多得令人吃惊。无论是沙拉还是汤类，都催生出因配菜和调味不同的各种菜式，菜单可谓让人眼花缭乱。真想尝遍各种佳肴，不过这次我们选取了其中最受欢迎的一些菜品。

※ 这里介绍的菜肴并非所有的餐厅都有。另外，暹粒的蟹、虾、墨鱼等海鲜较少，反而是金边的海鲜种类更多。

带彩旗标志的是热门菜品

汤类 Soup

1 猪肉酸汤
សម្លម្ជូរសាច់ជ្រូក

索罗姆·马秋·赛怡·齐鲁克

以鱼露为底，加入柠檬草、姜、姜黄，风味独特

2 南瓜汤
សម្លប្រហើរត្រើឆ្អើរ

索罗姆·普拉发·托雷伊·恰

加入南瓜果肉、南瓜花与丝瓜等的汤，味道清新、鲜美

3 苦瓜肉汤
ស្ងោរម្រះ

斯噶奥·马列阿

使用了有降火功效的苦瓜，符合国人的口味

4 紫菜汤
សម្លផ្កាថ្ម

索罗姆·普卡·托佛乌

味道清爽的紫菜汤，干虾风味浓郁。符合国人的口味

5 鸡肉酸橙汤
សម្លណាំងូវ

索罗姆·纳姆·瓜

汤汁中加入用盐腌渍的酸橙,酸、苦兼俱，是清爽的汤品

6 黑鱼酸汤
សម្លម្ជូរយួន

索罗姆·马秋·吉恩

主要材料是烤黑鱼。用菠萝或西红柿调色。用罗望子产生酸味

7 香蕉花鸡肉汤
ស្ងោរត្រយ៉ូងចេកជាមួយសាច់មាន់

斯噶奥·托洛涌·切库·其阿莫伊·赛怡·莫安

鸡肉入口即化，香蕉花则有养胃的功效

8 莲茎鸡汤
ស្ងោរក្រអៅឈូក

斯噶奥·库洛阿乌·秋

莲茎脆嫩新鲜，加入鸡骨汤中，是一道柬埔寨家常汤

9 青芒干鱼酸汤
ជ្រក់ក្រៅឆ្នាំង

齐鲁·克劳乌·秋南

在汤中加入切细的青芒和鱼干，汤略带酸味

沙拉/前菜 Salad / Appetizer

10 青芒干鱼沙拉
ញាំស្វាយ
乌阿姆·斯外伊

柬埔寨的经典沙拉。芒果的酸味与干鱼的咸味能增进食欲

11 香蕉花鸡肉沙拉
ញាំត្រយ៉ូងចេក
乌阿姆·托洛涌·切库

将香蕉花和烫煮的鸡肉拌匀，味道清爽。是一道地道的柬埔寨美食

12 柑橘水果沙拉
ញាំម្កាក់
乌阿姆·玛卡

玛卡是柑橘的果实。把它切成片，与鱼干拌成沙拉。汁多味美

13 虾仁粉丝沙拉
ញាំមីសួរបង្គា
乌阿姆·密·思阿·崩起亚

将粉丝与小虾拌匀做成的沙拉。是家常风味

14 春卷
ណែម
纳艾姆

柬埔寨的春卷个头较小，含有少量香草，小虾、米粉足量

15 炸春卷
ចាយ៉
恰·哟

里面裹满肉末，与啤酒一同食用

蔬菜＆蛋类 Vegetable & Egg

16 肉末炒茄子
ឆាត្រប់
恰·特罗阿普

过水的茄子与猪肉末一同翻炒，加鱼露、蒜蓉，是一道人气菜品

17 炝炒空心菜
ឆាត្រកួន
恰·托罗阔恩

炒的时候加鱼酱油，是一道家喻户晓的下饭菜

18 炒莲茎
ឆាក្រអៅឈូក
恰·库洛娃·秋

辅以鱼酱油翻炒，口感清脆。加猪肉一起炒也是不错的选择

19 腰果炒时蔬
ឆាបន្លែជាមួយគ្រាប់ស្វាយចន្ទី
恰·崩拉埃·切莫伊·库罗阿普·斯瓦伊·查提

腰果的鲜香与蔬菜的脆嫩相得益彰的一道菜，口感爽滑

20 咸鱼炒鸡蛋
ត្រីប្រមាចៀនពងទា
托列伊·普罗马·其恩·崩·贴阿

酸味的炒鸡蛋很下饭。适合与生鲜蔬菜一同食用

21 苦瓜蛋饼
ឆាម្រះជាមួយពងទា
恰·马俩·其阿莫依·蓬·贴阿

加鱼酱油和盐胡椒调味。是一道养生菜

肉菜 *Meat*

22 酱汁牛肉粒

ឡុកឡាក់

鲁克·拉克

用咸甜酱料调味，再浇一层盐胡椒、酸橙汁一同食用

23 柬式咖喱

សម្លការី

索罗姆·咖喱

用椰奶调制成清柔口感，孩子也爱吃。一般会放些鸡肉

24 鱼露米线

ប្រហុកខ្ទិះ

普拉霍库·库提

在鱼露中加入猪肉末、小茄子和椰奶爆炒

25 猪肉炖竹笋

ខទំពាំងសាច់ជ្រូក

阔·通片安·赛怡·齐鲁库

使用椰子砂糖和鱼酱油炖煮而成的甜辣口菜肴

26 炖肉

ខសាច់ជ្រូក

阔·赛怡·齐鲁库

炖肉时使用椰子砂糖，形成具有柬埔寨独特风味的清甜口味。这道菜很下饭

27 烤鸡

មាន់អាំង

莫阿·安

整只烤土鸡，很大气。小吃摊有售

鱼类 *Fish and Seafood*

28 阿莫克

អាម៉ុកត្រី

阿莫克·托列伊

椰奶炖黑鱼，口感醇厚，奶味浓郁

29 生胡椒炒墨鱼

ឆាមឹកម្រេចខ្ចី

恰·莫克·马列次·库查伊

这道菜让你充分领略被誉为世界第一的柬埔寨风味并非浪得虚名

30 炖鱼

ខត្រី

阔·托列伊

使用椰子砂糖和鱼酱油共同制作的咸甜口味菜品。鱼通常用鲇鱼或鲫鱼

31 炸黑鱼

ត្រីរស់បំពងទឹកត្រីស្វាយ

托列伊·罗·伯恩蓬·托库·托列伊·思瓦伊

配上加了青芒片的鱼酱油一起食用，很清爽的味道。一条鱼为2~3人份

32 黑胡椒炒蟹肉

ក្តាមឆាម្រេច

库达姆·恰·玛丽

用香味馥郁的柬埔寨产黑胡椒炒的蟹，不论肉的淡甜还是整道菜的鲜香均让人赞叹

33 鱼露烤鱼

ទឹកគ្រឿង

托库·库伦

将烤好的鱼与鱼露混合捣碎，加入热水，上面铺上酸橙。和蔬菜一起食用

早餐菜单 Breakfast

35 肉末米粉
គុយទាវគោក
库依提乌·阔次

这道米粉中粉与汤分开盛放，适合夏日食用。米粉中加入了鱼酱油味的猪肉末和虾

36 柬式三明治
នំបុ័ងប៉ាតេ
浓磅·帕提

以法棍为主料，配有火腿、猪肉片、盐渍青芒、泡菜等

34 早汤
គុយទាវ
库依提乌

采用猪肉或墨鱼干熬汤后做成汤粉。配菜有猪肉末、牛肉、牛肉丸子等可选

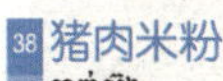

37 粥
បបរ
波波

味道浓稠的粥是早餐的最佳拍档。粥里的配菜有鸡肉、海鲜等

38 猪肉米粉
បាញ់ស៊ុង
拜恩·森

米粉上铺一层炖肉，加砂糖、鱼酱油后食用

39 椰奶汤粉
នំបញ្ចុកសម្លខ្មែរ
蓬姆·磅·奇奥·索姆罗·库麦

加入椰奶的汤粉是传统早点。柔和的味道引人垂涎。粉中有墨鱼片

40 猪肉饭
បាយសាច់ជ្រូក
拜伊·赛怡·齐鲁库

用大蒜酱油调味的猪肉和米饭是绝配。带汤

41 猪蹄汤
ឆ្អឹងស៊ុប
前·思乌普

慢炖入味的肉入口即化，汤味浓郁。此汤让人神清气爽

42 鸡肉饭
បាយមាន់ណាំ
拜伊·艾·囊
（拜伊·伦·摩安斯高）

用鸡肉熬制的汤蒸米饭，米饭上再放鸡肉，做成鸡肉饭。送鸡汤。鸡肉紧致，味道鲜美

边走边吃路边摊！

应有尽有的路边美食天堂

用餐简单快速，价格便宜量又足。在路边摊会意外发现很多好吃的美食，并且品种丰富。更何况可以与当地人肩并肩地品尝，会带来很多意想不到的发现和邂逅。让我们来探究一下那边只点着灯泡的路边小摊吧！

①甜品摊位于市场的中间位置　②果昔摊。购买时，既可多种混搭，也可以只点一种　③炸昆虫在当地是一种很普通的食物　④炸香蕉（切库·前）每根200R。滚烫酥脆，十分可口　⑤烤鸡摊飘来了诱人的香味。鸡翅、鸡腿、鸡胸等部位可以分别出售。整只烤鸡才是重量级的　⑥带蒸笼的包子摊。肉饺子（浓磅）中有鹌鹑蛋（每个1000R）　⑦现场制作的柬式三明治（浓磅·帕提→p.139）。小个三明治1000R

※ 在路边摊就餐时一定要注意卫生问题。一定要吃熟透的食品，另外，肠胃不好的人尽量不要去路边摊吃东西。甜品和果汁会加冰，要留意。

果昔 1000R~

在路边摊能吃到的东西

饭菜

从炒饭、炒圆粉、荞麦面、米粉（→p.139）到烧牛肉、鸡肉粥等，应有尽有。

小吃

小吃类有煮熟的毛鸭蛋、烧鸡、肉包子、煮玉米、柬式三明治、油炸昆虫（→p.135，上图③）等。

甜品

有南瓜布丁、椰奶果冻、芋头和糯米甜品等。无论哪一种均可以在甜品上加上自己想吃的配料。

饮料

在柬埔寨，无论哪个路边摊上都会有“吴哥啤酒”。最受欢迎的还是鲜榨果汁。选好喜欢的水果后，摊主人会当场用榨汁机榨出100%纯果昔。

左 / 用即将孵化的鸭蛋做的毛鸭蛋（蓬提阿·阔，1000R）。将圆形的那头朝上，打开蛋壳，加入酸橙汁、盐胡椒、香草等一同食用。别有一番滋味
右 / 炒乌冬面（米粉，罗·恰）是小吃摊的人气美食

炒米粉上铺一个煎蛋（库依提乌·恰），每份 3000R。也可以炒黄荞麦面（米·恰）

左 / 玉米以煮为主（波·斯噶奥，1000R）。上 / 金边的查特莫库（Chaktomuk）花园周边还有用炭火烤玉米的摊位

炭火烤牛肉串（赛怡·阔·安）的调料最诱人。一串 500R

摆小吃摊的地方

金边

●金边夜市
（MAP p.255-1D）

除了小吃摊外，还排列着衣服布料摊、手工艺品摊。还有歌唱表演，非常热闹。17:00~23:00。

●奥鲁瑟伊市场前
（MAP p.258-1A）

面、炒荞麦面、炒饭、烧鸡、烤肉等的路边摊整齐排布，这条小吃街规模在金边数一数二。16:00~深夜。

奥鲁瑟伊市场前的小吃街。有时也能看到节俭出游的外国人

●柬埔寨越南友好塔前
（MAP p.257-2A）

这里是人们健身和纳凉的场所。塔前有一排排烤串、墨鱼干、炒饭等的小摊。17:00~深夜。

与柬埔寨下大街相连的小吃摊

●柬埔寨下大街
（MAP p.254-2A~2B）

在与莫尼旺大道的交叉路口向西侧的步行街上，排列着很多小吃摊。广为人知的主要是粥、果汁等。18:00 左右~深夜。

暹粒

小吃街普劳何塞（→p.159 栏外）远近闻名。此外还有几个大众餐馆集中的区域。这些餐馆都有英语菜单，也有很多外国人光临。从经典的炒菜到火锅，餐厅种类多。详情请参考 p.178。

暹粒的老市场也有一块平价、美味餐厅聚集的区域

市场里的小吃摊不妨一去

不管哪个市场都有饭馆一条街。这些主打“新鲜、快速、美味、实惠”招牌的“妈妈的味道”餐馆每天都会吸引大量柬埔寨、住在当地的外国人及游客。食材就取自当地的市场，很新鲜。做好的菜就摆在橱柜里，点餐后饭菜马上就端上来。每盘菜 2000R~，经济实惠。

点餐时，看着排列的菜肴用手指一下就行，这对游客来说很方便。吃完后，在桌子上让老板算账，然后支付。

特别是暹粒的老市场北侧大街对面的一个区域，聚集着一些口碑不错的小吃摊（→p.178）。

1 橱柜内大概有 15 种菜（有些菜每天不同）。告诉店员在店里吃以及人数就行了 2 锅内有当天做的汤和炖菜 3 这是 3~4 人份的菜量。全是家常味道 4 暹粒老市场的饭馆对当地人及外国人都很有吸引力

有益身体健康的

甜品&水果

饭馆和小吃摊都有咖啡。加奶咖啡加的是浓缩牛乳。1500R~

柬埔寨的甜品多使用南瓜、芋头、红豆、绿豆、琼脂等对身体有益的食材。最后会放上西米或椰奶。让我们边走边吃那些令人回味的质朴甜食吧。

左/甘蔗汁摊。店员用手动榨汁机榨甘蔗汁
右/椰奶与其他食材共同演绎多种柔和的甜味

在甜品店休息片刻

柬埔寨人对甜食情有独钟。无论男女都喜欢在甜品店歇一歇。那么，在哪里能吃到什么样的甜品呢？现在就简单为大家介绍几种。

市场里的甜品店

首先，最著名的甜品是在中国也广受欢迎的南瓜布丁。请一定品尝一下正宗的味道。柬埔寨甜品的特点是添加很多椰奶，多使用红豆、糯米、琼脂类食材。换言之，大自然的恩赐在人们的餐桌上体现得淋漓尽致。

能吃到这样的甜品的店铺，并非挂着大招牌，因此有些难找，并且由于甜品专卖店也比较少，所以最方便的方法是找市场内像路边摊一样的小店。店内排列的银色容器内，装满了刚才描述的椰奶系列或糯米甜品。琼脂类甜品的种类很丰富，既有颜色鲜艳的甜品，也有药草类的果冻。据说琼脂类甜品养胃，很受讲究养生的食客们的欢迎。加入糯米或芋头的甜品还有果腹的功效。

点餐的方法是，用手指想吃的东西就行。1碗500~1000R。

路边摊也别错过

果昔摊中既有摆出已切好的水果的小店，也有摆放椰奶果冻的店。另外，还要看看有没有华夫饼或油炸香蕉的小摊。数量不多的欧式甜点华夫饼多数只在上午售卖，而且市场上也未必有。有时可以在中小学校附近的小吃摊上买到。

移动式售货车

在金边和西哈努克市，出售甜面包和蛋糕卷等甜点的移动式售货车会停放在人群聚集的地方。近年来，在金边也有卖冰激凌的售货车，出售多种冰激凌和饮品。

华夫饼摊很受年轻人喜爱。刚出锅的华夫饼要加上炼乳食用

左/可丽饼糯米卷（巴伊·索伊） 右/烤香蕉。蘸椰奶烤，2串1000R

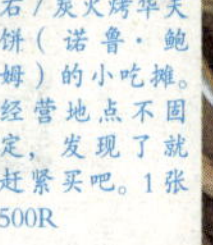

右/炭火烤华夫饼（诺鲁·鲍姆）的小吃摊。经营地点不固定，发现了就赶紧买吧。1张500R

市场里的甜品店，甜品共有15~20种

左／流动销售的面包、糕点摊　右／冰激凌的移动式售货车人气爆棚。一口大小的5种冰激凌加配料1000R

可以吃到甜品的店铺、小吃摊

金边

◎“高棉甜点”（→ p.235）内集中了多款知名甜品。A

◎销售美味南瓜布丁的小摊，位于戴高乐大街与St.107的交叉口南侧（MAP p.254-3B 营 10:00~20:00左右）。B

暹粒

◎老市场内的甜品店也卖南瓜布丁。C

◎“罗哈拓咖啡馆”（→ p.172）主营当地的多种甜品。D

◎“高棉时光”（→ p.177）内有多种以苹果、西瓜等新鲜水果为原料制作的甜品。E

※ p.144~145 中各甜品菜单的描述部分的英文字母即表示在上述各店（文末的字母）能吃到的甜品种类。

各种各样的水果

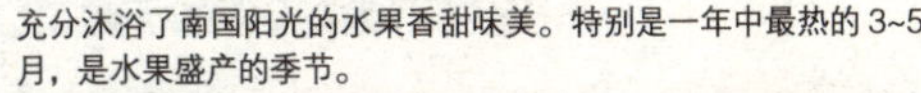

充分沐浴了南国阳光的水果香甜味美。特别是一年中最热的3~5月，是水果盛产的季节。

香蕉（普拉埃·切库）

作为水果的香蕉共有3种，分别为猴子香蕉、青皮香蕉和形如玉米的香蕉。长年可买。

柚子（库罗伊·托龙）

直径有15~20厘米，味道不错。长年生长，9~10月成熟。

绿皮橘子（青拉埃·库罗伊）

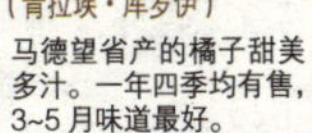

马德望省产的橘子甜美多汁。一年四季均有售，3~5月味道最好。

红毛丹（普拉埃·骚毛）

剥开红色外皮后，可见白色果肉。肉甘甜清冽，实为上品。7~9月成熟。

佛头果（释迦果。普拉埃·贴谱）

形如其名，与佛头神似。剥开皮后，甘美的果实紧紧地挤在一起。雨季的8~9月味道最好。

荔枝（普拉埃·库连）

柬埔寨产的荔枝甘甜多汁。只在一年中最热的4~5月出产。

桂圆（龙眼。普拉埃·米恩）

果实虽小，但味美汁丰。4月左右最好吃。

榴莲（普拉埃·多连）

贡布省产的榴莲个头不大，但是甜度很高，如奶油一般柔软。3~4月是吃它的好季节。

青枣（珀特利亚）

像苹果一样酸甜可口。3~5月味道最好。

火龙果（普拉埃·斯洛卡涅阿酷）

粉色的皮下是白色带黑色小颗粒的果肉。越南产的水果，长年供应。

其他还有芒果（普拉埃·思瓦伊）、木瓜（普拉埃·拉轰）、菠萝（普拉埃·莫诺奥）、西瓜（普拉埃·阿乌拉库）等大家熟知的水果品种。

甜品&饮品单 Sweets & Drink Menu

加满椰奶的甜品和充分沐浴热带阳光的水果制作的饮品是柬埔寨独一无二的美食。酷暑天气逛街或在古迹观光时一定要尝尝这些甜品 & 饮品。

※p.144~145 中各甜品菜单的描述部分的英文字母即表示在 p.143 所述各店（文末的字母）能吃到的美食种类。几乎所有东西都能在市场的小店内吃到。

甜品 Sweets

南瓜布丁
ល្ពៅសង់ខ្យា
罗泡·送库恰

去掉南瓜籽，把鸭蛋做成椰奶风味布丁塞入其中，是柬埔寨的独特美味。配合椰奶食用 B C E

椰奶香蕉
ចេកខ្ទិះ
切库·库提

用一种被称为“切库·囊瓦”的短香蕉加椰奶煮熟，是很有代表性的一种甜品 A C

糯米芋头
បបរត្រាវ
波波·托拉维

量足，最好与同行的人分享 A

糯米红豆
បបរចៃថូវ
波波·恰艾·大维

用红豆和糯米煮成的甜品，很受欢迎。加椰奶一同食用 A C D

椰奶绿豆
បបរសណ្តែក
波波·索姆戴库

在去皮绿豆上加一层椰奶制成的养生甜品。有些店绿豆不去皮 A

绿豆沙糯米圆子
បាញ់ជំនៀក
拜恩·秋姆奴托

去皮后的绿豆沙、糯米圆子中加椰奶调制食用 A

琼脂椰奶
លោតអង្ករខ្សាយ
罗特·恩科·苦萨伊

琼脂椰奶口感柔软且有弹性。入口顺滑不滞 A C D

椰奶仙草冻
ចាហួយខ្មៅ
波波·索姆戴库

并无中草药的味道，滑溜溜的很好吃 A

饮品 Drink

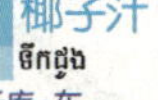

甘蔗汁
ទឹកអំពៅ
托库·恩普

下单后，工作人员用榨汁机鲜榨。很多小摊都供应甘蔗汁。1000~1500R

橙汁
ក្រូចច្របាច់
库罗伊·乔罗·拜

当场鲜榨的100%纯果汁。3000R

果昔
ទឹកផ្លែឈើ
托库·普拉埃·秋

图中为木瓜、菠萝与苹果的热卖混合果汁。3000R

绿豆奶
ទឹកសណ្ដែកខៀវ
托库·索姆戴库·奇乌

绿豆馨香。还有大豆奶及加南瓜味豆奶。1000R C

椰子汁
ទឹកដូង
托库·东

自然甘甜，馥郁清新。不同的椰子品种，大小也不同。1500R~

椰粥
បបរត្នោត
波波·托纳奥拓

取出砂糖椰子中半透明、滑溜溜的果肉，然后浇上椰奶 A

玉米珍珠
បបរពោត
波波·陂陀

在木薯粉和玉米中加入椰奶制成。这两种食材的口感特别，包你满意 A

绿豆年糕
នំគុខៀវ
诺姆·阔·奇乌

加入椰奶和白芝麻作为配料点缀粘糕 A

糯米椰奶
បបរដូង
波波·东

这道甜品的椰子（高纤椰果）口感美味。加入糯米后分量增加 A

水果冰沙
បង្អែមផ្លែឈើគ្រប់មុខ
崩埃姆·普拉埃·秋·库洛莫库

约10种水果制成的混合冰沙。部分饮品摊有售

椰奶绿豆冰沙
បបរសណ្ដែកខៀវដាក់ចៅហ៊ួយខ្ទិះ
波波·索姆戴库·奇乌达恰·佛以·库提

绿豆椰奶中加冰做成

椰奶果冻
ចៅហ៊ួយខ្ទិះ
恰·佛以·库提

甜度适中，口感正好。有助于养颜，是女性热衷的一道美食

冰激凌
ការ៉េមស្វាយ、ការ៉េមដូង、ការ៉េមម្នាស់
噶列姆·利

也叫水果冰激凌。图中有芒果（思瓦伊）、椰子（东）、菠萝（莫诺阿）口味 E

柬埔寨丝绸的魅力

柬埔寨丝绸中，使用不同的丝线会产生不同的风格

柬埔寨色织具有全球顶级品质

在东南亚，如果提起丝绸，很多人会想起泰国丝绸；提到色织，印度尼西亚的"伊卡托"名扬天下。而柬埔寨的丝质色织"库罗纳特·索乌特·豪鲁"恐怕知之者甚少。其实它拥有世界顶级的水准。

让泰国的丝绸在世界上一跃成名的丝绸之王吉姆·汤普森（Jim Thompson）也为居住在泰国东北部伊森地区的高棉人纺织的丝质色织以及移居到曼谷运河沿岸的占族人（历史上生活在越南中南部地区，是15世纪亡国的占婆王国的后裔）织出的丝质色织深深折服。这些丝绸虽是泰国的特产，其实在柬埔寨和老挝同样盛行，是很久以前就从印度或西亚流传过来，现如今仍在边境地区交易的物品。

布匹的种类与用途

豪鲁

豪鲁就是色织的意思，是为柬埔寨传统裙子"松陂陀·库麦"专门纺织的丝质色织。它是柬埔寨的代表性布料。茶胶省的普农·齐色鲁（Phnom Cisoru）周边、横跨磅湛省和波萝勉省的布莱克·琼克兰等地都是著名的豪鲁产地。磅湛省的占族（→p.354）村庄内也纺织具有占族特色的丝质色织。有着古典纹样的色织在柬埔寨富人圈很流行，而年轻的女性则偏好自然色系（这两种数量都很少，还有的布料用天然染料染成）。布莱克·琼克兰色织的特征是以红、黄、黑为底色，外国人可能不习惯，但是在柬埔寨人中其因质量上乘而备受欢迎。上了年纪的人尤其喜欢。一般而言，红、黄、绿、黑为底色的布料是较为传统的上了年纪的人的最爱，而花哨的颜色受到年轻人的追捧。

上／布莱克·琼克兰色织
下／自然色系的色织

素淡的暗色系丝绸

"披当"丝绸。织一件图案复杂的披当需要耗时半年左右

披当

可用于制作"松陂陀·库麦"的，除了一般的色织，还有一种被称为"披当"的图案色织。披当上绘有寺院、王宫、供品、天女、大象、马等神圣的形象，寺院的祭坛或墙壁悬挂的都是这种图案色织。正式的图案色织是用作华盖，悬挂在寺院的佛像上方（披当有"天顶"的意思）。现在基本上不作此用，主要是在市场上作为礼品挂毯出售。

帕姆恩

下摆有花纹的丝绸裙子所用的布料一般叫作"帕姆恩"。帕姆恩本来是"都城之布"的意思，原本是王宫中正式服饰金边和暹粒有不少旅游纪念品店。要说其中最主要的，莫过于被称为色织和帕姆恩（有吉丁虫一样的光泽）的手工丝绸。在热带阳光的强烈照射下，这些色艳质暖的丝绸熠熠生辉，一直堆到店铺的屋顶。简直就是颜色的海洋！

不妨听从“Madam，Silk，Silk（女士，丝绸，丝绸）”的叫卖声，从堆积如山的布料中选出几件让店家打开看看。店家会把布料像裙子一样围在腰上给顾客现场展示，显示出它与堆放时完全不同的另一面。这些布匹就像热带阳光下盛放的群花，虽然妖艳，但不失美观。看看这个，看看那个，时间不知不觉就过去了，有些人就这样不由自主地掏出钱包来。从古到今，丝绸跟宝石一样，让万千女性为之着迷。

光泽鲜艳的帕姆恩乔裙

专用布料。这种布因使用不同颜色的经线和纬线纺织，所以呈现出吉丁虫般的光泽。用这种布制作的下摆带花纹的丝绸裙子被称为“帕姆恩乔裙”。带有分开的水珠图案的叫“帕姆恩崩特克”，没有图案的叫“帕姆恩里埃特”。产地以干丹省（金边对岸）的库代伊岛最为出名。另外，阿普莎拉舞者所穿的裙子是用金丝线和银丝线织成的，被称为“周拉巴普”。

森

用棉（或者化纤）线织成，与帕姆恩相同，在下摆处编入花纹。据说是源自老挝的纺织品“帕信”。帕姆恩主要用于正式场合，而森通常用作日常服装。但是，由于受到来自邻近多国的便宜面料和成衣

森（图中为混纺品）

的冲击，现在柬埔寨国内穿这种布料的人正在减少。森与帕姆恩产地相同。

纱笼

在家里悠闲度日的时候，作为居家服装的卷腰裙用的布料就是纱笼·索特（纱笼丝绸）。格子花纹的为男性专用，女性用泰国或印度尼西亚产的印染或蜡染棉制品。另外，占族人谨遵伊斯兰教教义纺织的纱笼叫“纱笼·占”。

上／纱笼。这种格子花纹的为男性卷腰裙所用　下／棉质“纱笼·占”

格罗麻

实为柬式围巾。在农村跟毛巾一样，擦汗或者当作帽子卷在头、脖子上，也可以在淋浴或游泳时遮体以及代替毛巾擦拭身体。这种日常用品被称为“格罗麻·磅·湛”，用吸水性好的棉线织成白红或白蓝条格的形式，很受欢迎。另外，丝绸为外出时使用。聚会时，可以把丝织品用作披肩。最近，纺织品种类逐渐增多，出现了色织的“格罗麻·豪鲁”和带花纹的“格罗麻·帕姆恩”等，在游客中也颇有人气。

左／格罗麻是生活必需品，任何场合都可以使用　右／丝绸的格罗麻在外出时使用

多功能格罗麻的使用方法

丝织品的特征和织造方法

如果花纹复杂，光编织就得3个月

丝织品的生产工艺

为制作柬埔寨传统裙子“松陂陀·库麦”所用的色织布料“豪鲁”，得先从布料染色开始，这样才能形成各种花纹。一束纬线在与布料等宽的木框内平铺开。达到马赛克纹样效果的关键是用小绳扎住。用绳扎住的部分即使浸在染料中也不会被染色。纹样中使用复杂颜色的时候，一次扎染后，还要为染下一种颜色重新捆扎，各种颜色分开扎染。这种费力的工作重复多次。然后，将处理过的原料开始在手工织机上纺织。纬线上捆扎分染的纹样，在一根根地搭配编织的过程中形成了织物的花纹。除了这些染织等主要工作外，还有各种细致绵密的工作，每一项都不能掉以轻心。如果花纹复杂，完成全部工作需要1个月到半年的时间。

制作染料。原本是用树皮或椰子等天然材料作染料

出席婚礼的女性

流行穿带串珠和刺绣点缀的服装

现代装束

豪鲁的裙子配蕾丝上衣是固定的搭配

左／养蚕也需要多年积累的经验和技巧
右／刚从蚕茧中抽出来的丝被称为“黄金丝”

传统服装与现代服饰

何为传统服装

传统且正式的着装是指王宫贵族在典礼等场合穿着的服装。婚礼中新郎新娘穿的服装、阿普莎拉舞者穿的豪华绚丽的服装等可归为此类。女性的服装与吴哥寺浮雕中女神的穿着有异曲同工之处。

男女都会穿着被称为“琼·库帮”的，像巨大尿布一般的传统卷腰裙。它是将一块3.5米长左右的长布卷在腰间。穿着方法是先将长布缠在腰上，然后手执布的两端整齐地绕过胯下，夹在腰后部，最后用腰带固定。泰国和老挝人也会穿卷腰裙。事实上，“琼·库帮”比看上去还要方便、实用，适合农民。高档酒店的门童有时也穿“琼·库帮”迎接客人。

①阿普莎拉舞者的服装与古迹中女神的服饰相同　②吴哥古迹中的女神身上的衣服值得关注　③高档酒店门童的制服也是琼·库帮　④穿着传统裙子“琼·库帮”的情侣

现在的流行服饰是？

那么，现在的柬埔寨人是如何使用布料的呢？为了参加亲友的婚礼或聚会、仪式典礼等，柬埔寨的女性会精心准备，提前几周就准备服装，当天还要去美容院盘头发，然后马不停蹄地化妆，搭配好鞋子、手袋和饰物，真的十分用心。

此时就会穿用豪鲁、帕姆恩布料裁剪成的正式服装。最普遍的装束是

织入风土人情与自然

柬埔寨色织丰富的图案、大胆的设计、颜色的选择及种类的多样，无不令人惊叹。柬埔寨自然中的花鸟虫鱼，均完美展现在纺织品中。那迦的鳞片以及打斗的那迦是基本造型，这些造型又与茉莉花、榴莲的尖刺、启明星、孔雀、蝴蝶、雨蛙等自然风物及吉祥物等组合在一起，寄托了人们对于五谷丰登的祈望。柬埔寨农村生活中时而可爱、时而严肃的事物也被展示出来。这些图案与吴哥古迹的浮雕和装饰有共同之处。

上／将丝线揉在一起形成粗丝，有时还需要捻线　下／为了给丝线染色，需要用绳将它们扎成一束。据说织工的手已经记住了都要织成哪些花纹

纺织时需要精确的计算

蕾丝的无袖上衣搭配豪鲁或帕姆恩裙子。裙子按照柬埔寨传统裙子“松陂陀·库麦”的样式裁剪。最近，剪成下摆稍大的A字裙或鱼尾裙的样式在年轻人中十分盛行。裙子长度在脚踝以下。另外，长裙在任何年龄层的女性中都很流行。在素色的丝织物上绣上串珠和闪光亮片，或配上刺绣等高档豪华风格饰品的需求正在增长。在会场喧闹的音乐声中，看着那些穿正程式礼服出场的柬埔寨女性，深感每一位当地的女性身体里都流淌着吴哥寺阿普莎拉的血。

丝织品的漫长历史

柬埔寨的丝绸据说与印度尼西亚的伊卡托一样，是经过海上丝绸之路，由印度的经纬色织“巴托拉”发展而来的。同时，它也受到经过陆上丝绸之路传来的阿富汗等西亚地区色织的巨大影响。吴哥文化受到印度文化强烈影响的同时，也散发出自己独特的魅力。同理，柬埔寨丝绸的精湛技法，在传承使用纬线色织斜纹织技法的同时，吸收了各种外来文化，并一边接受这些外来文化的影响，一边发展了自己独特的色织文化。

一般认为，吴哥王朝兴起之前，丝织品以高价交易，在王族的仪式或宗教典礼中使用。

丝织品最繁盛的时期尚无定论，或许在100~200年前，或者更早。在20世纪60年代，有“东方小巴黎”之称的金边迎来了它的黄金时期。当时市民出席婚葬等仪式的正式服装，或者王宫贵族的服装，都流行使用非常高档的布料。之后，象征着和平的丝织品在20世纪70年代以后，连同降临在柬埔寨的苦难一起，艰难前行。

村民们在高脚屋的地板上织布

内战后的复兴

在丝织品的一大产地茶胶省的普农·齐色鲁周边及横跨磅湛省和波萝勉省的布莱克·琼克兰，传统技艺由母亲传给孩子，代代相传。在木结构的高脚屋里，经验丰富的母亲在孩子很小的时候就开始传授，让孩子一点点把扎染和纺织技巧记在心里。母亲将自古流传下来的色织花纹储存在记忆中，又慢慢向后世传递。但是，长年内战中断了这种原本持续不断的由母向子的传承。了解传统的高超技艺，掌握流传下来的美丽图案的在世老人越来越少，因此目前柬埔寨面临的一大课题是如何将这项技术及纹样继续保存和传承下去。

正在兴起的丝绸热

随着经济的复苏，柬埔寨人民的生活得到改善。在这样的背景下，对于柬埔寨女性而言，如何为参加婚礼或聚会准备一件传统、合适的色织就成了时下人们最关心的话题。她们追求花纹更漂亮的色织。另外，慕名前来选购五彩的柬埔寨布料的外国游客也逐年增加。织工们受到这一需求的刺激，或挑战具有更高技术难度的古老花纹，或推陈出新，调配新的颜色和纹样。

柬埔寨丝绸的购买方法

金边中央市场的面料店

在哪里购买？

无论去哪个市场都有布料，不过金边的中央市场（→p.224）、多东邦市场（→p.225）、暹粒的老市场（→p.163）和吴哥夜市（→p.166）等市场由于外国客人较多，店员会说英语。

暹粒的吴哥丝绸农场（→p.180）等市场的丝绸专卖店不仅种类繁多，还了解外国客人的喜好。每家店都略有不同，最好是根据自己喜欢的颜色和纹样，凭直觉选一家店仔细看。另外，布料折叠时和展开时的状态给人完全不同的印象，不静下心来是选不到好东西的。想要买到好物，就要留足时间。

另外，想要买古董丝绸的人可以直接去金边的多东邦市场。

古董丝绸价格贵。图片左边的松陂陀・豪鲁是大约120年前的东西，US$780

质量

丝绸的价格自然由品质决定。价高的丝绸一般使用质量好的丝线，纹样细腻精美，采用热销纹样或新式花纹，采用天然染料，瑕疵少，孔眼细密。另外，有人认为素色的织物没有花纹，做工简单，所以便宜，其实不然。因为是手工纺织，做到质地均匀很困难，素色织物的瑕疵很容易显现，很难将这些纺织品织得完美。使用柬埔寨原产黄金丝织出的布料数量稀少，价格高昂。

另外，很多市场还同时出售泰国、印度尼西亚、老挝、缅甸等国的面料。如果只对柬埔寨丝绸感兴趣，需要向店员询问这些布的产地。由于每个人的喜好不同，柬埔寨国内的高品质丝绸未必适合自己，所以还是随心挑选吧。

金边市内的裁缝

价格范围

在店面里出售的柬埔寨丝绸叠起来一层层堆放着，长3~3.8米，这样的布料单位被称为库帮。大致的价格标准是1库帮US$30。根据质量和纹样的不同，价格在US$30~50间，也有店铺出售单价超过US$100的丝绸。没用真丝，而是使用化纤经线或纬线，或者孔眼不是很细密的US$10~20就能买到。如果有更加便宜的，很可能就不是柬埔寨产的了。

有的游客觉得1库帮太长，不想要那么多，有些店会给顾客裁出一半，这样价格也略贵（通常叠放整齐的豪鲁或帕姆恩是不论米卖的）。当然，也要试着砍价。丝绸与棉或化纤的布料价格截然不同，砍价时要有这个概念。

暹粒的老市场。礼品店也卖面料和围巾

试一试定制服装

1.采购布料

虽然也有出售布料的裁缝店，但是数量少，所以还是自己买了布料带过去更好。买布的时候在镜子前比画一下，看是否合适。记住1库帮有3~3.8米长，宽度为90厘米左右。

把布展开，看是否有疵点和污渍

2.在哪里做

裁缝店就是制衣店，有几种类型。让买布的商店介绍也不错。以下两种店较为便利。

●市场里的制衣店

无论哪个市场都有一块靠1台缝纫机就开店的制衣店铺聚集区。价格便宜的店铺很多，不过不同店铺的价格相差很大。这其中很多店缝制日常服装。

●带店面的专营店

其标志是店铺前面放有装入模特的玻璃橱窗。价格和技术比市场店要高。很多店铺擅长使用豪鲁或帕姆恩裁剪正式的服装。

3.想做什么衣服

如果想做一件当地人穿的松陂陀·库麦那样的传统服装作为纪念，店里有款式的目录或已经做好的衣服，你只需要指一下款式就行。如果想做在国内也能穿的衣服，那么尽量拿着样品或照片过去。因为裁缝中会说英语的人很少，况且即使是本国人用口头表达服装设计样式也是很困难的。

用豪鲁制作的传统罩衫

4.所需时间和价格

简单的设计最快1~2天时间就能完成。不过通常要留出3天~1周时间。从开始就要告诉对方这是急件，然后反复提醒完工日期。有时间偶尔去打声招呼，顺便检查一下进度的话，店家会很上心。市场里制衣店的价格为上衣US$3~，上下身套装US$6~15。专营店的价格为上下身套装US$15~30，裙子US$10~15。对于难度较大的设计（对于该店的裁缝来说）、刺绣或绣串珠、加衬里等工艺要求，价格也会相应提高，完工日期也会推迟。有些店铺需要交纳定金。

暹粒的老市场内的制衣店

5.完工

从店里拿到衣服后，可以在店内试穿，一定要试一试。简单的改动很快就能做到，告诉裁缝希望改动的地方，不用有所顾虑。完工之后，笑着对裁缝说一声“奥昆”（谢谢）。

难得去一次柬埔寨，如果想买柬埔寨丝绸作为礼品，就别只买布，再定制一套回国也能穿的衣服吧。裁缝费并不贵，一定可以得到一件值得珍藏的成衣。

所需布料的长度

- 松陂陀·库麦 …… 1.5米（1库帮的一半＝1松陂陀）
- 裙子 …… 1~2米
- 短袖上衣 …… 1.5~2.5米
- 长袖上衣 …… 2~3.5米
- 连衣裙 …… 2~4米

※体格较大的人，需要同时考虑到花纹的情况，多留些余量来计算所需布料。

把面料在光线好的地方展开，看看是否合身

松陂陀·豪鲁（色织）的颜色、花纹图案的种类都有很多

制衣店内现成的成衣。如果想做时尚服装，要带样品过去

金边中央市场内也有制衣店

自用、馈赠两相宜

柬埔寨旅游纪念品

柬埔寨旅游纪念品不仅外表美观，质量也在逐渐提高。现在为大家介绍一些经典礼品及新出货品，以便大家选购礼品，留作纪念。

美妆用品 Cosmetics

天然香皂 US$5

吴哥寺造型的香皂很可爱。含玄米油和椰子油成分（高棉克鲁人→p.180）

万金油 每瓶US$5

小陶瓶或银器瓶装的柬式虎标万金油。具有治疗头痛、瘙痒等多种功能（芳香吴哥→p.180）

浴盐 US$10.6

添加了精油的高盖产波地亚自然系列浴盐。50克6小袋包装（波地亚SPA→p.184、242）

椰子油 US$12.5

"椰子高棉"品牌的500毫升低温压榨天然椰子油（亚洲广场超市→p.183）

洗发&护发用品 一套US$9

波地亚自然系列洗发水（左）和护发素（右）。洗发水有适合3种发质的产品（波地亚SPA→p.184、242）

排毒浴球套装 US$17.94

放进浴缸后具有排毒功能的草药球、蜡烛、唇膏&指甲油套装（神奇柬埔寨→p.237）

防虫喷雾 US$1.95

喷在皮肤或衣服上用于驱赶蚊虫的喷雾。采用天然原料，大量喷涂也无须担心（吴哥市场→p.164边栏）

房间空气清新剂 US$7

"萨阿提"芳香喷雾。在卧室和枕头喷一些后散发出柠檬草的清香，有助安眠（萨阿提→p.160边栏）

杂货&时尚用品 Goods & Fashion

钱包每个 US$15

像纸一样轻，防水性好，使用寿命长，是一种高密度聚乙烯合成材料制作的钱包。印有柬埔寨知名景点图案（非常贝里→p.182、安波商店→p.238）

圆木盘与杯垫 左US$20、右US$9

以中国古瓷作为点缀的圆木盘与杯垫。还有烛台（A.N.D.商店→p.240）

竹筐箩 US$7.5

著名的陶瓷产地磅清扬省出产的竹工艺筐箩。还有带盖的竹箱（我们的高棉→p.180）

芳香蜡烛 每个US$5

吴哥古迹及印度教众神造型的蜡烛（吴哥蜡烛→p.180）

耳坠 左US$23、右US$12

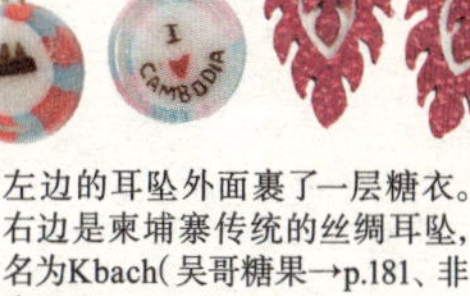

左边的耳坠外面裹了一层糖衣。右边是柬埔寨传统的丝绸耳坠，名为Kbach（吴哥糖果→p.181、非常贝里→p.182）

项链 US$52

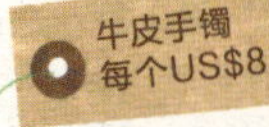

手工制作的项链，下面挂流苏。色泽鲜丽，做工精巧（奔司烈安商店→p.238）

牛皮手镯 每个US$8

与皮影戏“斯巴艾克”所用人偶采用同一方法制作。款式多样（非常贝里→p.182）

手帕 每块US$5

格罗麻样式的手帕巾以棉为原料，吸水性强（吴哥夜市内的“哈里哈拉”店→p.166）

灯心草环保袋 左US$6、右US$8

采用灯心草制作的可折叠环保袋有M和L两种型号（鸭嘴项目→p.182）

迷你手提包 US$15

迷你手提包的内衬布采用格罗麻，它的大小正好可以作为午餐包（苏伊乔→p.240）

T恤 US$2.5

印有“NO TUK TUK TODAY”（今天不需要嘟嘟车）的T恤（中央市场→p.224）

使用旧布料做的连衣裙非常凉快，适合逛街时穿（A.N.D.商店→p.240）

棉质连衣裙 US$35

食品 Foods

各种香料
各US$2

柬埔寨香料很适合用作礼品。有桂皮、柠檬草等多个品种（芳香吴哥→p.180）

吴哥曲奇
10片装 US$6.6

吴哥曲奇制作时使用了大量柬埔寨腰果，是一种特色礼品。暹粒的机场和T广场可以买到。（吴哥曲奇→p.181）

费南雪
10片装 US$16

使用柬埔寨产有机棕榈糖制作的杏仁蛋糕。5片装售价US$8。CCMHA孤儿院的孩子们画的包装画也十分精美（神奇柬埔寨、枭纽姆商店→p.237）

诺姆·托姆·穆恩
8片装 US$6

以棕榈糖、椰奶、木薯粉、鸡蛋、盐为原料制作的传统烤制糕点。口感爽脆，回味悠长（柬埔寨茶时刻→p.181）

草药茶
每罐US$5.5

100%纯天然茶叶共分姜、莲、柠檬草三种口味。店内可试饮（吴哥曲奇→p.181）

柬式金太郎奶糖
1袋US$1.25

以吴哥寺和高棉语为设计主题的金太郎奶糖。3包US$3，装入当地特色手提袋内（吴哥糖果→p.181）

各类胡椒
US$5~

有礼品包装

柬埔寨产胡椒被公认是全球味道最好的胡椒。店内出售黑、白、成熟共3种胡椒（仓田胡椒→p.240）

果酱&辣酱
每瓶US$2.5

以芒果与百香果等热带水果为原料制作的纯天然无添加果酱&辣酱（乔治拉马利埃餐厅→p.176）

胡椒泡菜
US$5

辣味胡椒腌菜。吃一粒下肚，胡椒的香味便经久不散。适合做下酒菜（吴哥糖果→p.181）

高棉烧酒
US$9~

使用柬埔寨产的大米、水果、香料酿造的“松柏”烧酒，共8种。手绘的酒瓶同样精致（松柏→p.183）

腰果
US$3.96

这种“高档腰果”味道好，口感脆，咸度正好（神奇柬埔寨→p.237）

朗姆酒
US$17.5~

这家位于金边的朗姆酒酿酒厂运营的酒吧只在周四营业。浓郁的香味与上等的口感令客人纷至沓来（神奇柬埔寨→p.237）

城市漫步指南

年均游客数突破 300 万人次，是游览吴哥古迹群的大本营

暹粒 *Siem Reap*

សៀមរាប

MAP 文前图① -1B

老市场周边仍然残留着法国殖民时期建造的西洋风格建筑。这里现在有众多时尚小铺，是购物的好去处

暹粒坐落在洞里萨湖北侧，位于金边西北方向约 250 公里处，约需飞行 45 分钟。这座小城是前往吴哥古迹观光的停留点。虽然这里酒店、旅馆年年增多或翻新，城市面貌也在发生日新月异的变化，但是从金边来到这里，还是会被一种莫名的祥和氛围所感染，身心不自觉地就会松弛下来。

自古以来，历代国王纷纷在这里建都，城市周边残存了大量古迹。闻名世界的吴哥寺距离市中心约 7 公里，驱车 20 分钟左右可抵达。沿 6 号国道往东南方向走 13 公里就是罗洛士古寺群，向南走 10 公里左右是洞里萨湖。暹粒不仅有吴哥古迹群，这里自古以来便盛产水产品。堪称大自然宝库的洞里萨湖给当地人民带来了各种各样的淡水鱼和其他自然的恩惠。

暹粒河穿城而过，纵贯南北，将暹粒分为东西两半。公共设施及政府机构大多集中在河西，那里南北走向的西瓦萨大街是暹粒城的主干道。街面两侧密布着餐厅、酒店、银行和按摩店，游客众多。对面的河东则是居民区，细长的小巷串联各处，气氛平静安详。城市很小，市中心只需半天就能逛遍。从市中心向外围走还能看到美丽的庄园；又细又长的砂糖椰树向天生长，暗绿色的密林幽深神秘——整座城市宛如神灵的后花园。

暹粒的长途区号

063

从机场到市区

暹粒城区位于机场以东约 8 公里处。机场出口附近有机场出租车售票处。到市中心坐出租车 US$10、面包车 US$15、嘟嘟车 US$9、摩的 US$9。需 15~20 分钟。

※23:00~ 次日 6:30 间乘车在上述价格基础上加收 US$5。

机场建设费

国际线、国内线机票均包含了机场建设费，无需在机场另行支付。

旅游咨询处
Tourist Information

MAP p.205-1C
住 National Rd.6, inside Royal Independence Garden
☎ 012-963461、097-2995444
E-mail hok_houn@yahoo.com
开 7:30~11:30、14:00~17:30
休 无

暹粒唯一一家由柬埔寨政府观光局开办的旅游咨询处。提供多语种导游服务（英语 1 天 US$35~）、车辆租赁（1 天 US$30~）、嘟嘟车预约（1 天 US$15~），游客还能在这里领取暹粒、吴哥古迹旅游地图。这里不提供诸如其他国家旅游咨询处那样的旅游咨询服务。

截至本书完稿时，正在建新楼（MAP p.208-3A）。

Access

前往暹粒的交通方式

飞机

国际线 从中国国内有直达航班飞往暹粒，也可以从周边或其他国家、地区中转。从泰国曼谷出发，曼谷航空公司每天有5个班次，泰国亚洲航空2个班次，泰国国际航空和泰国微笑航空共同执飞7个航班，约需飞行1小时10分钟。从越南胡志明市出发，柬埔寨吴哥航空和越南航空每天有4~5个共同执飞的航班，需1小时~1小时20分钟；从越南河内出发，柬埔寨吴哥航空和越南航空每天有3~4个共同执飞的航班，需1小时~1小时20分钟；越捷航空有1个航班，需1小时40分钟~4小时。从韩国首尔出发，韩亚航空与首尔航空每天共同执飞1个航班，约需飞行3小时30分钟。此外，从新加坡、中国台湾、老挝等地也有前往暹粒的航班（→p.311）。

国内线 从金边出发，柬埔寨吴哥航空每天有3~5个航班，巴萨卡航空有1个航班，约需45分钟。从西哈努克市出发，柬埔寨吴哥航空每天有1个航班，约需1小时。柬埔寨巴戎航空也有从金边和西哈努克市飞往暹粒的航班，由于航行安全无法得到保障，不建议乘坐（→p.327）。

巴士

旅行社运营从金边、马德望、波贝等地前往暹粒的巴士。具体可参照各地的Access。

暹粒没有各公司统一使用的巴士总站，巴士要么停在博雷新安南城站（MAP p.11-2C），要么停在各公司各自的巴士站点。有些公司会在巴士终抵后，送客人至酒店。

合乘出租车、迷你巴士、皮卡

金边、马德望有多趟车开往暹粒。具体可参照各地的Access。

船

暹粒~金边间有途经洞里萨湖的快艇（4~7月停航。→p.328）。金边的码头位于市区北部的洞里萨湖畔，每天1班，7:30出发，票价US$35~，约需5小时（各季节有所不同）。从马德望出发每天有1班快艇，7:00出发，票价US$20，约需4小时（旱季5~6小时）。从暹粒市中心去码头（宗克尼，MAP p.10-3B）可坐嘟嘟车US$4~或摩的US$2~，约需30分钟。

从暹粒出发的交通方式

飞机

国际线 参考上述内容（→上述、p.311）。
国内线 前往金边的交通方式（→p.327）。

巴士

多家公司运营前往金边（US$6~、约需5小时）、波贝（US$3.75~、约需3小时）、马德望（US$5~、约需3小时）等地的巴士。前往金边、波贝、马德望的车均在6:00~15:00（各公司班次不同）间发车。另外，有些公司还运营前往泰国曼谷的巴士，US$10~，约需10小时。前往各地区的车票最好提前一天预订。暹粒没有各公司统一使用的巴士总站，巴士要么从博雷新安南城站（MAP p.11-2C）发车，要么从各公司各自的巴士站点发车。有些公司还去各酒店免费接客人，请提前确认。

合乘出租车

博雷新安南城站前的6号国道（MAP p.11-2C）旁的合乘出租车、迷你巴士、皮卡候车点，以及暹粒河畔（MAP p.205-1D）的合乘出租车候车点在6:00~15:00间车次较多。合乘出租车可前往金边（US$75~、约需5小时）、马德望（US$35~、约需3小时）、波贝（US$25~、约需3小时）、诗梳风（US$20~、约需1小时30分钟）等地。括号内为每台车的价格。

迷你巴士、皮卡

迷你巴士班次少，从上述合乘出租车候车点发车，前往金边（US$8~、约需5小时）、马德望（US$7~、约需3小时）、诗梳风（US$5~、约需1小时30分钟）、波贝（US$5~、约需2小时30分钟）等地。皮卡也从博雷新安南城站前的6号国道（MAP p.11-2C）旁的合乘出租车、迷你巴士、皮卡候车点发车，前往金边（车厢US$4~、车内US$6~）、马德望（车厢US$4~、车内US$6~）、诗梳风（车厢US$3~、车内US$4.5~）、波贝（车厢US$4~、车内US$6~）等地。皮卡的数量比迷你巴士还要少，要仔细找才可能找得到。所需时间与迷你巴士相同。

船

从位于距离市中心以南约1公里的宗克尼码头（MAP p.10-3B），每天有1班快艇前往金边（4~7月停航），7:00出发，票价US$35~，约需5~6小时。开往马德望的快艇从同一码头出发，每天1班，7:00出发，票价US$22~，约需5小时（旱季6~7小时）。码头不售票，需要在城区的旅行社提前一天预订。提前购票者，客运公司会安排车来酒店免费接客人到码头。

暹粒市警察局旅游警察
MAP p.10-2B
住 Mondol 3, Sror Kram
☎ 012-402424（不接受英语）
开 24 小时
休 无

暹粒市警察局（外国人科）
MAP p.10-2B
☎ 012-555205

暹粒的药店
U-Care 药店
U Carepharma
MAP p.169
住 1F, Near Old Market
☎（063）965396
营 7:30~24:00
休 无
信用卡 J M V

暹粒药品种类最齐全的药店。包括机场店，暹粒市内共有 4 家分店，这是最大的 1 号店。店内明亮整洁。除了售药，还有营养副食、化妆品、洗发水等美发、美肤用品。店员会说英语。

位于老市场附近，交通便利

白金综合影院
Platinum Cineplex
MAP p.209-3A
住 Sivatha St.
☎（063）900900
开 9:00~23:00
休 无
费 US$3.5~6

暹粒唯一的电影院。片源包括好莱坞大片、柬埔寨电影和泰国电影等。一些知名影片有时比国内上映时间还早。

韩国知名烘焙品牌"多乐之日"和手机店"Smart"也在这里设有分店

暹粒 漫 步

老市场周边

这里的变化日新月异，店铺间的竞争也很激烈

暹粒城南的老市场（→ p.163）是这座城市的核心。各种土特产店聚集的市场，每天从早上 7:00 左右就开始人潮涌动。市场周围有法国殖民时期建造的西洋建筑，一些面向外国人的餐厅、咖啡馆、特产店也相继开张。特别是酒吧街（→ p.168）一带，是暹粒最繁华的区域，适合购物和就餐。

左 / 老市场北侧每晚 19:00 左右开始有流动嘟嘟车酒吧　右 / 老市场小吃街上可品尝到当地风味

西瓦萨大街

暹粒河以西约 500 米的西瓦萨大街纵贯南北，是暹粒城区的主干道。沿街有幸运商场（→ p.183）、酒店、餐厅、银行和按摩店等，店铺鳞次栉比，是暹粒发展最快的观光区。沿大街南下，到达一个十字路口后，往右拐就是吴哥夜市（→ p.166 边栏）。这个区域在近三四年间夜市数量持续增加（→ p.166 边栏），傍晚开始变得异常喧闹。再往南走，可以看到有那迦（蛇神）雕像的圆形喷泉，那附近有巴士公司、小型酒店和旅馆，街上也能看到很多外国游客。继续向前，可穿过格罗姆寺（→ p.75）到达洞里萨湖（→ p.170）。

左 / 柏悦暹粒酒店所在的十字路口是西瓦萨大街与狄旺大街的交会处，是暹粒交通流量最大的地点
右 / 西瓦萨大街沿线集中了酒店、餐厅、商店和按摩店，街景几个月就会换副模样

大蝙蝠栖息的树木：6 号国道沿线、姐妹庙后面的几棵大树上栖息着大蝙蝠（狐蝠，MAP p.205-1C）。白天挂在树枝上，发出吱吱的叫声；到了傍晚，蝙蝠们会倾巢出动。这些翼展达 1 米的大蝙蝠飞行的姿态着实壮观。

前往吴哥寺的道路周边

从西哈努克别墅（国王寝宫）前的尼亚基像（MAP p.205-2C）径直向北走5公里左右即可到达吴哥寺。这条路两边有大型度假酒店、特产店等（MAP p.208），基本没有什么民宅，并不适合徒步行走。外国游客在参观完古迹后，多乘车或坐嘟嘟车返回，步行回来的人很少。

游客必经之路。有时还可以看到骑自行车去古迹的游客

原来在这条路上的吴哥古迹售票处已经搬到了道路右拐3公里的地方

6号国道周边

6号国道是横贯暹粒东西部的大动脉。从机场到市区要经过6号国道的西侧，附近在最近10年建了很多高档度假酒店、旅馆和面向游客的大型餐厅等，已经成了一片观光区。与西侧不同，6号国道东侧是当地人的生活区，核心区是暹粒最大的市场（高棉语称为“普萨·鲁”，→p.163），此外还有五金店、家具店、批发店、汽车摩托车修理厂和诊所等。这片区域外国游客不多，不过要是走进路旁的小巷，也能发现散布各处的安静旅馆。

左/6号国道上货车、观光巴士、摩托车、嘟嘟车等车流密集　右/在6号国道东侧、市场周边，很多当地居民骑摩托车或自行车来购物

沃波寺路周边

南北向横穿暹粒河与沃波寺（MAP p.207-1D）之间区域的道路叫沃波寺路。这条道路周边大多是些“穷游”的游客和当地人喜爱的地方餐厅。道路的东北侧还有外国游客青睐的旅馆区（MAP p.205-2D），这里欧美游客也很多。暹粒河沿线与沃波寺路平行的阿查思瓦路旁有贝尔蒙德吴哥暹粒宅邸酒店（→p.189），再往南走可到吴哥大道（→p.178）。

上/很多当地人抄近道时走沃波寺路
下/沃波寺路旁的旅馆，10余家平价旅舍并立于此

石头村“普雷亚尼特普拉”

MAP 文前图①-1B

从暹粒沿6号国道往波贝方向行进约85公里后，可以看到路旁有一个叫“普雷亚尼特普拉”的小村。这个村庄周边因大量采掘砂岩而出名，吴哥时期建造寺院的石料即产于此。石料开采工作现在仍在进行，路旁还有卖石像的店铺。

在暹粒洗衣

酒店或旅馆提供洗衣服务。大致的收费标准为：24小时内完成、不使用柔软剂的服务1千克US$1~，使用柔软剂、且需要保持衣服平整的1千克US$2.5~；3小时完成、不使用柔软剂的1千克US$3.5~，等等。当然，也是可以熨烫的。另外，当地老式洗衣房的店前会挂着“Laundry”的牌子，大概1千克US$1~的样子。

具有地方特色的小吃街“普劳何塞”

MAP p.11-2C
营 18:00左右~22:00左右
休 无

吴哥古迹售票处附近的大街从傍晚开始就会变身为一条长近500米的小吃街。届时街上会摆起面、水果、油炸、烤串、烤肉、越式牛肉火锅、毛鸭蛋（蓬提阿·阔，→p.141）等特色美食摊，还有青蛙、蛇、田螺等野味，此外还有服装摊。当地人把这里称为“琼·揪”，一家人，或者是亲友、恋人们一同出来，坐在出租凉席上乘凉。这是个纯粹为当地人服务的夜市，每个小摊的工作人员都不太会说英语。每晚有几百家小摊营业。街上还有自带店面的柬式火锅“秋南·大依”（→p.135）和柬埔寨烤肉店，热闹非凡。下小雨的话各店会正常营业。

原始田园风味的整只烤鸡，每只US$6~

位于索辛街西侧的花园餐厅“阿内克斯”供应正宗的法国美食

干丹村的名店

萨阿提 Saarti

MAP p.160

住 No.603，Hup Guan St.

☎ 077-283024　营 9:00~17:00

休 周一　信用卡 不可使用

采用柬埔寨产香草和水果制作的纯天然美妆品牌。出售身体霜和空气清新剂等，商品种类多。

添加牛油果油成分的面膜（左）和柠檬草面霜（右）各售 US$8

索辛街周边

位于老市场偏西侧的索辛街 Sok San Rd.（MAP p.209-3A）曾是一条人尽皆知的“红灯区”。最近几年，妓院逐步被餐厅和酒吧取代，一跃成为外国人聚集的美食街。老市场和吴哥夜市也都在步行范围内，因此住在这条街上的游客也开始增加。

干丹村周边

原来中央市场（高棉语称为“普萨·砍达尔”）就在附近。从 2014 年开始，外国人经营的时装店、杂货店、咖啡厅慢慢增加。哈馆街 Hup Guan St. 及周边区域称为“干丹村 Kandal Village”（MAP p.204-3B~205-3C），如今人气上升。可以从澳盛皇家银行（→ p.200）出发，逛逛哈馆街上的商店和咖啡厅。

上 / 哈馆街上五彩的商店紧密排列
下 / 萨阿提的商品

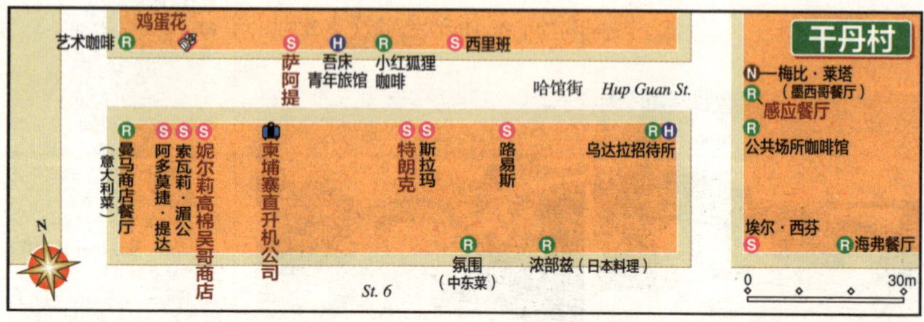

INFORMATION 市内交通

嘟嘟车（→ p.330）、摩的（→ p.331）

没有打表制出租车、西库罗（有些酒店、旅行社有），嘟嘟车和摩的是市民的日常交通工具。外国乘客乘坐嘟嘟车的费用标准为从老市场（MAP p.202-3B）到市场（MAP p.203-2D）约 3 公里的路程 US$1.5~，摩的 US$1~。也有比这些都便宜的交通方式。几乎所有酒店、旅馆都提供古迹一日租车服务，其中嘟嘟车 US$12~，二人 US$14~。摩的 US$10~。只是以上价格仅限 p.10~11 中地图范围内的区域，前往女王宫（→ p.79）和崩密列（→ p.84）等郊区景点时，要加收 US$10~30 的费用。

租赁自行车（→ p.331）

可以在市区的自行车店、杂货店或酒店、旅馆租借，1 天 US$1~。借车时需要交押金（US$10~30），或用护照做抵押。抵押护照的风险较高，建议交押金。另外，市区交通事故频发（→ p.338），骑车时需要格外小心。近期，有些自行车店开始经营无须牌照的自行车（→ p.199 的绿色 E 型自行车店），深受外国游客欢迎。再者，骑摩托车时需要国际驾照，同时容易发生纠纷，不建议租赁摩托车。

租车（→ p.329）

游览古迹时，也可以通过旅行社（→ p.199）或旅游咨询处（→ p.159 边栏）包车，一般带司机的汽车（轿车）1 天 US$30~。跟嘟嘟车、摩的一样，去郊区要加收 US$10~30 的费用。

柬埔寨人民党办公楼旁边（MAP p.205-3C）每天有两次有氧健美舞蹈表演，分别是 5:30 和 17:30，持续时间约 1 小时。傍晚的那次规模尤其大，有数百名男女老幼参与其中。舞者中还能看到外国人的身影，大家都按照教练的指导，↗

吴哥古迹全解析

吴哥国家博物馆

Map p.208-3A

សារមន្ទីរជាតិអង្គរ

★★★

展出吴哥古迹出土的石像、浮雕、碑刻等文物的博物馆。展厅宽敞，以“历史长河中的吴哥古迹”“宗教意义上的吴哥古迹”“主要国王统治下的吴哥古迹”等不同主题，分展厅分别展示吴哥，展览内容丰富详尽。各石像的配文只有英语与柬埔寨语，不过科学的照明与影像资料共同营造的展示效果可与美术馆相媲美。面对那些珍奇瑰丽的石像，如果只是走马观花地看一看未免太浪费如此大好的机会，应该仔细在展馆里待上一段时间细看。馆内还有销售纪念T恤、丝绸制品等商品的店铺。

左 / 近在眼前的佛像表情栩栩如生　右 / 告诉人们古高棉人的服饰、装饰品如何传承到现代的服饰展

吴哥国家博物馆

住 No.968, Vithei Charles de Gaulle, Khum 6, Svay Dangkum

☎（063）966601

网 www.angkornationalmuseum.com

开 8:30~18:00（10月1日~次年3月31日为~18:30）

休 无

费 US$12（11岁以下 US$6）

馆内禁止拍摄，需要在入口处寄存相机和摄像机。可租外语导游音频设备（US$5）。

规模宏大的博物馆

收藏了众多宝物的博物馆

圣·诺罗敦·西哈努克 - 吴哥博物馆

Map p.203-1D

សារមន្ទីរអង្គរព្រះនរោត្តម សីហនុ

★★

展出了阇耶跋摩七世时期建造的佛教寺院斑蒂喀黛寺（→p.59）出土的大量珍贵雕像。展览以现代、古代的“祈愿方式”为主题进行展出。

二层的主展厅。再次为同一“佛像冢”埋有如此多的佛像感到震惊

斑蒂喀黛寺长廊当年供奉了数量可观的佛像供佛教弟子参拜。然而那些佛像在阇耶跋摩七世去世后的“去佛运动”中被毁坏。据考证，当时国王虽然下令“废佛毁释”※，但是敬佛、畏佛的吴哥百姓在斑蒂喀黛寺偷偷建了一个“佛像冢”，将被破坏的佛像埋藏在里面。2001年，日本上智大学考古队从“佛像冢”内挖掘出274尊佛像及其碎片，这次出土的文物有助于了解当时的社会状况以及人们的信仰，非常有意义。博物馆方面将其中的101件搬运至此馆中展出。能如此近距离凝视佛像，想必是一种弥足珍贵的体验。

※废佛毁释是指销毁佛教经典和佛像，削弱僧人权限的一种“去佛运动”。

圣·诺罗敦·西哈努克 - 吴哥博物馆

住 Phum Boeung Don Pa, Khum Slakram Sruk

☎（063）763575

开 8:00~17:00（售票处下班时间 16:30）

休 周一

费 US$3（11岁以下免费）

馆内禁止拍摄。

有两层，展品配外语解说

刻有1008尊坐像的千佛石柱。2007年博物馆落成仪式上，现任西哈莫尼国王曾在该石柱前祈愿，并敬香、献花

↘认真完成各个动作。也可以中途参加（1000R）。平时不怎么运动的人不妨参加一次，活动筋骨。这可是相当正规的舞蹈呢！

吴哥全景博物馆
住 Rd.60M
☎（063）766215
网 www.angkorpanoramamuseum.com
开 9:00~20:00
休 无
费 US$20（6~13 岁 US$10）
信用卡 M V

博物馆坐落在吴哥古迹售票处旁边

MGC 亚洲传统纺织品博物馆
住 Ave. 60M
☎（063）765574
网 www.mgcattmuseum.com
开 8:30~16:00
休 周二
费 US$3（11 岁以下免费）

展厅分布在中间的东屋周围

柬埔寨民俗文化村
住 National Rd.6, Svay Dongkum
☎（063）963098
网 www.cambodianculturevillage.com
开 8:00~20:00
休 无
费 US$15（身高 110~140 厘米的儿童 US$5）

园内的出租电瓶车

7 座车 1 小时 US$12

民族舞蹈表演

11:00~11:30、14:35~18:45 间各民族展馆内有表演。《伟大的王阇耶跋摩七世》在周五~周日的 19:00~20:00 间上演。售票处可领取博物馆地图。

通过 3D 艺术和动画体验吴哥王朝时代的生活

吴哥全景博物馆

Map p.203-1D

Angkor Panorama Museum

★★

由朝鲜援建的博物馆，于 2015 年 12 月开馆。特点是可 360° 欣赏全景绘画。周长 122.9 米、高 12.9 米的全景圆展厅墙壁上用 3D 的形式描述了与占婆的战斗场景、吴哥古迹的建造、当时人们的生活等，令人叹为观止。走入馆内，仿佛进入当时的王朝。3D 影院内每隔 30 分钟播放的吴哥寺建造史（时长近 20 分钟）也很有欣赏价值。参观全景博物馆有助于加深对吴哥遗迹的了解。

左 / 旅游咨询处展示的吴哥古迹群的沙盘模型，古迹的变迁史及热门观光线路可免费参观　右 / 全景圆展厅壁画中出现的人物包括 1181~1220 年间的近 4.5 万高棉人。由朝鲜的 63 位艺术家耗时 1 年零 4 个月完成

讲述亚洲 6 国的布料历史

MGC 亚洲传统纺织品博物馆

Map p.203-1D

MGC Asian Traditional Textiles Museum

★

介绍柬埔寨、印度、老挝、缅甸、泰国和越南六国传统纺织品及民族服饰的博物馆。展品内容包含柬埔寨的黄金丝绸、印度刺绣等，各国精美丝绸同聚一堂，令人大开眼界。工作人员用英语介绍各国面料、纺织品的特点和文化，跟着他们去了解一下吧。馆内还有手工印染互动体验区。推荐对服饰、面料感兴趣的游客前往参观。

极具当地特色的休闲主题公园

柬埔寨民俗文化村

Map p.202-1A

ភូមិវប្បធម៌កម្ពុជា

★★

介绍柬埔寨历史与文化的主题公园。公园面积近 2 公顷，园内建有讲述各民族生活形态的传统建筑，还有各自的民族舞蹈和传统仪式展演。尤其是周五～周日晚上，再现阇耶跋摩七世辉煌历程的《伟大的王阇耶跋摩七世》人气最高。另外，蜡像馆和柬埔寨景点微缩模型观光区以真实的场景引人入胜。园内设有餐厅和纪念品商品，可悠闲游览半日。

大规模的露天舞蹈《伟大的王阇耶跋摩七世》

暹粒观光的必去景点！一个生机勃勃的市场

老市场

Map p.209-3B

ផ្សារចាស់

★★★

老市场坐落在城南的暹粒河畔，规模不大，但是堪称当地的后厨。从 7:00 左右开始，各种生鲜食材陆续运进来，顾客也多了起来。市场北侧位于道路对面的地方，有一块面食及酱汁盖饭饭馆的集中区域（→ p.178），是人们解决早餐的去处。朝阳下闪着光的小鱼装满了篮子和鱼篓，而市场中央的狭长通道则是新鲜水灵的蔬菜的“地盘”。前来采购的客人与来往的行人将这里围了个水泄不通。进入市场的中间区域，一股浓重的发酵食品的气味扑鼻而来，这些气味来自洞里萨湖产的鱼干、发酵类调料（鱼露，→ p.133）、鱼酱油（Tuk trey，→ p.133）等。这是这个市场独有的气味。另外，还有很多泰国产的日用品、糕点、调味料等商品，品类繁多。从丰富的食材和购物的方法，大概可以了解人们的日常生活。特产店主要集中在市场的南、西侧，主营柬埔寨特产。近些年，日用品和食品卖场逐渐被礼品店取代，地方乡土气息变得越来越淡。不过外国游客依然热衷于讨价还价，时常光顾这里。市场关闭后，18:00~23:00 间市场外的区域又会摆上薄饼摊、水果昔摊和嘟嘟车式流动售货摊。

白色墙壁与红色屋顶是最大的特点

开价偏高，记得一定要砍价

单纯为当地居民服务的市场

市场

Map p.203-2D

ផ្សារលើ

★

从市区沿 6 号国道向东走约 1 公里就到了暹粒最大的市场。那里林立着出售鱼、肉、干货、日用品、服饰、药、渔具、工具等的各色店铺。不仅有日用品和糕点、调料等，还能见到泰国、中国产的商品。另外，市场周边有很多生鲜食品摊。没有特产店，全是与居民生活密切相关的商品，是暹粒最热闹的市场。这里的外国游客不多，市场内英语是行不通的。那么索性彻底融入当地人的生活吧。

市场从清早开始就异常热闹

老市场

营 各店有所不同，基本上是 7:00~18:00（饭馆、特产店 ~20:00） 休 无

当地客人络绎不绝的生鲜食品摊

一边吃着当地的点心和水果，一边逛市场，很开心

由于这里是红宝石、蓝宝石产地，贵金属店全是宝石，但是假货横行

市场

营 各店有所不同，基本上是 6:00~18:00

休 无

市场周边的水果店堆满了热带水果

其他市场

萨马基市场（普萨 · 萨马基）

MAP p.203-2C

营 各店有所不同，基本上是 7:00~18:00

休 无

市场上闲置的摊位很多。主要是生活用品、服装、水果摊，也有饭馆。

吴哥新市场（普萨 · 吴哥）

MAP p.202-1A

营 各店有所不同，基本上是 7:00~17:00

休 无

有生鲜食品、生活用品、服装、小吃摊的小市场。还有便利店。

暹粒的超市

吴哥市场

Angkor Market

MAP p.204-2B

住 No.52，Sivatha St.

☎（063）767799

营 7:30~22:00

休 无

信用卡 D J M V

暹粒进口杂货、食品种类最齐全的店。旅行所需的生活用品基本都能在这里找到。

ATC 超市

ATC Super Market

MAP p.209-3B

住 Mondol 1，Svay Dangkum

☎（063）766666

营 9:00~22:00

休 无

信用卡 M V

位于购物商场吴哥贸易中心的一楼。内有柬埔寨特产专区。

地雷博物馆

住 Banteay Srei

☎ 015-674163

网 www.cambodialandminemuseum.org

营 7:30~17:30

休 无

费 US$5（12 岁以下免费）

位于从暹粒到女王宫（→p.79）的路上，距离女王宫 6 公里左右。如果只参观地雷博物馆，则无须购买古迹的门票。

战争博物馆

住 Kacam Village

☎ 012-873666

营 8:00~17:30

休 无

费 US$5（9 岁以下免费）

有带英语导游的免费旅行团。时间不固定，人数够即开团。

展示被清理出来的地雷，以及被害者的照片

大屠杀纪念馆

☎ 无

营 6:00~19:00 休 无

费 免费（小额捐款）

沃密寺的正殿。有佛教学校和禅房

深入了解柬埔寨的地雷问题

地雷博物馆

Map 文前图① -1B

សារមន្ទីរមីនអាគីរ៉ា

★★

虽然和平时代已经到来，但是经年累月的战争给这个国家留下的创伤仍旧遍布她的每一寸土地。其中地雷的危害到今天还是一个大问题。为唤起更多的人来关心柬埔寨的排雷问题，在现任馆长阿基拉的倡导下，在没有任何政府援助的条件下，创办了这座地雷博物馆。阿基拉原是红色高棉的一名士兵，现在从事志愿排雷工作。博物馆展出了他到目前为止排查出来的 5000 件地雷和武器。所有展品均做了安全处理。阿基拉由于排雷工作，常常不在博物馆，恰巧他在的时候，会用英语向游客讲述柬埔寨面临的各种问题。

左 / 博物馆中间有个小水池，水池中的小屋装满了地雷　右 / 红色高棉的士兵模型

通过武器的方式回顾战争历史

战争博物馆

参考 Map p.202-1A

សារមន្ទីរសង្គ្រាម

★

这里陈列着印度支那战争、柬埔寨内战时期使用过的苏联及中国造的各类武器，大到坦克、起重机，小到步枪、手榴弹，无所不包。

锈迹斑斑的大炮和战车向人们倾诉着岁月的无情

过去曾是波尔布特政权的屠杀地点

大屠杀纪念馆

Map p.208-1A

វាលពិឃាត

★★

波尔布特政权借“肃清”之名大开杀戒，这里便是大屠杀的地点之一。在 1975~1979 年 的 5 年间，数千人在这里遭到杀害。沃密寺旁边的一座米色 2 层学校模样的小楼据说是当年波尔布特政权的审讯处，周边发现了大量人类遗骸。如今，小楼成了一座寺庙，可以看到僧人。寺庙建于 1997 年，建造的目的是为了安魂。

左边的慰灵塔中安置了遗骸和遗物

✉8月是雨季，我担心会下雨，但事实上到处一片新绿的景色。崩密列（→p.84）距离暹粒比较远，不过苔藓丛生，游人很少，环境清幽，值得一去。另外，路上还能看到当地高脚屋及居民，可体验村落生活。

柬埔寨人求签最灵验的名寺

姐妹庙

Map p.205-1C

ព្រះអង្គចេក ព្រះអង្គចម

★★

这里供奉着名叫圣安鹊和圣安琼的一对姐妹的立像，每天来此上香的善男信女络绎不绝。这对立像在16世纪前后供奉在龙博（MAP p.11-1D）附近的寺院内，后来迁至坦拿克寺（MAP p.207-3C），现在又转到了这里。期间数度遭遇窃贼光顾，但是民间相信立像有神秘力量护体，每遇盗贼时就会变重，使贼人们无法得逞。而事实上是因为立像是铜做的，分量太重，盗贼搬不动。这里的"空僻"（→ p.33，占卜的一种）很有名，许多柬埔寨人都会来这里算命。

供奉巨型涅槃佛像的华丽寺院

卧佛寺

Map p.207-1C

វត្តព្រះព្រហ្មរ័ត្ន

★

建于1915年，是暹粒年代比较久远的寺院。走进寺院，首先映入眼帘的是一尊乘船僧侣雕像（见边栏）。进入庙内，四周的彩画壁画描绘了佛陀的一生和佛陀的趣闻，富丽堂皇。随后进入正殿，一尊巨大的佛陀雕像正襟危坐，它的后面是涅槃像。如此新颖的雕像安放方式是有一段佳话的。

传说在15世纪左右，乌栋（→ p.265）附近的珑威住着一位名为占嗨嘀的高僧。有一天，高僧乘坐的船被鲨鱼袭击，断成两截，高僧连人带船沉入水底。人们为纪念高僧，并相信"他一定在极乐世界悠然安睡"，于是便将卧佛与这位高僧的形象结合起来，在这个寺庙里建了一尊涅槃像。高僧所坐的船其中一半沉到了水底，另一半漂到了磅清扬省（MAP 文前图① -2B）。现在磅清扬省的博里卜寺还供奉着占嗨嘀的雕像。

涅槃像全长5米

位于市区的珍稀吴哥古迹

圣安高塞寺

Map p.208-2B

វត្តព្រះឥន្ទកោសា

★

这座相传建于10世纪左右的砖结构寺院最大的看点是正殿后面的2座砖结构佛堂。这可不是后来修复的，而是当时建造的原物。更精彩的在于，门楣上的乳海搅拌（→ p.32）也没风化，保存得十分完好。事实上，在暹粒周边能看到乳海搅拌浮雕的地方，只有吴哥寺（→ p.20）、崩密列（→ p.84）、柏威夏（→ p.90）和这里，一共4处，十分珍贵。寺庙周围还能看到环形沟渠，从新建的正殿还能看出当年红土所建的寺院前身的影子。柱子上留着古老的碑文。寺院虽小，却是珍贵的历史遗迹。

前来参观的游客很少。院内还有所小学

姐妹庙

开 5:00~21:00

休 无

费 免费

左边是圣安鹊，右边是圣安琼

卧佛寺

开 4:00~21:30（诵经时间 4:00~5:00、17:00~17:30）

休 无

费 免费（小额随喜）

占嗨嘀的立像。高僧手托的饭钵在高棉语中发音"占"，热气发音"嗨嘀"，意思是米饭冒着热气

圣安高塞寺

开 寺院区域内参观则24小时开放

休 无

费 免费（无须购买古迹门票）

杰·苔德小姐像 Ya-Tep Shrine

MAP p.205-1C

开 24小时

休 无

费 免费

这尊像供奉的是16世纪一位名叫杰·苔德的女士，是一个真实存在的人物。据说她有天生神力，可实现人们的愿望。政治家、警察、军人就职时要以各种人物或神灵的名义宣誓，其中经常能听到"我向圣人杰·苔德宣誓"之类的宣誓词，可见她在柬埔寨家喻户晓。

柬埔寨只有这一座杰·苔德雕像。据说供上捆绑着的活鸡就能实现愿望，对商人尤其灵验

吴哥夜市
营 18:00 左右 ~23:00 左右
休 无

“阿希”店内出售的防水性能好的香蕉纸制作的商品

老吴哥夜市
营 18:00~23:00 左右
休 无

“柬埔寨造”市场
住 King's Road Angkor
营 12:00~22:00
休 无

其他的夜市
暹粒艺术中心夜市
Siem Reap Art Center Night Market
MAP p.206-2B
营 9:00 左右 ~23:00 左右
休 无

聚集了纪念品店、宝石店、按摩店、餐厅等共 250 家店铺的大型市场。从上午开始营业，店铺有屋顶，下雨也不用担心。

深受团体游客的欢迎，夜晚尤其热闹

午夜市场
Noon Night Market
MAP p.206-1A
营 12:00 左右 ~24:00 左右
休 无

约有 100 家特产店。商品品种与其他市场差不多。

市场前有小吃摊和餐厅、按摩店

在个性商店淘宝是一大乐趣

吴哥夜市

Map p.206-1A

Phalla Angkor Night Market ★★★

位于老吴哥夜市（→下述）两个片区中间，2017 年开始营业，如今在夜市人气指数排行榜中位列第一。热销 T 恤、格罗麻、民族服装、手工艺品、环保杂货等各类柬埔寨特色礼品店比邻而建，密密麻麻，其实还有一些充满特色的个性商店，例如受到柬埔寨风景和文化启发开发原创商品的“哈里哈拉 Hari Hara”、运用传统色织大胆创新的时尚杂货铺“西波斯 Shippos”、利用加工香蕉树茎干后所得的香蕉纸生产商品的“阿希 Ashi”等。每天 19:00 开始人越来越多。

左 / 带着淘宝的心态去逛逛吧　右 / “哈里哈拉”内摆放着店主自己设计的杂货

夜市的鼻祖

老吴哥夜市

Map p.206-1A

Angkor Night Market ★★★

老吴哥夜市是暹粒夜市的鼻祖。夜市被分为两个区域，共有约 200 家特产店。除了热销特产外，可现场观看丝织工艺的格罗麻店也不容错过。除每天都有现场演出的酒吧、按摩店外，还可以体验多种多样的吴哥夜生活。

最好在所有店都开门了的 20:00 左右去

大量“柬埔寨造”的优质商品

“柬埔寨造”市场

Map p.207-2C

Made in Cambodia Market ★★

吴哥大道（→ p.178）内每天都会举办的工艺品市场。规模很小，特点是这里的商品与市场及其他夜市的商品截然不同。适合在这里寻找特产礼品。

“Reakossa Arts”销售采用手工染织的丝绸制作的精美袋子。其他还有不少这样高品位的店铺

暹粒的文化娱乐

柬埔寨法尔马戏团
Phare The Cambodian Circus

由运营马德望（→p.278）的职业培训学校的 NGO 经营的马戏团。有惊险刺激的特技，有轻松诙谐的喜剧，节目内容丰富，可令观众大饱眼福。演出剧目每 10 天调整一次，杂技中还会添加讲述柬埔寨文化与风俗的戏剧，共同构成一部壮阔的柬埔寨史诗。内设可就餐的咖啡厅。

MAP p.202-3A
住 Ring Rd. South of Intersection with Sok San Rd.
☎ 015-499480、092-225320 URL pharecircus.org
开 20:00~21:00（11 月 ~ 次年 3 月的周一、周四、周六在 17:00~18:00 还有演出） 休 无
费 A 区 US$38（US$18）、B 区 US$28（US$15）、C 区 US$18（US$10）、4 岁以下免费
※ 括号内为 5~11 岁儿童的票价
信用卡 J M V 预约 最好预约

没有大规模的道具，但是作为一项娱乐节目，非常精彩

暹粒罗萨娜百老汇
Rosana Broadway

在绚丽夺目的舞台上，由柬埔寨男女演员与泰国演员组成的舞者们穿着华丽的衣裳，深情演绎中国、韩国、越南和日本的歌曲、舞蹈。舞台设计仿佛真的百老汇，每晚都会引得各国游客尖叫不断，连声叫好。门票常有折扣，要是通过旅行社购买更加便宜。

舞台布景和舞蹈演员不断变化

MAP p.11-2C 住 National Rd.6, Chong Kao Sou Village ☎（063）769991~3
URL www.rosanabroadway.com
开 17:45~19:00、19:30~20:45（淡季只有一场演出） 休 无 费 US$25~45 信用卡 不可使用
预约 提前半天购票

吴哥的微笑
Smile of Angkor

以吴哥王朝的历史与传说等为主题的表演。表演使用大型舞台布景与 3D 效果灯光、音响系统，达到语言无法表达的梦幻效果。

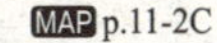
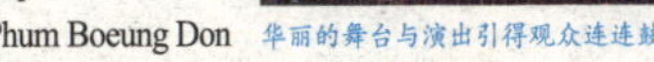

华丽的舞台与演出引得观众连连鼓掌

MAP p.11-2C
住 Phum Boeung Don Pa, Khum Slakram Sruk
☎（063）6550168 URL www.smileofangkor.info
开 17:30~19:30（晚餐时间）、19:30~20:45（演出时间）
指定座位。A 区、B 区均含自助晚餐
休 无 费 A 区 US$48、B 区 US$38
预约 提前半天购票

INFORMATION 暹粒的高尔夫球场

柬埔寨暹粒富荣乡村俱乐部
Siem Reap Booyoung Country Club

俱乐部内还有大浴场，还能品尝日式料理。俱乐部提供球棒和球鞋出租。

MAP p.11-2D
☎（063）967101 FAX（063）967114
URL www.siemreapbooyoung.com

吴哥高尔夫胜地
Angkor Golf Resort

由尼克·费度设计的球场。设置了幸运抽奖屋。俱乐部提供球棒和球鞋出租。左手杆少。

MAP p.10-2B
☎（063）767688~9 FAX（063）767689
URL www.angkor-golf.com

福克瑟拉乡村俱乐部
Phokeethra Country Club

水池多，难度大。球场内还有吴哥时代建造的桥。共 18 洞。柬埔寨 Johnnie Walker PGA 公开赛的发源地，场地达到国际标准。俱乐部提供球棒和球鞋出租。左手杆少。

参照 MAP p.10-1A
☎（063）964600 FAX（063）964610
URL www.phokeethragolf.com

前往被誉为“暹粒第一夜总会”的

酒吧街

在老市场的北侧（MAP p.169），
有一条被称为“酒吧街 Pub Street”的街道。
这条百余米的街道上，自 2004 年开始餐厅和咖啡厅猛然增多。
与酒吧街隔着一条街，南面是“通道 & 西小巷”，北侧是“小巷”。
现在，该区域整体成为一个观光区。每天 16:00 左右就开始热闹起来。
接下来介绍该区域各街道的特色及各街道上的热门店铺。

有很多时尚小铺！

酒吧街 Pub Street

这条餐厅 & 酒吧街上，每晚都有高分贝的音响播放音乐，街面华彩的霓虹灯璀璨艳丽。有些店有现场表演及阿普莎拉舞蹈，是暹粒最热闹的地方。

很多店铺从白天就开始营业，可以来这里吃午餐，也可以过来休闲

人气店

位于酒吧街入口处的“红钢琴”酒吧（→p.179）

上 /“红钢琴”的二楼有一架红钢琴，店名即来源于此
左 /“红钢琴”的招牌是演员安吉丽娜·朱莉赞不绝口的一款 TOM RIDER 鸡尾酒

人气店

寺院食物与饮料 Temple Food n Beverage

☎ 015-999922
营 6:30~ 次日 4:00

位于“红钢琴”的对面，2016 年开业

波贝胡椒鸡尾酒（US$5）

二层每天的 19:30~22:30 有现场演奏

15分钟 US$3~

在路旁享受小鱼按摩

The Passage & Alley West
通道&西小巷

“通道”也称为后酒吧街，街上餐厅、酒吧林立。“通道”的西侧是“西小巷”，这里相继开张了一些外国人经营的时装店和时尚用品店铺。

除了咖啡厅和餐厅，还有特产店和露天店铺

人气店

欲望花园
Garden of Desire

有感于柬埔寨的风土与吴哥古迹，经营独特的原创饰品的商店。

☎063-760517

营10:00~22:00

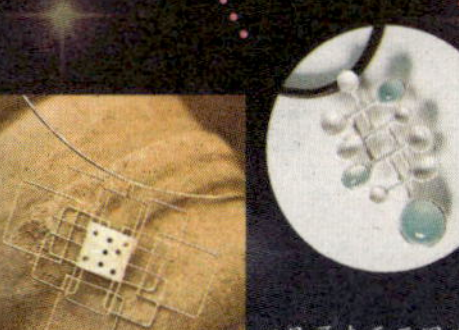

以吴哥寺平面图为主题设计的项链（US$155）

小巷 The Lane

这条小巷在几年前治安还非常糟糕，行人稀少。如今，它的西侧布满时尚小摊，东侧则是酒吧和各国美食餐厅等。与酒吧街相比，这里的很多店铺显得安静、典雅得多。

“翁小姐”在当地外国人中很有人气

人气店

翁小姐
Miss Wong

这条街道上的一家老牌酒吧。中国风的内饰给人安静感，适合品味鸡尾酒（US$4.5~），喝茶。

☎092-428332

营18:00~次日1:00

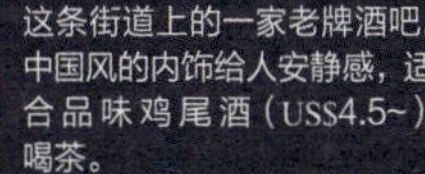

人气店

苏苏 SUSU

使用柬埔寨的灯心草制作的化妆包和手袋、拖鞋呈现自然光泽，适合用作礼品。

☎093-633866

营13:00~22:00（周六、周日14:00~）

以灯心草为原料制作的拖鞋非常精致

在刻在吴哥古迹上的大湖中巡游

Tonle Sap

前往洞里萨湖

参观完古迹后，去柬埔寨最引以为傲的大湖"洞里萨湖"看看吧。
洞里萨湖是吴哥寺和巴戎寺的壁画主题之一，
荡舟徐行其间，感受历史的悠远，时光掠过，一切显得如此特别而美好。
下面介绍充分游览洞里萨湖的 3 条巡游线路。

空邦鲁的红树林

洞里萨湖档案

洞里萨湖是一个坐落在柬埔寨国土中间位置的大湖。柬埔寨人将它称为"可伸缩的湖"。因为旱季的 4~6 月湖面只有约 3000 平方公里，到了 8~10 月的雨季，面积可扩大到 1 万平方公里，是旱季时的 3 倍（参照 MAP p.10~11）。湖中生活着近 300 种淡水鱼，居东南亚淡水鱼种类之首。但是近年来水质污染和滥捕现象严重，导致湖区生态逐渐退化，鱼群数量逐渐减少。

巡游季节

巡游洞里萨湖应选择 6~11 月的雨季，此时水位高。尤其是 8~10 月最为有趣。当然，并不是说旱季的洞里萨湖没看点，只是部分湖底会因干旱裸露在外。

线路 1 空邦鲁 Kampong Phluk

从高高的房屋主支撑柱可以清晰地看到洞里萨湖在丰水期的水位高度。图片为 8 月份的水位

左 / 要想在暹粒漫游红树林，只能来这里
下 / 中途可顺便到访高棉寺院

水上高脚屋建在高数米的支撑柱上，房屋成片，形成村落。在渔村间乘船巡游过后，换划小船，漫游红树林。在充满负氧离子的天然氧吧红树林中呼吸清新的空气，顿感身心愉悦。

左 / 村内的小学　右 / 住在附近的几乎全是柬埔寨人，他们以打渔为生。图为村民在编织渔网

DATA 从暹粒市内沿 6 号国道向金边方向前进，经过罗洛士古寺群附近后右拐。从那里再往前走 4 公里，就可以看到游船售票处。买票后会有人带到船上。嘟嘟车往返 US$15~。 MAP p.11-3D ☎ 095-812156 营 5:00~18:00 休 无 费 船型分为小型汽船（7 座）、大型汽船（40 座），票价均为每人 US$30。乘船时间约 2 小时。途中换乘的手划小艇为双人艇，每人 US$5，乘船时间约 30 分钟。如果参加巡游旅行团，含往返酒店接送的票价为 US$15~

线路2 宗克尼 Chong Khneas

船经过的地方，两旁能看到浮在湖面上的水上民居和商店、小学等，洞里萨湖的壮观景色令人着迷。在养鱼场休息后，乘船返回码头。一般的线路需要花1小时30分钟。从城区到码头的路旁有椰子、香蕉树，还有莲花池等，一派田园牧歌的风光。

水上越南人学校。宗克尼的居民几乎都是越南人

可以看到当地人的日常生活

从养鱼场的屋顶俯瞰水道

有些旅行社组织赏日落旅行团。欣赏日落的最佳季节是11~12月

码头上有各种大大小小的游船

DATA 从暹粒市内南行约11公里后，可以看到游船售票处。嘟嘟车往返US$10~。参考 MAP p.10-3B ☎012-772656、011-886696 营7:00~18:00 休无 费坐1小时30分钟左右的汽船，1人乘坐为US$30，2~8人为每人US$25，9~20人为每人US$20，21~41人时每人US$15

※游览宗克尼时，经常会遇到被途中的小学或船主额外要求高额小费的情况。最好参加旅行社组织的带导游的旅行团。如果参加的是巡游旅行团，含往返酒店接送的票价为US$13~

这里也精彩

普列托尔（观鸟）Prek Toal

这里全年都能看到各类大大小小的鸟类，包括候鸟在内，共计100余种。其中不乏灰头渔雕、秃鹳等珍稀鸟类。在这里，你可以亲近柬埔寨的野生动物和大自然，发现柬埔寨的另一面。

DATA 从宗克尼坐1小时15分钟左右的汽船到达普列托尔。再从这里换乘小船，30分钟后抵达观鸟点。如果是旱季，有些鸟会在干涸的湖底行走。全程约需7小时。MAP 文前图①-2B 费1人乘坐汽船为US$50~，2人为每人US$35~，3人为每人US$30~。船一般不租给个人，需要旅行社安排，或导游同行。参加个人团时，含往返酒店接送的票价为US$150~

野生鸟类数量在12月~次年1月的产卵季达到高峰

餐厅
Restaurant

罗格朗
Le Grand

柬埔寨菜

◆一家可品味柬埔寨菜精髓的老牌餐厅。这里有传承了几个世纪的宫廷厨师制作的宫廷套餐（US$80），一定要尝尝。食材自然用料考究，连加入调味料的时间和火候也都精确计算过。虽然菜单可能与别处相仿，但如此精心制作出来的传统美味可不是在别的餐厅能吃到的，是一种令人心动的味道。宫廷套餐共两种，此外还有单点菜单。

宫廷套餐分为3份餐前小菜、汤、5份主菜、甜品

暹粒首屈一指的高档餐厅 Map p.205-1C

住 No.1，Vithei Charles de Gaulle，Khum Svay Dangkum（吴哥莱佛士大酒店内）

☎（063）963888 营 18:30~22:00

休 无 信用卡 A J M V

预约 套餐需要预约

着装要求 商务休闲

无论味道还是就餐氛围，都堪称暹粒最高档的柬埔寨菜餐厅

茉莉花
Malis

柬埔寨菜

◆这家热门餐厅主打柬埔寨家常菜。简单的餐食却有令人心旷神怡的精美装盘，仿佛高档美食。殖民地风格饰品营造出雅致空间。供应含有足量鱼块的阿莫克鱼（US$8）、香菇熏鱼汤（US$8）等，全是质朴的菜品。价格实惠，味美质优，人气火爆。6:30~10:30 间还有自助式特色早餐，US$7。

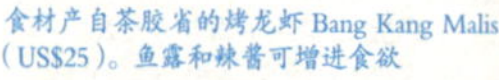
食材产自茶胶省的烤龙虾 Bang Kang Malis（US$25）。鱼露和辣酱可增进食欲

用现代的烹饪法制作柬埔寨家常菜 Map p.207-1C

住 Pokambor Ave. ☎ 015-824888

营 6:00~10:30、11:00~17:00、18:00~22:30

休 无

信用卡 A M V

预约 晚餐需要预约

店内透着豪华气氛。一层有酒吧，二层设置了包厢

罗哈特咖啡馆
Rohatt Cafe

柬埔寨菜

◆木造的高脚屋内有一条水槽，水车轮转，传递着柬埔寨式的怀旧气息。从早餐到晚餐，共有50余种家常菜，早餐的米粉 US$2.8 起，超值体验。店内能品尝到意大利的 illy 咖啡，餐后还可以去高楼层的酒吧小酌。味道、气氛、价格均无可挑剔，深受当地居民欢迎。

图片前部的是传统家常菜南瓜汤（Korko）加炸鸡块（US$6.9）的一道混合菜。中间偏右位置是油炸白肉鱼（US$6.9）

当地人也常光顾的平价餐厅 MAP p.207-2C

住 Achar Sva St.（吴哥大道旁）

☎ 093-888500 营 7:00~23:00

休 无 信用卡 J M V 预约 不需要

从左上顺时针开始，依次为椰子砂糖糯米团 Prair Ai（US$3.9）、椰奶炖南瓜（US$3.4）、发酵黑米制作的甜品（US$3.2）

吴哥王室咖啡
Angkor Royal Cafe 柬埔寨菜

◆从柬埔寨文化与民俗中汲取了营养，开发了目前每月一换的柬埔寨创意美食套餐（US$15），大受欢迎。菜品每个月都有不同的主题，同一主题下有两种套餐。例如，4月的主题是“柬埔寨的正月”，餐厅方面因此制作正月菜单，让食客感受季节的味道。

五星级酒店的餐厅 Map p.208-1A

住 Vithei Charles de GaulleKhum Svay Dangkum（吴哥艾美酒店内）
☎（063）963900
营 6:00~23:00（套餐供应时间 11:30~）
休 无 信用卡 A J M V 预约 不需要

每月一换的套餐共3~4种菜。图片为“柬埔寨胡椒”主题套餐

克洛亚
Kroya 柬埔寨菜

◆露天区有秋千沙发，整体环境舒适。精选从洞里萨湖捕捞上来的湖鲜与当地的香草等新鲜食材，用料精致。菜单中有采用澳洲牛肉制作的松软口感的“鲁克·拉克”（→p.138 的酱汁牛肉粒，US$18）和阿莫克鱼（US$12），还有包含6种菜品的套餐（US$35）。

味道、氛围俱佳 Map p.205-2C

住 Junction of Oum Khun and St.14（吴哥圣塔玛尼酒店内）
☎（063）964123 营 11:30~22:30
休 无 信用卡 A J M V 预约 不需要

在绿意葱葱的庭院中，悠闲品味美食

樟蕾树
Chanrey Tree 柬埔寨菜

◆一家充满亚洲风情的时尚柬埔寨餐厅。精选食材，制作柬埔寨民族美食和融入法国风味的现代高棉菜，口感清淡。酥脆的地方烤鸡（US$10.5）由主厨亲选亚洲风味的酱料，将鸡肉的香味发挥到极致。沙拉 US$6.5~，主菜 US$7~。晚上餐厅灯光四起，氛围绝佳。

在上品空间享用传统美食 Map p.207-1C

住 Pokombo Ave.
☎（063）767997
营 11:00~14:30、18:00~22:30
休 无 信用卡 M V
预约 最好预约

餐厅的前身是一家古代民居

坦拿克寺美食餐厅
Cuisine Wat Damnak 柬埔寨菜

◆一家带独立建筑的餐厅，环境安静，位置隐秘。提供融合了法国风味的现代柬埔寨套餐。厨师是一位长年在高档酒店担任厨师长的法国人，味道甚至能征服法国人的胃。严选当季食材做成的包含5~6道菜的套餐（US$27~31）每周调整菜品。

综合柬埔寨、法国风味的美味套餐 Map p.207-3D

住 Behind of Wat Damnak, Between Wat Damnak & Angkor High School
☎ 077-347762 营 18:30~21:30
休 周日、周一 信用卡 J M V
预约 最好预约

将传统高脚屋改造成一处时尚、现代的店面

砂糖棕榈
The Sugar Palm 柬埔寨菜

◆仿照传统的高脚屋建造的餐厅。店内的餐桌和椅子由店名中的“砂糖棕榈”（砂糖椰子）树做成，与木造民居相映成趣。这家店口碑很好，“任何菜味道都不错”。尤其是需要花40分钟制作的“阿莫克”（→p.138）味道绝美！主菜的价格 US$5~。只在中午时段提供套餐（US$15）。

“阿莫克之一”就在这里！ Map p.207-2D

住 St.27 ☎（063）6362060
营 11:30~14:30、18:00~22:00
休 周日 信用卡 J M V
预约 旺季需要预约

这家店的阿莫克有鱼、虾和豆腐三种（7.5US$~）。特点是蒸过之后调成慕司状

米咖啡
Mie Cafe 柬埔寨菜

◆由传统的高脚屋改造而成的餐厅，供应具有欣赏价值的无国界美食。在瑞士留过学的柬埔寨店主兼主厨开发的菜单充满闲趣。炖牛尾时加入柬埔寨产咖啡，充分释放牛尾的鲜美；戈公产的贝类浓汤（US$6.5~）内放一些清淡的柠檬草提香……这些包含主厨乡土情怀的美食吸引了众多粉丝。

现代高棉式无国界美食 Map p.208-2B

住 No.85, Phum Treng Khum
☎ 012-791371
营 11:00~14:00、17:30~21:15
休 周二 信用卡 J M V
预约 需要预约

咖啡味牛肉牛尾 10US$。前菜 6.5US$~，主菜 7.5US$~，套餐 24US$~

女王宫
Banteay Srey 柬埔寨菜

◆一家能品尝到正宗柬埔寨菜的老字号餐厅。一份菜 US$8~。是柬埔寨人喜欢的味道，只在早晨供应的米粉（→p.139，US$3~4）也很受欢迎。

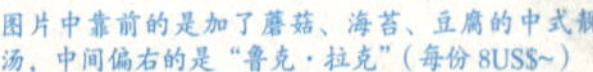

图片中靠前的是加了蘑菇、海苔、豆腐的中式靓汤，中间偏右的是“鲁克·拉克”（每份 8US$~）

柬式“妈妈的味道” MAP p.204-1A

住 No.108，National Rd.6
☎ 011-916710、012-682832
营 6:00~10:00、11:00~14:00、18:00~21:00
休 无
信用卡 不可使用
预约 不需要

柬埔寨 BBQ
Cambodian BBQ 柬埔寨菜

◆使用一种类似于涮羊肉火锅的柬埔寨传统烤肉店。共有牛肉、猪肉、鸡肉、墨鱼、鳄鱼等 7 种肉和蔬菜、米饭、米粉，单人 US$11.25，双人 US$19.5。用炭火烤铁板肉，铁板边沿的汤用来涮蔬菜和米粉。有 3 种汤底可选。味道鲜美，看着也赏心悦目，受外国人的青睐。店里还提供袋鼠肉、鸵鸟和青蛙肉等。

久吃不厌的 BBQ 火锅 Map p.169

住 Pub St.
☎（063）966052
营 12:00~23:00
休 无
信用卡 J M V
预约 不需要

单人锅也不错，能吃得很饱

高棉厨房
Khmer Kitchen 柬埔寨菜

◆不使用味精的菜品和轻松的氛围得到各国游客的好评。尽管位于酒吧街（→p.168），但每道菜的价格只有 US$4~5。店前每天 18:00~22:00 有烤牛肉、鸡肉、猪肉等（US$4.5~）。菜单带图片。在它的西侧约 100 米处是 2 号店（MAP p.169）。

家居氛围让人欢喜 Map p.169

住 Near Old Market
☎ 012-763468 营 10:00~23:00
休 无 信用卡 不可使用
预约 不需要

南瓜椰子汤与肉末炒茄子（每道菜 US$4.5）

龙之汤
The Soup Dragon 柬埔寨菜

口味很适合同样喜欢火锅的中国人

◆一栋 3 层建筑的柬埔寨 & 越南菜餐厅。柬埔寨火锅“秋南·大依”（→p.135）一定要尝尝。小锅 US$13（2~3 人份），大锅 US$15（3~4 人份），可以选择放入牛肉、鸡肉、猪肉、海鲜等食材，还有蔬菜、鸡蛋、腐竹、米粉等，蘸上辣豆酱一同食用。加肉 US$5，海鲜 US$6，蔬菜 US$1。还有多种其他菜品，如早汤（→p.139）和米粉（各 US$3.5~）等，可以作为早餐。

围在热气腾腾的火锅边用餐 Map p.169

住 No.369，Group 6，Mondol 1，Svay Dangkum
☎ 012-731152
营 6:00~ 次日 2:00（2~3 层为 ~23:00）
休 无
信用卡 不可使用
预约 不需要

高棉味道
Khmer Taste 柬埔寨菜

◆菜如店名，供应传统的柬埔寨家常菜，是一家超高人气的平民餐馆。主菜 US$3~。虽然这个价位的餐馆多如牛毛，但是做得如此美味的，仅此一家！位于酒店和餐厅业蓬勃发展的索辛街（→p.160），每晚都有很多外国游客前来。墨鱼炒生胡椒（US$5）、正宗的烤比萨（US$6~）最值得一尝。

性价比超高！ Map p.209-3A

住 Sok San Rd.
☎ 012-830102 营 7:00~23:00
休 无
信用卡 不可使用
预约 不需要

阿莫克（前图，US$2.5）和香蕉花沙拉（后图，US$2.5）。当地生啤售价 US$0.5

李利
Ly Ly 柬埔寨菜

◆当地居民很喜欢这家大型餐馆，评价它“蔬菜汤很好喝”。由胡萝卜、青菜、蘑菇、牛杂等熬炖成的汤香味浓郁。用这种汤做的早汤（→p.139）也是热卖美食（均售 US$2.5）。粥和焖牛肉也是它的看家菜品。要注意这家店在不同时段供应的菜品不同，深夜只有粥。

可品尝招牌美食 Map p.204-2B

住 No.67，Sivatha St.
☎ 095-800890 营 6:00~ 次日 1:00
休 无 信用卡 不可使用
预约 不需要

热卖的“鲁克·拉克”。用菠萝壳盛放的菠萝炒饭美味鲜香

汤匙
Spoons 柬埔寨菜

◆店内以竹子为设计主题，空间开阔，街边小吃与家常料理装盘精致，采用当地食材制作的特制鸡尾酒同样引人垂涎。水葫芦花和米粉章鱼烧等是该店独有的特色小吃 Num Krok（US$3.75）。

图中前部是柬埔寨传统发酵调料和鸡肉、水葫芦花搅拌在一起食用的 Tuk Kroueng（US$6.75）

养生的创意柬埔寨菜 Map p.207-3C

住 No.142，Group 5，Pave Rd.（Bamboo St.） ☎ 076-2776667
营 11:30~22:00 休 周一
信用卡 不可使用 预约 不需要

莫罗波·勒赛
Mlobb Russei 柬埔寨菜

◆西池（→p.74）附近的土鸡味道鲜美，这家店是西池土鸡专营店。菜单上有莫安·安（烤鸡）、莫安·多（蒸烤鸡，各 US$14~）等。在这家建在田里的小屋结构餐厅用过餐后，还可以在吊床上休息片刻。地方不容易找，店员也不会英语。另外，西池停车场前还有多家可以吃到美味鸡肉的餐馆。

莫安·安正好可以一只手抓着吃。两个人吃的话，小只的量也足够了

名人也来这里品尝脆嫩的鸡肉 Map p.10-1A

住 Chrey Village，Tuek Vil
☎ 012-829410、012-615349
营 8:00~20:00
休 无
信用卡 不可使用
预约 周六、周日需要预约

心寿司酒吧
Sushi×Bar SHIN 日本料理

◆开业一年来，在暹粒生活的日本人纷纷光顾，是一家热门店铺。日本师傅制作的寿司是正宗的味道，另外还供应下酒菜和火锅、拉面等近 100 种日本美食。座席分几种，有厨房前席位、围炉席位、屋顶席位等。8 种小菜套餐（US$6~）只在午餐时段供应。

前面的是寿司拼盘（US$11.5），后面是加州卷（US$5）和香辣金枪鱼卷（US$4.75）

当地日侨喜爱的日本餐厅 Map p.209-2A

住 Angkor Night Market St.
☎ 010-634620
营 11:30~14:30、17:00~23:00
休 无 信用卡 不可使用
预约 不需要

竹园
Takezono 日本料理

◆五星级酒店内的正宗日本料理餐厅。位于速卡吴哥度假酒店内，交通便利。推荐烤鱼和炸猪排等各种套餐（US$14.5~）、寿司拼盘（US$35~）、炸大虾拼盘（US$10~）、铁板烧套餐（US$24~）等。可单人用餐，也可团体前往。

室内空调开放，日式内饰给人沉静感

品尝正宗日本料理的高档餐厅 Map p.204-1B

住 National Rd.6 & Sivatha St., Junction（速卡吴哥度假酒店内）
☎（063）969999
营 11:30~14:30、18:30~22:00
休 无 信用卡 A J M V
预约 包厢需要预约

莫洛泊咖啡
Moloppor Cafe 日本料理

◆这家日本人经营的餐厅 & 咖啡厅位于河畔。供应 24 种混合饮料（US$1~），还有咖喱、烤鸡、汉堡、比萨、柬埔寨菜和中国菜等，菜品丰富。价格 US$2~，非常实惠。三层有桑拿和露天日式浴缸（营 女性 10:30~18:00、男性 19:00~22:00 费 US$2.5）。

味美价廉，受到外国人和当地居民的喜爱

如果想吃日料，就来这里吧 Map p.207-1C

住 Wat Bo Village
☎ 012-800690
营 10:00~22:30
休 无
信用卡 不可使用
预约 不需要

感应餐厅
Vibe 素食

◆早餐时段（7:30~11:30）供应巴西紫莓冰霜（Acai Bowl）和薄饼，其他还有汉堡、意大利面、三明治等正餐（11:30~）及甜品等，共有 40 余种菜品，均不使用动物油脂类食材，对于志在养生的人而言是一大利好。同时供应排毒果汁和香草茶（US$2~）。

巴西莓中添加蓝莓、牛油果后，再抹一层自制格兰诺拉麦片，最后做成亚马孙巴西紫莓冰霜（US$6.5）

诞生在金边的素食咖啡 Map p.160

住 No.715，Hup Guan St.
☎ 069-937900
营 7:30~21:00（周一 ~16:30）
休 无 信用卡 M V
预约 不需要

阿内克斯

L'Annexe 法国菜

◆可以一边欣赏花园的美景，一边无拘无束地享用真正的法餐，在当地人和游客中享有盛誉。蓝绶带法式奶酪配鸡排（US$9）、贡布胡椒烤菲力牛排（US$18）等肉菜无论是味道还是分量，都让人满足。店主的出生地阿尔萨斯的地方特产火焰薄饼（Tarte Flambee，US$8）类似于薄比萨，是一种零食，与红酒同食最佳。

低温炖7小时的小羊肋骨肉（US$17）松软香浓。图上部是附送的什锦奶汁焗菜

口碑极佳的人气法式餐厅 Map p.202-3B

住 No.108，Sok San Rd.

☎ 095-839745

营 11:30~22:30（周日、淡季为16:00~）

休 无 信用卡 M V

预约 不需要

暹粒酒馆

Siem Reap Brewpub 国际菜

◆暹粒第一家兼营酿酒厂的酒馆。6种英式啤酒（350mL/US$3）均为人工酿造，采用柬埔寨产蜂蜜和柠檬草制作的热带风味啤酒口感最佳。喝过入口爽淡，果香四溢的英式啤酒后，尝尝搭配啤酒的欧美菜和柬埔寨菜吧。酒馆有露天席位。周三、周六的19:00~22:30有现场演奏会。

刚出厂的新鲜啤酒可对比试饮，一品鉴杯US$4

品尝刚出厂的精酿啤酒！ Map p.205-3C

住 Corner of St.5 & St.14

☎ 080-888555

营 11:00~23:00 休 无

信用卡 M V 预约 不需要

罗斯意大利

L'oasi Italiana 意大利菜

◆意大利主厨兼老板经营的老牌餐厅。位于暹粒河畔一个安静处所，对美食挑剔的外国人也赞叹"要想遍尝意大利菜，就来这里"。有超过20种自制意大利面和比萨（US$6~），意式肉汁烩饭（US$8）也是经典菜式。如果不知道点哪样，就选套餐（US$7~）吧。红酒的种类也很多。

绿树成荫的花园座位安静清新，适合用餐

沿河的老牌意大利餐厅 Map p.208-2B

住 Group 4，Phum Trang Khum Slor Kram ☎ 092-418917

营 11:00~14:00、18:00~22:00

休 无 信用卡 不可使用

预约 不需要

印度人

The Indian 印度菜

◆主厨是印度南部克拉拉邦人，这家餐厅是为数不多的暹粒印度餐馆中提供南印度菜系的餐厅。塔里餐（印度定食，US$5~）、鸡肉咖喱（US$5~）、羊肉咖喱（US$7.5~）等都很美味，不过在这里还要尝尝南印度风味的塔里（US$6）、都沙（大米和豆类烤制的印度薄饼，US$3.75~）。

黄油鸡肉（图片前部，US$6）是经典菜式，后部是鸡肉塔里（US$6.25）

对比印度南北部的美食 Map p.169

住 Near Pub St.

☎ 017-928471 营 10:00~22:30

休 无 信用卡 不可使用

预约 不需要

乔治拉马利埃餐厅

Georges Rhumerie 克里奥尔菜

◆一家持久吸引该城食客的餐厅&酒吧。店主是印度洋留尼汪岛人，餐厅供应自制拉姆酒和正宗美食。芒果叶熏制的焗猪排（US$8.5）、可蘸6种自制果酱的奶酪吐司（US$5）是该店招牌。在法餐中添加中国、印度、非洲等元素形成的克里奥尔菜（指用咖喱和番茄肉汁的煮食方法）美味可口。

图片前部是传统炖菜Romazava（US$14）。后部靠左的是麻婆豆腐（US$7.5）。豆腐是店家自己做的

充满异国情调的美食 Map p.203-3C

住 Georges Lane

☎ 096-8617448 营 11:00~22:00

休 周日 信用卡 M V

预约 晚餐最好预约

达芭克餐厅

Dae Bak 韩国菜

◆要想大块吃肉和韩国菜，就来这家在当地很有名气的餐厅吧。由韩国人经营，美味与低价积累了它的口碑。店里的特色是US$5即可吃自助烤肉。焦脆的五花肉与啤酒搭配，堪称一绝。朝鲜盖浇饭、杂菜饼、冷面等传统韩国菜也能在这里吃到。菜单带图片。

图片前部是五花肉，靠右是杂菜饼（US$7），靠上是朝鲜盖浇饭（US$6）

想大口吃肉就来这里 Map p.204-2B

住 Sivatha St.

☎ 092-355811 营 9:30~22:00

休 无 信用卡 不可使用

预约 不需要

蓝色南瓜

Blue Pumpkin 咖啡馆

◆引领暹粒咖啡界潮流的老牌咖啡厅。每天超过 20 种的面包（US$1~）吸引八方来客。早餐供应包含水果汁、咖啡、自制面包等的面包套餐（US$4.9~）。汉堡和冰激凌、创意柬埔寨菜品也十分美味。机场和市区设有多家分店。

二层有豪华沙发席位 Map p.169

住 No.563, Mondol 1, Svay Dangkum
☎（063）963574
营 6:00~23:00 休 无
信用卡 M V 预约 不需要

二层标配白色沙发坐椅，主打休闲主题

布朗咖啡

Brown Coffee 咖啡馆

◆布朗咖啡是一个在金边拥有 10 余家分店的连锁咖啡品牌，这是 2016 年进驻暹粒的第一家店。除了纯正的咖啡（US$1.85~），刨冰冷饮、冰沙等消暑饮品种类丰富。其他食品，从早餐的薄饼（US$3.75~）、班尼迪克蛋，到正餐的意大利和沙拉等简餐，应有尽有。自制面包和蛋糕可口香甜。

人气咖啡馆在暹粒的第一家店 Map p.204-1B

住 No.260, National Rd.6
☎ 098-999818
营 6:30~22:00 休 无
信用卡 M V 预约 不需要

屋顶是挑高设计，空间大，休闲味浓。免费 Wi-Fi 吸引了不少当地年轻人

高棉时光

Khmer Time 咖啡馆

◆这家甜点咖啡店位于前往吴哥寺的路旁。最受欢迎的芒果刨冰（US$3.5~），是一道由新鲜芒果肉、芒果果子露、意式芒果冰激凌共同演绎的芒果主题甜点。以淡雅甘甜著称的南瓜布丁（US$3.3）和 11 种冰沙也值得一尝。

从古迹返程时不妨进去坐坐 Map p.208-2B

住 In Front of Sofitel Angkor Phokeethra Golf & Spa Resort
☎ 017-976660 营 8:00~19:00
休 无 信用卡 不可使用
预约 不需要

照片前方是椰子刨冰（US$3.5）。所有甜品均不使用食品添加剂、色素

温室

The Conservatory 咖啡吧

◆可以在这里品尝真正的下午茶（US$23~）。有三明治、烤饼、蛋糕等组成的三层“经典下午茶”与椰子蛋糕、沙嗲等组成的大盘“特色高棉茶”等，共 3 种。19:00~22:00 有现场钢琴演奏。

“经典下午茶”（US$25）。店内氛围轻松

在五星级酒店享用下午茶 Map p.205-1C

住 No.1, Vithei Charles de Gaulle, Khum Svay Dangkum（吴哥莱佛士大酒店内）
☎（063）963888 营 7:00~23:00（下午茶 14:30~17:30） 休 无
信用卡 A J M V 预约 不需要
着装要求 商务休闲

寺院咖啡和面包房

Temple Coffee n Bakery 咖啡吧

◆坐落在暹粒河畔的一家鹤立鸡群的咖啡馆 & 面包房。与新奇的外观相比，菜单则显得“传统”得多。有刚出炉的面包和简餐、约 30 种咖啡（US$1.75~）、冰沙可供选择。店里还有暹粒难得一见的多种冰镇红茶。屋顶是天空酒吧，每晚 7:30 开始现场演奏。

在当地很热门的咖啡馆 Map p.207-1C

住 Wat Bo Village
☎ 089-999955 营 7:00~次日 1:00（天空酒吧 19:00~次日 2:00）
休 无 信用卡 M V 预约 不需要

阳光照射的店内，屋顶较高，沙发宽松，氛围闲适

鲜果工厂

Fresh Fruit Factory 咖啡馆

◆家庭风格咖啡馆，采用柬埔寨水果制作甜点和创意美食，水果含量高。炼乳冰制作的水果刨冰“冰山”（US$5~），口感纯正。这些甜品注重芒果和火龙果等热带水果本身的香甜口味，在视觉上也颇下了一番功夫。以菠萝为原料的冷意大利面等菜品也可以尝尝。

这里的刨冰远近闻名 Map p.204-2A

住 No.155, Taphul Rd.
☎ 081-313900
营 11:00~20:00
休 周一 信用卡 不可使用
预约 不能预约

图片前方为添加了 3 种水果的水果组合（US$7），后方是芒果 & 百香果蛋糕（US$5）

吴哥大道

King's Road Angkor

餐厅 & 咖啡厅综合设施

购物的同时享受多种美食　Map p.207-2C

◆集中了柬埔寨及周边国家的人气店铺的餐厅 & 咖啡厅综合设施。聚集了"吴哥硬石咖啡"（→ p.179）、"蓝色南瓜"（→ p.177）、"罗哈特咖啡"（→ p.172）、英国著名咖啡品牌"Costa 咖啡"等约 10 家咖啡店铺。它们不仅口感美味，就餐环境也很安静，深受外国游客的欢迎。此外还有格罗麻专卖店、时装店"刷子"等知名店铺入驻。12:00~22:00 经营"柬埔寨造"市场（→ p.166）。

住 Achar Sva St.

☎ 093-811800

营 各店铺有所不同，一般 8:00~22:00

休 无

信用卡 各店铺有所不同

预约 不需要

左 / 入口处的三角屋顶最具特点　左上 / 以手工杂货为主的"Sui-Joh"　右 / 主营精美礼品的"柬埔寨造"市场

暹粒的小摊街 · 饭馆一条街

深度品尝地方特色美食

◆暹粒与金边比起来，规模大的货摊街很少，但是大众饭馆集中区域却不少。菜品中除了炒面（US$2~）等经典美食外，还有最近才出现的火锅、烤肉。每个店都配有带图片的英语菜单，价格也公道，是节俭出游的游客的首选。下面介绍几条著名的小摊街 · 饭馆街，可作参考。

●设在老市场的一角的饭馆街。有的店配有带图片的菜单，方便外国游客。另外，还有两家厨柜里摆放着副食的当地传统饭馆。

MAP p.209-3B　营 7:00~20:00

休 无

●西萨瓦大街的中间区域，有一条集中了多家地方餐馆的小街。虽然是地方餐馆，但是顾客多半是外国游客。餐馆看上去并不具有异国风情。

MAP p.209-1A　营 8:00~23:00

休 无

●从西萨瓦大街向东穿过 St.5 后，有一条聚集数家当地餐馆的饭馆街。顾客大多数是当地人，但每家店都有英语菜单。

MAP p.204-2B　营 9:00~22:00

休 无

●从傍晚开始，BB 吴哥夜市周边就会摆起果昔和小吃摊。有些店还会在店前烧烤肉类和海鲜，很吸引游客。这条饭馆街与其他的具有明显的不同。

MAP p.169　营 16:00~24:00

休 无

●6 号国道旁的一条饭馆街。从傍晚开始店前就会摆上餐桌，客人越来越多。周围还有几家外国游客常住的旅馆，常见外国人。

MAP p.204-1A　营 12:00~22:00

休 无

●普劳何塞（→ p.159 边栏）饭馆街。当地人把这里称为"琼揪"。是小吃、甜点、烤鸡等各色小吃聚集的暹粒最大的小吃街。近年来还出现了火锅和烤肉餐厅。里面有小型游乐园，每晚都会有很多当地人前来。

MAP p.11-2C　营 18:00~22:00

休 无

左上 / 老市场的饭馆经济实惠。相类似的店铺较多，可以选择当地人和外地游客较多的餐馆　左下 / 6 号国道旁的饭馆街　右 / 普劳何塞的柬式炒乌冬面"罗恰"的小摊

夜生活
Night Spot

红钢琴
The Red Piano 酒吧

◆酒吧如名称所述，内部装修清一色的全是红色，店内和露天席位所用藤条椅具有浓郁的南国风情。烹饪时一概不使用味精，肉菜（US$5.25~）尤其美味。三明治和意大利面等简餐品种也很多。17:00~19:00 间如果点主菜，免费送一杯软饮料或吴哥精酿啤酒。

酒吧街上的一家老牌店铺。从黄昏开始二层的座位基本满员

某知名演员曾到过的著名酒吧 Map p.169
住 50m North West from Old Market
☎ 092-477730
营 7:00~ 次日 0:30
休 无
信用卡 不可使用
预约 不需要

昆虫咖啡
Bugs Cafe 酒吧

◆以昆虫作为食材的一家新风尚酒吧。蝎子、蜘蛛、蚱蜢、蚕等食材全产于柬埔寨本地，为保持最新鲜的状态，特冷藏保存。法国店主多次试验后创作的菜单绝不是为了追求新奇，所有的菜品都是为了完成一幅完美的作品（US$4~）。还供应鸡尾酒和果昔。

这道菜名为“蝎子式 F-89 战斗机”（US$7），食材是炸得酥脆的蝎子，视觉上很有冲击性

看着恐怖，但是可以勇敢试一试 Map p.209-1A
住 No.351，Steung Thmey Village
☎ 089-935007、017-764560
营 17:00~ 深夜 休 无
信用卡 M V
预约 10 人以上需要预约

吴哥硬石咖啡
Hard Rock Cafe Angkor 情侣酒吧

◆火遍全球的硬石咖啡在暹粒开的分店。店内装饰时尚，空调效果极佳，再加上动人心魄的摇滚乐，一时间让人仿佛超脱于柬埔寨。菜品品质高，尤其分量很足的汉堡（US$12.5~）最具人气。从18:00 开始，河风吹拂的二层露台座位也对外开往。

18:00~23:00（周日 19:00~）间有现场演出

沉浸在摇滚的夜晚 Map p.207-2C
住 Achar Sva St.
☎（063）963964 营 11:00~24:00
休 无 信用卡 M V 预约 不需要

阿萨娜
Asana 酒吧

◆法国店主设计了仓库式店面，是一家独立建筑酒吧。以暹粒的酿酒厂酿造的烧酒“松柏”（→ p.183）为原料制作的鸡尾酒、添加了柬埔寨产香草的鸡尾酒等都是只有在这里才能喝到的原创鸡尾酒（US$4.25~）。菜单包括炸馄饨和炒米粉等亚洲风格小食。

每晚 18:00、20:00 开始有香草鸡尾酒调制培训（US$15，约需 90 分钟）。需要提前 4 小时预约

添加了香草的原创鸡尾酒是绝妙饮品 Map p.169
住 The Lane ☎ 092-987801
营 11:00~ 次日 1:00
休 无 信用卡 不可使用
预约 不需要

大象酒吧
Elephant Bar 酒吧

◆店内沙发宽大，配置在各处的大象造型装饰品可爱而精巧。鸡尾酒（US$8~）种类齐全，除新加坡莱佛士酒店的长酒吧原创的“新加坡司令”外，采用大象造型容器盛装的原创鸡尾酒“艾拉巴塔”（各 US$12）等也很受欢迎。

这家热门酒吧适合一个人静静地喝酒

在适合成人的店内品味鸡尾酒 Map p.205-1C
住 No.1，Vithei Charles de Gaulle，Khum Svay Dangkum（吴哥莱佛士大酒店内） ☎（063）963888
营 16:00~24:00 休 无
信用卡 A J M V 预约 不需要
着装要求 商务休闲

吴哥鸟巢
Nest Angkor 餐厅 & 酒吧

◆2016 年装修后重新开张的时尚酒吧 & 餐厅。花园内设置了鸟巢主题的大沙发，里面是空调房。在这座私密性极强的奢华空间内，客人可以品尝到火龙果莫吉托（US$5）等热带风味鸡尾酒，都是口感、品相极佳的经典系列。亚洲混合美食与甜品椰子焦糖布丁（US$5.5）也是极致美味。

火龙果莫吉托（左）是一款具有朗姆酒的淡酸，且口感清冽的鸡尾酒

想安静喝酒时推荐来这里 Map p.204-2B
住 Sivatha St.
☎（063）966381
营 11:30~ 次日 1:00
休 无 信用卡 A M V
预约 不需要

商 店
Shopping

吴哥艺术学校
Artisans Angkor 柬埔寨杂货、工坊

◆以柬埔寨自立自强为宗旨创办的传统工艺品技术学校 & 商店。木雕、石雕、漆器等的手工工坊可供参观。商店聚齐了上等原创商品，尤其种类丰富的丝绸在暹粒数一数二。在“吴哥丝绸农场”（参照 MAP p.10-1A）可参观丝绸的染色工艺和机织过程，有免费接送巴士从这里出发去往目的地（9:30、13:30 发车，需要预约）。

用现代手法制作的传统工艺品 Map p.206-2A
住 Stung Thmey St.
☎（063）963330
营 7:30~18:30 休 无
信用卡 A J M V
［免费接送巴士联系方式］
☎ 012-222404

这些高棉丝绸围巾（US$25~）具有出口海外的高品质。包袋和化妆包也是热销产品

芳香吴哥
Senteurs d'Angkor 美妆 & 食品

◆法国店主制作的纯天然美妆用品，品质、品位均堪称暹粒之首。在新产品研发上同样不遗余力，自制香皂（US$3.5）每年都会推出新品。还有丝绸和其他小物件。包装也很精美，适合作为礼物。店铺设有工坊（MAP p.202-1A），从店面到工坊的嘟嘟车免费（8:00~17:00）。

除香皂和精油等美妆用品外，香料、咖啡等食品的品类也很丰富

纯天然美妆用品与有机食品 Map p.209-3B
住 Opposite Old Market
☎（063）964801
营 7:00~22:00
休 无
信用卡 M V

我们的高棉
Khmer Yeung 柬埔寨杂货

◆经营店主精选的商品。商品的产地、制作者都可溯源，与市场上其他礼品不同，顾客能直接感受到制作者本人的思想。土黄色的草木染棉质格罗麻（US$12~）与丝绸格罗麻（US$20~）、五彩竹筐篓（→p.153）等均具有柔和的手感，不伤肌肤。盒装胡椒适合用作礼物，椰子砂糖（US$2~）也是热销商品。

手工纺织丝绸制作的草木染棉围巾，上面绣了花与小鸟

从雅致的杂货到特色商品 Map p.209-3A
住 Mondol 1, Svay Dangkum
☎ 092-836051
营 9:00~21:00
休 无
信用卡 D J M V

吴哥蜡烛
Angkor Candles 蜡烛

◆设计灵感来源于吴哥古迹的浮雕与雕刻的香薰蜡烛专卖店。商品从适合用作礼品的 US$5 小商品，到超过 5 千克的大家伙，覆盖全面。店主兼设计师是位柬埔寨女性，她的设计品位高，颇得外国游客好评。商品种类事实上不太多，但部分高档酒店也用这里的商品。

古迹主题的香薰蜡烛 Map p.208-3A
住 Charles De Gaulle
☎ 016-267878 营 9:00~20:00
休 无 信用卡 J M V

巴戎寺与阿普莎拉（天女）、阇耶跋摩七世造型的蜡烛

硕茂
Sao Mao 柬埔寨杂货

◆店内摆满了丝绸、手工艺品和香料等。经营特色产品丝绸和棉质格罗麻、罩衫（US$25~）等，银器、椰子壳制作的特色饰品也很受欢迎。子弹与弹壳做的饰品最受欢迎，能刻上姓名的耳坠可定制（需要 3 天~）。细微的设计细节也看得出这位英国店主的高鉴赏力。

品类丰富的柬埔寨杂货 Map p.169
住 In Front of Old Market
☎（063）761224、012-818130
营 8:30~22:00 休 周日
信用卡 J M V

子弹与弹壳加工做成的饰品（US$16~）

高棉克鲁人
Kru Khmer 美妆用品

◆香草药学从吴哥王朝一直传承至今天的柬埔寨。这家店经营基于香草医学的原创香草制品。从 800 余种草药中精选、调配而成的香草、只用芒果与椰子等天然原料制作的商品均不使用色素和防腐剂、香料、化学物质。推荐购买“古迹巡游”系列香皂（→p.152）。该店还经营高棉温泉（→p.184）。

香草的魔力让人焕发青春 Map p.209-3B
住 Old Market
☎ 092-829564 营 9:00~21:00
休 无 信用卡 D J M V

纯手工香皂、浴盐、芳香喷雾、香草茶等高品质原创产品整齐摆列

高棉传统纺织品研究所
Institute for Khmer Traditional Textiles 丝绸、工坊

◆醉心于柬埔寨丝绸的日本纺织品专家森本开办的丝绸工坊。专注使用天然材料，采用传统工艺制作的丝绸无论手感还是光泽均出类拔萃。有些纺织品只在这家店才能见到。围巾US$30~200。一层的工坊接待游客（8:00~12:00、14:00~17:00）。从森林再生中吸取灵感的纺织品研发项目“传统树林”也可参观。

遇见“会说话的丝绸” Map p.206-3A

住 No.472, Viherchen Village, Rd. to Lake ☎（063）964437
营 8:00~18:00（周六、周日不能参观工坊） 休 无 信用卡 J M V
［传统树林］ MAP 文前图①-1B
☎ 012-924617 营 7:00~12:00、13:00~16:00 休 无

与其他店铺不同，这里的商品均具有高品质

吴哥曲奇
Angkor Cookies 食品

◆吴哥寺造型的手工曲奇（→p.154）极力选用当地原料，使用足量柬埔寨产腰果。在腰果上涂一层柬埔寨胡椒做成的“胡椒坚果”等适合做下酒菜。会不定期推出新品。曲奇的保质期约为10个月，最适合用作礼品。

经典柬埔寨特产 Map p.208-2B

住 In Front of the Sofitel Angkor Phokeethra Golf & Spa Resort
☎（063）964770、012-315804
营 9:30~19:00 休 无
信用卡 J M V

吴哥曲奇与胡椒香蕉片在2010年被评为“世界品质评鉴大会”银奖※

尼亚莉吴哥商店
Neary Khmer Angkor Shop 丝绸、工坊

◆创立近20年的老牌柬埔寨丝绸专卖店。店内货架上摆着的丝绸（US$6~/1米）均为柬埔寨产。如果有中意的布料，一定要试试定制一套（约需2天~）。还有以柬埔寨丝绸为原料的钱包和化妆包、围巾等，数量有限。

传统丝绸铺 Map p.204-3B

住 No.666, Hup Guan St.
☎（063）964673
营 8:00~20:00 休 无
信用卡 J M V

以传统设计的丝绸为主，与市场上普通丝绸相比，这里以品质高著称

柬埔寨茶时刻
Cambodia Tea Time 食品

◆生产、销售柬埔寨传统糕点“诺姆·托姆·穆恩”（→p.154）和“诺姆·库依·提乌”的工坊兼商店。卫生标准高，保质期约3个月。老市场有2号店（MAP p.209-3B）。另外，腊塔纳基里产的咖啡与手工香皂等也很有人气。并设咖啡厅。

用现代化方法生产传统糕点 Map p.208-1B

住 No.59, Kokchork, Tropangses
☎（063）761397
营 9:00~19:00
休 无 信用卡 J M V

诺姆·托姆·穆恩生产过程可参观，游客也可自己体验糕点制作工艺。三层有画廊

老市场
Old Forest 服装

◆这家时装店手工染织的原创上等布料与女性细致设计服饰具有超高人气。模仿吴哥古迹的设计也有很多，是犒赏自己的好物。上衣US$38~，可以改装（需要2~3天）。带吴哥寺造型与高棉文字的刺绣小物件等是热门商品。

沉迷在女性的世界观中 Map p.169

住 Alley West
☎（063）6503798
营 13:00~21:30 休 无
信用卡 J M V

镶有莲花图案与火龙果刺绣的零钱包（US$5）和采用手工染织棉制作的化妆包（US$7~）

吴哥糖果
Candy Angkor 食品

◆画有吴哥寺、高棉文字、大象、芒果、“I ♥Cambodia”等柬埔寨主题元素图案的手工金太郎奶糖无论从外观还是味道上，都是新式礼品的首选。得到日本工匠的指导后，当地的师傅在店内的工坊中每天坚持制作糖果，有芒果、荔枝、菠萝等南国风味。制作过程可现场参观。

图片左侧是70克圆盒装（US$4）；10克小袋装共3颗，US$3

适合作为礼物分发给大家 Map p.208-2A

住 No.214, Charles de Gaulle
☎（063）964755
营 9:30~19:00
休 无
信用卡 J M V（US$15以上）

※“世界品质评鉴大会”是一个比利时的民间团体组织的食品工艺等级评定机构，中国也有诸多食品品牌荣获该奖项。

坎布基长廊
Galerie Cambodge 服装

◆质优耐用的质朴设计配上柬埔寨的布料，这确实是一大魅力。法国店主设计的手袋、服饰、家居用装、饰品等所有商品均为柬埔寨生产。多种柬埔寨丝绸综合在一起制作的独特南瓜造型荷包（US$30）是镇店商品。

明亮、宽阔的店面

充满柬式魅力的上等服装 Map p.205-1C

住 No.1, Vithei Charles de Gaulle, Khum Svay Dangkum（吴哥莱佛士大酒店内）
☎ 012-855204 营 10:00~22:00
休 无 信用卡 A J M V

非常贝里
Very Berry 柬埔寨杂货

◆巷子后的一家僻静小店。在“柬埔寨真正的好东西”的理念下，店铺经营店主设计&严选的商品。手工染织的高棉丝绸钱包、水葫芦手袋、一种被称为幸福果的菩提树果实所做的饰品等，都是从女性角度挑选出来的时尚、优质商品。还有椰子油、香草茶等食品，可作为礼品。

水葫芦系列商品很畅销。照片前部的带钩扣化妆包售价 US$8

有多种可以作为礼品的杂货和食品 Map p.209-3B

住 Old Market Area
☎ 077-850602
营 10:00~20:00
休 无
信用卡 J M V

特朗克商店
Trunkh. 柬埔寨杂货

◆店主是美国人，他亲手设计了高品位商品。柬埔寨婚礼上常见的心形祝福箱造型的小物件盒、怀旧气息浓厚的猪猪存钱罐等，所有杂货都透露着柬埔寨的生活气息与文化因子。描绘了柬埔寨 5 大主要城市著名景点的茶巾（US$10）与原创 T 恤也是礼品的好选择。

吴哥寺主题茶巾。还有同一设计主题的 T 恤（US$15）

独一无二的个性商品 Map p.204-3B

住 No.642/644, Hup Guan St.
☎ 078-900932
营 10:00~19:00
休 无 信用卡 M V

鸭嘴项目
Kamonohashi Project 柬埔寨杂货

◆位于老市场的一家人气杂货店。这里的杂货都是在外国 NGO 的指导下，由当地农村女性利用柬埔寨的灯心草所做。色调时尚的环保袋（US$7~）和化妆包、餐具垫等灯心草系列商品只是欣赏就觉得赏心悦目。透露着天然原材料温度的可人杂货深受客人喜爱。该店与“苏苏”（→p.169）同属一个经营者。

轻便、好穿的拖鞋 US$7~。上面印着“我爱柬埔寨”的 LOGO

令人愉悦的灯心草系列商品 Map p.209-3B

住 Old Market
☎ 016-808712
营 8:00~22:00
休 不定休
信用卡 不可使用

高棉陶瓷
Khmer Ceramics 陶瓷

◆法国店主再现了吴哥王朝时期繁盛的古代陶艺。这里也是职业培训基地，很多年轻人都在努力烧制高棉陶瓷。他们利用柬埔寨的陶土和木灰等，在 1300℃的高温下烧制出耐热性强的高棉陶瓷，可适应洗碗机和微波炉的高温。带高棉文字或吴哥古迹浮雕风格的装饰品也有不少，碗 US$3~，非常实惠。

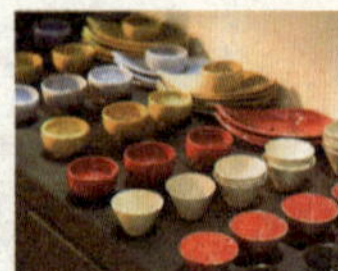
带女王宫（→p.79）风格装饰的大碗（US$3）

可体验高棉陶瓷制作工艺 Map p.208-3A

住 No.130, Vithey Charles de Gaulle
☎（063）210004
营 8:00~19:30
休 无
信用卡 J M V

苏马特里亚
Smateria 包袋

◆2006 年建店以来，这个柬埔寨环保品牌已经受到众多顾客的好评。店内的五彩包袋由蚊帐、渔民使用过的废弃渔网、工业垃圾袋回收后制作而成。意大利设计师亲自操刀的时尚、结实的包袋目前在柬埔寨国内 4 家店铺、全球 20 个国家销售。

包袋售 US$20 左右、带拉链的钱包 US$4~。暹粒国际机场也有分店

高品位的环保手袋引起顾客疯抢 Map p.169

住 Alley West ☎（063）964343
营 9:00~22:00 休 无
信用卡 J M V

吴哥 T 广场
T Galleria Angkor 免税店

◆这家全球著名的免税店于 2016 年开业。一层是柬埔寨国内唯一的 COACH、FENDI、GUCCI 等奢侈品牌卖场，二层有美妆、香水、腕表、烟酒和吴哥曲奇（→p.181）等柬埔寨特产专区。与市区几乎同价（购物时需要出示护照与电子客票凭证）。其他国家的 DFS 在机场取货，而在柬埔寨购买时当场可取。

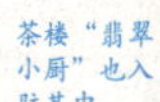

茶楼“翡翠小厨”也入驻其中

统一购买土特产的便捷免税店 Map p.208-3A

住 No.968, Vithei Charles De Gaulle
☎（063）962511 营 9:00~22:00
休 无 信用卡 D J M V

左 / 高档品牌最高可打 7 折　左下 / 暹粒告缺的松柏烧酒也有售　右上 / 还有不少与当地品牌合作研发的商品

幸运商场
Lucky Mall 购物中心

◆位于西瓦萨大街，是一家大规模的平价购物中心。店内面积大，有空调，与室外迥然不同。一层是人气超市“幸运超市”和杂货店、冰激凌店等，二层有快餐店、杂货店“美索”，三层是火锅餐厅、文具 & 书店“国际书局”、家用电器店等。正门前还有一家木薯果汁店，可以在里面稍作休息。

超市与杂货店林立 Map p.204-2B

住 Sivatha St.
☎（063）760752
营 9:00~22:00
休 无
信用卡 各店有所不同

当地居住的外籍人士也喜欢来这个方便的购物中心

亚洲广场超市
Asia Plaza Super Market 超市

◆2017 年开业的大型超市。经营范围包括食品、生活日用品、杂货、椰子油等美妆用品，还有面包房等，应有尽有。更重要的是，这家超市 24 小时营业，最适合来这里搜罗特产。柬埔寨产的茶叶、水果干、浴盐等均价格合理，推荐购买。地下一层是夜场俱乐部。

24 小时营业的超市 Map p.209-1A

住 Taphul Rd.
☎ 012-020325、012-607606
营 24 小时
休 无
信用卡 M V

本书完稿时，只有一层营业。预计未来一层以上也将陆续开张

阿普莎拉造型一
Apsara Style One 照相馆

◆可化装成高棉文化精华之“阿普莎拉舞蹈”中的阿普莎拉、女水神“梅卡拉”，男性则可变身成印度神话中的“阿修罗”等形象后拍照留念。化装、服装、5 个拍照姿势、3 套底片数据的套餐价 US$50（+10%）。顾客在演员出身的工作人员的指导下，彻底化身阿普莎拉。

变身水中精灵“阿普莎拉”！ Map p.208-2B

住 Dragon Royal Condominium Ⅱ Treang Village ☎ 096-8691140
URL apsarastyleone.wixsite.com/cambodia
营 9:00~18:00 休 无
信用卡 D J M V 预约 需要预约

需要 1 小时 30 分钟 ~2 小时

松柏
Sombai 烧酒

◆在传统的米酒中加入当地的水果、香料、咖啡等酿成的高棉烧酒（→p.154）很受欢迎。有椰林飘香风格的椰子 & 菠萝口味、罗望子口味等共 8 种口味。当地艺术家手绘的酒瓶也值得玩味。可在“柬埔寨造”市场和 T 广场买到。

热带风味的自制烧酒 Map p.203-3C

住 No.176, Sombai Rd.
☎ 095-810890
营 8:00~20:00
休 无
信用卡 M V

有 100~700mL 的 4 种包装，US$9~。工坊供参观（需要预约）

水疗
Spa

高棉温泉
Spa Khmer 市区 SPA

◆"高棉克鲁人"(→p.180)经营的花园 SPA。在 5 栋别墅组成的完全隐密的空间中体验天然香草的魅力。要提前检查身体，以定制符合体质的香草。一种被称为"秋本"的柬埔寨传统香草桑拿的豪华打包套餐(US$69，2 小时)最受欢迎。5 天的豪华 SPA 游也很受青睐。

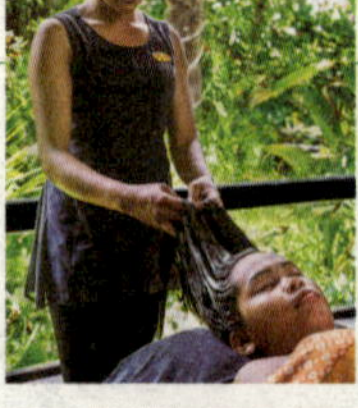

推荐尝试以椰子油为主的果香美发护理套餐

轻度体验传统香草疗法 Map p.203-3C

住 Salakam Reuk Commune
☎ 011-345039 营 10:00~20:00(最晚预约时间 17:00) 休 周二
费 香草油的香薰按摩 US$50(1 小时 10 分钟)等 信用卡 D J M V
预约 需要预约(免费上门接客人)

波地亚 SPA
Bodia Spa 市区 SPA

◆柬埔寨国内口碑上佳的护肤 SPA 品牌。费用、环境、技术的纯熟性等优势都很突出，最推荐体验使用该品牌纯天然精油的香熏按摩"波地亚经典"(US$32、1 小时)，客人可感受技师高超的技艺。内设的商店"波地亚自然"销售相关用品。

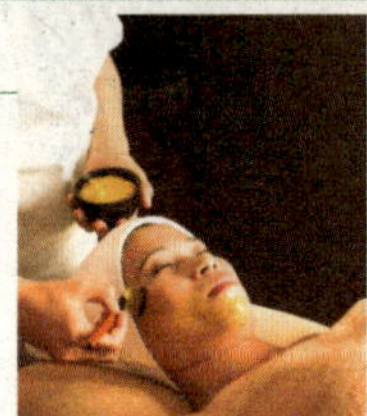

采用芒果和酸奶等天然原料做的面部护理飘逸果香，具有显著的放松 & 美白效果

位于城区的便利 SPA Map p.169

住 Old Market(Phsa Chas), above U-Care Pharmacy ☎(063)761593
营 10:00~23:00(最晚预约时间 22:00) 休 无 费 水果维生素面部护理 US$30(55 分钟)等
信用卡 J M V 预约 最好预约

欧舒丹索 SPA
So Spa with L'Occitane 酒店 SPA

◆SPA 用品选用泰国、法国两国理念相融合的"伊萨拉 Ytsara"及欧舒丹产品。较为柔和的精油按摩"放松芳香按摩"(US$50、1 小时)、按摩及面部护理的组合套餐"索式按摩"最有人气。

在游客争相体验的 VIP 室感受豪华一刻

在一个特别的空间让心灵旅行 Map p.208-2A

住 Vithei Charles de Gaulle, Khum Svay Dangkum(吴哥索菲特佛基拉皇家高尔夫及水疗度假村内)
☎(063)964600 营 10:00~22:00
休 无 费 豪华身体按摩 US$55(1 小时)等 信用卡 A J M V
预约 最好提前半天预约

卡亚 SPA
Kaya Spa 市区 SPA

◆芳香吴哥(→p.180)经营的市区 SPA。位于老市场前面，可利用观光的间隙前往体验。根据情绪与身体状况，共有 6 种可选用天然精油的芳香按摩服务(US$24、1 小时)供选择。全身按摩过程中配合力道精妙的穴位按压，之后是头部按摩，让客人放松得昏昏欲睡。

这家 SPA 的前身是法国殖民地风格的精美建筑

高超的技能与便利的交通吸引客人 Map p.209-3B

住 Opposite Old Market ☎(063)966736 营 10:00~22:30(最晚预约时间 21:30) 休 无
费 香草综合按摩 US$37(1 小时 30 分钟)等 信用卡 J M V
预约 最好预约

莱佛士 SPA
Raffles Spa 酒店 SPA

◆奢华的环境与细致的服务备受好评。服务项目近 40 种。内容丰富，尤其是采用莱佛士自创精油的服务套餐"吴哥大营救"(US$199、2 小时 30 分钟)最受欢迎。预约套餐的客人可免费使用酒店的泳池。

经典高棉按摩与香草磨砂等柬埔寨特色服务的种类也丰富多样

沉浸在奢华的氛围中 Map p.205-1C

住 No.1, Vithei Charles de Gaulle, Khum Svay Dangkum(吴哥莱佛士大酒店内) ☎(063)963888
营 10:00~22:00 休 无 费 莱佛士大酒店特色按摩 US$135(1 小时 30 分钟)等 信用卡 A J M V
预约 需要提前一天预约

鸡蛋花
Frangipani 市区 SPA

◆店面由一家民居改造而成，前厅流水潺潺，民族音乐在馆内轻轻回荡，具有绝佳的治愈效果。服务项目丰富，其中按摩套餐(US$63~)人气最高。按摩师技艺精湛，氛围也温馨如家。男性顾客能体验所有项目。

有的房间带露台与浴缸。精湛的技艺获得包括当地外国人和游客的好评

以纯熟技术见长的实力派 SPA Map p.204-3B

住 No.24, Hup Guan St. ☎(063)964391、012-982062 营 10:00~20:00(最晚预约时间 19:00)
休 周一 费 香草疗法按摩 US$35(1小时)等 信用卡 J M V(US$100 以上) 预约 需要预约

※高棉温泉还组织花园之旅，内容包括参观香草园、药草与传统医学讲解、香草足疗、自创沐浴液或香皂制作体验等(需要 1 小时 30 分钟，每人 US$30)。有兴趣的人不妨试试。※需要预约。网 www.spakhmer.com

吴哥艾美 SPA

Le Meridien Angkor Spa 酒店 SPA

◆完美的技艺给客人带来超凡的轻松体验。从 30 分钟的背部 & 肩部按摩，到 4 小时套餐，服务项目丰富，其中缓解疲劳的“养生 Spa 套餐”（US$55）是招牌项目。SPA 用品为纯天然材料制作的自制商品，有效保护肌肤。

参观古迹后，来这里放松疲惫的身心

在绮丽的店内享受美妙时光 Map p.208-1A

住 Vithei Charles de Gaulle，Khum Svay Dangkum（吴哥艾美酒店内）
☎（063）963900 营 10:00~22:00
休 无 费 传统高棉按摩 US$55（1 小时 30 分钟）等
信用卡 A J M V
预约 需要提前一天预约

普拉亚花园

Preah Garden 瑜伽 & 市区 SPA

◆这座养生会所坐落在一片田园美景中，从老市场坐嘟嘟车需要 15 分钟左右。可以早、晚在这里做瑜伽，也可以体验 SPA，还会举行地方特色祈福仪式，夜晚更有浪漫的星空 BBQ。在店主夫妇的帮助下，这段旅程一定能让你的心灵得到休养。

有多种套餐，包含早晚的瑜伽 +SPA+ 祈福仪式 + 古迹游览（US$140）套餐

在自然的怀抱中休憩 Map p.10-3B

住 Svayprey Village
☎ 098-358443
营 11:00~21:00
休 无
费 早晚的瑜伽 +60 分钟精油按摩 US$60（3 小时）等
信用卡 M V
预约 需要预约（免费接送）

慕迪塔 SPA

Mudita Spa 酒店 SPA

◆独立的 SPA 楼中共有 8 间 SPA 室和大浴缸（男女分开）、桑拿室，酒店的露天泳池也可免费使用（只用泳池 US$10）。柬埔寨传统香草桑拿“秋本”及全身按摩过后，是一种该店特有的按摩服务——使用温暖的竹棍轻敲肌肉使其放松的“暖竹按摩”。

秋本使用柠檬草、生姜、姜黄等近 10 种香草

不是酒店住客也能体验 Map p.203-2C

住 No.369，National Rd.6（吴哥博瑞水疗度假村内）
☎（063）964406
营 9:00~24:00（最晚预约时间 23:00） 休 无
费 暖竹按摩 US$65（1 小时 30 分钟）等
信用卡 A M V
预约 最好预约

按摩理疗中心

Therapy Massage Center 按摩

◆1 小时 US$5 的平价按摩店中，这家店尤受外国人青睐。店内有空调，分足部按摩房、全身按摩房、香熏按摩房。按摩裤也可租借，不妨利用购物的休息时间去体验一次。共 20 余名工作人员，不用预约。手、足、身体按摩均是 1 小时 US$5。

躺在宽大的沙发上享受放松一刻。Wi-Fi 免费

物美价廉的超值按摩 Map p.209-3A

住 No.217，Sivatha St.
☎ 012-732220、092-961492
营 9:00~24:00
休 无
费 精油按摩 US$8（1 小时）等
信用卡 不可使用
预约 不需要

按摩须知

柬埔寨的按摩门类广泛，既有传统的民间疗法，也有外国风情按摩。那些没听说过的按摩服务看起来好像很有吸引力，不过要真去体验，可能有一定的危险性，应事先咨询对这方面比较了解的导游或当地华人华侨。另外，景区附近的按摩、酒店按摩基本上分为泰式和中式，基本不用担心。而由于身体状况或语言问题引发的矛盾，在当地也并不少见。因此，要体验 SPA、按摩时要注意以下几点：

- 生理期的女性游客不要体验（有可能使症状更加严重）
- 孕妇不要体验（不知道已经怀孕或胎儿稳定前尤其需要注意，贸然体验有可能导致流产）
- 饭前、饭后 1 小时及酒后不要体验
- 为了刺激排出体内垃圾，体验后要有意识地多补充水分
- 体验过程中如果感觉到疼痛，不要忍着，一定要告诉技师
- “力度稍小”才是真正恰到好处的力度。力道过大则容易造成体验后身体疲惫、酸疼或身体不适

传统的柬埔寨香草桑拿“秋本”在一个素陶壶中炖煮 10 余种香草产生蒸汽按摩身体。通过口鼻与肌肤吸收香草的精华，达到恢复体力、治疗疾病的效果

酒店
Hotel

吴哥莱佛士大酒店
Raffles Grand Hotel d'Angkor 高档酒店

◆创立于1932年的这家酒店，在1997年由莱佛士国际酒店与度假村集团改造后重新开业。内部装修和陈设饰品亦传递着不凡的品位。这座历史与传统并存的酒店时时向人们传递着近乎肃穆的奢华气氛。酒店内设充满度假气息的莱佛士SPA（→p.184）、泳池、健身房和桑拿等，酒店外的“阿普莎拉露台”舞台在各季节都会上演节目。酒店同时运营宫廷莱餐厅罗格朗（→p.172）等6家餐厅和温室咖啡吧（→p.177）、大象酒吧（→p.179）两家酒吧。

大气的外观。酒店前是一个绿意盎然的皇家花园

位列暹粒豪华酒店之首的超奢华酒店 Map p.205-1C

住 No.1, Vithei Charles de Gaulle, Khum Svay Dangkum ☎（063）963888 FAX（063）963168 URL www.raffles.com/siem-reap 费ⓈⓉUS$280~ 套房US$500~ 双床别墅US$2500~（+税、服务费20.05%。含早餐） 信用卡 A J M V 共119间客房 Wi-Fi

空间宽敞的经典客房

暹粒索菲特吴哥高尔夫温泉度假酒店
Sofitel Angkor Phokeethra Golf & Spa Resort 高档酒店

◆酒店占地面积大，大堂、餐厅和客房各自在不同的楼里，它们的周围有泳池和绿树成荫的礁湖，散发着浓浓的度假村气息。古典的内饰装点的大堂极尽豪华，是个别有洞天的世界。客房内尽是高档用品，标配浴缸、淋浴室，设施上完美无缺。法国餐厅“穆奥之梦”、下午茶餐厅“探险家传说”等5家餐厅、酒吧在味道和氛围上均堪称一流。酒店内还有阿普莎拉舞蹈晚餐表演及欧舒丹索式SPA（→p.184）。乘车40分钟左右可达高尔夫球场（→p.167）。

巨大的窗户与洁净的地板、明丽的环境，演绎着度假村一般的氛围

古典与时尚合二为一的雅韵空间 Map p.208-2A

住 Vithei Charles de Gaulle, Khum Svay Dangkum
☎（063）964600 FAX（063）964610
URL www.sofitel-angkor-phokeethra.com
费ⓈⓉUS$420~580 套房US$540~2500（+税、服务费20.05%）
信用卡 A J M V
共238间客房 Wi-Fi

暹粒最大的泳池，充分体验度假村生活

吴哥艾美酒店
Le Meridien Angkor 高档酒店

◆酒店长廊以吴哥寺为模板建造，酒店内充满度假村的情调。客房设备齐全，所有房间配备独立的淋浴室和浴缸。酒店内的“吴哥艾美SPA”（→p.185）在世界旅游大奖（World Travel Awards）中连续4年斩获柬埔寨SPA领导品牌奖项，“吴哥王室咖啡”（→p.173）每晚18:00~22:30的自助晚餐（US$18）也颇受欢迎……如此种种，内部设施丰富完善，而这些娱乐、餐饮场所的名称未必都带着“艾美”二字。

客房窗户很大，给人敞亮、气派的感觉（豪华大床房）

以吴哥古迹为设计蓝本的大型度假酒店 Map p.208-1A

住 Vithei Charles de Gaulle, Khum Svay Dangkum ☎（063）963900
FAX（063）963901
URL www.lemeridienangkor.com
费ⓈⓉⓌUS$270、300 套房410、US$800（+税、服务费17%。含早餐）
信用卡 A J M V 共213间客房 Wi-Fi

高棉风格的泳池还附带喷泉和水池功能，这是别的酒店没有的设计

柏悦暹粒酒店

Park Hyatt Siem Reap　　高档酒店

◆与殖民地风格的外观不同的是，酒店内是柬式时尚风格，洋溢着后现代成人专属度假村的特有魅力。以“生命之树”为设计主题的客房统一以淡雅白为主色调。配备独立的淋浴室和浴缸，房间舒适。酒店还设有泳池、SPA、咖啡厅、餐厅，参照图书馆设计的“会客厅”在14:00~17:00间有下午茶（US$25）。面对西瓦萨大街的“德里温室”餐厅的自制意式冰激凌（US$2~）被公认为暹粒最美味的冰激凌，一定要尝尝。

都市风情设计与柬式传统设计水乳交融

市中心的白色设计型酒店　Map p.209-1A

住 Sivatha St.　☎（063）211234

FAX（063）966001

URL siemreap.park.hyatt.com

费 ⓈⓉUS$272~522

套房 US$972~2255（+税、服务费17.5%）

信用卡 A J M V　共104间客房　Wi-Fi

设计灵感来源于古迹的开放式泳池旁边就是SPA楼

速卡吴哥度假酒店

Sokha Angkor Resort　　高档酒店

◆酒店内，包括大堂在内全是突显高档感的设计与内饰，让人忘记城市的喧嚣。以美味的自制蛋糕闻名的“占婆咖啡”、高档日料餐厅“竹园”（→p.175）等5家餐厅均豪华奢侈。放松身心的“茉莉SPA”和盐水泳池、健身房等设施也很完善。客房的陈设现代，所有房间淋浴室与浴缸各自独立，使用方便。这是市区客房数最多的酒店。酒店自配豪华车用于接送客人往返机场（单程US$70），也组织市区旅游。

豪华泳池景观大床房带阳台

高棉式设计的老牌酒店　Map p.204-1B

住 National Rd.6 & Sivatha St., Junction

☎（063）969999　FAX（063）969998

URL www.sokhaangkorresort.com

费 ⓈⓉUS$250、300　套房 US$500~2000（+税、服务费17%。含早餐）

信用卡 A J M V　共275间客房　Wi-Fi

花园里的泳池十分安静，是只允许住客使用的专享空间

速卡暹粒度假酒店 & 会议中心

Sokha Siem Reap Resort & Convention Center　　高档酒店

◆一座拥有3座客房楼的大型五星级酒店。乘坐嘟嘟车约15分钟可到达老市场，距离市中心较远，但是吴哥古迹售票处就在酒店对面，方便前往古迹参观。另外，酒店配有方便客人的各类设施，可在里面轻松地享受度假时光。在23公顷的酒店内，绿树高耸，客房内凉风习习，舒适清幽。暹粒最大的盐水泳池旁设置了一块43平方米的巨大LED液晶显示屏，在体验浓郁的南国情调后，在“茉莉SPA”中感受传统高棉按摩。之后，在5个餐厅 & 酒吧中享用各国美食。

所有房间淋浴室与浴缸各自独立，设备齐全

2017年10月盛大开幕的大型度假村　Map p.203-1D

住 Rd.60　☎（063）961999

FAX（063）961888

URL www.sokhahotels.com/siemreap

费 ⓈⓉⓌUS$120~130 家庭房 US$240 套房 US$220~2500（+税、服务费17%。含早餐）

信用卡 A J M V　共776间客房　Wi-Fi

长50余米的大泳池。酒店内还有酒吧

蓬柏塘酒店
Phum Baitang 高档酒店

大自然与前沿设计相映生辉的沉浸式度假村 Map p.10-2B

◆2015年开业，整个酒店就像个村子，设计新颖独特。运营方是法国豪华酒店集团ZANNIER，以独到的品位见长。8公顷大的酒店分布着精细打理的水田与菜地，还有随处可见的水牛与稻草人。初来乍到的客人会以为误入了村庄。客房全部安排在小屋式别墅内，有带私人泳池的泳池别墅和无泳池的露台别墅两种。酒店内有餐厅、酒吧、50米长大泳池、SPA和健身房，设施完善。往来于酒店内部，可免费使用自行车和电动车。

椰子树与碧绿的田野环绕的泳池别墅

住 Phum Svay Dangkum, Sangkat Svay Dangkum
☎（063）961111 FAX 无
URL phumbaitang.com
费 露台别墅 US$375~ 泳池别墅 US$490~（含早餐）
信用卡 A M V 共45座别墅 Wi-Fi

配有现代化内饰的大床房。加床后可成为家庭房

维多利亚吴哥度假村
Victoria Angkor Resort & Spa 高档酒店

古典与雅意兼具的殖民地风格酒店 Map p.205-1C

◆酒店内部设计以高棉的传统建筑样式为主，兼具殖民地风格，多用木材，演绎古朴的柬式风情。另外，酒店各处的葱郁树木也营造出一片悠闲空间。餐厅主要有主打法国菜的舒适餐厅“罗科塞”、下午茶备受推崇的“探险家”餐厅（营 14:30~17:30 费 US$16）。外籍人士乐于前往的“养生品味SPA”同样好评不断。

东方风格陈设品装饰的尊贵套房。所有套房的内部装修均不同

住 Central Park ☎（063）760428
FAX（063）760350
URL www.victoriaangkorhotel.com
费 ⓈⓉⓌ US$130~290（花园景观房）US$145~305（泳池景观房）
套房 US$190~525~（+税10%。含早餐）
信用卡 A J M V 共130间客房 Wi-Fi

掩映在热带树下的泳池周围是连片的客房楼

吴哥圣塔玛尼酒店
Shinta Mani Angkor 高档酒店

精诚服务的典范 Map p.205-2C

◆堪称暹粒精品酒店业的先驱。典雅的设计与周到的服务赢得了各界热评，这里的住宿生活也十分令人期待。酒店内使用香草的“圣塔玛尼SPA”和柬埔寨餐厅“克洛亚”（→p.173）等高档设施常见外国客人光顾。

单色调设计的豪华花园房

住 Junction of Oum Khun and St.14
☎（063）964123
FAX（063）761999
URL www.shintamani.com/angkor
费 ⓈⓉⓌ US$325~（+税、服务费17%）
信用卡 A J M V 共39间客房 Wi-Fi

圣塔玛尼沙克度假村
Shinta Mani Shack 高档酒店

时尚精品度假村 Map p.205-2C

◆与吴哥圣塔玛尼酒店隔街相对，是同一集团下的酒店。与单色调的吴哥圣塔玛尼酒店相比，这里注重原色的设计理念令人印象深刻，显得更加时尚活泼。大型户外泳池则让人回到真正的度假生活。

吴哥圣塔玛尼酒店的住客也可以使用圣塔玛尼沙克度假村的泳池

住 Junction of Oun Khum and St.14
☎（063）967885
FAX（063）761999
URL www.shintamani.com/shack
费 ⓈⓉⓌ US$225~（+税、服务费17%）
信用卡 A J M V 共66间客房 Wi-Fi

安缦萨拉

Amansara 高档酒店

◆由度假村业界赫赫有名的安缦集团经营。其前身是20世纪60年代王族的迎宾馆，改建后更带有几分私宅的意趣。客房和酒店其他设施精致典雅，颇有艺术感，同时随处散发着高棉文化气息。自然与时尚完美交融的酒店时光，随时都能舒适地度过。从全酒店仅有12间客房、房费包括了前往古迹的旅行费用等细节都可以看出酒店服务之细致。

泳池边可体验按摩

充分享受属于成人的假期 Map p.205-1D

住 Rd. to Angkor Wat
☎（063）760333
FAX（063）760335
URL www.aman.com/resorts/amansara
费 套房 US$1140~1690（+税、服务费23.42%。含早餐）
信用卡 A J M V
共12间客房 Wi-Fi

安纳塔拉

Anantara 高档酒店

◆豪华精品酒店。所有的房间均为套房，装饰品与其他设备无可挑剔。供应有柬埔寨菜、西洋菜的餐厅和泳池、SPA等休闲设施一应俱全。欧洲风格的内饰与演绎都市豪华风情的酒店空间提供了休息的最佳场所。请务必来这里体验一次。

高品位的高棉式高级套房

源自泰国的豪华度假村 Map p.202-1A

住 National Rd.6 ☎（063）966788
FAX（063）966789
URL www.angkor.anantara.com
费 套房 US$400~1300（+税、服务费17%。含早餐）信用卡 A J M V
共39间客房 Wi-Fi

贝尔蒙德吴哥暹粒宅邸酒店

Belmond La Résidence d'Angkor 高档酒店

◆翠绿花园内的泳池旁是一圈客房楼。客房楼集中了现代与柬埔寨古典设计元素，装修豪华。4个餐厅都被顾客评价为“奢华、味美”，其中“香料圈”供应自助餐。另外，SPA设施也很丰富。客房分为泳池景观与河畔房，预约时要确认好。

花园内的泳池环境清静，考虑了客人的私密性

富丽堂皇的高档度假酒店 Map p.205-3C

住 River Rd. ☎（063）963390
FAX（063）963391
URL www.belmond.com/la-residence-d-angkor-siem-reap
费 ⓈⓉUS$395~442 套房 US$571（含早餐）
信用卡 J M V 共62间客房 Wi-Fi

吴哥博瑞水疗度假村

Borei Angkor Resort & Spa 高档酒店

◆主楼与新楼的客房都面积宽敞，设施时尚，还带木地板阳台。工作人员的制服、酒店内播放的音乐、香熏等坚持用高棉传统风格，充满情调。共有5家餐厅，包括暹粒城中位置最高（位于5层）的“坦克拿寺休息室”和下午茶餐厅“佳信休息室”等。

泳池和SPA等休闲设施在设计和服务上均十分豪华

传统与现代交织融合 Map p.203-2C

住 No.369, National Rd.6
☎（063）964406
FAX（063）963436
URL www.boreiangkor.com
费 ⓈⓌUS$300~400 套房 US$700（+税12%。含早餐）
信用卡 M V 共188间客房 Wi-Fi

米色旅馆

The Beige 高档酒店

◆2017年10月开业的高档帐篷式度假村。酒店周围是原始森林。这座酒店有10公顷大，但是只有6座帐篷，其豪华程度可见一斑。有机原料制造的帐篷内有卧室、淋浴室和空调，女工作人员24小时提供服务。餐厅、SPA、图书馆和泳池等配套设施也齐全。

位于地上5米高，仿佛浮在森林之上的无边际泳池

全新理念的著名帐篷度假村 Map 文前图① -1B

住 Svay Chek Rd., Svay Chek Commune
☎ 081-297298
FAX 无
URL the-beige.com
费 帐篷 US$315~（含早餐）
信用卡 J M V
共6间客房 Wi-Fi

暹粒花园皇宫度假村

Angkor Palace Resort & Spa 高档酒店

◆客房有豪华、顶级豪华、套房、别墅四类，所有房间带阳台。除传统的高脚式宫廷菜餐厅“普穆马可·克玛埃”等5家餐厅外，“凯努拉SPA”、泳池、网球场等休闲设施也一应俱全。早餐有日料（需要预约）。

有两个露天泳池

面积达11公顷的大型度假村 Map p.202-1A

住 No.555, Khum Svay Dangkum
☎（063）760511 FAX（063）760512
URL www.angkorpalaceresort.com
费 ⓈUS$300~350 ⓌUS$350~400 套房 US$500~600 别墅 US$750~2000（+税、服务费17%。含早餐）
信用卡 A J M V 共260间客房 Wi-Fi

遗产套房酒店
Heritage Suites

高档酒店

◆外观是殖民地建筑风格，内饰由法国店主自己设计，更注重装饰性，不过空间依然宽敞。套房结构独特，会客室与卧室由一道窗帘隔开。只有一个浴缸，淋浴室设在各个房间的秘密花园中，突出与自然的和谐共生。餐厅和大堂休息室也是挑高设计，空间开阔。

现代化的小屋式别墅（US$350）

殖民地风格的幽深酒店　Map p.203-2C

住 Wat Polanka
☎（063）969100
FAX（063）969103
URL www.heritagesuiteshotel.com
费 ⓈⓉⓌUS$130~400（含早餐）
信用卡 JMV　共 26 间客房
Wi-Fi

吴哥奇迹度假酒店
Angkor Miracle Resort & Spa

高档酒店

◆大堂大气、宽敞，阳光洒进来时，还增加了几分教堂般的神圣。供应多国美食的“昆基亚”等餐厅、泳池、极可意浴缸、露天网球场、健身房、美容沙龙等相关设施完备。在豪华的“卡尔玛SPA”还能享受高棉式按摩。有免费班车送客户往返市区。

户外泳池和退房后还能继续使用的休息室等配套设施完善

6 号国道旁的大型度假酒店　Map p.202-1A

住 National Rd.6
☎（063）969900
FAX（063）969901
URL www.angkormiracle.com
费 ⓈⓉⓌUS$220~270　套房 US$510~960（含早餐）
信用卡 JMV　共 324 间客房　Wi-Fi

白莲花度假酒店
Lotus Blanc Resort

高档酒店

◆大堂设计现代时尚，宽阔的院子通透开放。餐饮、水疗、泳池、酒吧等设施完备，尤其以水疗设施最为完善。客房的木地板和内饰透露都会风情。所有房间带阳台。VIP 楼层的住客，房费中含古迹个人游和 SPA 费用。

以翡翠绿为主色调的客房。图片为标准房型

现代的都市潮流设计吸引顾客　Map p.202-1A

住 National Rd.6, Kruos Village
☎（063）965555
FAX（063）965556
URL www.lotusblancresort.com
费 ⓈⓉⓌUS$180~　套房 US$230~（含早餐）
信用卡 AMV　共 61 间客房　Wi-Fi

萨拉酒店
Sala Lodges

高档酒店

◆11 栋被拆除的传统木建筑转移、改建后，重焕新生，并形成一座独具特色的隐秘度假村。各别墅可住 3~4 人，带空调、浴缸、冰箱。娴静的氛围是它的优势。还有露天泳池和酒吧、当地外国人交口称赞的柬埔寨餐厅“摩洛丽斯 & 酒吧”。

20 世纪 50~80 年代建造的民居在设计和装修上各具风格

面向成人的隐秘度假村　Map p.203-3C

住 No.498, Salakomroeuk
☎（063）766699
FAX 无
URL www.salalodges.com
费 ⓈⓉⓌUS$260~（含早餐）
信用卡 AJMV
共 11 座别墅　Wi-Fi

暹粒纳布杜梦想度假酒店
Navutu Dreams Resort & Wellness Retreat

高档酒店

◆隐于市集的小型度假村。事实上酒店面积不小，绿意盎然的草坪悦人心境，3 个泳池、瑜伽室、SPA 和餐厅等点缀其间，给客人带来完美的酒店生活。客房设计和装修体现了意大利店主的思想，独特而富有艺术感。嘟嘟车免费乘坐（到吴哥寺）。

疗养假日变成现实　Map p.11-3C

住 Angkor High School Rd.
☎（063）964864　FAX 无
URL www.navutudreams.com
费 ⓈⓉⓌUS$100~450（含早餐）
信用卡 MV　共 28 间客房　Wi-Fi

可以以疗养为目的入住这里，组织带有机餐饮的 3 日瑜伽之旅

FCC 吴哥酒店
FCC Angkor

高档酒店

◆恬静的酒店，庭院中有一个泳池，院内大树高耸入云，绿意葱翠。客房窗大，十分明净。内饰是都市风格，设施完善。带独立别墅式水疗室的“毕萨亚 SPA”好评如潮。

河畔的老牌精品酒店　Map p.205-2C

住 Pokambor Ave.　☎（063）760280
FAX（063）760281　URL fcccambodia.com/fcc-hotel-angkor　费 ⓈⓉUS$130~190
套房 US$280~340（+ 税 12%。含早餐）
信用卡 AJMV　共 31 间客房　Wi-Fi

从套房可以直接到达庭院

王子吴哥水疗酒店

Prince D'Angkor Hotel & Spa 高档酒店

◆位于西瓦萨大街一侧的市中心区域，购物与餐饮都在徒步范围内。树木青翠的院子里有泳池一座，度假气息浓厚。此外，健身设施、桑拿、SPA、餐厅、酒吧和美容沙龙等配套设施完善。客房是木地板，时尚精致。所有房间带浴缸和阳台。

充满南国风情的露天泳池旁还有泳池酒吧

区位好，适合观光、购物 Map p.204-2B

住 Sivatha St. ☎（063）763888 FAX（063）963334 URL www.princedangkor.com 费ⓈⓉUS$120~280 套房 US$390~490（+税 10%。含早餐） 信用卡 J M V 共 195 间客房 Wi-Fi

吴哥世纪度假村酒店

Angkor Century Resort & Spa 高档酒店

◆餐厅包括自助式的“大景观”及亚洲风味餐厅等，可选范围广。技艺精湛、带极可意浴缸的 SPA 也是该酒店独有的特色之一。

深受外国人喜欢的豪华房

柬埔寨文化氤氲的房间别具魅力 Map p.208-3A

住 Komay Rd., Khum Svay Dangkum ☎（063）963777 FAX（063）963789 URL www.angkorcentury.com 费ⓈUS$120、140 ⓌUS$140、150 3 人间 US$170 套房 US$280、380（含早餐） 信用卡 J M V 共 195 间客房 Wi-Fi

圣卡莱酒店

Sokhalay Angkor 高档酒店

◆这座别墅式酒店被茂密的椰树环绕，客房是传统的木结构家居样式。酒店内需要用电车或自行车代步，面积之大可以想象，住在这里可以闹中取静。大型泳池、锦鲤潜游的水池、高规格柬埔寨餐厅、SPA & 按摩室等配套设施完善。

现代高棉风格的豪华双床花园别墅

享受轻松愉悦的酒店生活 Map p.202-1A

住 National Rd.6 ☎（063）968222 FAX（063）967581 URL www.sokhalayangkor.com 费ⓈⓉUS$180~1100（含早餐） 信用卡 J M V 共 262 间客房 Wi-Fi

鸟舍酒店

The Aviary 高档酒店

◆2015 年开张的时尚精品酒店。以“鸟”为主题，酒店内随处可见关于鸟的艺术品。所有房间带阳台，面积大，设施也无可挑剔。供应柬式融合菜肴的“羽衣”餐厅、泳池、屋顶酒吧、营业至 22:00 的“守护 SPA”等设施齐全。

最顶层的套房。客房以栖息在柬埔寨国内的鸟类命名

独特的设计令人称道 Map p.209-1B

住 No.9, Tep Vong St. ☎（063）767876 FAX（063）767875 URL www.theaviaryhotel.com 费ⓈⓉⓌUS$110~ 套房 US$199~（含早餐） 信用卡 A M V 共 25 间客房 Wi-Fi

塔拉吴哥酒店

Tara Angkor 中档酒店

◆这家豪华酒店在淡季也常常是客满的状态，人气很高。内部是都市风情设计，房间宽大，设施现代。餐厅和泳池边也是十足的艺术气息。“塔拉 SPA”面积不大，以高雅的装修赢得优质口碑。

服务与五星级酒店不相上下，傍晚会进行二次打扫

热情的服务广受好评 Map p.208-2A

住 Rd. to Angkor Wat ☎（063）966661~2 FAX（063）964444 URL www.taraangkorhotel.com 费ⓈⓉUS$140~ 套房 US$200~（含早餐） 信用卡 A J M V 共 206 间客房 Wi-Fi

萨莱水疗度假村

Sarai Resort & Spa 中档酒店

◆这家个性酒店虽然坐落在柬埔寨，却散发着满满的摩洛哥风情。到达酒店后，会立即被它雪白的墙壁和摩洛哥式风格吸引，这里就像一个阿拉伯世界。客房、泳池、SPA 和餐厅全是钥匙孔主题，带有浓郁的异国情调。东南亚餐厅“山羊树”是一家热门餐厅。

客房围绕在泳池的周围

感受阿拉伯世界 Map p.203-3C

住 Sangkat Sala Komreuk ☎（063）962200 FAX（063）962201 URL www.sarairesort.com 费ⓈⓉⓌUS$80~ 套房 US$250~（+税、服务费 19%。含早餐） 信用卡 A J M V 共 48 间客房 Wi-Fi

吴哥乡村酒店
Angkor Village 中档酒店

◆偌大的酒店内，莲花在水池上浮动，水池四周高脚木屋零散点缀，形成了一个小村的模样。酒店的设计主题是“感受自然”，因此客房中甚至没放电视。设有餐厅、露天泳池、能欣赏阿普莎拉舞蹈的餐厅剧院。

窗大、日光足的豪华大床房

以村庄为原型的异国风情酒店 Map p.207-2D

住 Wat Bo St. ☎（063）963361~3
FAX（063）963363
URL www.angkorvillage.com
费 ⓈⓌUS$130~250 套房 US$345（+税、服务费 22%。含早餐）
信用卡 A M V 共 45 间客房 Wi-Fi

尼塔沃酒店
Nita by Vo 中档酒店

◆位于市区北部，距离吴哥古迹较近，方便去吴哥寺欣赏日出、日落。以木和砖瓦为基调的暖意客房均是标准套房，面积宽敞。带浴缸，迷你吧也是免费的。餐厅、SPA、屋顶泳池和酒吧等相关设施完善。从酒店官网预订的客人，在 17:00~20:00 间可乘坐免费的嘟嘟车去市区。

泳池在 22:00 关闭。这里是欣赏日落的绝佳场所

靠近吴哥古迹的精品酒店 Map p.208-1A

住 Sivatha St. ☎（063）767788
FAX 无 URL www.nitabyvo.com
费 ⓈⓉⓌUS$129~ 家庭房 US$210~（含早餐）
信用卡 M V 共 14 间客房 Wi-Fi

柳叶吴哥度假水疗酒店
Somadevi Angkor Resort & Spa 经济型酒店

◆位于市中心的西瓦萨大街沿线，方便购物、餐饮。餐厅、泳池、SPA 等基础设施完善。客房设计简素，但是设备齐全。所有房间带阳台，淋浴与浴缸分别独立，舒适性高。

泳池、SPA 给人十足的度假气氛

位置好，性价比高 Map p.204-2B

住 Sivatha St. ☎（063）967666
FAX（063）967660
URL www.somadeviangkor.com
费 ⓈUS$100、120 ⓉⓌUS$120、140 套房 US$130~200（含早餐）
信用卡 A J M V 共 170 间客房 Wi-Fi

吴哥天堂酒店
Angkor Paradise 经济型酒店

◆6 号国道附近的酒店中，这家距离城区近，西瓦萨大街和老市场（→ p.163）也在徒步范围内。泳池、餐厅、按摩房、桑拿（免费）等基础设施齐全。客房是木地板，设备一应俱全。所有房间带阳台，淋浴与浴缸独立设计。

虽然位于城区，但泳池景观洋溢着度假村的氛围

价格实惠的度假酒店 Map p.204-1A

住 National Rd.6 ☎（063）760690
FAX（063）760691
URL www.angkorparadise.net
费 ⓈⓉⓌUS$120~190 US$ 套房 250~550（含早餐）
信用卡 J M V 共 169 间客房 Wi-Fi

皇家皇冠酒店
Royal Crown 经济型酒店

◆外国游客喜爱的酒店，尤以回头客较多。客房多用木料，温馨舒适。所有房间带浴缸、阳台。除了拥有餐厅、酒吧、两个泳池、按摩房等设施外，全酒店禁烟也是它的特点。新楼的屋顶酒吧视野开阔。徒步几分钟就可到达老市场和酒吧街，交通便利。

以巴戎寺为设计主题的雕像安放在露天泳池的旁边

外国游客喜爱的酒店 Map p.207-2C

住 No.7，Makara St.，Wat Bo Village
☎（063）760316、760212
FAX（063）760317
URL www.royalcrownhotel.com.kh
费 ⓈⓉⓌUS$114 套房 US$200~240（含早餐）
信用卡 M V 共 140 间客房 Wi-Fi

吴哥皇后水疗度假村
Empress Angkor Resort & Spa 经济型酒店

◆6 号国道沿线的大型酒店。酒店内大堂和客房均采用木材装饰，随处可见的高棉建筑设计引人注目。房间的木质风格清新时尚。餐厅、大堂酒吧、泳池、SPA& 按摩、健身房和特产店等配套设施齐备。还有在行政大房基础上加工的住宅房。

外国游客居多

高棉传统建筑复活 Map p.202-1A

住 No.888，National Rd.6
☎（063）963999
FAX（063）964333
URL www.empressangkor.com
费 ⓈⓉⓌUS$180~250 套房 US$580（含早餐）
信用卡 J M V 共 349 间客房 Wi-Fi

✉ 只在皇家皇冠酒店（→ p.192）住了两晚，但是极力推荐。US$55 和 US$70 的房间我也看过，只是窗外的风景不一样而已。最棒的是有温泉。其他酒店多多少少水流都有问题，这里的排水没有任何问题，可以轻松惬意地泡澡。↗

鸡蛋花别墅酒店

Frangipani Villa 经济型酒店

◆该精品酒店在柬埔寨国内有 6 家分店。酒店坐落在鸡蛋花盛开的花园中间，安静而奢华。客房不大，氛围雅致。由两栋相邻的楼组成，其中一栋是 SPA 楼。内设餐厅。

露天泳池非住客也能使用（5US$）

适合女性居住的精品酒店 Map p.205-3D

住 No.603, Wat Bo St.
☎（063）965050、963030
FAX 无
URL www.frangipanihotel.com
费 ⓈⓉⓌUS$40~80（含早餐）
信用卡 J M V 共 87 间客房 Wi-Fi

拉达吉里精品酒店

La Da Kiri Boutique 经济型酒店

◆位于面向游客的餐厅、饭馆、夜店集中的索辛街对面，步行 10 分钟不到即到老市场，做什么都很便利。酒店采用高棉传统设计与现代元素相融合的设计理念，精雅脱俗。内设海水泳池、SPA、餐厅，还组织利用嘟嘟车或其他车辆的个人旅游。

区位好的四星级酒店 Map p.206-2A

住 Sok San Rd.
☎（063）900077
FAX（063）900078
URL www.ladakiriboutique.com
费 ⓈⓉⓌUS$45~80 套房 US$80~120（含早餐）
信用卡 J M V 共 26 间客房 Wi-Fi

豪华房以上等级的房型带阳台，高级房带阳台和浴缸

梅达雷别墅

Villa Médamrei 小型酒店

◆这家别墅式酒店拥有复古与时尚并立的装修风格。工作人员服务热情，屋顶餐厅的柬埔寨菜备受好评，回头客多。红、白为主色调的异国风情装点客房，天花板高，空间开阔。所有房间标配保险柜、冰箱和热水壶。

大厅无论住客还是离店者，都可使用

复古与时尚并立的装修令人印象深刻 Map p.206-3A

住 No.35, Psakrom Rd.
☎（063）763636
FAX（063）762626
URL www.villamedamrei.com
费 ⓈⓉⓌUS$25~（含早餐）
信用卡 M V 共 18 间客房 Wi-Fi

卡富水疗度假村

Kafu Resort & Spa 小型酒店

◆前身是“拉诺丽亚酒店”，日本人收购后改成现在的名称。热带花园里椰子及其他热带植物丛生，别墅式客房掩映在花园内。客房内有保险柜、吹风机和热水壶等，设备完善，居住方便。可体验传统香草桑拿“秋本”的 SPA、氛围温馨的墨西哥餐厅等也悉数配备。

在花园中的露天泳池放松身心

屹立河畔的安静别墅 Map p.205-1D

住 River Rd.
☎（063）964242
FAX（063）964243
URL www.kafu-resort.com
费 ⓈⓉⓌUS$65~120（含早餐）
信用卡 M V 共 28 间客房 Wi-Fi

阿普莎拉森特里珀尔酒店

Apsara Centrepole 小型酒店

◆位于餐厅、酒吧、酒店急剧增加的索辛街（→p.160）上的精品酒店。去酒吧街和夜市等地都很方便。房间不大，但是整洁质朴，酒店还设有餐厅和泳池。共 19 间客房，虽然小，但是服务足够周到。

套房带有宽大的阳台，推荐入住

期盼夜生活者的天堂 Map p.209-3A

住 No.522, Svay Dangkum
☎（063）968096
FAX（063）968095
URL www.apsaracentrepole.com
费 ⓈⓉⓌUS$35~95（含早餐）
信用卡 M V 共 19 间客房 Wi-Fi

佩吉斯酒店

Pages 小型酒店

◆经营鸟舍酒店（→p.191）等暹粒时尚酒店的“ASMA Architect”设计的小型酒店。客房内呈现殖民地风格，面积虽然不大，但是时尚感强烈。还有带厨房的公寓。同时内设泳池、咖啡吧、美甲沙龙等设施。

共 30 种房型。适合长期居住

小巷里的小酒店 Map p.207-2D

住 St.24
☎（063）966812
FAX（063）966813
URL www.pages-siemreap.com
费 ⓈⓉⓌUS$55~90（含早餐）
信用卡 M V 共 11 间客房 Wi-Fi

↘早餐是自助式，餐点丰富。

吴哥帝国精品酒店

Angkor Empire Boutique 小型酒店

◆索辛街（→p.160）上从廉价旅馆到高档酒店，各级别的酒店汇集。这家高性价比的酒店也坐落在此。这里交通便利，新装修的客房干净整洁，店员服务也很周到，整体舒适。嘟嘟车免费到机场接人，到古迹的嘟嘟车票也是固定金额。内有一家柬埔寨餐厅。

房间较小。除单人房外，都有阳台

索辛街上的便捷住处 Map p.206-2A

住 No.166, Steong Tmey Village
☎（063）762121
FAX 无
URL www.angkorempireboutique.com
费 ⓈUS$20~ ⓉⓌUS$25~ 家庭房 US$30~（含早餐）
信用卡 J M V 共 12 间客房 Wi-Fi

暹粒奥德尔斯青年旅馆

Onederz Siem Reap 旅馆

◆大型旅馆。费用在旅馆中略贵，但是考虑到男女分开的淋浴室、一层的自由活动室、泳池等完善的设施以及旅馆的清洁度、服务人员的热情服务等，性价比依然高。这里是多人宿舍制，对面的一栋楼是单人房型（费 US$24~，共 24 间客房）。另外，该旅馆还经营着驿站青年旅馆（MAP p.209-3A）。

屋顶泳池。旅馆内有摄像头

时尚旅馆 Map p.209-2A

住 Next to Angkor Night Market
☎ 097-2117100
FAX 无
URL onederz.com/siem-reap
费 ⒹUS$8（12 人间）、US$9（4、6 人间）
信用卡 M V 共 30 间客房 Wi-Fi

鲁布德青年旅馆

Lub d 旅馆

◆这家精品旅馆的外观仿照洞里萨湖区的高脚式民居建造（→p.170），给人留下深刻印象。分多人宿舍和单人间，都有高质量床垫，保证安眠。泳池、酒吧和洗衣房、24 小时商务会谈室、离店后也能使用的消暑室等配套设施堪称四星标准。还有电影鉴赏和街边小吃之旅等每天不同的免费游乐项目。

清洁、实用的 10 人间宿舍。设置了女性专用楼层

总部在泰国的大型旅馆 Map p.207-2C

住 7 Makara St.
☎ 012-477177
FAX 无
URL www.lubd.com/siemreap
费 ⓈⓉⓌUS$40~ ⒹUS$10~
信用卡 A J M V 共 87 间客房 Wi-Fi

茶胶旅馆

Takeo G.H. 旅馆

◆氛围自由，温馨舒适。提供免费的洗衣服务，还有自行车租赁（1 天 US$2~）等服务，有一家日式“茶胶食堂”。其特点是设有多人宿舍。旅馆方面会组织古迹旅行。

房间内配有电视、空调

老牌旅馆 Map p.204-1B

住 No.258, Taphul Village
☎ 012-922674、089-369605
FAX 无
费 ⓈUS$5~12 ⓉUS$7~14 3 人间 US$15~25 ⒹUS$3（含早餐）
信用卡 不可使用 共 23 间客房，另外 6、12 人间宿舍 2 间 Wi-Fi

暹粒隐秘青年旅馆

The Hideout Hostel Siem Reap 旅馆

◆从索辛街穿过一条小巷后向北走就能看到这家大旅馆，在欧美游客中很有人气。有 6、8 人宿舍与单人间，泳池和酒吧等设施也很完善。宿舍的床头有台灯、电源插座和保险箱。房间的一角和阳台上有石头浴缸，可以在温馨的气氛中洗浴。

大型户外泳池的周边有吊床和沙发

2017 年 6 月开张 Map p.202-3B

住 7 Rose Apple Rd.
☎（063）766450
FAX 无
URL www.hideouthostels.asia
费 ⓈⓉⓌUS$23~ ⒹUS$8~
信用卡 不可使用 共 25 间客房 Wi-Fi

高棉老屋旅馆

Old Khmer House 旅馆

◆历史近 50 年的柬埔寨传统木造建筑的二层与对面的一栋独立建筑被改造成客房。木造建筑的一层是店主一家的住宅，可以跟他们一起吃晚饭，喝茶，有宾至如归的温馨感，也能体验柬埔寨人的日常生活。

木造建筑的贴地层也可作为客房，可住 3 人

1 天只安排两组客人 Map p.203-2C

住 Men's Rd. ☎ 099-440005
FAX 无 URL www.oldkhmerhouse.com
费 ⓈⓉⓌUS$25~65（含早餐）
信用卡 不可使用 共 2 间客房 Wi-Fi

吴哥乡村度假村

Angkor Village Resort 高档酒店

◆酒店面积大，绿树成荫，其中木屋散布，宛如小村。一座木屋内有 4 间客房，设计和装修都比较简单，但是品位高。内设泳池、餐厅和 SPA。

Map p.203-1D

住 Phum Traeng
☎（063）963561~3 FAX（063）963363
URL www.angkorvillage.com 费 ⓈUS$90~179 ⓉⓌUS$159~189（含早餐） 信用卡 M V
共 80 间客房 Wi-Fi

吴哥丽晶酒店

Regency Angkor 高档酒店

◆位于前往吴哥窟的路边的一家大型酒店。所有房间带阳台，并且淋浴室与浴缸独立。内设两间餐厅、泳池、桑拿、健身房、极可意浴缸和 SPA。

Map p.208-2B

住 Rd. to Angkor Wat
☎（063）767700~5 FAX（063）767709
URL www.regencyangkor.com 费 ⓈⓉⓌUS$180~215 3 人间 US$305 套房 US$450（含早餐）
信用卡 J M V 共 167 间客房 Wi-Fi

柳叶吴哥精品度假村

Somadevi Angkor Boutique & Resort 高档酒店

◆酒店外观的竖格子图案格外引人注目。位于市中心，餐厅、酒吧、SPA、泳池和旅游咨询处等配套设施完善。客房标配浴缸和阳台。

Map p.204-2B

住 Oknha Oumchhay St.
☎（063）962666 FAX（063）962777
URL www.somadeviangkorboutique.com
费 ⓈUS$220~280 ⓉⓌUS$250~320
套房 US$550~600（含早餐）
信用卡 M V 共 48 间客房 Wi-Fi

林纳雅都市河滨度假酒店

Lynnaya Urban River Resort & Spa 高档酒店

◆2015 年开业。酒店前就是暹粒河，酒店氛围舒缓。绿树包围的酒店有露天 SPA，客人可充分体验度假村生活。

Map p.205-3C

住 River Rd.
☎（063）967755 FAX（063）667756
URL www.lynnaya.com
费 ⓈⓉⓌUS$180~ 套房 US$260~（含早餐）
信用卡 D J M V 共 46 间客房 Wi-Fi

索卡精品度假酒店

Sokkhak Boutique Resort 中档酒店

◆静静矗立在幽静环境中的一家独立的酒店。所有 12 间客房均有家的温馨感。房间简单朴素，但是艺术感强，温馨舒适。酒店内设餐厅、SPA。

Map p.208-1A

住 Kok Chork Village
☎（063）765697 FAX（063）765660
URL sokkhak-boutiqueresort.com/home
费 ⓈⓉⓌUS$132~ 套房 US$150~（含早餐）
信用卡 J M V 共 12 间客房 Wi-Fi

穆尔贝里精品酒店

Mulberry Boutique 中档酒店

◆隐藏在小巷内的一家家庭风格的小型度假酒店。房型多，从单人游客到家庭游客等均可入住。有供应各国美食的开放式餐厅、游泳池、酒吧。

Map p.204-3A

住 Tep Vong St.
☎（063）968283 FAX 无
URL www.mulberry-boutiquehotel.com
费 ⓈⓉⓌUS$120 套房 US$170~250（含早餐）
信用卡 M V 共 13 间客房 Wi-Fi

吴哥天堂别墅酒店

Paradise Angkor Villa 中档酒店

◆酒店面积大，主楼和别墅分布在泳池周围，颇具小度假村的气氛。别墅有会客厅、卧室等多个房间，适合家庭游客。中餐厅“李扬花”备受好评。

Map p.203-2D

住 St. 60, Chong Kao Sou Village, Slor Kram Commune ☎（063）967222
FAX（063）967808 URL www.paradiseangkorvilla.com
费 ⓈⓉⓌUS$90~105 套房 US$150 别墅 US$320、405（含早餐） 信用卡 M V 共 141 间客房 Wi-Fi

吴哥城堡住宿酒店

Château d'Angkor La Résidence 中档酒店

◆酒店共 4 层，客房与酒店均为法国殖民地风格，异国情调浓厚。尤其是套房，卧室与淋浴室 & 洗手间独立，氛围温馨。

Map p.204-2B

住 Om Chhay St., Mondul 2 Village
☎（063）966060 FAX（063）967070
URL www.chateau-angkor.com 费 ⓈⓉUS$70~170
套房 US$280（含早餐） 信用卡 M V
共 28 间客房 Wi-Fi

吴哥回忆精品酒店

Mémoire d'Angkor Boutique 经济型酒店

◆西瓦萨大街沿线的一家酒店，前往市区的任何地方，交通都很方便。白色外观是其特征。内设泳池、餐厅、SPA、健身房和特产店等。客房设备齐全，洗衣免费。

Map p.204-1B

住 No.54, Sivatha St.
☎（063）766999 FAX（063）768999
URL www.memoiredangkor.com 费 ⓈⓉUS$80~160 套房 US$230~320（含早餐）
信用卡 MV 共 49 间客房 Wi-Fi

吴哥假日酒店

Angkor Holiday 经济型酒店

◆位于市中心，地理位置佳。院子里的泳池旁是客房楼，居住在此远离城市的喧嚣。内设餐厅和酒吧、SPA、桑拿，淡淡的度假村情调令人心动。

Map p.204-1B

住 Corner of Sivatha St. & National Rd.6
☎（063）966777 FAX（063）966800
URL www.angkorholidayhotel.com
费 ⓈUS$100~120 ⓉUS$110~130 家庭房 US$130~140 套房 US$180~320（含早餐）
信用卡 JMV 共 162 间客房 Wi-Fi

吴哥城市酒店

City Angkor 经济型酒店

◆餐厅、酒吧、泳池、SPA& 按摩、商品种类丰富的礼品店等酒店设施齐全的老牌大型酒店。客户明亮宽大，设施完善。

Map p.202-1A

住 National Rd.6, Phum Kross
☎（063）760336~9 FAX（063）760340
URL www.cityangkorhotel.com
费 ⓈⓉUS$45 3 人间 US$54 套房 US$150（含早餐）信用卡 JMV 共 150 间客房 Wi-Fi

奇萨塔吴哥酒店

Cheathata Angkor 经济型酒店

◆吴哥夜市旁边的便捷酒店。路对面偏东侧是 5 年前建造的奇萨塔吴哥酒店，西侧是 2015 年才开张的新楼奇萨塔吴哥套房酒店。新酒店有屋顶泳池。

Map p.206-2A

住 Angkor Night Market Rd.
☎（063）966565 FAX（063）968777
URL www.ctaangkorhotel.com
费 ⓈⓉⓌUS$35~ 套房 US$200~（含早餐）
信用卡 MV 共 33 间客房 Wi-Fi

暹粒斯东酒店

Steung Siem Reap 经济型酒店

◆建在老市场附近，是该区域的老字号酒店。酒店由隔一条街的两栋楼组成，内饰多用木料，气氛沉静祥和。内设餐厅、泳池。

Map p.209-2B

住 St. 9, Mondol 1, Sangkat Svay Dangkum
☎（063）965167~9 FAX（063）965151
URL www.steungsiemreap.com 费 ⓈⓉUS$70、90 ⓌUS$80、100 套房 US$130~250（含早餐）
信用卡 JMV 共 76 间客房 Wi-Fi

塔普伦酒店

Ta Prohm 经济型酒店

◆创办 25 年的老牌酒店。靠近老市场和酒吧街，方便购物、餐饮。设计稍显古旧，但是客房宽大，设施齐全。有餐厅。

Map p.209-3A

住 Pokambor St.
☎（063）760087 FAX（063）963528
URL www.taprohmhotel.com 费 ⓈUS$35~ ⓉⓌUS$40~ 3 人间 US$50~ 套房 US$80~（含早餐）信用卡 JMV 共 76 间客房 Wi-Fi

切斯莫伊水疗套房酒店

Chez Moi Suite & Spa 小型酒店

◆精品酒店。可体验香草桑拿，女性单身一人在这里入住也不用担心。热销的早餐共有 10 余种可选。同时经营切斯莫伊水疗酒店（MAP p.203-3C）。

Map p.203-3C

住 St.22, Wat Bo Village
☎（063）765995 FAX 无
URL www.suite.chezmoi.asia
费 ⓈⓉⓌUS$35~100（含早餐）
信用卡 MV 共 10 间客房 Wi-Fi

纳特拉度假酒店

Natura Resort 小型酒店

◆这座位于大自然中的小型度假酒店距离城区较远。客房较大，尤其是二层的家庭房有两间卧室，适合带孩子的家庭居住。有露天泳池、餐厅和酒吧。

Map p.208-2B

住 Riverside Rd., Wat Preah An Kau Sai
☎（063）763980
FAX 无 URL www.naturahotelresort.com
费 ⓈUS$65~ ⓉⓌUS$85~（含早餐）
信用卡 MV 共 9 间客房 Wi-Fi

王后精品酒店

Be Queen Boutique 小型酒店

◆带泳池的平价别墅式酒店。房间简朴，但是面积大，备有保险柜和吹风机，适合长期居住者。

Map p.208-3A

住 Jean Co Maile Rd.
☎（063）963237、061-777702 FAX（063）963237
URL www.bequeenboutiquehotel.com
费 ⓈⓉⓌUS$20~ 家庭房 US$40~（含早餐）
信用卡 JMV 26 间客房 Wi-Fi

纳兹索犁塔酒店

Neth Socheata 小型酒店

◆不用 1 分钟即可走到老市场，酒店周边还有便利店和超市。适合那些要去古迹观光及在城市游逛的人。店员服务和管理均很完善，客房整洁舒适。

Map p.209-3B

住 No.10，2 Thnou St.
☎（063）963294 FAX（063）963295
URL www.nethsocheatahotel.com 费 ⓈUS$22 ⓉUS$33~35 ⓌUS$29~35 3 人间 US$49 套房 US$95 信用卡 JMV 共 22 间客房 Wi-Fi

万岁酒店

Viva 小型酒店

◆位于同名的墨西哥餐厅的楼上。前面就是酒吧街和老市场，地理位置好。餐厅的早餐有墨西哥和西班牙等美食，菜品丰富。

Map p.169

住 No.697，Thnou St.
☎ 077-478633 FAX 无
URL www.ivivasiemreap.com
费 ⓈⓉⓌUS$20~40 套房 US$60（含早餐）
信用卡 JMV 共 16 间客房 Wi-Fi

母亲之家旅馆

Mother Home Inn 旅馆

◆位于旅馆集中区的一个热门旅馆。旅馆小而精致，不过餐厅、泳池、按摩房却一应俱全，自行车、前往机场及汽车站接人全免费等服务也值得称道。

Map p.204-1A

住 Taphul，National Rd.6
☎ 017-773434、（063）764248
FAX（063）764249 URL www.motherhomeinn.com
费 ⓈUS$28 ⓉⓌUS$30~33 蜜月豪华房 US$45 3 人间 US$43（含早餐）
信用卡 MV 共 39 间客房 Wi-Fi

巴贝尔旅馆

Babel G.H. 旅馆

◆女老板是挪威人，旅馆在欧美游客中很受欢迎。共 4 层，客房质朴整洁，环境安谧。小小的院子给人带来清凉。餐厅 & 咖啡厅味道不错。

Map p.205-2D

住 No.738，Wat Bo St.
☎（063）965474、078-332301
FAX 无 URL www.babel-siemreap.com
费 ⓈUS$20 ⓉUS$25 3 人间 US$30 4 人间 US$35（含早餐）信用卡 MV 共 24 间客房 Wi-Fi

宜客宾馆

IKI IKI G.H. 旅馆

◆一户柬埔寨人的家族经营旅馆，外国游客较多。热情的服务树立了口碑，店主母亲制作的菜品非常可口。有多种房型，入住时请确认好。

Map p.204-1B

住 No.588，Group 7，Salalkonseng Village
☎ 012-437958、092-477744
FAX 无 URL ikiikiguesthouse.com
费 ⓈUS$15 ⓉUS$14~18 3 人间 US$18~26 ⒹUS$3（带空调的房间含早餐）
信用卡 不可使用 共 14 间客房 Wi-Fi

城市贵宾旅馆

The City Premium G.H. 旅馆

◆旅馆所在地区安静。客房较小，二层是纯木打造，氛围温馨。有餐厅。

Map p.204-1A

住 No.665，Group 17，Taphul Village
☎（063）965432、098-488521 FAX 无
URL www.city-gh.com
费 ⓈUS$10~14 ⓉⓌUS$15~20 ⒹUS$5
信用卡 JMV 共 15 间客房 Wi-Fi

旅行社

旅行社的业务主要是安排旅行团观光，也可以帮助在当地组团、包车、请导游等（最好提前几天预约）。需要注意的是，有些机构实际上并没有旅游从业资格证，尤其是那些只能在网上联系并预约的旅行社，很容易出现问题，发生纠纷。接下来介绍几家有资质的旅行社。

● JHC 吴哥旅行社 JHC Angkor Tour
MAP p.202-1A
住（National Rd.6）Phoum Krous Village，Svay Dangkum
☎（063）964309、964370　Wi-Fi（063）963546
URL www.angkor-tour.com
营 8:00~17:00
休 无
信用卡 不可使用
沟通。组织定期旅行团（虎巴士→ p.201）。

●旅行普拉吴哥（TNK&DET）旅行社
Tabipla Angkor（TNK&DET）
MAP p.209-2A
住 No.15A，Mondul 1 Village，Sangkat Svay Dangkum
☎ 060-965835
※22:00 后不接受电话咨询。
URL cambodia.tabipla.com
营 8:00~18:00（周日 8:30~16:00）
休 无
信用卡 M V
有丰富的海外旅游操作经验的外籍工作人员常驻于此。办事处从老城步行不到 3 分钟，离市区很近。隶属于 TNK 集团，在泰国和越南都有分公司。除了组织各类外语团体游（英语等），还可协助预订巴士、机票和嘟嘟车等。也可临时申请加入第二天的旅行团。

●凯比特旅行社 Capitol Tour
MAP p.209-3A
住 No.503，Mondol 1，Group 7
☎ 092-277311
FAX 无
营 6:00~21:00
休 无
信用卡 不可使用
总部位于金边的凯比特旅行社（→ p.249）设在暹粒的分公司。运营开往金边（US$6）、波贝（US$3.75）、曼谷（US$10）、马德望（US$5）等地的巴士。也组织吴哥古迹一日团体游（US$15），针对个人的郊外古迹游也在经营范围内。

●大宜必思客运公司
Giant ibis Transport
▶ 售票
MAP p.209-3A
住 No.252，Sivatha St.
☎ 095-777809
FAX 无
URL www.giantibis.com
▶ 售票 & 巴士站台
MAP p.208-3A
住 Behind of The Angkor Century Resort & Spa
☎（063）765602
FAX 无
营 6:30~24:00
休 无
信用卡 不可使用
因为其巴士舒适性高、服务质量好，近年来在外国游客中人气窜升。运营从暹粒至金边的旅行服务（US$15）。

●巴戎 VIP 巴士公司 Bayon VIP
MAP p.205-2D
住 No.269，Wat Bo St.
☎（063）966968、017-221919
FAX 无
URL bayonvip.com
营 6:00~23:00
休 无
信用卡 不可使用
经营迷你巴士的公司。经营线路包括金边方向（US$10）、西哈努克港方向（US$20）等。车新，不存在当地经常出现的超载现象，旅程舒适。同时经营招待所。

湄公快线巴士公司 Mekong Express
MAP p.209-1A
住 No.14A，Sivatha St.
☎ & FAX（063）963662
营 6:00~21:00
休 无
信用卡 M V
运营开往金边的豪华巴士（含导游、零售，US$12）的巴士公司。兼营西哈努克港、马德望、胡志明市等方向的巴士。

纳塔坎（柬埔寨）有限公司
NATTAKAN（CAMBODIA）Co., Ltd.
MAP p.202-3B
住 Vihear Cher Village
☎ 078-795333

营 7:00~18:00
休 无
信用卡 不可使用

经营曼谷直达巴士的公司。从暹粒 8:00、9:00 发车，US$28。无须在国境线上下车再换乘泰国境内的巴士，十分便捷。上文介绍的旅行普拉吴哥（TNK&DET）旅行社也出售纳塔坎（柬埔寨）有限公司的车票（US$29）。

克洛姆旅行社（暹粒总公司）
Kroma Tours

MAP p.208-1A
住 No.C49, St. Komai, Trapeng Ses Village
☎（063）760960、015-890960
FAX 无
URL cambodia.sketch-travel.com
营 9:00~18:00
休 无　信用卡 J M V

有 1 名游客就能出发的古迹半日游 US$20 和崩密列游览 US$35~。骑电动平衡车（Segway）在暹粒的市区和乡村小路穿行，深入体验柬埔寨文化和居民生活的平衡车之旅也是旅游项目之一。共有 20 分钟 ~2 小时的 5 种线路，US$15~。有外籍员工。老市场（→ p.163）有办事处，另外还有金边分公司（→ p.249）。综合旅行业务管理人员驻场工作。

维拉克·本格姆快运旅行社
Virak-Buntham Express Tour & Travel

MAP p.209-3A　住 St. 10, Mondol 1, Svay Dangkum
☎ 017-790440、015-958989
FAX 无
营 24 小时
休 无
信用卡 不可使用

运营卧铺巴士业务的巴士公司。运营内容包含金边（US$11）、西哈努克市（US$17、20）、胡志明市方向（US$16、20）的巴士和曼谷方向的豪华 VIP 巴士（US$10、17）。还有巴士前往戈公、蒙多基里、贡布、白马市等地。

柬埔寨直升机公司
Helicopters Cambodia Ltd.

MAP p.204-3B
住 No.658, Hup Guan St.
☎ & FAX（063）963316
URL www.helicopterscambodia.com
营 7:00~18:00
休 无
信用卡 J M V

组织乘坐直升机从空中俯瞰吴哥古迹群的旅行团（US$95~330/8~30 分钟）。

赫利斯塔（直升机之星）
Helistar

MAP p.202-2B
住 No.A25, Angkor Shopping Arcade, National Rd.6
☎（063）966072
FAX（063）969072
URL www.helistarcambodia.com
营 8:00~17:00
休 无
信用卡 M V

经营业务是使用最新款直升机进行的空中游览（US$99~530/8~48 分钟）。

绿色 E 型自行车店
Green e-bike

MAP p.209-1B
住 No.C11
☎ 095-700130~140
FAX 无
营 7:30~19:00
休 无
信用卡 不可使用

电动自行车租赁店铺。1 天 US$10。充满电的状态下可通过地图 p.10~11 的区域。古迹游览区的餐厅内有多个充电点（MAP p.13-2D、p.13-3C）。利用午餐和休息的间隙充电能放心骑行。租借时需要出示护照。

虽然不需要驾照，但是必须 16 岁以上才可以驾驶

银行

加华银行 Canadia Bank

MAP p.209-1A 住 Sivatha St.
☎（063）964808
营 8:00~15:30（周六 ~11:30） 休 周日

可兑换人民币和美元现金。万事达卡、Visa 卡可取现金。此外，该银行还有外汇兑换专用窗口。（营 8:00~21:00）

澳盛皇家银行 ANZ Royal Bank

MAP p.204-3B 住 No.566&568&570，Tap Vong St.
☎（023）999000（金边号码）
营 8:00~16:00（周六 ~12:00）
休 周日

可兑换人民币和美元现金。

柬埔寨亚洲银行 Cambodia Asia Bank

MAP p.204-1B 住 Sivatha St.
☎（063）964741 营 8:00~21:00 休 无

可兑换人民币和美元现金。使用万事达卡、Visa 卡可取现金。

柬埔寨安达银行 Vattanac Bank

MAP p.209-2A 住 No.888，Sivatha St.
☎（063）767333
营 8:00~16:00（周六 ~11:30） 休 周日

可兑换人民币和美元现金。

※ 使用人民币或美元兑换成当地货币，市场周边和西瓦萨大街沿线的汇兑商铺更划算。因此，除了用信用卡取现，银行对外国游客的利用价值其实并不大。只是通常汇兑商铺与导游是串通好的，对导游带来的游客，他们会按照较低的汇率兑换，其中的差额与导游分成，揣进各自的腰包，所以不要盲目听从导游的建议，尽量自己确认汇率和兑换金额，然后本人亲自去兑换。顺便提一句，经常有顾客在西瓦萨大街的汇兑商铺上当受骗。

市区各地设置的 ATM 机都可以用万事达卡或 Visa 卡提取美元、瑞尔现金。所有 ATM 机基本都 24 小时营业，但是由于曾经发生过 ATM 机银行卡插入口被非法安装信息读取装置，导致卡中信息被第三方套取而被取走现金的事件，建议游客如果想在 ATM 机上取现，应尽量使用银行网点内的 ATM 机。

医院、诊所

吴哥皇家国际医院 Royal Angkor International Hospital

MAP p.10-2B 住 National Rd.6，Phum Kasekam，Khum Sra Ngea
☎（063）761888、012-235888（24 小时急诊）
FAX（063）761739
URL rahcustomerrelatio.wixsite.com/royal-angkor
营 8:00~17:00（提供 24 小时急诊服务）
休 无 信用卡 A J M V

医生中有泰国人和柬埔寨人，都会说英语，可接受内科、外科和儿科等诊疗。医院引入了 X 线、CT 扫描等高水准医疗设备，住院设施同样非常完善。该院隶属于泰国医院，有可靠的医疗技术支援团队。

酒店医生服务医院 Hotel Doctor Service

住 No. 486，Banteatchah Village ☎ 017-713690
URL www.hotel-doctor-service.com
营 24 小时 休 无

一个电话就能享受医生上门看病的服务。有外籍医生。该医院的部分医疗费用于柬埔寨儿童的医疗救助服务。

航空公司

曼谷航空 Bangkok Airways

MAP p.209-1A 住 No.28-29Eo，Sivatha St. 6
☎（063）965422~3 营 8:00~20:00
休 无 信用卡 J M V

柬埔寨吴哥航空 Cambodia Angkor Air

MAP p.206-3B 住 Wat Damnak Village（日出精品酒店内） ☎（063）969268、6363666
营 8:00~12:00、13:30~17:30
休 周六、周日 信用卡 不可使用

巴萨卡航空 Basaka Air

MAP p.10-1B 住 Siem Reap Airport（暹粒国际机场内）
☎ 015-225657、015-331194 营 8:00~17:00
休 周六、周日 信用卡 M V

越南航空 Vietnam Airlines

MAP p.205-1C 住 No.7 Suite，Next to J7 Hotel
☎（063）964488、965148
营 8:00~12:00、13:30~17:00（周六 ~12:00）
休 周日 信用卡 不可使用

老挝航空 Lao Airlines

MAP p.202-2B 住 No.C10-12，Angkor Shopping Center，National Rd.6
☎（063）963169 营 8:00~12:00、13:30~17:00
休 周六、周日 信用卡 不可使用

大韩航空 Korean Air

MAP p.10-1B 住 Siem Reap Airport（暹粒国际机场内） ☎（063）964881 营 8:00~17:00
休 周六、周日 信用卡 M V

胜安航空 Silk Air

MAP p.10-1B
住 Siem Reap Airport（暹粒国际机场内）
☎（063）964993 营 8:00~17:00
休 周六、周日 信用卡 A J M V

INFORMATION

天空吴哥航空
Sky Angkor Airlines
MAP p.202-1A
住 City Ring Rd., Krous Village, Svay Dangkum
☎（063）967300
营 8:00~17:00（周六 ~12:00）
休 周日 信用卡 不可使用

亚洲航空 Air Asia
MAP p.209-1A 住 Near Central Market
☎（063）968869 营 8:00~22:00
休 无 信用卡 J M V

首尔航空 Air Seoul
MAP p.10-1B
住 Siem Reap Airport（暹粒国际机场内）
☎（063）965206、012-941338
营 8:00~18:00 休 周六、周日 信用卡 不可使用

※ 办事处设在暹粒国际机场内的航空公司一般都被安排在国际线航站楼对面的靠左建筑内。

邮政和快递
邮局
MAP p.205-2C 住 Pokambor Ave.
☎（063）760303、963696 营 7:00~17:00
休 无
有 EMS 窗口。

DHL 快递
MAP p.209-1A 住 No.15A, Sivatha St.
☎（063）964949 营 8:00~12:00、14:00~18:00
休 周日 信用卡 J M V
※ 酒店、邮局和公用电话等地可拨打市话，3 位或 6 位号码可直接拨打。电话号码前带 011、012、015、016……的手机号，需先拨 011、012、015、016，再拨手机号码。长途电话应先加拨 3 位区号，再按电话号码（→ p.324）。

INFORMATION 吴哥古迹定期旅行团——虎巴士

JHC 吴哥旅行社（→ p.198）运营每日前往古迹游览的观光巴士。旅行团配专属导游，可体验深度游。也不用担心租的摩托车发生交通事故，与司机发生纠纷等。有大、中两种型号的巴士，单人也可成行。有半日游和一日游，其中一日游包含一顿柬埔寨特色午餐。需要提前一天预约。旅行社共组织以下 5 条线路。※古迹门票单收费。

半日游
吴哥寺：US$15。14:00 出发，需要 3 小时 30 分钟。
吴哥城：US$15。8:00 出发，需要 4 小时。
女王宫 & 塔布茏寺：US$35。8:00 出发，需要 5 小时。

一日游
吴哥城 & 吴哥寺：US$30。8:00 出发，需要 9 小时 30 分钟。
女王宫 & 塔布茏寺 & 吴哥寺：US$50。8:00 出发，需要 9 小时 30 分钟。

申请、咨询参团的联系方式
JHC 吴哥旅行社
JHC Angkor Tour（→ p.198）
☎ 012-335335、012-336336
E-mail ido@jhc.com.kh 营 8:00~17:00 休 无
除了“虎巴士”，还针对散客提供吴哥古迹游、洞里萨湖游、包车（带导游）等服务内容。需要提前一天预约。另外，旅行社的楼上还有旅店。

配专属导游，服务热情、细致

根据旅行团的人数配车

INFORMATION 在世界遗产地跑马拉松

在世界遗产地吴哥古迹，每年 8 月和 12 月都会举办马拉松赛事。起点 & 终点位于吴哥寺，线路包括 3 公里的迷你马拉松和 42.195 公里的全马，可自由选择。穿行在吴哥寺与巴戎寺的美景之中的马拉松赛道一定会成为跑者美好的记忆。

- 吴哥寺王朝马拉松
- 吴哥半程国际马拉松

A
B
1
2
3
至战争博物馆（约900米）
暹粒吴哥传统精品度假村
圣卡莱酒店
吴哥皇后水疗度假村
吴哥奇迹度假酒店
阿萨里塔吴哥度假村及水疗中心
至暹粒国际机场
柬埔寨民俗文化村
龙宫酒店
安纳塔拉
6号国道
特莱湄公餐厅
南瓜旅馆
JHC吴哥旅行社
瑞酒店
暹粒吴哥高尔夫酒店
吴哥国王酒店
芳香吴哥
吴哥公主酒店
雄伟东方酒店
吴哥水晶
暹粒阿普莎拉吴哥寺会议度假酒店
吴哥新市场
吴哥城市酒店
白莲花度假酒店
暹粒花园皇宫度假村
天空吴哥航空
吴哥亚马孙餐厅
吴哥蒙帅亚尔
吴哥拱廊购物街
老挝航空
柬埔寨巴戎航空
赫利斯塔（直升机之星）
大逃亡（逃生游戏）
蝴蝶夫人餐厅
克马拉吴哥温泉酒店
尼亚里高棉餐厅
算盘法国美食餐厅
National Rd. No.6
暹粒罗姆多牛肉火锅店
柬埔寨国家银行
普恩&提其安夫妇的工作室
（提其安剧院）
暹粒回忆酒店
吴哥天堂酒店
暹粒市区中部
p.204~205
科萨拉兰
Krous Vivage Rd.
幸运商场
至蓬柏塘（约50米）
老市场周边p.209
柏悦暹粒酒店
Neelka Way
午夜市场
暹粒省医
Concrete Drain Rd.
暹粒隐秘青年旅馆
吴哥夜市
阿内克斯
吴哥娜格拉精品酒店
红钢琴
寺院设计餐厅
快乐马场
柬埔寨法尔马戏团
老市
吴哥艺术学院购物中心
暹粒中央夜市
纳塔炊（柬埔寨）有限公司
BBU Rd.
高棉传统纺织品研究所
N
0
500m
暹粒市区
吴哥遗迹群地图p.10~11
至洞里萨湖（约6公里）

沃密寺
柬埔寨万人骷
至吴哥寺（约3公里）
SOS赫尔曼·格迈纳医学院
暹粒市区北部、前往吴哥寺的道路图p.208
至吴哥古迹群（约7公里）
圣·诺罗敦·西哈努克-吴哥博物馆
布隆布莱市场
吴哥全景博物馆
速卡暹粒度假酒店&会议中心
领事服务办事处（3F）
暹粒索卡宫酒店
吴哥艾美酒店
吴哥乡村度假村
收费处（售票处）
阿普萨拉神像
St. 60
Charles De Gaulle
阇耶跋摩七世医院
烈士纪念碑
MGC亚洲传统纺织品博物馆
索菲特吴哥佛基拉高尔夫温泉度假酒店
吴哥丽晶酒店
沃里因沙寺
吴哥塔拉酒店
暹粒河
Apsara Rd.
吴哥T广场购物中心
吴哥国家博物馆
吴哥莱佛士大酒店
吴哥天堂别墅酒店
兰卡寺
安缦萨拉度假村
遗产套房酒店
高棉老屋旅馆
展馆东方酒店
维多利亚吴哥度假村
皇家独立运动花园
吴哥假日酒店
荔枝
西哈努克别墅（国王别墅）
萨马基市场
吴哥度假水疗酒
FCC吴哥酒店
圣塔玛尼沙克度假村
吴哥圣塔玛尼酒店
6号国道
自由酒店
National Rd. No.6
暹粒健康中心
加华银行
吴哥博瑞水疗度假村
市场
慕迪塔SPA
微笑酒店
吴哥儿童医院
吴哥贝尔蒙德酒店
吴哥滨江酒店
沃波寺
卧佛寺
Lok Taneuy Rd.
St. 22
切斯莫伊水疗酒店
吴哥国王路
吴哥乡村酒店
波美食
皇家皇冠水疗度假酒店
毗奴神像
坦克拿寺
坦克拿寺
坦克拿寺美食餐厅
暹粒市区南部 p.206~207
萨莱水疗度假村
乔治拉马利埃餐厅
7 Makara St.
切斯莫伊水疗套房酒店
Sombai Rd.
Meas Rd.
松柏
萨拉酒店
Thmor
高棉温泉
C
D
1
2
3

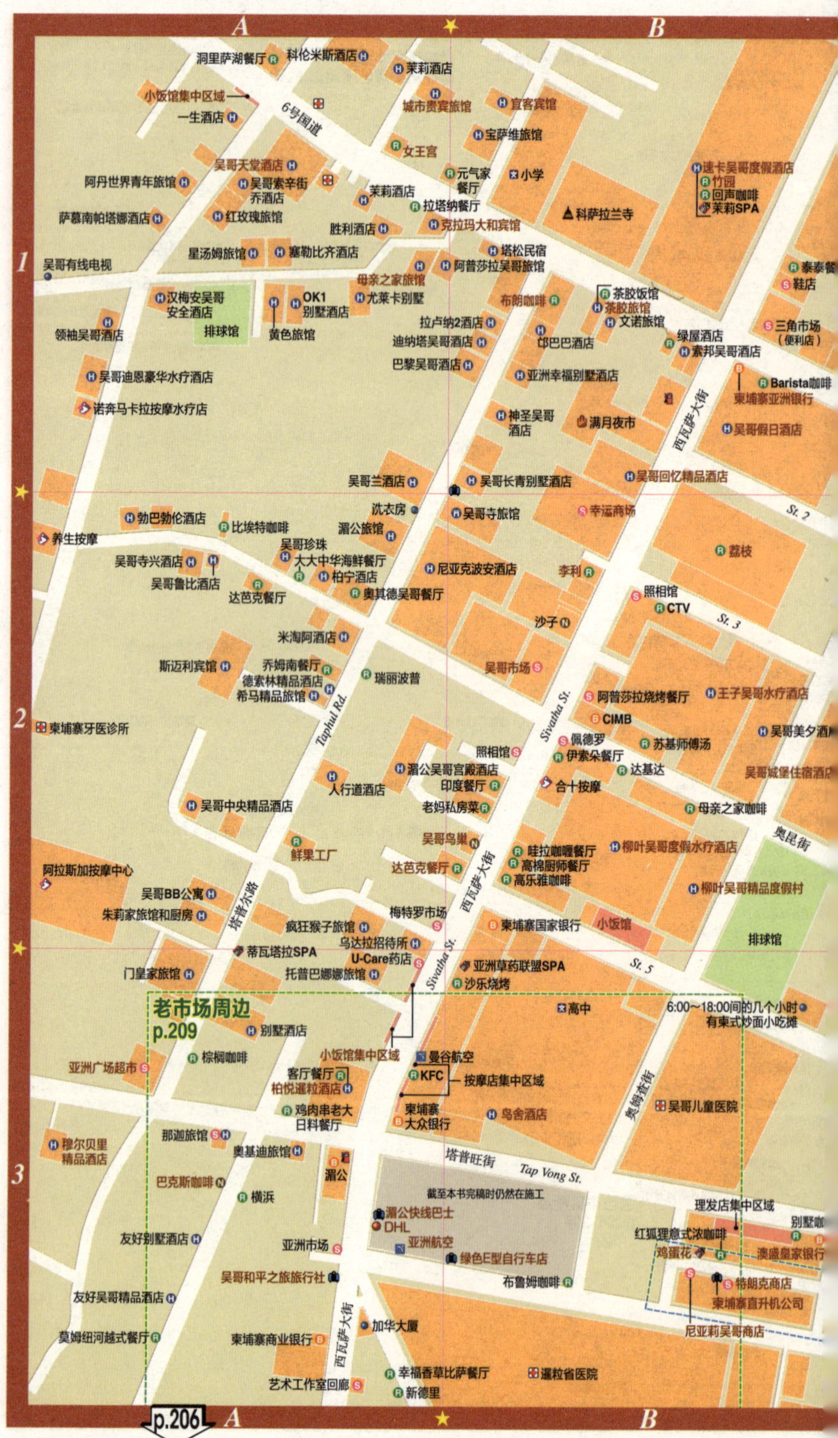

A
B
1
2
3
洞里萨湖餐厅
科伦米斯酒店
茉莉酒店
小饭馆集中区域
一生酒店
6号国道
城市贵宾旅馆
宜客宾馆
宝萨维旅馆
女王宫
吴哥天堂酒店
阿丹世界青年旅馆
吴哥索辛街乔酒店
茉莉酒店
元气家餐厅
小学
拉塔纳餐厅
萨慕南帕塔娜酒店
红玫瑰旅馆
胜利酒店
克拉玛大和宾馆
科萨拉兰寺
速卡吴哥度假酒店
竹园
回声咖啡
茉莉SPA
星汤姆旅馆
塞勒比齐酒店
塔松民宿
吴哥有线电视
母亲之家旅馆
阿普莎拉吴哥旅馆
泰泰餐
鞋店
汉梅安吴哥安全酒店
排球馆
黄色旅馆
OK1别墅酒店
尤莱卡别墅
布朗咖啡
茶胶饭馆
茶胶旅馆
文诺旅馆
三角市场（便利店）
领袖吴哥酒店
拉卢纳2酒店
迪纳塔吴哥酒店
邙巴巴酒店
绿屋酒店
索邦吴哥酒店
巴黎吴哥酒店
吴哥迪恩豪华水疗酒店
亚洲幸福别墅酒店
Barista咖啡
柬埔寨亚洲银行
诺奔马卡拉按摩水疗店
神圣吴哥酒店
满月夜市
西瓦萨大街
吴哥假日酒店
吴哥兰酒店
吴哥长青别墅酒店
吴哥回忆精品酒店
沈衣房
吴哥寺旅馆
幸运商场
St. 2
勃巴勃伦酒店
比埃特咖啡
湄公旅馆
养生按摩
吴哥珍珠
大大中华海鲜餐厅
荔枝
吴哥寺兴酒店
尼亚克波安酒店
吴哥鲁比酒店
柏宁酒店
李利
达芭克餐厅
奥其德吴哥餐厅
照相馆
CTV
米淘阿酒店
沙子
St. 3
斯迈利宾馆
乔姆南餐厅
德索林精品酒店
希马精品旅馆
瑞丽波普
吴哥市场
阿普莎拉烧烤餐厅
王子吴哥水疗酒店
Taphul Rd.
Sivatha St.
CIMB
柬埔寨牙医诊所
佩德罗
苏基师傅汤
吴哥美夕酒
照相馆
伊索朵餐厅
达基达
吴哥城堡住宿酒店
湄公吴哥宫殿酒店
人行道酒店
印度餐厅
合十按摩
吴哥中央精品酒店
老妈私房菜
母亲之家咖啡
奥昆街
吴哥鸟巢
鲜果工厂
哇拉咖喱餐厅
高棉厨师餐厅
柳叶吴哥度假水疗酒店
阿拉斯加按摩中心
达芭克餐厅
高乐雅咖啡
西瓦萨大街
吴哥BB公寓
柳叶吴哥精品度假村
朱莉家旅馆和厨房
梅特罗市场
塔普尔路
疯狂猴子旅馆
柬埔寨国家银行
小饭馆
排球馆
乌达拉招待所
蒂瓦塔拉SPA
U-Care药店
亚洲草药联盟SPA
St. 5
门皇家旅馆
托普巴娜娜旅馆
沙乐烧烤
老市场周边
p.209
高中
6:00～18:00间的几个小时有柬式炒面小吃摊
别墅酒店
棕榈咖啡
小饭馆集中区域
曼谷航空
亚洲广场超市
客厅餐厅
KFC
按摩店集中区域
柏悦暹粒酒店
鸡肉串老大日料餐厅
柬埔寨大众银行
鸟舍酒店
奥姆查街
吴哥儿童医院
穆尔贝里精品酒店
那迦旅馆
奥基迪旅馆
湄公
塔普旺街
Tap Vong St.
巴克斯咖啡
横浜
截至本书完稿时仍然在施工
湄公快线巴士
DHL
理发店集中区域
别墅咖
友好别墅酒店
红狐理意式浓咖啡
鸡蛋花
亚洲市场
亚洲航空
澳盛皇家银行
绿色E型自行车店
吴哥和平之旅旅行社
布鲁姆咖啡
特朗克商店
柬埔寨直升机公司
友好吴哥精品酒店
加华大厦
尼亚莉吴哥商店
莫姆纽河越式餐厅
柬埔寨商业银行
西瓦萨大街
幸福香草比萨餐厅
暹粒省医院
艺术工作室回廊
新德里
p.206

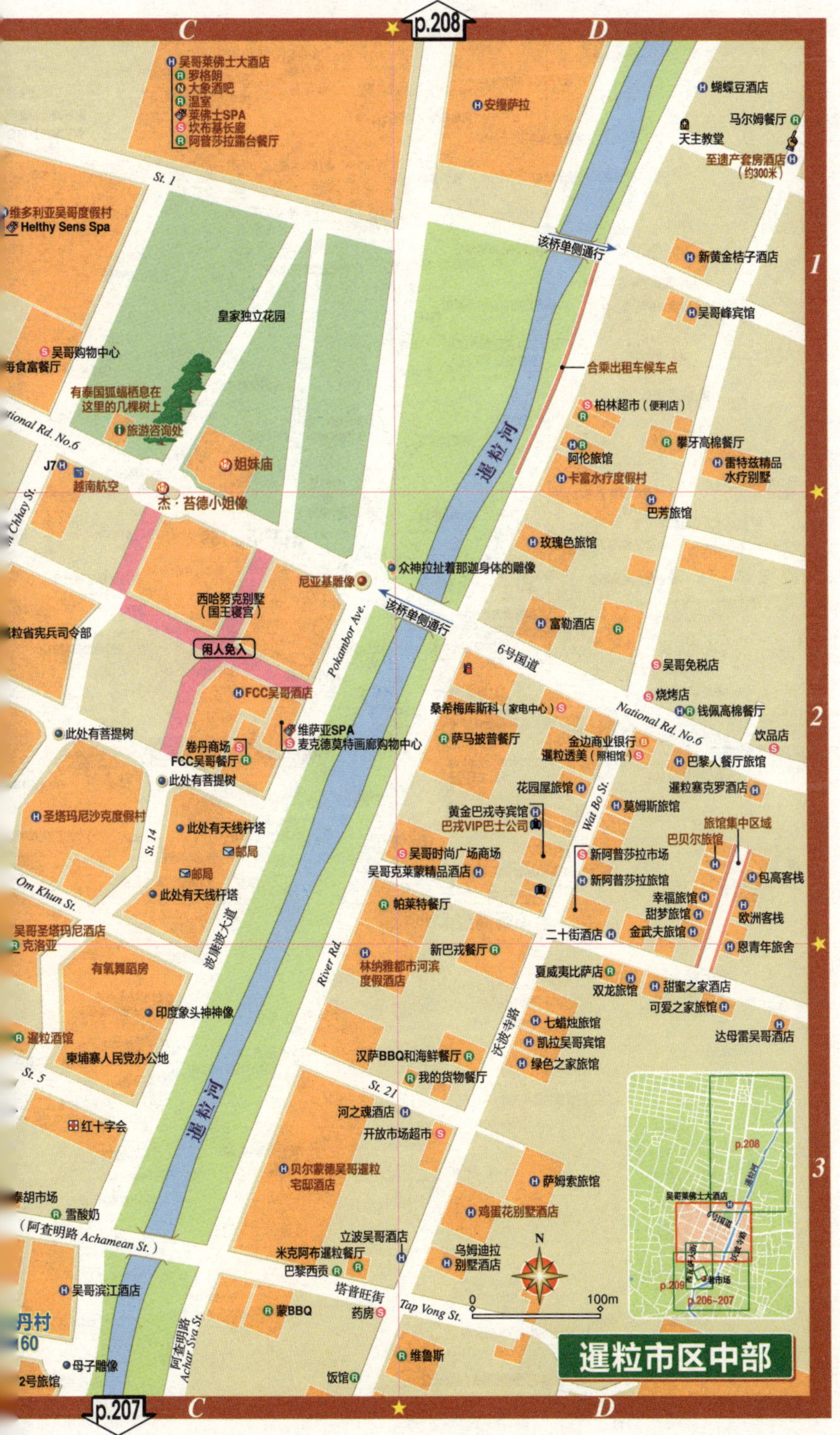
暹粒市区中部
p.208
p.207
C
D
1
2
3
吴哥莱佛士大酒店
罗格朗
大象酒吧
温室
莱佛士SPA
坎布基长廊
阿普莎拉露台餐厅
安缦萨拉
蝴蝶豆酒店
马尔姆餐厅
天主教堂
至遗产套房酒店
（约300米）
St. 1
维多利亚吴哥度假村
Helthy Sens Spa
该桥单侧通行
新黄金桔子酒店
吴哥峰宾馆
皇家独立花园
吴哥购物中心
海食富餐厅
有泰国狐蝠栖息在
这里的几棵树上
旅游咨询处
合乘出租车候车点
柏林超市（便利店）
攀牙高棉餐厅
阿伦旅馆
雷特兹精品
水疗别墅
卡富水疗度假村
巴芳旅馆
National Rd. No.6
J7
越南航空
姐妹庙
杰·苔德小姐像
Chhay St.
暹粒河
玫瑰色旅馆
众神拉扯着那迦身体的雕像
尼亚基雕像
西哈努克别墅
（国王寝宫）
暹粒省宪兵司令部
闲人免入
该桥单侧通行
富勒酒店
6号国道
吴哥免税店
烧烤店
钱佩高棉餐厅
National Rd. No.6
饮品店
Pokambor Ave.
FCC吴哥酒店
此处有菩提树
维萨亚SPA
麦克德莫特画廊购物中心
卷丹商场
FCC吴哥餐厅
桑希梅库斯科（家电中心）
萨马披普餐厅
金边商业银行
暹粒透美（照相馆）
巴黎人餐厅旅馆
此处有菩提树
花园屋旅馆
暹粒塞克罗酒店
Wat Bo St.
莫姆斯旅馆
圣塔玛尼沙克度假村
黄金巴戎寺宾馆
巴戎VIP巴士公司
旅馆集中区域
此处有天线杆塔
巴贝尔旅馆
St. 14
邮局
吴哥时尚广场商场
新阿普莎拉市场
邮局
吴哥克莱蒙精品酒店
新阿普莎拉旅馆
包高客栈
Om Khun St.
此处有天线杆塔
帕莱特餐厅
幸福旅馆
甜梦旅馆
欧洲客栈
二十街酒店
金达夫旅馆
吴哥圣塔玛尼酒店
克洛亚
波康波大道
新巴戎餐厅
恩青年旅舍
River Rd.
林纳雅都市河滨
度假酒店
夏威夷比萨店
双龙旅馆
甜蜜之家酒店
有氧舞蹈房
可爱之家旅馆
印度象头神神像
七蜡烛旅馆
达母雷吴哥酒店
暹粒酒馆
沃波寺路
凯拉吴哥宾馆
柬埔寨人民党办公地
汉萨BBQ和海鲜餐厅
绿色之家旅馆
St. 5
我的货物餐厅
St. 21
河之魂酒店
红十字会
开放市场超市
暹粒河
贝尔蒙德吴哥暹粒
宅邸酒店
萨姆索旅馆
泰胡市场
雪酸奶
鸡蛋花别墅酒店
（阿查明路 Achamean St.）
立波吴哥酒店
米克阿布暹粒餐厅
乌姆迪拉
别墅酒店
巴黎西贡
N
吴哥滨江酒店
塔普旺街
0
100m
蒙BBQ
Tap Vong St.
药房
丹村
60
阿查明路
Achar Sva St.
维鲁斯
母子雕像
2号旅馆
饭馆
p.208
吴哥莱佛士大酒店
6号国道
暹粒河
p.209
老市场
p.206~207

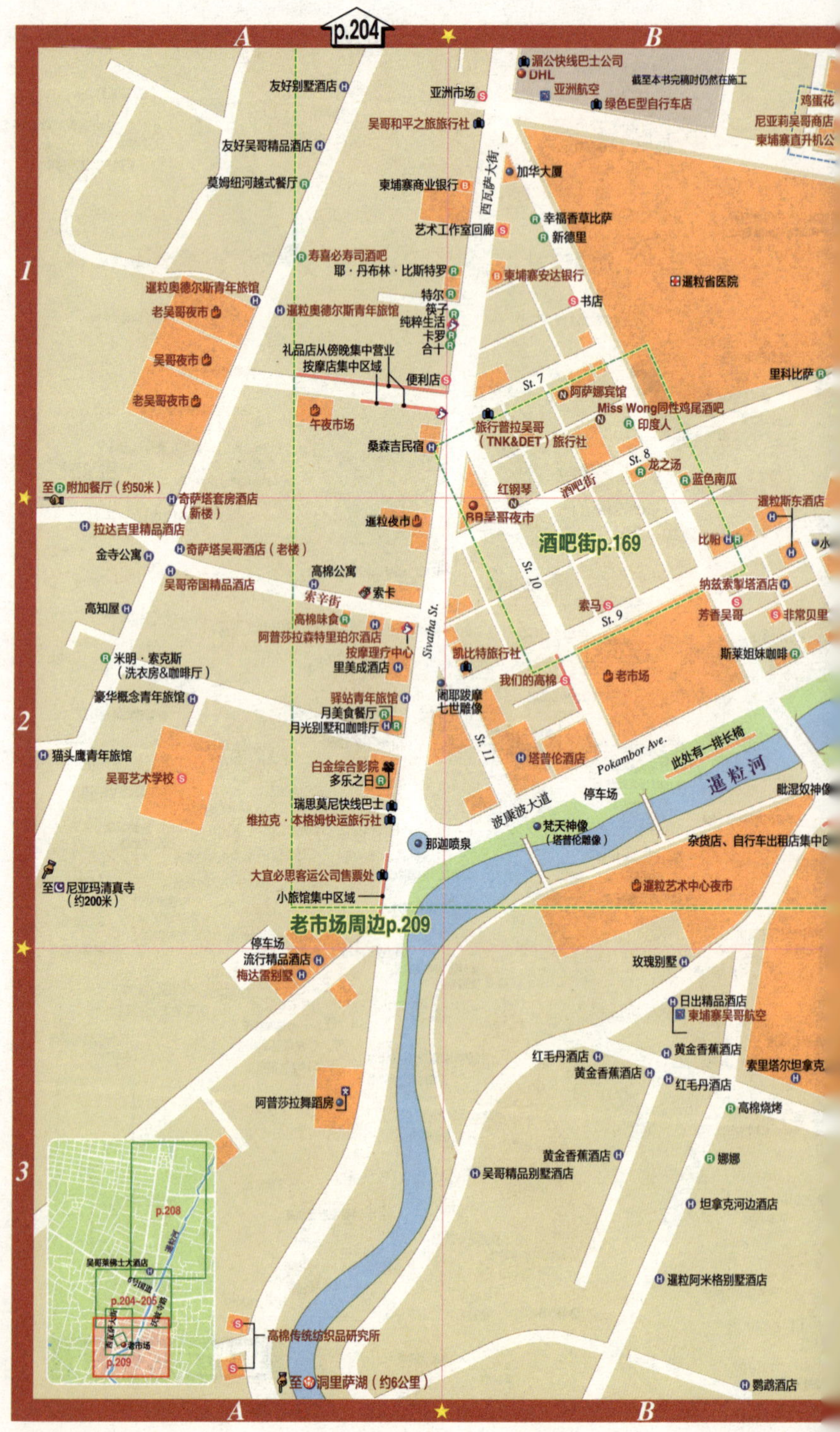

p.204
A
B
1
2
3
湄公快线巴士公司
DHL
亚洲航空
截至本书完稿时仍然在施工
绿色E型自行车店
鸡蛋花
尼亚莉吴哥商店
柬埔寨直升机公
友好别墅酒店
亚洲市场
吴哥和平之旅旅行社
友好吴哥精品酒店
西瓦萨大街
加华大厦
莫姆纽河越式餐厅
柬埔寨商业银行
幸福香草比萨
新德里
艺术工作室回廊
寿喜必寿司酒吧
耶·丹布林·比斯特罗
柬埔寨安达银行
暹粒省医院
暹粒奥德尔斯青年旅馆
特尔
书店
老吴哥夜市
暹粒奥德尔斯青年旅馆
筷子
纯粹生活
卡罗
合十
礼品店从傍晚集中营业
按摩店集中区域
吴哥夜市
便利店
里科比萨
St. 7
阿萨娜宾馆
老吴哥夜市
Miss Wong同性鸡尾酒吧
午夜市场
旅行普拉吴哥
（TNK&DET）旅行社
印度人
桑森吉民宿
St. 8
龙之汤
酒吧街
蓝色南瓜
至附加餐厅（约50米）
奇萨塔套房酒店
（新楼）
红钢琴
暹粒斯东酒店
BB吴哥夜市
拉达吉里精品酒店
暹粒夜市
酒吧街p.169
比翰
奇萨塔吴哥酒店（老楼）
金寺公寓
St. 10
高棉公寓
吴哥帝国精品酒店
索辛街
索卡
纳兹索瑟塔酒店
高知屋
索马
芳香吴哥
非常贝里
St. 9
高棉味食
阿普莎拉森特里珀尔酒店
Sivatha St.
米明·索克斯
（洗衣房&咖啡厅）
按摩理疗中心
凯比特旅行社
斯莱姐妹咖啡
里美成酒店
老市场
我们的高棉
豪华概念青年旅馆
驿站青年旅馆
阇耶跋摩
七世雕像
月美食餐厅
月光别墅和咖啡厅
St. 11
猫头鹰青年旅馆
Pokambor Ave.
此处有一排长椅
吴哥艺术学校
塔普伦酒店
暹粒河
白金综合影院
多乐之日
停车场
毗湿奴神像
瑞思莫尼快线巴士
波康波大道
维拉克·本格姆快运旅行社
梵天神像
（塔普伦雕像）
杂货店、自行车出租店集中区
那迦喷泉
至尼亚玛清真寺
（约200米）
大宜必思客运公司售票处
暹粒艺术中心夜市
小旅馆集中区域
老市场周边p.209
停车场
流行精品酒店
梅达雷别墅
玫瑰别墅
日出精品酒店
柬埔寨吴哥航空
黄金香蕉酒店
红毛丹酒店
黄金香蕉酒店
红毛丹酒店
索里塔尔坦拿克
阿普莎拉舞蹈房
高棉烧烤
黄金香蕉酒店
娜娜
吴哥精品别墅酒店
坦拿克河边酒店
p.208
暹粒河
吴哥莱佛士大酒店
p.204~205
老市场
p.209
暹粒阿米格别墅酒店
高棉传统纺织品研究所
至洞里萨湖（约6公里）
鹦鹉酒店

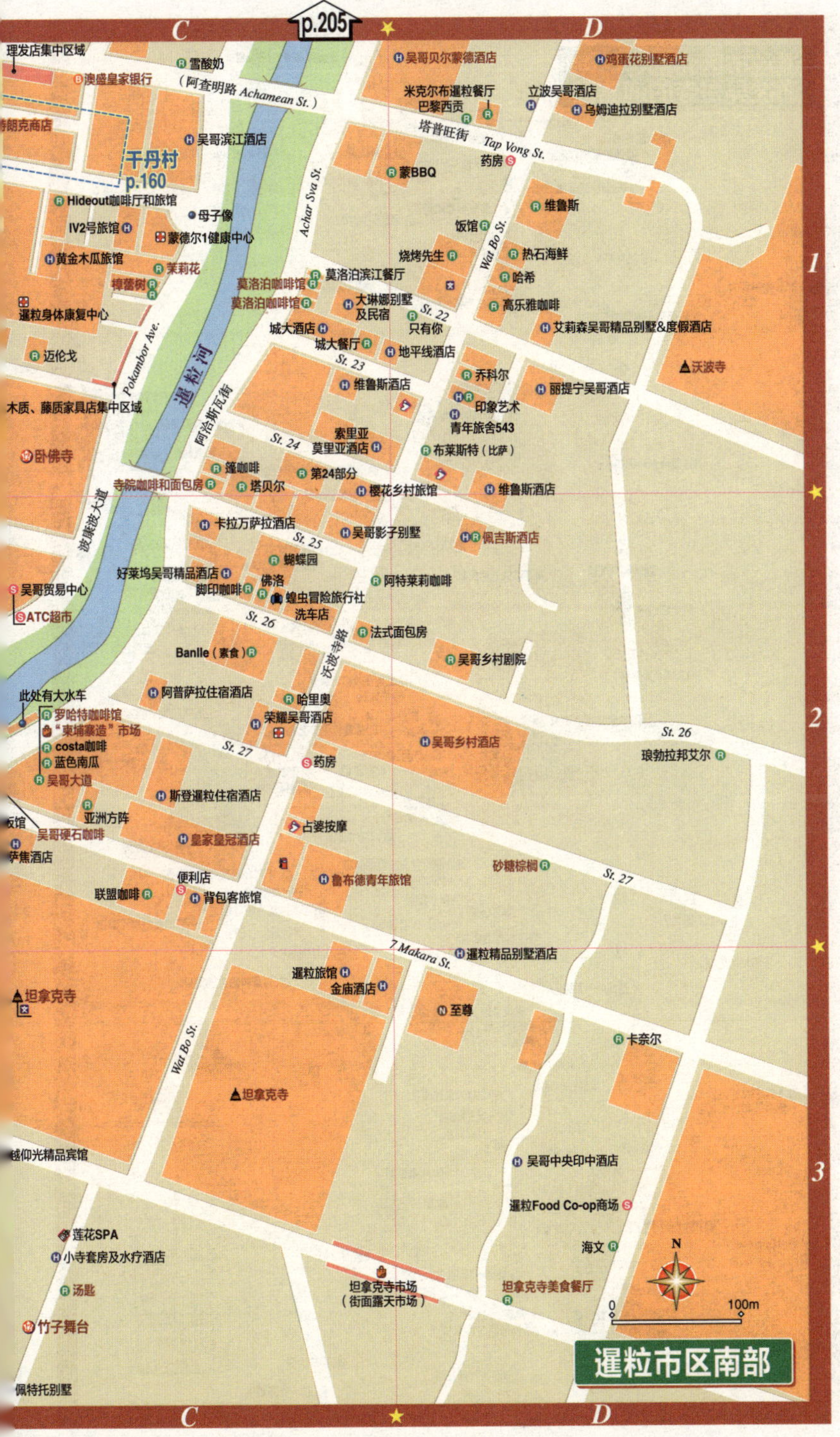
暹粒市区南部
p.205
理发店集中区域
澳盛皇家银行
雪酸奶
（阿查明路 Achamean St.）
吴哥贝尔蒙德酒店
米克尔布暹粒餐厅
巴黎西贡
立波吴哥酒店
鸡蛋花别墅酒店
乌姆迪拉别墅酒店
塔普旺街 Tap Vong St.
药房
干丹村 p.160
吴哥滨江酒店
蒙BBQ
Hideout咖啡厅和旅馆
母子像
IV2号旅馆
蒙德尔1健康中心
黄金木瓜旅馆
茉莉花
樟蕾树
饭馆
维鲁斯
烧烤先生
热石海鲜
哈希
莫洛泊滨江餐厅
莫洛泊咖啡馆
暹粒身体康复中心
大琳娜别墅及民宿
只有你
高乐雅咖啡
艾莉森吴哥精品别墅&度假酒店
城大酒店
城大餐厅
地平线酒店
迈伦戈
暹粒河
沃波寺
乔科尔
丽提宁吴哥酒店
维鲁斯酒店
印象艺术
青年旅舍543
木质、藤质家具店集中区域
阿洽斯瓦街
索里亚莫里亚酒店
布莱斯特（比萨）
卧佛寺
篷咖啡
第24部分
寺院咖啡和面包房
塔贝尔
樱花乡村旅馆
维鲁斯酒店
卡拉万萨拉酒店
吴哥影子别墅
佩吉斯酒店
蝴蝶园
好莱坞吴哥精品酒店
脚印咖啡
佛洛
阿特莱莉咖啡
蝗虫冒险旅行社
洗车店
吴哥贸易中心
ATC超市
Banlle（素食）
法式面包房
吴哥乡村剧院
沃波寺路
此处有大水车
阿普萨拉住宿酒店
哈里奥
荣耀吴哥酒店
罗哈特咖啡馆
“柬埔寨造”市场
costa咖啡
蓝色南瓜
吴哥大道
吴哥乡村酒店
药房
琅勃拉邦艾尔
斯登暹粒住宿酒店
亚洲方阵
吴哥硬石咖啡
皇家皇冠酒店
占婆按摩
萨焦酒店
砂糖棕榈
便利店
联盟咖啡
背包客旅馆
鲁布德青年旅馆
暹粒精品别墅酒店
暹粒旅馆
金庙酒店
至尊
坦拿克寺
卡奈尔
越仰光精品宾馆
吴哥中央印中酒店
暹粒Food Co-op商场
莲花SPA
小寺套房及水疗酒店
海文
汤匙
坦拿克市场（街面露天市场）
坦拿克美食餐厅
竹子舞台
佩特托别墅
Pokambor Ave.
波康波大道
Achar Sva St.
Wat Bo St.
St. 22
St. 23
St. 24
St. 25
St. 26
St. 27
7 Makara St.
N
0 100m

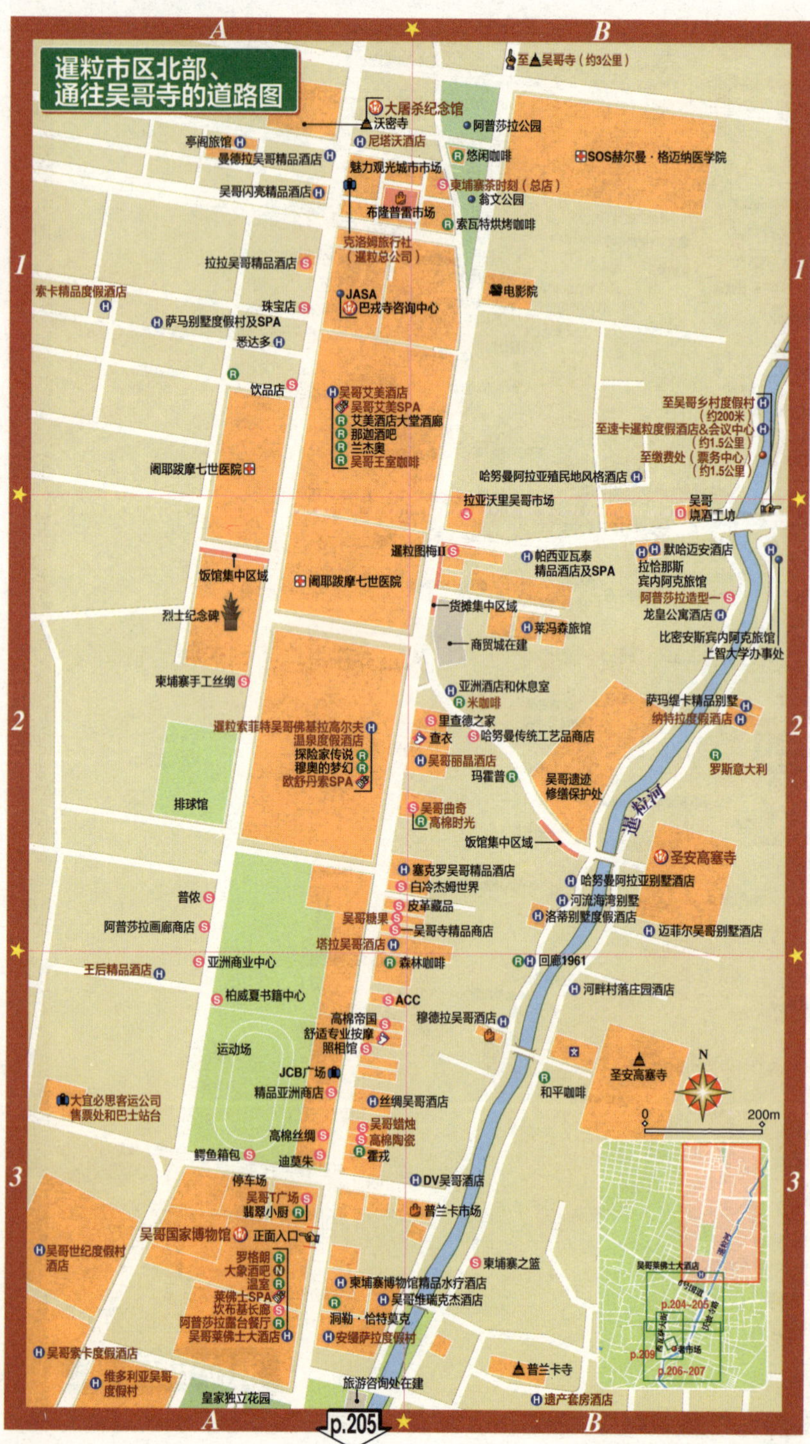
暹粒市区北部、
通往吴哥寺的道路图
至吴哥寺（约3公里）
大屠杀纪念馆
沃密寺
阿普莎拉公园
亨阁旅馆
尼塔沃酒店
曼德拉吴哥精品酒店
悠闲咖啡
SOS赫尔曼·格迈纳医学院
魅力观光城市市场
柬埔寨茶时刻（总店）
吴哥闪亮精品酒店
翁文公园
布隆普雷市场
索瓦特烘烤咖啡
克洛姆旅行社
（暹粒总公司）
拉拉吴哥精品酒店
索卡精品度假酒店
电影院
JASA
巴戎寺咨询中心
珠宝店
萨马别墅度假村及SPA
悉达多
饮品店
吴哥艾美酒店
吴哥艾美SPA
艾美酒店大堂酒廊
那迦酒吧
兰杰奥
吴哥王室咖啡
至吴哥乡村度假村
（约200米）
至速卡暹粒度假酒店&会议中心
（约1.5公里）
至缴费处（票务中心）
（约1.5公里）
阇耶跋摩七世医院
哈努曼阿拉亚殖民地风格酒店
拉亚沃里吴哥市场
吴哥
烧酒工坊
暹粒图梅II
帕西亚瓦泰
精品酒店及SPA
默哈迈安酒店
拉恰那斯
宾内阿克旅馆
饭馆集中区域
阇耶跋摩七世医院
阿普莎拉造型一
货摊集中区域
龙皇公寓酒店
烈士纪念碑
莱冯森旅馆
比密安斯宾内阿克旅馆
商贸城在建
上智大学办事处
柬埔寨手工丝绸
亚洲酒店和休息室
米咖啡
萨玛缇卡精品别墅
纳特拉度假酒店
暹粒索菲特吴哥佛基拉高尔夫
温泉度假酒店
里查德之家
查衣
哈努曼传统工艺品商店
探险家传说
穆奥的梦幻
欧舒丹索SPA
吴哥丽晶酒店
罗斯意大利
玛霍普
吴哥遗迹
修缮保护处
排球馆
吴哥曲奇
高棉时光
暹粒河
饭馆集中区域
圣安高塞寺
塞克罗吴哥精品酒店
白冷杰姆世界
哈努曼阿拉亚别墅酒店
普侬
皮革藏品
河流海湾别墅
吴哥糖果
洛蒂别墅度假酒店
阿普莎拉画廊商店
吴哥寺精品商店
迈菲尔吴哥别墅酒店
塔拉吴哥酒店
亚洲商业中心
森林咖啡
回廊1961
王后精品酒店
柏威夏书籍中心
河畔村落庄园酒店
ACC
高棉帝国
穆德拉吴哥酒店
舒适专业按摩
运动场
照相馆
圣安高塞寺
JCB广场
和平咖啡
精品亚洲商店
大宜必思客运公司
售票处和巴士站台
丝绸吴哥酒店
吴哥蜡烛
高棉丝绸
高棉陶瓷
鳄鱼箱包
迪莫朱
霍戎
停车场
DV吴哥酒店
吴哥T广场
翡翠小厨
普兰卡市场
吴哥国家博物馆
正面入口
吴哥世纪度假村
酒店
罗格朗
大象酒吧
柬埔寨之篮
温室
莱佛士SPA
柬埔寨博物馆精品水疗酒店
坎布基长廊
吴哥维瑞克杰酒店
阿普莎拉露台餐厅
洞勒·恰特莫克
吴哥莱佛士大酒店
安缇萨拉度假村
吴哥索卡度假酒店
普兰卡寺
维多利亚吴哥
度假村
旅游咨询处在建
皇家独立花园
遗产套房酒店
吴哥莱佛士大酒店
p.204~205
p.209
p.206~207
N
0
200m
A
B
1
2
3
p.205

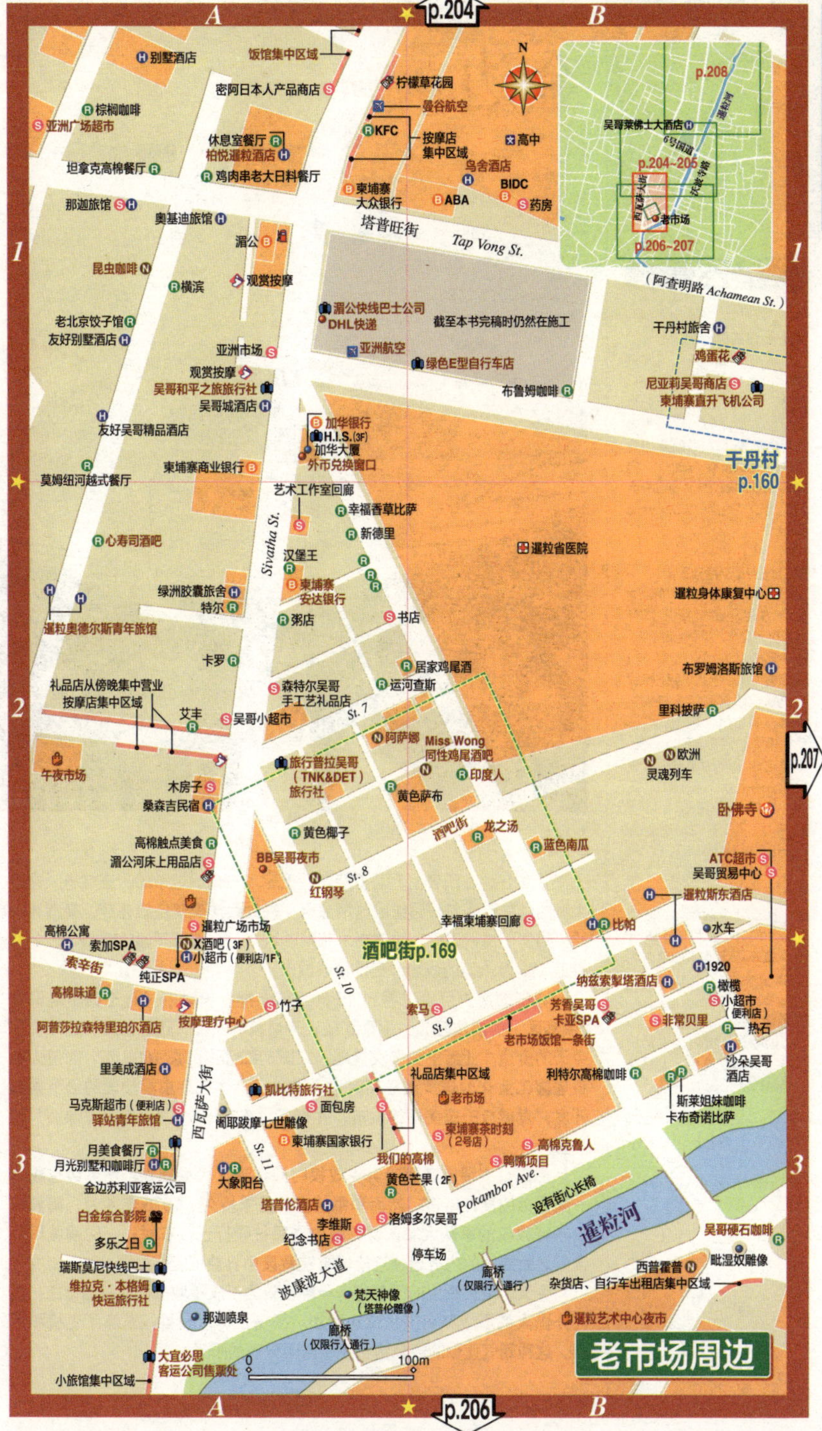
老市场周边
塔普旺街
Tap Vong St.
阿查明路 Achamean St.
Sivatha St.
西瓦萨大街
酒吧街p.169
Pokambor Ave.
波康波大道
暹粒河
暹粒省医院
老市场
千丹村 p.160
截至本书完稿时仍然在施工
p.204
p.206
p.207

金边的长途区号

023

关于街道名称标记

本书采用当地的英文道路标识来表示各道路名称。此外，本书中使用音译名标记道路、酒店时，冠以人名的地方省略了人名前面的尊称（Samdach 或 Preah），例如：V. Samdach Preah Sihanouk 西哈努克大道写成 Sihanouk Blvd.。

从机场到市内的交通

乘坐出租车或嘟嘟车较为方便。在机场出口处乘坐出租车，前往市区一般 1 辆 US$9~15；嘟嘟车 1 辆 US$7~9，也可以直接跟司机砍价。打摩的需要去机场外，到市区一般 US$4~6。前往市中心需要 20~30 分钟。如果遇到傍晚的高峰期，也可能在路上堵个 1 小时。

另外，机场前大道旁有一块写着“Pochentong International Airport”的牌子，那里是巴士车站，3 路巴士从那里开往金边夜市（→ p.227），运行时间为 5:30~20:30，每隔 10~15 分钟一班车。车票 1500R，约需 45 分钟。

机场建设费

国际线、国内线机票均包含了机场建设费，无须在机场另行支付。

活力四射的柬埔寨首都

金边 *Phnom Penh*

ភ្នំពេញ

MAP 文前图① -2C

位于市中心的中央市场。这里整天都有当地居民和游客，热闹非凡

金边是建在湄公河、洞里萨河和巴塞河三角洲地带的一座城市。这里大量的佛教寺庙与法国统治时期遗留下来的西洋建筑交错并存，街道两旁的火焰树下凉荫习习。这座树木葱翠的城市是柬埔寨王国的首都，一个拥有近 169 万人口的政治、经济中心城市。

城市的历史可以追溯到 15 世纪前半期。当时的吴哥王朝不堪暹罗（今泰国）的屡次侵犯，逐渐衰败，于是放弃吴哥，迁都此处，这才有了今天的金边。此后王都多次易地，二度迁都金边已是 1866 年，时值力推柬埔寨工业化的诺罗敦王朝时代。当时，金边在宗主国法国的治下得到开发，发展成一座美丽的城市，并有了“东方巴黎”“印度支那绿洲”的美誉。

后来，柬埔寨在西哈努克政权时期实现了民族独立，而金边也成为一座繁荣的商业城市。然而和平的岁月并未持久。1975 年 4 月，随着波尔布特政权的军队大举入城，城内居民被强行迁往农村，一时间城垣荒废。之后持续的内战迫使这座城市在荒废中日益沉寂。

今天，浴火重生的国都每一年都在致力于改善城市各项基础设施，面向外国人的酒店和商店也迅速增加。街道上车水马龙，充满了生机和活力。这种朝气蓬勃的能量绝不亚于南国强烈的阳光。

Access

前往金边的交通方式

飞机

国际线 目前，中国开通了直飞柬埔寨的航班，除了有北京、上海、广州、深圳、香港等一线城市外，还有重庆、成都、无锡、南通、杭州、福州、合肥、南宁等，每周大约有155个航班，其中直飞金边的有70个。（→p.312）

国内线 截至本书完稿，从暹粒起飞，柬埔寨吴哥航空每天有3~4个航班飞往金边，巴萨卡航空每天1个航班，柬埔寨巴戎航空也有航班从西哈努克市起飞，但是考虑到飞行安全问题，不推荐游客乘坐。（→p.327）

※国际线、国内线的航班时刻表经常发生变化，停飞也是常事，因此需要提前向各航空公司、旅行社咨询清楚。

巴士

大宜必思客运公司（→下述）等多家公司运营穿梭于近郊小镇与金边之间的空调巴士。具体可参照各地的Access栏。金边未设置各客运公司统一的交通枢纽站，乘车需要去相应公司的车站。有些公司在市内有多个乘车点，有时会根据目的地调整相应站点，要格外留意。

合乘出租车、迷你巴士

暹粒、西哈努克市、马德望和磅湛等地都有运营。具体可参照各地的Access栏。

船

从暹粒每天有1班快艇途经洞里萨湖驶往金边（4~7月停运，→p.328）。7:00出发，US$35~。需要5~6小时。

火车

截至本书完稿，金边～西哈努克市间只在周五～周一有火车通行。（→p.327）

从金边出发的交通方式

飞机

国内线 参照“前往金边的交通方式”（→，p.327）

巴士

大宜必思客运公司

MAP p.255-1D 住 No.7Eo，St.106
☎（023）999333 营 6:30~23:30
休 无 URL www.giantibis.com

开往暹粒 8:45、9:45、22:30、23:00、23:30发车，US$15，需要6~7小时

开往西哈努克市 8:00、9:30、12:30发车，US$11，需要4~5小时

开往贡布 8:00、14:45发车，US$9，需要4~5小时

开往越南胡志明市 8:00、12:30发车，US$18，需要6~7小时

金边苏利亚客运公司

MAP p.254-2B 住 Corner of St.217 & St.67
☎（023）210359、012-631545 营 24小时
休 无 URL ppsoryatransport.com.kh

开往暹粒 7:00~22:30间有8班，US$9~12，约需6小时

开往西哈努克市 7:00~17:45间有9班，US$8~10，约需4小时

开往贡布 7:30~14:45间有5班，US$8，约需4小时

开往磅湛 7:15~16:45间有7班，US$4.5~6，约需3小时

开往马德望 6:30~14:30间有5班，US$9，约需6小时

开往越南胡志明市 6:45、8:45、12:45、14:45发车，US$10，约需6小时

开往上丁（与老挝接壤区域） 8:00发车，US$12，约需9小时

※除上述之外，还有几家旅行社和巴士公司运营巴士。巴士站点请参照上述内容。有些公司还提供前往酒店的接送服务，需要事前确认。各巴士的发车时间因季节变换可能发生变动，要在当地确认。

合乘出租车

这类出租车多在中央市场的西北侧（MAP p.254-2B）和西南侧（MAP p.254-2B）发车，4:00~16:00这段发车时间内车次较多。前往暹粒（US$75~，约需5小时）、马德望（US$75~，约需5小时）、西哈努克市（US$75~，约需3小时30分钟）、磅湛（US$60~，约需3小时）等地。括号内的费用以1辆车为标准。

迷你巴士

迷你巴士的上车点与合乘出租车相同，在4:00~16:00这段发车时间前后车次较多。前往磅湛（US$8~，约需3小时）、马德望（US$10~，约需6小时）、西哈努克市（US$10~，约需5小时）等地。

船

从暹粒每天有1班快艇驶往金边（4~7月停运，→p.328）。7:00出发，US$35~。需要5~6小时。从乘客&旅客候船厅发船。7:30发车，US$35~，需5~6小时。另外，蓝色巡洋舰还运营开往越南朱笃的快艇，每天13:30发船，每天1班，约需4小时，US$35。从下列候船处购票。

乘客&旅客候船处

MAP p.253-3B 开 7:00~17:00 休 无

火车

截至本书完稿，金边～西哈努克市间只在周五～周日有火车通行。（→p.327）

旅游警察
参照 MAP 文前图② -1A
住 In Front of The Kamikor City, Tuol Kauk
☎ 012-942484、011-858660（可用英语，24 小时热线）
开 7:30~11:30、14:30~17:30
休 无

中央市场附近（MAP p.254-3B ☎ 095-676747、010-929293）也设有旅游警察，均配备了会说英语的警官。

钻石岛
Diamond Island
参照 MAP 文前图② -3C~4C

钻石岛是一个位于金边东南部的湄公河、洞里萨河和巴塞河交界处的小岛，号称金边“陆家嘴”。10 多年前，这里还有贫民窟，如今在开发热潮的推动下，大型展馆等商业设施和写字楼、高层公寓等相继拔地而起，过去的穷困面貌已经消失殆尽。居民主要聚集在小岛西北面的饭馆集中区。饭馆较小吃摊味道更胜，价格更低，因此当地年轻人常聚在那里喝啤酒、吃饭，享受落日后的清凉。

中央市场附近金铺密集

金边的药店
U-Care 连锁药店
U Carepharma
MAP p.259-2C
住 No.39, Sihanouk Blvd.
☎（023）224099（可用英语，24 小时热线）
营 8:00~22:00
休 无
信用卡 J M V

店内明净整洁，除药品外，还经营健康辅助食品、化妆品、洗发水等护肤、护发类商品。工作人员会说英语，很多住在当地的外籍人士常光顾该店。金边共有 10 家分店。

金边 漫步

依据城市规划建设起来的金边城以中央市场为圆心，呈弧状向四周扩散。冠以莫尼旺和西哈努克等历代国王姓名的大道贯穿城市的东西南北，以这些大道作为分界的街区内，道路规整平齐，纵横交织。

主要街道和市中心以外的街道有很多没有命名，只是用编号来表示（也有些街道既有名称也有编号）。虽然有个别例外的情况，但一般规则是由北向南数字逐渐增大，东西方向的街道数字是偶数，南北方向是奇数。街上有用高棉语和罗马字母（或者数字）标记的蓝色路牌，如果能事先记住一些主要道路，就不至于迷路了。

虽然作为一国的首都，金边面积谈不上大，但是一次性徒步逛完整个城市也是不可能的。所以不妨先在这座城市的核心区——中央市场周边及繁华的莫尼旺大道逛逛吧。

莫尼旺大道和中央市场周边

中央市场周边经常人车混杂，交通流量大

莫尼旺大道自北向南贯通金边。北起法国大使馆前，南至莫尼旺大桥，全长约 8 公里。最繁华的地方莫过于中央市场一带。大道两侧酒店、旅行社、餐厅等鳞次栉比，汽车、摩托车等各种车辆川流不息，好不热闹。走在这条活力迸发的街道上，能切身感受到这座城市强劲发展的脉搏。

之前中央市场一带是华人相对集中的老商业区。“×× 大饭店”“×× 酒店”等招牌林立，大多是华人投资的酒店。四周的巷子里小店小铺一家挨着一家，从中央市场往西延伸的柬埔寨大街和戴高乐大街上也满是挂着汉字招牌的个体商铺和饭馆。

诺罗敦大道及王宫周边、西索瓦码头

傍晚，西索瓦码头旁的散步道成了人们小憩休闲的场所

莫尼旺大道东边有一条与其并排的街道，叫诺罗敦大道。一到春季，绿化树上淡紫色的花竞相绽放，与沿街的各国使馆、政府部门和银行等落落大方的西洋建筑相映成趣，形成一道美丽的街景。诺罗敦大道东侧附近有王宫、银殿和国家博物馆等，景点集中，是观光景区。该区域成排的别致高棉建筑掩映在绿树之中，是一个闹中取静的好地方。王宫前的洞里萨河畔修建了干净的散步道。傍晚时分，前来散步和坐在路旁纳凉的人们络绎不绝。从那里沿着河走过西索瓦码头，再稍微往北一点，便是外国游客集中的滨江区（→ p.214）。

西哈努克大街周边

从与莫尼旺大道相交的十字路口向东走，沿街可以看到常住当地的外国人，异国情调也变得浓郁起来。这里是一个备受瞩目的新型商业区，有一些精致的咖啡厅兼酒吧、大型超市和快餐店。穿过独立纪念碑可以看到很多国际餐厅，有法国、韩国、墨西哥、印度和日本等各国风味。西哈努克大街南侧是高档住宅区（→ p.215），那里朱瓦高墙，豪宅并立。近年来，这一带各国餐厅纷纷进驻，是食客们不可错过的热点区域。这里同时也是许多跨国企业、NGO 和国际组织的办事处所在地。

西哈努克大街与莫尼旺大道一样，新建的大厦相继落成，几个月的时间这里就会旧貌换新颜

塔山寺周边

以塔山寺为中心的安东大道以北是一个 19 世纪后半期，法国统治时期开发的老街区的一部分，坐落在这里的邮局、国家图书馆、莱佛士金边皇家酒店等颇有历史的红瓦洋房还保留着当年的记忆。现在这些建筑大多数被改建成政府部门或大使馆，是一块绿意葱茏、安静祥和的地区。近些年，为建造商业大厦，历史建筑纷纷被拆除，不久的将来，这里也可能变成一片商业区。

中央邮局米色外观最引人关注。旁边还有几栋殖民地风格建筑

欧亚西市场南侧周边

背包客们熟知的凯比特 1 旅馆就在这里。自 20 世纪 90 年代初起，世界各地的旅游爱好者们开始云集此地。过去这里只有零星家庭经营的民宿，现在装有电梯的小型酒店也逐渐多了起来。不过它依然是一个有些年头的老住宅区，你能看到街边市场，还能遇到便宜的布匹店，保持了平民居住区特有的生活气息。这里尽管位于市中心，但相对安静，尤其受到背包客们的钟爱。

欧亚西市场南侧每天从傍晚到深夜都有小吃摊，当地人蜂拥而至，喧闹拥挤

在金边健身

柬埔寨·越南友好塔所在的广场（MAP p.257-2A）每天 17:00~19:00 有多个团体在那里做健康运动。包括有氧健身操、柬埔寨舞蹈等多种形式。所有的团体都跳得很认真。入场费 1000~2000R 左右。

外国游客也可以参加

左侧高 188 米的综合大楼叫安达资本塔（Vattanac Capital Tower，MAP p.254-1B），楼内有高档品牌和瑰丽酒店等豪华品牌入驻

莫尼旺大道旁安静矗立的印度象头神神像

纽带街

中餐在金边人的食谱中一直占据重要地位。近年来，当地也开始掀起一阵"日本料理热"。其中越南大使馆后面（MAP p.260-3B）的 63 号街道被寄居当地的日本人亲切地称为"纽带街"。那里集中了一些高档日料餐厅、小酒馆和面包店等，有不少口碑很好的店铺，如果对日本料理情有独钟，建议去看看。

滨江区 MAP p.256-1A~3B

洞里萨河对面的西索瓦码头附近有多家带露天座椅的咖啡厅、餐厅和酒店，无论白天黑夜都能见到外国人的身影，也是金边外籍人士最密集的区域。这条路上在内战时期有一个叫“外国人特派员俱乐部（现在更名为 FCC 金边→ p.234）”的地方，是各界各国媒体记者的聚集地。过去是安静而悠闲的小道，由于河景绝佳，外国人开始到这里居住。

20 世纪 90 年代初开始，以外国人为客源的咖啡厅和餐厅应运而生，直到发展成今天的模样。现在由于房租贵等原因，聚居的外国人相应减少了，但前来用餐和乘凉、喝酒的外国人依然人数众多。不少店铺装饰精美，餐食美味，并且西索瓦码头旁还有散步道，来乘凉的当地居民也使这里兼具了一些当地的风情。想必漫步途中，停下来用餐、纳凉应该煞是惬意吧。尤其到了周末，西索瓦码头北边会举办大规模的夜市，届时这一区域将变得更加热闹。

滨江区（西索瓦码头）

A B 1 2 3 N 0 100m

尼克-库罗霍姆旅行社
鱼咖啡
爱比帕
莫阳SPA
台湾阿里山茶
恩内德兹旅舍
阿玛拉SPA
几维鸟超市
110
河畔之家西餐厅
雄狮
休息室
奥斯卡比斯特罗
汉堡王
亚洲航空
西索瓦码头大道
118
湄公河餐厅
梦想酒吧
既视感餐厅
Yike
130
柠檬草
海滨广场酒店
印度支那II
要点餐厅
U-Care药店
黄金屋酒店
倾心酒店
爱尔兰水稻体育酒吧
136
豪华河畔公寓酒店
奥拉拉
帕拉贡酒吧
咖啡厅、酒吧集中区域
特色SPA
凯迪拉克
清迈海鲜餐厅
你和我SPA
金边按摩
新角落
144
多特
拉克洛瓦塞特
蓝色南瓜
帕拉贡市中心及天空酒吧酒店
大湄公河酒店
胡椒树
甘丹市场
澳盛皇家银行
NU·SPA
印度之母
梅特罗餐厅
街边市场
148
河畔
欧汉娜金边皇宫酒店
尼尔森
埃里克·凯瑟
码头酒店
科思纳酒店
阿玛加亚帕克姆酒店
阴阳餐厅
154
洞里萨河
Tonle Sap River
索帝罗亲王大道
普拉利·克拉隆雕像
乌那隆寺
再也旅馆
柬埔寨之女儿
通莱高棉酒店
高棉沙拉湾餐厅
禁忌餐厅
银质礼品店集中区域
河畔按摩店
印度餐厅
国王殿餐厅
粉象酒馆
九旅馆
快乐草药比萨
柬埔寨亚洲银行
克拉班屋餐厅
幸运金边比萨
森特萨丝绸铺
大河餐厅
178
A.N.D.
明亮莲花酒店
波地亚自然
U-Care药店
A.N.D.
波地亚SPA（2F）
乔治大众咖啡厅
FCC金边（3&4F）
富莱斯克咖啡（1F）
亚马逊咖啡厅
比萨公司
联合国教科文组织办事处
184

左上 / 建在索帝罗亲王大道与 154 号路的岔路口的乌那隆寺
右上 / 西索瓦码头上椰子树高耸入云
下 / 滨河区咖啡厅和酒吧等时尚店铺逐渐增多，周末的夜晚格外喧闹

班坎康地区 MAP p.258-2B~p.259-3D

在独立纪念碑的西南侧，被西哈努克大街、毛泽东大街、诺罗敦大道、莫尼旺大道围起来的班坎康地区是目前外籍人士最关注的区域。这一带原本是富豪们的安静居所，如今依然随处可见豪华建筑。20 世纪 90 年代初，该地区的老牌酒店金门大酒店（→ p.247）和金桥旅馆（→ p.249）相继迎来了一批各国 NGO 和政府工作人员，之后咖啡厅、餐厅、旅馆如雨后春笋般纷纷开业。但是当时由于周边的路面还不理想，而且因为是住宅区，没人愿意出售或者出租不动产，外国人的流入相对缓慢。这几年道路情况得到改善，还建起了外宾公寓，咖啡厅、餐厅、礼品店、别墅式酒店和 SPA 等也陆续开门迎客。这股热潮从西哈努克大街不断南下，现在已经扩展到了毛泽东大街。因为顾客多为常住者，所以餐厅口味纯正，不经意间还能遇见一家咖啡厅。随着滨江区的房价水涨船高，接近饱和状态，班坎康地区恐怕是最引人关注、变化最大的地区了。

班坎康地区集中了各国餐厅

街边还有很多水果店和货摊

便利店数量激增

近年来，金边市内的便利店在增多。原来这些店大多设置在加油站内，近 3~4 年，独立设店的情况越来越多，小巷里也开始出现便利店。很多便利店兼营面包房，甚至有店内用餐区，还有些店 24 小时营业。店内有饮用水、零食等食品，也有洗发水、香皂等日用品，非常方便。

24 小时营业的几维鸟超市

深受年轻人喜爱的咖啡厅“布朗咖啡厅 & 餐厅”（→ p.235）

班坎康地区

A B 1 2

国际书局
西联汇款
U-Care药店
Cellcard通信公司
澳盛皇家银行
儿童与孩子
新收藏
阿迪达斯
复式餐厅
多萨之角餐厅
报纸、杂志的卖报亭集中区
西哈努克大街
Samdach Preah Sihanouk Blvd.
ABA
ESQ
富士数码工作室
印度风味餐厅
时代屋
贝多罗
金桥旅馆
金门大酒店（新楼）
利基德餐厅
香草咖啡（1F）
阿尼塞
Chanails
吴哥印度餐厅
金门大酒店（老楼）
Tusk
顶级香蕉旅馆（3F）
萨马奇餐厅（1F）
兰卡寺
公园咖啡
中央酒店
鱼生茶楼
278
如家酒店
忍者
冬荫功
苏莱伊咖啡
高棉苏林
斯玛特里亚
高棉皇家手工艺品店
你好
The Place（健身中心）
牙科诊所
高棉皮丹商店
戈尔迪精品酒店
斯科亚体育酒吧
龙柏咖啡
风味
班丹精品酒店
爪尔
马纳斯卢峰餐厅
Terrazza
斯希拉霍餐厅
新豪餐厅
282
国王大套房酒店
乡愁酒店
湄公龙精品酒店
帕提奥酒店
元气屋
阿济阿德
费利斯城市酒店
费利斯酒店
金冠酒店
科美阿拉美修餐厅
多米诺披萨
上芭娜娜酒店
兰卡酒馆
吉兰龙
Bod Leian
布兰克莱斯
船面
288
佩德拉
星巴克咖啡
OC XL餐厅
永旺美思佰乐
海洋
尼尔斯宫
比萨公司
costa咖啡
安达
GL休息室
Vorra
佛·供餐厅
珠穆朗玛峰
莫克莫尼餐馆
金边卡塔酒店
布朗
Koi Thé
294
布朗咖啡厅&餐厅
迪普玛特咖啡
Krispy Kreme甜甜圈
亚马孙咖啡
布朗
翁
弗洛拉
色盲
疯狂猴子旅舍
激情SPA
香榭丽舍大街酒店
59 55 51 57 63
N
0 100m

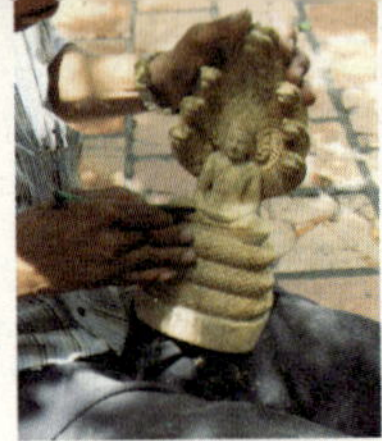

在店里能看到工匠现场作业

大道的西侧有一群佛像和石质工艺品

艺术商店街 MAP p.255-3D、p.256-3A

穿过国家博物馆（→ p.220）北侧的 St.178（Preah Ang Makhak Vann St.）上，有一片传统工艺商店集中的区域，它们以柬埔寨和吴哥古迹为题材制作彩绘、木雕及大理石佛像等。20 世纪 90 年代初，这里只有几家小店，陈列着道路南侧的艺术大学师生的作品。后来，由于慕名前来求购的外国游客和当地有钱人逐渐增多，店铺数量、作品数量也跟着增加了。现在，摆放近代作品或古董的店铺也开张了，小小的艺术商店街开始走向大众的视野。这里商品雷同的店铺较多，但是作为参观完国家博物馆后的散步地，也不失为一个不错的选择。

以吴哥古迹为题材的大胆、苍劲的绘画夺人眼球

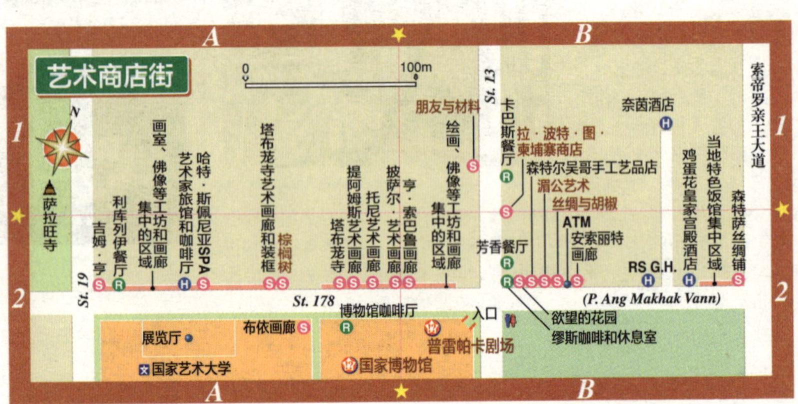

INFORMATION 市内交通

出租车（→ p.330）

金边市内有多家打表计价的出租车公司，可以电话叫车。各公司的收费标准不一，但基本上 2 公里以内 4000R，以后每增加 1 公里加收 4000R。可以用美元支付。机场接送单程 US$12 左右。主要的打表计价公司有以下 3 家，均实行 24 小时营业制，有会说英语的司机（预约时可要求）。如果携带了手机，还可以下载专用 APP，通过叫车软件叫车（→ p.331）。这种情况叫到的车比普通出租车和嘟嘟车便宜，叫到会说英语的司机的概率也更大。

另外，如果想包租半天或一天的车，可以在旅行社或酒店办理。收费情况大致为市内 1 天 8 小时 US$50~，郊区当天往返则适当加钱。

红色出租车公司 Taxi Rouge（Red Taxi）

☎ 096-6060601

全球计程出租车公司 Global Meter Taxi

☎ 011-311888

选择出租车公司 Choice Taxi

☎（023）888023、010-888010

公共巴士

一共有 8 条线路。1 路巴士起点位于金边克洛伊断桥头的环岛前（MAP p.253-2A），自莫尼旺大道南下，终点是莫尼旺大桥，全长约 8 公里。2 路巴士自金边夜市南下（MAP p.255-1D），一直延伸至干丹省的省会达克茂。3 路巴士始发站同样设在金边夜市，沿俄罗斯大道向西，一直延伸到金边国际机场西侧，3 路与 4 路相交。运行时间为 5:30~20:30，有些巴士不带空调。

乘坐方法是，招手停车，从前门上车，上车后在乘务员处购票。区间和全程票价均为 1500R。乘务员会用高棉语询问目的地，只需要

240 街 MAP p.259-1D~2D

诺罗敦大道和王宫中间有一条长约 100 米的道路，两旁时尚酒吧和餐厅、民族特色杂货铺密集排布。20 世纪 90 年代初，只有两三家由居住在当地的法国人开的杂货店，主要客源是外国顾客。2000 年以后，在这几家店铺的引领下，洋酒专卖店、巧克力专卖店和珠宝店等相继开张。此后店铺数量持续增长，这其中绿化树带来的阴凉与静谧功不可没。货品齐全、食品美味是这条街的亮点所在，是餐饮和购物必去的散步街道。

购物和漫步的间隙，在这家“商店”咖啡厅品味咖啡是个不错的主意（→ p.235）

旅途中如果想买件合适的衣服，可以去“A.N.D.”（→ p.240）

“240 金边”商店（→ p.239）的咖啡馆也很有人气

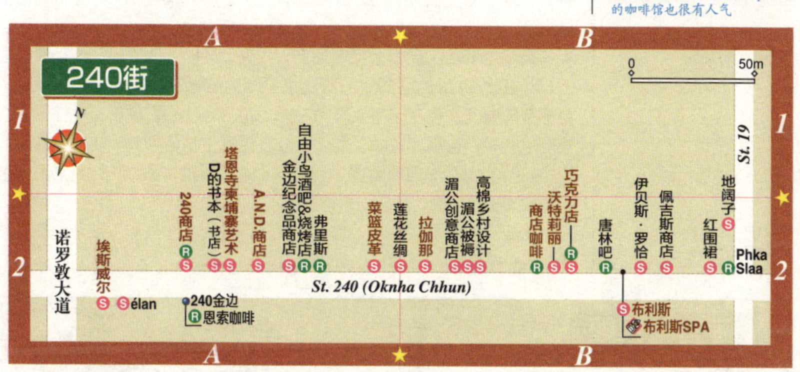

告诉他（她）自己要在哪站下或者路口的名称即可。车快到站时，乘务员会热情通知你“下一站就到了”。现在，一款能搜索巴士的行驶状况的软件“Stops Near Me Phnom Penh Bus”也已上线。

摩的（→ p.331）

数量众多，如果坐惯了倒也方便，只是容易出事故，这点要谨记（→ p.336）。在酒店和餐厅前待客的摩的司机有些会讲只言片语的英语。价格完全靠商量，从市中心出发差不多 US$1 左右。包一天的车为 US$7~12。夜间最好不要乘坐摩的。

嘟嘟车（→ p.330）

是市民的日常交通工具，也是游客的主要出行工具。乘车过程中经常发生盗窃事件，因此尽量选择带网兜或车帘的车。费用需要在上车前谈妥，大致为 1 公里 US$1.5~。租 1 整天为 US$20 左右。下列公司运营打表制嘟嘟车，它们的特征是黄色的小车上标有“TAXI METER”字样。收费标准为 1 公里以内 3000R，以后每增加 300 米加收 360R。与出租车相同，嘟嘟车也可以通过叫车软件约车。使用方法请参照 p.330。

打表制的嘟嘟车

EZ Go ☎ 086-515121 营 24 小时 休 无

人力车西库罗（→ p.331）

在中南半岛各国是非常常见的交通工具。费用比摩的略贵。

出租自行车（→ p.331）

当地人不怎么遵守交通规则，导致事故频发，因此不推荐租赁自行车。不得已非用不可的情况下，有些酒店和旅馆提供自行车租赁服务。1 天 US$1~2。

王宫 & 银殿
☎ 无
营 8:00~11:00、14:00~17:00
休 无（举办仪式时禁止参观）
费 4万R（6岁以下儿童免票）
穿着露膝盖的短裤或短裙、吊带装或无袖衬衣、戴帽子者禁止入内。另外，也不能拎着大包进入。银殿禁止穿鞋进入，内部严禁拍照。加冕殿内禁止进入。可申请外语导游（US$10/1小时）。

金边 主要景点

现任国王的办公、居住地

王宫

Map p.256-3A

ກົງ

★★★

p.218 地图②：2万R纸币的背面图案是加冕殿

王宫始建于1866年，当时诺罗敦国王将王都从乌栋迁至金边，并在此建造了宫殿。最初的宫殿为木结构建筑，此后于1919年西索瓦国王时代由法国建筑家改建成现在的造型。

1991年11月，前任国王西哈努克亲王重返王宫，现在这里是现任国王西哈莫尼及王妃办公地兼私宅。因此，除非有特殊盛典，平日王宫所有建筑均不对外开放，只能从前院一睹其中几栋建筑的雄伟外观。

巍然坐落在广阔王宫院内几乎正中央位置的“加冕殿”便是看点之一。其高达59米的塔尖以及黄色屋顶令人震撼。加冕或国王诞辰等重要王室典礼仪式都在这座大殿内举办。2004年10月29日，现任国王西哈莫尼就是在这里加冕即位的。在众多建筑中，最独具一格的是被称为“拿破仑三世阁”的西洋建筑。这是拿破仑三世的皇后欧仁妮皇后赠送给诺罗敦国王的礼物，从法国搬移至此。

需要注意的是，参观王宫不能从正门进入，而是与王宫东南侧的银殿共用一个入口。

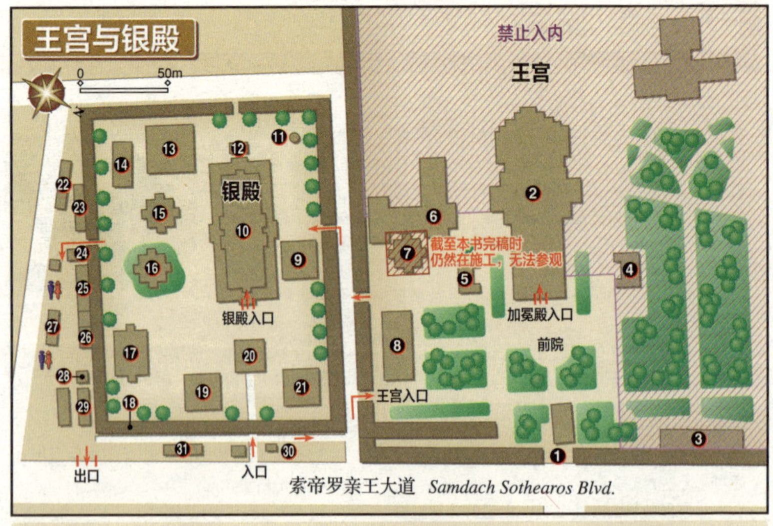

p.218 地图①：从索帝罗亲王大道看胜利之门

p.218 地图⑧：举办各种活动的宴会厅

p.218 地图 ⑱ ：壁画五彩斑斓，还有很多正在修复

铺了 5329 块银砖

银殿

Map p.257-1A

វត្តព្រះកែវមរកត

★★★

紧邻王宫南侧的这座寺院是王室举行佛教仪式的场所，正式名称是“玉佛寺 Emerald Buddha”。1892~1902 年建于诺罗敦国王时期，当时使用的建筑材料是木材和砖石。1962 年又增建了大理石的支柱和露台，形成了现在的规制。在枝形吊灯装饰的银殿内部，收藏有镶嵌着宝石的金银佛像等共 1650 件珍品。地板由 5329 块长约 20 厘米的正方形银砖（每块重约 1.125 千克）铺成，因此得名“银殿 Silver Pagoda”。

放置在宫殿中央的戴黄金王冠的佛像最受瞩目。佛像重约 90 千克，王冠表面镶有 2086 颗钻石，其中最大的一颗有 25 克拉。佛像为 1904 年被西索瓦国王收藏。据说，西索瓦国王的哥哥诺罗敦国王驾崩后，根据他的遗言，用纯金的骨灰坛和贵重金属熔化制成。

银殿后面的佛殿里有一座小型碧玉佛像，这就是这座寺院正式名称的由来。碧玉佛像前成排地摆放着从斯里兰卡回归的佛骨舍利的小舍利塔、描绘佛陀一生的小黄金像，周围还有数不清的小佛像以及各国王室或高僧赠送的宝物。

银殿除了佛塔外，还有几处看点，可绕行一周游览。佛塔北侧的图书馆收藏着佛典，中央供奉着圣牛南迪像。佛塔南侧是收藏黄金佛足的柯岩·普利阿·巴特。此外，模拟神圣冈仁波齐峰而建的人造小山上的寺院内安放着佛足石。寺院后面还有病死的西哈努克国王的爱女甘达帕花公主的骨灰塔、苏拉玛里特国王的骨灰塔。将这里环绕一圈的回廊里，有以《罗摩衍那》为题材的壁画，全长 642 米。故事的开端在东侧的入口处，所以参观完佛塔后，可以慢慢地欣赏一圈。此外，出口附近还有高棉文化·生活博物馆，再现了柬埔寨的传统生活方式。

p.218 地图⑩：新版 1 万 R 纸币背面图案是加冕殿和银殿

p.218 地图 ⑫：吴哥寺缩微景观制作精良，值得一看

p.218 地图 ㉙：高棉传统房屋内展出传统工艺品等

近代～现代柬埔寨的历代国王

安东国王
↓（1847~1859 年）
安赞二世的弟弟
诺罗敦国王
↓（1859~1904 年）
安东国王的儿子
西索瓦国王
↓（1904~1927 年）
诺罗敦国王的弟弟
莫尼旺国王
↓（1927~1941 年）
西索瓦国王的儿子
西哈努克亲王
↓（1941~1955 年）
诺罗敦国王的曾孙
苏拉玛里特国王
↓（1955~1960 年）
西哈努克亲王的父亲
西哈努克亲王
↓（再次即位 1993~2004 年 10 月）
西哈莫尼国王
（2004 年 10 月～）
西哈努克亲王的儿子

国家博物馆

住 St.13

☎ (023) 211753

开 8:00~17:00

休 无

费 US$10（10~17 岁为 US$5，9 岁以下免票）

馆内禁止拍照。入口处的迦楼罗像可拍照，不过拍摄的话相机需付费 US$1，摄像机付费 US$3。入口处有带文字解说的经典藏品照片集《柬埔寨国家博物馆代表作品》，游客可自行购买，还有外语版出售。

展出高棉艺术的瑰宝

国家博物馆

Map p.256-3A

សារមន្ទីរជាតិ

★★★

高棉风格的红色精美博物馆。初期称为“艾伯特·萨尔博物馆”

1920 年设立的国家博物馆位于王宫北侧。馆中形成了闭环结构，长长的回廊将拥有 4 个小水池的绿色庭院团团围住，回廊展出从柬埔寨全境收集来的珍贵文物。

展品上起远古时期（公元前 3~2 世纪），下至法国殖民地时期（17~20 世纪前半期），按年代分区域展出。最大的看点是大量的雕像。从 9 世纪以前的前吴哥时期至 12 世纪后半叶 ~13 世纪后半叶的阇耶跋摩七世时期的作品，凡高棉艺术的瑰宝都

国家博物馆指南

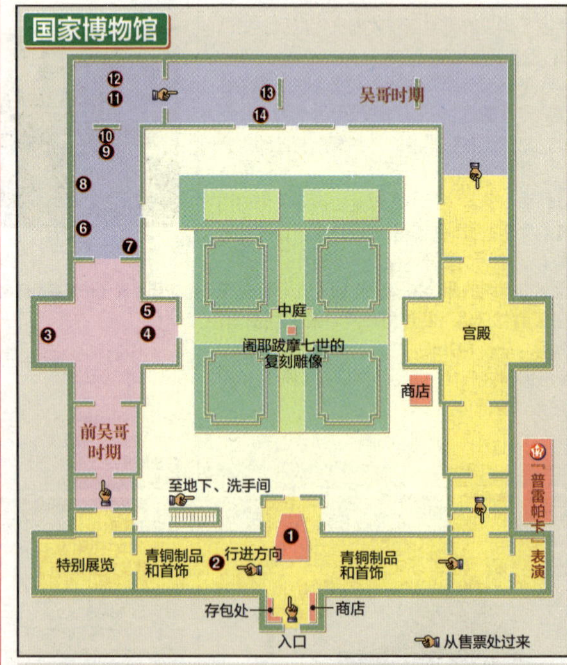

❶ 迦楼罗像（10世纪，贡开古迹群）
❷ 供奉喜金刚与瑜伽女的微型佛堂（12世纪末~13世纪初，不详）
❸ 8只胳膊的毗湿奴神（6世纪末~7世纪初，塔山古迹）
❹ 毗湿奴神（9世纪，托马达寺古迹）
❺ 湿婆神（9世纪，巴肯寺古迹）
❻ 战斗的猴子（10世纪，贡开古迹群）
❼ 湿婆神（10世纪初，格罗姆寺古迹）
❽ 偕天神（10世纪初，贡开古迹群）
❾ 湿婆神和妻子乌玛（967年左右，女王宫古迹）
❿ 守护神人狮那罗辛哈（967年左右，女王宫古迹）
⓫ 侧卧的毗湿奴神（11世纪后半叶，西梅奔寺古迹）
⓬ 拉克什米（吉祥天女）（11世纪）
⓭ 打坐的阇耶跋摩七世（12世纪末~13世纪初，吴哥城古迹）
⓮ 那迦上的佛陀（13~15世纪，巴戎寺古迹）

比较各时期的文物更有意思

从入口进入后，两侧的玻璃柜里展示了青铜铸造品和首饰等。把这里留到最后再看，先往左转，该区域陈列着不少前吴哥时期的稀世珍品，如果时间有限，这部分是最值得看的。

下一个展区的入口处有女王宫的山墙装饰，里面陈列着很多吴哥时期的雕像。其中必看的是巴戎寺的缔造者阇耶跋摩七世坐像（⓭）。比较一下 9 世纪以前的前吴哥时期的雕像表情和 12 世纪的雕像表情，饶有趣味。两者虽有共同点，但造型意识发生了很大变化。最后的展区展出了很多吴哥衰亡后的王宫生活用品。这是帮助我们了解昔日宫廷生活为数不多的物证。

博物馆的中央是一座令人心旷神怡的花园，建议来这里缓解一下参观过后的疲劳。花园也有诸多珍品展出，不容错过。

带上一本高棉雕刻艺术的介绍手册

很少有书告诉我们应该

能在这里一睹真容。年代不同，雕像的面部处理及制作的精巧程度也有差异，需要花些时间细细品味。各雕像只标注了名称、出土地点、成像及制作年代，其他解说一概没有，因此最好是听语音导游装置或直接听导游解说。国家博物馆内还会上演传统舞蹈“普雷帕卡”表演（→ p.226）。

喷泉与光影表演

柬埔寨越南友好塔前的广场水池（MAP p.257-2A）每周六、周日的 18:00~20:00 举办喷泉和光影表演，每次表演时长近 15 分钟，每次间隔约 30 分钟。虽然规模不大，但是清凉无比，作为乘凉的节目之一是上上之选。免费观赏。另外，广场西侧从傍晚时分就开始出现很多摊位，异常喧闹。他们的目标是前来乘凉的游客。

左 / 偕天神像（→ p.220 ⑧）。位于纽约的大都会艺术博物馆在 2013 年将它返还给柬埔寨　右 / 由一块岩石雕琢而成的观世音菩萨像（12~13 世纪，吴哥城古迹）

供奉喜金刚与瑜伽女的微型佛堂，表现了密教殊胜本尊喜金刚的舞蹈姿势（→ p.220 ②）

观世音菩萨（千手观音）壁画（12 世纪末~13 世纪初，班迭奇马寺）

如何在博物馆获得“心灵的震动”。法国知名艺术史学家布瓦瑟利耶的《高棉的雕像》（暂无中文译本）是一本不可多得的佳作。本书涵盖了法国 70 年的远东研究史。作者布瓦瑟利耶是东南亚美术史、图像学领域的世界级权威，他以柬埔寨国家博物馆的 24 件藏品为引，用平易的语言梳理了高棉雕刻史的历史脉络。这本书在手，只消半日就可以让你爱上高棉艺术。看过书后，再一件一件亲眼确认博物馆中的雕像真品或复刻品。如此，对高棉人的宇宙观有一定了解后参观古迹，不失为加深对高棉文明理解的一条“捷径”。

这 3 件不可不看！

国家博物馆内有多件雕像作品，每一件作品前都挤满了游客。如果参观时间有限，下面这 3 件一定要看看。

● 8 只胳膊的毗湿奴神像（→ p.220 ③）

具有显著的高棉艺术特征的马蹄形柱子支撑着的毗湿奴神像，采用了腰部往前突出的传统姿势。从鹰钩鼻、细长眼和严肃的表情可以感受到高棉艺术脱离印度风格束缚的强烈意愿。腿偏短，这或许也是为了表现高棉人的体型吧。

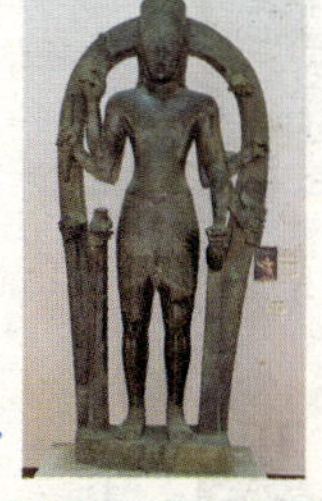

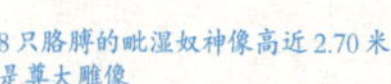

8 只胳膊的毗湿奴神像高近 2.70 米，是尊大雕像

● 侧卧的毗湿奴神半身像（→ p.220 ⑪）

进入博物馆，左侧尽头是一尊青铜半身神像。虽然身体部分丢失了，但依然能看出表现的是梵天从横卧的毗湿奴神胎中诞生的传说。雕像温和的表情和充满感性的柔软手形极富魅力。

侧卧的毗湿奴神半身像高 1.14 米，雕像之大令人侧目

● 阇耶跋摩七世坐像（→ p.220 ⑬）

这是一座呈打坐姿势的阇耶跋摩七世雕像。双手已失，不过体格健壮的壮年国王的姿势得到了真实呈现。雕像最大可能去除了不必要的装饰，非常完美地表现了国王的威严和俊秀。

阇耶跋摩七世坐像堪称高棉雕刻中最具力量美的雕刻作品

金边城名称起源于此

塔山寺

Map p.253-3B

វត្តភ្នំ

★★

塔山寺
开 7:30~18:30
休 无
费 US$1
　寺庙周边有很多流浪汉，日落之后治安情况堪忧，参观要趁早。

供奉在正殿的黄金佛像

"金边"名称的由来
　根据传说，14世纪末有一个叫奔（Penh）的贵妇人。有天，她在湄公河岸边发现漂流过来的木头中藏着一尊佛像，于是就在附近的山上建了座寺院，把佛像供奉了起来。这座山因为这位笃信佛教的夫人而被称为"奔夫人之丘"，即"Penom Penh"，这就是今天这座城市的名称。另外，那座寺院就是现在的塔山寺。

建在小山上的塔山寺是这座城市的象征

如名所示，塔山寺位于诺罗敦大道北端的小山顶上，是市内历史最悠久的寺院之一。始建于1372年，据说由城市之名的起源的奔夫人在此建立了寺庙之后才慢慢形成一座城（左侧栏外）。那之后，它几经重建，现在大家看到的寺院是1927年重建、修复而成的。

从小山东侧登上有那迦的台阶，首先映入眼帘的是正殿。内部中央供奉黄金佛像，周围还有诸多佛像。墙壁上描绘了佛祖的一生。正殿后方（西侧）有一座奔哈·亚国王（1421~1467年在位？）的骨灰塔。由于受到暹罗的入侵，奔哈·亚国王放弃了都城吴哥，于1434年迁都此处，他的骨灰也埋葬在这里。骨灰塔南侧是供奉传说中的奔夫人雕像的小佛堂。她被善男信女们守护着，至今香火旺盛。

左／台阶尽头就是正殿　右／受到当地人虔诚地祭拜

为纪念摆脱法国殖民统治，获得完全独立而建

独立纪念碑

Map p.259-2D

វិមានឯករាជ្យ

★★

独立纪念碑
☎ 无
开 禁止入内（虽然不能进入，但是可以从不远处眺望）
休 无
费 免费
※新、旧版100R纸币的正面图案都有独立纪念碑

建在环岛的中间，也是漫步城区的"指南针"

柬埔寨独立纪念碑是为纪念1953年11月9日柬埔寨摆脱法国殖民统治，获得完全独立而建，于1958年落成。同时也是一座祭奠为祖国独立而战死的士兵的纪念塔，每年11月9日的独立纪念日都会在此举行纪念仪式。纪念碑位于西哈努克大街与诺罗敦大道相交的环岛处，看上去威武、高大，塔尖造型借鉴了吴哥寺的设计灵感。纪念碑所在区域不得进入。

东侧是一直延伸到洞里萨河的公园，是市民休憩的场所。

夜晚华灯四起，纪念碑的景色与白天截然不同

泰国狐蝠栖息的树木：塔山寺的东侧、售票处附近有大蝙蝠栖息的树木（MAP p.253-3B）。白天成群地挂在树上一动不动，太阳下山后开始四散飞行。个体大的翅膀展开约有1米长，它们飞行的姿态也非常矫健。

走向杀戮场前的审讯、拷问场所

吐斯廉屠杀博物馆

Map p.260-1A

★★

从1975年4月开始，波尔布特政权在3年零8个月的时间内在柬埔寨全国强制推行盲目的改革。阻碍这项改革的人和家庭被视为“反革命分子（间谍）”而相继遭到逮捕，在这里的各个监牢接受严刑拷问。这项“肃清运动”的发生地之一就是被称为“S21（Security Office 21）”的吐斯廉监狱，现在作为博物馆向公众开放，向后世述说当年波尔布特政权惨无人道的行径。

各牢房都有拷问时使用的床，墙上贴着犯人的照片

4栋被征用的原高中校舍中，从正门进入，最左边的A栋是审讯室。室内留下了一张真实、孤零零的铁床。在B栋，被关押的囚犯的照片贴满了一整面墙壁。C栋的一层和二层是狭小的单人牢房，已长满红色铁锈的手铐脚镣触目惊心。三层是混住牢房。D栋展出了刑具和描绘当时严刑拷打情景的绘画等。

这里光记录在案的就有近2万犯人，其中生还者只有7人。被虐杀的有农民、技术人员、僧侣、教师、学生等各行各业的无辜群众。而且，据说其中多数是包含高级干部在内，对柬埔寨共产党绝对忠诚的党员。D栋二层展示了生还者之后的人生、访谈以及照片。

吐斯廉屠杀博物馆

住 St.113

☎（023）6555395、077-252121

开 8:00~17:00

休 无

费 US$5（10~18岁为US$3，9岁以下免票）

可申请英语导游（需要小费，US$6左右）。此外，D栋三层在9:35和15:45会播放红色高棉幸存者纪录片，时长约1小时。有英语导游器（US$3）。

原高中校舍原样保存了下来。一边是校舍，一边是大屠杀，其中残酷的落差令人心惊

波尔布特政权主导的大屠杀发生地

柬埔寨万人骷

Map 文前图② -4A

 វាលពិឃាត

★★

在金边西南约15公里处的琼埃克村庄，有一处被称为“柬埔寨万人骷”的地方。在波尔布特政权时代，关押在金边的吐斯廉监狱（现在是博物馆→上述）的犯人被运送到这里处决，遗体埋在村里的129个地方。后来，部分遗体被挖出来，直到今天仍保留着当时挖出的大坑。村庄附近建了一座安放挖出的8985具遗骨的慰灵塔。还有以照片为主的展览室，展示了波尔布特政权时代和遗体被挖出时的照片。入口处可租借语音导游器，导游器除了解说这些设施，还加入了幸存者的亲身经历以及原红色高棉行刑人的证词，如果时间允许，不妨听一听。像这样的大屠杀场所，柬埔寨全境有超过300处。

左／大量遗体被发现的埋尸处　右／慰灵塔分为17段，代表1975年4月17日波尔布特政权占领金边的“17”这个日子

柬埔寨万人骷

☎ 012-576872、012-341237

开 7:30~17:30

休 无

费 US$6

配英语导游器（要小费）。

这里没有直达的公共巴士，游客可乘坐摩的、嘟嘟车前往。摩的往返US$10~，嘟嘟车US$20~。单程约需30分钟。旅行社（→p.249）也会组织旅游团。

展厅播放的电影

展厅在9:00~12:00和13:00~16:30间播放时长15分钟左右的大屠杀主题电影（英语），免费观看。

挖出遗体的大坑并未回填，原样保留了下来。遇到雨季，或许还能见到遗骸或衣物

中央市场
营 各店铺有所不同，一般7:00~17:00
休 无

正面入口处的道路两旁全是礼品店

市场内的人气甜品店总是顾客不断

市场里甚至有美容店，还可以美甲

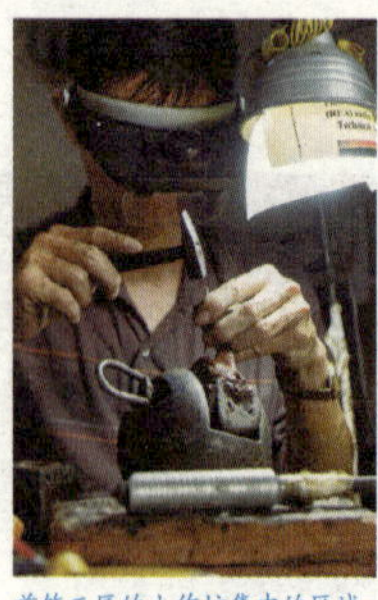
首饰工匠的小作坊集中的区域

呈圆形的独特建筑——中央市场

中央市场

Map p.254-2B~ p.255-2C

ផ្សារធំថ្មី

★★★

中央市场的典型特征是其米色穹顶

中央市场位于金边主干道上，是店铺林立的核心商业区。市场中央是圆拱形建筑，以它为圆心，周围有4栋向外扩散的建筑，造型独特。当地人称中央市场为“菩萨·图美”，即“新市场”之意。这座始建于西哈努克时代的历史建筑在2009~2013年进行改建后，内外焕然一新，周边道路也大幅翻新。

中间的米色圆拱形建筑内挤满了珠宝和贵金属商铺，黄金和红宝石熠熠生辉（假货和次品多，选购时要仔细分辨！）。圆拱建筑的周边，一条条道路像章鱼脚似的向外延伸，形成一个放射状的购物区。如果跟着人流走，会逐渐失去方向感，以至于不知道自己所在的方位。放眼望去，全是堆积成山的食品、杂货、电器和服装等。这里相当于主干道的肚脐位置，货品齐全，数量巨大。

想买伴手礼最好去圆拱建筑的东侧。道路两侧有T恤、格罗麻（柬式围巾）、民间工艺品等专卖店。价格可谈，不过客人大部分是外国游客，因此砍价的余地较小。

左上 / 珠宝店经营一种叫“蓝锆石”的柬埔寨产宝石，US$35~　右上 / 到了晚上，全家出动的食客和年轻人涌向小吃摊　左 /T恤款式多，可砍价　中、右 / 走走看看也不错

别名"俄罗斯市场"，令人顿感亲切

多东邦市场

参照 Map 文前图②-4B

ផ្សារទួលទំពូង

★★★

当地人一般把多东邦市场叫成"俄罗斯市场"，以大批古董店入驻闻名，常见外国游客的身影。在大量市场被推倒重建、城市面貌日新月异的金边，这个市场依然保留着平房建筑，怀旧的气息回荡在空气中。狭窄的过道两边全是日用百货店、服饰店，还有青铜神像、陶瓷、古代民用器具、古钱币、古丝绸等。乍一看，是古董爱好者不得不去的地方，事实上这里的商品多数是适合作为礼品的仿制品，颇为遗憾。古董店、面向外国游客的礼品店、丝绸店主要集中在市场的南侧和西南侧。除古董外，金银制品、民间工艺品和丝织品等产品种类也比中央市场丰富，四处逛逛也能让人很满足。商品种类齐全，价格公道，堪称金边选购礼品的首选市场。

有东方风韵的衣服

左 / 如果想去市场上淘礼品，一定要来这里。从适合大量分发的伴手礼到艺术类商品，种类繁多
右 / 还能观赏匠人现场制作皮影戏人偶（→p.130）

多东邦市场
营 各店铺有所不同，一般是7:00~17:00
休 无

大量复古陶瓷和民间工艺品

发出柔和光线的香薰灯

有些商店销售以柬埔寨元素为设计灵感的原创T恤

当地人爱去的批发市场

奥运市场

参照 Map 文前图②-3A

ផ្សារអូឡាំពិក

★★★

这座3层的大型市场位于奥林匹克体育场旁。内部设计现代，一层是杂货和食品区，二层经营服饰、布料、宝石和贵金属等，店铺整洁有序。二层的中央天井处宝石店尤其多，灯光闪亮的玻璃柜台吸引行人驻足。二层的面料专区一角还能看到柬埔寨丝绸和格罗麻（柬式围巾）卖场，但店铺数量少，外国游客的身影也很少见。三层有定制服装店和面向年轻人的服装店。这个市场兼具批发市场功能，这里的商品会发往柬埔寨全国各地。

左 / 几乎没有适合游客购买的商品，市场内全是当地人，熙熙攘攘　右 / 兼具批发市场功能，线团颜色多，数量大

奥运市场
营 各店铺有所不同，一般是7:00~17:00
休 无

市场内到处都有卖食品的小摊

金色苏利亚商场
Golden Sorya Mall
MAP p.255-3C

面向本地客人的购物中心，美容店、礼品店、漫画咖啡馆等比邻相连。还有美食城和饭馆专区。

普雷帕卡剧场
住 St.13（国家博物馆内）
☎ 017-998570、010-559272
URL experience.cambodianlivingarts.org
开 19:00~20:00
休 无（4、5、9月为周二、周四、周日，6~8月为周日）
费 US$15~25（儿童 US$9~15）
可通过网站订票、选座。

表现腊塔纳基里少数民族将水牛向水塘献祭的仪式的节目。独特的音乐引人入胜

柬埔寨传统舞蹈表演

普雷帕卡剧场

Map p.256-3A

Plae Pakaa ★★★

上演民间艺术团体“柬埔寨生活艺术”自创并表演的柬埔寨传统舞蹈节目。演出由8个5~15分钟的节目组成，节目包括阿普莎拉舞蹈、面具舞和各地流传的民间艺术等，是一场传统艺术的综合表演盛宴，很值得欣赏。

左 / 柬埔寨版印度史诗《罗摩衍那》中的一节，表现哈努曼战斗场景的原创节目　右 / 以服饰和演员肢体动作取胜的阿普莎拉舞蹈

夕阳巡航
住 Sisowath Quay（乘船处）
☎ 012-860182
营 17:00~19:30 间每隔 30 分钟一班（售票处 8:00~20:00）
休 无
费 US$5~（送饮品）
信用卡 不可使用

售票处在乘船处附近，尽量提前购票

在船上欣赏金边街景

夕阳巡航

Map p.253-3B

Sunset Cruise ★★

船上相对简陋，但是吹着河风的游艇旅行别有一番趣味

从游艇甲板上欣赏安静的街景和落日余晖。乘船地位于西索瓦码头旁，船行至与湄公河交界的钻石岛（MAP 文前图②-3C~4C）附近，然后返航。17:00 开船的旅行团可享受1小时旅行，其他时间为45分钟。

丝绸岛
住 Koh Dach
费 轮渡票价 1500R
丝绸岛社区
Community Silk Island
住 Koh Dach　☎ 012-860182
开 8:00~17:00
休 无
费 5000R

丝绸之村的田园牧歌风景有独特的治愈效果

丝绸岛

参照 Map 文前图②-1C

Silk Island ★★

位于金边北面的金边克洛伊断桥（→页脚）东北部约5公里处。这座被称为“丝绸岛”的小岛牧歌风景连连，简朴的生活气息令人感动。岛如其名，这里的支柱产业是丝绸业，岛上还有座介绍纺织工艺的露天“丝绸岛社区”，展示至今仍在用的手工织机和蚕茧，还有销售食品和丝织品的小店。

运气好的话，可以现场观看居民机织作业

去丝绸岛，先过金边克洛伊断桥，坐摩的或嘟嘟车在6号国道上行进约20分钟，沿途北上，再乘轮渡5分钟左右即到。轮渡可搭乘摩托、汽车和自行车。

左 / 丝绸岛社区有传统染色工艺展览
右 / 有织机的农家也会销售一些丝绸制品

那迦世界
Naga World
MAP p.257-2B
住 Naga World Bldg., South of Hun Sen Park
☎ （023）228822
营 24小时
休 无
信用卡 M V
金边唯一一家政府批准的赌场，最低赌资 1US$。入场时无须出示护照。赌场周边治安情况不佳，出入时要格外小心。

金边克洛伊断桥：位于金边北侧，横架在洞里萨河上，全长近700米。1973年被红色高棉破坏后一直未予修复，直到1994年，由外国出资进行修复。截至本书完稿时仍然在施工，禁止通行。（MAP p.253-1A~1B）

金边的地方夜生活

太阳下山后，金边的各个街区开始摆起小吃摊，一直营业到深夜。去“金边夜市”看看是个不错的主意，那里有数量众多的小吃摊，还有不少出来玩的家庭游客。最近，还出现了一种主要吸引年轻人的集装箱式“杰兹集装箱夜市”，推荐去逛逛。好不容易来到柬埔寨，去感受一下当地的夜生活吧。

金边夜市
Phnom Penh Night Market

周三～周日的晚上，在老市场附近的公园内搭起临时帐篷，夜市就这样开始了。有适合作为礼品的柬埔寨手工艺品店、服装店和饭馆等，像庙会一样热闹。饭馆规模大，菜品也多，顾客络绎不绝。另外，周三、周四有喜剧表演，周五～周日有歌曲类节目，虽然不专业，但依然深受当地居民的喜爱。表演开始时间为19:00左右。

面食可选面的种类及有汤、无汤等。2.5US$ 左右

MAP p.255-1D 住 Sisowath Quay, Near Old Market ☎ 016-499922 开 17:00~23:00 休 无

夜市靠里位置的美食区。18:30 开始人潮拥挤

上 / 点了油炸食品后，会再下一遍油锅，客人吃到的是“滋滋”响的刚出锅美食 下 / 露天店铺以服装类居多

当地歌手登台献唱

很多情侣和家庭出游者

杰兹集装箱夜市
Jet's Container Night Market

2017年3月在金边永旺购物中心（→p.241）旁边开业，是一个以酒吧、小酒馆为主的大型夜市。其特点是在集装箱的基础上，形成半露天式店铺结构。共30余家店铺进驻。除了酒吧、小酒馆，还有少数服饰杂货店、小吃摊和咖啡厅等，是年轻人爱去的地方。通常连开几天。周末的21:00之后最为热闹，还有乐队现场演奏等活动。可在网上查询。

MAP p.257-3B
住 No.122, National Assembly St.
☎ 081-434355
URL www.facebook.com/JetContainerNightMarket/
营 16:00~次日 2:00 休 无

上 / 店外有椅子，常有年轻人往来 左 / 市内还有一个集装箱夜市 右 / 服装店的顾客多为年轻人

左 / 小吃区。1份 US$2~3，价格实惠 左下 / 几乎所有店都会将音响调到最大，环境有点嘈杂 右下 / 有些店供应多国啤酒

居住在当地的外国人时常光顾的图书馆

气氛温馨、设计时尚的哈里斯酒吧

仅此一家的烟熏鸡尾酒（登酒吧→p.2…

金边现今最热门的地区

在巴萨克·莱恩享受夜生活！

从首都国际机场直飞金边，对国人而言，前往金边的交通就此变得更加便利。接下来将介绍的是高速发展的金边的热门夜生活场所——巴萨克·莱恩

每一家酒吧的啤酒都是 US$2.5~。生啤 US$1.5~

巴萨克·莱恩是个什么地方？

巴萨克·莱恩（Bassac Lane）是皮克拉·意大利餐厅（→p.232）所在的 308 号路的一条分岔小巷，集中了一批品位高雅、个性独特的酒吧。尤其是周末，当地的外国人及对时尚拥有敏锐嗅觉的年轻人常聚集在此，是金边夜生活的一个特色区域。

MAP p.259-3D

ST.29
Seibur
ST.308
Trove
BASSAC LANE
皮克拉·意大利餐厅
登酒吧
肉与饮品餐厅

左／小巷内酒吧汇集
右／哈里斯酒吧的屋顶

肉与饮品餐厅内

汉格 44 的店前摆放台定制版摩托

① 适合成人们静静品酒的休闲场所

哈里斯 HARRY'S

木质的酒吧内流淌着 20 世纪 30~40 年代的爵士乐和摇摆乐，古旧的地图与皮质手提箱好似漫不经心地散落其间，走进去，仿佛回到自己家。二层有露天沙发区。

鸡尾酒中推荐马天尼（US$6）

住 No.42, Bassac Lane
☎ 017-781111
营 16:30~24:00（周日～下周二为 ~23:00）
休 无　信用卡 不可
预约 不需要

② 古典式凝练的氛围，爽！定制摩托酒吧

汉格 44 HANGAR 44

定制版摩托从屋顶悬吊下来，二层席位用白铁皮墙壁营造出车库的感觉，创新设计、古典式氛围令人怦然心动。能品尝到精酿生啤（US$4.5）。

二层有沙发座椅

住 Bassac Lane　☎ 089-666414
营 16:30~24:00（周日～下周二为 ~23:00）　休 无
信用卡 不可　预约 不需要

③ 也可以只喝酒 拉面 & 饺子酒吧

正宗 MASAMUNE

来自日本宫城县的拉面店正式进军金边饮食界。新式的拉面 & 饺子酒吧，酒类丰富。拉面 US$3.5~，饺子 US$2~。

铺一层肉质肥厚的叉烧肉的油泼荞麦面 US$6

住 No.M47, St.308
☎ 012-734163
营 11:30~15:00、17:30~24:00（周五、周六～次日 1:00）　休 无
信用卡 D J M V
预约 不需要

④ 开放式的书籍酒吧

图书馆酒吧 LIBRARY

这家酒吧门窗悉数打开，内部开放且敞亮。虽然只有几个面对面的座位，面积不大，可是一到晚上，当地外国人很喜欢聚集在这里，生意火爆。推荐品尝意式浓缩马天尼（US$6）。

口感醇厚的意式浓缩马天尼鸡尾酒

住 Bassac Lane
☎ 077-555447
营 17:00~24:00
休 无　信用卡 不可
预约 不需要

餐厅
Restaurant

马里斯
Malis 柬埔寨菜

◆一家知名餐厅，主打传统的柬埔寨美食，兼营受周边国家影响创制的现代柬埔寨菜品。饭菜盛盘讲究，调料少，易入口。1份菜4万R左右~。推荐的美食包括贡布蟹肉饭（右图）等。还供应早餐和面向游客的套餐组合（6菜123000R）。店内席位精雅豪华，花园席位的餐桌环水池摆放，无论店内店外，都透露出十足的优雅与温馨，可安心用餐。

味道和氛围都很出众的高档餐厅 Map p.259-3D

住 No.136, Norodom Blvd.
☎ 015-814888 营 6:30~22:00
休 无 信用卡 A M V
预约 晚餐需要预约 着装要求 商务休闲

左 / 贡布产蟹肉满铺在上面的豪华炒饭（上，5.74万R）与充分发挥调味料香味的汤（下，3.28万R）
右 / 天气好时建议选坐花园席位（上）

豆蔻餐厅
Kravanh 柬埔寨菜

◆店面不大，但是真实还原了柬埔寨的多道宫廷美食，是一家人尽皆知的名店。自然地飘散着香草与调料香味的高档菜品道道都是极致美味。特别值得一提的是，毫无腥味、口感筋道的海螺浇一层浓稠酱汁后做成的阿莫克螺（US$7.5）和米粉上面铺鱼肉绿咖喱制成的米粉鱼肉绿咖喱（右图上部，US$7.5）是该店独有的菜品。菜单带图片，方便点餐。

还原高棉宫廷菜 Map p.257-2A

住 No.112, Sothearos Blvd. ☎ 012-539977 营 11:00~14:30、17:00~21:30
休 无 信用卡 不可使用 预约 不需要

左 / 下部是阿莫克鱼（US$7.5），上部是米粉鱼肉绿咖喱。根据个人口味添加各种香料后，又会变成另外一种味道　右 / 店内装饰精美

高棉苏林餐馆
Khmer Surin 柬埔寨菜

◆创立于21年前，是在木质建筑基础上改建而成的知名柬埔寨 & 泰国风味餐厅。餐厅内部是亚洲设计风格，有3层，通风好，环境舒适。菜品种类多，主菜US$4或US$5~，价格公道。菜品味道上乘。紧邻餐厅还有餐厅经营的酒店（费 US$40~60）别有韵味的装修令人流连。

在独具韵味的木质建筑基础上改建而来 Map p.259-3C

住 No.9, St. 57
☎ 012-887320
营 7:30~22:30
休 无
信用卡 J M V
预约 不需要

白天、晚上的氛围都很好

宝霞·金边·泰坦尼克餐厅
Bopha Phnom Penh-Titanic 柬埔寨菜

◆夜灯点亮时，在洞里萨河畔的座位就餐就像坐在船上一般。还能看到阿普莎拉舞蹈（→p.128，12:00~14:00、19:30~21:30），虽然一次只有短短5分钟左右。菜单中的阿莫克（→p.138，鸡US$8.95，鱼US$9.25）和湄公河捕捞上来的龙虾等最畅销。不要求预订，但是由于团体客人多，最好提前预订席位。

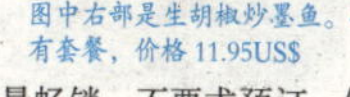

图中右部是生胡椒炒墨鱼。也有套餐，价格11.95US$

吹着河风的大型餐厅 Map p.255-1D

住 Next to Siem Reap Ferry Dock, Sisowath Quay
☎（023）427209
营 6:00~22:30
休 无
信用卡 J M V
预约 最好预约

关于地址中的街道名称标记： 道路指示牌上的道路名与日常生活中惯用的道路名会有差别，要注意。冠以人名的地方省略了人名前面的尊称（Samdach 或 Preah），本书也做省略处理。

莫克·莫尼餐馆

Mok Mony 柬埔寨菜

◆家庭经营的小餐馆。菜单都是店主的母亲亲自传授的，烹饪细心，菜品中带着静静的乡愁，也符合外国人的口味。虽然味道并不是很特别，但是这道多种调料融合在一起的高棉风味红鸡肉咖喱（图中下部，US$5）中食材种类多，值得一尝。

经营柬埔寨家常菜的人气餐厅 Map p.259-3C

住 No.63C，St.294

☎ 095-970861

营 10:00~22:00

休 无

信用卡 不可使用

预约 不需要

图中上部的蒌叶包牛肉烧烤（US$4~）也深受欢迎

罗姆登

Romdeng 柬埔寨菜

◆由帮助流浪儿童重新生活的团体经营的老牌餐厅。也是一个训练基地，厨房和餐厅服务均由15~24岁的青少年负责。主要供应传统的柬埔寨菜，其中有多道多次尝试后形成独特风格的经典菜。还能吃到当地人喜爱的肉蛙和狼蛛等野味。菜品每月不同。

还能吃到柬埔寨的野味 Map p.255-3C

住 No.74，St.174

☎ 092-219565

营 11:00~22:00

休 无

信用卡 J M V

预约 不需要

图中下部是用牛胫肉制作的高棉穆斯林咖喱（US$8.5），上部是猪肉空心菜沙拉（US$6.25）

卡尔梅特餐厅

Calmette 柬埔寨菜

◆供应正宗柬埔寨菜的老字号餐馆。上等的食材配上柬埔寨独特的调味方法，很久以前就是柬埔寨公认的美食餐厅。如果想尝尝正宗的柬埔寨菜，推荐来这家餐厅。阿莫克（→p.138，US$5）和炸春卷（US$4）、鱼露烤鱼（→p.138，US$4）是特色菜。

当地人聚集的老字号餐馆 Map p.253-2A

住 No.38B，Monivong Blvd.

☎（023）428804

营 5:00~20:30

休 无

信用卡 不可使用

预约 不需要

汤（图中中间）的种类也很多，是当地人的最爱

高棉泰语餐厅

Khmer Thai 柬埔寨菜

◆有机会品尝真正的柬埔寨菜和泰国菜，在当地是家知名餐厅，位于多东邦市场附近。店内气氛宁静，一层是普通餐厅，二层是需要脱鞋的传统柬式盘腿席位。1份菜的价格是US$5左右~，以咖喱炒蟹（US$10）等海鲜菜肴居多。

传统的席地而坐式就餐方式 Map 文前图② -4B

住 No.26Eo，St.135

☎（023）994236

营 8:00~21:00 休 无

信用卡 不可使用

预约 不需要

图中下部为猪肋排空心菜酸汤（US$5），内有生姜和柠檬草

奥鲁瑟伊

Orussey 柬埔寨菜

◆经营墨鱼干或猪骨汤面、肉末米粉（→p.139）的著名餐厅。供应包含多种猪内脏的经典柬式河粉（1万R，13:00~）和混了肉丸的牛肉汤米粉（1万R）等，米粉的种类可选。上午和下午菜单会有些微不同，菜单带图片，配英语解说。还开了分店，菜单和价格几乎一模一样（MAP p.258-1A）。

吃柬式河粉首选这家餐厅 Map p.254-3B

住 No.70Eo，St.217

☎ 012-796655

营 5:00~10:30、13:00~21:30

休 无

信用卡 不可使用

预约 不需要

添加了猪肉末、猪肉和猪肝的米粉（1万R）

达拉·拉克斯梅

Dara Raksmey 柬埔寨菜

◆周末，这家火锅&烧烤店几乎坐满了当地的客人。牛肉或海鲜加鸡蛋的柬埔寨式烧烤风味一人份US$5，双人份“秋南·大依”（→p.135）US$12~。炒兔肉与沙拉、炒饭、靓汤等单点的菜品种类多。

用黄油烤，浇上酱汁后食用的烧烤确实美味

柬式烧烤和火锅 Map p.258-1B

住 No.51，Corner of St.63 & St.208

☎ 089-333398、017-669669

营 14:00~22:00

休 无 信用卡 不可使用

预约 不需要

国王殿餐厅 King's Court：实惠、美味的柬埔寨餐厅。主菜US$2.5~，还有欧美菜。MAP p.214-3A 住 No.341Eo，Sisowath Quay ☎ 012-545947 营 8:00~23:00 休 无

EE 餐馆

EE 柬埔寨菜

◆专营牛肉铁板烧的餐厅，每到中午就会挤满上班族和学生，是家备受追捧的店。也有海鲜铁板烧（8000R），周一～周五每天有 12 种手工烧的菜肴和 3 种汤，每份菜 5000R（送米饭），价格实惠。甘蔗汁（1500R）甜度适中，推荐品尝。当天食材售完即关门，欲前往就餐应从速。

牛肉铁板烧分纯牛肉和加煎蛋两种，价格都是 5000R

招牌菜是牛肉铁板烧的知名餐馆 Map p.254-2B

住 No.49Eo，Corner of St.118 & St.61
☎ 012-977588
营 6:00~14:00
休 无
信用卡 不可使用
预约 不需要

鹿港小镇

Lu Gang Xiao Zhen 中餐

◆台湾人始创的台式风味餐厅，以公道的价格和鲜美的口感赢得当地中国人、日本人的欢迎。酸甜适宜的糖醋排骨（小份 US$5）和酥脆的薄皮锅贴（US$2.5/10 只）、美味的麻婆豆腐（小份 US$3）等都是名菜。有带图片的菜单。

图中下部为锅贴，搭配蒜末酱油、黑醋一同食用。上部为海鲜炒饭（小份 US$3）

以锅贴著名 Map 文前图② -2A

住 No.30，St.225
☎ 017-982231
营 7:30~21:30
休 无
信用卡 不可使用
预约 不需要

江苏人家

Jiang Su Ren Jia 中餐

◆主推质地柔软、皮厚薄适中的饺子的中餐厅。推荐品尝馅料饱满的猪肉大葱水饺（US$2.5/12 只）。也可以做成煎饺，脆嫩的口感和丰富的汁水令人垂涎欲滴。腰果鸡丁（US$6）等味道也很好。店内干净整洁，菜单带图片，方便点餐。

图中下部是芹菜煎饺（US$2.5），上部是扬州炒饭

汁水饱满的饺子最美味 Map p.254-3B

住 No.246Eo，Monivong Blvd.
☎ 011-435669
营 9:00~14:00、17:00~21:30
休 无
信用卡 不可使用
预约 不需要

中国拉面馆

Chinese Noodle House 中餐

◆“便宜又好吃”，这是常光顾这家店的当地华人对它的评价。主打面食，有牛肉拉面和鸡肉拉面等共 8 种，中碗 US$2，大碗 US$2.3。除面食外还有炒饭（US$2）、饺子（US$2/12 只）和各式炒菜等。如果顾客有需求，面馆师傅会现场展示揉面团，擀面。

添加了蔬菜、分量充足的鸡肉拉面

能吃到中式拉面 Map p.258-3B

住 No.545Eo，Monivong Blvd.
☎ 012-937805
营 9:30~21:30
休 无
信用卡 不可使用
预约 不需要

勒·皇家餐厅

Le Royal 法国菜

◆供应融合了亚洲风味的传统法国美食。适合与家人或朋友聚餐，气氛轻松。半年更新一次菜单。套餐 US$46~58。周六、周日 12:00~15:00 举行的法国美食·地中海美食国际自助餐（US$58）广受好评。

设在格调高雅的五星级酒店内，环境无可挑剔

酒店内的时尚法餐 Map p.253-3A

住 No.92，Rukhak Vithei Dun Penh（莱佛士皇家酒店内）
☎（023）981888 内线 1155
营 12:00~14:00、18:00~22:30
休 无 信用卡 A M V
预约 需要预约 着装要求 商务休闲

托巴兹

Topaz 法国菜

◆精选鹅肝、羔羊肉和牛肉等制作的主菜价格 US$15~。周一～周六的午餐时间，当地法国人会齐聚这里品尝套餐（US$25）。供应多款法国红酒，高档食材打造的各类特价美食同样不容错过。主厨是柬埔寨人，师承法国大厨，厨艺精湛。

以牛肉为原料的新式白汁红肉。周日的早午饭（US$55）吸引众多顾客

当地法国人喜爱的正宗法餐 Map p.261-1C

住 No.162，Norodom Blvd.
☎（023）221622
营 11:00~14:00、18:00~22:00
休 无
信用卡 M V
预约 需要预约

凯马·拉·波斯特餐厅
Khéma La Poste 法国菜

◆US$12 即可无限量随心吃早餐（周一～周五的 6:00~10:00）是这家时尚法式餐厅“凯马”最大的亮点。2017 年 8 月，在邮局前开张了一家分店。除了人气早餐，还有单点的菜谱，并且总店分店保持一致。周二、周四的 18:00~20:00 有红酒畅饮 & 餐食自助（US$20）活动以及晚间茶等。餐厅有两层座位，另设包厢。

无限量随心吃的早餐最受欢迎 Map p.253-3B

住 No.41, Corner of St.13 & St.98
☎ 015-841888 营 6:00~23:00
休 无 信用卡 A M V
预约 需要预约
着装要求 商务休闲
〔总店〕MAP p.259-2C

一定要尝尝早餐的黄油浓香面点和该店特色的鸡蛋。图中下部是班尼迪克蛋

拉·莱基登斯餐厅
La Résidence Restaurant 法国菜

◆在瑞士的法式餐厅中习得厨艺的日本主厨制作的正宗极品法国美食。午餐只有两种可点（US$18、33），晚餐单点的主菜每份在 US$20 左右。推荐尝试包含 15 种人气美味的套餐（US$60）。餐厅同时经营“沙龙·多·特”咖啡馆。

由西哈努克前国王的次子拉那烈的私宅改建而成

令人垂涎的正宗法餐 Map p.259-1C

住 No.22-24, St.214
☎（023）224582
营 11:30~14:00、18:15~22:00（周六、周日只供应晚餐。咖啡馆 13:00~19:00 和周六、周日休息）
休 无 信用卡 M V
预约 最好预约 着装要求 商务休闲

兰卡酒馆
Bistrot Langka 法国菜

◆隐秘在小巷深处的一家法式小酒馆。店内设计前卫，法国主厨制作的美食口味正宗，配上红酒再合适不过。推荐品尝的有法国家常菜红酒焖牛肉（Beef Bourguion by the Chef，US$13.74）等。前菜 US$4~、主菜 US$8~。一杯红酒价格 US$3.75~。菜单不带图片，但是在 iPad 上点餐有图片作参考，可向店员咨询。

红酒焖牛肉。每月都有新菜谱

小巷内的小酒馆 Map p.215-2B

住 No.Z13, 132, St.51
☎ 070-727233
营 18:00~22:30
休 无
信用卡 不可使用
预约 最好预约

班斯
Van's 法国菜

◆这家法国餐厅所在建筑的前身是殖民地风格的印度银行。食材精选贡布产胡椒和湄公河中捕捞上来的龙虾、澳大利亚和新西兰进口的牛肉。主菜 US$14~，推荐的菜品包括澳洲牛肉制作的法式牛排（US$38）。午餐有 US$15（2 菜）和 US$20（3 菜）套餐。

午餐套餐示例。6:30~10:30 间一层的花园咖啡厅供应早餐

在历史感厚重的餐厅用餐 Map p.253-3B

住 No.5, St.102 ☎（023）722067
营 6:30~14:30、17:00~22:30
休 无 信用卡 D J M V
预约 不需要

马特奥
Matteo 意大利菜

◆特色是专用石锅烤制的比萨，外焦里嫩，口感极佳。推荐品尝添加意大利干酪、肉末和芝麻菜的意大利香肠（图中上部，US$8.2）。咬上一口，麦香四溢，与配料的融合也恰到好处。足量乌贼墨与沙司制作的黄油乌贼墨（图中下部，US$8.2）也要尝尝。

令人垂涎欲滴

既松软又酥脆的绝品比萨 Map p.260-3B

住 No.21Eo, St.466
☎ 070-370672
营 11:00~15:00、17:30~23:00
休 无
信用卡 J M V
预约 包厢需要预约

皮克拉·意大利餐厅
Piccola Italia 意大利菜

◆一家小比萨店，菜单上只有比萨，但是店内常坐满客人，人气很旺。共有 25 种比萨，M 号 US$3~，L 号 US$4.5~。饼不厚，但是 M 号的量也足够了。玛格丽特比萨 M 号 US$4，L 号 US$6。位于多东邦市场（→p.225）旁的 2 号店“路易吉 Luigi”（MAP 文前图② -4B）已开业。

采用自制烟熏培根制作的培根番茄意面（6US$）

亲民比萨店 Map p.259-3D

住 No.36Eo, St.308
☎ 017-323273、068-478512
营 11:30~14:00、17:30~22:30
休 周一 信用卡 不可使用 预约 不需要

龙蟠水池面包房 Neak Poan Bread：客流不息的老字号柬埔寨风味三明治、柬式烤面包（Num Pang Pate）专卖店。中间夹了猪肉火腿 & 肉馅、鸡肉面包、蛋黄油的三明治十分美味。送腌黄瓜。1 份 5000R，半份 3500R。MAP p.254-3B 住 No.13B, St.81 营 6:00~21:00

鲁纳
Luna 意大利菜

◆这家意大利餐厅藏匿在一片绿意葱葱的花园后。28种比萨（US$2.5~9.5）在店内的炉中烤制，热气腾腾，美味可口。比萨外的菜品并不多，包括鸡肉、蘑菇烤通心粉（US$8.5）等制作的意大利面（US$8.5）和意式肉汁烩饭，还有羊腱肉（US$16）等肉菜，都是基本的菜品。

花园席位舒适愉快 Map p.259-3D

住 No.6C，St.29
☎（023）220895
营 11:00~23:00
休 无
信用卡 J M V
预约 不需要

意大利面全为自制

乔治大众咖啡厅
Pop Café Da Giorgio 意大利菜

◆1999年开业的意式小餐厅，是当地外国人喜爱的餐厅。意大利面US$7~10，有8种原创意大利面（US$8~10）热销。其中需要20~25分钟烤熟的烤宽面条（US$9.5）是招牌菜之一。店内的黑板写有推荐菜品，最好看看。餐后再点一份提拉米苏（US$5.5）吧。

河岸的一家老字号 Map p.256-3B

住 No.371，Sisowath Quay
☎ 012-562892
营 11:30~14:00、18:00~22:00
休 无
信用卡 D J M V
预约 4人以上最好预约

梭子蟹番茄酱意面（US$9.5）也是大热美食

伊拉瓦迪
Irrawaddi 缅甸菜

◆主厨是一位出生在仰光的缅甸人。在这里可以吃到发酵后的茶叶和鹰嘴豆、小虾干等混杂一处的缅甸传统食品茶叶沙拉（US$2），还有咖喱、烤茄子沙拉等原汁原味的缅甸美食，价格便宜。工作日有实惠套餐（US$2.5），周六、周日还有鱼汤米线（US$2）。菜单带图片。

价格实惠的正宗美味 Map p.261-1C

住 No.24，St.334
☎ 012-936786
营 10:00~14:00、17:00~22:00
休 周一
信用卡 不可使用
预约 不需要

图中下部是茶叶沙拉饭（US$2.5）

西布阿·夏库提印度餐厅
Shiva Shakti 印度菜

◆餐厅高档优雅，内部是传统的印度装饰，供应品质极高的北印度菜，不仅印度人，也颇受欧美人青睐。印度主厨辅以香料制作的正宗印度菜质高味美，这里无论是味道还是环境，都堪称在柬印度餐厅之首。还有多种咖喱（US$4~）、印度烤鸡（半只，US$7.8）、鸡肉炒饭（US$8.8）等。

当地印度人交口称赞的好餐馆 Map p.260-3B

住 No.17，St.363
☎ 012-813817
营 10:00~15:00、17:00~22:00
休 无
信用卡 不可使用
预约 不需要

当地印度人认可的家乡味道。图中下部是印度烤鸡，上部是鸡肉咖喱

恩贡越菜餐厅
Ngon 越南菜

◆胡志明市、河内的人气越南餐厅在柬埔寨开的分店。小吃摊风格的厨房呈弧状分布在庭院四周，就像个小吃摊。菜单上有面食、米饭、蔬菜、肉菜和甜品等，包括几乎所有越南的经典菜品，但味道偏南部的甜口。菜单带图片。

全是经典越南美食 Map p.259-2D

住 No.60，Sihanouk Blvd.
☎（023）987151
营 6:30~22:00
休 无 信用卡 M V
预约 不需要

图中下部是炸春卷（1.45万R），上部靠右位置是包含了碎米饭、烤猪肉等配菜的猪扒饭（1.55万R）

命运河粉
Fortune Pho 越南菜

◆意大利人开的越南面食、河粉店。主打加入罗勒、香菜等香料烹饪的越南南部风味美食，不添加味精。人气美食是牛肉河粉（US$3），此外加了半熟牛肉、牛腱肉、肉丸和生鸡蛋等食材的经典河粉（US$5）也值得推荐。还有生春卷（US$3）和墨鱼卷（US$4.5）等。

美味的越南河粉专营店 Map p.259-2C

住 No.128Eo，St.51
☎ 092-767432
营 7:00~20:00
休 无
信用卡 不可使用
预约 不需要

牛肉河粉。汤浓汁美，备受当地年轻人好评

河畔之家西餐厅

River House 西餐

◆这家西餐厅位于河畔，露台席位最舒适。肉菜口碑好，最具人气的是使用新西兰产羔羊的羊腱（US$21.5）和牛肉粒加蓝芝士做成的河畔之家蓝黑牛肉（US$6.5）。泰式炒面（US$6.5~）等泰国美食也俘获了一批粉丝。周五、周六的 8:30~23:00 有乐队现场演奏。

露天席位空间开放，最适合享用美食

以肉菜为主的河边餐厅 Map p.214-1A

住 No.6E, Corner of St.110 & Sisowath Quay

☎（023）212302

营 11:00 ~次日 2:00

休 无

信用卡 M V

预约 不需要

迪贝的杂货和肉摊咖啡馆

Digby's Grocer Butchery Cafe 国际美食

◆主打都市风的餐厅 & 咖啡厅。主要供应西餐，也有面食等亚洲美食。自制的有机香肠远近闻名，包括德式香肠套装和亚洲香肠套装两种，价格都是 US$7.5。添加了牛肉饼、爽口培根、芝士和煎蛋的大汉堡（US$9）等汉堡（US$6.5~）长年热卖。

店内宽敞、明亮

以自制香肠闻名 Map p.259-3C

住 No.197, St.63

☎（023）226677

营 7:00~23:00

休 无

信用卡 J M V

预约 不需要

浓汤日料

Dashi 日本料理

◆这家日料店的风格像极了时尚咖啡厅。在东京的酒店磨炼了厨艺的日本店主兼主厨亲自制作的美食炸虾末山芋糕（US$13）等创意日料在当地的外国人圈中享有较高声誉。烤秋刀鱼和西班牙海鲜饭（US$7~）是热销品，晚餐的石锅饭奉送浓汤，吃到最后可做成汤泡饭。

招牌菜是石锅饭 Map p.261-1C

住 No.2, St.352 ☎（023）6661602

营 11:30~14:30、17:00~22:00

休 周一 信用卡 D J M V

预约 包厢需要预约

午餐也可以点石锅饭。图片示例为西班牙海鲜石锅饭

金边寿司店

Sushi Bar Phnom Penh 日本料理

◆总店位于越南胡志明市的日本人经营的日料店在柬埔寨开设的分店。正宗的寿司和生鱼片价廉物美，在当地人中也有不错的口碑。有握寿司 9 贯（US$5.8~）、生鱼片拼盘（US$17.8~）等招牌美味，还有天妇罗、日式火锅和猪排盖饭等，菜品齐全。店内洁净，有对面坐的席位和包厢。

新鲜的寿司价廉物美 Map p.259-3D

住 No.2D, St.302 ☎（023）726438

营 11:00~22:00 休 无

信用卡 J M V

预约 晚餐需要预约

〔2 号店〕MAP 文前图② -1C

寿司拼盘（US$14.8~）

绿碗乌冬咖啡餐厅

Udon Café Green Bowl 日本料理

◆日本厨师经营的乌冬面馆。关西风味的上品浓汤和劲道的乌冬面是其招牌，只卖 US$3.5~。人气菜品是肉片乌冬（US$5.25~）和咖喱乌冬（US$4.5~）。还有很多诸如珍藏纳豆乌冬（US$4.5~）等原创菜单，天妇罗、温泉蛋、纳豆等配菜可添加。此外更有荞麦面、盖浇饭、下酒小菜和只限夜间售卖的日式鹅肝牛肉火锅（US$20~，双人份）。

味香汤浓的关西风味乌冬面 Map p.260-1B

住 No.40E, St.352

☎ 089-831007

营 8:00~22:00

休 无

信用卡 D J M V

预约 不需要

牛肉量大的咖喱乌冬

FCC 金边

FCC Phnom Penh 咖啡厅

◆由历史上的外国人特派员俱乐部改建成的咖啡厅 & 酒吧就是指这里。店内张贴着动荡时期关于柬埔寨的新闻照片。席位包括阳台式咖啡厅（三层）和屋顶酒吧（四层），均可欣赏河景。饮品有生啤（US$2.3~）、果汁（US$3.35~），菜品有柬埔寨、地中海和欧美风味的混合菜，小份 US$4.75~。沙拉种类多，味道都不错。

屋顶高，空间开阔

前身是外国人特派员俱乐部 Map p.256-2B

住 3&4F, No.363, Sisowath Quay

☎（023）210142

营 6:00~24:00

休 无

信用卡 M V

预约 不需要

慈心坊（Mercy House）：价格实惠，分量充足，对学生很有吸引力。有炒饭 6000R~、辣酱炒饭 1.1 万 R 等。点餐时在餐桌上的点餐单上写上菜品编号，拿去前台结账即可。MAP p.259-1C 住 No.157, St.51 ☎ 012-342212 营 7:30~19:00 休 无

农场餐桌

Farm to Table 咖啡厅

◆只有露天席位的花园式咖啡厅，种着草药的院子里还放养着一群鸡，安静而祥和。餐厅与有机栽培的农家签订了协议，每周五送来当季的新鲜食材。推荐的美食有注重水果原本甜味的新鲜果汁（US$1.5~）、调味汁沙拉（US$4.75~）等。咖啡味道也不错。

放养鸡群的花园咖啡 Map p.261-1C

住 No.16，St.360 ☎ 078-899722
营 8:00~22:00 休 无
信用卡 不可使用
预约 不需要

食客们都说每天 8:00~15:00 供应的早餐好吃。图片是班尼迪克蛋（US$6）

后院咖啡厅

Backyard Cafe 咖啡厅

◆居住在当地的外国人常来的休闲场所，供应生食、无麸质食品等适合纯粹的素食主义者吃的菜品。早餐菜单丰富，切达奶酪和菠菜搭配的养生菜肉蛋卷（US$5）、加了糙米的超大碗早餐（US$7）受到追捧。咖啡 US$1.5~ 和瓶装销售的自制混合果汁（US$4.5）也值得推荐。

对食材严苛的养生咖啡 Map p.257-1B

住 No.11B，St.246
☎ 078-751715
营 7:30~21:00（周一为 ~17:00）
休 无 信用卡 M V
预约 不需要

店内敞亮，设计时尚。有 2 层

布朗咖啡厅 & 餐厅

Brown Roastery & Eatery 咖啡厅

◆被金边当地的年轻人评价“气氛很好”，是柬埔寨的咖啡连锁店“布朗先生”的分店。由于其火爆的人气，如今市内已开了 10 家分店。店内有空调，可用 Wi-Fi。除咖啡（US$1.85）和冰沙等饮品外，还有蛋糕（US$2~）、三明治和意大利面等简餐。

柬埔寨的咖啡连锁店 Map p.215-2B

住 Corner of St.57 & St.294
☎ 098-883331
营 6:30~22:00
休 无
信用卡 不可使用
预约 不需要

马卡龙（图中下部，每块 US$0.9）和咖啡中加冰块、牛奶的冷萃拿铁（US$2.65）

蓝色南瓜

Blue Pumpkin 咖啡厅

◆总店位于暹粒的人气咖啡馆，尤其它的热情南瓜、芒果、椰子等南国特有风味的 16 种自制冰激凌大受欢迎。1 勺 US$1.6，该系列另有冰激凌火锅（US$14）等。店内还供应饮品和甜点、意大利面、阿莫克鱼（US$5.5）等美食。金边市内有 4 家分店。

有热卖的自制冰激凌 Map p.256-2A

住 No.245，Sisowath Quay
☎（023）998153
营 6:00~23:00 休 无
信用卡 J M V
预约 不需要

可选两种喜爱的冰，加上巧克力等做成黄金蛋冰激凌（US$2.9）

商店咖啡

Shop 咖啡厅

◆气氛好，环境温馨的咖啡馆。坐落在 240 街（→ p.217）上，散步途中可顺便去那里坐坐。菜单以简餐为主，有法棍面包、口袋三明治、意式香料面包、意式帕尼尼等，三明治（US$4.5~）种类丰富。特色菜单和每周变换的三明治（US$4.5~）都写在店内的黑板上。冰咖啡 US$2.5。

欧美人青睐的咖啡厅，环境清幽，气氛放松，客人多

三明治种类多 Map p.217-2B

住 No.39，St.240
☎ 092-955963
营 7:00~19:00
休 无
信用卡 J M V
预约 不需要

高棉甜点

Khmer Dessert 甜品店

◆客人络绎不绝的热门甜品店。店内靠里的橱柜里摆放着 10 余种甜点（1 份 2000~2500R）。客人选择薯类或豆类等喜欢的配料后，由店员调制。还供应铁板烧肉（5000R）等早餐、午餐，小碟菜 4000R~。热销多年的招牌美味椰奶咖喱汤面（6000R）也很有人气。

味道纯淡的南瓜布丁（2500R）

可品尝到柬埔寨的甜品 Map p.254-2B

住 No.51Eo，St.118
☎ 012-773218
营 6:00~21:00（甜点 9:00~ 供应）
休 无 信用卡 不可使用
预约 不需要

夜生活

Night Spot

大象酒吧
Elephant Bar 酒吧

◆店内沙发宽大，适合成年人在此安静品酒，整个酒吧宛若秘境一般。鸡尾酒（US$12~）品种多样，包括堪称招牌的新加坡司令 ※1 和 Femme fatale※2（各 US$17）。周日 18:00~22:45 有钢琴演奏，气氛热烈。14:00~17:00 是下午茶（US$16.7）时间。

温馨宁静的纯正酒吧　Map p.253-3A

住 No.92, Rukhak Vithei Daun Penh, Sangkat Wat Phnom（莱佛士皇家酒店内）
☎（023）981888　营 12:00~24:00
休 无　信用卡 A J M V
预约 不需要

16:00~21:00 鸡尾酒和部分啤酒半价优惠

门酒吧
Doors 酒吧

◆店内设计了多扇门，是一家时尚的爵士酒吧。西班牙主厨制作的美食同样远近闻名，最推荐添加自制辣味香肠和烤蔬菜的西班牙风味比萨、西班牙式家常香肠（US$9）、乌贼墨海鲜饭（US$6）等。另供应鸡尾酒 US$4.5~、杯装红酒 US$4.2~、生啤 US$2.7 等。

还有美食可享的爵士酒吧　Map p.253-2A

住 No.18, Corner of St.47 & St.84
☎（023）986114
营 6:00~23:00（餐食供应时间 ~22:45）
休 无
信用卡 M V
预约 团体需要预约

1 个月有 1 次拉丁舞之夜

日蚀天空酒吧
Eclipse Sky Bar 酒吧

◆该天空酒吧位于金边塔顶层（23 层）。作为一家梦幻夜景观赏地，人气较高。每当周末来临，开生日会等聚会的情侣就会聚集在此。生啤 US$3.5、鸡尾酒类 US$6~。美食丰富，推荐 300g 的 T 骨牛排（US$25）。每天 17:00~19:00 是“欢乐时光”，所有饮品 7 折优惠。

可俯瞰街景的屋顶酒吧　Map p.258-2B

住 23F, Phnom Penh Tower, No.445, Monivong Blvd.
☎（023）964171
营 17:00~ 次日 2:00
休 无　信用卡 J M V
预约 不需要

360° 欣赏夜景全景，心情超爽！

登酒吧
The Den 酒吧

◆在国内并不多见的烟熏鸡尾酒是这家小酒吧的特色。所谓烟熏鸡尾酒，指的是在烤炉上熏生姜和桂皮等，将其烟气转移到鸡尾酒中，这样酒里就增添了烟熏的香味和醇厚感。酒吧供应 4 种烟熏鸡尾酒，各 US$4.5。17:00~20:00 的“欢乐时光”部分鸡尾酒享受 5 折优惠。

可品尝烟熏鸡尾酒　Map p.259-3D

住 Bassac Lane　☎ 085-696736
营 17:00~24:00　休 周一
信用卡 不可使用　预约 不需要

黎巴嫩酒保调制的烟熏鸡尾酒口感细腻。还可现场观看烟熏鸡尾酒的调制过程

奥斯卡·比斯特罗
Oskar Bistro 酒吧

◆除周二、周日外，每天的 20:00~ 次日 1:00 左右是沙发 DJ 音乐时间，尤其是每周三的女士之夜，现场更是火爆。客人评价鸡尾酒（US$4~5.5~）品质高，自制鸡尾酒最受欢迎。还有创意美食，1 人份的法式小煮锅（US$7.5~）即是其中之一。

DJ 音乐响彻深夜　Map p.256-1A

住 No.159, Sisowath Quay
☎（023）215179
营 17:00~23:00（周三～次日 2:00、周五和周六～次日 1:00）　休 无
信用卡 D J M V　预约 周三需要预约

添加了荔枝和柠檬的原创杜松子鸡尾酒——樱花鸡尾酒（US$5）

慕尼黑酒吧
Munich 酒吧

◆引进正宗德国酿造工艺的小啤酒厂，客人可品尝到原创的比尔森啤酒。0.3L 售价 US$1.95，0.6L 售价 US$3.9，1.2L 售价 US$7.9，另有黑啤。下酒小菜有德国香肠和亚洲各国风味香肠拼盘（US$8.9）。一层是火锅店，二层也可以吃火锅，主要客源是当地人。每晚有乐队现场表演。

德国啤酒基地　Map p.257-1A

住 2F, No.78, Sothearos Blvd.
☎ 081-988886
营 17:00~24:00
休 无
信用卡 J M V
预约 不需要

淡淡的啤酒花香，入口和顺

※1：诞生于新加坡莱佛士酒店 Long Bar 酒吧的一款鸡尾酒。
※2：这款香槟鸡尾酒是为纪念 1967 年美国第一夫人杰奎琳·肯尼迪的柬埔寨之行而调制的。

商店
Shopping

神奇柬埔寨
AMAIING CAMBODIA

柬埔寨杂货、工坊

◆主要经营适于作为礼品的有机、纯天然商品等"真正的好物"。店内密密麻麻地陈列着1000余种商品，几乎全是店主亲赴柬埔寨全国各地，在当地确认品质后采购的精品。杂货品种多，食品和美妆用品也门类齐全。还有采用初榨椰子油制作的原创商品，甚至可以找到适合送给男性的须后膏（US$6.93）。

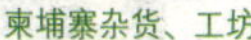

左上／以灯心草为原料的"苏苏"大手提袋 US$22 左下／内含两种茶叶的套装 US$7.7。图片为茉莉花茶与柠檬草茶　右／店内商品丰富，是选购礼品的好地方

用现代手法制作的传统工艺品　Map p.261-1D

住 2F, Aeon Mall Phnom Penh, No.132, Sothearos Blvd.

☎ 099-439879　营 9:00~22:00

休 无

信用卡 D J M V

斯玛特里亚
Smateria

箱包

◆斯玛特里亚是一家由意大利老板兼设计师开办的包类专卖店。蚊帐、附带背包带的多彩清凉系列包包（US$10~35）、化妆盒（US$9~）、钱包等均是原创设计风格，给人与众不同的特殊体验。原料不贵，但是做工精细，带回国内也能用到。暹粒市内有一家店，金边和暹粒机场也有分店。

适合夏季使用的多彩化妆包每个 US$10。颜色和图案种类多，可任选心宜的商品

五颜六色的环保包　Map p.215-1B

住 No.8Eo, St.57

☎（023）211701

营 8:00~21:00

休 无

信用卡 J M V

吴哥艺术学校
Artisans Angkor

柬埔寨杂货

◆总店设在暹粒（→p.180），主营上等柬埔寨工艺品和丝绸制品。本店的规模比暹粒店小，也没有工坊。但是商品品种依然丰富，一层有陶器、木雕、漆器工艺品等，二层是银质工艺品、丝绸制品柜台。以干枝为主题的银器小物件（US$6）适合送礼。

娇柔、优雅的首饰吸引着顾客。图片为以花为设计原型的悬挂式耳环 US$69

集中了上等柬埔寨工艺品　Map p.253-3B

住 No.12AEo, St.13

☎（023）992409、992407

营 9:00~18:00

休 无

信用卡 A J M V

袅纽姆商店
NyoNyum Shop

柬埔寨杂货

◆柬埔寨杂货和手工艺品店。店内汇集了咖啡、胡椒、磅清扬的陶器和箱包等柬埔寨各地的特产，这些商品全是生活中用得着的日常用品，带着纯手工制作的温暖感。店内的咖啡厅在午餐时间供应的寿司套餐（US$3.5~5）也很美味。

质朴但充满温情的磅清扬碗（US$6）

柬埔寨杂货和手工艺品店　Map p.260-3B

住 2F, No.4, St.432

☎（023）726214

营 9:00~17:30

休 周日

信用卡 J M V

〔分店〕MAP p261-1D

朋友与材料
Friends'n' Stuff

柬埔寨杂货

◆由给流浪儿童及其家庭提供帮助的团体经营的店铺。主销用柬埔寨旧报纸制作的笔盒、用废旧轮胎做的眼镜盒（US$6.5）等环保商品，其他一些创意商品也很受欢迎。还有民族风的布包和儿童T恤（US$9~）。该店还在隔壁经营一家柬埔寨餐厅。

用霓虹色线头设计的霓虹精品是人气商品之一。图片所示为名片夹（US$4.5）

独一无二的环保包　Map p.216-1B

住 No.215, St.13

☎（023）5552391

营 11:00~21:00

休 无

信用卡 D J M V

扎莱伊纪念商品店
Jarai Souvenir Shop

柬埔寨杂货

◆法籍柬埔寨人从柬埔寨全国精选上等原材料后，设计、销售的工艺品商店。店面不大，但是汇集了高等级礼品。宝石选自拜林、茶胶，丝绸来自干丹地区，银器采用纯度92.5%的银制成。所有商品都是手工打造，设计独一无二。尤其银戒指（US$25~）造型新颖，深受年轻人喜爱。一种叫作“拉卡斯”的小木箱值得购买。

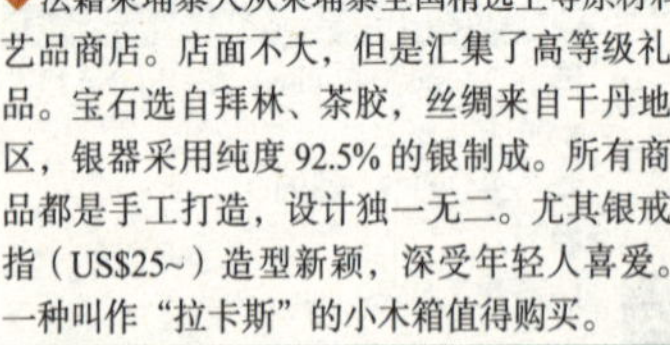

银制品款式多，不由得被吸引

经营高品质银制品　Map p.253-3A

住 No.1 St.92（双威酒店内）
☎（023）430333
营 7:30~21:00
休 无
信用卡 A J M V

拉伽那
Rajana

柬埔寨杂货

◆这是一个给柬埔寨手工艺人提供展示平台的项目运营的商店。有磅清扬的陶器和棕榈树制作的小物件（US$3~）、茶胶的丝绸（US$6~）等，每件商品都浸润着工匠们的心血。装在工艺品箱内的咖啡和香料（US$1.5~）种类多，适合用作礼品。

以阿普莎拉为设计灵感的礼品卡片，左 US$0.65、右 US$1.5

经营设计纯朴的商品　Map p.217-2B

住 No.55Eo，St.240
☎（023）990213
营 8:00~19:00（周日 10:30~）
休 无
信用卡 D J M V

丝绸与胡椒
Silk & Pepper

柬埔寨杂货

◆由一位法国女店主经营，精选柬埔寨手工艺品、亚麻纤维纺织品、珍宝、咖啡、胡椒等，门类广泛。特别是KROMA（柬埔寨围巾），采用独特的颜色设计，棉围巾US$3~，丝绸围巾US$14~15~。带店主手绘图案的马克杯和垫子套等原创商品也精巧夺目。

装入盒子的丝绸围巾 US$11

KROMA（柬埔寨围巾）款式多　Map p.216-2B

住 No.33B，St.178
☎（023）222692
营 9:00~19:00（周日 9:30~）
休 无
信用卡 M V

湄公艺术
Mekong Arts

柬埔寨杂货

◆原本起源于2001作为相框艺术专营店而开设的“菜篮皮革”（MAP p.217-2A），2007年开了这家分店。致力于将照片与地图等作为拼贴画融入画框，小号照片与画框US$10~。另外，还有暹粒的青铜佛像和干丹省的铜、竹制作的筐子、鸟笼等艺术感很强的商品。所有商品纯手工打造，设计独一无二。

还经营茶胶省的丝绸围巾、蜡烛和纤维纺织品

时尚相框艺术商店　Map p.216-2B

住 No.33，St.178
☎ 012-928005
营 8:00~19:00
休 无
信用卡 J M V

安波商店
Amboh

鞋类

◆欧洲很早以前就开始流行的低帮鞋——Espadrilles（布面藤底鞋）的专卖店。这种鞋的特色是透气性好，鞋底采用对皮肤柔和的黄麻，鞋面是柬埔寨传统面料，即柬式围巾所用面料。所有鞋都是手工制作，一双US$25。店内有工坊，可现场观看制鞋过程。工作日接受定制（US$30）。早上预订当天就可取货。

款式多，无论男女老幼均有合适的鞋。周六有时关门，去之前应在网站先查询

用柬埔寨围巾材料制作的低帮鞋　Map p.258-2A

住 2F，No.23A，St.232
☎ 088-9059509
URL www.facebook.com/amboh.cambodia
营 9:00~19:00（周六 14:00~18:00）
休 周日
信用卡 不可使用

奔司烈安商店
Penh Lenh

饰品

◆一家使用色彩鲜艳的流苏与彩石制作手工饰品的商店。设计师是一位美国女性和一位柬埔寨女性。她们设计的产品均柔美可爱，洋溢着少女情怀。尤其配色品位高，虽然色彩艳丽，但是丝毫不落俗套，看上去典雅大方，适合成人女性。有流苏耳坠US$30~，项链US$32~等。

手镯 US$22。奔司烈安在柬埔寨也是个帮助女性提升自我的品牌

主营女性精美饰品　Map 文前图②-4B

住 No.71A，St.450　☎ 077-431298
营 8:00~18:00（周六、周日 10:00~）
休 无　信用卡 M V

240 商店
The 240 杂货

聚集了世界各国的杂货 Map p.217-2A

◆从家用装饰品到西服，从法国、比利时到越南等，这个精品店聚集了世界各国的高品质商品，还有一些毛巾套装（US$12）、枕套和床单套装（US$44）等原创商品。非营利机构创立的柬埔寨本土饰品品牌“奔司烈安”（→p.238）的流苏手镯（US$29）等饰品也可以看看。

住 No.83, St.240
☎ 017-368437
营 8:00~20:00
休 无
信用卡 M V

有很多看看就觉得愉快的高品位杂货。还销售原创箱包

沃特莉丽
Water Lily 杂货

有极强设计感的实用杂货 Map p.217-2B

◆沃特莉丽是法国老板创办的一家创意杂货铺。在古旧的米袋的基础上改制的旅行袋（US$20~50）、多彩风雅的耳坠（US$10~50）等，不少商品看着就令人愉悦。店内还有个销量时尚用品和杂货的“鲁·布得·瓦尔”专区，里面有手感柔和的亚麻连衣裙和衬衣、泳衣等。

住 No.37, St.240
☎ 012-812469
营 9:00~19:00
休 周日
信用卡 D J M V

逛街以及参观古迹时都可以戴的大花纹帽子（US$15）

布利斯
Bliss 杂货

如果要选购优质棉制品来此 Map p.217-2B

◆布利斯是一家主要经营100%纯棉服饰和装饰用品的商店，从印度、澳大利亚和日本进口的优质棉料在金边设计、缝制，然后在此销售。从床单到坐垫、男士衬衣、小物件等，商品门类齐全，夏季服饰US$40起。服装尺码偏大，买前一定要试穿一下。手镯（US$18~）等饰品同样精巧可爱。

住 No.29, St.240
☎（023）215754
营 9:00~18:00
休 周日
信用卡 J M V

集中了一批时尚小铺的240街（→p.217）上的知名店铺

高棉皮丹商店
Pidan Khmer 布制品

经营碎花绢布 Map p.215-1A

◆一家主营用绢布描述故事的柬埔寨碎花绢布“披当”（→p.146）的商店。由致力于提高柬埔寨女性收入，支持她们自主自力的NGO机构经营。皮丹的价格由尺寸和图案决定，60厘米×98厘米的售价US$310~。提供定制服务。柬埔寨的传统100%草木染女士披肩等配饰和蓝染服饰也能让人大饱眼福。每件商品都质优货美。

住 No.170, St.63
☎（023）210849
营 8:00~17:00
休 周日
信用卡 M V

以有机棉花为原料的蓝染披肩，左图US$34、右图US$31

塔恩寺柬埔寨艺术
Watthan Artisans Cambodia 布制品、服饰

色调柔和的布制品 Map p.217-2A

◆销售充满温度的布制品、服饰。以床单、毛毯等大花纹商品居多，染过的布料色调柔和，质量上乘。女士披肩有棉花、丝绸、棉花&丝绸混合的三种质地，价格均是US$15~。肌肤触感极佳的毛毯US$45，床单US$15~/米。设计灵感主要来自胡椒和树叶、芒果等柬埔寨的自然物产。

住 No.77, St.240
☎ 012-492093
营 8:00~18:00
休 无
信用卡 D J M V

垫子色调绝美，售价US$15

埃斯威尔
Elsewhere 服饰

造型时尚的服饰居多 Map p.217-2A

◆法国设计师兼店主经营的时尚小铺。不少货品裁剪和造型都很美，设计简约，但透露出优雅的成熟风韵。上衣US$30~，连衣裙US$36~，相对便宜。柔美的发带（US$4）和项链（US$30~）等小物件也有不少。

住 No.52D, St.240 ☎ 078-770377
营 9:00~19:00 休 无
信用卡 M V

100%纯棉连衣裙（US$38）。宽松的设计和华美的粉嫩颜色显得可爱时尚。标签上还写着洗涤方法

苏伊乔

Sui-Joh 服饰

◆设计质朴的精品衬衣，包含了五彩纽扣、柬式围巾质地的衣襟和衣袖等，处处都体现着设计者的用心与童趣。精心缝制的定制服饰US$29~，通常需要花10天左右，也可以完成3天内的加急成衣（另收费）。可邮寄出境。除服饰外，还经营可爱的箱包（→p.153）和小物件。

店主高超的设计、缝纫技艺受到好评

以设计和缝制技巧闻名 Map p.257-3A

住 No.25Z，St.294

☎ 017-230583

营 9:00~18:00

休 无

信用卡 M V

〔分店〕MAP p.257-1B

A.N.D. 商店

A.N.D. 服饰

◆这家店的棉、麻制作的清凉系列服装广受赞誉。英国设计师从柬埔寨和周边各国采购面料，加以设计。大多是老旧的面料，还能看到日本和服的影子。有无袖衣US$28，连衣裙US$35等。除时尚商品外，还有镶了日本陶器的木质托盘（→p.153）等小商品。

使用老旧面料做的南国风情短裤（US$17）

日常就可以穿的休闲服装 Map p.217-2A

住 No.73-75，St.240

☎ 031-2357301、070-314420

营 8:00~20:00

休 无

信用卡 D J M V

巧克力店

The Chocolate Shop 食品

◆与“商店咖啡”（→p.235）隶属同一集团的比利时巧克力专卖店。店内厨房手工制作的约30种巧克力（US$6/100g）具有纯正的味道。有生姜和百香果等多种口味，蜂蜜、酸橙和辣味等口味的巧克力最畅销。若是用作礼品店方还提供包装。也有巧克力慕斯（US$2.9）等，可在店内的咖啡区堂食。

推荐品尝含坚果和水果干的巧克力

比利时巧克力专卖店 Map p.217-2B

住 No.35，St.240

☎ 012-872840

营 7:30~19:30

休 无

信用卡 J M V（消费满US$10以上）

〔分店〕MAP p.260-1B

仓田胡椒

Kurata Pepper 食品

◆20世纪60年代，柬埔寨胡椒号称世界上味道最香、产量最高。不过受到内战的消耗，产量有所减少，品质也相应下降。日本人仓田浩伸从1994年开始反复试验胡椒培育，终于取得了成功。他培育的胡椒在这家店销售。与市场上售卖的胡椒相比，这里的胡椒不仅品质好，而且采用杀菌的密封包装，更加卫生。除白胡椒、黑胡椒（各US$5，→p.154）外，成熟胡椒（US$7）、用香料煮的胡椒（US$6）和胡椒粒（US$3~）等也值得选购。

画有胡椒的墙壁最引人注目

柬埔寨胡椒专卖店 Map p.259-1C

住 No.5，St.222

☎（023）211374

营 8:00~19:00

休 无

信用卡 D J M V

棕榈树

Confirel 食品

◆只销售柬埔寨产的食品的商店，宗旨是保护柬埔寨国内的自然遗产，提高当地农产品的品质。采用柬埔寨最具代表性的椰糖制作的磅士卑红酒、椰子醋（US$3.5~）、贡布产胡椒、胡椒酱、胡椒茶等柬埔寨的精品好物琳琅满目地摆放在这里。其中，胡椒酱有60毫升（US$2.3）的超小包装，很适合携带、送礼。

菠萝味的椰子醋（US$7/500毫升）

汇集了柬埔寨食品类礼品 Map p.216-2A

住 No.57，St.178

☎ 012-981724

营 8:00~20:00

休 无

信用卡 不可使用

拉·波特·图·柬埔寨商店

La Porte du Cambodge 护肤品

◆该店的拳头产品是如同糖果一样的纯天然精致香皂，有着鸡蛋花、芒果等柬埔寨独有的香味。所有产品都采用纯天然原料制成，肌肤受伤或敏感肌肤者均可使用。更有不加热制作的CP香皂，含诺丽、辣木等8个类型，价格US$5~10。品质有口皆碑的椰子油和胡椒也是礼品中的“常客”。

多彩的纯天然香皂小块US$2，大US$3

五彩、精致的纯天然香皂 Map p.216-1B

住 No.178Eo，St.13

☎ 069-302961

营 10:00~20:00

休 无

信用卡 不可使用

哈努曼古玩艺术品商店
Hanuman Fine Arts 古董

◆以柬埔寨古董为主，同时集中了缅甸、老挝、中国古董的商店。店铺坐落在一户改建过的民居内，共3层，陈列着10~300年前的生活用品、佛像等。古旧丝绸丰富，还有一些可流传后世的图案珍奇的纺织品。另外，一层有珠宝专卖场，摆放着古石制作的首饰等。复刻品和新工艺品等看一眼也足以勾引你的兴趣。暹粒设有分店。

古董荟萃，仿佛一座小型博物馆

等你来发现珍品的古董店 Map p.261-1C
住 No.13B，St.334
☎（023）211916
营 8:30~18:00
休 无
信用卡 A J M V

埃斯塔普
Estampe 绘画、画廊

◆主要销售法属印支时期的柬埔寨主题绘画作品和照片，此外还经营19世纪末~20世纪中南半岛周边的古地图、电影海报（US$15~）等。或许还能发现1950年以前由法国人印刷的带插图的中南半岛古地图（US$60）等珍贵物品，看一看也很有趣。

磁铁（US$2）、邮票（US$1）等是伴手礼的好选择

经营古地图和绘画作品 Map p.259-1D
住 No.197A，St.19
☎ 012-826186
营 9:30~18:00（周日 13:00~17:00）
休 无
信用卡 不可使用

SPK照相馆
SPK 照相馆

◆可拍摄换装照片的照相馆。选好一套喜欢的服装后，可以拍摄15厘米×20厘米大小的3张阿普莎拉服装照，费用US$20；柬埔寨传统服装收费US$15~。费用包含化妆费。通常在拍摄后2~3天即可取照片，如果着急取，也可以在次日就拿到，但是只有电子照片，没法洗出来。还有男士、儿童服装，也可以拍全家福。

拍摄时间分为化妆约1小时+拍摄约1小时，共约2小时。请随身携带卸妆用品

可拍摄换装照片 Map p.254-3B
住 No.262A，Monivong Blvd.
☎ 012-838828
营 8:00~20:00
休 无
信用卡 不可使用

金边永旺购物中心
Aeon Mall Phnom Penh 购物中心

◆商场的主体是面积达8.8万平方米的永旺超市，此外还有综合影院和保龄球馆等近190家店铺入驻。超市有美食专区，汇聚了当地的特色食品，日本料理店、咖啡厅等餐饮店铺及时装店、SPA、热门电视台的工作室等也落户这家商场，堪称金边时尚的策源地。

从国人较熟悉的日本永旺超市到柬埔寨当地的商铺等，店铺种类多样

柬埔寨最大的购物商场 Map p.261-1D
住 No.132，Sothearos Blvd.
☎（023）901091
营 9:00~22:00（超市 8:00~，部分店铺和游乐场 ~24:00）
休 无
信用卡 各店铺有所不同

巴戎市场
Bayon Market 超市

◆来自世界各国的进口商品种类丰富。尤以日本食品居多。荞麦面、乌冬面、方便面料汤、咖喱、酱油、蛋黄酱、拌菜橙汁、液体调味汤汁、零食、酒、芝士、冰激凌和调味料等，货品应有尽有。另外，尽管当地有多家超市，这里的蔬菜等生鲜食品的新鲜度也是最高的，要买水果的话首选巴戎市场。二层有火锅店和厨房用具店、儿童游乐场等。

还有很多中国、泰国、欧美等国的进口食品

进口商品门类齐全 Map p.254-2A
住 No.33-34，Corner of St.114 & St.118
☎ 015-832545
营 9:00~20:00
休 无
信用卡 D J M V

好运超市
Lucky Super Market 超市

◆面积大，店内规整、明净。有食品、日用百货、进口食品等，商品品种齐备，历来一直是热门商店。尤其柬埔寨产的食品类礼品可选余地大，也有散称水果干专区。入口旁有一个小面包房。二层是服装卖场。“索里亚中心点购物中心”内有分店。

糖果、曲奇等柬式特色礼品一应俱全

食品类礼品种类齐全 Map p.258-2B
住 No.160，Sihanouk Blvd.
☎（023）885722、081-222028
营 8:00~21:30
休 无 信用卡 M V

水疗 & 按摩

Spa & Massage

波地亚 SPA

Bodia Spa 城市 SPA

◆采用 100% 纯天然柬埔寨护肤品牌“波地亚自然”的 SPA 店。4 种芳香疗法按摩可从包括依兰油在内的 5 种精油中选择合意的产品。最受欢迎的是融合了亚欧技术的经典身体按摩（US$32/小时～），有促进血液循环之功效。同时经营一家“波地亚自然”商店。

提前预订的客人可选择按摩室

使用高品质纯天然护肤品 Map p.256-2B

住 2F, Corner of Sothearos Blvd. & St.178 ☎（023）226199

营 10:00~23:00

休 无

费 足部按摩 US$24、芳香疗法按摩 US$32~（各 1 小时）

信用卡 M V 预约 建议预约

阿玛拉 SPA

Amara Spa 城市 SPA

◆该店聚集了一批金牌理疗师，用较低的价格就能享受到纯正的水疗。在泰式按摩的基础上，指压与芳香疗法按摩等兼容并蓄的“东方腰部综合按摩”（US$30/1 小时 30 分钟）是店内招牌项目。走累之后，建议来这里体验使用散发沁人芳香的磨砂膏实施的足部按摩（US$12/小时），送足浴。

一层是前台，理疗室在楼上

集中了一批优秀的理疗师 Map p.256-1A

住 Corner of Sisowath Quay & St.110

☎（023）998730

营 11:00~23:00 休 无

费 高棉传统按摩 US$18~（1 小时 30 分钟）等

信用卡 J M V

预约 周末最好预约

布利斯 SPA

Spa Bliss 城市 SPA

◆气氛温馨的 SPA 馆。只有 6 间水疗室，来此体验的多为居住在当地的外国人。最有人气的当数被称为“布利斯旅行”的一种 SPA 套餐。它包含 2 小时的身体磨砂、芳香疗法按摩、头部 & 头皮按摩，收费 US$50，价格不贵，能享受到高等级水疗服务。

院子里还有休息区

当地外国人喜欢的小型 SPA Map p.217-2B

住 2F, No.29, St.240

☎（023）215754

营 9:00~21:00（最晚预约时间 19:30） 休 无

费 深层肌肉按摩 US$26~（1 小时）等 信用卡 M V

预约 需要提前 1 小时预约

阿济阿德

Aziadee 城市 SPA

◆规模小，甚至带着乡土气息，但是以精湛的技艺赢得了当地外国人的青睐。脱胎于印度传统医学“阿育吠陀”的“印度头部按摩”（US$10/小时）和“埃及足部按摩”（US$8/小时）等只有在这家店能体验到，只此一家别无他处。2 小时～的按摩套餐只收 US$32，实惠。

有情侣专用水疗室

提供难得一见的水疗项目 Map p.215-2B

住 No.5A, St.288

☎ 092-753718

营 9:00~21:00 休 无

费 身体磨砂 US$20（50 分钟）、高棉按摩 US$8~（1 小时）等

信用卡 不可使用

预约 周六、周日最好预约

卫生保健中心（康师傅）

Health Care Center Master Kang 按摩

◆中国老板经营的足部按摩店，来自中国等地的 20 多位技艺精湛的按摩师恭候游客的光临。店内面积大，整洁有序，含包厢。足部按摩采用中式足疗技艺。一边将脚泡在足汤中，技师同时按摩肩部，去除酸痛，随后刺激足部穴位。按摩过后确实有脚底变轻的畅快感。需要支付数美元的小费。

金边最大的按摩店

足部按摩的技艺金边第一 Map p.260-3B

住 No.456A, Monivong Blvd.

☎（023）721765 营 9:00~23:00

休 无 费 足部按摩 US$10、指压 US$15、芳香疗法按摩 US$15（各 1 小时）等

信用卡 J M V

预约 周末傍晚之后需要预约

12 对 12 SPA

Twelve To Twelve Spa 按摩

◆位于外国人喜欢的双威酒店（→ p.244）内，以按摩技艺高著称。最受欢迎的芳香疗法按摩结合了指压按摩，给人带来完全的满足感。按摩过后可享受免费蒸汽 SPA 和桑拿，还有茶歇服务。一直营业到深夜 0:00。

配备了情侣专用包厢

营业到深夜 0:00 Map p.253-3A

住 No.1, St.92（双威酒店内）

☎（023）430333 营 12:00~24:00

休 无 费 泰式按摩 US$16~、芳香疗法按摩 US$18~（各 1 小时）等 信用卡 J M V

预约 需要提前 1 小时预约

关于金边水疗和按摩店的小费支付：有些店需要支付小费，一般 US$2~5 即可。

酒店
Hotel

莱佛士皇家酒店
Raffles Hotel Le Royal 高档酒店

◆创立于1929年。作家萨默塞特·毛姆等众多名人都曾光顾这里，是金边最著名的高档酒店。一踏入酒店大厅，瞬间便被其优雅的氛围所吸引。前些年酒店整体完成装修。客房设计在原有法式、高棉式、殖民风的基础上加入了时尚的元素，色彩搭配更加经典考究。

Landmark 客房内摆放了高档家具

1929年创立的著名酒店 Map p.253-3A

住 No.92, Rukhak Vithei Daun Penh, Sangkat Wat Phnom ☎（023）981888 FAX 无 URL www.raffles.com/phnompenh 费 ⓈⓉⓌUS$250~ 套房 US$2000（+税、服务费 19%）信用卡 A J M V 共175间客房 Wi-Fi（部分）

金边洲际酒店
InterContinental Phnom Penh 高档酒店

◆是金边顶级客房数最多的大型酒店。客房拥有最新设施，此外酒店还配齐了泳池、桑拿、健身房等体育、娱乐设施。人气餐厅包括以早茶闻名的粤菜餐厅"香宫"、自助餐厅"摄政咖啡"等。

房间不大，但是温馨舒适

拥有最新设施的大型酒店 Map 文前图②-3A

住 1, Regency Sq., No.296, Mao Tse Toung Blvd. ☎（023）424888 FAX（023）424885 URL www.intercontinental.com 费 ⓈⓉⓌUS$190~ 套房 US$290~（+税、服务费 17%）信用卡 A J M V 共346间客房

金边索菲特佛基拉酒店
Sofitel Phnom Penh Phokeethra 高档酒店

◆建在巴塞河畔、紧邻金边永旺购物中心（→p.241）的一座12层的五星级酒店。有法国雅高酒店集团最高品牌的风范，客房全是多彩的法国式优雅设计。有意大利、中式和日式等四大餐厅，SPA、健身、桑拿和网球等设施也十分完善。

光线充足、品位高雅的木地板房间。图片为高档客房

法兰西风格的豪华酒店 Map p.261-2D

住 No.26, Old August Site, Sothearos Blvd. ☎（023）999200 FAX（023）999211 URL www.sofitel.com 费 ⓈⓉⓌUS$357~385 套房 US$657（+税、服务费 20.05%）信用卡 J M V 共201间客房 Wi-Fi

阿奴雷斯酒店
Arunreas 高档酒店

◆2015年开业，是一家以白墙著称的奢华酒店。客房舒适雅致，内饰精美。为了呵护好睡眠，酒店还在床头雕刻了菩提树，尽显柬埔寨传统文化和习俗的底蕴。客房标配 iPhone、Bose 插口，配备的全是最新设备。酒店内的法国餐厅"凯马"（→p.232）好评如潮。

带客厅的阿奴雷斯贵丽客房。可直接在客房内享受SPA

体会十足的豪华感 Map p.259-2C

住 No.163, St.51 ☎（023）213969 FAX 无 URL www.arunreas.com 费 ⓈⓌUS$120~160 套房 US$240（含早餐）信用卡 A M V 共12间客房 Wi-Fi

金边索卡酒店 & 住宅
Sokha Phnom Penh Hotel & Residence 高档酒店

◆2015年建在湄公河与洞里萨河之间的半岛上的一家超大型酒店，是一栋20层建筑。客房以白色和金色为主色调，散发着优雅、奢华的气息。客房视野也很好，所有房间配备浴缸。在酒店~金边夜市（→p.227）间有免费接送巴士，另外酒店~滨江区还有免费轮渡。

豪华客房足有52平方米

坐落在半岛的大型城市度假酒店 Map 文前图②-2C

住 Keo Chenda St., Phum 1, Sangkat Chroy Changva, Khan Chroy Changva ☎（023）6858888 FAX（023）6857777 URL www.sokhahotels.com 费 ⓈUS$140~ ⓉⓌUS$160~ 套房 US$290~（含早餐）信用卡 M V 共744间客房 Wi-Fi

金宝殿酒店
Hotel Cambodiana 高档酒店

◆西哈努克前国王下令于1969年建造的四星级酒店。从高楼层客房和餐厅可以看到洞里萨河的美景。酒店内有泳池、SPA、桑拿、健身房和网球场。还有正宗的法国餐厅"兰博瓦兹"、供应多国美食的24小时自助餐厅"湄公花园"。

客房的木质装饰十分温馨

前国王建造的酒店 Map p.257-1B~2B

住 No.313, Sisowath Quay ☎（023）426288 FAX（023）217059 URL www.hotelcambodiana.com.kh 费 ⓈUS$100~150 ⓉⓌUS$110~160 套房 US$275~385（+税 2%。含早餐）信用卡 A M V 共237间客房 Wi-Fi

向日葵酒店式公寓

Himawari Hotel Apartments 高档酒店

◆走过前台立即就能见到洞里萨河，客房的风景也堪称绝美。房间全是套房，带厨房、客厅和阳台。酒店内还有泳池、健身房、网球场和餐厅等设施。大堂所在的一层有生产、销售生啤的"向日葵小酒馆"，在酒店内外享有不错的声誉。

外国商人常下榻的酒店，还有些长期居住的客人

位于河边的大型酒店 Map p.257-1B

住 No.313，Sisowath Quay

☎（023）214555 FAX（023）217111

URL www.himawarihotel.com

费 ⓈⓉⓌUS$190~220 3人间280~US$390（含早餐） 信用卡 A J M V

共115间客房 Wi-Fi

双威酒店

Sunway 高档酒店

◆马来西亚人投资的酒店。交通便利，客房整洁，居住舒适，在外国游客中享有较高评价。虽然年份有些长，但客房的布制品一年一换，地毯和床垫3~4年一换，因此不仅客房，整个酒店都显得整洁而卫生。室内全面禁烟，部分豪华房间有阳台，可以在阳台上抽烟。

舒适的客房

整洁卫生的四星级酒店 Map p.253-3A

住 No.1，St.92

☎（023）430333

FAX（023）430339

URL phnompenh.sunwayhotels.com

费 ⓈUS$268~283 ⓉⓌUS$278~293 套房 US$338~598（含早餐）

信用卡 A J M V 共138间客房 Wi-Fi

阿玛华亚帕克姆套房酒店

Amanjaya Pancam 高档酒店

◆由法国设计师主持设计的、重在体现柬埔寨艺术与文化的设计型酒店。酒店洋溢着浓浓的民族风情，客房由上等木材与纯天然布制品装饰，窗户和浴室都足够大。尤其拐角处的全景套房有一个大大的阳台，视野极佳。所有房间都是套房，带浴缸。

从该酒店去哪儿都方便

房型全是套房，营造豪华空间 Map p.256-2A

住 No.1，Corner of Sisowath Quay & St.154

☎（023）214747

FAX（023）219545

URL www.amanjaya-pancam-hotel.com

费 ⓈⓉⓌ 套房 US$130~190（含早餐）

信用卡 A M V 共21间客房 Wi-Fi

伊吕波花园酒店及度假村

iRoHa Garden Hotel & Resort 中档酒店

◆酒店前身是建于被称为柬埔寨建筑史"黄金时代"的20世纪60年代的一栋法国风格私宅，如今是金边著名的精品酒店。虽然位于市中心，但是环境清静。大花园内有一个大水池，晚上气氛更加浪漫。以东南亚自然与文化为设计理念的客房充满了度假村风情，舒适且令人愉悦。

喜欢旅行的老板想拥有一座"自己也想入住的酒店"，于是设计了这座酒店

带有度假村风格的隐秘酒店 Map p.260-3B

住 No.8，St.73

☎ 011-775752、（023）966330

FAX 无

URL www.irohagarden.com

费 ⓈⓉUS$70~160 套房 US$130~（含早餐）

信用卡 A J M V 共26间客房 Wi-Fi

帕提奥酒店

Patio 中档酒店

◆位于班坎康地区（→p.215）一条小巷内的设计型酒店。酒店不大，但是客房的设计和内饰很有品位，像是一座城市度假村。八层有一个温馨的餐厅 & 咖啡厅，九层的屋顶是一个充满度假村气息的开放式露天泳池。普通游客也可体验（US$10）。酒店兼营一家小SPA馆。

经常客满，应尽早预订

位于小巷内的设计型酒店 Map p.215-2B

住 No.134Z，St.51

☎（023）997900

FAX 无

URL www.patio-hotel.com

费 ⓈⓉⓌUS$90~140 套房 US$210（含早餐）

信用卡 M V 共45间客房 Wi-Fi

普兰泰申酒店

The Plantation 中档酒店

◆在20世纪60年代的一栋殖民地样式建筑基础上改建成的精品酒店，受到欧美游客的追捧。有一个绿树成荫的院子，可享受度假村的风情。酒店有两个泳池以及餐厅、酒吧、健身房和SPA等，在精品酒店中规模较大，工作人员服务也十分热情。客房设施无可挑剔。

豪华客房带阳台

在欧美游客中颇有吸引力的精品酒店 Map p.259-1C

住 No.28，St.184

☎（023）215151

FAX 无

URL www.theplantation.asia

费 ⓈUS$100~190 ⓉUS$170~200 ⓌUS$115~210 套房 US$360（含早餐）

信用卡 A J M V 共84间客房 Wi-Fi

金边地区酒店的一大特征是入住者多为商务客人，与其他城市的酒店不同，这里的酒店的洗衣房通常免费。当然，也有些酒店会郑重其事地以"洗衣房免费"作为宣传噱头，在办理入住时最好确认一下。

亭阁酒店
The Pavilion 中档酒店

◆由法国殖民时期的西洋建筑改建而来的别墅式酒店。穿过正门后就是一片带泳池的青绿院子，瞬间勾起度假情绪。客房还是20世纪30年代的古典装修，有的房间带私人波浪浴盆和泳池。入住者可享受25分钟免费按摩。同时经营着卡比奇酒店（MAP p.259-2D）和蓝莱姆酒店（MAP p.255-3D）。

客房的结构、服务、环境等都拥有高水准

由法国殖民时期的西洋建筑改建而成 Map p.259-2D

住 No.227，St.19
☎（023）222280
FAX 无
URL www.thepavilion.asia
费 ⓈⓉⓌUS$73~87 套房 US$106~150（含早餐）
信用卡 M V 共36间客房 Wi-Fi

金边茱莉安娜酒店
Juliana 中档酒店

◆一家泰国投资的酒店，东方风格的酒店建筑环绕翠绿的院子周围。尽管位于市内，但是整个酒店幽深静谧。客房多用木材，面积虽然不大，但是设施完善。2座餐厅中，"班达"有自助餐供应。酒店有泳池、健身房等设施，按摩设施尤其齐全。

各客房给人完全不同的印象，需要提前咨询。豪华房间的装修为古典风格

环境清静，设施完备 Map 文前图②-2B

住 No.16，St.152
☎（023）880530~1
FAX 无
URL www.julianahotels.com
费 ⓈUS$60~ ⓉUS$70~（含早餐）
信用卡 J M V
共100间客房 Wi-Fi

巴塞河 TEAV 精品温泉酒店
Teav Bassac Boutique Hotel & Spa 中档酒店

◆交通方便，环境安静，是一个游客喜爱的时尚精品酒店。酒店内随处可见柬埔寨传统设计。客房以灰色为主色调，整体时尚清丽。泳池、餐厅&酒吧、SPA设施完备。MAP p.259-3D的"TEAV精品酒店"也在它的旗下，同样是一家人气酒店。

不同的房间设计也不同，图片是标准房型

带有传统设计的酒店 Map p.257-3A

住 No.30，St.9
☎（023）982828
FAX（023）981717
URL www.teavbassachotel.com
费 ⓉⓌUS$88~128 套房 US$138~168（含早餐）
信用卡 D J M V 共23间客房 Wi-Fi

金边东屋酒店
Azumaya Phnom Penh 经济型酒店

◆在越南取得成功的日系酒店于2016年登陆金边。酒店内有日料店、咖啡酒吧和足疗店，屋顶还设有兼具桑拿功能的露天温泉，设备完善。客房经过精心清扫后，干净卫生，浴室、卫生间完备，还有一次性拖鞋等，周到的服务体现在每一个细节上，是个舒适的酒店。日式自助早餐大受欢迎。

单价45US$以上的房间带浴缸

日式早餐&露天温泉是其招牌 Map p.258-2B

住 No.302，Monivong Blvd.
☎（023）218961
FAX 无
URL azumayacambodia.com
费 ⓈⓉⓌUS$35~60 套房 US$80（含早餐）
信用卡 J M V 共82间客房 Wi-Fi

白色公馆
White Mansion 经济型酒店

◆由前美国驻柬埔寨大使馆改造成的精品酒店，原来是一栋殖民地风格建筑。如"服务的标准之一是要鉴赏艺术"所言，酒店内有不少时尚艺术品。清洁的房间宽大明亮，除了常用设施外，还配备了电子驱蚊器等。另外还有24小时泳池、SPA、面包房和咖啡厅。

高级小套房

由殖民地风格建筑改建而来 Map p.259-2C

住 No.26，St.240
☎（023）5550955
FAX 无
URL www.hotelphnompenh-whitemansion.com
费 ⓈⓉⓌUS$59~159 套房 US$149~
信用卡 M V 共30间客房 Wi-Fi

美途酒店
Mito 经济型酒店

◆莫尼旺大道附近的一家规模中等的酒店。装修时尚精美。酒店内有两个餐厅以及按摩店等，还在隔壁经营一家旅行社。房间内有大桌子等基本的设施，以实用为主。前台的接待热情，即使女性游客也能独自一人放心居住。

位于市中心，观光、餐饮均方便

装修时尚精美 Map p.254-3B

住 No.11，St.174
☎（023）213999
FAX（023）216565
URL www.mitohotel.com
费 ⓈⓉⓌUS$50~70 3人间 US$70 套房 US$80（含早餐）
信用卡 J M V 共79间客房 Wi-Fi

度假精品酒店

A Vacation Boutique 经济型酒店

◆地理位置优越的热门酒店，滨江区（→p.214）和中央市场（→p.224）都在其步行范围内。砖墙结构的客房氛围清幽雅致。迷你吧、保险柜、TV、浴室用品、客房服装等设施一应俱全。有些房间无窗，入住时要问清楚。酒店内设餐厅。

客房洁净。有些房间有大双人床

区位优势明显的精致酒店　Map p.255-2D

住 No.128，St.316
☎（023）212626
FAX 无
URL www.vacationboutiquehotel.com
费 ⓈⓉⓌUS$30~
信用卡 M V
共 18 间客房 Wi-Fi

摄政公园酒店

The Regent Park 经济型酒店

◆一家于 1993 年创办的酒店，由泰国人经营。整个酒店风格时尚、新潮，一层有一家环境、口味俱佳的泰国餐厅“罗勒”。简素的客房设计成深棕、米色，营造出安逸的环境。房内泰国丝绸面料也是一大亮点。所有房间无浴缸。

位于王宫南侧，便于观光

酒店内餐厅口碑上佳　Map p.257-1A

住 No.58，Sothearos Blvd.
☎（023）214751
FAX（023）214750
URL www.theregentpark.com
费 ⓈUS$60~ ⓉⓌUS$65 套房 US$90~125（含早餐）
信用卡 J M V 共 42 间客房 Wi-Fi

国王精品大酒店

King Grand Boutique 经济型酒店

◆位于靠近王宫（→p.218）和国家博物馆（→p.220）的索帝罗亲王大道旁，是一座 7 层的精品酒店。客房和浴室的卫生状况都很好，靠近大道一侧的房间还加装了隔音设备。一层和屋顶都有泳池，从屋顶可以看到湄公河。工作人员热情好客，给人好感。

标准房型面积不大，但是整洁明丽，设备齐全

从屋顶可以看到湄公河　Map p.257-2A

住 No.18，St.258
☎（023）215848
FAX（023）215846
URL www.kinggrandboutiquehotel.com
费 ⓈⓉⓌUS$38~47 套房 US$92~（含早餐）
信用卡 M V 共 40 间客房 Wi-Fi

金边东横酒店

Toyoko Inn Phnom Penh 经济型酒店

◆日资连锁商务酒店“东横酒店”在柬埔寨开的第一家店。共 23 层，每间客房都带窗户。办公周边用品、温水清洗马桶等客房设施相当齐备，满浴缸的热水更是能治愈疲惫的身躯。提供机场免费接送（按抵达的先后顺序）、酒店附近 2 公里范围的车辆免费接送等服务使酒店获得不少“赞”。

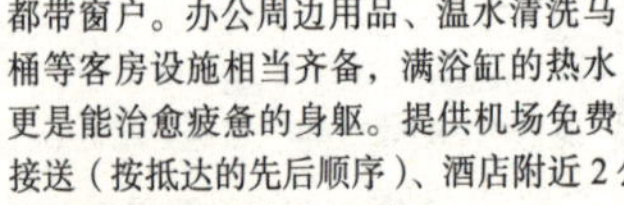

酒店内有（残障人士）无屏障客房

日资连锁商务酒店　Map 文前图②-3C

住 No.11，Koh Pich Rd.
☎（023）991045
FAX（023）991046
URL www.toyoko-inn.com
费 ⓈUS$39 ⓉⓌUS$49~59（含早餐）
信用卡 D J M V
共 328 间客房 Wi-Fi

豪斯精品酒店

House Boutique 小型酒店

◆酒店建在班坎康地区（→p.215）外围，外观现代。客房围绕露天泳池设计，酒店内绿意盎然。面积较小，但是度假村的气氛洋溢在每个角落。房间被五彩的亚洲风格面料装饰，最小的房间也有 20 平方米，在同等级酒店中算是宽敞的。房间里没有保险柜，但是其他的常用设施基本齐全。酒店有自营餐厅。

各客房的布料颜色与设计都不一样

洋溢着小度假村的情调　Map p.261-2C

住 No.76，St.57
☎（023）220884
FAX 无
URL www.houseboutiquehotel.com
费 ⓈⓌUS$26~35 家庭房 US$48
信用卡 J M V
共 25 间客房 Wi-Fi

金边藏红花酒店

Le Safran De Phnom Penh 小型酒店

◆从 20 世纪 70 年代的一栋西洋建筑改建而来的带泳池的小酒店。酒店内环境静谧，时间悠然流淌。客房不大，以实用设计为主。二层的客房带阳台，其中豪华房可以看到独立纪念碑（→p.222）。酒店内设小型 SPA，采用柬埔寨产天然原料制作的 SPA 产品。

这家酒店的过人之处在于身处闹市，却能闹中取静

法国人开办的酒店　Map p.259-3D

住 No.4，St.282 ☎（023）223321、070-739915 FAX 无
URL safran-phnompenh.com
费 ⓈⓉⓌUS$48~76 3 人间 US$84~94（含早餐） 信用卡 M V
共 15 间客房 Wi-Fi

欧米娜酒店
Omana 小型酒店

◆重视保护隐私的小酒店。虽然市场就在酒店的前方，看上去很喧闹，实际上酒店内部非常安静，甚至有一种“结庐在人境，而无车马喧”的宁静，因此常常宾客盈门。客房采用了金边市区酒店很少见的地毯，与色泽柔和的布制品衬托出的东方神韵相得益彰，共同演绎了时尚大气的室内装修。房间较小，但是设备齐全。

酒店有小泳池和餐厅

这家小酒店的跟前就是市场 Map p.257-2A

住 No.41，St.9 ☎（023）6763001
FAX 无 URL hotel-omana.com
费 ⓈUS$35~43 ⓉUS$49~54
ⓌUS$40~60 套房 US$105~110
（含早餐） 信用卡 M V
共 16 间客房 Wi-Fi

252 酒店
The 252 小型酒店

◆光看正门，还以为这是栋普通民宅。走进去，被绿树包围的一个大泳池和茅屋顶餐厅首先跃入眼帘，顿时产生身在度假村的错觉。客房采用突出时尚设计与高品质高棉丝绸相结合的室内装饰品牌“天势高棉”的布制品。房间内有 DVD 播放器，可从前台借 DVD 碟片。

泳池边有间隔排放的沙发

有一个大泳池 Map p.258-2B

住 No.19，St.252
☎（023）998252
FAX 无
URL www.the-252.com
费 ⓈⓌUS$55~65 ⓉUS$55（含早餐）
信用卡 J M V 共 19 间客房 Wi-Fi

小花园精品酒店
Little Garden Boutique 小型酒店

◆从每一个房间都能看到绿树，是一家令人心情愉悦的酒店。一层的客房还带小花园。酒店设计理念是“法属时代的柬埔寨”，装饰着古典式的瓷砖和当时的照片等，仿佛时光回到了从前。客房设施尽善尽美，还有热带风情的泳池和迷你咖啡酒吧。

提供免费租借的自行车。图片是一层的标准房型

绿意环绕的小酒店 Map p.260-2B

住 No.8A，St.398
☎（023）217871
FAX 无 URL www.littlegarden.asia
费 ⓈUS$25~35
ⓉⓌUS$30~40（含早餐）
信用卡 M V
共 10 间客房 Wi-Fi

驿站青年旅馆
One Stop Hostel 旅馆

◆位于西索瓦码头旁，是一家清洁 & 舒适型旅馆，深受欧美背包客的欢迎。客房只有上下铺的宿舍，所有房间带空调，各床位还有适合背包客们存放物品的大柜子、小台灯、插座。也有可看电视或看书休息的公共区域。早餐分 US$2 和 US$2.5 两种。

浴室内会提供洗发水和沐浴皂

欧美背包客中意的旅馆 Map p.253-3B

住 No.85，Sisowath Quay
☎（023）992822
FAX 无
URL onederz.com
费 ⒹUS$7
信用卡 不可使用
共 8 间（50 个床位） Wi-Fi

金门大酒店（新楼）
Golden Gate 旅馆

◆工作人员的服务和接待都很热情，因此前来办理商务事宜的长期住客和回头客较多。客房有空调、电视、电话，所配设施均照顾到细节。套房带厨房。所有房间均可享受免费洗衣服务，豪华房或套房连住两晚以上，可享受机场免费接机。路的对面是金门大酒店的旧楼（共 40 间客房）。

新楼的双人床房

长期住客和回头客居多 Map p.259-2C、老楼 p.259-3C

住 No.9，St.278 ☎（023）721161、721005 FAX（023）213129
URL www.goldengatehotels.com
费 ⓈUS$20、35 ⓉⓌUS$28、35
三人间 US$60 套房 US$45、50
（含早餐） 信用卡 J M V 共 100 间客房 Wi-Fi

蒙多基里旅馆
Mondulkiri 旅馆

◆处在中央市场（→p.224）的步行范围内，但是环境清幽。价格不贵，不过房间却宽敞清洁，性价比高。所有房间带空调、热水喷头，其他设施完善。不少房间无窗，入住前确认清楚。一层有咖啡厅 & 餐厅。带电梯。附近有一家属同一集团的蒙多基里精品酒店（MAP p.258-1B 费 US$20~）。

US$25 的客房，宽敞，整洁

宽敞整洁，性价比高 Map p.255-3C

住 No.77，St.63
☎（023）221162
FAX 无
URL www.mondulkiri.asia
费 ⓈⓉⓌUS$18、25
信用卡 J M V
共 36 间客房 Wi-Fi

金边酒店
Phnom Penh 高档酒店

◆经过多次精心装修的客房带有木质的温馨，露天泳池、SPA、桑拿等设施也十分齐备。有日料店和中餐厅。

Map p.253-3A

住 No.53，Monivong Blvd. ☎（023）991868
FAX（023）991818 URL www.phnompenhhotel.com
费 ⓈUS$95~115 ⓉⓌUS$105~125 套房 US$155~1200（含早餐）
信用卡 DJMV 共 412 间客房 Wi-Fi

码头酒店
The Quay 中档酒店

◆工作人员热情好客，客房装修精致时尚，不过照明稍暗。浴室简素，有一张大洗漱台，注重实用性。

Map p.214-2A

住 No.277，Sisowath Quay ☎（023）224894
FAX（023）224893 URL www.thequayhotel.com
费 ⓈⓉⓌUS$45~80 套房 US$80~100（含早餐）
信用卡 JMV 共 16 间客房 Wi-Fi

河畔之家
River Home 中档酒店

◆客房整洁。豪华以上等级的客房带浴缸和阳台。共 6 层，从屋顶泳池可以看到湄公河美景。酒店周边有很多美味餐厅，就餐方便。

Map p.257-2B

住 No.463，Corner of Sisowath Quay & St.258
☎（023）221992 FAX（023）221993
URL www.riverhomehotel.com
费 ⓈⓉⓌUS$90~110 套房 US$140~160（含早餐）
信用卡 JMV 共 57 间客房 Wi-Fi

金边卡拉酒店
Cara 经济型酒店

◆客房内摆放着现代化家具，简约而瑰丽。有些房间无窗，有些带阳台，价格不同。所有房间都有热水淋浴装置、保险柜和空调。

Map p.253-2A

住 No.18，Corner of St.47 & St.84 ☎（023）430066
FAX（023）430077 URL hotel-cara.hotel-phnompenh.com
费 ⓈUS$22、40 ⓉⓌUS$35、45 家庭房 US$50（含早餐） 信用卡 AJMV 共 48 间客房 Wi-Fi

比拉邦青年旅馆
The Billabong 小型酒店

◆这家小酒店有一个大院子和泳池，能感受到度假村的氛围。16~43 平方米不等的客房装饰时尚。整洁的多人宿舍是欧美游客的最爱，还有女性专用宿舍。

Map p.255-3C

住 No.5，St.158 ☎ & FAX（023）223703
URL www.thebillabonghotel.com
费 ⓈUS$20 ⓉⓌUS$35 家庭房 US$45 ⒹUS$5~
信用卡 MV 共 41 间客房 Wi-Fi

欧弗洛酒店
Ofuro 小型酒店

◆位于钻石岛（→p.212 边栏）巴塞河沿岸的一家旅馆。客房规整洁净。屋顶有极可意浴缸，穿泳衣使用，女性亦可。

Map 文前图② -3C

住 No.A3 & A4，La Seine，Koh Pich
☎（023）982180 FAX 无
URL www.hotelofuro.com
费 ⓈⓉⓌUS$25~55
信用卡 JMV 共 12 间客房 Wi-Fi

舒适之星 2 号酒店
Comfort Star Ⅱ 小型酒店

◆客房简单清净，迷你吧、保险柜等设备齐全。酒店还有桑拿、按摩室和餐厅。

Map p.258-1B

住 No.27，St.200 ☎（023）213151、012-727972
FAX 无 URL www.comfortstar2hotel.com 费 ⓈⓌUS$20 ⓉUS$25 信用卡 MV 共 30 间客房 Wi-Fi

善拉克精品酒店
Samrach 小型酒店

◆一家墙壁雪白的殖民地风格建筑。美容院的上一层就是酒店。有标准、高档和豪华房型，客房内配迷你吧、保险柜。

Map p.258-2B

住 No.40B，Corner of St.222 & St.63 ☎ 092-291341
FAX 无 E-mail info@samrachhotel.com
费 ⓈⓉⓌUS$40~55（含早餐）
信用卡 JMV 共 6 间客房 Wi-Fi

城镇风景 2 号酒店
Town View 2 旅馆

◆酒店内和客房内都简约、洁净。附近还另外有家更大的旅馆。步行 5 分钟可抵达城镇风景 1 号酒店（MAP p.258-2A 费 ⓈⓉUS$16~ 共 45 间客房）。

Map p.258-2A

住 No.53，St.113 ☎ 089-447297 FAX 无
E-mail info2@townviewhotels.com
费 ⓈⓉUS$23~35（US$30、35 两种房型含早餐）
信用卡 JMV 共 40 间客房 Wi-Fi

纳爱斯
Nice 旅馆

◆只有带空调的双人、三人间有热水淋浴设施。所有房间有电视，比起周边的旅馆档次更高。有6间客房带阳台。

Map p.258-1A

住No.209Eo, St.107 ☎（023）211911、092-211921 FAX（023）217076 URL www.niceguesthouse.com 费 风扇房：ⓉUS$8 空调房：ⓈUS$11 ⓉUS$13 3人间US$10、15 4人间US$25 信用卡 M V 共21间客房 Wi-Fi

金桥旅馆
New Golden Bridge G.H. 旅馆

◆班坎康地区（→p.215）的一家老牌酒店。设施略陈旧，但是房间整洁，以长期住客和回头客为主。隔壁有带厨房的公寓。

Map p.215-1B

住No.7C-D, St.278
☎（023）721396、012-255868 FAX（023）721395
费ⓈUS$15 ⓌUS$18~20（含早餐）
信用卡 不可使用 共15间客房 Wi-Fi

旅行社

金边的旅行社的业务主要是安排旅行团观光，也面向个人游客开展金边市内游、吴哥古迹游、代办签证延期和周边国家签证、代购机票、办理酒店入住等业务。

金边市内包车一天US$50~，英语导游US$30~左右。如果前往乌栋（→p.265）等郊区，需另付费。此外，整租车型或申请导游的，需要提前几天办理。

●凯比特旅行社
Capitol Tour

MAP p.258-1A 住No.14A Eo, St.182
☎（023）217627、724104
FAX（023）214104
URL www.capitolkh.com
营6:00~20:00 休 无
信用卡 不可使用

同名的旅馆经营的旅行社。除了组织金边周边团体游、乘坐船 & 车的越南游外，还办理签证，低价运营去往各地的巴士等。

●金边克拉玛旅游
Krorma Tours Phnom Penh

MAP 文前图②-3B
住No.23D, St.350
☎（023）964110、099-890960
FAX 无
URL cambodia.sketch-travel.com
营9:00~18:00（周六~13:00）
休 周日 信用卡 J M V

组织市内游和乌栋（→p.265）、野生动物园（→p.264）的郊区游。带导游的旅行团每人US$70~。还受理各类商务考察旅游、学生游、巴士、机票、签证等业务。有综合旅行业务管理人员驻场工作。

●瑞思莫尼快线
Rith Mony Express

MAP p.255-1D 住No.24Eo, St.102
☎ & FAX（023）427567
营6:00~22:00 休 无
信用卡 不可使用

运营前往西哈努克市（US$6）、磅湛（US$7）、戈公（US$11~12）等地的双层巴士。

●大宜必思客运公司
Giant ibis Transport

MAP p.255-1D
住Corner of St.106 & Sisowath Quay
☎（023）999333
FAX 无 URL www.giantibis.com
营6:30~23:30 休 无 信用卡 M V

运营前往暹粒（US$15~）、西哈努克市（US$10）、贡布（US$8）的巴士。

●维拉克·本格姆快运旅行社
Virak-Buntam Express Travel

MAP p.255-1D
住Corner of St.106 & Sisowath Quay
☎016-786270、098-628448、089-998761
FAX 无 营24小时
休 无 信用卡 不可使用

运营前往柬泰边境城市戈公方向的大型巴士。金边7:30发车，US$11~12，约需7小时。也运营夜间巴士，暹粒方向在18:30~24:00间有7趟，US$7~12。全是卧铺车，票价US$12的铺位可平躺。

关于地址中的街道名称标记：道路指示牌上的道路名与日常生活中惯用的道路名会有差别，要注意。冠以人名的地方省略了人名前面的尊称（Samdach或Preah），本书也做省略处理。

●尼克·库罗霍姆旅行社

Neak Krorhorm Travel & Tours

MAP p.255-1D 住 No.4Eo, St.108

☎ 012-495249 FAX 无 营 5:30~20:00

休 无 信用卡 不可使用

运营前往暹粒的迷你巴士。共有 7:30、8:30、13:00、14:00 四班车。US$8。

●黄金巴戎快线

Golden Bayon Express

MAP p.255-2C

住 No.3Eo, Corner of St.51 & St.126

☎（023）966968、089-221919

营 6:00~20:30 休 无 信用卡 不可使用

车型是丰田 15 座海狮 HIACE，对号入座。开往暹粒、西哈努克市、马德望等方向。票价 US$10~13。

●湄公快线

Mekong Express Limousine Bus

MAP p.255-1D 住 No.103Eo, Sisowath Quay

☎ 012-787839、070-833399

FAX 无 营 5:00~24:00 休 无 信用卡 不可使用

运行开往暹粒（US$10~13）、越南的胡志明市（US$12~15）等方向的大型带洗手间巴士。

●纳塔坎（柬埔寨）有限公司

NATTAKAN（CAMBODIA）Co., Ltd.

MAP p.255-1D 住 No.24Eo, St.102

☎（023）982824、017-525388

FAX 无 营 6:00~20:00 休 无 信用卡 不可使用

运营直达曼谷的巴士。金边 6:00 发车，US$28。无须在边境下车换乘泰国境内的巴士，十分方便。

INFORMATION

银行

柬埔寨商业银行

Cambodian Commercial Bank

MAP p.254-2B 住 No.26, Monivong Blvd.

☎（023）426145、426208

营 营业处 8:00~15:00、外面的外币兑换处 15:00~17:00（周六、周日 9:00~17:00）

休 周六、周日（外币兑换处无休）

可兑换人民币与美元。JCB 卡、万事达卡和 Visa 卡均可取现。

柬埔寨湄江银行

Cambodia Mekong Bank

MAP p.255-2C 住 No.1, Kramuon Sar St.（St.114）

☎（023）217112~7

营 8:30~16:00（周六 ~12:00） 休 周日

可兑换人民币与美元，也可以将瑞尔兑换成美金。JCB 卡、万事达卡和 Visa 卡均可取现。

澳盛皇家银行

ANZ Royal Bank（Cambodia）Ltd.

MAP p.254-2B 住 3F, No.20, Corner of Kramuon Sar & St.67 ☎（023）999000

营 8:00~16:00（周六 ~12:00） 休 周日

可兑换人民币与美元。万事达卡和 Visa 卡可取现。

加华银行 Canadia Bank

MAP p.254-1B 住 No.315, Ang Duong Blvd.

☎（023）868222

营 8:00~15:30（周六 ~11:30） 休 周日

可兑换人民币和美元现金。万事达卡、Visa 卡可取现金。

城区的外币兑换点

中央市场的东、南、西侧（MAP p.255-2C）、戴高乐大道与莫尼旺大道的交叉路口（MAP p.254-2B）有很多兑换点，可兑换人民币和美元现金。通常在这些地方兑换比在银行更划算。

医院

金边皇家医院

Royal Phnom Penh Hospital

参照 MAP 文前图② -2A

INFORMATION

紧急时的国外汇款

在金边的大部分银行，只要有护照和密码证明身份，就可以领取从本国汇来的款项。这一系统在不同的银行名称也会有所不同，诸如“西部联合汇款”“速汇金”等。但其手续基本相同。

①在所在柬埔寨银行的指定用纸上填写必要事项。

②调查中国的合作银行，联系汇款人将钱汇入办理手续的银行。此时需要了解汇款人输入的密码。需要注意的是，中国只有部分城市才可以办理汇款。

③汇款后 5~10 分钟即可取到钱。但需要②的密码和护照（仅限收款人本人领取）。

另外，手续费需要由汇款人承担，是汇款金额的 5% 左右，有些偏高（因银行、汇款金额、国别而有所不同）。

大使馆汇款

除上述之外，还有通过将汇款转给“柬埔寨大众银行”，然后前往大使馆领取汇款的“大使馆汇款”方式。只不过，这种方法仅限紧急情况下（如护照等全部丢失等情况下）使用。

住 No.888，Russian Confede-ration Blvd.

☎（023）991000（急诊室 24 小时上班）

URL royalphnompenhhospital.com

营 8:00~17:00（急诊室 24 小时上班）

休 无

信用卡 J M V

拥有住院设施的综合医院。来自多国的医生会说英语，分设内科、外科、儿科、妇产科等科室。医院拥有 X 线和 CT 扫描等最新设备。与泰国医院建立了合作关系，有可靠的医疗技术支援团队。接受海外旅行保险框架下的非现金就医。

柬埔寨莱佛士医疗 Raffles Medical Cambodia

MAP p.259-2C

住 No.161，St.51

☎ 012-816911

URL www.internationalsos.com

开 8:00~17:30（周六 ~12:00）

休 周日（急诊室 24 小时上班）

信用卡 J M V

有 15 名医生，除了常规诊疗，还有牙科、皮肤科、妇科、儿科等科室。急诊时可用直升飞机将病人送至新加坡、曼谷。接受海外旅行保险框架下的非现金就医。

柬埔寨 MW 医院 MW Medical Cambodia

MAP p.257-1B 住 No.313，Sisowath Quay

☎ 077-522577 营 24 小时

休 无

位于向日葵酒店式公寓（→ p.244）所在地，24 小时接诊。有内科、儿科、外科、妇科等科室。接受海外旅行保险框架下的非现金就医。与新加坡、曼谷的医院建立了合作关系。

那迦诊所 Naga Clinic

MAP p.259-2C 住 No.11，St.254

☎ 011-811175 URL www.nagaclinic.com

开 8:00~12:00、14:00~18:00（急诊室 24 小时上班） 休 无

航空公司

韩亚航空 Asiana Airlines

参照 MAP 文前图② -2A

住 Domestic Arrival Terminal Phnom Penh International Airport（金边国际机场国内线航站楼内） ☎（023）890440~2

营 8:00~12:00、13:00~17:00（周六 ~12:00）

休 周日 信用卡 不可使用

亚洲航空 Air Asia

MAP p.256-1A

住 No.179，Sisowath Quay

☎（023）983777 营 8:30~20:30

休 周日 信用卡 J M V

长荣航空 Eva Airways

MAP 文前图② -3A

住 No.11-14B & 79，St.205

☎（023）219911、210303

营 8:00~12:00、13:00~16:30（周六 ~12:00）

休 周日 信用卡 不可使用

柬埔寨吴哥航空 Cambodia Angkor Air

MAP p.261-2C

住 No.206A，Norodom Blvd.

☎（023）6666786~8

FAX（023）224164

营 8:00~12:00、13:00~17:30

休 周六、周日 信用卡 不可使用

柬埔寨巴戎航空 Cambodia Bayon Airlines

MAP p.254-1B 住 16F，Vattanac Capital，No.66，Monivong Blvd. ☎（023）231555、（078）231555 营 8:00~17:00（周六 ~12:00） 休 周日 信用卡 不可使用

※ 购买海外旅行保险者在享受非现金服务时，需要出示保险材料及护照。

新加坡胜安航空公司 Silk Air

MAP 文前图②-3A
住 No.2-4A，Regency Complex InterContinental Hotel，Monireth Blvd. ☎（023）988629
营 8:00~17:00（周六~12:00） 休 周日 信用卡 M V

大韩航空 Korean Air

MAP p.254-3B 住 3F，Room 303，No.254，Monivong Blvd. ☎（023）224047
营 8:00~12:00、13:00~17:00（周六 8:00~12:00）
休 周日 信用卡 M V

泰国航空 Thai International Airways

MAP 文前图②-3A 住 9-14B，Regency Complex-B Bldg.，No.294，Mao Tse Toung Blvd.
☎（023）214359~61 营 8:00~16:30（周六~12:00）
休 周日 信用卡 J M V

港龙航空 Dragon Airlines

MAP 文前图②-3A 住 12-14C，Regency Complex-C Bldg.，Monireth Blvd.
☎（023）424300 营 8:00~12:00、13:00~17:00
休 周六、周日 信用卡 M V

柬埔寨百善航空 Bassaka Air

MAP 文前图②-3A 住 No.335，Sihanouk Blvd.
☎（023）217613 营 8:30~17:30
休 周六、周日 信用卡 M V

曼谷航空 Bangkok Airways

MAP p.258-1B 住 No.61A，St.214
☎（023）966556~8 营 8:00~17:30
休 周六、周日 信用卡 M V

越南航空 Vietnam Airlines

MAP p.259-1C 住 No.41，St.214
☎（023）990840、215998 营 8:00~12:00、13:30~17:00 休 周六、周日 信用卡 不可使用

马来西亚航空 Malaysia Airlines

MAP p.259-1C 住 2F，No.35-37，St.214（T&C 咖啡馆二层） ☎（023）218923~4
营 8:00~17:00 休 周六、周日 信用卡 M V

老挝航空 Lao Airlines

MAP p.261-1D 住 No.171，Sothearos Blvd.
☎（023）222956 营 8:00~12:30、13:30~17:00
休 周六、周日 信用卡 不可使用

邮局、快递

中央邮局

MAP p.255-1D 住 Corner of St.13 & St.102
☎（023）724513 营 7:00~17:00 休 无

受理国际长途、FAX、兑换业务。

EMS 快递 EMS

MAP p.255-1D 住 Corner of St.13 & St.102（中央邮局内） ☎（023）426062
营 8:00~17:00（周六~12:00） 休 周日

业务办理柜台位于中央邮局正门左拐的一栋建筑内。

DHL 快递 DHL

参照 MAP 文前图②-2A
住 No.174-175，Russie Blvd.（St.110）
☎（023）970999 营 7:00~18:00
休 无 信用卡 不可使用

联邦快递 Federal Express

MAP p.258-2B 住 No.71，St.242 ☎（023）216712、211278 营 8:00~17:00 休 周日

各国大使馆

中国大使馆

MAP 文前图②-4A
住 No.156, Blvd Mao Tsetung, Phnom Penh, Cambodia（柬埔寨金边市毛泽东大街 156 号）
FAX 00855-23-720922 ☎ 00855-12810928
URL kh.china-embassy.org，kh.chineseembassy.org
E-mail chinaemb_kh@mfa.gov.cn

越南大使馆

MAP p.260-3B 住 440A，Monivong Blvd.
☎（023）726274 FAX（023）726495
开 8:00~11:30、14:30~17:00
休 周六、周日、两国节假日 ※关于办理签证→p.309

老挝大使馆

MAP p.260-2B 住 No.15-17，Mao Tse Toung Blvd.
☎（023）997631 FAX（023）720907
开 8:00~11:30、14:30~16:30
休 周六、周日、两国节假日 ※关于办理签证→p.311

泰国大使馆

MAP p.261-3C 住 No.196，Norodom Blvd.
☎（023）726306~8 FAX（023）726303
开 8:30~11:00、15:00~16:00
休 周日、两国节假日
※关于办理签证→p.311

紧急联系方式

适用于外国人的紧急联系电话

金边市警察局旅游警察

☎ 012-942484、011-858660（英语可沟通）

金边市警察局（外国人科）

☎ 012-888851（英语可沟通）

警察 117/012-999999（不能用英语）

消防 118 **急救** 119

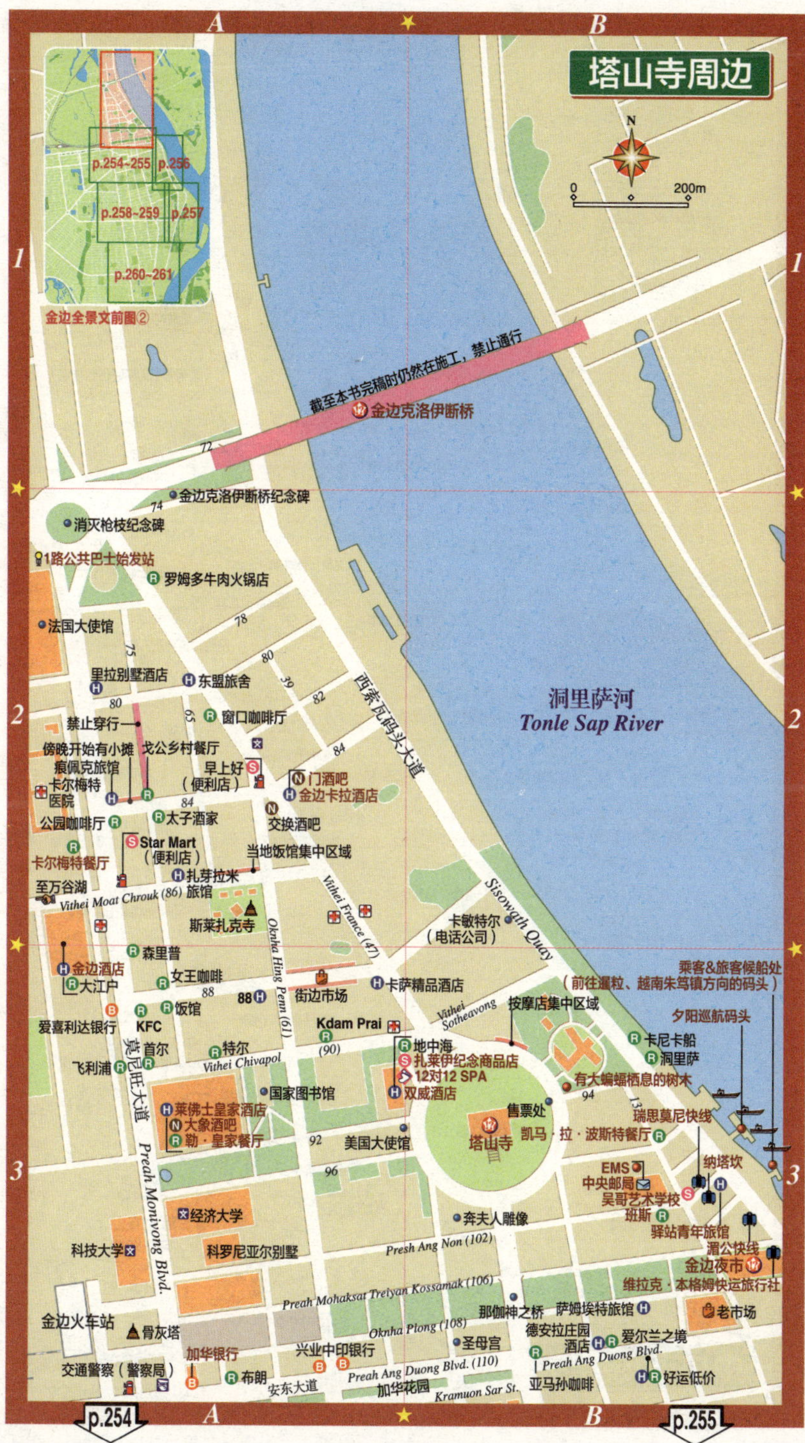
塔山寺周边
洞里萨河
Tonle Sap River
截至本书完稿时仍然在施工，禁止通行
金边克洛伊断桥
金边克洛伊断桥纪念碑
消灭枪枝纪念碑
1路公共巴士始发站
罗姆多牛肉火锅店
法国大使馆
里拉别墅酒店
东盟旅舍
窗口咖啡厅
禁止穿行
傍晚开始有小摊
戈公乡村餐厅
痕佩克旅馆
卡尔梅特医院
早上好（便利店）
门酒吧
金边卡拉酒店
公园咖啡厅
太子酒家
交换酒吧
Star Mart（便利店）
卡尔梅特餐厅
当地饭馆集中区域
扎芽拉米旅馆
至万谷湖
Vithei Moat Chrouk (86)
斯莱扎克寺
西索瓦码头大道
Sisowath Quay
Vithei France (47)
Oknha Hing Penn (61)
卡敏特尔（电话公司）
金边酒店
森里普
大江户
女王咖啡
街边市场
卡萨精品酒店
乘客&旅客候船处（前往暹粒、越南朱笃镇方向的码头）
夕阳巡航码头
爱喜利达银行
KFC
饭馆
Kdam Prai
按摩店集中区域
Vithei Sotheavong
卡尼卡船
洞里萨
首尔
特尔
Vithei Chivapol
地中海
扎莱伊纪念商品店
12对12 SPA
有大蝙蝠栖息的树木
飞利浦
莫尼旺大道
国家图书馆
双威酒店
莱佛士皇家酒店
大象酒吧
勒·皇家餐厅
美国大使馆
售票处
塔山寺
凯马·拉·波斯特餐厅
瑞思莫尼快线
纳塔坎
EMS
中央邮局
吴哥艺术学校
班斯
驿站青年旅馆
湄公快线
金边夜市
维拉克·本格姆快运旅行社
Preah Monivong Blvd.
经济大学
奔夫人雕像
科技大学
科罗尼亚尔别墅
Presh Ang Non (102)
Preah Mohaksat Treiyan Kossamak (106)
那伽神之桥
萨姆埃特旅馆
老市场
金边火车站
骨灰塔
Oknha Plong (108)
德安拉庄园酒店
爱尔兰之境
加华银行
兴业中印银行
圣母宫
Preah Ang Duong Blvd.
交通警察（警察局）
布朗
安东大道
Preah Ang Duong Blvd. (110)
加华花园
Kramuon Sar St.
亚马孙咖啡
好运低价
p.254~255
p.256
p.258~259
p.257
p.260~261
金边全景文前图②
200m

p.254
p.255

中央市场周边
p.253
p.258
p.256
p.258~259
p.257
p.260~261
经济大学
科罗尼亚尔别墅
科技大学
安达资本塔
柬埔寨巴戎航空
金边火车站
骨灰塔
莫尼旺大道
Preah Mohaksat Treiyan Kossamak
截至本书完稿时仍然在施工
达奥咖啡（5F）
加华银行
兴业中印银行
布朗
早上好（便利店）
交通警察（警察局）
Preah Ang Duong Blvd.
Russian Confederation Blvd.
Kramuon Sar St.
Mamak's Corner
澳盛皇家银行
EE餐馆
高棉甜点
Jok dimi Trov
印度象头神神像
柬埔寨商业银行
至马德望方向
至西哈努克市方向
至戈公方向
JHC吴哥旅行社
巴戎市场
首相府
斯瓦伊·丹库姆寺
泰福特市场（小超市）
迷你巴士、合乘出租车上车点
中央商城
白金酒店
药房
傍晚开始有小摊
公园咖啡
莫拉卡提酒店
乐比兹酒店
理发美容店集中区域
贵金属店、兑换商集中区域
斯托利
新加坡
Kampuchea Krom Blvd.(128)
面包店集中区域
Preah Monivong Blvd.
北京菜馆
中餐厅集中区域
柬埔寨下大街
至暹粒方向
柬埔寨亚洲银行
钻石酒店
迷你巴士、合乘出租车上车点
好日子旅馆
瑞思莫尼快线巴士
G.S.T.快线巴士总站
真咖啡
天堂酒店
金边苏利亚客运公司、巴士总站
面包房咖啡
Charles de Gaulle Blvd.
亚洲宫殿酒店
青叶台菜小吃
电器店集中区域
街边市场
巴蜀人家
奥鲁瑟伊
新马德望茶室
金边太平洋酒店
Dekcho Damdin
好运餐厅
南瓜布丁与甜食小摊
柬埔寨亚洲银行
龙蟠水池面包房
肠粉店集中区域
好运来
江苏人家
旅游警察
自由市场
云吞面
加华银行
外语、IT培训机构集中区域
戴高乐大街
爱喜利达银行
国际书店
修鞋店集中区域
荷花别墅（服务式公寓）
大韩航空（3F）
0
200m
机修店集中区域
纽约酒店
SPK照相馆
书店
万豪食府
美途酒店
摩托零部件商店集中区域
Preah Ang Non
Okhna Plong
阿普莎拉牙科诊所
P. Choy Chetha

p.253
p.256
p.258
p.259

p.255
p.259
p.257

柬埔寨·越南
友好塔周边
p.256
p.259
王宫
银殿
王宫、银殿入口
出口
索帝罗莱王大道
西索瓦码头大道
旅行资讯中心
洞里萨河
Tonle Sap River
恰托姆克会场
Sisowath
Quay
柬埔寨MW医院
向日葵酒店式公寓
苏伊乔向日葵店（GF）
Okhna Chhun (240)
血液中心
酿酒厂
后院咖啡厅
四川印象
波乌·索提拉SPA和按摩店
药房
神秘湄公酒店
摄政公园酒店
松治冰激凌
慕尼黑酒吧（2F）
苏基师傅汤（1F）
9号酒店
悠闲壁虎酒店
大学
金宝殿酒店
欧西爱司国际快递（B1F）
兰博瓦兹
国王精品大酒店
喷泉与光影表演
河畔之家
菲利克斯3号酒店
香格里拉
波东寺
卡维别墅
皇后精品水疗大酒店
柬埔寨·越南友好塔
Samdach Sothearos Blvd.
米拉诺
铅笔超市
（2号店/2F）
布朗
狐狸酒馆
香港中心
法国航空
帝国花园别墅
傍晚开始有小摊
傍晚有团体健身者
P. Ang Yukanthor (19)
库尼亚伊
豆蔻餐厅
洛克
站立式咖啡吧集中区域
Preah Suramarit (268)
西哈努克大街
Samdach Preah Sihanouk Blvd.
JAVA咖啡&画廊
欧米娜酒店
故事餐厅
索邦那1号餐厅
拉罗斯套房酒店
索邦那2号餐厅
索邦那别墅酒店
苏伊乔
德·布特餐厅
气质SPA
柬埔寨韩国文化中心
呷哺呷哺&自助寿司
极好商店
轻松咖啡
智能
波松餐厅
卡波市场
台湾珍珠奶茶
德国柬埔寨文化中心
Build Bright University
虎睛釉
和平书店
波提卡寺
那迦世界
那迦世界酒店
柬埔寨亚洲银行
Buddhist Institute
国会大道
旺莫阿
西盖塔牙科
季风酒店
大象小商店
（便利店）
船面餐厅
西瓦索卡按摩
波乌·索提拉SPA和按摩店
Mohavithei Carime (21)
Mohavithei Ke Nou
柠檬树餐厅
Doi Chaang咖啡
9号角落酒店
巴塞河 TEAV 精品温泉酒店
万岁酒店
按摩店集中区域
钻石宫殿酒店
康基
阿蒙德酒店
杰兹集装箱夜市
p.253
p.254~255
p.256
p.258~259
p.260~261
200m

p.254
A
B
p.253
p.254~255
p.256
p.257
p.260~261
168
170
奥鲁瑟伊市场
傍晚开始有小摊
便利店
凯比特1号酒店
凯比特旅行社
(182)
岛寺
P. Sokun Meanbon (178)
蒙多基里精品酒店
健身中心
信封、名片等打印店集中区域
打印店集中区域
红十字医院
打印店集中区域
莫尼旺大道
大学
弗朗西斯学院（图书馆）
笑脸
舒适之星2号酒
Kev Chea (184)
小商店
高棉琥珀餐厅
1
奥鲁瑟伊
凯比特3号酒店
老地方海鲜酒家
PSC电脑中心
妈妈餐厅
莫诺罗姆旅馆
自行车租赁店
纳爱斯
龙旅馆
Okhna Men (200)
布料店集中区域
世豪大酒店
198
街边市场
亨龙酒店
鸿泛旅馆
亨龙1号酒店
金色之梦G.H.
国际牙科诊所
Samdach Chakrei Pa
小小海鲜餐厅
达拉・拉克斯梅
禄
发现酒
森宝铭岛
灰色旅馆
御足
曼谷航空
阿普莎拉
FTB
幸运酒店
Soc Va G.H.
和平书店
拉克斯梅・波比亚
(214)
K海鲜&BBQ
瑞士酒店
Samdach Pan
国泰世华银行
港湾酒店
MB
柬埔寨有线电视
自助餐厅
海鲜餐厅
Samdach Sangkrea
善拉克精品酒
143
141
125
115
113
亨龙酒店
金边东屋酒店
皇冠炸鸡
比萨公司餐厅
ABA
仙境酒店
多乐之日（面包房）
柬埔寨顶点旅行社
Samdach Mongkol Iem
日蚀天空酒吧（23F）
克拉凡酒店
金边塔
Vithei Preah Trasak Paem (63)
绿宫酒店
文森酒店
天后宫
安波商店（2F）
红房子餐厅
罗特利亚
232
Preah Ang Phanauvong (240)
昆岭宾馆
那林旅馆
帕奇烧烤和啤酒餐厅
夏威夷面
2
绿色酒店
城镇风景2号酒店
Okhna Nau Kan
普莱阿普索旅馆
236
238
寿司厨师
联邦快递
TAT旅馆
Okhna Peich (242)
242
大班
C@博客餐厅
城镇风景1号酒店
药店
252酒店
250
248
芭篱酒店
252
索兰餐厅
星木旅馆
轻松酒店
111
107
(105)
天空花园酒店
260
星玛特（便利店）
国际书局
西哈努克大街
Samdach Preah Sihanouk Blvd.
ABA
基里罗姆
共享茶室
得利咖啡
迦迪安
截至本书完稿时仍然在施工
276
感觉
豪森米粉店
关帝庙
默默咖啡
公园咖啡
好运超市
Balconite
兴兴餐厅
278
278
礼品店集中区域
Preah Monivong Blvd.
新马砂煲活田鸡
Samdach Loui
萨里塔酒店
280
HS（小超市）
艾因&M米粉餐厅
280
林弟餐厅
95
面处翁
288
143
3
288
288
波记海鲜酒家
烧肉六甲
北京京味楼
卡拉OK
亚马孙咖啡
松叶莉谢酒
292
N
297
中国拉面馆
巴戎面包房
302
0
200m
300
金丰海鲜大酒楼
越南农业与农村发展银行
萨马
306
S德・格兰・日
304
君主酒店
独立纪念碑周边
A
B
p.260

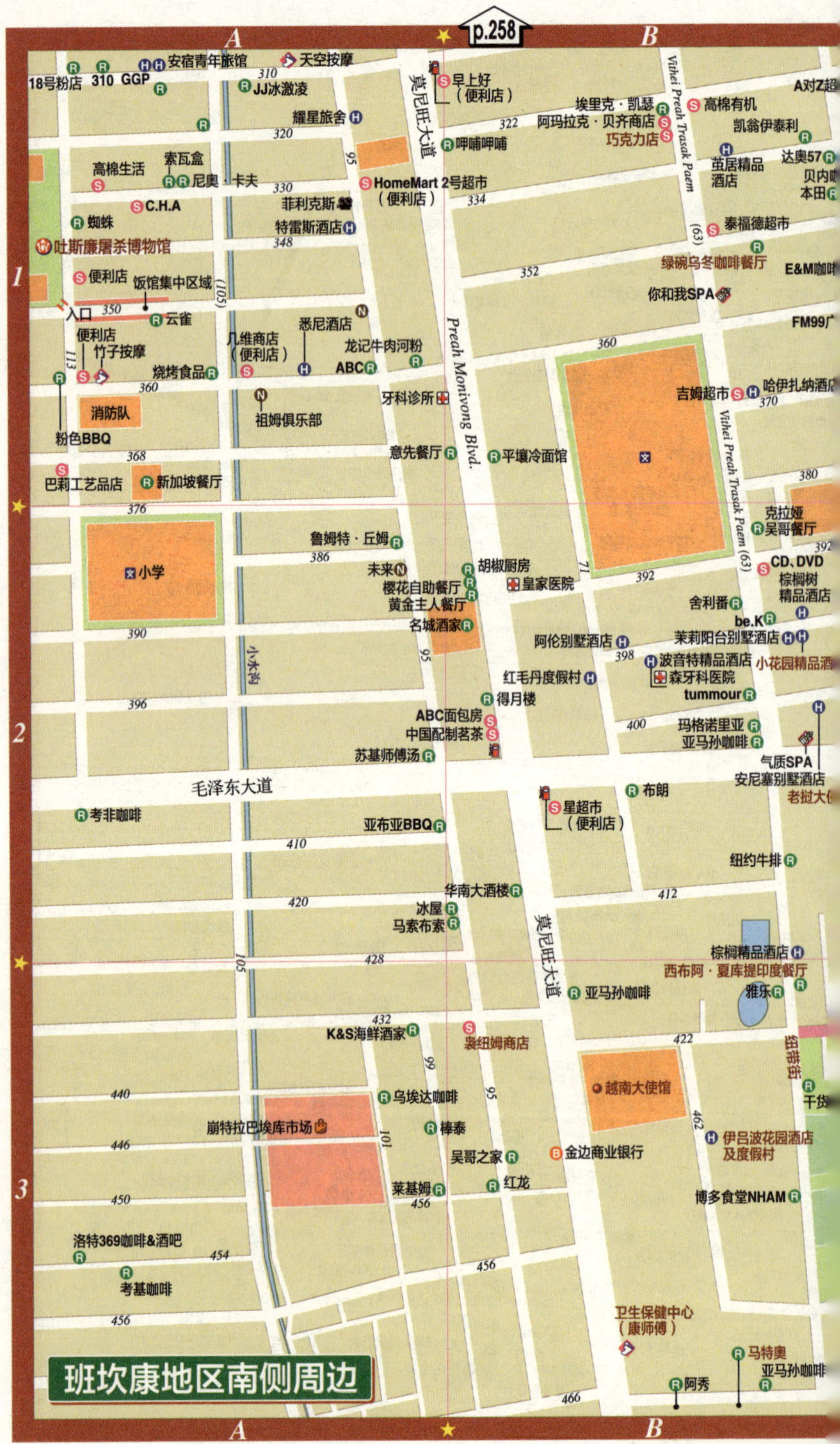
班坎康地区南侧周边
p.258
安宿青年旅馆
天空按摩
18号粉店
310 GGP
JJ冰激凌
早上好（便利店）
耀星旅舍
高棉生活
索瓦盒
尼奥·卡夫
呷哺呷哺
HomeMart 2号超市（便利店）
C.H.A
菲利克斯
蜘蛛
特雷斯酒店
吐斯廉屠杀博物馆
便利店
饭馆集中区域
入口
云雀
便利店
竹子按摩
几维商店（便利店）
悉尼酒店
龙记牛肉河粉
ABC
烧烤食品
消防队
祖姆俱乐部
牙科诊所
粉色BBQ
意先餐厅
平壤冷面馆
巴莉工艺品店
新加坡餐厅
小学
鲁姆特·丘姆
未来
胡椒厨房
樱花自助餐厅
皇家医院
黄金主人餐厅
名城酒家
阿伦别墅酒店
红毛丹度假村
得月楼
ABC面包房
中国配制茗茶
苏基师傅汤
毛泽东大道
小水沟
莫尼旺大道
Preah Monivong Blvd.
考非咖啡
亚布亚BBQ
星超市（便利店）
布朗
华南大酒楼
冰屋
马索布索
亚马孙咖啡
K&S海鲜酒家
袁纽姆商店
乌埃达咖啡
崩特拉巴埃库市场
棒泰
吴哥之家
金边商业银行
莱基姆
红龙
洛特369咖啡&酒吧
考基咖啡
越南大使馆
卫生保健中心（康师傅）
阿秀
马特奥
亚马孙咖啡
Vithei Preah Trasak Paem
A对Z超
埃里克·凯瑟
高棉有机
阿玛拉克·贝齐商店
凯翁伊泰利
巧克力店
茧居精品酒店
达奥57
贝内
本田
泰福德超市
绿碗乌冬咖啡餐厅
E&M咖啡
你和我SPA
FM99广
吉姆超市
哈伊扎纳酒店
克拉娅
吴哥餐厅
CD、DVD
棕榈树精品酒店
舍利番
be.K
莱莉阳台别墅酒店
波音特精品酒店
小花园精品酒
森牙科医院
tummour
玛格诺里亚
亚马孙咖啡
气质SPA
安尼塞别墅酒店
老挝大
纽约牛排
棕榈精品酒店
西布阿·夏库提印度餐厅
雅乐
纽带街
干货
伊吕波花园酒店及度假村
博多食堂NHAM

p.259
阿普洛斯
米粉
香佩SPA2号店
哈努曼古玩艺术品商店
伊莱文厨房
舒适精品酒店
妈妈泰
7玛卡拉
塞阿姆
面包新语
Vithei Pasteur (51)
浦江亭
ST
尼达
亚马孙咖啡
多迪咖啡
浓汤日料
星玛特（便利店）
Koi Thé
安尼克精品酒店
欧式牙科服务诊所
我的汉堡套餐
托巴兹
诺罗敦大道
农场餐桌
里普尔咖啡
托尔咖啡
牛角
54
肯诊所
蓝色南瓜
拉罗斯精品酒店和Spa
斯巴伊·波贝寺
俄罗斯大使馆
354
老挝航空
Samdach Sothearos Blvd.
金边永旺购物中心
神奇柬埔寨（2F）
褒纽姆商店
班坎康市场
金边索菲特佛基拉酒店
八餐厅
滩脊餐厅
穹顶咖啡馆餐厅
394
塔恩寺柬埔寨艺术
塔恩寺
缅甸大使馆
豪斯精品酒店
兰特布金边酒店
Preah Norodom Blvd.
柬埔寨吴哥航空
木质家具店集中区域
Mao Tse Toung Blvd.
索帝罗亲王大道
藤制家具店集中区域
幸运光明
禁止通行
桑园宫
诺罗敦大道
泰国大使馆
466
巴塞花园城市
巴塞河
Bassac River
N
0
200m
p.253
p.254~255
p.256
p.258~259
p.257

金边 近郊主要景点

见槎 Kien Svay

កៀនស្វាយ

MAP 文前图① -3C

向前伸向水面的纳凉小屋。平时清闲幽静，一到周末，访客云集，喧闹不已

金边近郊有多处市民在节假日常与家人、朋友前往游玩的游乐之所。湄公河畔的见槎即是其中之一。从金边出发，沿1号国道向东南方向行驶约30分钟后抵达。周日，在沿河岸铺设的道路两侧，有成排的水果、烤鸡、烤鱼、甜点小摊，吸引着八方来客。此外，见槎附近的巧罗伊·安皮尔村是一个传统纺织业蓬勃发展的村庄。小村掩映在繁茂绿树及木槿形成的藩篱之中，美不胜收。每一栋高脚屋式住宅的楼下都摆放着织布机。这里主要出产格罗麻（柬埔寨式围巾）、纱笼，产品主要销往金边市场。

Access

汽车

从金边出发，租车单程US$15~，约需30分钟。

嘟嘟车

单程US$8~，约需30分钟。

摩的

单程US$5~，约需30分钟。

纳凉小屋

费 1天2万R~

租船

费 1小时1万R~

前往巧罗伊·安皮尔村

从见槎出发，向金边方向行进约3公里。乘坐摩的2000R~，约需10分钟。

河畔有成排的烤鱼、烤鸡、水果等各类摊位

洞里巴蒂 Tonle Bati

ទន្លេបាទី

MAP 文前图① -3B

湖上纳凉小屋整齐排列，可以在里面做饭

从金边乘车沿2号国道向南行驶约35公里后抵达。恬静的洞里巴蒂湖畔让砂糖椰子林围了个严实，是周日货摊齐聚的热闹地。从金边等地前来的游客会租用湖上的纳凉小屋，清静度假。不过，平时这里鲜有人造访，只是个普通的小湖而已。湖附近有两个古迹，分别是塔布茏寺和瓦伊佩乌（寺庙，→p.263）。湖虽小，意趣却无穷。

Access

汽车

从金边出发，租车US$20~，约需1小时。

嘟嘟车

往返US$10~，约需1小时30分钟。

摩的

往返US$10~，约需1小时30分钟。

洞里巴蒂

费 外国人入内收费US$2

塔布茏寺

费 免费

婆罗门教与佛教的混合寺院

塔布茏寺

Map 文前图① -3B

វត្តតាព្រហ្ម

★★

面积较小，但是修复、保存完好。居住在附近的孩子们会在寺庙内卖花，有时也存在强买强卖的现象。1枝花US$1

这座寺院古迹由高棉国王阇耶跋摩七世建于12世纪末。规模不大，采用红土与砂岩建造而成，是婆罗门教与佛教的混合寺院。四周由东西南北四方塔门的回廊包围。从东侧进入，左、右两侧是藏经阁，中间的佛堂内部供奉着释迦牟尼像。佛堂与西塔门相连。墙壁上有女神浮雕。

有大量保存完好的女神浮雕

一座建于 12 世纪左右，充满传奇色彩的寺庙

瓦伊佩乌

Map 文前图① -3B

វត្តយាយពៅ

★★

瓦伊佩乌位于塔布茏寺北侧，是洞里巴蒂湖附近的一个小佛堂。紧挨着它的身后矗立着高棉风格的新派寺庙。据说瓦伊佩乌是12世纪左右，由塔布茏国王的母亲耶伊菠建造，佛堂内供奉着古代佛像，不过在 1993 年惨遭偷盗。关于这座寺庙的建立，流传着一个传说。

从前，有一位国王从吴哥都城来到这里，并邂逅了美丽的姑娘耶伊菠。不久，国王就要告别姑娘返回都城。临行前，他把自己的指环摘下来送给了她。没过多久，耶伊菠产下一名男婴，取名布茏，却一直没告诉孩子他的父亲是谁。随着时光的流转，布茏渐渐长大成人，母亲这时告诉了孩子他的身世，并把指环交给了他，嘱咐他回到吴哥城。国王见到这枚指环后，便把布茏迎回了王宫。后来，布茏回到家乡，遇见了依旧楚楚动人的母亲耶伊菠。彼时，他并没有意识到她就是自己的母亲，毅然向这位女士求婚。最后，两人决定，以布茏是否能用一个晚上的时间建起一座寺庙来决定是否成婚。说完，布茏迅即开始建寺。这时，耶伊菠向天空升起一只点着灯火的气球，布茏却认定这是启明星，从而停下建寺的脚步。耶伊菠最终将寺庙建成之后，布茏才幡然醒悟：原来这位女子竟是自己的生身母亲。而当时建造的那座寺庙，就是现在的瓦伊佩乌。

瓦伊佩乌
费 免费

山墙上有湿波神浮雕装饰

佛堂内景。与传说结合一处，更显魅力

达茂山 Phnom Tamau

ភ្នំតាម៉ៅ

MAP 文前图① -3B

从洞里巴蒂出发，沿 2 号国道南行约 10 公里，随后右拐，沿非铺装路面前进约 4 公里，就可以看到一座座连绵的小山。山麓处布满巨大岩石，岩石成堆的地方绿荫凉爽，这应该是最好的休憩场所了吧。节假日这里会摆上一些小吃摊，来自近郊和金边的家庭游客还会在凉台上吃便当，一派热闹景象。附近有达茂山寺和野生动物园。

Access

汽车

从金边出发，租车 US$ 30~，约需 1 小时 20 分钟。

嘟嘟车

往返 US$25~，约需 2 小时。

摩的

往返 US$20~，约需 2 小时。

位于小山上的佛教寺院

达茂山寺

Map 文前图① -3B

វត្តភ្នំតាម៉ៅ

★★

建在野生动物园（→ p.264）收费处前的小山上的佛教寺院。1984 年由外国援建。事实上这里原是 273 年前建造的一座寺庙的遗址，内战时期遭到波尔布特军队的破坏。所幸新建寺院保留了遗址的部分浮雕。尽管存在一定的损坏，“乳海搅拌”和“辛玛上横卧的毗湿奴神像”两幅浮雕依然价值连城。

或许古寺原来是砖瓦结构，目前已毁坏殆尽，完全想象不出当时的模样

达茂山寺
费 免费

辛玛上横卧的毗湿奴神像。肚脐附近生出莲花，四面佛在莲花上冥想

野生动物园
开 8:30~16:30
休 无
费 US$5（儿童 US$2）

一种被称为叶猴的猴子不认生，与人亲近

近距离接触动物

野生动物园

Map 文前图①-3B

ហាយដ្ឋានសួនសត្វភ្នំតាម៉ៅ ★★

动物园占地面积广大，设立了多个动物保护区。在纯自然的环境下设置围栏，动物放养其中，整体像是一座野生动物园。从猴子、鹿、大象、老虎、狮子、熊、蟒蛇到各种小动物，种类多样。有些保护区还设有散步道。大型动物放养区较为分散，因此在园内参观可乘坐汽车或嘟嘟车、摩的。

运气好的话，还能摸到围栏里出来的大象。另外，周日 10:30 开始有大象舞蹈表演

狮子和老虎通常深居简出，一旦现身，会引来大批游客围观

Access

汽车
从金边出发，沿 2 号国道南行约 60 公里，约需 1 小时 30 分钟。从金边租车往返 US$40~。

嘟嘟车
往返 US$30~，约需 2 小时。

摩的
往返 US$~25，约需 2 小时。

奇梳山寺 Phnom Chisor

ភ្នំជីសូរ

MAP 文前图①-3B

奇梳山寺是 11 世纪初苏耶跋摩一世建造的印度教（湿婆派）寺院。它位于海拔约 140 米的小山之上。目前的登山道是混凝土结构的台阶，有西北和西南两条线路，注意下山时不要走错路。寺院正前方以东，用红土铺成的 400 多级台阶从山脚一直通往山顶。从山顶向东俯瞰寺院正面，可以看到有一条笔直的道路径直通向寺院。道路尽头有一个长方形水池（人工湖）。这里景色宜人，可以让人忘却登山的疲劳。还可以看到两座呈十字形平面的建筑，这是上述道路的附属建筑。寺院建筑包括正殿及其周围的建筑群、南北藏经阁等。遗憾的是，目前正殿和前室不能入内参观（本书完稿时）。虽然在 20 世纪 30 年代经历了一番整饬，但是损毁程度依旧较大，正殿屋顶破坏严重，前室上方只能用白铁皮板遮盖以防漏雨。此情此景不免让人唏嘘痛心。北藏经阁等部分建筑甚至有倒塌的危险，不能入内参观。

奇梳山寺
费 US$2

左上／遗址内部有多个区域禁止入内，保存状态堪忧　左／或遭偷盗，或已损坏，几乎没有保存完好的雕刻。不过漫步古迹，仍然可以看到一些未经加工、保存尚可的浮雕　中／山墙上描绘的毗湿奴神　右／到达山顶后，可一览东面的正门入口。有一条笔直的登山道，一个被称为“洞勒昂”的水池（人工湖）周围是一大片水田

基里隆国家公园 Kirirom National Park

ឧទ្យានជាតិគីរីរម្យ

MAP 文前图① -3B

基里隆国家公园位于金边西北约120公里处。那里生长着柬埔寨的珍稀松林，壮丽的瀑布点缀其间，是个热门的避暑胜地。20世纪60年代，西哈努克前国王钦点此处为保护林，1993年列入IUCN（世界自然保护联盟）保护范围。公园内树木繁盛，自然气息浓厚，园内还有可观赏堪波瀑布，体验农村生活的堪波村等景点。此外，公园里还有一处以露营和别墅为主题的日式“辅基里罗姆松树度假村”，在度假村的餐厅可以品尝创意高棉菜。

左／堪波村内可体验民宿和骑牛车　中／辅基里罗姆松树度假村的豪华帐篷　右／前往观赏堪波瀑布要穿方便走路的衣服

Access

汽车

租车往返US$80~，约需2小时30分钟~3小时。

穿梭巴士

想去辅基里罗姆松树度假村，金边国际机场每天有2班车到那里，9:00和16:00发车。往返US$30，约需2小时。

基里隆国家公园

开 24小时

休 无

费 US$5

辅基里罗姆松树度假村
vKirirom Pine Resort

☎ 078-777284

FAX 无

URL www.vkirirom.com

费 US$40~

信用卡 M V

共68栋楼，500顶帐篷。

乌栋 Oudong

ឧដុង្គ

MAP 文前图① -2B

乌栋位于从金边沿5号国道向北行驶约40公里处。在1618~1866年的近250年间，这里一直是都城所在地，周边建有历代国王的王宫和100座以上的寺院。部分建筑得以幸存至今。乌栋的景点是山上的佛教古迹群。小山的北侧有历代国王建造的4座佛塔，从北依次是安放著名高僧牙齿与遗骨的佛塔（2002年建成）、吉塔二世国王（1619~1628年在位）建造的佛塔、安置安东国王（1841~1860年在位）遗骸的佛塔和雕刻着美丽的巴戎式四面佛像的莫尼旺国王（1927~1941年在位）的佛塔。位于小山南侧的是1911年西索瓦国王所建的“18腕尺（约9米）的佛陀僧房”佛教寺院。1977年，它被红色高棉炮击毁坏，现在经过修复，逐渐恢复了往日的风姿。

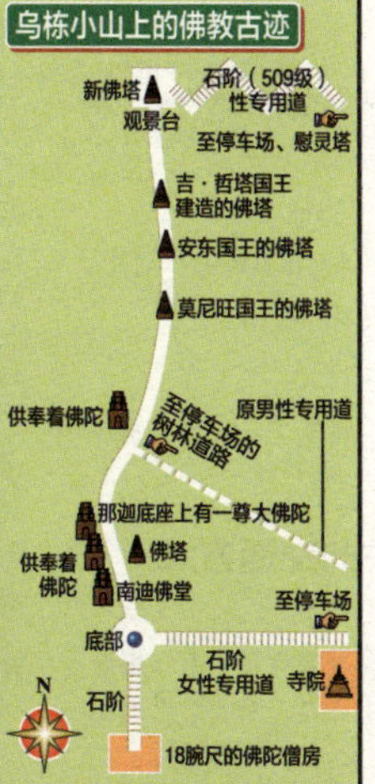

左／“18腕尺的佛陀僧房”内供奉的大佛　右／各座佛塔或以陶砖修建，或以雕刻装饰，表现出各个年代的特色

Access

汽车

租车往返US$40~，约需1小时30分钟。

嘟嘟车

往返US$30~，约需2小时。

摩的

往返US$25~，约需2小时。

共有3条登山道

一条是从小山南端出发，一直延伸到佛塔底部，被称为“女性专用道”。另一条是从小山北侧出发，是条新铺设的509级整洁石级，可通向佛塔，也叫“男性专用道”。此外，还有一条是铺设在半山腰斜面上的山路（原男性专用道）。每条道路均可上下，不过推荐从女性专用道上山，从男性专用道下山。需要注意的是，18:00以后三条道路的人都会突然变少。

乌栋慰灵塔

该古迹所在小山的正下方，保留着原属“红色高棉”军的建筑遗址。在这附近曾有大量人员被屠杀，为了安魂，建造了这座慰灵塔。

西哈努克市的长途区号

034

最好的季节

11月～次年4月前后气候稳定，海景也美。

金狮纪念碑是西哈努克市的标志性建筑

天蓝水美的海滩度假村

西哈努克市（磅逊港）

Sihanoukville（*Kampong Som*）

ក្រុងព្រះសីហនុ

MAP 文前图① -3B

西哈努克市分布着很多海水浅、景色美的白沙滩。其中奥特勒海滩人最少，海水清澈

西哈努克市是柬埔寨首屈一指的海滩度假地，它位于金边西南约230公里处，濒临泰国湾。透明度极高的湛蓝大海、绵延数公里的白色沙滩、星星点点的潜水地点，这里集中了旅游胜地的一切美好元素。

得益于新建的大型酒店和面向外国人的餐厅、酒吧的相继开张，通往泰柬边境城市戈公的公路也得到整修，近年来，这里的游客数量突飞猛进，给该地区带来越来越多的活力。

附近海域是海产丰富的渔场，西哈努克市也是个知名的渔业城市。去市场转一转，就能知道这里的海鲜种类到底有多丰富。海鲜会出口到泰国等邻国。另外，这里也是柬埔寨海上贸易港。作为该国的海上门户，它正迸发出勃勃生机。

Access

前往西哈努克市的交通方式

飞机

从暹粒起飞，柬埔寨吴哥航空每天有1趟航班，航程约1小时。从金边起飞，柬埔寨巴戎航空也有航班，考虑到飞行安全，不予推荐。

巴士

各巴士公司都运营从金边出发的巴士。详情请参照金边的Access栏（→p.211）。

合乘出租车、迷你巴士

从金边、戈公、贡布等地出发均有车前往。详情请参照各城市的Access栏。

火车

从金边出发每周有4趟火车。时刻表请参照p.328。

从西哈努克市出发的交通方式

飞机

飞往暹粒，柬埔寨吴哥航空每天有1趟航班，航程约1小时。飞往金边，柬埔寨巴戎航空也有航班，考虑到飞行安全，不予推荐。

巴士

各巴士公司都运营前往金边、暹粒方向的巴士。起始站位于各公司办事处及相应车站（MAP p.276 B图 -1A）。

大宜必思客运公司（MAP p.277 A图 -1A）前往金边有7:30、9:30、13:30、15:30共4趟车，票价US$11，约需5小时。前往暹粒方向只有8:30出发的1趟车，US$25，约需10小时。车上指定席位，提供免费Wi-Fi。

金边苏利亚客运公司1&2（MAP p.276 B图 -1A、p.276 A图 -2C）前往金边方向的巴士在7:00~14:00间每隔1小时1班，7US$，约需5小时。车上提供免费Wi-Fi。

合乘出租车、迷你巴士

前往金边方向的候车处位于巴士总站（MAP p.276 B图 -1A），班次集中在上午。前往贡布方向的候车点在萨姆达拉市场（MAP p.276 B图 -1B）附近。开往金边和贡布的迷你巴士会去各个酒店和旅馆接人。

火车

开往金边的火车每周有4趟。时刻表请参照p.328。

金色巴戎快线 Golden Bayon Express：运营西哈努克市～金边间的迷你巴士。MAP p.277 A图 -1A 住 Ekreach Blvd., Sangkat 4 ☎（034）934968、089-283737

前往备受瞩目的海滩度假胜地

西哈努克市的离岛

西哈努克市是柬埔寨屈指可数的海滩度假胜地。
与其他国家的海滩相比，这里最大的吸引力是
没有进行大规模的开发，适合休闲度假。
西哈努克市的确是座魅力之城。
现在要介绍的是距离它乘船 1 小时的离岛高龙岛和高龙撒冷岛。

蓝天与碧海相映相衬的高龙岛科图海滩

前往高龙岛、高龙撒冷岛的交通方式

多家公司运营定时快艇，主要的公司有以下两家。船一般停靠在塞伦迪皮蒂码头（MAP p.277 B 图 -2A），遇到雨天或者天气不好时，会停靠在码头附近的栈桥。游客所订的是不包含返程的票，需要提前预订返程票，可选择在高龙岛或高龙撒冷岛登船。船只通常满员，请提前几天订票。此外，定时快艇经常出现晚点或发船时间变更等情况（尤其是高龙岛～高龙撒冷岛间），需要现场确认。天气不好时也可能取消班船。

●快速轮渡 Speed Ferry

MAP p.277 B 图 -1B　住 Serendipity Beach Rd.（高龙岛潜水中心内）　☎ 070-934744
营 6:00~22:00　休 无　费 往返 15US$~　信用卡 M V　URL speedferrycambodia.com

西哈努克市 · 高龙岛 & 高龙撒冷岛（约需 45 分钟）▶▶▶9:00、11:30、15:00 出发
高龙岛、高龙撒冷岛 · 西哈努克市（约需 45 分钟）▶▶▶10:00、12:30、16:00 出发
高龙岛 · 高龙撒冷岛（约需 20 分钟）※ 需要另外支付 US$5 ▶▶▶8:00、12:30 出发
高龙撒冷岛 · 高龙岛（约需 20 分钟）※ 需要另外支付 US$5 ▶▶▶12:00、16:00 出发

●海岛快速轮渡 Island Speed Ferry

MAP p.277 B 图 -1B　住 Serendipity Beach Rd.　☎ 087-811711　营 7:00~20:00　休 无
费 往返 US$15~　信用卡 M V　URL www.islandspeedboatcambodia.com

西哈努克市 · 高龙岛 & 高龙撒冷岛（约需 45 分钟）▶▶▶9:00、12:00、15:00 出发
高龙岛、高龙撒冷岛 · 西哈努克市（约需 45 分钟）▶▶▶10:30、13:30、16:30 出发
高龙岛 · 高龙撒冷岛（约需 20 分钟）※ 需要另外支付 US$5 ▶▶▶8:00、12：20 出发
高龙撒冷岛 · 高龙岛（约需 20 分钟）※ 需要另外支付 US$5 ▶▶▶10:00、13:00、16:00 出发

上／船体黄色的是快速轮渡公司的船只　下／运营大型船只的是海岛快速轮渡公司

预订前往高龙岛、高龙撒冷岛的快艇时，通过可比较各公司的航线、时间表的塞伦迪皮蒂码头咨询中心（→ p.269 边栏）会比较方便。

如果想同时享受海上运动和美食，那就来

Koh Rong 高龙岛

MAP p.277 C 图 -1A~2B

高龙岛位于距离西哈努克市约25公里的海面上，主体部分是班船停靠的科图海滩。假使你想要一片安静、美丽的海滩，请去岛东侧的椰子海滩和岛西侧的长滩。其中椰子海滩上的酒店只有寥寥几家，环境幽然静谧。

穿行于各海滩之间需要乘坐一种叫出租船的交通工具。单程US$5。乘客不够的情况下只能包船，价格US$20~25（依海滩而定）。

Beach

上 / 从塞伦迪皮蒂码头乘坐快艇约45分钟抵达科图海滩　中 / 海滩上有烤墨鱼小摊　左 / 从西哈努克市来这里的交通很方便

Eat

快艇码头附近有很多餐厅、酒吧等，挤满了欧美游客

Stay

距离快艇码头近3公里的科图海滩。海滩旁有很多木造平房和小客栈，不用提前预订

Activity

很多旅行社都有游船旅行项目。晚上与发光浮游生物一起潜游的游船之旅（US$5）很受欢迎

如果想安静清闲地度假，就来这个岛

高龙撒冷岛 Koh Rong Samloem

MAP p.277 C 图 -2B

高龙撒冷岛位于高龙岛的南边，岛上原始的自然环境与蓝色大海独具魅力。主体部分是班船停靠的撒拉森海湾（快艇码头有5个，各快艇公司停靠不同的码头）。海滩沿岸分布着木造平房和酒店，其中个性化酒店的数量也在增多。

Beach

上 / 撒拉森海湾的海滩在1~3月透明度最高　中 / 海岛快速轮渡公司的码头　右 / 清澈的撒拉森湾海滩

Eat

高脚式别墅与美味的意大利餐厅备受好评的“基他度假酒店”

Stay

左 / “月光度假酒店”提供圆穹顶的木质小屋
右 / “一座度假村”是带泳池的高档度假酒店

Activity

码头前的“兰花度假酒店”。可通过该酒店运营的旅行社预订返程船票和游船旅行门票

高龙岛西侧的海滩落日尤其出名，从旅馆集中区可乘船（约30分钟）前往，也可以步行翻山过去。距离约7公里。

西哈努克市 漫 步

西哈努克市城区主要分为三大块，分别是海滩周边、港口周边和距离海滩约 3 公里的丘陵之上的中心城区。

海滩周边并排矗立着度假疗养型酒店和旅馆，想在西哈努克市度假的人可留宿在此。中心城区有中档酒店、旅馆、市场以及面向当地人的饭馆、银行等，生活相对便利。

塞伦迪皮蒂海滩路可以说是主干道，两旁聚集了旅馆

前往高龙岛、高龙撒冷岛的快艇停靠在塞伦迪皮蒂码头

从中心城区坐嘟嘟车向南，几分钟后就可抵达海岸区。首先映入眼帘的是两座大型狮子雕像“金狮圈”。由此向西南（海滩方向）方向延伸的道路是被称为塞伦迪皮蒂海滩路的西哈努克市最繁华的街道。这里集中了酒店、餐厅、酒吧、商店、SPA 和旅行社等，每逢旅游旺季会聚集来自世界各地的游客。从塞伦迪皮蒂海滩路面向大海，左手边（东南）便是奥彻迭尔海滩（→ p.270）。海滩沿线，餐厅、酒吧鳞次栉比，海上运动项目也热火朝天。从这里再向前走 6 公里，便可到达奥特勒海滩（→ p.270）。

从金狮圈向西，可达风和浪平的索卡海滩（→ p.271）。继续向前，就来到了一派裸露岩石构成的美景海滩——独立海滩（Independence Beach）。从那里向左眺望，有一座蛇岛。往北行进，便到了胜利海滩（→ p.271）。这个海滩的后面是一片面丘陵而建的城区，靠山的一侧被称为胜利山（气象台山 Weather Station Hill）。如果要去胜利海滩和胜利山，建议从市中心出发。

左 / 被夕阳染红的高龙撒冷岛撒拉森海湾　右 / 高龙岛的科图海滩。游泳累了可以在吊床上休息

巴士总站

位于市中心（MAP p.276 B 图 -1A）。从各地驶来的巴士，以及开往金边的迷你巴士和合乘出租车等都在这里始发、终抵。

从巴士总站前往各区域的票价

- 至独立海滩
  嘟嘟车 US$5~
  摩的 US$2~
- 至奥彻迭尔海滩 & 塞伦迪皮蒂海滩
  嘟嘟车 US$3~
  摩的 US$1~
- 至奥特勒海滩
  嘟嘟车 US$8~
  摩的 US$3~
- 至胜利海滩
  嘟嘟车 US$4~
  摩的 US$1.5~
- 至机场
  嘟嘟车 US$10~
  出租车 US$20~

※ 价格可谈

旅游咨询处 & 旅游警察 Tourist Information & Tourist Police

MAP p.277 B 图 -1A
住 Serendipity Beach Rd.
营 7:00~22:00
休 无

除了提供周边旅游信息外，还代办前往高龙岛、高龙撒冷岛的船票和西哈努克市出发的巴士车票、预约出租车等。

塞伦迪皮蒂码头的快艇信息咨询中心

MAP p.277 B 图 -2A
营 7:30~22:00　休 无

代办运营前往高龙岛、高龙撒冷岛的轮船公司的船票。可以对比各公司的航线和时间表，比较方便。另外，除西哈努克市前往高龙岛科图海滩这条线路以外，有些轮船公司还运营前往其他海滩的直达班次，例如 Buva Sea 公司（URL www.buvasea.com）就开通了前往高龙岛椰子海滩的定期班船。

西哈努克市的海整体风平浪小

海滩

从市中心到海滩可以选坐嘟嘟车 US$3~、摩的 US$1~，约需 5 分钟（去较远的奥特勒海滩嘟嘟车 US$8~10~、摩的 US$3~，约需 15 分钟）。从塞伦迪皮蒂海滩前往奥特勒海滩，嘟嘟车 US$5、摩的 US$3 左右。

甲板椅、救生圈租赁费每天 4000R~。香蕉船 5 分钟 US$20，摩托艇 1 小时 US$70，等等。

环岛旅行

可在各旅行社和酒店、潜水中心预约高龙岛、高龙撒冷岛旅游。另外，竹岛、恰鲁岛（Koh Chaluh）、塔开乌岛（Koh Ta Kieve）一日游（US$15 左右）也很受欢迎。

其他景点

城区北侧的山谷地带有一个克巴尔查（Kbal Chhay）瀑布，每周周末当地人会在这里野营（距离市区约 18 公里，乘坐嘟嘟车约 20 分钟，往返 US$30~）。另外，可以俯瞰城市的西哈努克山顶（海拔 132 米）上，有一座勒乌寺（Wat Leu，MAP p.276 A 图 -1B），也是个落日观景台（距离市区约 3 公里）。

奥特勒海滩上有很多度假酒店，也有一些平价木屋

西哈努克市 主要景点

海滨小屋和酒吧集中区

塞伦迪皮蒂海滩

Map p.276 A 图 -3B

Serendipity Beach ★★★

位于塞伦迪皮蒂海滩路南侧。专为外国人建的海滨小屋和酒吧齐聚在此，无论白天夜晚，欧美背包客都牢牢占据着这里，气氛热烈。旱季还有满月派对等活动。

右上 / 海滩沿岸酒吧密集　右下 / 很多酒吧日落之后才开始营业，因此傍晚时分才开始喧闹起来　上 / 海滩上有很多卖海产品的游商

洋溢着当地的氛围

奥彻迭尔海滩

Map p.276 A 图 -3C

Ochheuteal Beach ★★

跟塞伦迪皮蒂海滩一样，海滩处餐厅和酒吧林立，不过这里当地特色更浓，游客主要是当地人和来自柬埔寨国内各地区的人。

水上运动项目多

西哈努克市最美的海滩

奥特勒海滩

Map p.276 A 图 -3C、下图

Otres Beach ★★★

这是西哈努克市最美的海滩，位于奥彻迭尔海滩的东边较远处。近年这里得到持续开发，现代度假酒店和餐厅、酒吧、旅行社等相继开张。分为奥特勒 1 号海滩和奥特勒 2 号海滩。

如果要选个没什么人的地方游泳，首推奥特勒海滩

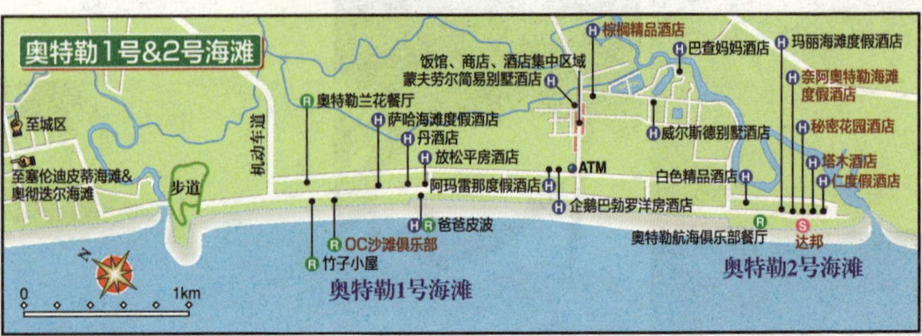

高龙岛上的运动项目：将带有安全带的滑轮固定在悬挂于树木之间的钢丝绳上，从而实现在林间穿梭的林间飞行、高点滑行。高点滑行 High Point URL high-point.asia

索卡海滩度假村的专用海滩

索卡海滩 Map p.276 A 图 -2B

Sokha Beach

★★★

索卡海滩是一个白沙成片的美丽海滩，除东侧海角附近的岩石堆外，都是索卡海滩度假村（→p.272）的专用海滩。4 月 1 日 ~9 月 20 日间，除住客外也向其他游客开放泳池和沙滩（收费，20US$，送毛巾与 1 杯饮料）。

位于城区以北

胜利海滩 Map p.276 A 图 -1A

Victory Beach

★★

位于城区最北边，靠近港口。与海滩并排还有一个公园。沙滩狭长，风浪不大。来这里享受海水浴的主要是当地人。附近还有座蛇岛（Koh Paoh），可以在那里体验潜水等活动。

能见到猴子和海豚等野生动物

西哈努克云壤国家公园 参考 Map 文前图① -3B、Map p.276 A 图 -1C

ឧទ្យានជាតិរាម

★★

位于西哈努克市以东大约 23 公里处，1993 年被列为国家公园，受到保护。在这片沿海的 21000 公顷的大公园内，有红树林、白沙滩、两座小岛，此外近海外还有珊瑚礁。岛上的原始森林中栖息着近 160 种野生鸟类和鹿、猴子等野生动物。参观这座公园一般是参加旅行社组织的旅行团，由专专导游带队。旅行团的参观时间为 8:00~16:00。一种参观线路是，乘船穿过红树林时观赏鸟类、猴子，运气好的话还能遇到海豚。之后步行穿越丛林，参观渔村，在海滩上游泳，然后返回城区。含导游、船、早餐、午餐和饮料的每人票价 US$25（可通过“完美旅行社”查询，见下文）。另外，科萨普海滩一日游也是热门线路。

白色的索卡海滩清洁无垃圾，景色优美

西哈努克云壤国家公园

☎012-875096

营 7:00~17:00（总部）

休 无

从市区到西哈努克云壤国家公园的 HQ（Headquarters：总部、指挥部），可以乘坐嘟嘟车，往返 US$20~。有些旅馆提供车辆接送服务（US$30~）。

在 HQ 预订的运动项目票价

游船之旅：1 艘 US$45。如果要去海滩一人加 US$5，约需 3.5 小时

山麓游览：一人 US$6，约需 2 小时

INFORMATION

邮局

MAP p.276 B 图 -1B

住 7 Makara St. ☎（034）210110

营 7:30~12:00、14:00~17:30 休 周日

办公室较小。同时处理 EMS 信件。总部在埃卡雷亚奇大街上（MAP p.276 A 图 -1B 营 7:30~12:00、14:00~17:30）。

银行

柬埔寨亚洲银行 Cambodia Asia Bank

MAP p.276 B 图 -1A 住 No. 208，Ekareach St.

☎（034）934120 营 8:00~21:00 休 无

加华银行 Canadia Bank

MAP p.276 B 图 -1A 住 No. 197，Ekareach St.

☎（034）933490

营 8:00~15:30（周六 ~11:30） 休 周日

※ 汇率比较划算。

上述两家银行均可兑换人民币和美元现金。使用万事达卡、Visa 卡可取现金。

外币兑换处

泰力宏 Te Leehong

MAP p.276 B 图 -2B 住 No.48，Makara St.

☎012-416341 营 8:00~18:00 休 无

旅行社

冷酷香蕉旅行社 Cool Banana Travel

MAP p.277 B 图 -1B 住 Serendipity Beach Rd.

☎（034）934473、012-941900

URL www.coolbananatours.com

营 8:00~21:00 休 无 信用卡 不可使用

代办快艇票、巴士车票以及酒店住宿，此外还组织海岛游和西哈努克云壤国家公园游等。

完美旅行社 Wonderful Travel & Tours

MAP p.277 B 图 -1B 住 14 Mithona St.，Ochheuteal Beach Rd. ☎087-549696、061-549696 营 7:00~22:00 休 无 信用卡 不可使用

代办船票、巴士车票，组织海岛一日游等各种旅行团，还出租摩托车和自行车。

INFORMATION 在西哈努克市潜水 & 浮潜

西哈努克市的海面上分布着很多小岛，可以游览岛屿并在透明度极高的海域潜水或浮潜。

高龙撒冷岛（→ p.268）周边海域水深只有 15 米左右，较浅，除了海牛等大型海洋动物外，还可以见到黄貂鱼、梭鱼、蝴蝶鱼等，极力推荐。

从高龙撒冷岛向北行 4 小时后抵达的孔泰岛（Koh Tang）和普林斯岛（Koh Prins）海水愈加透净，能见度可达 15~30 米，最适合潜水。

近年西哈努克市的潜水项目大多需要去离岛，并在岛上留宿。当然也可以当天往返。

高龙潜水中心
Koh Rong Dive Center

MAP p.277 B 图 -1B

住 Serendipity Beach Rd.

☎（034）934744、081-382478、086-495188

URL kohrongdivecenter.com

营 6:00~22:00 休 无 信用卡 M V

土耳其人经营的五星 PADI 潜水中心。除快乐潜水（US$80/2 次）、体验潜水（US$95/2 次）项目外，还开设了潜水教练培训班。

在高龙岛设有分店，同时与运营高龙岛、高龙撒冷岛线路的快艇公司“快速轮渡”（→ p.267）是合作关系。

艾科西潜水 Ecosea Dive

MAP p.277 B 图 -1B 住 Serendipity Beach Rd.

☎ 012-606646

URL www.ecoseadive.com 营 7:30~20:30 休 无

有外籍潜水教练常驻的 PADI 潜水中心。有从高龙撒冷岛出发的快乐潜水（US$35/ 次）、体验潜水（US$35）、浮潜（US$6/ 天）、海钓（US$15/2 小时）等项目，还开设了 PADI、SSI（Scuba Schools International）潜水证培训班。这是亚洲唯一的 SSI 潜水教练培训基地，考 SSI 教练证需要花费 US$320~（3 天）。

水肺国家潜水中心
Scuba Nation Diving Centre

MAP p.277 B 图 -2A

住 Mohachai Guesthouse，Serendipity Beach Rd.

☎ 012-604680 URL www.divecambodia.com

营 9:00~20:00 休 无

荷兰人经营的 PADI 潜水中心。包含初学者潜水和资深爱好者潜水等项目。关于潜水，有当天往返（US$85/2 次）、住在船上的潜水之旅（各 5 次）等，还有高龙岛周边潜水 US$220、孔泰岛潜水 US$275 和普林斯岛潜水 US$325，等等。关于浮潜的收费标准为：当天往返 US$30；假如住在船上，高龙岛周边 US$90、孔泰岛 US$120 和普林斯岛 US$160。潜水、浮潜之旅均包含正餐和饮料。

酒店
Hotel

索卡海滩度假村
Sokha Beach Resort

高档酒店

◆酒店占地 23 公顷，建有沙滩别墅和带波浪浴盆的水上木屋等。室内采用的是木质的时尚装修。基础设施包括 1.5 公里长的专用海滩（→ p.271）、泳池、SPA 和餐厅等，一应俱全。还运营前往奥彻迭尔海滩和市中心的穿梭巴士。

优美的专用海滩远近闻名

该市的著名酒店 Map p.276 A 图 -2B

住 St.2 Thnou，Sangkat 4

☎（034）935999

FAX（034）935888

URL www.sokhahotels.com

费 ⓈⓉⓌUS$200~ 套房 US$700~ 别墅 US$500~ 水上木屋 US$500~（含早餐）

信用卡 A J M V 共 391 间客房 Wi-Fi

达拉机场城市水疗酒店
Dara Airport City Hotel & Spa

高档酒店

◆创立于 1963 年，由已故西哈努克前国王最初设计的四星级酒店。酒店占地面积 35 公顷，包含建在岩石堆上的泳池别墅、带波浪浴盆的高档别墅等，各类户型均能私享自然之美。专用海滩、泳池和 SPA 等设施也齐全，尤其滨海餐厅更是气氛浪漫。

所有房间标配浴缸，有些是海景房

私享自然的度假村 Map p.276 A 图 -2A

住 St.2 Thnou，Sangkat 3

☎ 089-333770 FAX 无

URL www.darahotels.asia/dara-airport-hotel

费 ⓈⓉⓌUS$220 套房 US$400（+税、服务费 17%）

信用卡 M V 共 215 间客房 Wi-Fi

德鲁克思精品酒店
Deluxx Boutique 高档酒店

◆坐落在一条连接城区与海滩的小巷内的幽静酒店。距离海滩较远，但是这里服务好，设备新，在性价比上拥有上佳的口碑。所有房间带厨房，酒店内还有泳池、酒吧和SPA，是一家宾至如归的酒店。

配备了沙发床与大床的豪华双人间

可自在居住的酒店 Map p.276 A 图 -2B

住 No.1035, Quarter 4
☎（034）934854 FAX 无
URL www.deluxxhotel.com 费ⓈⓉⓌ US$70~ 公寓 US$123~（含早餐）
信用卡 A M V 共19间客房 Wi-Fi

奈阿奥特勒海滩度假酒店
Naia Otres Beach Resort 高档酒店

◆位于奥特勒2号海滩（→p.270）前的精品度假酒店。大堂是地中海式装修，清爽自然。利用柬埔寨当地的材料装饰的客房简洁、雅致。酒店还有家庭房和儿童泳池，适合家庭游客。建在海滩上的餐厅 & 酒吧氛围不错，即使不是这里的住客也喜欢去那里。

所有的32间客房中，有30间带阳台。图为家庭房

地中海式内饰吸睛 Map p.270

住 Marina Rd., Otres 2
☎ 071-5202211 FAX 无
URL www.naiacambodia.com
费ⓈⓉⓌ 120~158US$
家庭房 US$200 套房 US$215~240（含早餐）信用卡 J M V
共32间客房 Wi-Fi

仁度假酒店
Ren Resort 高档酒店

◆位于奥特勒2号海滩（→p.270）上的人气度假酒店。走过一条窄路，前面就是一片纯白沙滩与蔚蓝大海，地理位置十分优越。客房简约，但采用上乘布料，给人平静祥和的印象。仁度假酒店有一个30米长的泳池，还内设海滨餐厅。

进入正门后，就能看见一个泳池

奥特勒2号海滩上的人气度假村 Map p.270

住 No.243 Marina Rd., Otres 2
☎ 098-3925526
FAX 无 URL www.ren-resort.com
费ⓈⓉⓌ US$80~ 套房 US$170~（含早餐）
信用卡 M V 共24间客房 Wi-Fi

月光度假村
Moonlight Resort 中档酒店

◆建在高龙撒冷岛（→p.268）撒拉森海湾沿岸的一家环保度假村。客房都是小面积的圆顶形白色木屋，月光透过屋顶直达室内，可一边欣赏星空一边进入梦乡。有些房间没有空调，但是在设计上考虑到了避暑，因此夏天也能安然度过。有接驳船只前往栈桥。

一栋木屋可住3人

高龙撒冷岛上的环保度假村 Map p.277C 图 -2B

住 Saracen Bay, Koh Rong Samloem
☎ 016-329508、016-258286
FAX 无
URL www.moon-light-resort.com
费 木屋 US$50~90（含早餐）
信用卡 不可使用 共15间客房 Wi-Fi

贵族酒店
Aristocrat 中档酒店

◆8层楼的中档酒店。步行1分钟就到海边，几乎所有客房都是海景房，白色木质内饰的高档感同样突出。迷你吧、浴衣等设施完善，浴室内淋浴室和浴缸独立设置，使用方便。位于八层的餐厅视野出色，可一眼看到大海。酒店还设有旅游咨询台和泳池。

房间舒适温馨，外景很美。图片是泳池景观房

客房视野好 Map p.277 B 图 -2A

住 Serendipity Beach Rd.
☎（034）6833999、934555
FAX 无 URL www.aristocrat-rh.com
费ⓈⓉⓌ US$55~90 家庭房 US$120（含早餐）
信用卡 D J M V
共73间客房 Wi-Fi

本尼的城市酒店
Benny's City 小型酒店

◆2017年4月开张的新酒店，到塞伦迪皮蒂海滩（→p.270）和快艇停靠的塞伦迪皮蒂港口步行仅需1分钟左右，地理位置佳。尽管如此，价格却不高，并且房间清洁，客房基本设施完善。除标准双人间之外，都带阳台。内设餐厅。

标准双人间只有最基本的客房设施，房间也略小

步行1分钟即到海滩，地理位置佳 Map p.277 B 图 -2A

住 No.4 Serendipity Beach Rd.
☎ 093-996650 FAX 无
E-mail bennyscityhotel@hotmail.com
费ⓈⓉ US$30~ Ⓦ US$40~ 套房 US$150~ 信用卡 不可使用
共35间客房 Wi-Fi

纳塔亚别墅假日酒店
Holiday Villa Nataya 中档酒店

◆一家三星级酒店，两栋客房楼之间的泳池尤其漂亮。客房设施均无可挑剔，环境也整洁。房间类型不同，装饰和氛围也不同，请先看房后决定入住哪种房间。

Map p.277 B 图 -2A

住 No.502, Serendipity Beach Rd ☎（034）935061 FAX（034）935062 URL www.holidayvillasihanoukville.com 费ⓈⓉⓌ US$50~55 套房 US$70~（含早餐）信用卡 J M V 共61间客房 Wi-Fi

奥特勒海滩上目前评价最高的新酒店是位于海滩最南端的塔木酒店（Tamu）。这是一座美丽海景与静谧环境兼得的温馨时尚的设计型度假酒店。 MAP p.270 URL www.tamucambodia.com

秘密花园酒店
The Secret Garden 小型酒店

◆位于奥特勒 2 号海滩，是一家澳大利亚人经营的时尚度假型小木屋。隔着一条道路有一家海滩餐厅。用热带树的叶子做屋顶的小木屋与泳池值得一看。

Map p.270

住 Otres 2 ☎ 097-6495131 FAX 无
URL www.secretgardenotres.com
费 ⓈⓌUS$98~230（含早餐）
信用卡 M V 共 10 间客房 Wi-Fi

棕榈精品酒店
Palm Boutique 小型酒店

◆坐落在奥特勒 1、2 号海滩之间，步行约 5 分钟可到达海滩。房间内配备空调、热水淋浴、TV、冰箱和热水壶等设备。免费租用沙滩浴巾。酒店整洁、舒适，人气颇旺。

Map p.270

住 Otres Village ☎ 096-2789422 FAX 无
URL www.facebook.com/Palm-Boutique-1472081286175997 费 ⓈⓌUS$18~30 家庭房 US$20~35
信用卡 不可使用 共 11 间客房 Wi-Fi

库拉巴酒店
Coolabah 小型酒店

◆这家小型度假酒店面积不大，但是素净整洁。一层有餐厅 & 酒吧，往里一点是个小泳池。客房内配有保险柜、有线电视和 DVD 播放器。

Map p.277 B 图 -1B

住 14 Mithona St., Ochheuteal Beach Rd. ☎ 017-678218 FAX 无 URL www.coolabah-hotel.com
费 ⓈⓌUS$37~75 家庭房 US$70~90
信用卡 M V 共 25 间客房 Wi-Fi

马卡拉别墅
Makara 小型酒店

◆地理位置佳，至奥彻迭尔海滩仅 1 分钟步行路程。但是距离市中心较远，适合喜爱安静的人士居住。所有房间标配空调、保险柜、电视，环境舒适。酒店有餐厅和泳池。

Map p.277 A 图 -2B

住 Lumhei Phumin St., Ochheuteal Beach
☎（034）933449、012-495888 FAX 无
URL www.makarabungalows.com 费 ⓈⓉⓌUS$20~35 信用卡 D J M V 共 26 间客房 Wi-Fi

椰子海滩平房
Coconut Beach Bungalows 平房 & 帐篷

◆位于椰子海滩（→ p.268），可一眼看到海，位置好，安静舒心。只有平房和帐篷，都很整洁。只有凉水淋浴，每天 24 时熄灯。内设餐厅。

Map p.277 C 图 -1B

住 Derm Tkov Village, Coconut Beach, Koh Rong
☎ 010-351248 FAX 无 URL www.coconutbeachbungalows.com 费 帐篷 US$15~ 平房 US$40~60
信用卡 不可使用 共 8 间客房，20 顶帐篷 Wi-Fi

餐厅
Restaurant

三单
Sandan 柬埔寨菜

◆主打外国人也爱吃的柬埔寨菜系。海鲜采用当地捕捞的新鲜食材，不使用任何味精。菜品味美，分量充足，只卖 US$3.5~10。点主菜送茉莉香米饭。夏天推荐饮用西瓜和百香果果子露（US$2.75）。

生胡椒炒墨鱼（→ p.138，6.25US$）。也可以点半份

味道、分量均无可挑剔 Map p.277 A 图 -1A

住 100m West of The Golden Lion's Circle on the Rd., to Sokha Beach
☎（034）4524000 营 11:30~22:30
休 无 信用卡 J M V 预约 不需要

橄榄与橄榄
Olive & Olive 地中海菜

◆在这里可以吃到意大利厨师掌勺的意大利、希腊、土耳其风味美食。菜品种类不多，不过基本包含了主菜，其中沙拉 US$4.5~，意大利面 US$7~，肉 & 鱼菜 US$7.5~。推荐品尝慢火烤 5 小时以上的羊腱子肉和土耳其风味考夫特肉丸（US$11）。在这家店就餐将免费得到土耳其面包和橄榄等。

轻炸薄土豆片上盖一层牛肉的烤肉片、茄泥的土耳其美食 Ali Nazik 烤肉（12US$）

实惠的时尚小铺 Map p.277 B 图 -1B

住 Serendipity Beach Rd., The Golden Lion's Circle
☎ 086-283151 营 7:00~23:30
休 无 信用卡 不可使用 预约 不需要

马可波罗
Marco Polo 意大利菜

◆意大利主厨经营的意大利美食餐厅。比萨共 32 种，价格 US$3.25~14.25。最推荐 4 种芝士比萨（US$8.5），饼薄味美，一个人也能吃一张。意大利面（22 种）和提拉米苏（US$3.5）也深受欢迎。

Map p.277 A 图 -1A

住 2 Thnou St. ☎ 092-920866
营 12:00~22:00 休 无（不定期休息，平均 1 年有近 1 个月的歇业时间） 信用卡 不可使用 预约 不需要

心寿司酒吧
Sushi×Bar SHIN 日本料理

◆位于塞伦迪皮蒂海滩路，主厨是日本人，味道和环境俱佳，在当地人和游客中赢得不错口碑。16 贯寿司与前菜（送饮品）组成的幸福寿司套餐（US$10）和拉面最值得品尝。

Map p.277 B 图 -1B
住 Serendipity Beach Rd.
☎ 069-588117 营 11:30~22:00
休 无 信用卡 不可使用
预约 多人就餐最好提前预约

侍
Samurai 日本料理

◆菜品以寿司、生鱼片为主，2 贯寿司 US$1.5~4.9，寿司拼盘 US$7.9~。除烤肉和日式牛肉火锅外，还有 11:30~14:00 供应的午餐（US$3.9~）。日式土豆炖牛肉等单点菜品和酒类也十分丰富。

Map p.276 A 图 -2B
住 No.127，7 Makara St.
☎（034）934879
营 11:30~14:00、17:30~21:00
休 无 信用卡 M V 预约 不需要

OC 沙滩俱乐部
OC Beach Club 海鲜美食

◆一家海滩餐厅，无论哪种菜品都能满足你的味蕾。最推荐烤墨鱼（US$8）。烧烤墨鱼上浇一层鲜橙胡椒酱的简单菜品使用新鲜墨鱼，有出其不意的美味。

Map p.270
住 Otres 1 ☎ 012-930526
营 7:00~18:00 休 无
信用卡 不可使用 预约 不需要

觉醒咖啡
Cafe Awaken 咖啡厅

◆装修时尚的咖啡厅。奶味浓郁的拿铁咖啡（US$2.25~）广受好评，店内还有香蕉面包（US$1.25）和蛋糕（US$2）。只经营到傍晚，供应早餐，也可在逛街间隙在店内休憩。

Map p.276 B 图 -2A
住 Makara St. ☎ 012-420019
营 7:00~17:00 休 周日
信用卡 不可使用 预约 不需要

埃诺咖啡
Enocafe 咖啡厅

◆气氛温馨的小咖啡厅。茶有 11 种，咖啡共 9 种，可在此享受真正的茶歇时间。早餐种类丰盛，有英式早餐和意大利烤面包片、以全球多个城市命名的近 30 种三明治等。

Map p.277 A 图 -1A
住 14 Mithona St.
☎ 012-484603 营 8:00~21:00
休 周日 信用卡 不可使用
预约 不需要

商店
Shopping

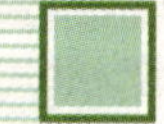

达邦
Tapang's 柬埔寨杂货

◆由一个叫"莫罗普达邦"的 NGP 组织下属项目运营的商店。店内摆放着印有柬埔寨国旗图案的手袋（US$1.25）、东方图案的环保布袋（US$10~）、花纹俏丽的花环等手工杂货。贡布产胡椒（US$4.5~）和蜂蜜唇膏（US$4）等柬埔寨风情伴手礼也琳琅满目。

T 恤和柬式手袋种类多

用现代手法制作的传统工艺品 Map p.270
住 Oters 2
☎ 无
营 11:00~21:00
休 无
信用卡 不可使用

佐科
Zoco 服装

◆这家精品店的老板是西班牙人，经营东南亚各国的服装和佩饰等。有很多适合度假时穿着的服装，其中短裤 US$11~，紧身短背心 US$12.5~，价格实惠。热带风情物品也有很多，背心裙 US$15~，海边游玩不可或缺的泳衣 US$21~ 和沙滩拖鞋 US$9~。

五彩连衣裙 28US$。还有帽子和手袋等

经营沙滩服饰 Map p.277 B 图 -1B
住 Serendipity Beach Rd.
☎ 017-755964 营 9:00~21:00
休 周一 信用卡 D J M V

萨姆德拉市场
Samudera Market 超市

◆店址在市区，食品的丰富程度在当地首屈一指。水果和零食、日用品、沙滩拖鞋等旅游必备品同样应有尽有。此外还有柬埔寨咖啡、酒类和高希霸雪茄，是选购礼品的好地方。

Map p.276 B 图 -2B
住 No.64，7 Makara St.
☎（034）933441
营 6:30~22:00 休 无
信用卡 M V（进店出示护照）

波地亚自然 Bodia Nature：精选柬埔寨纯天然原料的护肤品牌店。经营小包装的洗发水、护发素、防虫喷雾等商品。
MAP p.277 B 图 -1B 营 10:00~21:00

A图

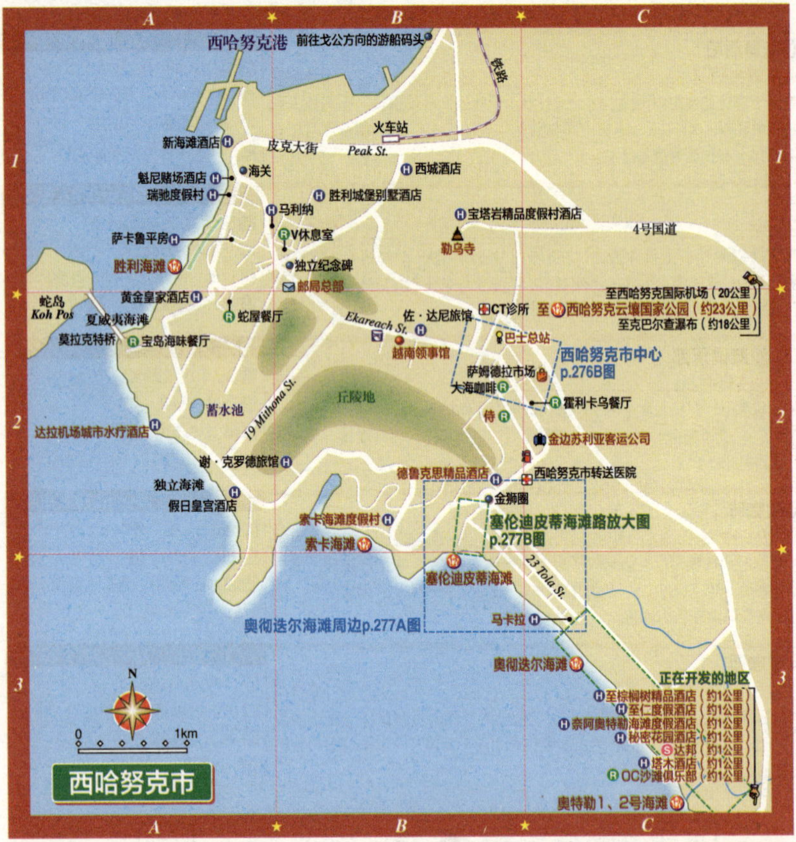

西哈努克港
前往戈公方向的游船码头
铁路
火车站
皮克大街
Peak St.
新海滩酒店
海关
西城酒店
魁尼赌场酒店
瑞驰度假村
胜利城堡别墅酒店
马利纳
宝塔岩精品度假村酒店
萨卡鲁平房
V休息室
4号国道
勒乌寺
胜利海滩
独立纪念碑
邮局总部
蛇岛
Koh Pos
黄金皇家酒店
至西哈努克国际机场（20公里）
CT诊所
至西哈努克云壤国家公园（约23公里）
至克巴尔查瀑布（约18公里）
夏威夷海滩
蛇屋餐厅
佐・达尼旅馆
Ekareach St.
莫拉克特桥
宝岛海味餐厅
巴士总站
越南领事馆
西哈努克市中心
p.276B图
萨姆德拉市场
大海咖啡
霍利卡乌餐厅
19 Mithona St.
丘陵地
蓄水池
侍
达拉机场城市水疗酒店
金边苏利亚客运公司
谢・克罗德旅馆
德鲁克思精品酒店
西哈努克市转送医院
独立海滩
假日皇宫酒店
金狮圈
索卡海滩度假村
塞伦迪皮蒂海滩路放大图
p.277B图
索卡海滩
23 Tola St.
塞伦迪皮蒂海滩
马卡拉
奥彻迭尔海滩周边p.277A图
奥彻迭尔海滩
正在开发的地区
至棕榈树精品酒店（约1公里）
至仁度假酒店（约1公里）
奈阿奥特勒海滩度假酒店（约1公里）
秘密花园酒店（约1公里）
达邦（约1公里）
塔木酒店（约1公里）
OC沙滩俱乐部（约1公里）
奥特勒1、2号海滩
N
0
1km
西哈努克市

B图

奥姆尼路
Omui St.
市场
饭馆
109 St.
新冲绳旅店
袋鼠厨房
杰拉特
埃里克国际诊所
傍晚开始有小摊
至胜利海滩（约3公里）
巴士总站
108 St.
邮局
109 St.
Sopheakmongkol E. St.
开往贡布方向的迷你巴士、合乘出租车上车点
Sopheakmongkol W. St.
傍晚开始有小摊
柬埔寨大众银行
阿普莎拉
中央酒店
萨姆德拉市场
皇家公主酒店
灵魂餐厅
澳盛皇家银行
108 St.
亚马孙咖啡
加华银行
埃卡雷亚奇路
天堂酒店
柬埔寨亚洲银行
德尔玛尔
CK旅行社
泰力宏（兑换处）
蓝天酒店
吴哥梅登按摩
凯比特旅行社
药店
7 Makara St.
金边苏利亚客运公司
星玛特
GOODY MADE
7天牛仔面包房
PPC
+300市场
维拉克・本格姆快运旅行社
瑞思莫尼客运公司
Ekareach St.
爱喜利达银行
药店
ABA
萨姆德拉市场
早上好（便利店）
7号马卡拉街
RHB
海星面包房&咖啡厅
N
0
200m
基切
盖科基
高棉传统按摩&SPA
橙色
杰拉特冰激凌&咖啡
至奥彻迭尔海滩（约2.5公里）
西哈努克市中心
霍利卡乌餐厅
觉醒咖啡

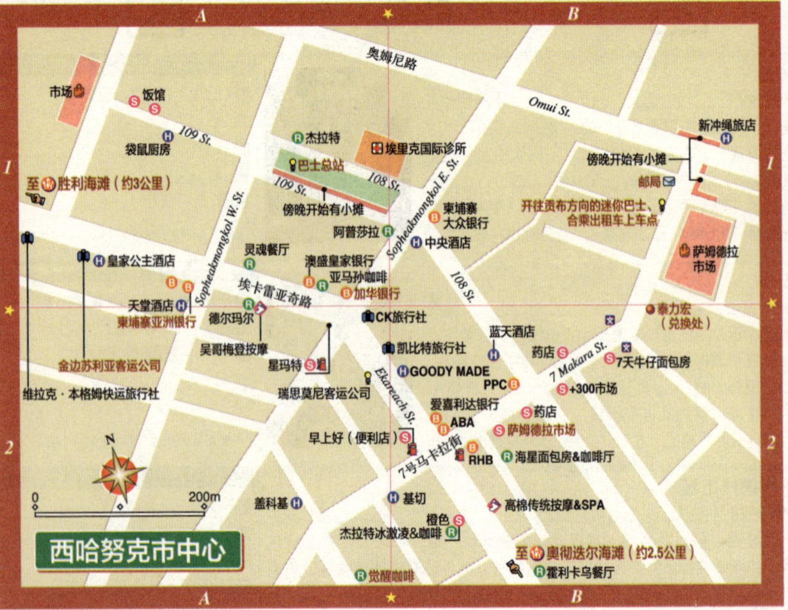

A图

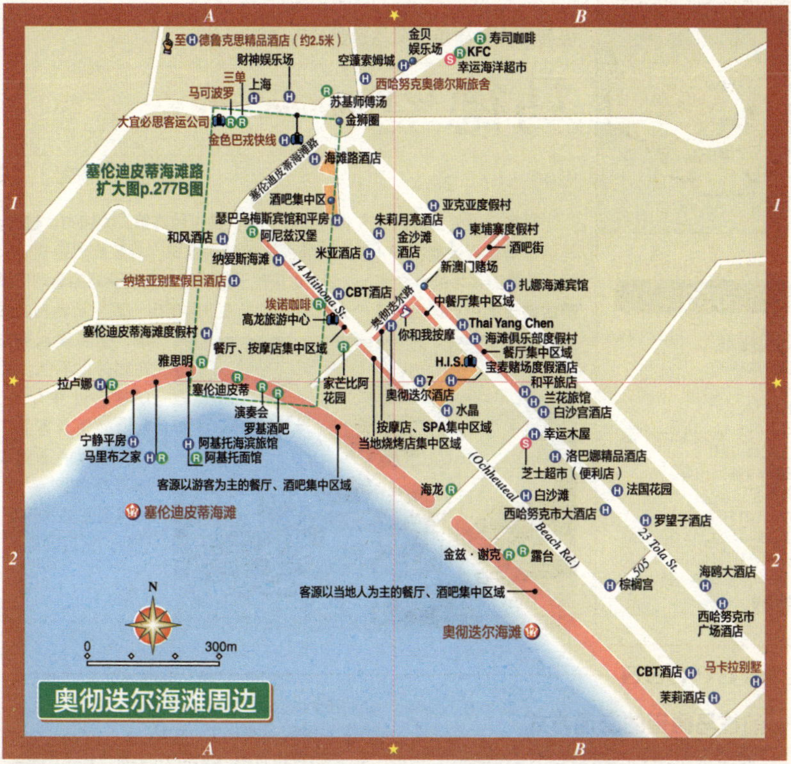
奥彻迭尔海滩周边
至德鲁克思精品酒店（约2.5米）
财神娱乐场
金贝娱乐场
寿司咖啡
KFC
幸运海洋超市
空蓬索姆城
西哈努克奥德尔斯旅舍
三单
上海
马可波罗
苏基师傅汤
金狮圈
大宜必思客运公司
金色巴戎快线
海滩路酒店
塞伦迪皮蒂海滩路
扩大图p.277B图
塞伦迪皮蒂海滩路
酒吧集中区
亚克亚度假村
瑟巴乌梅斯宾馆和平房
朱莉月亮酒店
柬埔寨度假村
和风酒店
阿尼兹汉堡
金沙滩酒店
酒吧街
米亚酒店
纳爱斯海滩
新澳门赌场
纳塔亚别墅假日酒店
扎娜海滩宾馆
14 Mithona St.
CBT酒店
埃诺咖啡
中餐厅集中区域
高龙旅游中心
奥彻迭尔路
Thai Yang Chen
塞伦迪皮蒂海滩度假村
你和我按摩
海滩俱乐部度假村
餐厅、按摩店集中区域
餐厅集中区域
雅思明
H.I.S.
宝麦赌场度假酒店
拉卢娜
家芒比阿花园
7
和平旅店
塞伦迪皮蒂
奥彻迭尔酒店
兰花旅馆
演奏会
白沙宫酒店
水晶
罗基酒吧
按摩店、SPA集中区域
幸运木屋
宁静平房
阿基托海滨旅馆
当地烧烤店集中区域
洛巴娜精品酒店
马里布之家
阿基托面馆
芝士超市（便利店）
客源以游客为主的餐厅、酒吧集中区域
(Ochheuteal Beach Rd.)
法国花园
海龙
白沙滩
塞伦迪皮蒂海滩
西哈努克市大酒店
罗望子酒店
23 Tola St.
金兹·谢克
露台
505
海鸥大酒店
棕榈宫
客源以当地人为主的餐厅、酒吧集中区域
西哈努克市广场酒店
N
奥彻迭尔海滩
0
300m
CBT酒店
马卡拉别墅
茉莉酒店
A
B
1
2

B图

塞伦迪皮蒂海滩路扩大图
0
100m
N
金狮圈
橄榄与橄榄
凯马·苏托拉
药房
高龙潜水中心
快速轮渡
考·坡斯
茉莉咖啡
米克克莱格
佐科
海岛快速轮渡
波地亚自然
猴子共和国
心寿司酒吧
海滩路酒店
叶子度假村
顶级猫影院
冷酷香蕉旅行社
亚纳旅行社
马拉SPA
艾科西潜水
尤特皮阿
塞伦迪皮蒂海滩路
旅游咨询处&旅游警察
库拉巴酒店
拉·茹美莉
完美旅行社
塞伦迪皮蒂海滩路
吴哥快艇和巡航公司
酒店、餐厅、商店集中区域
茵比特
贡
纳塔亚别墅假日酒店
芒果咖啡
水肺国家潜水中心
贵族酒店
科奇花园旅馆
塞伦迪皮蒂海滩度假村
达奥素食咖啡厅（2F）
本尼的城市酒店
散波牛排
步行咖啡
亚斯明（1F）
柬埔寨Buva Sea公司
旅游咨询处
塞伦迪皮蒂海滩
快艇信息咨询中心
栈桥
塞伦迪皮蒂码头
A
B
1
2

高龙岛与高龙撒冷岛
玛诺岛
（阁玛诺）
塔·特姆岛
（阁塔·特姆）
寂寞海滩平房度假村
棕榈海滩平房
高龙海滩平房
松萨岛
（阁松萨）
松萨私人岛屿酒店
高龙岛
吴哥春之平房
索圣大本营度假村
索圣海滩
椰子海滩
椰子海滩平房
天堂木屋
BHGH
树屋
猴岛酒店
科图海滩
可可木屋
至西哈努克市
高龙潜水中心
君岛
（阁君）
艾科西平房
高龙萨冷别墅酒店
边缘平房
至西哈努克市
高龙撒冷岛
萨拉森海滩
自由木屋
兰花度假村
一座度假村
月光度假村
秘密天堂度假村
基他度假村
萨冷拉古娜度假酒店
N
0
5km
A
B
1
2

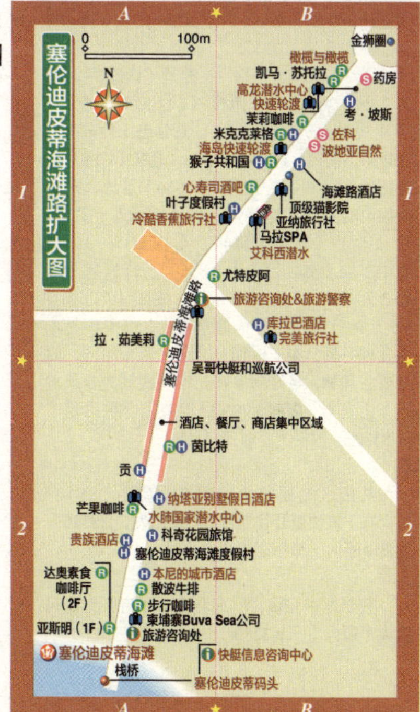

C图

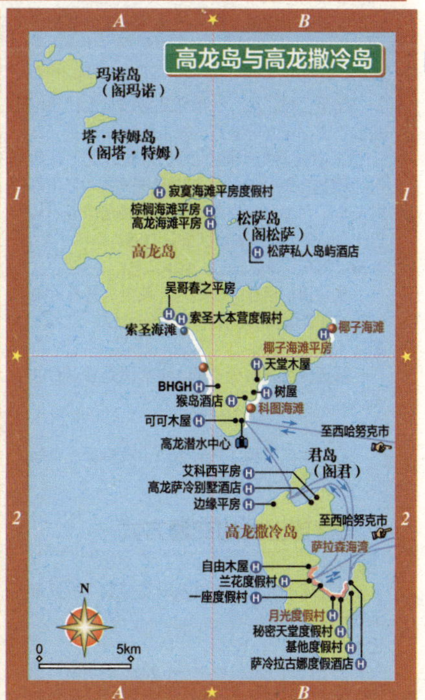

保留了众多殖民地风格建筑的柬埔寨粮仓

马德望 *Battambang*

បាត់ដំបង

MAP 文前图① -2B

马德望地处金边西北方向约 300 公里，是柬埔寨第二大城市。过去，马德望曾是反政府组织（波尔布特派）控制的区域。反政府武装被消灭后，普通游客才被允许进入这里。这座位于最终汇入洞里萨湖的桑歧河河畔的城市的中心区域是 3 个大市场，整座城市呈现出一派生机勃勃的景象。主要景点散布在郊外，不能步行前往。近些年来，随着外国游客的增多，这里的基础设施不断完善，今后将得到怎样的开发，让我们拭目以待。

马德望地名来源之“塔·东奔·库罗宁”雕像（→p.280）

马德望的长途区号

053

旅游咨询处

MAP p.285-3B
住 St.1
☎ 012-928092
开 8:00~11:00、14:00~17:00
休 周六 · 周日
MAP p.285-2A
住 St.3
☎ 011-715332
开 8:00~11:00、14:00~17:00
休 周六、周日

可领取马德望周边的旅游地图。

Access

前往马德望的交通方式

飞机

截至本书完稿，所有飞往马德望的航班均停飞。

巴士

巴士公司、旅行社运营从各城市前往马德望的巴士，详情请参照各城市的 Access 栏。巴士终抵距离马德望城区约 2 公里的巴士总站（参照 MAP p.285-1A）。有些巴士公司提供巴士总站至本公司办公地点之间的免费接送服务。从巴士总站坐嘟嘟车去市区要花 US$2 ~。

合乘出租车、迷你巴士、皮卡

从金边、暹粒、诗梳风、波贝、拜林等地发车，详情请参照各城市的 Access 栏。

船

从暹粒出发每天 1 班。详情请查看暹粒的 Access 栏。

火车

截至本书完稿，只有金边 ~ 西哈努克市间有火车通行（→ p.328）。

从马德望出发的交通方式

飞机

截至本书完稿，所有从马德望起飞的航班悉数停飞。

巴士

巴士公司、旅行社（→ p.281）运营从马德望前往金边、暹粒的巴士。

合乘出租车、迷你巴士、皮卡

在合乘出租车、迷你巴士、皮卡的上车点（MAP p.285-1A）附近，合乘出租车的发车频率较高，前往金边（US$75~、约需 5 小时）、暹粒（US$35~、约需 3 小时）、波贝（US$25~、约需 2 小时 30 分钟）、诗梳风（US$20~、约需 1 小时 30 分钟）等地。同时，迷你巴士的车次也比较多，前往金边（US$10~）、暹粒（US$7~）、诗梳风（US$3~）、波贝（US$5~）等地，乘车时间与合乘出租车相同。另外还有皮卡载客，前往金边（车厢 US$4~、车内 US$6~）、暹粒（车厢 US$4~、车内 US$6~）、诗梳风（车厢 2 万 R~、车内 3 万 R~）、波贝（3 万 R~、4.5 万 R~）等地。皮卡数量很少，好不容易才能发现一辆，乘车时间与合乘出租车相同。如果要去拜林，可在阿普莎拉市场西侧的合乘出租车上车点（MAP p.285-3A）乘坐合乘出租车（US$20~、约需 1 小时 30 分钟）。

船

从市区北面的桑歧河畔（MAP p.285-1B）每天有 1 班快艇开往暹粒。7:00 出发，US$20~、约需 4 小时（旱季需要 5~6 小时）。

火车

截至本书完稿，只有金边 ~ 西哈努克市间有火车通行（→ p.328）。

马德望 主要景点

山顶的景色绝佳

普农三伯寺

Map p.281-2A

វត្តភ្នំសំពៅ ★★★

马德望城区西南方向约 25 公里处，一片由水田构成的平坦地面上一座小山兀自挺立，山顶上有一座被称为普农三伯寺的寺庙。攀登约 800 级台阶后可达山顶，在此可眺望西北侧的鸡山、鸭山以及西侧的鳄鱼山等因酷似某种动物形态而得名的诸多山峰（→ p.63“长发女子的传说”）。

洞内安放了涅槃像，由寺僧看管

保存有“乳海搅拌”浮雕的印度教寺庙

埃普农庙

Map p.281-1B

វត្តឯកភ្នំ ★★★

保存有“乳海搅拌”浮雕，但是它左侧的阿修罗脸部遭盗挖

11 世纪初由苏利耶跋摩一世建造，是印度教湿婆派的中型寺院。在砂岩的回廊中，建有中央佛堂和前室。这座被环形渠包围着的寺院整体上受到了极大的破坏，不过中央佛堂周围依然保存了一些刻有精美雕刻的过梁。单凭这点，就以值得到此一游。

建在海拔 80 米高的巴南山上的山顶寺庙

巴南寺

Map p.281-2B

វត្តបាណន់ ★★★

10 世纪前后由苏利耶跋摩一世建造的印度教湿婆派寺院。山道从通往城市的桑歧河畔一直向寺里延伸，走过山体斜坡上的近 350 级台阶后即到寺院。山顶有一个呈田字形平面的古迹，田字的中央和各边中央共有 5 座塔。中央塔使用浅红色砂岩，其他塔均以红土为原材料。这里的女神佛像头部多数被盗。山顶视线极佳，内战时代，部队将高射炮架设在此，是块阵地。

除巴南山外，河西岸还有三柏山及海拔 100~200 米的多座小山。

巴南寺坐落在小山上，共有 5 座佛堂

参观普农三伯寺、埃普农庙、巴南寺这 3 座寺庙时，在任一寺院支付 US$3 后在当天之内即可免费游览其他两座寺庙。

普农三伯寺

费 US$1。从市区乘坐嘟嘟车约需 30 分钟，US$5~。摩的 US$3~。从收费处到山顶，摩的单程 US$2，往返 US$3。据报道这里曾发生过外国游客被强奸的事件，请注意安全

埃普农庙

费 US$1。从市区乘坐嘟嘟车约需 30 分钟，US$6~。摩的 US$4~

巴南寺

费 US$2。从市区乘坐嘟嘟车约需 45 分钟，US$8~。摩的 US$3~。停车场附近自称为导游的儿童会上前招揽生意。请他们陪同参观寺院遗址和洞穴需要支付 US$1~2

巴南寺东北方向约 5 公里处有一座翼展达 1 米的大蝙蝠（狐蝠）栖息的“巴伊·达姆兰·帕哥达”寺院（MAP p.281-2B）。

栏杆是坐在迦楼罗上的那迦造型（巴南寺）

巴萨特寺

Prasat Basset

寺庙位于城市东北部约 15 公里处，由砂岩建造。据说这座寺院建于 11 世纪前后，自然之力加之波尔布特政权的人为损毁，使得寺院被破坏得面目全非，现在人们已经很难想象寺院在建造之初是什么模样。从市区乘坐嘟嘟车约需 40 分钟，US$5~。

竹火车
营 9:00~16:00
休 无
费 往返 US$10/ 人，US$15/3 人，US$20/4 人，US$25/5 人。先付款再上车。下车时要付司机少许小费

从市区到奥斯罗劳村竹火车上车点，乘坐嘟嘟车约需 20 分钟，往返 US$5~。

杂技表演
住 Anch Anh Village，Ochar Commune
☎ 077-554413
网 www.phareps.org
开 每周 3 次，周一、周四、周日的 19:00~20:00（售票处 18:00~）※ 不同季节可能时间不同，要提前确认
休 除演出日外
费 US$14，儿童 US$7（有些酒店和旅馆也售票）

建议乘坐摩的或嘟嘟车前往。

马德望博物馆
住 Rd.1，Sangkat Svay Por
☎ 092-914683
开 8:00~11:00、14:00~17:00
休 无
费 US$1

马德望地名的由来

很久以前，有一位叫“塔·东奔·库罗宁”的将军，他拥有一个可以将大米变得更加美味的魔棒。在争夺王位时，他将此棒掷向了敌人，魔棒从此消失。之后，这个地方就被称为了马德望 Battambang（在柬埔寨语里，Bat 意为“丢失”，Tambang 意指“魔棒”）。在城区的东南方向（MAP p.285-3B）有一尊传说中手持魔棒、高近 8 米的塔·东奔·库罗宁雕像（→ p.278 图片）。

贡奔培水库
Kamping Puoy
MAP p.281-1A 费 免费

波尔布特政权建造的农业灌溉用水库，现在仍然在发挥它的作用。也是波尔布特政权留下的少数几个有价值的设施。它位于城区西南边约 35 公里，通往拜林的道路中途向右拐 20 公里处。从城区乘坐嘟嘟车约需 1 小时 30 分钟，US$10~。摩的 US$6~。

在田园风光中，坐在竹质车上疾驰！

竹火车

Map p.281-2B

ឡូរី

★★★

人坐在竹子做的席子状车上前进的“竹火车”是柬埔寨独一无二的发明，也是马德望的特色旅游资源。过去，竹火车用来运送人、畜和生活物资，随交通设施的改善，今天竹火车已完全成为游客观光的特色交通工具。伴着车轮特殊的摩擦音，在田园风光中疾驰的感觉别具一格。竹火车的运行区间是巴南寺东南部的奥斯罗劳村（MAP p.281-2B）~奥多波村（MAP p.281-1B）之间的 10 公里范围。虽然到现在为止还没听说过发生交通事故，但是一旦发生事故是游客“自行承担后果”。

左 / 途中没有遮拦阳光的东西，需要戴上帽子和太阳镜　右 / 终点奥斯罗劳村内有出售饮品、民间工艺品的小摊，还销售竹火车 T 恤

杂技学校的学生奉献的惊心动魄的演出

杂技表演

参照 Map p.285-1A

Circus Shows

★★★

柬埔寨的著名杂技团体“柬埔寨法尔马戏团”（→ p.167）的运营方——某 NGO 组织开设的杂技学校就在马德望。该校的学生 1 周 3 次进行汇报表演。有大型杂技和翻滚项目，还有手技杂耍与滑稽戏等多种曲艺表演，令观众拍案叫绝。能看到正式演出前的彩排过程。内设咖啡厅、商店。

上 / 小剧场具有充分的紧凑感
下 / 手握火把的“火流星”

收藏了马德望出土的珍贵雕刻艺术品

马德望博物馆

Map p.285-2A

សារមន្ទីរខេត្តបាត់ដំបង

★

展示马德望周边地区出土的雕像、雕刻等文物的小型博物馆。这些雕像和雕刻品虽然摆得不甚科学，在了解高棉艺术上，它们可是非常珍贵的资料。

左 / 尽管是个小博物馆，可是珍藏了高棉艺术的一级文物
右 / 本书完稿时博物馆在施工，文物改在旁边的建筑中展出

位于市中心的喧闹市场

纳特市场

Map p.285-1A

ផ្សារណាត់

★★

装饰美术风格的三角形外观引人注目。市场中央是餐饮区，晚上市场周边还有烤鸡和烤鱼等小吃摊，推荐去那里品尝当地美味。这是一个地方居民市场，没什么礼品可买，不过有一些暹粒等地找不到的图案独特的柬式围巾、民族特色的连衣裙等，也是意外之喜。

市场周边有法属时代的遗留下来的殖民地风格建筑

纳特市场

营 6:00 左右 ~18:00 左右

休 无

夜市

Night Market

MAP p.285-1B

营 18:00 ~22:00 左右

纳特市场西侧的河边，每晚都有夜市。有 30 余家服装店和饭馆。在饭馆可以品尝到实惠的柬埔寨特色美食。

马德望近郊的景点

拜林　Pailin　MAP 文前图① -2A

地处柬泰边境的一个直辖市。自古以来是是知名的红宝石、蓝宝石产地。现在城内还分布着一些家庭研磨作坊和宝石店。恬淡的乡村风情吸引游客纷至沓来，不过周边地区是柬埔寨骇人听闻的地雷遗留区，道路之外的区域尽量不要踏入。

交通：从马德望乘坐合乘出租车可达（US$20~）。

诗梳风 Sisophon　MAP 文前图① -1A

城内并没有什么值得一看的景点，只在西面的一座小山丘上有一个斯外山（Phnom Svay），从这里可欣赏四周广阔的稻田风光。城北面约 60 公里处有一个班迭奇马寺（→ p.92），但是由于道路不整，事故频发，并且遗址周围地雷未完全清除，抢劫事件屡禁不止，务必不要从诗梳风前往游玩。

INFORMATION

旅行社、巴士公司

凯比特旅行社 Capitol Tour

MAP p.285-1A　☎（053）953040

营 6:00~20:00　休 无　信用卡 不可使用

瑞思莫尼巴士 Rith Mony Bus

MAP p.285-1A、1B

☎ 012-673597、081-878919

营 6:00~20:00　休 无　信用卡 不可使用

上述两家公司均运营前往金边（US$6~）、波贝（US$4~）、暹粒（US$5~）等地的巴士。

巴戎 VIP　Bayon VIP

MAP p.285-1A　☎ 070-968966

营 6:30~19:30　休 无　信用卡 不可使用

运营开往金边（US$10）的迷你巴士。是新车，指定席位。不超载，车厢舒适。

湄公快线 Mekong Express

MAP p.285-1A　☎ 088-5767668

营 6:00~21:00　休 无　信用卡 不可使用

运营开往金边（US$10）、暹粒（US$6）的迷你巴士。是新车，车厢舒适。

银行

澳盛皇家银行 ANZ Royal Bank

MAP p.285-1B

加华银行 Canadia Bank

MAP p.285-1B

柬埔寨亚洲银行 Cambodia Asia Bank

MAP p.285-1A

以上各银行均可兑换人民币和美元现金。ATM 机上还可以使用万事达卡、Visa 卡提取现金。

在市场及其周边的兑换商铺可兑换人民币、美元和泰铢等，汇率比银行更划算。因此，除了用信用卡取现，银行对外国游客的利用价值其实并不大。

酒店
Hotel

拉维拉酒店
La Villa 小型酒店

◆这家大隐隐于世的小酒店位于马德望的市中心。由20世纪30年代建造的法式殖民地建筑改建而来，内饰也具有装饰美术风格。法式瓷砖装点的7间客房内摆放着古典家具和猫脚浴缸等，让人不禁回忆起印度支那时代。高品位的亚欧风味餐厅即使不是酒店的住客也能使用。

餐厅旁的泳池池畔营造出满满的度假氛围

殖民地建筑风格的别墅酒店 Map p.285-2B

住No.185, Rive Droite
☎& FAX (053) 730151
URL www.lavilla-battambang.net
费ⓈⓉUS$60~120（含早餐）
信用卡MV 共7间客房 Wi-Fi

布瑞卡布拉卡酒店
Bric-à-Brac 小酒店

◆由法式殖民地建筑改建而成的精品酒店 & 商店，只有3个房间。客房的设计灵感来源于日本美学中的“闲寂幽雅”，配备了亚洲古董和古典家具，房间宛如电影现场。傍晚时分，酒店前的道路上会摆上桌子，酒吧开始营业。老板是位美食家，深得当地人推崇，法式奶酪和红酒最适合在黄昏日落时分享用。

吸取中国和日本元素的东方风韵客房。此外还有殖民地风格、印度风格客房

只有3个房间的精品酒店 Map p.285-2A

住No.112, St.2
☎077-531562
FAX 无
URL bric-a-brac.asia
费ⓈⓌUS$120~（含早餐）
信用卡MV 共3间客房 Wi-Fi

优雅温泉酒店
Classy Hotel & Spa 中档酒店

◆一座建在桑岐河岸上的白色酒店。客房采用木材，给人祥和气息。从客房可以看到桑岐河的美丽景致。室外泳池、SPA、桑拿、健身房、屋顶全景休息室等配套设施齐全。

Map p.285-2B

住No.159D, St.207
☎（053）952555
FAX（053）952556 URL www.classyhotelspa.com
费ⓈⓉⓌUS$50~ 套房 US$105~（含早餐）
信用卡MV 共128间客房 Wi-Fi

国王飞翔酒店
King Fy 经济型酒店

◆一栋8层建筑，从高层可以看到桑岐河和更远处的普农三伯寺所在小山的景色。客房多用木料，营造上品空间，设施也很完善。内设室内泳池、餐厅。

Map p.285-2B

住No.306, St.155, Rumchek 4 Village
☎（053）952901、5000510
FAX（053）952902 URL www.kingfyhotel.com
费ⓈⓉⓌUS$20~35 套房 US$40~69
信用卡DJMV 共65间客房 Wi-Fi

萨格克斯图格酒店
The Stung Sangke 经济型酒店

◆坐落在城区的大规模酒店，共5层。泳池、餐厅、SPA和按摩设施齐备。客房整洁，功能完善。

Map p.285-1B

住National Rd.5
☎（053）953495~7 FAX（053）953494
URL www.stungsangkehotel.com
费ⓈⓉⓌUS$30~60 套房 US$70~120（含早餐）
信用卡MV 共130间客房 Wi-Fi

沨竹酒店
Bambu 小型酒店

◆度假村风格的别墅式设计，内饰品位高雅，设施完善，环境清幽。酒店有泳池和餐厅，柬埔寨及欧美菜品味美质高。工作人员的服务也很热情。

Map p.285-2B

住Rumchek 5 Village
☎（053）953900 FAX（053）953951
URL www.bambuhotel.com
费ⓈⓉUS$90~120（含早餐）
信用卡MV 共16间客房 Wi-Fi

维民苏万纳普霍姆度假酒店
Vimean Sovannaphoum Resort 小型酒店

◆房间大，高棉设计与时尚元素完美结合。还有高棉式别墅。酒店内设泳池和餐厅。

Map p.285-1B
住 Rumcheck 4 Village
☎ 012-610908 FAX 无
URL www.vimeansovannaphoumresort.com
费 ⓈⓉⓌUS$55~100 套房 US$180
信用卡 M V 共 19 间客房 Wi-Fi

宋奥特酒店
Seng Hout 经济型酒店

◆位于纳特市场的北面，地理位置优越。有露天泳池、餐厅、屋顶露台。在它南边几十米处是该酒店的新楼，一层是咖啡店。

Map p.285-1B
住 No.1008B，Rd.2，North of Nat Market
☎（053）952900 FAX 无
URL www.senghouthotel.com
费 风扇房：ⓈⓉⓌUS$10~ 空调房：ⓈⓉⓌUS$15~20
信用卡 M V 共 84 间客房 Wi-Fi

皇家酒店
Royal 经济型酒店

◆环境清洁，在欧美游客中有较高人气。所有房间均安装了空调。有屋顶餐厅。步行 5 分钟可达的“亚洲”“星”（MAP p.285-1A 费 US$5~25）也是该酒店的产业。

Map p.285-1A
住 La Ei St. ☎ 016-912034、012-894862
FAX 无 URL www.royalhotelbattambang.com
费 风扇房：ⓈUS$7 ⓉUS$10 空调房：ⓈⓉUS$15~25
信用卡 M V 共 42 间客房 Wi-Fi

查亚旅馆
Chhaya 旅馆

◆分新、旧两栋楼，还有多人宿舍等，是一家房间类型多样的大型旅馆。欧美游客较多。提供自行车出租。

Map p.285-1A
住 No.118，St.3 ☎（053）952170、012-733204
FAX 无 URL www.chhayahotel.com
费 风扇房：ⓈUS$3~4 ⓌUS$5 3 人间 US$7
空调房：ⓈⓌUS$10 3 人间 US$12
信用卡 不可使用 共 84 间客房 Wi-Fi

餐 厅
Restaurant

白玫瑰
White Rose 柬埔寨菜 & 咖啡

◆当地人和外国游客都喜欢去的人气大型餐厅，共 2 层。供应柬埔寨菜（US$3~）、泰国菜、欧美菜等，菜品丰富。还有多种面食，可当早餐或简餐。二层的露台席位视野好。店员热情，服务周到。

从早到晚，各类餐饮悉数供应。露天或二层的露台席位凉风习习，最推荐

老字号餐厅 Map p.285-2A
住 No.102，St.2
☎ 017-529641、017-226141
营 7:30~22:00 休 无
信用卡 不可使用 预约 不需要

香柏
Jaan Bai 咖啡

◆澳大利亚的一个 NGO 组织经营的咖啡厅。有大虾与豆腐炒面（US$5.25）、糙米饭沙拉（US$4.75）、每天不同的“工作餐”（US$4）等多种特色美食。采用当地食材，不使用味精，味美纯正。

有涂鸦彩绘的露天席位。室内有空调，更舒适

精选原料的时尚咖啡厅 Map p.285-1A
住 St.2 ☎ 078-263144
营 11:00~22:00 休 无
信用卡 不可使用
预约 不需要

米基乌
Mykiu 柬埔寨菜

◆马德望无人不知的大型平民饭馆。经营几乎全部柬埔寨特色菜，最有名的是面食。早餐最火的是牛肉丸米粉（US$2~），事实上整天都能吃到这道美食。其他柬埔寨菜价格在 US$2.5~。

Map p.285-2A
住 St.2 ☎ 012-530695
营 6:00~19:30 休 无
信用卡 不可使用
预约 不需要

厨房
The Kitchen 柬埔寨菜 & 国际菜

◆三明治、汉堡和 BBQ 等欧美菜品（US$5.75~）最美味。墨西哥玉米煎饼和墨西哥饼等墨西哥美食也受欢迎。15:00~19:00 是"欢乐时光"，生啤只卖 US$1。店内舒适，装潢时尚。二层是画廊。

Map p.285-2B

住 St.1
☎ 017-712428
营 10:00~22:00
休 无 信用卡 J M V 预约 不需要

河流
The River 柬埔寨菜

◆坐落在桑歧河畔的一家露天餐厅，环境静谧，河风清凉。供应早餐、柬埔寨菜（US$3.5~）和牛排等，种类丰富。也有室内席位，下雨天也能在此用餐。

Map p.285-3B

住 Near the Hun Sen Bridge
☎ 012-781687
营 7:00~23:00
休 无 信用卡 不可使用 预约 不需要

HOC 咖啡
Café HOC 日本料理 & 咖啡

◆日本人经营的咖啡厅 & 餐厅，能品尝真正的日本风味。早餐有自制面包和粥等，是自助形式（US$3），午餐是咖喱和正餐等组成的足量"能量午餐"（US$3），实惠亲民。

Map p.285-1A

住 St.106
☎ 012-591210
营 8:00~11:00、11:30~14:00、17:00~22:00
休 周一 信用卡 不可使用 预约 不需要

孤独的树咖啡厅
The Lonely Tree Cafe 西班牙菜 & 咖啡

◆一层是经营手工杂货和服装的杂货铺，二层是一个温馨的咖啡厅。除供应西班牙冷汤（US$2）和土豆蛋饼（US$4）等西班牙美味外，还有其他欧美菜和柬埔寨菜。

Map p.285-2A

住 No.56, St. 2.5
☎ （053）953123
营 10:00~23:00 左右
休 无 信用卡 不可使用 预约 不需要

商店
Shopping

盖科
Gecko 杂货

◆这家商店摆满马德望产大米烧酒和果香利久酒、天然香皂等当地特产。还有废弃的易拉罐拉环制作的饰品和包包、东南亚杂货等。

Map p.285-2B

住 St.1
☎ 089-924260
营 8:00~22:00
休 无
信用卡 不可使用

BTB 商场
BTB Mall 购物商场

◆位于市区的购物商场。一层是服装和杂货、咖啡厅，二层主营服装，三层是游戏厅。很多店铺都闲置着，不过一到周末依然人流熙攘。

Map p.285-3A

住 St. 3
☎ 096-2777781
营 9:00~21:00
休 无
信用卡 不可使用

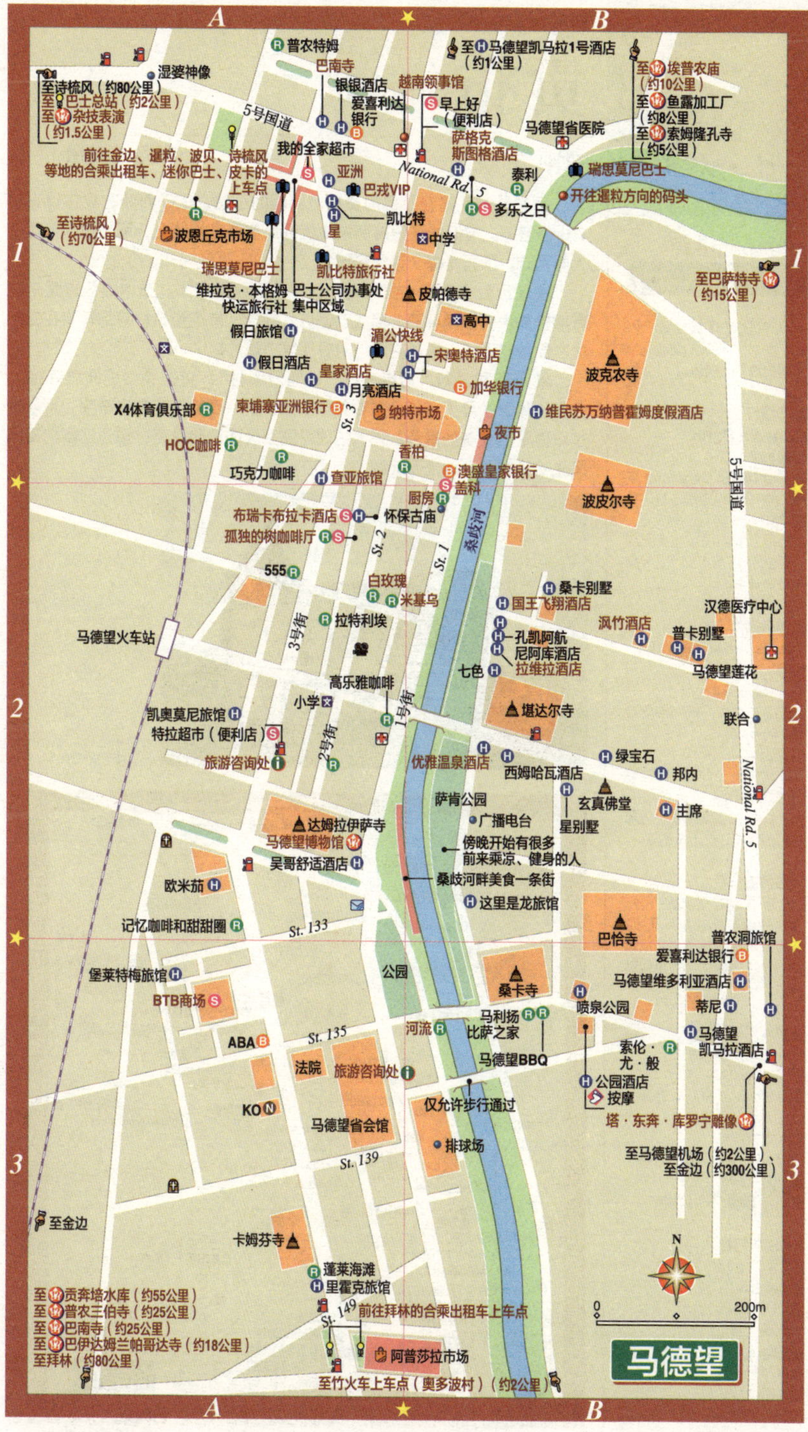
马德望
普农特姆
巴南寺
银银酒店
越南领事馆
至马德望凯马拉1号酒店（约1公里）
至埃普农庙（约10公里）
至鱼露加工厂（约8公里）
至索姆隆孔寺（约5公里）
湿婆神像
至诗梳风（约80公里）
至巴士总站（约2公里）
至杂技表演（约1.5公里）
5号国道
爱喜利达银行
早上好（便利店）
萨格克斯图格酒店
马德望省医院
前往金边、暹粒、波贝、诗梳风等地的合乘出租车、迷你巴士、皮卡的上车点
我的全家超市
亚洲
巴戎VIP
National Rd. 5
泰利
瑞思莫尼巴士
开往暹粒方向的码头
多乐之日
凯比特
星
中学
至诗梳风（约70公里）
波恩丘克市场
瑞思莫尼巴士
凯比特旅行社
维拉克·本格姆快运旅行社
巴士公司办事处集中区域
皮帕德寺
至巴萨特寺（约15公里）
假日旅馆
高中
湄公快线
宋奥特酒店
假日酒店
皇家酒店
月亮酒店
加华银行
波克农寺
X4体育俱乐部
柬埔寨亚洲银行
St. 3
纳特市场
维民苏万纳普霍姆度假酒店
夜市
HOC咖啡
香柏
巧克力咖啡
查亚旅馆
澳盛皇家银行
盖科
波皮尔寺
厨房
布瑞卡布拉卡酒店
怀保古庙
孤独的树咖啡厅
St. 2
St. 1
桑歧河
5号国道
555
白玫瑰
米基乌
桑卡别墅
国王飞翔酒店
汉德医疗中心
3号街
拉特利埃
沨竹酒店
普卡别墅
马德望火车站
孔凯阿航
尼阿库酒店
拉维拉酒店
马德望莲花
七色
高乐雅咖啡
1号街
堪达尔寺
小学
凯奥莫尼旅馆
联合
特拉超市（便利店）
2号街
National Rd. 5
旅游咨询处
优雅温泉酒店
西姆哈瓦酒店
绿宝石
邦内
萨肯公园
玄真佛堂
主席
广播电台
星别墅
达姆拉伊萨寺
马德望博物馆
吴哥舒适酒店
傍晚开始有很多前来乘凉、健身的人
桑歧河畔美食一条街
欧米茄
这里是龙旅馆
记忆咖啡和甜甜圈
St. 133
巴恰寺
普农洞旅馆
爱喜利达银行
公园
马德望维多利亚酒店
堡莱特梅旅馆
桑卡寺
蒂尼
BTB商场
喷泉公园
马利扬
比萨之家
马德望凯马拉酒店
ABA
St. 135
河流
马德望BBQ
索伦·尤·般
法院
旅游咨询处
公园酒店
按摩
KO
仅允许步行通过
塔·东奔·库罗宁雕像
马德望省会馆
排球场
至马德望机场（约2公里）、至金边（约300公里）
St. 139
至金边
卡姆芬寺
N
蓬莱海滩
里霍克旅馆
0
200m
至贡奔培水库（约55公里）
至普农三伯寺（约25公里）
至巴南寺（约25公里）
至巴伊达姆兰帕哥达寺（约18公里）
至拜林（约80公里）
St. 149
前往拜林的合乘出租车上车点
阿普莎拉市场
至竹火车上车点（奥多波村）（约2公里）
A
B
1
2
3

知名芳香胡椒产地

贡布 *Kampot*

ខេត្តកំពត

MAP 文前图① -3B

贡布是一座建在平缓的贡布河河畔的小城，位于西哈努克市以东约110公里处。破旧的法国殖民地建筑诉说着昔日的荣光，可是如今街道上人影稀疏，不再是那个繁华的城镇。

主城区位于架设在贡布河上的恩蒂阿奴桥东岸。市中心区域是个建有榴梿铜像的交通环岛，商店、酒店、餐厅、市场和银行等都环绕在它周边。要是走累了，可以在沿河的餐厅里小憩片刻。

波哥国家公园、胡椒农庄“田园度假村”、史努克山（洞窟寺院）、白马沙滩等主要景点均分布在郊区。如果是从西哈努克市坐车来，可以透过车窗看到壮美的景色。左侧的波哥国家公园地貌雄奇，周边辽阔的田园风光徐徐铺开，绵延而绮丽。

波哥国家公园（→ p.287）内的塔遗址、波哥山城。一座教堂茕茕独立

贡布的长途区号

033

※ 贡布没有详细地址。因此，本书中未标注地址的地点请在地图上确认。

加华银行
Canadia Bank
MAP p.286-1B
住 Near Durian Monument
营 8:00~15:30（周六 ~11:30）
休 周日

可兑换人民币和美元现金。此外，万事达卡、Visa卡可取现金。

旅游咨询处
Tourist Information
MAP p.286-1A
住 Riverside Rd.
☎ 012-462286、097-8995593
开 8:00~17:00
休 无

组织前往贡布、白马周边及波哥国家公园的旅行团，夕阳 & 萤火虫观赏游船旅行团，代订巴士车票等。

贡布的旅行社

市中心有多家旅行社，主要的旅行社有如下几家。从贡布出发的几条知名线路（→ p.288 方框内）均由他们组织。

索克里姆旅行社
Sok Lim Tours
MAP p.286-2A
住 In Front of Magic Sponge G.H.
☎ 012-719872
E-mail info@soklimtours.com
开 7:00~22:00
休 无 信用卡 不可使用

KKS 旅行社
KKS Travel
MAP p.286-1A
住 1 Uksaphea St.
☎ 096-9755525
E-mail veng_samnang77@yahoo.com
营 7:00~22:00
休 无 信用卡 不可使用

莱披多 L'epid' or：咖啡厅内的一家法式面包房。黄油欲滴的牛角面包（US$1）香甜可口。MAP p.286-2A
营 7:00~19:00

贡布 主要景点

很多游客在废弃塔楼中散步

波哥国家公园

Map 文前图① -3B

ឧទ្យានជាតិបូកគោ

★★★

位于从贡布向西哈努克市方向行进约 30 公里处，原是被原始森林覆盖的大象山脉的一部分，1993 年被列为国家公园，面积约 14 万公顷。包括犀鸟在内的约 249 种鸟类以及老虎、亚洲象等 9 种濒危物种在内的 29 种哺乳动物、9 种爬行动物等在此栖息。

这里主要的游玩项目是漫步“鬼城”。“鬼城”是指波哥山城，由宽广高原上多座散落的废弃建筑组成。在法国殖民时期，法国人将这里建成了避暑胜地，最繁盛的时期是 20 世纪五六十年代，当时建造了许多酒店、教会等。如今，这些建筑物都已化作废墟，从破败的建筑内部残留的部分遗物，可以依稀想象当时的情景。

2012 年赌场酒店开业，在它周边高尔夫球场和住宅区等也在建造之中。

贡布胡椒农场

田园度假村

Map 文前图① -3B

La Plantation

★★★

贡布最知名的胡椒农场，采用 100% 有机的方式培育贡布胡椒（→边栏）。农庄占地面积 40 公顷，其中近 10 公顷用来栽培胡椒。参观途中，工作人员会介绍贡布胡椒的栽培方法、历史、农庄发展史和概要等。免费参观。农场内的咖啡厅供应胡椒美食，还销售农场种植的各类胡椒。

开始变红的胡椒。红胡椒在旱季成熟（左）。种植作物有胡椒和姜黄等（右）

7 世纪前后建造的洞窟寺院

史努克山

Map 文前图① -3B

ភ្នំឈ្នួក

★★

从贡布市中心向东约 12 公里，有一座建于 7 世纪左右的珍贵的洞穴

波哥国家公园

可乘汽车（往返 US$50 左右）或嘟嘟车（往返 US$25~）、摩的（往返每人 US$17 左右）前往，约需 1 小时。如果从贡布前往，坦苏尔波哥高原度假酒店在 8:30（返程 14:00）有穿梭巴士。往返 US$13。

贡布胡椒

贡布依山傍海，温度适中，气候温和，自古便开始栽培胡椒。贡布产的胡椒芳香醇厚，辣味特别，是全球著名的高档胡椒。而能够以“贡布胡椒”冠名的胡椒，需要通过贡布胡椒协会的传统完全有机栽培认证，只有符合条件的胡椒才能称为“贡布胡椒”。贡布胡椒还取得了全球最高等级的欧盟 ECOCERT 有机认证。

田园度假村

住 Bosjheng Village, Koh Sat Commune, Tek Chhou Dist.
☎ 017-842505
URL kampotpepper.com
开 9:00~17:00 休 无 费 免费

田园度假村种植着黑胡椒、白胡椒、红胡椒（成熟胡椒）和长胡椒。上图左侧为长胡椒，右侧为红胡椒

前吴哥时代的珍稀印度教博物院。过梁上仍然保留着海兽摩竭的浮雕

Access

前往贡布的交通方式

巴士

各巴士公司都运营从金边出发的巴士。详情请参照金边的 Access 栏（→ p.211）。

合乘出租车、迷你巴士

从金边特姆科市场西侧（MAP 文前图② -3A）的出租车乘坐处出发，合乘出租车每人 US$6~，包车每辆约 US$40。迷你巴士 15000R~。从西哈努克市出发，各巴士公司的迷你巴士每天 3 班，US$5~7，约需 2 小时。

火车

从金边、西哈努克市出发每周有 4 趟火车。时刻表请参照 p.328。

从贡布出发的交通方式

巴士

位于出租车乘坐处（MAP p.286-2B）附近的各巴士公司运营前往金边、西哈努克市的巴士。有金边苏利亚客运公司、坡利昂公司等，票价 US$7~10。

合乘出租车、迷你巴士

出租车乘坐处（MAP p.286-2B）有发往金边、西哈努克市的合乘出租车、迷你巴士。

火车

每周有 4 趟火车发往金边、西哈努克市。时刻表请参照 p.328。

从贡布前往越南境内的边境小城河仙，乘坐巴士约需 1 小时 30 分钟，US$8。巴士的发车时间请在各酒店自行询问。

史努克山

从贡布可乘坐嘟嘟车（往返US$15左右）、摩的（往返US$10左右）前往，约需30分钟。抵达沃特罗巴伊村的寺院后，从那里沿田间小道步行约15分钟。在寺院前可找孩子充当向导前往史努克山。小费可随意给US$1。

费 US$1（门票在洞窟入口的台阶附近购买）

参观洞穴内部时手持手电筒更方便。

前往菲诺姆塞达，可从史努克山乘坐嘟嘟车或摩的，约需15分钟。

费 US$1

白马

从贡布有巴士前往白马，单程US$3，嘟嘟车往返US$15左右。约需1小时（旅行社可代买票）。乘坐前往金边的大巴，也可以中途下车，想在白马吃螃蟹，推荐俱乐部市场旁边的特雷（Trei）或海滩上的航海俱乐部（Sailing Club）两家餐厅。

来到白马，一定要吃蟹。图片为蟹肉炒饭

寺院。"史努克"在高棉语中的意思是"从下向下俯瞰"。该寺院的名称来源于古印度叙事诗《罗摩衍那》（→ p.28）中出现的猴子军队将领哈努曼"一边在空中飞舞，一边向下俯瞰"。

从沃特罗巴伊村的寺院向田间小道走去，会看到一座岩石山。顺着台阶向上攀爬约5分钟后，便可看到一座鬼斧神工般的漂亮石灰岩洞穴。里面静静地矗立着一座高近4米、宽约2米的砖瓦结构佛堂。正殿、过梁、山形墙部分相对完好地保存在基坛之上，屋顶部分已经与上部的石灰岩融合一处。此处巨岩与废墟形成的自然艺术可与塔布茏寺（→ p.60）分庭抗礼，令人叹为观止。

从史努克山返回的途中，有一座菲诺姆塞达（Phnom Seda Aun MAP 文前图① -3B），里面也有石灰岩洞穴。这里原来也建有砖瓦结构的佛堂，但在波尔布特时代被破坏，现在只留下了部分砖瓦。

白马 Kep

ក្រុងកែប MAP 文前图① -3B

位于贡布东南方向25公里处的一个沙滩小镇。20世纪60年代还建有前国王西哈努克的王宫与法式别墅，如今均已成为废墟，沙滩上也不再那么热闹。然而，近年来这里作为品尝海味的绝佳场所人气渐涨，海岸地区建了很多由老洋房改建成的酒店和旅馆。白马海滩的前面与稍偏北的俱乐部市场上，分布着一些海景餐厅。

左 / 当地人和游客一同发展起来的白马海滩　右 / 白马的标志"螃蟹雕像"

从贡布出发的旅行团

贡布的景点主要集中在郊区，因此参加旅行团会比较方便。主要的旅行团有以下几个：①波哥国家公园一日游和②乡村半日游。①一般包含夕阳 & 萤火虫观赏游船旅行团，要游览波哥国家公园、瀑布等景点，US$10~。8:30左右出发，19:00左右返回。②主要游览盐田、渔村、胡椒农场、史努克山、曾是波尔布特政权屠杀场的秘密湖等景点，US$12~。9:00左右出发，14:00左右返回。可通过旅游咨询处（→ p.286 边栏）和旅行社等报名。如果只参加萤火虫观赏游船旅行团，可直接向在城区河畔招揽生意的各条船只报名（US$5，含一杯饮料）。

NATAYA 圆屋珊瑚湾度假温泉酒店

Nataya Round House Coral Bay Resort & Spa　高档酒店

参照 Map p.286-1A

◆位于城区以西13公里处一片海滩上的精品酒店，可眺望越南的富国岛。在精心修整的热带花园内，还有模仿高棉民居建造的平房，内饰精雅。

住 Preak Ampil, Kampot

☎（033）690201　FAX 无

URL www.natayaresort.com

费 ⓈⓉⓌUS$150~180　套房 US$350

信用卡 J M V　共23间客房　Wi-Fi

前往史努克山的入口必须经过乡村小道，雨季周边雨量大，甚至可能漫过大腿，最好穿能系紧的凉鞋。

凉廊自然度假酒店
Veranda Natural Resort 高档酒店

◆位于白马国家公园旁的丘陵上，占地 2.5 公顷，有 26 栋小屋。酒店由石墙和热带植物环绕，有两个泳池和 SPA 房。可眺望波哥山与富国岛的美景咖啡厅也很受欢迎。

参照 Map p.286-1B
住 Kep Hillside Rd. ☎（036）6388588、012-888619 FAX 无 URL www.veranda-resort.asia
费 ⓈⓉⓌUS$110~560
信用卡 MV 共 26 间客房 Wi-Fi

克罗姆酒店
Columns 小型酒店

◆贡布城内的著名殖民地风格建筑。20 世纪 20 年代的建筑经过翻修后，时尚舒适。客房配备迷你吧、冰箱、保险柜，工作人员服务周到。

Map p.286-2A
住 37 Phoum 1, Ouksophear ☎ 092-128300
FAX（033）932070 URL www.the-columns.com
费 ⓈⓉⓌUS$48~65（含早餐）
信用卡 MV 共 17 间客房 Wi-Fi

利基提基塔比
Rikitikitavi 小型酒店

◆由一对热情开朗的英国、波兰跨国夫妻经营的小酒店，仅 9 间客房。房间内冰箱、保险柜等基础设施完善。二层的餐厅兼酒吧可欣赏美丽的落日。人气高，请提前预订。

Map p.286-2A
住 Riverside Rd. ☎ 017-306557 FAX 无
URL www.rikitikitavi-kampot.com
费 ⓈⓌUS$53~60 ⓉUS$58 家庭房 US$65（含早餐） 信用卡 不可使用 共 9 间客房 Wi-Fi

尼尼旅馆
Ny Ny G.H. 旅馆

◆现代化的旅馆，面积较大，内部整洁。客房宽敞，全配备了热水淋浴、电视。周边有旅行社和超市、餐厅。

Map p.286-2A
住 1 Ousphea Village ☎（033）932460、077-901460
FAX 无 E-mail nynyhotel@yahoo.com
费 风扇房：ⓈUS$6 ⓉⓌUS$8 空调房：ⓈUS$13 ⓉⓌUS$15（节假日价格会上涨）
信用卡 不可使用 共 29 间客房 Wi-Fi

餐厅

Restaurant

鱼市
The Fish Market 柬埔寨 & 欧美菜

◆可以坐在伸向河面的露台座位上，一边欣赏美景一边悠闲用餐。这家餐厅主营柬埔寨菜，牛排（US$26）等欧美菜也同样值得一尝。尤其擅长制作采用贡布产的胡椒和白马产的新鲜海鲜制作美食，白马风味的生胡椒炒蟹（US$7.5）等最受欢迎。这里同时是个咖啡厅和酒吧。

裹了厚厚的一层黑胡椒酱的白马风味生胡椒炒蟹

河滨的露台席位人气爆棚 Map p.286-1A
住 Norodom Quay ☎ 012-728884
营 11:00~23:00（周六、周日 7:30~）
休 无 信用卡 不可使用
预约 不需要

贡布工作室
Atelier Kampot 柬埔寨 & 国际菜

◆该餐厅在贡布有自己的胡椒农场，烹饪时使用该农场种植的胡椒。菜品不多，法国菜和亚洲多国美食清爽可口。前菜 US$4~，主菜 US$6~，价格实惠。有浇一层成熟胡椒的大虾沙拉（US$6.5）和带茉莉香米饭的生胡椒炒蟹（US$7.5）等。

将柬埔寨风味的日式牛排夹入汉堡后制成的"洛克拉克汉堡"（US$7）

农场直配胡椒 Map p.286-2A
住 No.15, Riverside Rd.
☎ 010-446044
营 12:00~21:00
休 无 信用卡 不可使用 预约 不需要

商店
Shopping

贡布胡椒商店
Kampot Pepper Shop 食品

◆拥有一个叫"波树 Bo Tree"的贡布胡椒农场的胡椒专卖店。产品主要出口瑞士和澳大利亚，店内的胡椒有红、白、黑三种（US$3~/30 克），也有适合作为礼品的 US$1 小包装。

Map p.286-2A
住 No.46, Old Market St.
☎ 012-691379
营 8:00~20:00
休 无 信用卡 不可使用

胡特·耶布 Huot Yeb：经营蒙多基里与腊塔纳基里的中间地带出产的咖啡豆的批发店。也零售，柬埔寨咖啡豆每千克 US$15~（MAP p.286-2A 营 6:00~20:00）。

CITY WALK GUIDE

磅同的长途区号

062

旅游咨询处
Tourist Information

MAP p.290 住 St.1
☎ 012-914997
开 8:00~17:00（周六 ~12:00）
休 周日

可领取磅同旅游地图等材料。内设咖啡厅。

前往三波坡雷古寺庙群的大本营

磅同 *Kampong Thom*

កំពង់ធំ

MAP 文前图① -2B

位于串联金边与暹粒的 6 号国道中段位置的一座小城。市中心以北约 30 公里处的三波坡雷古寺庙群遗址（→ p.94）是真腊时期的都城“伊萨诺普拉”所在地。2017 年 7 月，三波坡雷古寺庙群被列入世界文化遗产名录，一直幽静的小城开始喧闹起来，掀起了酒店和餐厅建设热潮。目前游客还不算太多，建议去看看。

磅同市场西侧的街边市场从傍晚开始营业

酒 店
Hotel

松博乡村酒店
Sambor Village 中档酒店

◆磅同唯一一家精品酒店。酒店内绿树环抱，高脚餐厅和室外泳池、19 座别墅排布其间，田园牧歌的气氛沁人心脾。可安排前往三波坡雷古寺庙群的嘟嘟车 US$15。森河落日游船旅行团（US$10）评价较高。

Map p.290
住 Democrat St.
☎ 017-924612、(062) 961391
FAX 无 URL samborvillage.asia
费 ⓈⓉⓌUS$60 套房 US$90（含早餐）
信用卡 不可使用 共 19 间客房 Wi-Fi

阿伦拉斯酒店
Arunras 经济型酒店 & 旅馆

◆位于市中心的老牌酒店。酒店前就有巴士车站，嘟嘟车和摩的也很多，交通方便。一层有餐厅，旁边是酒店经营的旅馆（US$5~）。

Map p.290
住 39 Eo Sereipheap St. ☎ & FAX (062) 961294
费 风扇房：ⓈⓉⓌUS$5~8 空调房：ⓈⓉⓌUS$ 10~15（含早餐）
信用卡 MV 共 58 间客房 Wi-Fi

Access

前往磅同的交通方式

巴士公司、旅行社运营的暹粒 ~ 金边间的巴士可中途在磅同下车。从暹粒方向开来的车会在阿伦拉斯餐厅（MAP p.290）前停，从金边方向开来的车停在斯通森餐厅（MAP p.290）前。有些公司的巴士停靠在其他站点。需 2~3 小时。

从磅同出发的交通方式

巴士公司、旅行社运营的暹粒 ~ 金边间的巴士可中途在磅同上车。拉丽塔快线的巴士无论是开往暹粒还是金边方向，都可以在阿伦拉斯餐厅（MAP p.290）前的站台上车。9:30~21:30 左右每隔几十分钟就有一班，票价 US$11~。

从磅同前往三波坡雷古寺庙群的交通方式

阿伦拉斯餐厅（MAP p.290）前有嘟嘟车和摩的、出租车招揽客人。嘟嘟车往返 US$15~（单程约需 1 小时）。汽车往返 US$30~（单程约需 30 小时）。

加华银行 Canadia Bank：有 24 小时 ATM 机，使用万事达卡、Visa 卡可取现金。
MAP p.290 住 National Rd.6 ☎（062）961788 营 8:00~15:30（周六 ~11:30）休 周日

暹粒
桔井
金边

以观赏江豚闻名的小城

桔井 *Kratie*

ក្រចេះ

MAP 文前图① -2C

桔井的长途区号

072

桔井省位于柬埔寨东部，湄公河纵贯该地区。桔井 80% 以上的土地被森林覆盖，物产丰饶。这里没有大型工厂，近 30 万人口大部分从事农业生产。

桔井省的省会桔井布是一个坐落在湄公河岸的农业城市。小城恬静，生活舒适。这座温润小城闲适的生活气息与丰富的自然环境深深地吸引着外国游客。桔井周边栖息着江豚，而桔井也成了观赏悠然戏水的江豚的最佳场所。

观赏江豚是桔井的招牌旅游项目

Access

前往桔井的交通方式

金边、磅同等地前往桔井的巴士、迷你巴士和合乘出租车数量大。具体可参照各地 Access 栏。

从桔井出发的交通方式

巴士

金边苏利亚客运公司、瑞思莫尼巴士等公司运营前往金边、磅同、上丁等地的巴士。前往金边的巴士 7:00~ 正午过后有 1~2 班，US$7，约需 7 小时。前往磅同的巴士 7:00~ 正午过后有 1~2 班，US$5，约需 4 小时。

迷你巴士、合乘出租车

从迷你巴士、合乘出租车上车点（MAP p.292-1B）前往金边、磅同的车次较多。前往金边的迷你巴士 US$7~，合乘出租车 45US$~，约需 4 小时。前往磅同的迷你巴士 2 万 R~，合乘出租车 US$35~，约需 2 小时。

湄公河传说

从前，在湄公河畔的一个小村庄里住着一位贫穷的姑娘。她每天都向神祈祷，祈求自己的生活有一天能变殷实。有一天，神站在她的枕边，对她说："我是你前世的丈夫。"第二天她醒来，发现枕边有一条大蛇。姑娘遵循梦中的启示，与蛇拜了夫妻，从此朝夕相处，不知不觉，生活竟富裕起来了。附近有一对贪婪的夫妇见到姑娘一家的变化，认为自己也能像她一样，于是去深山中抓大蛇，并让它与自己心爱的女儿一起生活。可是大蛇却把他们的女儿给吃下肚了。这可急坏了夫妻俩。他们连忙剖开蛇的肚子，救出女儿。可是女儿被救后，身上依然粘连着蛇的胃液，怎么洗也洗不干净。女孩无法忍受，最终纵身跳入湄公河自尽。在柬埔寨民间，人们都相信江豚便是这位女孩的化身。据传，女孩在跳河时，头撞到圆盆上了，因此湄公河的江豚头部呈圆形。

人最终化身成了江豚……滚滚湄公河，因为有这样的传说而变得更加迷人

旅游咨询处
Tourist Information
MAP p.292-2B
住 River Front
☎ 085-904904、012-647702
开 7:00~11:00、14:00~17:00
休 周六、周日

可领桔井地图和宣传册。可安排英语导游。

罗卡干丹寺
费 免费（如果请管理员开锁，需要小额随喜）

从城区乘坐嘟嘟车或摩的约需 10 分钟。

桔井 主要景点

有精美镂空木雕的寺院

罗卡干丹寺

参照 Map p.292-2B

វត្តរកាកណ្ដាល

★★

从市区往南走 2 公里左右，可以看到罗卡干丹寺。这是一座建于 200 年前的小寺院，屋顶有罕见的镂空木雕佛陀，正殿内的大柱上还画有那迦（蛇神）。正殿通常处于关闭状态。可以拨打正门上张贴的电话号码，请管理员开门。

正殿的山形墙上可以看到镂空木雕

精美的镂空木雕

进入正殿后先欣赏屋顶和房柱。可看出这里的雕饰跟别的寺庙完全不同

桔井的知名特产

将糯米和豆子装入竹筒蒸烤的“糯米小豆饭”、被称为“克罗伊·托伦”的柚子都是当地特产。河畔的小摊上均有售。

在桔井用餐

“恒恒”是桔井当地大名鼎鼎的大餐馆。菜品以炒菜居多，1 万 R~。还有英语菜单。

恒恒
Heng Heng
MAP p.292-2A
住 St.10
☎（072）971613、011-786625

观赏江豚

江豚是小城的救世主

桔井是观赏江豚的理想地点，受到外国游客的钟爱。

湄公河很早以前就被确认是江豚（淡水江豚）的栖息地，据悉，几十年前桔井周边有数百头江豚，而整个柬埔寨江豚的数量达到数千头。过去，在桔井市区就能看到江豚潜游的优雅姿态。然而内战爆发后，士兵们半开玩笑似的射杀江豚，导致其数量锐减。在 20 世纪 90 年代末期，外国的 NGO 组织开始致力于在当地保护江豚，并将桔井省的桔井市周边划为保护区。现在当地的江豚数量已恢复到 100 头以上。

每年有数千名外国游客慕名前来观赏江豚，城区于是建起了小酒店，游船统一制票价、观赏时必须穿上救生衣等配套安全制度逐步完善，各项吸引游客的措施有效落实。

关于江豚，你需要知道的信息

栖息在湄公河的淡水江豚是一种伊洛瓦底江豚，最长可长到 3 米，头圆。它们没有长长的喙，是一个特殊的种群。栖息地只限于桔井市至向北延伸 17 公里左右的甘必村（Kampi 参照 MAP p.292-1A）附近，以及再往北一点的松博（Sambour）、科夫达乌（Koh Phdau）等区域。通常在桔井观赏到的江豚都是甘必村游过去的。与其他种群一样，伊洛瓦底江豚也过着几头或几十头在一起的群居生活。不同的季节，它们的栖息地可能会变换 2~3 个，只要不弄错栖息地，就一定能看到它们的身影。

从桔井市前往甘必村的途中，在 10 公里左右的地方有个叫三布山（参照 MAP p.292-1A）的小山。过去这里是金矿场，很多矿工和金加工工匠居住在此。现在完全没有了矿场的影子，只在山顶有一座三布山寺庙。静静的山寺传递着它独有的妙趣。可在前往甘必村的途中上去看看。

● 交通

从桔井市前往甘必村可乘坐摩的（往返 US$5~）或嘟嘟车（往返 US$10~）。

● 费用

从甘必村乘船观赏江豚，坐的基本上是 10 座汽船。两人以下每人 US$9，超过 3 人每人 US$7。需 1 小时 ~1 小时 30 分钟。15 岁以下儿童 US$4。

☎ 012-358305、012-692229

野性十足的江豚就在眼前

酒店
Hotel

江豚
River Dolphin 经济型酒店

◆坐落在一片安静的区域，距离市中心约 2 公里。所有房间配空调、迷你吧、TV、电热水壶、吹风机等基本设备。有些房间带阳台。酒店还设有户外泳池和餐厅。

参照 Map p.292-1B

住 O' Russel Village ☎（072）210570、071-6586624 FAX 无 URL www.riverdolphinhotel.com 费 ⓈⓌUS$30~55 ⓉUS$35~55（US$45 含早餐） 信用卡 不可使用 共 36 间客房 Wi-Fi

奥丹莎芭酒店
Oudom Sambath 经济型酒店

◆酒店规模在桔井数一数二。US$7 的客房也配备了热水淋浴、电视。酒店组织旅游团，代购巴士车票。内设的餐厅面积大，饭菜味道好。

Map p.292-1A

住 No.439, River's Bank ☎ 012-965944、016-242646 FAX 无 费 ⓈⓉⓌUS$7~25 信用卡 不可使用 共 50 间客房 Wi-Fi

孔雀旅馆
Le Tonle 旅馆

◆一家同时组织职业培训的旅馆 & 餐厅。US$8 的房间共用淋浴室，带风扇。US$10 的房间共用淋浴室，带空调。US$21 的房间带独立淋浴室和空调。餐厅评价也不错。

参照 Map p.292-1A

住 No.724, St.3 ☎（072）210505 FAX 无 URL letonle.org 费 ⓈUS$8 ⓉUS$10 ⓌUS$21 信用卡 不可使用 共 18 间客房 Wi-Fi

优洪 1 号旅馆
I G.H. You Hong I G.H. 旅馆

◆顾客多为欧美人，客房较小。一层有间小咖啡厅。提供自行车出租。还经营优洪 2 号旅馆（MAP p.292-2B 费 US$7~12），也是一个受欧美人欢迎的旅馆。

Map p.292-1B

住 No.91, St.8 ☎ 012-957003 FAX 无 E-mail youhong_kratie@yahoo.com 费 ⓈⓉUS$5~12 信用卡 不可使用 共 11 间客房

CITY WALK GUIDE

地处柬泰边境的一座混乱城市

波贝 *Poipet*

ប៉ោយប៉ែត

MAP 文前图① -1A

波贝位于暹粒以西约 150 公里处，与泰国接壤。城区集中在 5 号国道沿线。满载货物的大卡车卷着尘土来回疾驰，倒是一片欣欣向荣的建筑场景，不过没什么景点，郊区还有不少雷区，因此不建议在这座城市逗留。

※ 波贝具有边境城市特有的混乱特征，事故多发。如果穿越边境，不得不住宿时，建议住在诗梳风或泰国的亚兰。

从波贝眺望出入境管理处。还有成排的大型赌场酒店

波贝的长途区号

054

波贝的兑换商

在边境附近的商店可实现柬埔寨瑞尔、泰铢与美元的相互兑换。

流通泰铢

波贝几乎所有的商店、酒店、餐厅和交通工具等一般都用泰铢标价。当然，柬埔寨瑞尔与美元也是流通的货币。

※ 本书泰铢用“B”表示。

亚兰

原本只是泰国一个平静的小村镇，柬埔寨内战时期，数十万难民蜂拥至此，亚兰从此被众人知晓。城区主要有两片，从巴士车站向东南方向，从火车站向南方展开。除了边境地区号称东南亚最大的克隆克卢阿市场外，这里并没有什么像样的景点。泰国签证见→ p.311。

泰国亚兰的酒店 *Hotel*

亚兰美人鱼
Aran Mermaid 中档酒店

◆位于开往曼谷的巴士的站台后面，是这座小城最豪华的酒店。客房设施齐全。酒店内设餐厅和卡拉 OK 吧。也有一些无窗的房间，无阳光。

住 33 Tanavitee Rd. ☎ 037-223655~65
FAX 037-223666 E-mail aran_mermaid@hotmail.com
费 ⓈⓉⓌB1200~1500 套房 B2500（+ 税 7%。含早餐） 信用卡 A J M V 共 152 间客房

图尔内索尔精品酒店
Tournesol Boutique 经济型酒店

◆带露天泳池的大型酒店。客房温馨，配备空调、迷你吧、TV、沐浴用品等配套设施。内设餐厅，越南菜十分可口。

住 479 km，5Rd. ☎ 037-230000、095-9499579
FAX 无 URL www.tournesolhotel.com
费 ⓈⓉⓌB1000~1200
信用卡 A M V 共 50 间客房 Wi-Fi

亚兰 1 号花园
1 Aran Garden 1 旅馆

◆这座旅馆坐落于距离巴士车站 15 分钟左右步行路程的镇中心。所有房间带风扇。步行 5 分钟可达“2 号馆”（费 250~450 共 41 间客房）。

住 67/1 Rat-u-thit Rd. ☎ 037-231105
FAX 037-231837（只有“2 号楼”有）
费 ⓈB200 ⓉB250
信用卡 不可使用 共 30 间客房

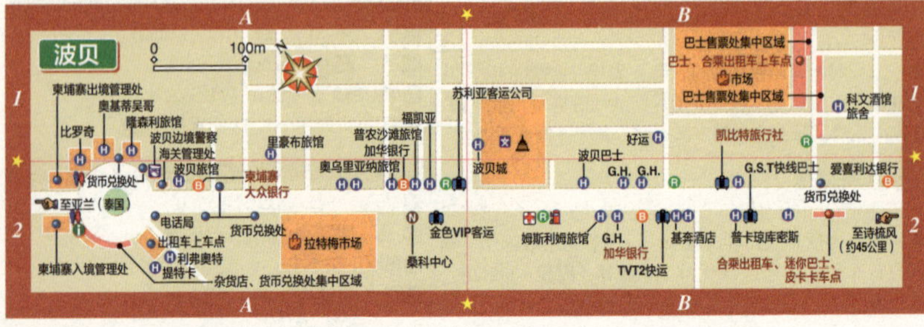

亚兰巴士车站旁除上述“亚兰美人鱼”外，还有 3 家小酒店。住宿费 380~450B，价位较低。

Access

前往波贝的交通方式

巴士

旅行社运营从暹粒、马德望等地出发的迷你巴士。详情请参照各地的 Access 栏。

合乘出租车

暹粒、马德望、诗梳风等地有车开往波贝。详情请参照各地的 Access 栏。

※从曼谷前往波贝的交通方式参考→p.313。

迷你巴士、皮卡

暹粒、诗梳风、马德望等地均有较多车次前往波贝。详情请参照各地的 Access 栏。

从波贝出发的交通方式

巴士

多家旅行社都运营从波贝前往暹粒（US$5~）、金边（US$7.5~）、马德望（US$4）等地的巴士。上车点位于各巴士公司前，或者市场旁边的巴士车站、合乘出租车车站（MAP p.294-1B），每天 2~3 班。所有的车次均上午发车，前往暹粒约需 3 小时，到金边约需 6 小时，到马德望约需 2 小时 30 分钟。

合乘出租车

合乘出租车的车次也多。开往暹粒（B1000~，约需 2 小时）、金边（B2300~，约需 6 小时）、诗梳风（B500~，约需 40 分钟）、马德望（B1000~，约需 2 小时 30 分钟）等地。

迷你巴士、皮卡

从距离国境关口处 1.5 公里的迷你巴士、合乘出租车、皮卡上车点（MAP p.294-2B），可乘坐迷你巴士和皮卡。迷你巴士开往暹粒（US$5~）、金边（US$14~）、马德望（US$4~）、诗梳风（US$2~）等地。所需时间与上述合乘出租车相同。皮卡数量很少，开往暹粒（车厢 US$4~、车内 US$6~）、诗梳风（车厢 US$2~、车内 US$3~）、马德望（US$4.5~、车内 US$6~）等地。所需时间与上述合乘出租车相同。

从波贝前往泰国亚兰、曼谷的交通方式

办理完泰国入境手续后，在行进方向的右侧有一个克隆克卢阿大市场。市场入口处附近有一些揽客的摩的（B60~）和嘟嘟车（三轮摩托车，B80~），可以乘坐前往城区西北面的巴士总站、火车站。约需 15 分钟。火车站与巴士总站距离 500 米。另外，克隆克卢阿市场正门附近还有一种由卡车改装而成的双条车，在 7:00~16:00 间经过出入境管理处附近、火车站和汽车总站，终抵亚兰城区（B15）。

从亚兰火车站前往曼谷华南蓬火车站每天有两趟火车，分别在 6:40、13:55 发车，票价 B48~，约开行 5~6 小时。巴士有两种，在 5:00~18:30 间每隔 1 小时有 1 班车。标价分 B223 和 B229 两档，约需开行 5 小时。终抵曼谷市区的巴士北站（MOCHITMAI）。

上述克隆克卢阿市场的入口附近还有出租车。到曼谷每辆 B1900，到芭堤雅 B2200。那里有块大招牌，很容易找到。

INFORMATION

巴士公司

凯比特旅行社 Capitol Tour

MAP p.294-2B
住 Capitol Tour Poipet Branch
☎ 012-774361、011-601054
营 5:00~21:00
休 无 信用卡 不可使用

运营开往暹粒（US$5，只有 8:00 一班车）、金边（US$8）、马德望（5US$）、诗梳风（US$2）等地的巴士。

银行

加华银行 Canadia Bank

MAP p.294-2B
住 Canadia Poipet Branch
☎（054）967107
营 8:00~15:30（周六 ~11:30） 休 周日

可以兑换美元现金。万事达卡、Visa 卡可取现。

柬埔寨大众银行 Cambodian Public Bank

MAP p.294-2A
住 No.5，Phum Kbal Spean
☎（054）967356~8
营 8:00~11:30、14:00~16:00 休 周六、周日

可兑换美元现金。

※除上述银行外，在边境附近与城中有多个货币兑换处，可以办理美元、泰铢等的货币兑换业务，汇率与银行相比更加合适。因此，除信用卡提现外，银行的利用价值并不大。不过，乘坐旅社运营的由曼谷开往暹粒的巴士，如果旅行社工作人员要带游客去货币兑换处，请务必多加小心。有报道称，出现过多起旅行社半强制要求游客低汇率兑换货币的纠纷。

CITY WALK GUIDE

如火如荼地开发生态度假村的滨海城市

戈公 *Koh Kong*

កោះកុង

MAP 文前图① -3B

戈公的长途区号

035

戈公位于西哈努克市西北约 200 公里处，地处柬埔寨与泰国的国境附近，对于从曼谷走陆路进入柬埔寨的游客而言，这里是穿越国境线进入柬埔寨途中的休息场所。2002 年戈公桥开通后，穿越边境进入柬埔寨变得更加方便，欧美游客也多了起来。戈公周边分布着大片红树林和离岛等未遭人类破坏的自然景观。近年，以水上帐篷式小屋为代表的度假及生态旅游得到大力开发，如果时间充足，可参加周边的岛屿、塔泰瀑布（Ta Tai Water Fall，城区以东约 18 公里）、拥有近 2.6 万公顷广阔红树林的平夸索自然公园（Peam Krasop National Park，城区以南约 10 公里）一日游旅行团。

纯朴的小城内混杂了一些面向欧美游客的咖啡厅和旅舍

Access

前往戈公的交通方式

巴士

维拉克 · 本格姆快运旅行社运营金边至戈公的巴士，7:45 发车，1 天 1 班，票价 US$9，需开行 7 小时。此外，有 4 家巴士公司运营从西哈努克市至戈公的巴士，1 天 1~2 班，约需 4 小时。

迷你巴士、合乘出租车

从金边、西哈努克市有车前往戈公。具体可参照各地的 Access 栏。

从戈公出发的交通方式

巴士

戈公有前往金边、西哈努克市、暹粒的巴士，从巴士总站发车，班次集中在上午，各条线路有 1~4 班车。此外，前往金边、西哈努克市、贡布、磅湛等地的迷你巴士每天有近 5 班。这些车均为客满一定人数（10 人左右）即发车。各线路票价为金边 US$10，西哈努克市 US$8，贡布、磅湛 US$10。至柬泰边境 US$10。

※ 前往边境的票价比去其他地区略高。

从戈公前往泰国哈特列克、曼谷的交通方式

从戈公去柬泰边境，建议乘坐所住酒店安排的嘟嘟车（US$8，另收戈公桥过桥费 US$1.5）。摩的 US$5，约需 10~15 分钟。

从柬埔寨一侧出境，通过泰国入境管理处后，前面就能见到前往达叻（Trat）的迷你巴士。在 6:00~18:00 期间，大约每隔 1 小时就有 1 班车，票价 B120。经停空艾县（Khlong Yai，有时需要换乘）。哈特列克至达叻约需 1 小时 30 分钟。到达达叻后，再换乘前往曼谷的巴士。泰国签证见→ p.311。

关于柬泰边境的正式名称，柬埔寨一侧称为查姆耶（Cham Yeam），泰国一侧称为哈特列克（Hat Lek）。

INFORMATION

巴士公司

维拉克·本格姆快运旅行社
Virak-Buntham Express Travel

MAP p.296-2B 住 St. 3 ☎016-559481
营 6:00~19:00 休 无 信用卡 不可使用

前往西哈努克市（US$8）的巴士 8:00 发车，前往金边（US$8，VIP 巴士 US$12）的巴士 7:45、13:00 发车。

瑞思莫尼巴士（派拉蒙吴哥快线）
Rith Mony Bus（Para-mount Angkor Express）

MAP p.296-2B 住 St.3，Near Round About
☎097-7640344 营 6:00~21:00 休 无 信用卡 不可使用

前往西哈努克市（US$8）、金边（US$6）的巴士均在 7:30、8:30、11:30、14:00 发车，前往暹粒（US$15）的巴士 7:30、8:30、11:30 发车。另外，还有巴士发往泰国的芭堤雅（US$25）、达叻（US$14）、曼谷（US$25）。下设派拉蒙吴哥快线客运公司。

货币兑换

爱喜利达银行（MAP p.296-1B）可办理美元兑换柬埔寨瑞尔的业务。ATM 机 24 小时营业。市场西侧的兑换处（MAP p.296-2A）也可兑换人民币和美元现金。戈公还流通泰铢。

酒店 Hotel

戈公湾酒店
Koh Kong Bay 经济型酒店

Map p.296-1A

◆位于戈公桥的旁边，河景房价格较高。房间整洁，时尚。前台还有保险柜。酒店内设咖啡厅和餐厅，还有泳池。

住 South of Koh Kong Bridge 200m ☎（035）936388、077-555590 FAX（035）936367 URL www.kohkongbay.com 费 ⓈⓌUS$27~70 家庭房 US$70（含早餐） 信用卡 MV 共 21 间客房 Wi-Fi

亚洲人
Asian 经济型酒店

Map p.296-1A

◆新建的 3 层大型酒店。一层是同名的中式柬埔寨餐厅和小超市。雨季有折扣。

住 No.1 Village ☎（035）936667、012-936667 FAX 无 URL www.asiankohkong.com 费 ⓈⓉⓌUS$15、20 VIP US$30 信用卡 不可使用 共 54 间客房

戈公顶点酒店
Apex Koh Kong 旅馆

Map p.296-1A

◆客房清洁。旅馆代办巴士车票和戈公周边旅行团（→下述※）等，是旅行的好帮手。在旅馆买车票的客人，将被免费送至巴士总站。

住 No.2 Village ☎ 016-307919、089-702002 FAX 无 URL www.apexkohkong.com 费 风扇房：ⓈⓉⓌUS$10 空调房：ⓈⓉⓌUS$15 VIP US$25 信用卡 不可使用 共 36 间客房 Wi-Fi

摩托吧
G.H. Moto Bar G.H. 旅馆

Map p.296-2B

◆位于市中心的旅舍，工作人员的热情给人留下美好印象。配备有线电视、热水淋浴、Wi-Fi。贵重物品可寄存在前台。代办巴士车票和摩托车租赁业务。

住 No.103，Group 3，Village 3 ☎（035）6384364、016-793030 FAX 无 E-mail molyda_l@yahoo.com 费 风扇房：ⓈⓌUS$9 空调房：ⓈⓌUS$15 信用卡 不可使用 共 12 间客房

餐厅 Restaurant

海湾咖啡
Bay Cafe 柬埔寨菜

Map p.296-1A

◆戈公湾酒店（→上述）内的一家欧美 & 亚洲风味海鲜餐厅。尤以法国、西班牙、希腊等国创意美食为特色，食材新鲜。1 份 US$3~10。菜单带图片，方便点餐。

住 South of Kon Kong Bridge 200m ☎（035）936388 营 7:00~22:00 休 无 信用卡 MV 预约 不需要

埃·霍依
Yeay Houy 柬埔寨菜

Map p.296-2B

◆每天轮换提供近 10 种柬埔寨家常菜品，顾客指图点菜。汤、煎鱼、炖菜等 1 份 3000~6000R。点 4 份菜也不过 US$3 左右，价格实惠，并且味美可口。5:30~9:00 为早餐时间，有面食（3000R）供应。

住 St.3 ☎016-307896、011-882686 营 5:30~22:00 休 无 信用卡 不可使用 预约 不需要

※ 戈公处女岛的两个沙滩与美洲红树林河流一日游（25US$~，含 BBQ 与浮潜）大受欢迎。

CITY WALK GUIDE

磅湛的长途区号

042

“磅湛”名称的由来

16世纪末，都城洛韦被暹罗攻破，皇宫被迫迁至斯雷山托县（位于金边与磅湛之间，湄公河左岸）。据说因为那里聚居着诸多来自中国和马来（占婆族）的商人，久而久之，这一区域（现在的磅湛省一带）便被称为磅湛（“磅”在高棉语中意为港口，“湛”是占婆族的意思）。

诺哥寺

开 6:00~18:00 左右

休 无　费 US$2

旅游咨询处
Tourist Information

MAP p.299-1A

☎（042）210397

开 7:30~17:00

休 周六、周日

可领取英语导游手册、旅游礼仪宣传册等资料。

“诺哥”在高棉语中意为“城池”。这是一个新旧寺庙混搭的奇妙寺院

湄公河沿岸的绿荫城市

磅湛 *Kampong Cham*

កំពង់ចាម

MAP 文前图① -2C

湄公河冲积形成的肥沃土壤孕育了磅湛省。这是柬埔寨人口最多（约168万人）的省，盛产橡胶、大豆、烟草、棉花等经济作物，富庶一方。省会城市磅湛市是一座沿湄公河而建的绿荫城市。在法国统治时期建造的城市街道上，宏伟的西洋风格建筑格外醒目。另外，该地区自古水运贸易发达。从清晨开始，大大小小的木船穿梭往来不绝，到处都是装卸货物的繁忙景象。

磅湛是个小城市，从行人的表情就能看出这里悠闲自适的生活风貌。建议在这里住上1~2晚，你一定能发现不一样的柬埔寨。

磅湛 主要景点

新旧风格建筑混杂一处的寺院遗址

诺哥寺

参照 Map p.299-1A

វត្តនគរ

★★★

诺哥寺遗址位于城区西北方向，距市中心约3公里，是一座建于12世纪的砂岩古寺。它被拥有东西南北四扇门的城墙包围，中央是正殿，左右的侧殿用于收藏经书。古寺采用高棉寺院建筑设计，正殿的一部分已经与后来建的高棉寺院合为一体，仿佛古寺遗址上又新建了一座寺院。而且寺院内部也添加了古迹的一部分，构成了一道奇妙的风景。

寺庙建于约200年前，后经过重建。穹顶、墙壁、房柱上都以佛陀的一生为题材绘满了壁画，精细的美感令人动容。周围墙壁外部有建于12世纪的蓄水池，现在基本上干涸了。

这里流传着关于男山、女山的传说

男山、女山

参照 Map 文前图① -2C、p.299-1A

ភ្នំប្រុស ភ្នំស្រី

★★

城区西北角簇拥着普罗斯山（男山）与斯蕾山（女山）。与其说是

Access

前往磅湛的交通方式

巴士、合乘出租车

金边、桔井等地有大巴、迷你巴士和合乘出租车开往磅湛。具体可参照各地的Access栏。

从磅湛出发的交通方式

巴士

金边苏利亚客运公司（MAP p.299-2B）前往金边的巴士在7:00~15:30间运行，共10班。另外，G.S.T.快线巴士、洞里运输、凯比特旅行社（均在 MAP p.299-2B）、派拉蒙吴哥快线（MAP p.299-2A）等多家公司也有车去磅湛。票价US$5~6.5，约需3小时。有些公司还运营前往桔井、蒙多基里、腊塔纳基里的巴士。

迷你巴士、合乘出租车

从磅湛市场东北面的上车点（MAP p.299-1B）出发，6:00~傍晚间前往金边、桔井的迷你巴士、合乘出租车班次较多。前往金边的迷你巴士1.5万R~，合乘出租车US$45~，约需2小时30分钟。前往桔井的迷你巴士2万R~，合乘出租车US$35~，约需2小时。

夜市上约有20家货摊，每晚都有很多乘凉的当地人光顾。如果下小雨，摊主们会撑起塑料膜继续营业。MAP p.299-1B　营 17:00~24:00

女山上有精彩的雕刻

山，其实男山更像一座高台。高台上有一座寺院，从那里可以远眺女山与磅湛市街景。寺院于 1981 年重建，内部墙壁上的彩绘形象地描绘了佛陀的一生。

女山距离男山有近 2 公里。走完 200 级左右的台阶后便抵达了山顶。山顶上有一座 1958 年建造的小庙。从这里眺望，广阔的大地尽收眼底。另外，关于这两座小山还流传着一个动人的传说（→ p.299 边栏）。

独特的建筑令人印象深刻

磅湛市场

Map p.299-2B

ផ្សារកំពង់ចាម

★★

这附近是城区最繁华的地块

是金边的中央市场（→ p.224）的缩小版。在这座半圆锥形的建筑内，生鲜食品、生活日用品、服装、电器等各个商品门类一应俱全。城区北面的蓬科克市场（MAP p.299-1B）也很大，热闹繁盛。

初建于法国统治时期

丘普橡胶园

参照 Map p.299-2B

ចំការកៅស៊ូចប់

★★

穿过“绊桥”，前往洞里贝，乘车沿向东伸展的 7 号国道行驶约 30

男山、女山

开 日出～日落 休 无

费 US$2（无论在哪座山买了 US$2 的门票后，另一座山可免费游玩）

位于城区西北方向，距离市中心 7 公里左右。从金边到磅湛的巴士途经这里，往返途中均可以半路下车在此一游。

女山顶上建有小寺庙和观景台

磅湛市场

营 6:00~18:00 左右 休 无

男山、女山的传说

很久以前，在高棉国流行着女人向男人求婚的习俗，但这一习俗后来被更改了：男人与女人将根据在一夜之间能否筑起一座高山来决定胜负。启明星出现时宣告比赛结束。女人们在此期间升起了一个点着灯火的气球，男人们看到后，误以为启明星升起，便停止了工作，比赛也以女人一方获胜而结束。自那以后，男人开始向心爱的女人求婚。

磅湛

A B 1 2

至7号国道
高中
禁止通行
马卡拉
蓬科克市场
小学
莫尼旺大街
田径场
磅湛省会场
公园
旅游咨询处
至诺哥寺（约3公里）
至男山、女山（约7公里）
至金边（约95公里）
排球馆
男山酒店
柬埔寨国家银行
法院
夜市
加华银行
澳盛皇家银行
7号国道
金边苏利亚客运公司的巴士上车点（金边、桔井方向）
米塔普亚普
前往金边、桔井的迷你巴士、合乘出租车上车点
爱喜利达银行
National Rd. 7
ABA
柬埔寨亚洲银行
从傍晚开始有小摊
玛丽亚
微笑餐厅
马来亚银行
达里
莫诺罗姆2号贵宾酒店
G.S.T.快线巴士上车点（金边方向）
蓬雷乌·拉斯梅旅馆
湄公酒店
Boeng Snay
侨丰印度支那银行
好安餐厅
磅湛市场
波法亚旅馆
派拉蒙吴哥快线巴士上车点（金边、桔井、拉达那基里方向）
湄公十字路口餐厅
洞里运输公司与凯比特旅行社巴士上车点（金边、桔井、拉达那基里方向）
太拉超市（便利店）
湄公日出
湿地
那迦雕像
便利店
湄公慵懒一天餐厅
联合国国际儿童基金会
湄公河
里普·比雅萨
Tunle St.
至丘普橡胶园（约20公里）
傍晚开始有很多前来乘凉、健身的人
此处有多家餐厅
Mort
至绊桥
N
0 300m

在磅湛观光，乘坐摩的较为方便。游遍本书所记录的当地景点，1 天 US$10。湄公酒店（→ p.300）前和磅湛市场（→上述）周边均能打车。

丘普橡胶园

开 7:30~17:00 左右

休 无

费 参观工厂需要支付小额小费（如果只在橡胶园参观橡胶树则免费）

分钟，便是国营丘普橡胶农场了。这里曾是法国统治时期充分利用当地特有的蓄水性能好的土壤（红土层）开辟的农场。在这里采集的橡胶是柬埔寨重要的出口农产品之一。偌大的橡胶园内，种植有等株距的橡胶树。在划开树皮后，收集白色的液体，这种古法沿用至今。若时机恰当，还可以现场观赏采集树液的过程。另外，农场纵深处有橡胶生产工厂。

这里采集的树液在工厂加工成成品，出口到各国

酒店 Hotel

男山酒店
Phnom Pros 经济型酒店

Map p.299-1B

◆一家大型酒店，客房宽敞。US$6 的房间配备电视、风扇，US$12 的房间带热水淋浴、空调和冰箱。有些房间无窗户。内设大餐厅。

住 Kosoma Neariroth St. ☎ & FAX（042）941444

E-mail phnomproshotel@yahoo.com

费 ⓈⓉUS$6~12 信用卡 Ⅴ 共 85 间客房 Wi-Fi

湄公酒店
Mekong 经济型酒店

Map p.299-2B

◆位于河畔的大型酒店。US$18 的客房分河景房、街景房，需要提前确认。客房整洁，但是面积稍小。提供自行车租赁。河景房可清晰看到绛桥。

住 No.69，Sihanouk St. ☎（042）941536

FAX（042）941465 费 风扇房：ⓈⓉⓌUS$8

空调房：ⓈⓉⓌUS$18 VIP US$30

信用卡 不可使用 共 71 间客房

莫诺罗姆 2 号贵宾酒店
Monolom 2 VIP 小型酒店

Map p.299-2B

◆建在湄公河畔，沿河的房间视野开阔。所有房间配热水淋浴、空调和冰箱，环境舒适。只有 US$25 的房间是河景房。US$20 以上的房间带浴缸。

住 Mor Tunle St. ☎ 097-7332526

FAX 无 费 ⓈⓉⓌUS$18~30

信用卡 不可使用 共 29 间客房

马卡拉
Makara 小型酒店

Map p.299-1A

◆这座 3 层建筑的酒店距离城区较远，但是环境静谧。酒店占地面积广大，内有餐厅和小泳池。客房清爽。所有房间配空调、电视。

住 No.14 Village，Kampong Cham Commune

☎（042）6955533 FAX（042）933337

E-mail 7makarahotel@gmail.com 费 ⓈⓉUS$15~25

信用卡 不可使用 共 68 间客房 Wi-Fi

餐厅 Restaurant

好安餐厅
Hao An 柬埔寨菜 & 国际菜

Map p.299-2B

◆磅湛最著名、生意最火爆的大餐厅。经营柬埔寨、中国、越南风味美食，有面食、鸡肉、猪肉、牛肉和鱼肉等菜品，种类丰富。菜分大、中、小三种分量，炒饭 1.2 万 R~。菜单带图片，有带空调的包厢。火锅的味道也不错。

住 No.70，Monivong St.

☎（042）942345 营 6:00~22:00

休 无 信用卡 MⅤ 预约 不需要

湄公十字路口餐厅
Mekong Crossing 柬埔寨菜 & 国际菜

Map p.299-2B

◆位于河滨地区的一家开放式咖啡厅 & 餐厅，餐厅前就是湄公河。晚上餐厅里飘逸着流行音乐，氛围温馨。除了柬埔寨菜外，还有汉堡、三明治、蛋糕等简餐（US$2~）。提供自行车租赁，代办巴士车票。

住 2 Pasteur ☎ 012-432427

营 6:00~22:00 休 无

信用卡 不可使用

预约 不需要

湄公日出
Mekong Sunrise 柬埔寨菜 & 国际菜

Map p.299-2B

◆店前有一排藤椅，餐厅就位于湄公河和绛桥前，位置佳。菜单包括知名柬埔寨菜品、欧美菜（US$2~）。楼上是旅馆（费 US$5~ 共 9 间客房），租赁自行车和摩托车，欧美游客较多。

住 Mort Tunle St. ☎ 080-57407

营 6:30~23:00 休 无

信用卡 不可使用 预约 不需要

绛桥（MAP p.299-2B）全长 1360 米，连接磅湛与对岸的洞里贝，为日本对口援建项目。

暹粒
腊塔纳基里
金边

原始自然得以保留的边境城镇

腊塔纳基里（班隆）*Ratanakiri (Bang Lung)*

ខេត្តរតនគិរី

MAP 文前图① -1D

腊塔纳基里省距离金边约 590 公里，位于柬埔寨东北的深山之中，东临越南，北接老挝。全省人口接近 16 万，其中东奔族、格楞族、加莱族、波鲁族、嘎作族等山地少数民族占 59%。在这里各民族混居生活，虽然各自保持着独特的文化，但与高棉族的融合、同化也在悄无声息地进行着。由于长年内战的消耗，这里与现代文明的接触和交流机会甚少，至今仍保留着未开发的自然与近乎原始的生活方式。近年来，随着欧美游客的增多，这里逐渐成为生态旅游的热门候选地。

格楞族有吸烟的传统

省会班隆（Bang Lung）有近 2.6 万人口，以市场为中心，步行 10 分钟左右即可到达城中的每一户人家。

腊塔纳基里的长途区号

075

※ 班隆没有详细地址。因此，本书中郊区之外未做标记的地点请在地图上确认。

腊塔纳基里是什么意思?

“腊塔纳”意为宝石，“基里”是山的意思。究竟会遇到怎样的“宝石”呢?精彩即将开始……

最佳的季节

旱季的 11 月 ~ 次年 3 月。雨季道路泥泞，很多地方无法通行，也不适合观光。

腊塔纳基里 漫 步

以班隆为起点，可遍览周边地区的湖泊、瀑布、少数民族村落等。北部的山地还有一座维拉差国家公园，那里是老虎、猴子、鹿、鸟类等野生动物的栖息地。酒店与旅行社会组织旅行团、车、导游前往这些景点参观。

清早还有少数民族居民前来销售农产品

A 图

班隆
至云晒（约35公里）
普克库达拉旅馆
锁湖滨酒店
红土上的小屋酒店
本坎桑湖
背包垫酒店
邦隆公司
纪念塔
军队驻地
宝石店
足球场
恒恒拉塔纳库2号旅馆
米塔匹博旅馆
明星酒店
警察局
供水塔
至巴士总站（约35公里）、至耶谢帕塔玛山（约2.5公里）、至卡芜瀑布（约7公里）、至恰昂瀑布（约8公里）
生态旅游咨询中心
金边苏利亚客运公司巴士售票处
至亚克罗姆火山湖（约5公里）
爱喜利达银行
拉达那里纳
索邦基里酒店
旅游咨询处
恰伊邦旅馆
邮局
萨瓦第
基姆莫拉卡特酒店
拉邦西库2号餐厅
瑞思莫尼巴士售票处
兑换处
壁虎之家
洞里运输公司的巴士售票处
药房
索皮阿普旅馆
部落酒店
加华银行
此处有多家宝石店
阿达姆
露天市场、饭馆
出租车、摩托车租赁
博兰小屋
皮卡、合乘出租车上车点
市场
旅游咨询、此处有数家网咖
班隆机场（截至本书完稿时机场关闭）
树冠生态山林小屋

B 图

腊塔纳基里的巴士总站位于耶谢帕塔玛山附近，从班隆市中心出发，坐摩的前往约需 5 分钟，票价 US$1~。车票可通过市场前各巴士公司窗口（MAP p.301 A 图）购买。

腊塔纳基里 主要景点

传说这里住着精灵

亚克罗姆火山湖

Map p.301 B 图

បឹងយក្សឡោម

★★★

约 4000 年前的火山活动形成的火山湖。周围散落着东奔族村庄，这里也被认为是精灵居住的神圣地方。火山湖周长 2.5 公里，最深处近 50 米，湖水透亮，早晨及傍晚湖面会充满神秘气息。节假日及午后，当地的孩子们和观光客都会来这里游玩。湖畔有介绍东奔族文化及生活的文化环境中心（→边栏）。

腊塔纳基里最美丽的湖泊

腊塔纳基里最著名的瀑布

恰昂瀑布

Map p.301 B 图

ទឹកជ្រោះឆាអុង

★★★

腊塔纳基里的山林中有多处瀑布，是重要的旅游资源。其中最著名的当数位于市中心以西约 8 公里的恰昂瀑布。瀑布落差达 25 米，不仅可以穿过水帘进入瀑布后面，还可以攀登到瀑布顶端向下俯瞰，一览壮观美景。另外，这里还有卡羌瀑布（Katieng Waterfall）等多个景点。

两边有扶手的台阶便于游客行走，一直通向瀑布潭

远望国境上群峰的观景点

耶谢帕塔玛山

参照 Map p.301 A 图

ភ្នំឥសីប៉ាតាម៉ា

★★★

班隆市西边有一个小山坡（通常将它称为斯外山 Phnom Svai）上有一座涅槃佛像。佛像高 10 余米，修建于 1985 年。这里是瞭望班隆街景和国境群峰的绝佳观景点。

斯外山上的金色涅槃佛像

可以看到格楞族高脚民居的村落

奥丘姆

Map p.301 B 图

ភូមិអូជុំ

★★

班隆市北边约 10 公里处的村落。这附近有不少格楞族村庄，游客常

旅游咨询处
MAP p.301 A 图
☎012-658824
开 7:30~11:30、14:00~17:00
休 周六、周日

邮局
MAP p.301 A 图
☎088-8711837
营 8:00~12:00、14:00~17:00
休 周六、周日
从市中心的环岛向东走大概 5 分钟可抵。

兑换
市场的入口附近有兑换处。

亚克罗姆火山湖
开 8:00~18:00
休 无 费 6000R
位于班隆市中心东南部约 5 公里处。乘坐摩的或汽车 10 分钟可达。

文化环境中心
Cultural & Environmental Centre
开 8:00~17:30 休 无
费 免费
展示东奔族的生活器具、农具、乐器和织布机等。

恰昂瀑布
开 5:30~17:30
休 无 费 2000R

卡羌瀑布
Kachang Waterfall
MAP p.301 B 图
开 费 同上
位于班隆市中心西南部约 7 公里处。瀑布潭呈泳池状，雨季是绝佳的游泳场所。卡提恩瀑布在同一方向，在市中心西南部约 9 公里处。

耶谢帕塔玛山
费 免费
位于市中心以西约 2.5 公里处，乘坐摩的或汽车 5 分钟可达。涅槃佛位于名为斯外山寺的寺庙内，但是当地人习惯称它为“耶谢帕塔玛山”。

Access

前往腊塔纳基里的交通方式

巴士

维拉克·本格姆快运旅行社运营从金边始发的巴士，1 天 4 班，US$11~15，需要开行 10~11 小时。途经磅湛、桔井。

从腊塔纳基里出发的交通方式

巴士

维拉克·本格姆快运旅行社等多家公司运行前往金边的巴士，始发站是耶谢帕塔玛山（→上述）附近的巴士总站。所有班次 6:30 始发，US$10。

近些年，班隆也开始流行嘟嘟车，山间小路上奔跑着由大摩托改造成的嘟嘟车。

栋农拉克村古朴的高脚屋

去的是一个叫栋农拉克（Tong Nong Lac）的村庄。这个村有近30户人家，以刀耕火种、狩猎为主要生产方式，其中最引人注目的是建造在杆栏上的高脚小屋。家中有女孩长至16~17岁时，都会建造这样的房子，建好后作为女孩的卧室，用以与男性谈恋爱、寻找婚配对象。

中国人村和老挝族的村落

云晒

Map p.301 B图

ភូមិវិនសៃ

★★

中国人村的房屋大多很漂亮

班隆市西北面约40公里处的村落，位于桑河沿岸。这附近也散布着格楞族村庄，而景点却是河流北岸的中国人村和老挝族村、考派阿村（Kaoh Piek）内的卡琼墓地。云晒内有餐厅、国家公园的护林员办事处。

中国人村、老挝族村

河畔一块平整的地方有民房、商店，还建有学校。纵深较深的木屋雕刻精细，甚至还摆着祭坛，具有浓厚的中国特色。隔壁的老挝族村克兰涅多建造高脚式住宅，与中国村形成鲜明对比，非常有趣。

卡琼墓地

山地民族笃信万物有灵，所以将坟墓建在森林中。游客可以在这片颇具特色且规模较大的墓地进行参观。死去的人被埋葬在与生前房型类似的墓地内，入口处刻有男女木雕像。

卡琼墓地。墓地建成后，约有1周的水牛祭祀、饮酒、跳舞等仪式

柬埔寨最大的自然保护区

维拉差国家公园

Map p.301 B图

ឧទ្យានជាតិវិរៈជ័យ

★★

这是一个地处与老挝、越南接壤地区的柬埔寨最大的自然保护区。

神秘地带“石头地”

MAP p.301 B图

在奥丘姆东北方向几公里的山地中，陡然出现一片圆形平坦地面，给人豁然开朗之感。此地由火山运动形成，寸草不生，乱石嶙峋。同时这里也是祭祀场所，名为Veal Rum Plan。

市场附近的宝石店

MAP p.301 A图

市场附近的宝石店中，有的店铺销售加莱族的筐笼、东奔族的纺织品及小物件。加莱族的小号筐笼US$5~。

云晒

乘坐摩的、合乘出租车、汽车约需1小时30分钟。合乘出租车上车点位于班隆市场前，每天9:00左右发车，返程从云晒13:00左右发车（1万R）。去中国人村、老挝族村、卡琼墓地可从云晒租船前往。只参观两个村子票价US$8，加上墓地US$25。去各村约需10分钟，而去卡琼墓地需要经过30公里长的水域，约需1小时。墓地有守墓人，要支付5000R左右的门票。雨季前往墓地的道路会被水淹没，甚至会漫过小腿，因此建议旱季参观。

描绘考派阿村卡琼族房屋的画

维拉差国家公园

费 门票US$13

位于班隆东北约70公里处，距离云晒近30公里。云晒有管理员办公室。要参加旅行团可通过各酒店、旅行社、生态旅游咨询中心（→p.303页脚）报名。

INFORMATION 其他的景点

可以骑大象的少数民族村落

跟随大象，游玩山林

位于班隆南面，距离市中心约9公里的卡羌瀑布（→p.302）附近的格楞族村庄喂养大象，骑大象也是旅游项目之一。提前预约便可体验骑大象穿越山林（也有至卡羌瀑布的3小时线路）。

费 1小时US$15。

柬越边境的加莱族村庄

从班隆出发，沿9号国道向东行进约40公里，可来到有宝石矿山的博尔凯奥市（Bor Kheo）。从这里再走几公里，便可抵达加莱族村庄。游客可以在这里住宿特色民居“长屋”。

旅游团、租车等的收费标准

租摩的1天15US$~，半天US$10~。租汽车1天US$50~（配英语导游US$60~）。维拉差国家公园3天2晚行程US$148（含餐饮、导游、管理员、交通费），等等。游客自己租摩托车1天US$5，租自行车1天US$1。

参加旅行团、租车均可通过酒店、旅行社办理。

生态旅游咨询中心 Eco Tourism Information Center：兼有维拉差国家公园办事处的功能，组织国家公园山林游览。

MAP p.301 A图 ☎（075）974013、0889-887977 开 8:00~12:00、14:00~17:00 休 周六、周日

壁虎之家 Gecko House
MAP p.301 A 图
☎ 012-422228 营 8:30~22:00
休 无 信用卡 不可使用
这家时尚餐厅同时供应柬埔寨菜和欧美菜品、酒类。主菜 US$3~。

旱季会有观光团前往桑河北岸多奔县一带密林地带游览山麓。不过原始自然保护区未经人类开发，需要护林员一同前往。另外，需要携带吊床与垫子露营。

酒店 Hotel

红土上的小屋酒店
Terres Rouges Lodge 中档酒店

◆法国人经营的时尚民族风酒店。酒店内民族特色装饰精美大气，各房间均有阳台和院子，套房还有石造浴缸。湖景餐厅、商店、泳池和 SPA 等设施完备。组织各类旅行团和导游业务。位于本坎桑湖畔。

注重传统装潢的小屋式酒店

Map p.301 A 图
住 Boeng Kansaign
☎（075）974051、012-770650
FAX 无 URL www.ratanakiri-lodge.com
费 ⓈⓌUS$55~ ⓉUS$70~ 套房 US$80~
信用卡 MV 共 26 间客房 Wi-Fi

索邦基里酒店
Sovann Kiri 经济型酒店

◆距离市中心较远的现代化酒店。基本设备齐全，房间舒适。工作人员会说英语，服务热情。

Map p.301 A 图
☎ 012-654373、012-978797
FAX（075）974002
费 风扇 & 凉水淋浴房：ⓈⓉⓌUS$6
空调 & 热水淋浴房：ⓈⓉⓌUS$10~40
信用卡 不可使用 共 66 间客房

锁湖滨酒店
Lakeside Chheng Lok 经济型酒店

◆本坎桑湖畔的大型酒店，还有木屋。酒店内设餐厅，提供自行车出租，代办旅行团。

Map p.301 A 图
☎ 012-957422、097-8683989 FAX 无
费 风扇房：ⓈⓉⓌUS$5~ 空调房：ⓈⓉⓌUS$10~ 木屋：US$20 信用卡 MV
共 32 间客房、9 间木屋 Wi-Fi

基姆莫拉卡特酒店
Kim Morakat 小型酒店

◆酒店位于市中心，靠近市场，附近餐厅多，生活便利。客房整洁，一层有餐厅。大堂内有免费 Wi-Fi。

Map p.301 A 图
☎ 011-322292 FAX 无
费 风扇房：ⓈUS$5 ⓉⓌUS$7 空调房：ⓈUS$10 ⓉⓌUS$12
信用卡 不可使用 共 54 间客房

树冠生态山林小屋
Tree Top Eco-Lodge 小型酒店

◆建在大自然中的木屋。环境清净，气氛温馨，欧美游客大爱。代办旅行团和巴士车票。内设的餐厅和酒吧可免费连 Wi-Fi。

Map p.301 A 图
☎ 012-439454、012-490333 FAX 无
费 风扇房：ⓈⓉⓌUS$7 带风扇的木屋：ⓈⓉⓌUS$12 带风扇 & 热水淋浴的木屋：ⓈⓉⓌUS$15
信用卡 不可使用 共 17 间客房

米塔匹博旅馆
Mittapheap G.H. 旅馆

◆一家规模较大的旅馆。步行可达市中心。提供自行车出租，组织旅行团，内设餐厅（只在早餐时间营业）。

Map p.301 A 图
☎（075）974104、012-855466 FAX 无
费 风扇房：ⓈⓉⓌUS$5~6 空调房：ⓈⓉⓌ US$10 空调 & 热水淋浴房：ⓈⓉⓌ US$12 信用卡 不可使用 共 55 间客房 Wi-Fi

部落酒店
Tribal 旅馆

◆班隆一家有历史的旅馆。客房陈旧，但是整洁宽敞。周边有很多旅行社和餐厅，方便游客。

Map p.301 A 图
☎（075）6508555、090-445678
FAX 无 E-mail tribalhotel@gmail.com
费 风扇房：ⓈUS$5 空调 & 热水淋浴房：ⓈUS$12 风扇房：ⓉUS$7 空调 & 热水淋浴房：ⓉUS$13
信用卡 不可使用 共 20 间客房

爱喜利达银行 Acleda Bank：使用 Visa 卡可取现。 MAP p.301 A 图 ☎（075）974220 营 7:30~16:00（周六 ~12:00） 休 周日

旅行的准备与技巧篇

旅行的预算

怎么做预算

在柬埔寨旅行，最花钱的地方是古迹等地的门票，吴哥古迹1天就需要US$37。在预算方面，如果你是背包客，1天US$25左右；如果你是中产阶级，住稍贵的小型酒店和较便宜的中档酒店，同时在餐厅中就餐，1天US$120左右；如果钱对你来说只是个数字，1天US$300~。整个行程的预算按1天的预算 × 天数 × 预备金的1.5倍标准准备即可。

主要的物价指标

矿泉水等主要物价水平如下：

- ●矿泉水（500mL）：2000R~
- ●罐装果汁（330mL）：2000R~
- ●罐装啤酒（330mL）：2000R~
- ●洗发水（400mL）：US$2.5~

● 柬埔寨的物价

柬埔寨经济整体落后，但是金边、暹粒等城市的物价并不比中国低多少。某些服务类型和进口商品价格较高。另外，对观光地物价高这点也需要做好心理准备。

● 住宿费

从1晚US$5~的旅馆到1晚US$300以上的高档酒店，酒店类型多，游客可根据个人预算自行选择。时尚小酒店（US$20~）的数量也在增加（→p.332）。

● 餐饮费

价格不一。市区餐厅一顿US$5~，酒店等地的高档餐厅US$30~。当地人常去的平价饭馆一顿在US$1~。

● 交通费

市内交通费较高，这点出人意料。游客经常使用的嘟嘟车即使短途也要US$1~。如果是城际交通，巴士更方便，且实惠，从暹粒～金边只要US$6~。

INFORMATION 通过当地信息杂志获取最新信息

柬埔寨发行英语、汉语等多语种地方信息杂志，可通过这些杂志获取当地不断更新的最新信息。另外，还有生活类、文化习俗类、政经类等多领域的信息杂志。下面介绍一些著名的杂志。到当地以后可以买来读一读，上面记录的都是最新的信息。

《华商日报》

是柬埔寨内战后最早创办的中文报纸，创刊于1993年12月17日。第一个微信公众号于2013年5月开通。内容涵盖了本地政治、经济、外交、文化、教育、娱乐、体育等领域的新闻。还有中国，包括台港澳新闻和国际新闻。柬埔寨目前还有4份华文报纸，分别为《柬华日报》《金边晚报》《柬埔寨星洲日报》和《高棉日报》。可参照“柬埔寨中文社区”网站 URL www.7jpz.com/portal.php 对各家报纸的介绍。

《华人信息》

广泛记载着柬埔寨各类信息的中文生活杂志。每月发行，最新版可以在金边、暹粒、西哈努克市等城市的酒店和餐厅免费领取。也可参考之前发行的杂志。

URL www. 7jpz.com/portal.php? mod=topic & topicid-11

《柬单网》

一本名为《柬单网》的免费中文杂志2014年6月出现在柬埔寨首都金边、暹粒、西哈努克市等城市的各大中高端消费场所。由于首刊封面设计艳丽夺目，一时间吸引了柬埔寨华人华侨的关注。发行量7000册/期（双月刊）；覆盖金边、暹粒、西哈努克市。免费领取。可参照以下网站：

URL www.khmemavi.com/portal.php。

除此以外，还有很多英文杂志。这些杂志各有特色，尤其是“CanBy”发行的 *Siem Reap Angkor Visitors Guide*、*Phnom Penh Visitors Guide*、*Sihanouk Ville Visitors Guide* 等杂志，因历史悠久、信息快速、覆盖范围广，受到欧美人支持。虽然是英语杂志，但是用语简单易懂，有一些英语基础的中国人也能轻松阅读。

旅行季节与装备

旅行季节

● 最佳季节是 11 月 ~ 次年 1 月

柬埔寨属热带季风性气候，主要分为雨季和旱季两个季节（关于自然与气候请参看→ p.342）。11 月 ~ 次年 5 月中旬是旱季，但是最佳季节是较凉爽的 11 月 ~ 次年 1 月。此时由东北方向吹来的季风过境，气温稍降，凉爽怡人。同属旱季的 2~5 月中旬降雨少，尤其是雨季前的 3~5 月持续闷热的桑拿天气，不适合在古迹游玩。

5 月下旬 ~10 月的雨季气温虽然也下降，但是雨量大，同样不适合巡游古迹。大雨可能导致道路受阻、航班停飞等。

旅行装备

● 关于服装

柬埔寨全年都可以穿中国夏季的服装，但考虑到日晒和空调的因素，最好携带一件长袖前往。11 月 ~ 次年 2 月有些时段体感微凉，晚上有时需要准备运动鞋、厚毛衣等秋季服装。

另外，参观寺庙时不可裸露肌肤，这是当地的习俗。部分古迹和景区对着装要求十分严苛，请提前查询。

● 日用品可在当地购买

洗发水、牙刷、纸巾等日用品基本都可以在当地的超市或商店买到。城市还有 24 小时营业的便利店，店中也销售日用品。基本的装备请参考下文：

● 基本装备列表

贵重物品	洗护用品	其他
□ 护照	□ 洗发类	□ 墨镜
□ 签证	□ 牙刷套装	□ 口罩
□ 机票（电子客票凭证）	□ 洁面皂	□ 防晒霜
□ 信用卡	□ 化妆水、乳液	□ 折叠伞
□ 现金	□ 毛巾	□ 湿巾
□ 海外旅行保险单据		□ 防虫喷雾
	衣物	□ 药品
	□ 休闲装	□ 相机
	□ 内衣裤、袜子	□ 电池、充电器
	□ 帽子	□ 手电筒
	□ 拖鞋	□ 笔记用品

临行前查询当地天气情况

通过“中国天气”网可查询暹粒与金边 2 周内的天气预报及周边城市天气预报。

中国天气网

URL www.weather.com.cn

鞋子最好是自己穿惯了的轻便运动鞋

吴哥古迹观光需要步行的时间长，很多时候需要上下台阶。因此，前往柬埔寨旅行时最好穿自己穿惯了的轻便运动鞋。另外，如果漫步和海滩活动也在自己的行程中，拖鞋是个好搭档。

如何对抗蚊子

柬埔寨即使城市中蚊子也会很多，恐有染上登革热的风险，因此需要备好防虫喷雾，仔细喷抹，此外尽量少露出肌肤，不要靠近水池、水坑等水边地带，做好防范工作。

如何保管贵重物品

大额现金和护照等贵重物品可存放在酒店客房内的保险柜中。为了进一步分散现金遗失带来的损失，可将贵重物品随身携带，并分散保管在腰间、包内和口袋中。将这些物品寄存在前台可能会引发纠纷。

护照与签证的取得方法

护照

● **关于申请普通因私护照**

海外旅行的开始便是申办普通护照。2019 年 4 月 1 日起，中华人民共和国普通护照等出入境证件实行"全国通办"，即内地居民可在全国任一出入境管理窗口申请办理，申办手续与户籍地一致。国家移民管理局政务服务平台同步上线，可进行预约申请、证件进度查询等。

入境柬埔寨需要提交有效期 6 个月以上的护照。

● **从申请到取护照的时间与费用**

收到申请材料之日起 15 日内签发，偏远地区或交通不便的地区或因特殊情况不能按期签发护照的，经省级地方人民政府公安机关出入境管理机构负责人批准，签发时间可延长至 30 日。首次申请、失效重新申请以及换发、补发普通护照均为每本 160 元；普通护照加注每项 20 元。

柬埔寨的签证

● **入境柬埔寨需要签证**

中国公民进入柬埔寨，必须事先取得柬埔寨签证。柬埔寨签证分为商务签证、旅游签证、落地签证和电子签证。

● **落地签**

是指申请人不直接从中国境内取得柬埔寨签证前往柬埔寨，而是持护照等抵达柬埔寨口岸后，再签发签证。签证类型为旅游 / 商务签证，有效期限 3 个月，停留期限 30 天，入境次数是单次。需要注意的是柬埔寨落地签证对于入境口岸是有要求的，只有在指定口岸才可以办理落地签证。而且签证政策随时可以有变动；经陆路入境办理落地签时，有可能会被索要高额小费（→ p.313），所以建议申请人提前办理柬埔寨签证。

基本上支付美元即可，如果是从泰国经陆路进入柬埔寨，有时候口岸工作人员会要求支付泰铢。

● **电子签证**

柬埔寨政府和外交国际合作部推出电子签证服务，可在线申请柬埔寨旅游签证，由于电子签证申请比较方便，但是暂时不支持柬埔寨商务签证的电子签，如需要可以在使馆申请。需要提交的材料包括有效期离行程结束后至少有 6 个月的护照首页信息页清晰彩色扫描件，同时至少有两页完整连续的空白页，不包含备注页；白底彩色电子版照片，规格：35 毫米 ×45 毫米长方形。

申请普通护照时需要提交的材料

①近期免冠照片一张以及填写完整的《中国公民因私出国（境）申请表》；

②居民身份证；在居民身份证领取、换领、补领期间，可以提交临时居民身份证；

③未满 16 周岁的公民，应当由其监护人陪同，并提交其监护人出具的同意出境的意见、监护人的居民身份证、护照及复印件；

④国家工作人员应当按照有关规定，提交本人所属工作单位或者上级主管单位按照人事管理权限审批后出具的同意出境的证明；

⑤省级地方人民政府公安机关出入境管理机构报经公安部出入境管理机构批准，要求提交的其他材料。

护照咨询

☎86-10-65963500（工作时间）

公安部出入境管理

🌐 www.mps.gov.cn/n2256342/n2256352/n2256353/n2256378/n2256379/c3819568/content.html

办理普通护照变更加注

普通护照持有人具有下列情形之一的，可以向其户籍所在地县级以上地方人民政府公安机关出入境管理机构申请变更加注：

①有曾用名、繁体汉字姓名、外文姓名或者非标准汉语拼音姓名的；

②相貌发生较大变化，需要作近期照片加注的；

③公安部出入境管理机构认可的其他情形。

申请柬埔寨签证所需材料

①有效期离行程结束后至少有 6 个月的护照（至少有两页完整连续的空白页，不包含备注页）；

②近 6 个月内拍摄的彩色 2 寸照片 2 张，相同底版，且须在照片反面注明姓名（规格：35mm×45mm 长方形，白色背景）

③旧版护照，护照尾页签名处须签名

※ 以上介绍的是北京领区柬埔寨签证所需的材料，关于其他领区的材料可以查看柬埔寨签证产品详细材料

虽然电子签证办理比较方便，但是需要注意的是入境口岸是有限制的，具体详情可以查看柬埔寨电子签证相关信息。

电子签证信息网站

URL www.evisa.gov.kh

电子签证咨询网站（柬埔寨王国外交和国际合作部）

E-mail cambodiaevisa@mfaic.gov.kh

● 在中国国内的柬埔寨驻华大使馆 & 领事馆取得签证

办理柬埔寨签证需先确定自己所属领区，根据所管辖区域分为七大领区（北京、上海、广州、重庆、南宁、西安、昆明）。根据所选签证领区、类型不同，办签时间各有差异，正常需要 1~6 个工作日办理完成。

旅游、商务签证只能办理 3 个月有效期，30 天停留单次签证类型；获得商务签证后，可在柬埔寨当地移民局办理延期，延期时间为 1 年。

在北京办理柬埔寨旅游签证费用为 369 元。不同领区其签证费用也不同。

● 通过旅行社代办签证

工作繁忙，或者距离大使馆、领事馆较远的人可通过旅行社代办柬埔寨签证。费用和代办条件需向相关旅行社咨询。

● 在邻国办理柬埔寨签证

在泰国（曼谷）、越南（河内、胡志明市）等柬埔寨邻国也可办理有效期 30 天的旅游单次签证。可个人前往办理，也可通过旅行社办理。

● 长期在柬人员的签证延期

根据柬埔寨移民局规定，办理柬埔寨签证延期一般可以延期 1 个月、3 个月、6 个月以及 1 年有效期的签证。续签 1 个月和 3 个月的签证，为单次往返签证；续签 6 个月和 1 年的签证为多次往返签证。

根据柬埔寨移民局最新规定，所有柬埔寨签证延期都需要提供工作（在职）证明，工作证明上加盖的公章必须是在柬商务部注册的公章。儿童则需提供由学校出具的证明或者家长所在单位提供的证明。其余无工作人员可由家属所在单位提供证明。其中开具的工作证明仅用于办理签证使用，并不能代替劳工证，劳工证需单独办理。

周边国家的签证

● 在柬埔寨可办理的主要周边国家签证

可通过各国驻柬大使馆、马德望与西哈努克市的领事馆（仅限越南）办理越南、泰国和老挝等周边国家的签证。在满足条件的情况下，上述 3 国也可免签入境。办理签证可交给市内的旅行社。

● 越南的旅游签证

越南海岛——富国岛，对持有剩余有效期超过 6 个月的护照的中国公民实行免签，最多可逗留 30 天。持 G 开头的老护照可以直接通关，持 E 开头的电子芯片护照，需要提前准备两张白底证件照。但该“免签”政策并不适用于富国岛外的其他越南境地。想要去往越南其他地方，也可以直接办理落地签。

在柬埔寨国内办理签证时，可在金边的越南大使馆、马德望与西哈努克市的越南领事馆申请。取证需要 3 个工作日（驻金边大使馆办理加

或在线咨询柬埔寨签证服务中心签证客服。

申请电子签证时的注意事项

智能手机 e 签证 APP 已上线，但是问题较多，不建议使用。

柬埔寨驻华使馆

住 北京市东直门外大街 9 号
☎ 010-65321889
E-mail cambassy@public2.bta.net.cn

柬埔寨驻上海总领事馆

住 上海市天目中路 267 号蓝宝石大厦 12 楼 A 座
☎ 021-51015850

柬埔寨驻广州总领事馆

住 广州市环市东路 368 号花园酒店东楼 809-811 室
☎ 020-83338999-808

柬埔寨驻南宁总领事馆

住 广西南宁市民族大道 85 号南丰大厦二楼
☎ 0771-5889892、5889893

柬埔寨驻重庆总领事馆

住 重庆市江北区洋河路 9 号 A 栋 1902
☎ 023-89116415

柬埔寨驻昆明总领事馆

住 云南省昆明市新迎小区新迎路 172 号官房大酒店 4 楼
☎ 0871-3317320

柬埔寨驻香港总领事馆

住 香港特别行政区九龙尖沙咀梳士巴利道 3 号星光行 6 层 616
☎ 00852-25460718

越南驻柬埔寨大使馆

MAP p.260-3B
住 No.440A，Monivong Blvd.
☎（023）726274
FAX（023）726495
开 8:00~11:30、14:30~17:00
休 周六、周日、两国的节假日

越南驻马德望领事馆

MAP p.285-1A
住 St.3，Battambang
☎（053）6888867
FAX（053）6888866
开 8:00~11:30、14:00~16:30
休 周六、周日、两国的节假日

柬埔寨旅游签证申请表样本及填写指南

※ 填写申请表时需要用黑色笔填写；填写内容时用拼音和数字，不可以用汉字填写；填写的所有信息需要真实准确，不可有虚假信息，以免被拒签；填写时字迹清晰，保证申请表干净整洁。

※ 柬埔寨申请表正常都是去使领馆领取，申请签证时在使领馆现场填写。申请柬埔寨签证时填写的申请表内容比较简单，即使英文水平不高的人也可以轻松搞定。

KINGDOM OF CAMBODIA

APPLICATION FORM
VISA ON ARRIVAL

•PLEASE COMPLETE WITH CAPITAL LETTER

Surname: ① ③ Male

Given name: ② Female

Place of birth: ④

Date of birth: DD / MM / YYYY ⑤ Nationality: ⑥

Passport N°: ⑦ Profession: ⑧

Date Passport issued: DD / MM / YYYY ⑨ Date passport expires: DD / MM / YYYY ⑩

Port of entry: ⑪ From: ⑫ Flight/Ship/Car N°: ⑬

Permanent address: ⑭

E-mail: ⑮

Address in Cambodia: ⑯

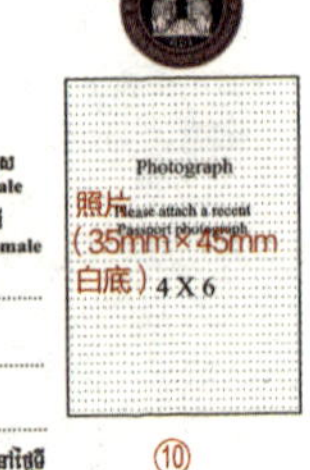

Photograph
照片 Please attach a recent Passport photograph
（35mm×45mm 白底）4 X 6

Details of children under 12 years old included in your passport who are traveling with you

Name: ⑰	Date of birth: DD ⑱ MM / YYYY
Name:	Date of birth: DD / MM / YYYY
Name:	Date of birth: DD / MM / YYYY

Purpose of visit: ⑲ Length of stay: ⑳

Visa type (Choose one only) ㉑

Tourist visa (T) ☐ Ordinary visa (E) ☐ Official visa (B) ☐

Special visa (K) ☐ Diplomatic visa (A) ☐ Courtesy visa (C) ☐

Other

I declare that the information given on this form is correct to the best of my knowledge and belief.

Date ㉒ DD / MM / YYYY

Signature

㉓

For official use only

General Department of Immigration
N° 322, Russian Blvd., Phnom Penh

Website: www.immigration.gov.kh
Email: visa.info@immigration.gov.kh

①姓

②名

③性别

（Male 是男性，Female 是女性，请在相应的地方打钩）

④出生地

（例：如果是在中国北京出生，则填“Beijing China”）

⑤出生年月日（参考 ※）

⑥国籍

（例：如果是中国国籍，则填“China”）

⑦护照号码

⑧职业

学生：Student
企业员工：Office Worker
公务员：Government Official
家庭主妇：Housewife
服务业：Service Job
自营业者：Self Employed
无业：None

⑨护照签发日期

（参考 ※）

⑩护照有效期至

（参考 ※）

⑪ 入境地点

（例：如果是在暹粒国际机场入境，则填“Siem Reap”）

⑫ 出发地点

（填写入境柬埔寨前所在的城市，例：北京则填“Beijing”，胡志明市则填“Ho Chi Minh City”）

⑬ 所乘交通工具编号

（乘坐飞机、船、车等进入柬埔寨时，填写交通工具编号。例：南方航空 323 航班，则填“CZ323”。乘船入境填写“Ship”，坐巴士入境填“Bus”）

⑭ 现住址

（如果现住址为中国，则填中国国内的地址）

⑮ 电子邮箱

⑯ 在柬住址

（填写酒店名。即使没有预订酒店，也要填写预计入住的酒店名。例：如果住在吴哥酒店，则填“Angkor Hotel”）

⑰12 岁以下的同行小孩姓名

⑱12 岁以下的同行小孩出生年月日（参考 ※）

⑲ 入境目的

（例：旅游签证填“Sightseeing”）

⑳ 滞留天数

（例：滞留 5 天则填“5 days”）

㉑ 签证种类

（例：旅游签证在 Tourist Visa 处打钩，商务签证在 Ordinary Visa 处打钩）

㉒ 签证申请日期（参考 ※）

㉓ 签名

（签名须与护照上姓名保持一致）

※ 按 Day（日）、Month（月）、Year（年）的顺序填写。例：1975 年 12 月 26 日则写成 26/12/1975

急业务）。

办理签证时需要的材料：

●剩余有效期超过 6 个月的护照

●近期免冠照片 1 张（长 4.5 厘米 × 宽 3.5 厘米）

●费用：各使领馆办理 1 个月的旅游单次签证均为 US$40。1 个月的旅游多次往返签证为 US$50

越南驻西哈努克市领事馆

MAP p.276 A 图 -2B

住 No.310，Ekareach Blvd.

☎（034）934039

FAX（034）933669

开 8:00~11:30、14:00~17:00（周六 8:00~12:00）

休 周日、两国的节假日

● 泰国的旅游签证

中国护照不适用泰国免签政策，但以旅游为目的的入境可以享受落地签证待遇。签证有效期为 90 天（单次入境泰国旅游签证）或 6 个月（多次往返泰国旅游签证）。

在柬埔寨国内办理签证时，可在金边的泰国大使馆申请。取证需要 3 个工作日。

办理签证时需要的材料：

①剩余有效期超过 6 个月的护照（无破损且有 2 页以上签证空白页）

②近期免冠照片 1 张（长 4 厘米 × 宽 3 厘米）

③费用：单次旅游签证费用：230 元人民币；商务签证费用：450 元人民币；旅游落地签证费用：2000 泰铢，约合 400 元人民币

泰国驻柬埔寨大使馆

MAP p.261-3C

住 No.196，Norodom Blvd.

☎（023）726306~8

FAX（023）726303

开 8:30~11:00、15:00~16:00

休 周六、周日、两国的节假日

● 老挝的旅游签证

中国护照不适用老挝免签政策，以旅游为目的的入境需办理老挝签证，可以享受落地签证待遇。

在柬埔寨国内办理签证时，可在金边的老挝大使馆申请。取证需要 3 个工作日，加 US$10 可隔天取证。

办理签证时需要的材料：

①剩余有效期超过 6 个月的护照（无破损且有 2 页以上签证空白页）

②近期免冠照片 3 张（长 4.5 厘米 × 宽 3.5 厘米）

③费用：361 元人民币

老挝驻柬埔寨大使馆

MAP p.260-2B

住 No.15-17，Mao Tse Toung Blvd.

☎（023）997931

FAX（023）720907

开 8:00~11:30、14:00~16:30

休 周六、周日、两国的节假日

前往柬埔寨的方法

从中国到柬埔寨的航班

近年，中国直飞柬埔寨航班也逐渐增加，每周约有 155 个航班，其中直飞金边有 70 余趟、暹粒省 82 趟、西哈努克省 3 趟。2019 年 1 月 7 日，中国国航开通北京—金边直飞航线，初期每周 3 班，未来计划每日都开设航班。目前，开通直飞柬埔寨航班的除了有北京、上海、广州、深圳、香港等这些一线城市外，还有重庆、成都、无锡、南通、杭州、福州、合肥、南宁城市等。目前为止，有 12 家运营中国直飞柬埔寨航班的航空公司。

白云机场 ~ 金边的直飞航班示例

出发地	目的地	出发日期	航空公司	出发时间	抵达时间	飞行时间
白云机场	金边	每天	CZ	8:45	10:40	2 小时 55 分钟
金边	白云机场	每天	CZ	15:35	19:20	2 小时 45 分钟

● 主要的中转地

从泰国曼谷中转

从曼谷飞往暹粒、金边的航班较多，从中国出发可当日抵达。

各大航空公司的官网

中国航空

URL www.airchina.com.cn

中国南方航空

URL www.csair.com

韩亚航空

URL flyasiana.com

阿斯塔纳航空

URL airastana.com

首尔航空

URL flyairseoul.com

长荣航空

URL www.evaair.com

卡塔尔航空

URL www.qatarairways.com

印度尼西亚鹰航空

URL www.garuda-indonesia.com

澳洲航空

URL www.qantas.com

柬埔寨吴哥航空

URL www.cambodiaangkorair.com

国泰港龙航空
URL www.cathaypacific.com
国泰航空
URL www.cathaypacific.com
全日空
URL www.ana.co.jp
亚洲航空
URL www.airasia.com
大韩航空
URL www.koreanair.com
泰国国际航空
URL www.thaiairways.com
泰国微笑航空
URL www.thaismileair.com
中华航空
URL www.china-airlines.com
曼谷航空
URL www.bangkokair.com
远东航空
URL www.fat.com.tw
越捷航空
URL www.vietjetair.com
越南航空
URL www.vietnamairlines.com
香港快运航空
URL www.hkexpress.com
香港航空
URL www.hongkongairlines.com

关于电子客票

现在，全球几乎所有的航空公司都在使用电子客票（无纸化客票）。旅行时出示电子客票凭证和护照即可登机。

特价机票

是各航空公司为招揽个人旅客，自行设定票价并销售的一种机票。其缺点包括不能更改行程等，但是在旅游淡季，有可能遇到这种超值特价票，不妨去碰碰运气吧。

其他可中转的城市

除右边的中转城市外，新加坡、老挝的万象、马来西亚的吉隆坡和中国的广州、上海、北京等城市均有飞往暹粒、金边两个城市的航班，老挝的巴塞、琅勃拉邦，越南的岘港等城市都有直飞暹粒的航班。

飞往暹粒

◆泰国国际航空：每天 7 个航班（7:25、8:00、10:35、14:05、17:50、18:45、18:50 起飞。其中 7:25、18:50 起飞的航班为与泰国微笑航空共同运营的航班）

◆亚洲航空：每天 2 个航班（10:10、13:30 起飞）

◆曼谷航空：每天 5 个航班（8:00、10:35、14:05、17:50、18:45 起飞。其中 17:50、18:45 起飞的航班为与澳洲航空共同运营的航班）

飞往金边

◆泰国国际航空：每天 2~3 个航班（每天 7:40、18:45 起飞。周一、周三、周五、周日增加 1 班与泰国微笑航空共同运营的航班，13:50 起飞）

◆曼谷航空：每天 6 个航班（6:15、8:20、11:20、13:45、17:30、21:35 起飞。其中 8:20、11:20 的航班与阿斯塔纳航空共同运营。其他航班与印度尼西亚鹰航空 & 阿斯塔纳航空共同运营）

◆亚洲航空：每天 3 个航班（6:30、14:55、20:10 起飞）

◆泰国微笑航空：每周 4 个航班（周一、周三、周五、周日的 13:50 起飞）

从越南胡志明市中转

从越南胡志明市飞往暹粒、金边的航班较多，可当日抵达。另外，从胡志明市也有飞往暹粒的航班。

飞往暹粒

◆越南航空与柬埔寨吴哥航空共同运营的航班：每天 4~5 班（每天 16:00、16:25、19:30 起飞。此外周三、周五、周日的 8:00，周一、周二、周四、周六的 8:20，周一、周四的 12:00 和周三、周五、周日的 13:40 也有航班）

飞往金边

◆越南航空与柬埔寨吴哥航空共同运营的航班：每天 4 班（每天 8:30、15:55 起飞。除周五外的 12:20，周五的 12:40，周六的 12:40，周一、周二、周三和周五的 19:20 以及周四、周日的 19:30 也有航班）

◆卡塔尔航空：每天 1 班（14:55 起飞）

飞往西哈努克市

◆越南航空与柬埔寨吴哥航空共同运营的航班：每周 4 班（周一、周三、周五、周日的 7:55 起飞）

从越南河内中转

有些飞往暹粒的航班可当日抵达。

飞往暹粒

◆越南航空与柬埔寨吴哥航空共同运营的航班：每天 3~4 班（每天 15:25、17:25、18:05 起飞。周二、周日以外的 11:40 也有航班）

◆越捷航空：每天 1 班（周二、周四、周六的 16:55 起飞，周一、周三、周五、周日的 17:15 起飞）

飞往金边

◆越南航空与柬埔寨吴哥航空共同运营的航班：每天 1 班（9:55 起飞）

从韩国首尔中转

有些飞往暹粒、金边的航班可当日抵达。

飞往暹粒

◆首尔航空与韩亚航空共同运营：每天 1 班（19:15 起飞）

飞往金边

◆韩亚航空：每天 1 班（19:30 起飞）

◆大韩航空：每天 1 班（18:45 起飞）

从中国香港中转

有些飞往暹粒、金边的航班可当日抵达。

飞往暹粒

◆由国泰港龙航空和国泰航空共同运营：每周 3 班（周日 7:55、周四与周六 17:30 起飞）

◆香港快运航空每周 3 班（周日 11:45、周二与周四 11:55 起飞）

飞往金边

◆由国泰港龙航空和国泰航空共同运营：每周 2~3 班（周三、周五以外 8:45 起飞，周三、周五 8:55 起飞，此外周三、周五、周日的 15:15，周一、周二、周四、周六的 16:00，周二、周四、周六的 17:45 也有航班）

◆香港航空：每周 4 班（周一 12:55，周二、周四的 14:30，周六的 15:05 起飞）

从中国台湾台北中转

有些飞往暹粒的航班可当日抵达。

飞往暹粒

◆远东航空：每周 1 班（周一 18:10 起飞）

飞往金边

◆中华航空：每周 5 班（周二、周五以外的 7:30 起飞）

◆长荣航空：每天 1 班（8:45 起飞）

经陆路、水路入境

● 有 4 处常用的陆路、水路边检站

经柬埔寨政府批准建设，为外国游客入境提供便利的陆路、水路边检站共包括：柬泰边境 6 处、柬越边境 11 处、柬老边境 1 处，共 18 处。但是，其中很多边检站入境道路不整，因此，如果经陆路、水路入境柬埔寨，只建议选择以下 4 个交通工具和道路设施完善的边检站通关。

● 泰国边境

亚兰～波贝

从泰国边境城市亚兰（Aranyaprathet）进入柬埔寨边境城市波贝（Poipet）的线路。

前往亚兰口岸的交通方式

亚兰位于曼谷以东约 240 公里处，从曼谷可乘坐火车或巴士抵达。

从曼谷的华南蓬火车站开往亚兰的火车每天 2 班，发车时间是 5:55、13:05，票价 B48~，需要开行近 6 小时。巴士从曼谷巴士北站始发（MOCHITMAI），在 3:30~18:15 间每小时有 1~2 班，票价 B234，需要开行约 5 小时。亚兰的火车站、巴士总站距离国境约 500 米，坐嘟嘟车（三轮摩托车）B80~、摩的 B60~，约需 15 分钟。

入境手续

在泰国境内办完出境手续后，步行到边检口，然后往前走 20~30 米后，可以在右侧看到柬埔寨落地（抵达）签证办理处，需要办落地签的人可前往那里办理。只是在波贝办理落地（抵达）签证时纠纷较多，建议提前办好电子签证（→边栏）。出示在出入境管理处填写的出入境申请表（→ p.318）和护照，采集指纹，待工作人员返还盖了入境印章的护照和出境申请表后，便完成了入境检查手续。返还的出境申请表需要在离开柬埔寨时出示，请妥善保管。

入境后，从边境出发的交通方式

通关后，继续向前走 1.5 公里左右，到达市场前（MAP p.294-1B）和

泰国铁路

URL www.railway.co.th

可通过上述网站查询列车时刻表，预订车票。

预订曼谷至暹粒、金边的直达巴士

泰国票务中心

Thaiticket Major

URL www.thaiticketmajor.com

可通过上述网站预订前往暹粒、金边的直达巴士车票。还可查询时刻表、票价和座位情况等，十分便利。预订时需要注册该网站（免费）。

经陆路走亚兰～波贝线路入境时的注意事项

位于波贝边境的落地签证签发地经常被曝“索取高额通关费”。另外，亚兰有多个柬埔寨领事馆的办事处，尽管可以当天领取柬埔寨签证（需要 10 多分钟），但是这里也经常发生被索要高额费用的情况。为此，走这条线路进入柬埔寨时最好事先去柬埔寨驻泰国大使馆办理签证，或提前办理电子签证。

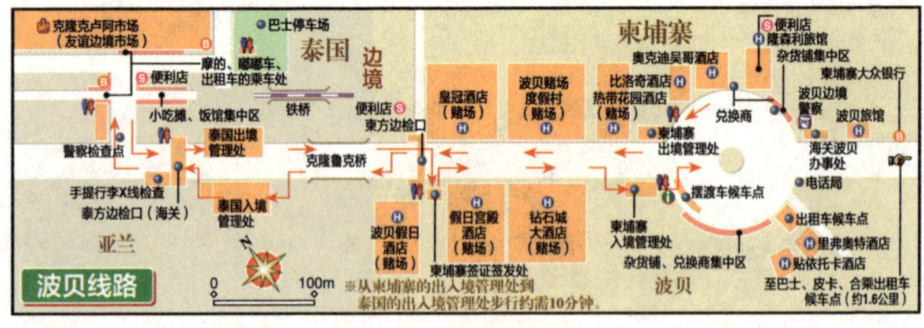

市场前的大街旁（MAP p.294-2B），从那里有多个班次的巴士、合乘出租车、迷你巴士、皮卡开往暹粒、诗梳风、马德望等地。发车时间基本在6:00~14:00。

乘坐曼谷至暹粒 & 金边的直达巴士入境

泰国客运集团（The Transport）在亚兰边境运营从曼谷出发至暹粒 & 金边的直达巴士，中途无须换乘。所有班次均从莫集（Mo chit）巴士总站开往暹粒，1 天 2 班，发车时间为 6:00、16:00，票价 B750，约需 7 小时。开往金边 1 天 1 班，5:00 发车，票价 B900，约需 11 小时。

也有些旅行社运营从考山路开往暹粒的巴士，但是基本上都需要在边境换乘，麻烦会比较多（→ p.336）。6:00 或 7:00 发车，当天傍晚抵达，各家旅行社票价不同，基本在 B500~1000。

哈特列克 ~ 戈公线路

从泰国一侧的小镇哈特列克（Hat Lek）进入柬埔寨边境小城戈公（Koh Kong）的线路。

前往哈特列克口岸的交通方式

从曼谷可乘坐巴士前往哈特列克。如果在曼谷巴士东站（Ekkamai）上车，中途需要在达叻（Trat）和空艾县（Khlong Yai）换乘别的巴士，最好是拜托考山路周边的酒店安排前往戈公的迷你巴士（B550~750，8:00 发车）。

入境手续

在泰国境内办完出境手续后，步行到边检口，然后往前走 50~60 米后，可以在左侧看到柬埔寨落地（抵达）签证办理处，需要办落地签的人可前往那里办理。签证办理处的隔壁是柬埔寨出入境管理处，办理入境手续。

入境后，从边境出发的交通方式

从边境到戈公城，坐出租车要 US$10（另付戈公大桥过桥费 US$1.5），嘟嘟车 B300~400，摩的 US$8。

乘坐曼谷至西哈努克市的直达巴士入境

考山路上的旅行社运营途经戈公终抵西哈努克市的迷你巴士。8:00 左右由曼谷出发，15:00 左右抵达戈公。在戈公住 1 晚，第二天上午 9:00 左右从戈公出发，13:00 左右抵达西哈努克市。酒店房费 B1450~1650。也有途经戈公前往金边的巴士，与前往西哈努克市行程几乎一样，但是途经波贝的班次更多。

哈特列克 ~ 戈公线路所在边境的正式名称

关于正式名称，哈特列克一侧称为空艾（Khlong Yai）边检站，戈公称为一侧称为查姆耶（Cham Yeam）边检站。

经陆路走哈特列克 ~ 戈公线路入境时的注意事项

在签证办理处有时会遇到被索要高额小费的情况，请直接无视。另外，出入境管理处办理入境手续前，有时会被要求出示预防接种证明，如果没有随身携带，可能会被索要小费，对方这种做法并不合规，不用支付。

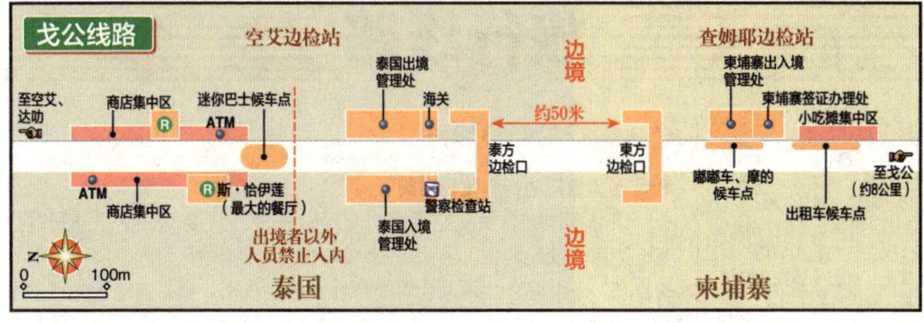

● **越南边境**

木牌～巴维线路

从越南边境小城木牌（Moc Bai）口岸进入柬埔寨边境小城巴维（Bavet）的线路，是一条经越南陆路入境柬埔寨通关人数最多的线路。手续顺畅，纠纷少，近年来人气蹿升。

前往木牌口岸的交通方式

木牌位于胡志明市西北方向约60公里处，从胡志明市到边境口岸需要坐出租车，因此从胡志明市直接坐前往金边或暹粒的直达巴士更方便。从胡志明市到边境口岸坐出租车US$30~，约需2小时。

入境手续

在越南境内办完出境手续后要接受行李检查，然后步行到边检口，再往前走大概100米后，便可以看到柬埔寨落地（抵达）签证办理处，需要办落地签的人可前往那里办理。还要在柬埔寨出入境管理处办理入境手续。

乘坐胡志明市至金边的直达巴士入境

胡志明市内有多家旅行社运营从胡志明市至金边的直达巴士，无须中途在口岸换乘。每家公司情况不同，但基本上每天有4~7班次，US$10左右，需要大约6小时。也有开往暹粒的巴士，但是需要在金边转车。

朱笃～金边水上线路

朱笃（Chau Doc）是胡志明市以西约230公里的一个城市，从朱笃可由水路，途经越南边境城市永昌（Vinh Xuong）和柬埔寨边境城市加姆萨姆诺尔（Kaam Samnor），然后随船一路北上，直达金边。如果选择这条线路，建议乘坐旅行社提供的从朱笃出发的快艇。票价US$35~，约需5小时。

前往永昌口岸的交通方式

从朱笃乘坐快艇沿巴塞河北上，约1小时后即到达越南一侧的永昌口岸。

入境手续

在越南境内办完出境手续后，上船，约5分钟后到达柬埔寨境内的加姆萨姆诺尔口岸。与巴维线路相同，也需要在这里的柬埔寨出入境管理处办理入境手续。

靠近柬越边境的小城——朱笃的后江。沿着这条河可坐船到永昌

泰柬边境的开放时间

亚兰～波贝线路开放时间为7:30~20:00，哈特列克~戈公线路为7:00~20:00。

越柬边境的开放时间

木牌~巴维线路、朱笃~金边水上线路的开放时间均为7:00~17:00。

旅行线路

个人旅行的经典线路

● 尽量为自己的行程留足时间

柬埔寨境内，尤其是雨季，交通时刻表经常变动，不经意间就会有一些意外情况发生。因此，去柬埔寨旅行需要留足时间，同时保持好的心态。下面将介绍两条经典的柬埔寨旅游线路。吴哥古迹观光请参考p.14。

● ①金边 & 吴哥古迹 7 日游

游览金边市区与吴哥古迹的线路。

第 1 天：抵达金边（住金边）

第 2 天：游览金边市区

第 3 天：飞往暹粒（住暹粒）

第 4~6 天：游览吴哥古迹（住暹粒）

第 7 天：离开柬埔寨

● ②泰国、柬埔寨、越南陆路 10 日游

经陆路穿越边境，同时享受观光旅行的线路。此线路适合背包客。

第 1 天：乘坐曼谷至暹粒的直达巴士，从亚兰入境，随后前往暹粒（住暹粒）

第 2~4 天：游览暹粒市区与吴哥古迹（住暹粒）

第 5 天：坐巴士前往西哈努克市（住西哈努克市）

第 6 天：游玩西哈努克市各海滩（住西哈努克市）

第 7 天：西哈努克市离岛一日游（住西哈努克市）

第 8 天：坐巴士前往金边（住金边）

第 9 天：金边观光（住金边）

第 10 天：坐巴士前往越南

旅游套餐服务

● 参加可以高效游览的旅行团

柬埔寨旅游套餐项目的日程主要是游览吴哥古迹，很多旅游产品都倡导在有限的时间内高效旅行。除暹粒 3 晚 5 天 ~、胡志明市和暹粒双城 4 晚 6 天 ~ 旅游套餐外，还可以乘坐金边直达航班，留宿金边、暹粒的同时，游览近郊的古迹。停留时间长短、旅行内容不同，价格也不同，如果旺季去，只游览暹粒的费用为 3700 元人民币 ~，包含吴哥古迹游在内的周边游则为 4900 元人民币 ~。

另外，如果请一位汉语导游，能加深对古迹和柬埔寨文化的理解，带来更充实的旅行体验。

3 城 10 日游

除右边所述的经典线路外，还有一条金边、西哈努克市、暹粒 3 城游线路。

第 1 天：抵达金边（住金边）

第 2 天：游览金边市区

第 3 天：坐巴士前往西哈努克市（住西哈努克市）

第 4 天：西哈努克市离岛游（住高龙撒冷岛）

第 5 天：游玩西哈努克市各海滩（住西哈努克市）

第 6 天：坐飞机或巴士前往暹粒

第 7~9 天：游览吴哥古迹（住暹粒）

第 10 天：离开柬埔寨

柬埔寨 + 越南游要注意签证的办理

上述两国，除越南富国岛外，均不对中国公民实行免签政策，但以旅游为目的的入境可以享受落地签证待遇。但是必须持有有效期离行程结束后至少有 6 个月的护照（至少有两页完整连续的空白页，不包含备注页）。如果要在多国间旅行，建议提前在国内办好多次往返签证。

选择合适的当地旅行团

如果是个人旅行，选择合适的当地旅行团非常重要。在当地参加旅行团会比在国内报团更便宜，并且能够高效旅游，是时间有限的人的理想选择。当地还有些华人旅行团体，组织汉语旅行团。

旅游套餐比较

在决定选取哪家旅行社前，请借鉴他人经验，多比较几家旅行社的旅游产品。

柬埔寨出入境

入境手续

柬埔寨的空中门户主要指的是金边国际机场与暹粒国际机场。从规模较小的西哈努克国际机场也可以入境。主要的入境手续包括以下步骤：

● ①填写出入境申请表 & 海关申报单

入境柬埔寨时需要出入境申请表 & 海关申报单（→ p.318、319）。飞机上会分发这些材料，请在降落前提前填写完毕。

● ②办理签证

准备在机场办理落地（抵达）签证的人，需要在入境前办理手续（详情请参照→ p.308）。已提前办好签证的游客可直接前往出入境管理处。

● ③入境检查

向出入境管理处业务柜台出示出入境申请表和护照。入境检查时需要使用指纹采集系统采集入境人的指纹。首次入境柬埔寨者需要采集双手 10 根手指的指纹，2 次以上的入境者，如果以前采集过指纹的人只需要采集左手或右手单手 5 根手指的指纹。另外，2 次以上的入境者，如果以前采集过指纹的也可能不在入境时采集指纹，而在出境时采集。

● ④领取行李

入境审查结束后，在电子屏幕上确认行李转盘号码，领取托运的行李。如果迟迟没看到自己的行李，可向附近的工作人员出示登机地开出的托运行李凭证，请他们帮忙找寻。

● ⑤海关

如果有向海关申报的物品，在“申报”柜台出示填写好的海关申报单（→ p.319）。如果没有要申报的物品，也要向“无申报”柜台出示海关申报单。

● ⑥从机场到市内

降落在暹粒国际机场

海关前面有汽车（出租车）、嘟嘟车、摩的售票处。到市中心的票价分别为：箱式货车 US$15、出租车 US$10、嘟嘟车和摩的各 US$9。23:00~ 次日 6:30 间加收 US$5。如果跟团游，机场抵达大厅外应该会有旅行社的大巴等候。

降落在金边国际机场

出口左手边有机场出租车和嘟嘟车售票处。到市中心的费用受目的地远近影响，一般机场出租车 US$9~15，嘟嘟车 US$7~9。摩的只能去机场区域外坐，价格 US$4~6。如果要坐巴士，可从机场前的大街上的名为“Pochengtong International Airport”的巴士站台上车，3 路车从那里开往金边夜市（→ p.227），5:30~20:30 间每隔 10~15 分钟 1 班车。票价 1500R，约需 45 分钟。

入境健康检查

为预防游客带入新型流感病毒，口岸会采用红外热像技术进行健康检查。发烧等疑似流感症状会被强制送医，请游客做个人健康管理。

指纹采集方法

首次入境者

需要采集双手 10 根手指的指纹。首先，将右手或左手除大拇指外的其他 4 根指头贴着采集设备，待绿灯响后再放大拇指。另一只手重复同样的采集方法。

2 次以上的入境者，如果以前采集过指纹

只需要采集左手或右手单手 5 根手指的指纹。程序如上，按除大拇指外的其他 4 根指头→大拇指的顺序。

指纹采集时的注意事项

手指上涂抹了护手霜或油性皮肤的人不容易被采集到指纹，请在采集前轻轻擦拭手指。

入境时需要向海关申报的物品

- 超过相当于 US$10000 金额的外币
- 电脑、录像带、摄像机、电视、磁带录音机 / 播放器、收音机、武器、军需物品、无线电收发机、压延金属条

入境免税物品清单

- 不超过相当于 US$10000 金额的外币
- 200 支香烟
- 不超过 3 瓶（700 毫升）酒

金边国际机场内的出租车与嘟嘟车售票处

降落在西哈努克国际机场

出口前有出租车售票处。。到市中心每台车 US$10（合坐时每人 US$5）。从机场乘坐摩的或嘟嘟车去酒店时，司机有可能在后来的行程中一直纠缠游客，因此不要轻易透露自己的旅行计划。

出入境申请表示例

※ 填写内容时用拼音和数字，不可以用汉字填写。

入境用申请表

ARRIVAL CARD　D 4274660

PLEASE COMPLETE WITH CAPITAL LETTER

Family name ①

Given name ②

Date of birth /③/　Nationality ④　⑥

Passport N° ⑤　Sex /M □ /F □

Flight / Vessel / Vehicle N° ⑦

From ⑧

Visa N° ⑨　Place of issue ⑩

Purpose of Travel ⑪　Length of stay ⑫

Address in Cambodia ⑬

I declare that the information I have given is true and correct.

For official use only

Signature ⑭

Date / ⑮ /

出境用申请表

DEPARTURE CARD　D 4274660

PLEASE COMPLETE WITH CAPITAL LETTER

Family name ⑯

Given name ⑰

Date of birth /⑱/　Nationality ⑲　㉑

Passport N° ⑳　Sex /M □ /F □

Flight / Vessel / Vehicle N° ㉒

Final Destination ㉓

(Cambodian only) ㉔

I declare that the information I have given is true and correct.

Signature ㉕

Date / ㉖ /

For official use only

①姓

②名

③出生年月日（按日、月、年的顺序填写。例：1975 年 12 月 26 日则写成 26/12/1975）

④国籍（例：如果是中国国籍，则填“China”）

⑤护照号码

⑥性别（M 是男性，F 是女性，请在相应的地方打钩）

⑦抵达的交通工具编号（如果乘坐航班，请填写航班编号，例：南方航空 323 航班，则填“CZ323”）

⑧出发地点（填写入境柬埔寨前所在的城市，例：北京则填“Beijing”，胡志明市则填“Ho Chi Minh City”）

⑨签证号码

⑩签证签发地（例：如果是在北京签发，则填“Beijing China”）

⑪入境目的（例：通常以旅游为目的的填“Sightseeing”）

⑫预计滞留天数（例：滞留 10 天则填“10 days”）

⑬在柬住址（填写酒店名。即使没有预订酒店，也要填写预计入住的酒店名。例：如果住在金宝殿酒店，则填“Hotel Combodiana”）

⑭签名（签名须与护照上姓名保持一致）

⑮入境日期（按日、月、年的顺序填写。例：2018 年 12 月 14 日则写成 14/12/2018）

⑯姓

⑰名

⑱出生年月日（参考入境用申请表③）

⑲国籍（参考入境用申请表④）

⑳护照号码

㉑性别（参考入境用申请表⑥）

㉒出发的交通工具编号（参考入境用申请表⑦）

㉓下一个目的地（填写㉒最先抵达的城市名。例：如果是曼谷，则填“Bangkok”）

㉔如果是中国国籍，此栏不用填

㉕签名（签名须与护照上姓名保持一致）

㉖入境日期（按日、月、年的顺序填写。例：2018 年 12 月 30 日则写成 30/12/2018）

海关申报单样本及填写指南

※ 填写内容时用拼音和数字，不可以用汉字填写。

正面

GENERAL DEPARTMENT OF CUSTOMS AND EXCISE

Passenger's Declaration

Family Name ①
Given Names ②
Sex Male ③ Female
Date of Birth ④
Passport No. ⑤
Nationality ⑥
Occupation ⑦
Flight.No. ⑧
From/To ⑨

Please Check
Goods to declare ⑩ Nothing to declare
If you have goods to declare please list them on the reverse side.

You are carrying foreign currency or monetary instruments over $10,000U.S. or its equivalent. Yes ⑪ No

I certify that all statements on this declaration are true and correct.
Signature......⑫......
Date Day......⑬ Month......... Year.........

If you have any question, please ask a customs officer.

背面

(Notice)
Goods not to declare cover only your own personal effects.

(Notice)
Goods to declare cover (1) dutiable goods e.g. electronic goods, computers commercial goods......etc., (2) prohibited/restricted goods e.g. firearms, ammunition, explosives, wireless transmitters and receivers, drugs, narcotics, chemical substances...etc.

Warning: Failure to declare, misdeclaration or false declaration are offences under the law and can result in fines or other penalties.

List of declared goods

Description of goods	Quantity	Value	Customs Use Only
⑭	⑮	⑯	
Total			

Receipt No.
Date:
Date.........
Customs and Excise Officer

①姓

②名

③性别（Male是男性，Female是女性，请在相应的地方打钩）

④出生年月日（参考*）

⑤护照号码

⑥国籍（例：如果是中国国籍，则填“China”）

⑦职业

学生：Student
企业员工：Office Worker
公务员：Government Official
家庭主妇：Housewife
服务业：Service Job
私营业者：Self Employed
无业：None

⑧所乘交通工具编号（如果乘坐航班，请填写航班编号，例：南方航空323航班，在“Flight No.”一栏填“CZ323”。乘船入境填写“Ship”，坐巴士入境填“Bus”）

⑨出发地与目的地（例：从曼谷出发，经过柬埔寨，还要去胡志明市，则填Bangkok/Ho Chi Minh City）

⑩是否携带了需要在海关申报的物品？（如果没有携带，在“Nothing to declare”栏打钩；如果携带了，在“Goods to declare”栏打钩，并在背面记录物品名称、数量和价格）

⑪是否携带了超过相当于1万US$金额的外币？（如果没有携带，在“No”栏打钩；如果携带了，在“Yes”栏打钩，并在背面记录货币名称和金额）

⑫签名（签名须与护照上的姓名保持一致）

⑬入境日期（参考*）

⑭如果⑩中在“Goods to declare”栏打钩，请在此处填写物品名称（例：如果携带了佳能相机，则填Camera/Canon）。另外，如果⑪中在“Yes”栏打钩，要填写货币名称（例：如果携带了10万元人民币，则填Chinese Yuan 100000）

⑮填⑭的数量（例：如果携带了10个，填“10 Pieces”）

⑯填⑭的价格（例：携带了10件单价1000US$的物品，则填“1000US$ × 10 = 10000US$”）

※按日、月、年的顺序填写。例：1975年12月26日写成26/12/1975

出境手续

金边国际机场、暹粒国际机场、西哈努克国际机场距离市区都不远，金边的交通拥堵相对严重，去机场要留足时间。主要的出境手续如下：

● 登机手续

各家航空公司的国际线的登机手续不尽相同，但一般提前 2~3 小时开始办理相关手续。各航空公司都有自己的值机柜台，电子屏幕上会打出将要出发的航班名称和柜台号码，请对照自己的航班。值机柜台又细分为商务舱柜台、经济舱柜台、已完成网上值机乘客行李托运柜台。办完行李托运，领到登机牌（登机凭证）和行李托运单后就完成了值机手续。

在电子屏幕上确认柜台号码

● 出境检查

向出境管理处柜台出示护照和登机牌。出境审查时需要采集指纹。出境时，只需要采集左手或右手单手 5 根手指的指纹。指纹采集方法见→ p.317 边栏。

● 海关与随身行李的 X 线检查

随身行李要接受 X 线检查。通常，对待观光游客的检查不会过于严格，但考虑到当时的国际形势，会对鞋底和包内进行细致的检查。除危险物品外，柬埔寨还禁止携带古董、古佛像、陶瓷等物品出境。一旦被发现欲携带此类物品出境，可能会被没收；但是如果持有所购店铺出具的收据，也可能会免于没收，因此购买时务必请店方出具收据。

● 登机

办完以上手续，即可走向登机牌上的登机口。候机厅有礼品店、免税店、咖啡厅和餐厅，如果离登机还有一段时间，可以利用最后的时间购物，喝咖啡。

入境中国

中国公民入境，应当向出入境边防检查机关交验本人的护照或者其他旅行证件等入境证件，履行规定的手续，经查验准许，方可入境。进境居民旅客携带超出 5000 元人民币的个人自用进境物品，经海关审核确属自用的；进境非居民旅客携带拟留在中国境内的个人自用进境物品，超出人民币 2000 元的，海关仅对超出部分的个人自用进境物品征税，对不可分割的单件物品，全额征税。

关于再次确认

目前，多数航空公司已经取消了机票再次确认（Reconfirm）制度，但柬埔寨吴哥航空等部分航空公司仍然保留了确认制度，乘坐相应航班时要提前确认好。

方便的网上值机

网上办理乘机手续，是无需到机场服务柜台排队办理登机牌的便捷服务形式。有些公司，例如南航在广州、东航在上海机场还支持二维码值机。办理时间各大航空公司各不相同，一般是起飞前的 24 小时 ~2 小时或 1 小时均可办理。国航、越南航空、亚洲航空等各航空公司均已开通这项服务。需要注意的是，即使办理了网上值机，为预防出境检查人多拥挤的情况，还请提前抵达机场。

机舱内携带物品的限制

枪支、军用或警用械具及管制刀具、打火机、爆竹、烟花、酒精等易燃易爆物品、容积超过 100 毫升的液体等不得携带登机。

中国民用航空局《关于禁止旅客随身携带液态物品乘坐国内航班的公告》

URL www.caac.gov.cn/XWZX/MHYW/200803/t20080318_11842.html

手提行李及托运行李的重量制限

各航空公司对国际航班行李重量的规定不甚相同。构成国际运输的国内航段，每位旅客的免费行李额按适用的国际航线免费行李额计算。旅客对逾重行李应付逾重行李费，国内航班逾重行李费率以每千克按经济舱票价的 1.5% 计算，金额以元为单位。各航空公司对国际航班逾重行李费率和计算方法不相同，旅客须按各航空公司规定办理。

通关手续、携带物品、托运物品详情查询请登录海关总署网站：

URL www.customs.gov.cn/customs/index/index.html

机场向导

● 可入境的机场共有 3 座

柬埔寨的空中门户主要指的是金边国际机场与暹粒国际机场、西哈努克国际机场。从中国起飞的航班主要降落在暹粒国际机场和金边国际机场。下面将详细介绍这两座机场。

出发大厅有“吴哥艺术学校”和“斯玛特里亚”等热门店铺

内设快餐店和主营牛肉盖饭的日料餐厅“暹粒美食村”

暹粒

暹粒国际机场距离市中心约 8 公里。这座只有一层的机场的朱红屋顶令人印象深刻，也被称为吴哥国际机场。机场面积不大，近年来经过改扩建，已经蜕变成一座现代化的机场。

国内线航站楼是机场正门背后靠右侧的一座新楼。从机场到市区的交通可参考 p.156 边栏、317。

现代化的暹粒国际机场的抵达大厅。机场还有兑换处和 ATM 机

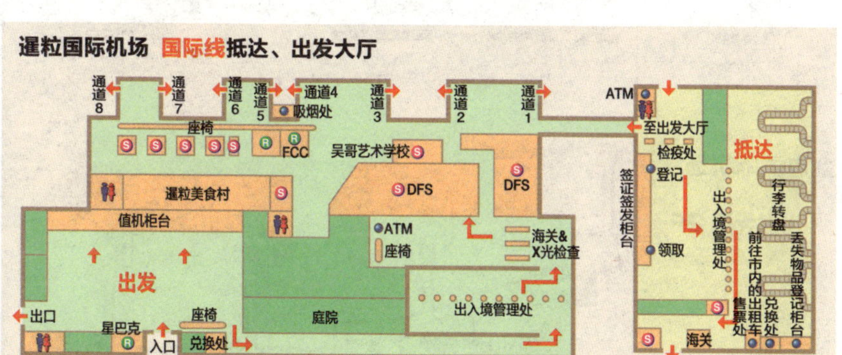

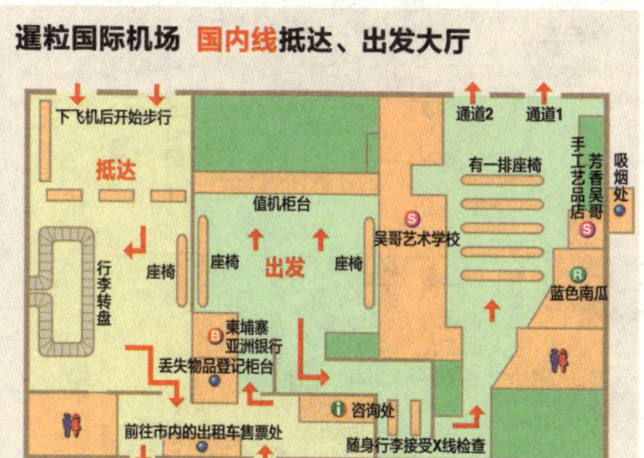

抵达暹粒机场前可以在飞机上俯瞰到远处的洞里萨湖

出抵达大厅后，附近有汉堡王、吉野家，可以用餐后再去出发大厅

金边

金边国际机场距离市区约7公里，是柬埔寨最大的国际机场。2016年新航站楼落成，这里由此成为一座现代化机场。

出发大厅内有免税店和星巴克咖啡及一些餐厅，另外还有无消费门槛的“广场豪华休息室”，可在里面淋浴

国内线航站楼在同一栋建筑内，国内、国际线共用一个出发大厅。在一层的值机柜台完成登机手续后，坐上左侧带“Domestic Departure Gates01-03”标识的自动扶梯前往登机口。国际线也在一层值机。面对机场航站楼，国内线抵达大厅位于国际线抵达大厅的左侧。从机场到市区的交通可参考 p.210 边栏、317。

左 / 一层有国内线、国际线共用的值机柜台。先在电子屏幕上确认自己要在哪个柜台值机　右 / 走到值机柜台的左侧，可以看到前往国内线出发大厅的自动扶梯

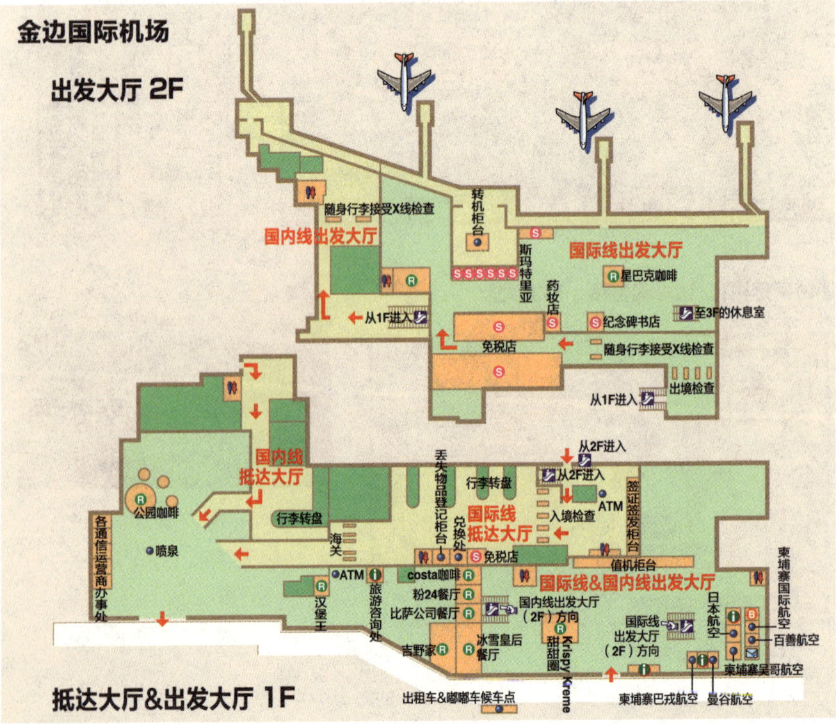

金边国际机场

出发大厅 2F

随身行李接受X线检查
国内线出发大厅
转机柜台
国际线出发大厅
斯玛特里亚
药妆店
星巴克咖啡
从1F进入
至3F的休息室
纪念碑书店
免税店
随身行李接受X线检查
出境检查
从1F进入

国内线抵达大厅
从2F进入
丢失物品登记柜台
行李转盘
签证签发柜台
公园咖啡
兑换处
国际线抵达大厅
入境检查
ATM
各通信运营商办事处
喷泉
海关
免税店
值机柜台
ATM
costa咖啡
粉24餐厅
比萨公司餐厅
国际线&国内线出发大厅
汉堡王
旅游咨询处
国内线出发大厅（2F）方向
国际线出发大厅（2F）方向
日本航空
柬埔寨国际航空
百善航空
吉野家
冰雪皇后餐厅
甜甜圈
Krispy Kreme
柬埔寨吴哥航空
出租车&嘟嘟车候车点
柬埔寨巴戎航空
曼谷航空

抵达大厅&出发大厅 1F

货币与兑换

柬埔寨的货币

● **柬埔寨瑞尔**

柬埔寨的货币单位是瑞尔（Riel）。柬埔寨境内公开发行的瑞尔纸币超过 20 种，实际流通的主要有以下几种：50、100（2 种）、200、500（2 种）、1000（3 种）、2000（2 种）、5000（2 种）、1 万（2 种）、2 万、5 万、10 万瑞尔，共 18 种。硬币分 50、100、200、500 共 4 种，实际不流通。

50 瑞尔　1000瑞尔　5000 瑞尔
100瑞尔　1000瑞尔　10000瑞尔
100瑞尔　1000瑞尔　10000瑞尔

200瑞尔　2000瑞尔　20000瑞尔

500瑞尔　2000瑞尔　50000瑞尔

500瑞尔　5000 瑞尔　100000瑞尔

未列在图中的还有一款 2013 年发行的 2000 瑞尔纸币

● **美元十分普及**

柬埔寨境内美元纸币的普及度相当高，外国人常去的酒店和餐厅自不消说，连坐嘟嘟车，去街边的站立咖啡店、小摊、商店等，都可以直接使用美元。不过美元硬币不流通，比如需要找零 US$0.5 时，对方会返还 2000R。这样看来，瑞尔实际上在大多数场合充当美元的辅助货币。如果只是短短几天的旅行，携带美元即可畅通无阻。

从中国携带现金

● **最好携带小面额美元**

从中国出发前，最好兑换一些小额美元。在柬埔寨，US$1、US$5 这样的小额美元使用概率非常高。另外，US$50、US$100 这样的大额美元除酒店和高档餐厅外，一般会以“无法找零”的理由遭拒收，因此还是多准备一些小面额美金比较好。

兑换

● **在柬埔寨兑换**

机场及市区的银行、酒店、兑换处等都办理外币兑换。城市有很多兑换处可将人民币兑换成美元。另外，美元、越南盾、泰铢兑换成柬埔寨瑞尔几乎没任何问题。只是用美元支付的情况下，找零通常会用瑞尔，因此不用刻意兑换瑞尔。

● **二次兑换**

将柬埔寨瑞尔二次兑换成外币可在银行、兑换处等办理，不过汇率

人民币在柬埔寨基本不流通

除了部分酒店、礼品店外，人民币在柬埔寨基本无法使用，需要去银行或兑换处兑换。暹粒、金边、磅湛、西哈努克市、贡布和马德望等地的银行和兑换处都接受人民币现金（限纸币）兑换。

汇率大致为 1US$=4000R

即使银行和兑换处的外汇汇率为 US$1=4100R，基本上也会按 US$1=4000R 的汇率给游客兑换。例如，如果支付金额为 US$1.25，可以给一张 US$1 纸币和 1000R，或者直接给 5000R。

可能会被拒收的纸币

残币、污币可能会被拒收，在兑换和找零时，一定要确认纸币完好。另外，由于柬埔寨国内有大量假币，因此城区购买支付高面额美元时，也可能被拒收。

海外旅行中大显身手的预付卡（prepaid card）

预付卡能免去外币兑换的手续和麻烦，是种便利的银行卡。比起大多数汇率，这种卡的汇率更划算，并且制作银行卡时也不需要审查。出发前在银行的 ATM 机先充值，然后按照额度在目的地的 ATM 上取款（需要手续费）。

关于预付卡的办理、消费额度等，可向各大银行咨询。

柬埔寨瑞尔的参考汇率

US$1 ≒ 4100R
1 元人民币 ≒ 600R

兑换汇率并不固定

各个兑换点的汇率均不相同。通常，酒店、银行、兑换处的汇率是一个比一个划算，有些酒店的汇率甚至可与兑换处媲美。

不划算，不推荐。如果在银行二次兑换，各银行规定不尽相同，有的需要该银行的水单（兑换处开具的收据），有的则对兑换金额的上限有规定。可二次兑换的外币包括美元、越南盾、泰铢等。

兑换的注意事项

接到对方兑换的纸币后，一定要当场清点数量。残币、污币无法使用（→p.323 边栏），而对方有可能把这些纸币混在里面，因此一定要当场确认，如果有，请对方换一张。

此外，金边经常发生瞄准在 ATM 机取现顾客的抢劫事件，建议在机场或酒店兑换。

遗失信用卡怎么办

联系发卡银行申请挂失，同时申请新卡。为了预防万一，请提前记好发卡银行的紧急联系方式、卡号和有效期限。

ATM 机取现的手续费和利息

如果持有具备境外取现功能的信用卡，则可以在机场、银行和市区的 ATM 上提取美元现金。即便都是通过银联渠道取款，在收取境外取现手续费的标准上，各家的差异仍然比较明显。大多数银行对境外取现收取每次 12~16 元人民币不等的手续费，但也有部分银行有境外取款、查询免费政策。

基本上，在境外的 ATM 上查询，需要收取 2~10 元人民币 / 次的查询费，大多数银行采用的是 4 元 / 次的标准。恒丰银行、南粤银行、宁波银行、中信银行、民生银行查询免费。其中目前恒丰银行、花旗银行、南粤银行在境外带有银联标识的 ATM 上取款、查询“双重免费”，而且没有特殊要求。

信用卡

● 信用卡使用情况

城市中的很多酒店和餐厅等地都可以使用信用卡，在乡村则并不普及。并且有些店会设置一些障碍，比如收取手续费，或者规定消费满几十美元才可使用信用卡等。柬埔寨最普遍的信用卡是 Visa 卡、万事达卡，其次是 JCB 卡。部分场所也可以用大来卡，很多场所不能使用美国运通卡。另外，五星级酒店在入住、支付押金时有时会被要求出示信用卡（→p.331 边栏）。

● 信用卡的优点

最大的优点是可避免遗失、被盗造成的损失。即使真的遗失或被盗，也可以联系发卡银行申请挂失；一旦出现损失，有一个追溯期，此期间内银行会给予一定补偿。另外，有些信用卡附带境外旅行保险和购物打折、免费进入机场休息室等服务。在出发前，确认好自己的信用卡都有哪些优惠服务项目。

● 信用卡的缺点和使用时的注意事项

尽量不要在夜间使用 ATM 机

①柬埔寨的信用卡适用店仍然较少，有些店会收较高的手续费。②结账时会发现店家刷的金额高于消费金额，或者非法读取信用卡信息造成持卡人损失。③ ATM 经常出现不吐卡的情况。④金边经常发生瞄准在 ATM 机取现顾客的抢劫事件，等等。在商店和酒店使用信用卡时，要全程关注对方的刷卡过程，妥善保管收据，回国后再对照消费明细。此外，不推荐在上述③和④描述的场合下取现，如果确实需要现金，可在银行内部、机场内或酒店内的 ATM 上完成。

电话与邮政

可以在哪里打电话?

酒店和邮局等场所均可以拨打国内电话和国际长途。

柬埔寨主要的通信公司

主要有三家大公司，分别是 Smart、Cellcard、Metfone。这三家公司均销售 4G 的 SIM 卡。前往暹粒、金边以外的诸如西哈努克市、贡布等地方城市时，推荐使用 Smart、Cellcard。如果使用上述三家公司外的其他公司的卡，有可能出现即使在市中心也没信号的情况。

电话

● 在柬埔寨打电话

柬埔寨的电话信号较之前已经好了不少，但是还难言理想。不同的手机公司以及暹粒 ~ 金边间的长途电话依然信号不稳。

● 国内电话

市话的拨打方法

如果是从酒店的客房拨打，接通外线号码（不同的酒店号码不同，大多是“9”和“0”）→拨打对方电话号码。

长途的拨打方法

（从酒店拨打需要接通外线号码）→目的地长途区号（参考各地信

息）→拨打对方电话号码。

手机的拨打方法

（从酒店拨打需要接通外线号码）→拨打对方电话号码。

● 手机

手机在柬埔寨已经十分普及，不少旅馆和餐厅也会将手机号作为正式的对外服务电话。手机号码的开头主要为011、012、013、015、016、017、018、089、092、098、099。各通信公司手机号码长度不一，有些6位，有些7位。

在柬埔寨使用手机

如果游客使用的是不受不同通信公司的限制，在境外可直接使用的SIM网络未锁机，那么在当地购买SIM卡是最简单、最省钱的方法。除此之外，还有直接使用国内手机的漫游服务，在当地租赁手机，在国内的机场或上网租赁Wi-Fi等方法。不同通信公司的收费标准和服务内容不同，详情请咨询各大通信公司。

购买SIM卡

柬埔寨境内的主要通信企业在暹粒国际机场和金边国际机场都设置了办事处，游客可以在那里购买SIM卡。SIM卡分为只有数据流量和数据流量+通话两种，游客根据逗留时间和用途自行选择。如果在金边国际机场的Cellcard（→边栏）办事处购买，有一种SIM卡有效期为7天，1.4GB的数据流量+可通话。大型通信公司Smart（→边栏）向游客推出了一种名为“Traveller SIM”的游客卡，有效期3~7天。除机场外，还能在通信公司的专营店办卡。需要提醒的是，购买SIM卡需要出示护照。

SIM卡充值可通过在市内的手机店、超市、便利店等地购买个人充值卡完成。

● 国际长途

从柬埔寨往中国拨打电话

使用酒店客房或邮局的国际电话拨打国际长途时，可直接拨国际电话（IDD/International Direct Dial）。拨打方法参考上述内容。从酒店拨打时，即使未接通也可能产生话费，这点要谨记。如果使用手机拨打，需要事先购买具有国际漫游功能的SIM卡。

Smart
URL www.smart.com.kh
Cellcard
URL www.cellcard.com.kh
Metfone
URL www.metfone.com.kh

丢失手机时如何从柬埔寨联系国内的通信公司

中国移动

国际漫游时拨打、接听10086按正常国际漫游费收取，拨打+86+13800138000按正常国际漫游费收取。如果需要人工服务，拨打国际漫游出访客户服务热线+86+13800100186，在境外使用中国移动手机拨打该号码免费。

中国联通

在国外拨打中国联通客服的拨打方式为+86+18618610010或者（国际接入码）8618618610010。

联通用户在台港澳及国际地区漫游时拨打国际漫游热线18618610010免费。如果用户打回（+86+区号+10010）归属地客服热线时，通话资费按正常国际漫游计费收取。

中国电信

在国外拨打中国电信客服的方法:001+0086+区域号码（如果有）+10000。

国内通信公司联系方式

中国移动

统一客服电话 10086
URL www.10086.cn/index/bj/index_100_100.html

中国联通

客户服务热线 10010
URL www.chinaunicom.com.cn

中国电信

客户服务 10000
URL www.189.cn/fj_np

从中国往柬埔寨拨打电话的方法

国际电话识别号码	+	柬埔寨的国家代码	+	地区号码（去掉前面第一个0）	+	对方的电话号码
00		855		××		××××××

从柬埔寨往中国拨打电话的方法

国际电话识别号码	+	中国的国家代码	+	地区号码（去掉前面第一个0）	+	对方的电话号码
00		86		××		××××××

Connect Call

“Connect Call”是一种被拨方支付电话费的国际长途电话服务形式，费用比普通的国际长途贵。而Rebtel的“Connect Call”功能被认为是低成本的国际长途解决方案。

使用信用卡和预付卡拨打国际长途

具体请咨询各发卡公司。

关于传真

邮局、酒店前台和办公楼等地均可发送传真。一张A4纸费用约为US$5~7。但是当地邮局按US$1.5/分钟计费。

功能丰富的柬埔寨邮局

柬埔寨邮局既能寄送信件和包裹，还设置电报、传真、电子邮件和打电话等窗口。从柬埔寨往国外寄明信片或信件可直接在邮局投递。这里还销售纪念邮票和电话卡等。

运输公司送货到家

柬埔寨有DHL、FedEx（联邦快递）、OCS等快递公司，费用根据公司、重量和物品内容等决定。运送到中国需3~5天。

从中国往柬埔寨拨打电话

拨打方法参考上述内容。如果是给柬埔寨的手机打电话，在拨过国家代码后，省略手机号最前面的“0”，直接拨对方的号码。

● 电话卡

由柬埔寨电信公司（Telecom Cambodia）和Camintel两家公司运营。两家公司销售的电话卡各自适用不同的公用电话，打电话前请确认电话亭的标识。均能拨打国际长途。电话卡除了可以在两家公司的办事处购买外，还可以去旅馆、小卖部等地选购。

柬埔寨电信公司

柬埔寨电信公司发行的Icall Card分US$2、5、10、20、50五种面额。收费标准为市话US$0.01~0.06/分钟，长途电话US$0.03~0.06/分钟，国际长途周一~周五US$0.6/分钟，周六、周日为US$0.45/分钟。

Camintel公司

Camintel公司发行的Easy Card分US$ 5、10、20、50四种面额，只限在金边销售、使用。收费标准为市话US$0.01~0.06/分钟，长途电话US$0.02~0.06/分钟，国际长途周一~周五US$0.98/分钟，周六、周日为US$0.79/分钟。Camintel还销售需要刮卡的电话卡Axces Card（US$3、5、10、20、50五种面额）。刮开卡背面的涂层，输入密码即可使用。这种电话卡无法在酒店客房用。

网络

● 柬埔寨的网络情况

Wi-Fi（无线LAN连接）普及，酒店内、咖啡馆、餐厅等均可免费使用Wi-Fi。几乎各个场所都会设置密码，可直接询问工作人员。

邮政

● 国际邮件（明信片、信件）

从柬埔寨寄送明信片回国内，从暹粒发出费用为3000R，从金边为2000R。信件方面，从金边寄20克以下信件为2700R，20~50克为4800R，50~100克为8200R，100~200克为15900R，约需7~10天。

● 国际快递（包裹）

EMS（国际邮政速递）

一种重量不超过30千克的包裹将被优先运输的国际邮政体系。柬埔寨各城镇均有EMS窗口。寄送国内的包裹0.25千克以下为US$20，0.25~0.5千克为US$25，0.5~1千克为US$28，1~1.5千克为US31。约需2~4天。

航空包裹快递

走航空快递包裹，0.5千克以下为US$7.5，0.5~1千克约US$15，价格不贵，需要耗时7~10天。

暹粒市区无公共电话，而金边市区的公共电话数量也在逐年减少。

在柬埔寨使用智能手机、网络

首先要尽量使用酒店等场所的网络服务（收费或免费）、Wi-Fi 接入点（无线 LAN 连接，免费）。柬埔寨主要的酒店和城镇均有 Wi-Fi 接入点，出发之前提前在网上查一查自己下榻的酒店有无 Wi-Fi，以及哪里有 Wi-Fi 接入点。但是当地的 Wi-Fi 经常信号不稳，或者直接加不上，要么只限在局部区域可连等，限制较多。如果想舒心使用无线网，可尝试以下几种方法：

☆ 各手机公司的"定额套餐"

每天的费用固定的服务类型，详情可咨询各通信公司。

可使用平时常用的手机。还有些套餐并不是海外旅行全程均可使用，而是在特定的某一天可用一定的流量，可作为没有其他通信手段时的应对方法备用。另外，有些国家和地区不适用"定额套餐"，在那些地方使用流量会产生高额费用，一定要注意。

☆ 在境外租赁手机无线路由器

还可以在柬埔寨当地租用无线路由。费用固定，"全球 Wi-Fi（URL townwifi.com/）"等多家公司均有经营。无线路由器是指在旅行地支持手机、平板电脑和 PC 等无线网络设备正常上网的设备，提前申请即可在机场租赁。费用较低，1 台路由器可同时支持多台设备（可与同行人员共享网络），在户外也能畅享网络。目前无线路由器使用者人数正逐渐上升。

机场等地可租赁无线路由

国内交通

飞机

● 国内线只有 3 条线

本书完稿时，柬埔寨国内航线只有金边～暹粒间、暹粒～西哈努克市间、金边～西哈努克市间三条线。并且国内线受恶劣天气等原因的影响，经常取消航班或改变时间，即使在当地购买了机票，也要时时留意航班信息。

国内线航班信息

金边→暹粒（约需 45 分钟）
●柬埔寨吴哥航空：每天 3~5 个航班
●巴萨卡航空：每天 1 航班

暹粒→金边（约需 45 分钟）
●柬埔寨吴哥航空：每天 3~4 个航班
●巴萨卡航空：每天 1 航班

暹粒→西哈努克市（约需 1 小时）
●柬埔寨吴哥航空：每天 1 个航班

西哈努克市→暹粒（约需 1 小时）
●柬埔寨吴哥航空：每天 1 个航班

※ 金边～西哈努克市间的航班由柬埔寨巴戎航空（→边栏）执飞。

铁路

● 从金边出发有 2 条线路

柬埔寨的铁路有两种以金边为始发站的线路，分别为金边～西哈努

国内线登机手续

各航空公司的登机手续不尽相同，一般提前 1 小时 30 分钟 ~2 小时值机。在值机柜台出示电子客票和护照，换取登机牌和机票后，走向登机口。中途随身行李要接受 X 线检查。检查过后就可以进入候机室等候登机了。

国内线的主要航空公司

在柬埔寨国内运营定期航线的是柬埔寨吴哥航空、巴萨卡航空、柬埔寨巴戎航空三家航空公司。其中柬埔寨巴戎航空由于飞机老旧，航行安全无法得到保障，不建议乘坐。

柬埔寨吴哥航空
URL www.cambodiaangkorair.com

柬埔寨巴戎航空
URL www.bayonairlines.com

巴萨卡航空
URL www.bassakaair.com

旺季旅行应尽早预订机票

11 月～次年 3 月的旺季金边～暹粒间时常客满，应提前订机票。存在超额预订的情况，请提前抵达机场。

柬埔寨国营铁路公司
Royal Railway Cambodia
royal-railway.com

通过上述网址可查询列车时刻表和票价等。

乘坐火车时的注意事项

有时比较拥挤，车票应至少提前一天预订。

车内有长长的座位，也有两座位相向设置的座位

金边～暹粒线路的美景常在

长途大巴的购票方法和上车地点

在各巴士公司的票务窗口购票。目的地、费用、出发时刻明确标示，外国人也能轻易看懂。有些公司还能网上订票。上车地点各公司不同，部分公司提供接送服务（有些是免费的）。

售票处的各售票窗口以目的地区分，工作人员能说英语

乘坐长途大巴时的注意事项

车内空调冷气足，需要随身携带一件外套。另外，车上经常发生盗窃案，贵重物品一定要妥善保管。

克市线路、金边～波贝线路（诗梳风）。至本书完稿时，前者只在周五～下周一间运行。车内有空调，车厢整洁，十分舒适。席位有 2 种，火车票可在各火车站的售票窗口购买。

● 列车时刻 & 票价表（金边～西哈努克市线路）

金边火车站始发

站名	周五	周六	周日		票价	
					周五、周日早班车	周六、周日晚班车
金边	15:00	7:00	7:00	16:00	—	—
茶胶	16:30	8:30	8:30	17:30	US$4	US$5
贡布	19:40	11:40	11:40	20:40	US$6	US$7
西哈努克市	22:00	14:00	14:00	23:00	US$7	US$8

西哈努克市火车站始发

站名	周一	周六	周日		票价	
					周一·日早班车	周六·周日晚班车
西哈努克市	7:00	7:00	7:00	16:00	—	—
贡布	8:30	8:40	8:30	17:30	US$4	US$5
茶胶	11:40	11:40	11:40	20:40	US$6	US$7
金边	14:00	14:00	14:00	23:00	US$7	US$8

※ 数据截至本书完稿时

船

● 经过洞里萨湖的快艇

金边～暹粒间、暹粒～马德望间都有经由洞里萨湖的快艇运行，运行时间为除 4~7 月的其他时间。两条线路均需要 5~6 小时，旱季（11 月～次年 3 月）洞里萨河与洞里萨湖水深变浅，可能会多花 1~2 小时。

经过洞里萨湖的快艇沿途景色奇绝，多少有些乘船旅行的意味。不过有些船破旧不堪，逃生设施和安全设施不到位等情况需要十分小心。

巴士

● 长途大巴

柬埔寨国内最发达、乘坐最便利的交通工具就是巴士。主要的城镇之间，多家巴士公司都有车辆运营。

金边苏利亚客运公司的巴士

巴士基本上是指定座位的躺椅座席，空调完备。座位上有湿巾和矿泉水。有些巴士带厕所，还有些是卧铺车，近年来巴士车厢更趋安全，费用更低，车次增加，使得服务水平逐年提升。到达目的地的途中有上洗手间和用餐时间。

● 迷你巴士

利用箱式货车改装而来的迷你巴士主要分为：①长途大巴公司运营的迷你巴士与②发车时间和座位等均不固定、客满即走的地方迷你巴士两种。

①运营金边～西哈努克市（约需5小时）等中距离线路，服务等与大型巴士并没多大区别。只是这种巴士只在金边、马德望、暹粒、西哈努克市等主要城市运营。

②的巴士主要在小城镇运营，在上车点附近揽客。票价可谈，与大型巴士同价，或比大型巴士略便宜。这种巴士要等到载满人、货后才发车，虽然乘坐空间不大，但是一旦发车，便会一路疾驰，整体看来比大型巴士更快。

较大的巴士站点根据目的地分出不同的上车点

合乘出租车

外观是普通的小轿车

所谓合乘出租车，是指利用小轿车，车身和车顶并没有所属营运公司的标识，看上去与普通的小轿车毫无差别的一种载客车辆。通常也被称为“出租车”，但是因为其车型多为丰田凯美瑞，所以也被直接叫作“凯美瑞”。

同坐者人数多，则每人分摊的费用降低。不过这种车经常被人包租，整租的优点是可以自由前往休息处、拍照地等任何想去的地方。

集中一处的出租车一般都是整租的车。这种车可载客自由休息、旅行

皮卡

市区的数量减少

简而言之，皮卡就是轻卡。货舱载满人、货即发车，算得上是柬埔寨独一无二的特殊交通体验，但是坐在货舱里需要忍受一些身体上的不适。在不久前皮卡仍是柬埔寨重要的交通工具，但是近年来由于巴士的发展，皮卡数量锐减，金边和暹粒等主要城市甚至已经难觅踪影。

正在待客的皮卡为了防晒，会撑起一把大遮阳伞

租车

去郊区适合租车

前往金边和暹粒等城市的郊区租车更方便。一般都带司机，可向酒店或旅行社咨询。

另外，在柬埔寨开车需要驾照。外国人只要持有国际驾照（中国大陆居民可持驾照翻译公证件及原件），无须换成柬埔寨驾照也能在柬埔寨境内驾驶机动车，但是普通的警察根本不知道有国际驾照这回事。因此，遇到盘问时就只能交罚款了。

如果想去较远的古迹，还是租车吧

迷你巴士的购票方法和上车地点

右边①的长途大巴公司运营的迷你巴士与大巴一样，在各巴士公司的票务窗口购票。各公司的上车地点不同，部分公司提供接送服务（有些是免费的）。

右边②的地方迷你巴士票价可谈，在上车地支付票款。客满的巴士可能等不了太久就会发车，而车上乘客少的巴士有可能怎么等也不会发车，乘车时要避免乘客少的车。

合乘出租车的购票方法和上车地点

一般会在巴士站点周边揽客。不打表，也没统一的票价体系，全靠与司机谈。车的类型、车况、谈判能力、时间段等因素不同，同一线路有可能出现差异极大的票价。另外，各地“Access”栏中介绍的合乘出租车票价是租一辆车的价格。

在乘坐合乘出租车时如何谈价格

寻找清早出发，下午返程的车能谈个比较划算的价格。因为如果清早出发，司机还能在目的地拉客，当天还能返回，因此也就更容易谈个低价。如果是下午出发，要寻找带有目的地当地车牌的车，这样载客的可能性比较大，并且司机会想“与其空车回去，不如带个客人，便宜点也划算”，所以也可能谈个好价格。

皮卡的购票方法和上车地点

一般会在巴士站点周边揽客，客满发车。票价需要与司机谈。即使同一线路，不同车辆的票价会有较大差别。货舱便宜，车内是货舱的1.5~2倍。客满的车可能等不了太久就会发车，而车上客少的巴士有可能怎么等也不会发车，乘车时要避免客少的皮卡。

如何租到便宜的车

乘坐打表计费的出租车（→p.330）时，与司机直接砍价会比让旅行社、酒店协调车辆更便宜。坐上车后，如果司机能说英语，服务好，对当地也非常熟悉，是位值得信赖的司机，那么可以向他索要联系方式，之后的行程都可以找这位司机。

市内交通

嘟嘟车

● 游客使用最多的交通工具

普通的嘟嘟车为 4 座

嘟嘟车是一种机动三轮出租车，是东南亚使用范围最广的交通工具，也是数量最多、游客最常乘坐的交通工具。柬埔寨的嘟嘟车通常由排量 50cc 左右的摩托车加装座位而成。座位上有坐垫、防晒及防水的顶棚、安全带，小雨的话是完全没问题的。

● 打表制嘟嘟车

小型嘟嘟车近些年在金边日益增多。绝大多数是打表制，由于比普通的嘟嘟车便宜，乘坐方便，越来越受欢迎。车尾部的座位周围大部分面积都被防盗网覆盖了，能很好地预防乘车过程中的抢包行为。

打表制嘟嘟车打车 App 的使用方法

可通过 PassAPP 和 iTsumo 等叫车软件（→边栏）预约嘟嘟车，不过只限在金边地区使用。PassAPP 的使用方法如下：

①打开 App，看到“My location”的提示后，地图上会立即显示当前的位置，确认位置是否准确，确定乘车位置后，按“Set pickup”按钮。

②在车型上选择“Rickshaw”。可以在“+Add dropoff”框内输入目的地，需要注意的是如果只输入地址，有可能系统会弄错目的地，最保险的办法是直接输入酒店名等目的地的名称。

当前位置范围显示为粉色

③输入目的地名称后，下面会显示大致的费用、候车时间。如果不输入目的地，会只显示候车时间。按“Confirm booking”按钮，确认订单。

④附近的司机接单后，会显示司机抵达当前位置的大致时长。

⑤司机抵达后，通过对比照片和车牌，确认是否是自己叫的车辆，随后上车。

⑥到达目的地，按 App 最终显示的金额付款，下车。显示的金额是瑞尔，但也可以用美元支付。

界面下方的黑圈是司机当前位置

App 界面右上方的“Detail”列表可确认司机电话、车牌号等司机的相关信息

出租车

● 价格可谈的出租车

柬埔寨国内的出租车数量极少，基本都被半日或整日租赁出去了。因此，与其自己寻找，不如通过酒店或旅行社租车，那样能更快租到。车型、车况、目的地、乘坐人数、时间、对司机的英语要求等因素都会影响价格，一般 1 天 8 小时 US$30~。

嘟嘟车的票价和乘坐指南

普通的嘟嘟车需要与司机谈价钱，一般 1 公里 US$1~（金边为 1 公里 US$1.5~）。他们通常会在自己的“地盘”上候客，或酒店，或十字路口。行驶中的嘟嘟车招手即停。

乘坐嘟嘟车时的注意事项

金边的嘟嘟车经常发生抢包事件。乘客的包被强行从一旁抢走，有时候甚至整个嘟嘟车都会因此倾覆。要尽量选取那些座位的左右、后面有防盗网或防盗帘的车，乘坐时抱紧自己的包，手机也不要轻易拿出来。

打表制嘟嘟车的票价和乘坐指南

“EZ Go”（→ p.217）是运营打表制嘟嘟车的公司，乘坐该公司的车 1 公里内 3000R，以后每增加 300 米加收 360R。可通过电话或打车 App 叫车（→下述）。

打表制嘟嘟车打车 App

PassAPP

车辆多，方便叫车。打表制嘟嘟车起步 3000R。还可以叫其他车辆（出租车），价格由车型决定，起步 6000R~。App 界面有外语版。

iTsumo

打表制嘟嘟车起步 4050R。可以叫其他车辆（出租车），价格由车型决定，起步 6075R~。该 App 的使用方法与 PassAPP 大致相同。

这种小型嘟嘟车在金边日益增多

使用打表制嘟嘟车打车 App 的注意事项

很多柬埔寨人不会认地图，即便在 App 上输入目的地，乘车时很多司机依然会问乘客要去哪里。坐车时一定要再次确认目的地，一边对照地图，这样更安心。

● **打表制出租车**

打表制出租车只出现在金边，可电话叫车（→ p.216）。大致费用为：起步不足 2 公里 4000R，以后每增加 1 公里加收 4000R。夜间价格上涨。

● **打表制出租车打车 App**

可通过叫车软件预约出租车，不过只限在金边地区使用。主要的叫车软件有 PassAPP 和 iTsumo（→ p.330 边栏）。如果是夜间打车，起步 6000R~，比一般的打表制出租车还便宜、方便，因此近来使用者越来越多。软件使用方法与嘟嘟车打车 App（→ p.330）相同。

摩的

● **比嘟嘟车价格便宜**

短途出行乘坐摩的较方便。摩的就是普通的摩托后座载客，当地人也称之为“摩托多普”或“摩托”。

摩的司机各有各的“地盘”，每天都在同一个地方候客

西库罗（人力车）

● **通常按小时出租**

西库罗是前面带座位的人力车，原来是越南的交通工具。在金边以外的地区很少见。这种车主要面向外国游客，按小时整租。市场周边的西库罗非观光用，大多是当地人用来运货的。

出租自行车 & 出租摩托车

● **在酒店或旅馆租借**

金边的部分酒店可租借到自行车或摩托车，暹粒、西哈努克市则会通过旅行社和商店等外租。借车时需要用护照做抵押，或交押金。抵押护照的风险较高，建议交押金。押金为 US$10~。

租赁时自行车费用为 1 天 US$1~2~，摩托车 US$5~（油费另计）。

摩的的价格和乘坐指南

价格需要与司机谈。在酒店和景区前候客的司机大多会一些英语，对景点也较为熟悉，只是价格略贵。一般的摩的会在十字路口等自己的“地盘”等客。另外，街边招手摩的也会停，只是这种情况下司机通常不会说英语，乘坐时较为不便。

乘坐摩的时的注意事项

运营摩的基本不需要登记和许可证，只有暹粒要求摩的司机要穿上印有登记编号的夹克（很多司机并不按规定穿上→ p.336）。金边经常发生街面抢劫的恶性事件，晚上最好不要乘坐摩的。

西库罗的价格和乘坐指南

价格需要与司机谈。滨江区（→ p.214）周边的西库罗多为游客准备，可 30 分钟或整小时租赁。

使用出租自行车 & 出租摩托车的注意事项

借车前确认刹车、轮胎气压、锁等是否正常。一旦被偷，需要全额赔付给车主，在景点的停车场停车时一定记得上锁。较小的古迹等景点没有停车场，可以向礼品店付些停车费，请店方代为停车。另外，骑摩托车时要戴头盔。未戴头盔者，被交警逮住可能会被罚款。

柬埔寨开车需要驾照，排量 49cc 以上的摩托车也需要，但事实上很多摩托车司机是无照运营，也不怎么讲交通规则。因此，发生自行车、摩托车事故的事件不胜枚举，尽量不要轻易借车出行。

酒 店

柬埔寨的酒店

● **暹粒**

从高档酒店到旅馆，暹粒的酒店类型丰富多样，选择余地大。高档酒店多为精品酒店和度假酒店，环境幽雅，气氛奢华。近期出现了一种更高档的旅馆，虽然也是多人宿舍，但是配有泳池等设施，此外风雅的别墅式高档酒店也在增多。

● **金边**

小～中档规模的时尚经济型酒店和小型酒店数量持续增加。这种类型的酒店很多都带屋顶泳池或屋顶酒吧等，宛若一家小度假村，颇受欢

关于住宿费用

住宿费用很大程度受旅行季节影响，旺季价格高，淡季相对便宜。有些酒店针对多晚住宿及长期住宿者有打折优惠。几乎所有酒店都以美元显示房价，并作为结算货币。房费一般要另付 10% 的税，部分酒店加收 5%~10% 的服务费。

关于押金

高档酒店在办理入住手续时，会要求顾客出示信用

卡，或交押金。如果出示信用卡，通常酒店方面会复印一份作为抵押，离店时会销毁，不会要求二次支付。交现金做押金时，离店会被退还。

入住 & 离店

在柬埔寨办理酒店入住手续需要出示护照。护照复印后即刻返还。入住时间各酒店不同，一般是 14:00 或 15:00，有些酒店可更早入住。离店时间为 11:00 或 12:00（极少数为 10:00），部分酒店允许延迟退房。另外，有些酒店在客人离店后也会免费为其寄存行李，还能提供淋浴场所。

金边也有日系酒店，配备旅行的基本用品，房间舒适，也可保证商务旅行需求

柬埔寨酒店主要的客房设备 & 服务

●**淋浴**

小型酒店基本都带热水淋浴。水箱式淋浴设备有时会中途变温，要小心。US$10 以下的旅馆基本上是凉水淋浴。

●**空调**

小型酒店大多带空调。US$10 以下的旅馆一般不带空调，只有电风扇。

●**毛巾**

经济型酒店以上级别的酒店和小型酒店、旅馆基本都配备毛巾。也有只有浴巾的情况。

●**洗浴用品**

部分小型酒店也备有牙刷套装、香皂、洗发水。

●**电视**

很多小型酒店也配备电视，可以收看卫星电视或有线电视等节目。

●**迷你吧或冰箱**

US$25 以上的酒店基本都有。只是一般外出时一旦拔出房间钥匙，就会自动切断电源。

迎。高档酒店较少，但是 2017 年年底新建了一家外交五星级酒店，今后高档酒店数量也可能增加。

酒店的类型

● 高档酒店

1 晚 US$100~500

除了周到的服务，餐厅、酒吧和 SPA 等配套设施完善，舒适清爽。客房内都是现代化的设备，有些酒店还配备了咖啡机和可用于市内通话的 iPone。

法式殖民地风格的时尚气氛与东方风情交融一处的吴哥莱佛士大酒店（→ p.186）

● 中档酒店

1 晚 US$50~300

中档酒店的服务不如高档酒店那般细致，但是客房内的设备与高档酒店相比不遑多让。很多酒店还内设餐厅和礼品店等，尽管它们的规模未必大。客房数从 50 间至 200 间不等，种类多。

中档酒店有些有十足的度假村氛围（伊吕波花园酒店及度假村→ p.244）

● 经济型酒店

1 晚 US$30~200

酒店设施未达完善标准，但是客房内的设备基本都有，没有丝毫不方便。金边有多家可满足商务需求的经济型酒店，环境舒适，居住安心。

● 小型酒店

1 晚 US$20~100

多为个体经营，大部分是 20 间客房左右。从民居改建成的酒店，到堪比商务酒店的精致酒店，类型繁多。US$30 左右的客房空调、浴缸 & 洗手间、热水淋浴、冰箱、保险柜等基本设施齐全。

● 别墅

1 晚 US$20~400

柬埔寨的酒店主要是木屋或平房结构，暹粒倒是有不少豪华别墅。这些别墅或由传统的高脚屋改建，或是欧美的别墅风格，种类各异，价格差异也大。

2016 年开张的高档别墅酒店——蓬柏塘酒店（→ p.188）

● 旅馆

1 晚 US$5~20

暹粒有各类大大小小的旅馆，其中很多是由民居改建而成，客房 10 间左右，有浓浓的家居氛围。有些旅馆代叫摩的，代买巴士车票，十分便捷。US$5~8 的房间有带蚊帐的铺位，配淋浴设施 & 洗手间，只

分多人宿舍和单间，近来开始涌现配咖啡吧和泳池的时尚旅馆（鲁布德青年旅馆→ p.194）

是一般为凉水淋浴。US$10 以下的房间不带空调，只有电风扇。

酒店预订

● 是否需要预订

暹粒和金边等城市酒店数量多，一般情况下即使不预订，只要多找几家，总能找到有空房的酒店。然而，如果想入住人气酒店、高档酒店，或在旺季（11 月 ~ 次年 3 月）、年末年初入住以及深夜抵达时，最好提前预订。预订后，告知酒店方面航班降落、到达站台或码头的时间，有些会免费前来接客。

● 预订方法

登录酒店预订网站方便 & 划算

通过酒店预订网站，有时比直接通过酒店预订更便宜。各网站上均有大量酒店进驻，上面详细介绍了酒店设施、设备。参考口碑评价后，根据预算和个人喜好自由选择，方便省事。

直接向酒店预订

经济型酒店以上级别的酒店和开通了网站的小型酒店都能在线预订。此外，有些酒店会专门针对网站预订的客户推出优惠促销服务，届时请咨询清楚。

廉价酒店麻烦多→ p.336

●保险柜

US$30 左右的小型酒店也会配备保险柜。

●洗衣服务

中、高档酒店会按“一件衬衫多少 US$”这种形式提供洗衣服务。客人只需要在房内的洗衣申请表上填写即可，离店时一并结算。小型酒店、旅馆以“1 千克衣物多少 US$”的方式计价。基本不存在免费络洗衣。

●网络（Wi-Fi）

几乎所有的酒店都提供免费 Wi-Fi。小型酒店、旅馆可能存在信号弱，连不上网络的情况。

酒店预订网站

爱戈达 Agoda

🅤 www.agoda.com

携程网

🅤 www.ctrip.com/?sid=155950&allianceid=4897&ouid=key

马蜂窝

🅤 www.mafengwo.cn/?mfw_chid=3546

去哪儿网

🅤 hotel.qunar.com/? kwid=46317877|12181117855&cooperate=baidu52

好订网

🅤 www.hotels.cn/

旅行健康管理

在柬埔寨容易得的疾病

● 细菌性肠炎（食物中毒）

热带地区非常常见的一种疾病，常伴有腹泻、腹痛、呕吐、发烧的症状。患者或细菌携带者的粪便、食物或手等都是传染途径。细菌若从体内排出，就算痊愈了，当然这得看细菌的种类。慎用止泻药，注意预防脱水，及时补充水分。滥用抗生素有可能加重病情，并使病情长期化（柬埔寨有很多抗药菌）。

● 肠伤寒、副伤寒

通过被伤寒病菌感染的食物传染。在城市中不是罕见病。由于并发症会导致肠穿孔出血，所以名称里带“肠”字，特征是持续发烧。阶段性体温升高，最高能升到 39~42℃。发烧还会引起脉搏衰减。由于存在抗药性伤寒菌，请正确使用抗生素。

● 病毒性肝炎

A 型（甲型）肝炎、E 型（戊型）肝炎

被病毒污染了的食物（尤其是贝类）、水源或肝炎患者的粪便等传染源引起的急性肝炎。两种肝炎都可能恶化成重疾，尤其 E 型肝炎容易导致孕妇病重。病症是持续数日的浑身乏力、食欲不振、发烧等，有时出现黄疸（也可能不出现）。初期多类似于感冒的症状。发病初期需要静养，建

柬埔寨的医疗

说起柬埔寨的医疗，即使是城市，在东南亚也处于最落后的水平。一旦需要住院治疗或手术，目前只能去城区的有限几家医院。比较轻微的病症，有时也不得不转往曼谷、新加坡进行海外治疗，因此一定要购买境外旅行保险。

购买境外旅行保险

境外旅游保险，也称旅行保险或旅游意外保险，提供被保险人在旅游期间因遭受意外伤害事故而死亡、伤残或住院医疗等的赔偿。目前境外旅游意外险种类主要有五种：一是旅游意外伤害险；二是旅游人身意外伤害险；三是住宿游客旅游意外险；四是旅游意外救助保险；五是旅游紧急救援保险。在选购境外旅行保险时究竟应该关注哪些重点呢？首先，需要注意的是保障的内容。建议大家尽量选择涵盖意外医疗、急性病医疗的产品，

且横向比较旅行延误、行李延误的赔付门槛。其次，你应当留意一下境外紧急救援的保障。

平安保险

网 baoxian.pingan.com/product/quanqiulvyoubaoxian.shtml?WT.mc_id=T00-LYBD3-PPC-000023&WT.srch=1

常备药品应随身携带

柬埔寨市面上销售的部分药品有些已过期，有些药品掺假，可能有副作用，因此常备药品应从国内购买，随身携带。

传染病多发的季节是?

全年各个季节传染病的发病概率相差不大，不过雨季（5月下旬~10月下旬）概率更高。疟疾和登革热在11月的雨季发病较多。另外，还需要警惕日射病和热射病。

谨防在交通事故受伤

在金边等城市，交通流量大，而遵守交通规则者寥寥，因此交通事故频发。在车辆较多的城市，应极力避免骑自行车或乘坐摩托车。市区多发针对外国游客的抢劫事件，有些游客因此受伤。交通事故或者外伤即使较轻，由于这类纠纷可能引起的后续麻烦不断，因此一旦受伤，要及时就医处理。

议尽早送医。甲型肝炎有疫苗，可预防接种，但是效果只能维持数月。

B型（乙型）肝炎、C型（丙型）肝炎

主要通过血液传播，大部分是慢性感染。在亚洲地区，以上两类肝炎病毒携带者比例均在10%左右，故不建议在柬埔寨输血。乙型肝炎也可以通过性传播。乙型肝炎有疫苗。

● 登革热

被伊蚊叮咬后感染的病毒性传染病，全年都可能感染，雨季尤甚。2~7天的潜伏期后，会突然发病，伴有高烧、头痛、腰部等部位肌肉剧痛、全身关节痛、眼痛的症状，3~4天出疹子。一旦病情加重，可能造成毛细血管出血或肝功能障碍等。治愈需要1个多月的时间，偶有死亡病例（儿童患者死亡率较高）。预防此类疾病需要防止蚊虫叮咬。

● 疟疾

以羽斑蚊为媒介的传染病。城市感染病例较少，山区则并不鲜见。柬埔寨感染的疟疾多为恶性疟，并且基本都有抗药性，因此最好早期诊断。不及时接受治疗有可能在数天之内发展成脑型疟疾，导致死亡。恶性疟患者常伴有1~2小时的畏寒感、打冷颤、高烧，之后畏寒感缓解，但持续高烧，引起结膜充血、呕吐、头痛和肌肉痛等症状。预防此类疾病的方法是防止蚊虫叮咬。

● 日本脑炎

由伊蚊感染。初期发热，病情加重后伴有抽搐、意识紊乱的症状。此类疾病即使感染，发病率也不高，缺点是没有特效药。接种疫苗可预防发病。

● 寨卡病毒病

以埃及伊蚊、花斑蚊为媒介的传染病。潜伏期为2~12天，据悉感染者中约20%的人发病。发病后持续伴有类似于登革热的轻度症状。有报告显示，在此类疾病的高发地区，感染寨卡病毒后小头症患儿比例升高。最好的预防办法是避免蚊虫叮咬。

● 寄生虫、原虫

最大程度避免生食或生蔬菜等，也不要在河里游泳或赤脚在水边走路。溶组织内阿米巴原虫导致的阿米巴痢疾并不少见，一旦发生带血腹泻，就需要格外注意（此时需要采用特殊药物治疗）。

● 破伤风

细菌进入伤口引起感染。在柬埔寨，即便是在城市这种病也很常见。接种疫苗后能很大程度降低感染率，但一旦发病，即使在中国死亡率也很高。

● 狂犬病

被带有狂犬病病毒的动物（狗、狐狸、蝙蝠等）咬伤后感染。发病后死亡率接近100%，被动物咬伤立即清洗伤口、消毒能大大降低感染概率。即使接种了疫苗，在被咬后也需要二次接种。

● 艾滋病

柬埔寨综合保健部和各国NGO组织的调查显示，该国2%的人口，金边和暹粒等城市4%~5%的人口是艾滋病毒携带者。还有报告称，艾滋病患者95%通过性传播，性工作者中的女性半数以上是艾滋病患者。预防艾滋病只有洁身自好一条路。

治安与纠纷

柬埔寨的治安状况

去柬埔寨旅行，最需要关注的莫过于当地的治安状况。

1999年，红色高棉政权反政府游击队组织的武装斗争结束，金边郊区发生武装冲突的可能性大大降低，政局趋于稳定。但是，其他反政府组织和武装分子发起的抢劫事件依旧余孽难除。另外，世界文化遗产柏威夏寺遗址（→p.90）周边，柬埔寨军队和泰国军队一度对峙，局势紧张。直至2012年8月，两国主力部队撤离，只留下边境监察部队。到本书完稿时，两国紧张关系得到大幅缓解。

要十分小心

柬埔寨全境

柬埔寨内务部统计结果显示，2014年该国犯罪案件数量为2814件，同比微增4%。在所有的犯罪案件中，抢劫、盗窃等案件明显增加，约占总数的49%。另外，诈骗、人身伤害等犯罪依然多发，不可掉以轻心。

特别要指出的是，金边地区持枪的恶性案件时有发生，部分案件外国人被牵连其中。2013年和2016年均发生过针对外国人的持枪抢劫案。最近几年，柬埔寨发生了多起中国公民遇害事件。2015年6月15日，一名中国籍男子在金边一间出租屋内被杀害。2016年，柬埔寨甚至发生了手榴弹袭击事件。

抢劫案件多发生在金边市和金边周边的干丹省（MAP 文前图① -2B~2C、3B~3C）、磅湛省（MAP 文前图① -2C、），杀人案件多发生在金边市、马德望省（MAP 文前图① -2B）、磅湛省，强奸案件多发生在磅湛省、金边市、干丹省。据此可以知道，首都金边各类案件多发，原本较为清静的磅湛省、干丹省同样治安较差。

尽管柬埔寨摆脱了过去的政治对立引起的危机，但是犯罪手法多样，治安仍然堪忧。随着外国人游客的增多，暹粒的诈骗和盗窃等案件也在逐步上升。并且，近些年出现盗窃、诈骗案中钻法律空子、打擦边球的高知犯，没有报案的案件数量及被害情况无法准确统计。因此，在出行前，请仔细阅读外交部和驻柬大使馆发布的关于当地的安全提醒。

金边案件高发区域

金边抢劫、抢包等案件多发生在以下地区：

- 莫尼旺大道和诺罗敦大道之间的市中心地区（MAP 文前图② -2B~3B）
- 独立纪念碑东南部一带（MAP 文前图② -3C）
- 塔山寺周边（MAP p.253-3A~3B）
- 奥林匹克体育场周边（MAP 文前图② -3A~3B）
- 中央市场周边（MAP 文前图② -2B）
- 王宫东北部的西索瓦码头周边（MAP p.256-2B~3B）
- 金边火车站周边（MAP 文前图② -2B）
- 63号街周边（这条街集中了红灯区和卡拉OK等）（MAP 文前图② -2B）

暹粒需要特别留意的地区

暹粒没有案件集中爆发区域，但是所有地区都会发生诈骗和抢包事件，切不可大意。尤其晚上醉汉多，酒后滋事案件较多。还有兜售毒品者和为妓女揽活的皮条客，一旦被这些人纠缠上可能会惹上不必要的麻烦，因此请尽量远离这类人群。

犯罪倾向与对策

下面介绍一些案例及处理办法。

● **被要求行贿、小费、捐赠**

处理办法

在出入境管理处被非法索要财物时，断然拒绝对方立即就会放弃索要。

INFORMATION　出发前确认当地最新的治安状况

外交部安全提醒

URL cs.mfa.gov.cn/gyls/lsgz/lsyj/

中国驻柬埔寨大使馆

URL kh.china-embassy.org/chn/

除此以外，还有一些柬埔寨相关网站刊登了在柬旅行感受及事故处理体验，出发前读一读更好。

也偶尔听说有被索要高额捐赠费的事件。如果是单人乘船，很可能会给整个行程蒙上阴影。如果不善于处理这类突发事件，或者砍价水平不高，还是建议参加旅行团。

另外，也许是因为待遇差，有时候警察会无缘无故让游客交罚款。此时可以让对方说出正当的理由，如果没有，可以严词拒绝；即使无法拒绝，也不能任由对方漫天要价，要试着沟通，少交一点。

● 旅馆、酒店内的纠纷

处理办法

这类案件有可能是酒店工作人员或以酒店工作人员为掩护所为，犯人基本无从抓起。即使是中档规格以上的酒店，也需要将贵重物品锁进保险柜，或者放进别人无法撬开锁的箱包里，总而言之，贵重物品一定要妥善保管。

● 摩的引发的纠纷

处理办法

自从柬埔寨施行“夹克制度”（→页脚）以后，犯罪案件有所减少，但是纠纷事件还是时常发生。

如果需要用车半天或需要远行时，为了预防纠纷，不要在街边叫摩的，拜托酒店或旅馆介绍司机比较好。

● 扒手

处理办法

在古迹遗址观光时，贵重物品要存放在酒店保险柜等安全的地方，如果带出门，一定要贴身保管，包带要斜十字交叉绑好，包口隐蔽。另外，古迹内的扒手很可能是专业团伙作案，要时刻留意身边的人群。疲劳的时候人的注意力会下降，一旦感到累了，不要硬撑，停下来休息下。

扒手经常晚上出没在老市场周边。不论白天晚上，要是被卖货的孩子、妓女模样的女人围住，并触碰身体，则应第一时间想到他们可能是扒手。此外，贵重物品和钱不要放在容易取出的地方。

● 从曼谷考山路出发的巴士上的纠纷激增

处理办法

考山路开往暹粒的边境大巴纠纷较多。下面就介绍 5 种意外情况的应对办法。

①高价办签证。亚兰有多个签证办理处，巴士公司有签证优先办理权。因为他们要是不从游客那里收取手续费来办理签证，就无法赢利，因此对那些自主办理签证的游客会十分冷淡。实际上有些游客因此被半路扔下不管。最好是提前办好签证，否则只能乖乖按巴士公司的价格交钱。

②二次收取车票钱。到亚兰后，先接受出境检查，这时可能有人会跟游客说“现在清点人数，之后对面会有柬埔寨工作人员等候你们”，他们是来收车票的。而事实上到了柬埔寨一侧后，又会出现“没票不能坐车，请重新购票！”的情形。因此一定要坚决拒绝泰国境内收车票的行为，车票要牢牢保管在自己手上。

③工作人员介绍酒店和旅行团。先交定金的酒店面积小，也脏。到了住处你会发现工作人员吹嘘的那些都是假的，但是这时候已经不能再退款了。这样的案子屡见不鲜。旅行团也尽量在暹粒的旅行社申请，那样既便宜，又安心。

④低汇率兑换。工作人员会告诉游客可以超低汇率兑换外币，但是柬埔寨既能使用美元，在抵达暹粒前的波贝、诗梳风的餐厅还能用泰铢。

必须注意！廉价酒店麻烦多

柬埔寨酒店和旅馆内的犯罪案件和纠纷依然很大，尤其是廉价酒店、旅馆等安全意识弱，防范措施多有疏忽。

在城市，中国公民在酒店及其周边遇害的案件已经发生多起。例如，晚上在旅馆前遇到持枪抢劫，派驻当地的员工在旅馆客房被劫匪刺伤、在旅馆被强奸、财物在旅馆被偷等事件层出不穷。2014 年 7 月一名 70 多岁的中国商人在金边乌亚西市场附近的一家客栈的房间内遭抢劫，并致重伤。

旅馆费用低，相应地安全措施也被忽略了。因此入住旅馆要充分考虑到其中的风险。事实上有些案件可能危及生命，尤其是女性，在入住廉价酒店前要做好防范工作。有些华裔经营的酒店内有气氛暧昧的舞厅，这类酒店 100% 是性交易场所。

中档级别以上的酒店也会发生盗窃事件。入住前要仔细确认房间，是否有防盗门链、猫眼，门窗的锁是否完好等。另外，即使见过面的人，也不要轻易领进房间。

暹粒的嘟嘟车司机按规定必须穿印有连码的夹克。警察呼吁游客不要乘坐“未穿夹克的司机开的嘟嘟车”。事实上，这项制度设立以来，嘟嘟车相关纠纷已经降低了。在乘坐嘟嘟车时，尽量选择那些穿着夹克的司机开的车吧。

⑤扒手。口岸上形形色色的人来来往往。出入境管理处周边有时候非常拥挤，也经常发生被扒手扒窃、行李丢失等案件。一定要保管好自己的财物。

这些事也需要注意

● 金边发生的凶案事件

从 ATM 取款出来的柬埔寨人被两名骑摩托车的持枪劫匪袭击、手榴弹爆炸袭击等，近年金边地区发生了多起恶性凶案。

其他还包括摩的司机实施的刑事案件。围绕游客的案件，主要是将游客带至其同伙聚集的地方，威胁交出财物；或者乘坐摩的的时候被其他摩托夹击，导致财物被抢。这类案件的实施者大多以手机联络，协同犯罪，一旦被他们盯上，基本上很难脱身。大多数劫匪或举枪或持刀，在毒品的作用下出现人身伤害事件也不鲜见。这些案件很少以外国人为作案对象，而针对当地柬埔寨人的抢劫杀人案件屡屡发生。因此，无紧要事情的情况下，晚上尽量不要出门。迫不得已出门也要坐打表制出租车，不要因为自己是外国游客就掉以轻心。万一遭遇抢劫，不要大声呼喊，也不要挣扎，主动拿出自己的钱，保命要紧。

● 关于柏威夏寺泰柬武装冲突

柏威夏寺（→ p.90）位于柬泰边境，海牙国际法庭 1962 年判定柏威夏寺归属柬埔寨所有。但是之后泰国一直主张该地区是泰国的领土，2008 年 7 月柏威夏寺被列为世界文化遗产后，双方紧张关系进一步升级。同年 10 月，两国军队在该地区两度爆发战役，各有伤员。2012 年 8 月，双方均撤走了主力部队，只留下边境检查分队，目前双边紧张局势得到大幅缓解。提醒各位游客前往柏威夏寺游览时，一定要提前查询当地的局势。

● 古迹破损

各座古迹有的石廊坍塌，有的巨树倒下，保存状况堪忧。所幸无人员伤亡的报告。还有很多古迹在不久的将来可能会发生坍塌，它们或用绳子围住，或立了警示标牌。这些地方千万不要进入。

● 地雷

城市和主要景区已经基本清除完毕，但是郊区还有不少雷区。一般的景点没地雷，不过一些遗址的纵深处或森林的危险地带都会插上带骷髅头的标牌，上面写着 “Danger Mines”（小心地雷）；或者涂上红漆，以警示路人。看到这些标识后，绝对不要贸然再靠近。部分游客有造访冷门遗址及城镇的爱好，在柬埔寨这是非常危险的举动，不要做一些无谓的冒险。另外，摩的、嘟嘟车经常说 “某某没问题，没地雷。我就是当地人，清楚得很”。这是没有任何根据的谎话，是不负责任的妄言，不要轻易相信。遗址内是已搜查、清除完毕的区域，而它周边的森林基本还是原始状态。如果是郊区的遗址，不要贸然进入林中，那会非常危险。

● 假导游

遗址景点内常有主动上前攀谈的假导游。想在古迹内做导游，收取相应报酬，导游就得取得柬埔寨观光部门的证书，还要穿上导游制服。无证者提供收费导游服务时会被罚款。一旦在不知情的情况下雇用了假导游，之前约定的费用全然无效，游客会被假导游同伙围住，收取非法费用，另外他们还会以 “家人病了急用钱” “没钱上学” 等借口索要金钱。如果游客不小心透露了自己所住的酒店，这些人甚至会纠缠到酒店来。

专业的导游斥责这部分冒牌货 “对柬埔寨的文化风俗和古迹知识知之甚少，解说也是谎话连篇”。为了避免无聊的纠纷，请不要在古迹内寻找导游。需要说明的是，吴哥寺（→ p.20）、巴戎寺（→ p.40）、塔布茏寺（→ p.60）、巴方寺（→ p.48）等地不少游客投诉称遭遇或看见假导游。城中的吴哥夜市（→ p.166）、姐妹庙（→ p.165）等景点也有假导游搭讪的报告。

此外，柬埔寨还发生过华人导游招摇撞骗的案例。因此遇到在城区向自己搭讪的中国人，也不要因为与对方是同胞就轻易相信。

● 扑克诈骗

流行于东南亚的扑克诈骗（纸牌诈骗）这几年在金边也时有发生。骗子用花言巧语引诱顾客，最初让客人获胜以消除对方的警惕心理，最后把客人的钱统统骗走。

其作案手法是，先在街上与你打招呼，说些与中国相关的事情，或者对你的服装、随身物品表达兴趣，关系拉近之后邀请你到公寓等地下场所，在适当的时机邀请你参加纸牌游戏。虽然告诉你一定会赢，但最终只会输掉全部家当，连信用卡的最高额度也会被要求取出来。

打招呼的女性、伺机而动的同伙、后来加入的玩家以及最后登场，长相骇人的男人分担不同的角色，可以说他们是专业的诈骗团伙。打招呼的一般是看上去温柔友善的女性，或是装成中年夫妇（自称是新加坡人、马来西亚人、泰国人）。由此可知，从一开始相遇，你就掉入了陷阱。

有很多投诉称，在金边的西索瓦码头、莫尼旺大道、西哈努克大街等地有伪装成游客、单手拿着地图搭讪的女骗子。近期，在路上走着也会被假装邂逅的人问话，“你是游客？”“是中国人吗？”等，随后话题就变成了“我们换个地方说话吧”，这是骗子们普遍使用的套路。不过对方不使用招惹警察的暴力举动，也不抢夺护照，因此很少有人报警，警察和大使馆也无法准确掌握这类案件的数据以及诈骗团伙的详细情况。唯一一次是 2012 年，当时越南胡志明市的一个诈骗团伙被举报。之前，有人曾举报骗子是带菲律宾口音会讲英语的人，因此怀疑这个团伙是菲律宾人，逮捕之后发现果然是菲律宾人所为。但是，诈骗团伙数量众多，应该还有其他国籍的罪犯存在。上述团伙被逮捕后类似案件依然发生，因此需要持续注意安全。预防卷入此类案件的办法是不要与街上打招呼的人深交。由于诈骗团伙带人去地下场所时需要使用出租车等交通工具，无论如何也不要上车。总之，对于在街上主动与自己攀谈的人，不论对方国籍、性别、年龄，都要小心。

● **抢包**

金边不论昼夜都会发生“飞车党”抢包事件。针对步行者的犯罪就不用说了，有些飞车党甚至会瞄准嘟嘟车里的乘客，有时可能会导致嘟嘟车翻车。在城区走路的时候，行李装进背包内，不要让劫匪轻易得手；手机也不要轻易拿出来。另外，坐嘟嘟车时，要尽量选取那些座位的左右、后面有防盗帘等安全措施到位的车，乘坐时抱紧自己的行李，不可有丝毫懈怠。

● **交通事故**

虽然柬埔寨制定了交通规则，但是守法者不多，形同无交规国家。因此，摩的侧翻事故频发，外国游客被紧急送医的案例也不在少数。这种情况下，即使是驾驶员的责任，如果对方没有赔付能力，也只能自己忍气承担。另外，也有报告显示游客租借摩托车、自行车发生事故，以及旅行社运营的巴士、包车发生交通事故。近年来，长途巴士事故不断，大部分是深夜巴士，原因是超速驾驶。其中也有外国人死亡的情况。柬埔寨的主干道没有路灯，而且直线道路多，深夜行车少，所以司机容易超速行驶。如有可能，尽量避免乘坐夜间巴士。另外，要深刻认识到发生事故的不确定性，积极购买境外旅行保险。

● **强奸**

在暹粒，针对外国女性的强奸案件时有发生。作案手法多样，通常在想不到的地方或时段发生。因此避免夜间单独行走。如果没有什么危机管理方法或自卫手段的话，除了“不与当地的任何男性交朋友”之外，也没什么更好的办法了。柬埔寨是一个本身国内强奸案件多发的国家。外国游客更要注意，不要给他人造成误解。

● **艾滋病**

目前，放眼整个东南亚地区，柬埔寨也是艾滋病发病率较高的国家之一。一时的快乐可能造成终生悔恨。希望各位游客洁身自好。

● **毒品**

游客（包括中国游客）因吸食、走私毒品被逮捕的案件在柬埔寨层出不穷。柬埔寨禁止持有、吸食、买卖各类毒品。近年来关于毒品的凶杀案有增多趋势，多起案件有游客卷入。部分嘟嘟车和摩的司机就是贩毒者，他们会暗示乘客：“大麻？大麻？”再者，这种情况下很多时候会被卖家勒索财物。

鉴于柬埔寨近年关于毒品的凶杀案在逐渐增多，警察也开始全力督办此类案件。一旦被抓，不论国籍均会被处以重刑。提醒各位游客，柬埔寨的监狱不像中国，不是改造场所，是惩罚的地方，环境非常恶劣。吸食毒品破坏身心健康，奉劝游客们不要一失足成千古恨。也不要听信同行游客的鬼话。

● **违法仿制品**

千万不要购买模仿知名品牌的 Logo、设计、人物形象的假货和盗版游戏、音像软件商品。即使误购，这些东西带回时也会被海关查扣，有时甚至还要赔偿。这时就不是一句“我当时不知道啊”就能解决的。

● **其他**

还有游客因儿童卖淫、拍色情电影、非法持有武器等罪名被逮捕。

INFORMATION 紧急联络方式

中国驻柬埔寨王国大使馆

住 柬埔寨金边市毛泽东大道 156 号（No.156, Mao Tse Toung Blvd., Phnom Penh, Cambodia）

☎ 领事部 :00855-（0）23217086（座机）

00855-（0）12901923（24 小时领事保护手机）

00855-（0）12901937（证件咨询）

00855-（0）11572624（中国公民证件咨询专线）

FAX 00855-（0）23210861

URL kh.china-embassy.org

E-mail chinaemb_kh@mfa.gov.cn

开 工作日 8:00~11:30、14:30~17:00

休 周六、周日、柬埔寨节假日

外国人紧急求助电话

暹粒市警察局旅游警察

☎ 012-402424（可说英语）

暹粒市警察局（外国人科）

☎ 012-555205

中国驻暹粒领事服务办事处

覆盖范围：暹粒省、磅通省、柏威夏省、奥多棉吉省、班迭棉吉省、马德望省

住 柬埔寨暹粒省暹粒市诗威丹空区沙拉甘西昂村第 6 组 99 街 899 号（No.899, Street 99, Group 6, Salakansieng Village, Svay Dankom Commune, Siem Reap District, Siem Reap Province, Cambodia）

☎ 00855-（0）63766523（座机 / 传真）

00855-（0）78946178（24 小时领事保护手机）

E-mail consulate_sr@mfa.gov.cn

金边市警察局旅游警察

☎ 012-942484（接受英语）

金边市警察局（外国人科）

☎ 012-835666（接受英语）

各地警察局

☎ 117、012-999999（不接受英语）

遗失护照怎么办

换发或补发护照都需要去大使馆办理。根据柬埔寨有关规定，因护照丢失或被盗而持有空白旅行证件的外国公民，向柬移民局申办出境签证或补办有关签证时须提交报警记录，因此请及时办理报警记录。在金边向位于 St.158 的旅游警察局（MAP p.254-3B）或金边市警察局外国人科（参照 MAP 文前图②-1A）报警；暹粒为市警察局外国人科（MAP p.10-2B）或旅游警察局（MAP p.10-2B）。

补发中国普通护照需要提交的资料

①网上在线预约打印出来的申请表。

②两张与网上在线预约使用的相同的照片（近期 6 个月，正面免冠彩色本人证件照片 48mmx33mm 3 张，头部宽度为 15mm~22mm，长度为 28mm~33mm，背景颜色为白色，衣服为深色）。

③护照复印件（如有），或中国身份证复印件（如有）。

④柬埔寨有效居留签证页复印件（如有），或在柬劳工证复印件（如有），或在柬工作单位开具的合同期 6 个月以上的工作证明。

⑤本人遗失或被盗、被抢、损毁护照声明书（到馆填写）。

本人须亲自按照网上在线预约的时间到大使馆办理，不可委托他人代办。取证时间为 15 个工作日，费用 US$25。新护照办妥后，请持新护照、使馆函件和报警记录到柬移民局办理出境签证。换发中国普通护照办理时间与费用与补发相同。

内政部国家警察入境事务处

Immigration Department

参照 MAP 文前图② -2A

住 In front of Phnom Penh International Airport（从金边国际机场出发穿过 4 号国道）

☎ 017-812263

开 8:30~16:30

申请旅行证回国需要提交的资料

①如实、完整填写《中华人民共和国护照 / 旅行证 / 海员证 / 回国证明申请表》1 份。

②近期（6 个月）正面免冠彩色本人证件照片（48mmx33mm）3 张，头部宽度为 15mm~22mm，长度为 28mm~33mm，背景颜色为白色，衣服为深色。请将其中 1 张照片粘贴在申请表上。

③护照复印件（带照片的资料页），无护照复印件的提交中国居民身份证复印件。

④本人护照遗失或被盗、被抢声明书。

护照一旦丢失、被盗抢，签发机关在你提出补发申请后即宣布该护照作废，有关国家、国内公安机关、国际刑警组织等均将得到相关信息数据通报。因此，因护照丢失、被盗抢申请补发后，即使护照找回也不能继续使用，否则你将面临入出境受阻的风险，同时也不可撤销补发护照申请。

取证时间：4 个工作日。费用：US$25（旅行证可办加急，当日加收 US$37，2~3 天加收 US$25）。

※ 上述费用为 2018 年 11 月的费用标准。

本系列已出版丛书

涵盖世界70个国家和地区

柬埔寨百科

自然与气候

国土与自然地理环境

● 湄公河与洞里萨湖

柬埔寨位于中南半岛中央偏西南位置，西北与泰国毗邻，北部与老挝相接，东南和南部同越南接壤。东西长约560公里，南北纵贯近440公里，总面积约18.1035万平方公里，大约与我国的广东省面积相当，是泰国面积的1/3。

湄公河自北向南流经中央平原东部，中央平原西部则有洞里萨湖（太湖）。湄公河与洞里萨湖赋予了柬埔寨独特的自然环境特征。

湄公河全长4200公里，是亚洲的大河流之一。其中流经柬埔寨境内的长度约486公里。湄公河丰水期水量远远超过枯水期，最多能达到枯水期的20倍。这些河水流向各条支流，滋润着柬埔寨大地。

洞里萨湖有“伸缩湖泊”的美称。到了雨季，因湄公河的河水倒灌湖中而使水位猛涨，约是旱季面积（约3000平方公里）的3倍以上（约1万平方公里），为周边的湿地及森林提供丰沛的水源。另外，洞里萨湖是世界上有名的淡水鱼种类丰富的湖泊。鱼的种类达到300种以上，年捕鱼量高达10万～12万吨。

湄公河与洞里萨湖滋润着沼泽、湿地、浸水林地等，给平原提供了丰富的水源，支撑着柬埔寨的农业发展。可以说，正是它们润泽了柬埔寨大地，给当地农民带去了自然的恩惠。

从暹粒～金边航线的航班上俯瞰广阔的洞里萨湖

● 森林地带

柬埔寨素有“森林之国”的美誉。这里沿着泰国湾有高耸入云的豆蔻山脉，南侧有大象山脉，北侧沿着柬泰边境绵延横亘着扁担山脉。这里的山区以及周边，尤其是与越南、老挝接壤的北部、东北部地区的大部分面积都被茂密的森林覆盖，成了野生动物（大象、老虎、猴子等）和原始森林的宝库。但是，当地滥伐森林的现象日益严重，森林面积急剧缩小。1958年森林面积占国土的73.8%，到了1989年下降到68%，1993年更是降到了只占62%。长期的内战引发的爆炸等因素对森林造成的破坏之深不言而喻，如今人为砍伐也日趋加剧。由于森林面积的逐步萎缩，生态系统遭到破坏，自然环境的恶化不得不让人担忧。

● 海岸

沿泰国湾的海岸线虽然只有435公里长，但这里的自然生态环境多种多样，非常珍贵。20世纪60年代以来的开发浪潮并未波及这块宝地，原始生态环境得以完好地保存下来。尤其是柬泰边境海岸地带的生态系统依然得以天然地生长，保护了丰富的原生态红树林资源。

海岸在柬埔寨历史上一直未发挥什么明显的作用，这是因为柬埔寨是一个向内陆延伸的国家。但是现在柬埔寨的滨海地区由于其自然生态的多样性而逐渐成为备受瞩目的地区。

气候与季节

柬埔寨属于热带季风性气候，一年分为两大季节：雨季（罗达乌·波萨）和旱季（罗达乌·克达乌）。旱季又细分为凉季（11月～次年1月）和暑季（2月~5月中旬）。

5月下旬~10月下旬为雨季。到了5月中旬，风向开始变化，虽然不下雨，但是一到傍晚时分经常有闪电。进入5月下旬，每天定时有强降雨，也宣告柬埔寨正式进入雨季。虽然是雨季，也不是每天都会下雨。比如在金边，进入雨季初期只是固定在下午的某个时段集中性降雨。

到了雨季末期，雨量增多，下雨时间也变得不规律，清晨或傍晚下的概率最大。到7月，有一个雨季休眠期，即“小旱季”，10天不下雨。雨季末期的2个月（9~10月）内达到高峰。

11月～次年5月中旬是旱季。这期间基本不下雨。初期的11月～次年1月（凉季，也称罗达乌·罗基埃）相对凉爽，是1年中最舒适的季节。旱季的初期非常适合旅游，不过白天温度还是会超过30℃，请注意防晒降温。

旱季末期是2月~5月中旬，进入酷暑时

期（暑季，也称罗达乌·普兰）。白天气温高达35~40℃以上。小池干涸，地面干燥，大部分柬埔寨农民这段时间几乎不劳作。

气温与降水量

柬埔寨的气候特征是常年高温，湿度大。年平均气温27.6℃，一年中雨季的前4个月最热。以金边为例，4月的平均气温高达29.4℃。相反，一年中最凉爽的季节是旱季初期的12月，平均气温只有25.4℃。

右侧在降雨，左侧是晴天。柬埔寨雨季偶尔可以看到这样的景象

年平均降水量达到1320毫米，雨季后期的9~10月雨量最多。金边10月的平均降水量也超过300毫米。另外，年平均湿度为77%，湿度最大的是9月。金边9月平均湿度达到84%。

旅行最佳季节

旅行最佳季节是雨量最少的旱季，其中11月~次年1月最合适。此时从东北方向吹来的季风使气温下降，较为舒适。2月~5月中旬几乎不下雨，但是雨季前的3月~5月持续闷热天气，游览名胜古迹颇为辛苦。

进入雨季后，气温虽然下降了，但是由于城里的下水道改造还不够完善，暴风雨后道路积水严重，非常不好走。大雨还会造成各地道路被冲垮、航班取消等问题，如果在这个季节旅游，要尽量留足时间。

遗迹参观之外的消遣方式

吴哥寺等古迹群看多少遍都看不完，不过城里的酒店和各种娱乐设施也越来越多，观光产业不断发展的今天，除了参观古迹，我们还有一些其他的消遣方式。

首先是酒店。特别是在暹粒，设施和服务都达到国际化水平的度假酒店很多，环境、设计让客人在酒店里待着本身就是一种享受。客房的设备不必说了，泳池、SPA和按摩、咖啡厅里的下午茶、高级餐厅、时尚的酒吧等配套设施齐备的酒店随处可见，几乎让人忘记了自己身在柬埔寨。另外，开办烹饪培训班的地方也渐渐多起来，即使不住宿也希望游客可以去体验一番。

喜欢活动的人，还有高尔夫和自然旅游项目可推荐。在暹粒和金边，有好几个达到国际标准的高尔夫球场。里面有俱乐部和鞋子租赁，游客也能畅玩，是外国游客热衷的去处。其次，对于深度古迹游爱好者而言，还可以巡游一般不被介绍的冷门古迹。而更倾向于亲近自然的欧美游客，喜欢游览洞里萨湖等水边景观，观鸟或前往腊塔纳基里山中旅行。

如果没有这般预算和时间的人，也可以体验边走边吃的乐趣。在暹粒和金边，从高级的法国菜肴到当地的柬埔寨美食，各类餐饮种类丰富。三餐之外，如果还想吃些少见奇特的美味，到市场或美食一条街走走不失为一个好办法。

柬埔寨旅行，吴哥古迹的名声盖过了一切。但稍微开阔一下思路，就会找到更多消遣方式。亲爱的你也找一找适合自己的消遣方式吧。

在带泳池的度假酒店休闲也是旅行乐趣之一

柬埔寨的历史

从史前时代到独立前

● 史前时代（公元前 4200 年前后 ~ 公元纪年前后）

关于人类何时开始在今天的柬埔寨地区居住，目前还没有定论。最古老的人类足迹是在柬埔寨西北部拉安·斯皮安（La Ang Spean）山洞里发现的人类生活的痕迹，据分析大约是公元前 4200 年。大约公元前 3000 年海岸附近也有人类居住的迹象。最早的遗址是新石器时代的克巴尔·罗梅阿斯遗址，可以追溯到公元前 3420 年左右。

公元前 1500 年左右开始，在三隆森（Samrong-Sen，洞里萨湖东南岸）附近开始出现与现代柬埔寨人极其相近的人类生活的痕迹。从发现的人类骨骼上推断当时他们是在木桩上搭建简单的住宅进行生活的。

● 前吴哥时代（公元纪年前后 ~802 年）

公元纪年前后开始，印度商人利用季风航行到中南半岛的南部（现在的越南南部），开展贸易活动。2 世纪前后，受印度文化影响的扶南王国在柬埔寨南部的湄公河三角洲一带建国。扶南王国作为从内陆运来的林业产品的集散地而繁荣起来，随后又依靠海外贸易使国家发展壮大。尤其是扶南的外港欧凯欧（Okeo，现在越南南部安江省）成为海上丝绸之路的中转地，与印度、中国，甚至更远的罗马帝国都有贸易往来。

5~6 世纪，隶属南亚语系民族的高棉人从故乡湄公河中游、南老挝的占巴塞省（Champassak）逐渐南下，来到了中南半岛。在此过程中，逐渐发展成真腊王国，扩大了版图。7 世纪，真腊与中南半岛的扶南合并，都城迁移到“伊赏那补罗城”（现在的磅同省三波坡雷古寺庙群→ p.94）。8 世纪初，真腊王国分裂为“水真腊”和“陆真腊”，一时间国内局势混乱。到了 802 年，从爪哇回国的阇耶跋摩二世再次统一了国家。

● 吴哥时代（802~1431 年）

阇耶跋摩二世即位后，建立了吴哥王国。接着因陀罗跋摩一世定都“诃里诃罗拉耶”（现在的罗洛士地区的近郊→ p.76）。889 年耶苏跋摩一世即位后，将吴哥定为都城。以小丘巴肯山（→ p.56）为中心建起了方圆约 4 公里的环形沟渠结构的城池。从此，首都被称为“耶苏特拉补罗”（意为“耶苏跋摩一世王”的都城），在约 550 年的时间里不断完善，修建寺院。吴哥盛世时期王都建在吴哥地区，吴哥寺（→ p.20）、巴戎寺（→ p.40）等大型寺院就是在这个时期修建的。

1177 年，势力壮大的海洋贸易国占婆的军队占领了都城吴哥，但很快吴哥又得以光复。1181 年，阇耶跋摩七世即位。在阇耶跋摩七世的治理下，国家空前繁荣，并控制了中南半岛的大部分面积，成了独霸一方的强盛国家。这个时期修缮了道路网，在道路上设置了 121 个驿站。国内还建了 102 所医院。这就是鼎盛时期的吴哥王朝。

然而，阇耶跋摩七世死后，连年的征战和寺院的大肆建造等使吴哥国力迅速衰退。1431 年前后，暹罗的大城王国（又称阿育陀耶王朝）入侵吴哥王国，都城吴哥陷落敌手，开启了柬埔寨流浪与苦难的时期。

● 后吴哥时代（1431~1863 年）

吴哥弃都后，柬埔寨王国的首都在斯蕾圣多（Srey Santhor，现磅湛省）、金边、洛韦（Longvek）、乌栋（Qudong）等地辗转迁移多次。15 世纪以后位于西面的暹罗（大城王国、曼谷王国），17 世纪以后东面的越南（阮王朝）都在逐渐蚕食吴哥王朝的领土。

16 世纪中叶，柬埔寨王国曾经对因缅甸战争而衰退的大城王朝发动过战争。之后，随着暹罗卷土重来，暹罗王室对柬埔寨王室的影响力逐渐增强。与此同时，由于柬埔寨王室内乱和地方官僚的叛逃等原因，王权势力削弱，国力也随之衰退。

18 世纪后期，经历暹罗和越南的侵略后，柬埔寨王国陷入了灭亡的危机。1835~1840 年，安眉女王被越南阮王朝剥夺了行政权。1841 年，柬埔寨领土被侵占、吞并，国王开始常年流浪国外。1845 年，柬埔寨与暹罗和越南媾和。1847 年，安东国王正式登基，国内出现了暂时的和平迹象。

12 世纪阇耶跋摩七世创建的巴戎寺墙壁上描绘的王朝军队行军图

但是事实上同时处于暹罗与越南的奴役之下。

法国殖民地时期（1863~1953 年）

1853 年，安东国王为了脱离暹罗和越南的双重属国状态，试图接近进军亚洲的法国。

1863 年 8 月，诺罗敦国王与法国签署了保护国条约，柬埔寨开始进入法国统治时期。1884 年，法国通过缔结协议，强化了对柬埔寨的殖民地统治。1887 年，法国成立了中南半岛联邦，同时将柬埔寨划归中南半岛殖民地。柬埔寨一直到 1953 年独立为止，都受法国统治。

法国殖民地时期，保存了王朝、王权和佛教等柬埔寨固有的传统，但是在社会经济发展、近代教育制度的引进等方面没有积极推进。此外，法国接受中国移民以及越南劳动力替代柬埔寨人，成为柬国内社会经济发展的主力军。因此，高棉人的民族意识形成得比较晚，直到 20 世纪 30 年代后期，民族主义运动才蓬勃开展起来。

第二次世界大战后，脱离法国殖民统治的柬埔寨独立运动风起云涌。1941 年，年仅 19 岁就登基的西哈努克国王率先站在了独立运动的潮头。西哈努克国王积极与法国交涉，但只被承认了部分自治权，走向完全独立的道路并不平坦。1949 年 11 月，柬埔寨在与法国的联合框架内获得了有限的独立，但是司法、警察、军事权等仍然牢牢掌握在法国人手中，没能取得彻底独立。因此，国内对西哈努克国王的谴责声音高涨，地方上“越盟”（越南独立同盟）游击队以及反共势力的活动频发。1953 年 2 月，西哈努克国王通过“合法政变”掌握了政权，开始与法国全面交涉。

1953 年 4 月后，迫于国际舆论的影响，法国做出让步，同年 11 月 9 日，柬埔寨实现了完全独立。

现代柬埔寨的形成（从独立到 1993 年大选～联合政权诞生）

西哈努克时期（1953~1970 年）

完成独立事业的西哈努克国王非常重视同印度、中国、法国的双边关系，同时，站在不属于东西任何阵营的不结盟中立立场，推行了走独立线路的中立外交政策。1954 年日内瓦会议后，为了柬埔寨保持独立、维护和平、保护领土，不结盟中立主义成了柬埔寨外交政策的基本方针。西哈努克的外交政策被取笑为“高空走钢丝的外交”。但是对于当时战乱中的中南半岛来说，中立外交可以说是避开战火蔓延、维护国家和平稳定最好的政策。

西哈努克国王在内政上提倡社会主义（王室社会主义），指出佛教社会主义和吴哥时代的王室制度的相同点，并主张君主制与民主主义、社会主义互不矛盾的观点。西哈努克国王于 1955 年将王位让给了父亲诺罗敦·苏拉玛里特国王，自己退位。之后，为了国家统一，推进国家建设，建立了“社会主义人民共同体”（又称桑库姆，Sangkum），并亲自担任领导者。桑库姆作为国家体制的支柱，支持和维护着柬埔寨传统的君主制度和佛教，也引进了计划经济体制。但实际上，这是一个包含左右意识形态势力的类似于国民运动的政治组织，这也是西哈努克的独裁主义政治运营的一个显著特征。

20 世纪 60 年代后半期，自力更生的经济政策失败，财政亏空，于是桑库姆内部的左右势力间的均衡态势也被打破。1970 年 3 月，右翼势力的朗诺将军废除了在外访问的西哈努克的国家元首之职。右派篡夺政权也使越南战争的战火烧向了柬埔寨境内，柬埔寨由此卷入战事。

朗诺时期到民主柬埔寨时期（1970~1979 年）

朗诺发动政变后，流亡北京的西哈努克宣布成立“柬埔寨民族统一战线”组织，并表明与红色高棉合作。1970 年后，越南战争蔓延到柬埔寨境内，1973 年后，柬埔寨内部各势力派别之间的内战也进一步激化。结果国内局势动荡，国家疲敝不堪。

1975 年 4 月 17 日，以红色高棉为代表的柬埔寨民族统一战线进入金边，实际终结了内战。但是掌握政权的波尔布特武断地实施了激进政策，使国内再次陷入大混乱状态。

民主柬埔寨政府（波尔布特政权）的政治至今为止仍有很多不解之谜。波尔布特进军金边城后，实施了城市无人化、城市人口强行搬迁到农村的政策。尤其采取了废止市场和货币、废除农业和政治教育以外的学校教育、禁止宗教活动、建立人民公社以及集体生活等无视柬埔寨传统价值观和社会体制的一系列暴政。诸多政策使柬埔寨国内越发混乱，传统的社会体系被割裂。波尔布特执政的 3 年零 8 个月时间里，柬埔寨人民遭受了惨痛的“精神外伤”，这些伤痕至今仍留存在民族的记忆中。

不仅如此，波尔布特政权成立后，激化了与越南的对立。1977 年爆发了大规模的边境战争。1978 年 12 月下旬，越南军队占领柬埔寨领土。次年 1 月，民主柬埔寨政府放弃首都金边，逃到柬泰边境的深山。由此，泰国边境地区一时间涌现了大量柬埔寨“难民”，为贯穿整个 20 世纪 80 年代的“难民问题”拉开了序幕。

● 越南军队入侵及“柬埔寨问题”的发生（1979 ~1987 年）

1979年1月7日，得到越南军队资助的“柬埔寨救国民族统一战线”解放了金边。之后，人民革命委员会议长韩桑林宣布“柬埔寨人民共和国（韩桑林政权）”成立。

逃到柬泰边境的民主柬埔寨势力不断游击运动。1982 年 7 月，宋双（Son Sann）派、西哈努克派以及反越南派三个派别成立了“民主柬埔寨联合政府”，与韩桑林政权对抗。因此，1982 年以后柬埔寨再次进入两个“国家”并立的状态。一个是靠近泰国边境地区的民主柬埔寨联合政府，另一个是实际上有效控制着柬埔寨全境的柬埔寨人民共和国。

整个 20 世纪 80 年代，因两个政权之间的内战冲突不断，双重政权并存的状态一直持续着。

20 世纪 80 年代，在反对越南军队驻扎的西方各国以及 ASEAN（东南亚国家联盟）等组织的支持下，民主柬埔寨一方维持了联合国的席位，而柬埔寨人民共和国没有得到西方诸国的援助，仅在东欧及越南等国家的有限援助以及 NPO（民间非营利组织）的支持下，着手开始国家重建的重任。

● 柬埔寨走向和平的道路（1987~1991 年）

为了解决“柬埔寨问题”，1987 年 12 月，纷争当事方西哈努克亲王（民主柬埔寨联合政府）、洪森首相（韩桑林政权）在巴黎实现了首次直接会谈。之后双方改变了会谈地点继续协商。

为了实现柬埔寨的和平稳定，1988 年 7 月、1989 年 2 月和 5 月，各纷争当事方以及相关国家在雅加达召开了非正式会议，7~8 月又在巴黎会谈，探索和平稳定的解决方案。但纷争当事方之间并没有就结束内战达成一致。

1989 年后，随着苏联的解体以东欧社会主义阵营的瓦解，冷战结束，东西方的对立也随之消失。柬埔寨面临的国际环境急剧变化。尤其是进入到 20 世纪 90 年代，在解决“柬埔寨问题”中起关键作用的中国和越南之间的关系有所改善，对柬埔寨的和平进程起到了重要的推动作用。

1990 年 9 月，在雅加达召开的会议上，柬埔寨四大派最终达成了在金边成立“柬埔寨全国最高委员会”（SNC）的一致方案。接着 1991 年 6 月在雅加达，8 月在芭堤雅，9 月在纽约又相继举行会谈。会期一直持续到 10 月 23 日的巴黎会谈。

●《巴黎和平协定》的签订（1991 年）

在 1991 年 10 月 23 日召开的巴黎会议上，为了实现柬埔寨的和平稳定，19 个国家的代表共同签署了《巴黎和平协定》。该协定就成立 UNTAC（联合国驻柬临时权力机构），解除柬埔寨四大派的军队武装，结束内战，实施停战监督，让泰国边境的难民返回，实施直接的行政管辖，监督人权状况，实施制宪议会选举等做了明确规定。另外，新政权成立之前的过渡阶段，“柬埔寨全国最高委员会”（SNC）是唯一代表柬埔寨行使主权的唯一合法机构。

1991 年 11 月 14 日，西哈努克亲王结束了长达 12 年的流亡生涯，回到了柬埔寨，正式启动 SNC。次年 3 月 15 日成立了 UNTAC，为迎接 1993 年 5 月的大选，全国各地的准备活动如火如荼地开展起来。

● UNTAC 的职能与活动

UNTAC 在 1992 年 3 月 ~ 次年 9 月间，为支援柬埔寨新政府的成立，在该国所有领域开始协助工作。

UNTAC 的主要任务是：经过实施立宪议会的选举，由立宪议会公布新宪法，逐步向立法议会过渡。在新政权正式启动之前的过渡阶段（18 个月）与 SNC 共同解决柬埔寨的政治纷争，为恢复当地和平发挥作用。

UNTAC 由 7 个部门（行政部门、人权部门、选举部门、军事部门、警察部门、难民遣返部门、恢复及振兴部门）组成，是一个由 1.59 万名军事要员、近 3600 名警察和停战督查员、约 2000 名行政及选举要员，共约 2.15 万人组成的大规模维和组织（PKO）。

UNTAC 实际开展活动的时间是 18 个月。其活动范围涉及诸多领域，对柬埔寨社会产生了莫大影响。比如，成立广播电台（向全国普及 UNTAC），在全国范围开展联合国志愿活动，实施选举（有资格参选人员的登记以及选举方法的培训等），遣返难民（遣返人员自由选择遣返目的地），等等，深刻影响到了柬埔寨人民生活的细枝末节。对于长期以来生活在战乱和一党专政统治下的柬埔寨来说，UNTAC 的出现给人民带来了新希望。

UNTAC 活动期间，柬埔寨出现了新闻出版的春天，报纸出版量增加，自由出版物的发行也有所提升，舆论自由曙光初现，信息量爆炸式增长。特别是实现了结社自由和新政党（20

柬埔寨·中国历史年表对照

柬埔寨	
公历（年）	事　件
2 世纪左右	柬埔寨南部“扶南”兴起
514 年	律陀罗跋摩即位
707 年	真腊分裂
802 年	阇耶跋摩二世即位；吴哥时代开始
877 年	因陀罗跋摩一世即位，宝都河里诃罗拉耶（罗洛士古寺庙群）
889 年	耶苏跋摩一世即位
910 年前后	曷利沙跋摩一世即位
922 年前后	伊奢那跋摩二世即位
928 年	阇耶跋摩四世即位
944 年	罗贞陀罗跋摩一世即位，全国统一
969 年	阇耶跋摩五世即位
1002 年	苏耶跋摩一世即位
1050 年	优陀耶迭多跋摩二世即位
1080 年	阇耶跋摩六世即位
1113 年	苏耶跋摩二世即位，修建吴哥寺
1145 年	吴哥王朝被占婆（林邑）统治（~1146 年）
1166 年	陀罗尼因陀罗跋摩一世即位
1177 年	占婆军队占领吴哥都城
1181 年	阇耶跋摩七世即位，修建吴哥城
1190 年	吴哥王朝被占婆（林邑）统治（~1220 年）
13 世纪初	阇耶跋摩七世建成吴哥城
1220 年前后	因陀罗跋摩二世即位
1296 年	周达观随元朝使节访问吴哥（~1297 年）
1307 年	因陀罗阇耶跋摩一世即位
1327 年	阇耶跋摩·波罗密首罗一世即位
1353 年	暹罗军队首度攻占吴哥
1394 年	暹罗军队二次攻占吴哥
1431 年左右	吴哥都城陷落
1528 年	安赞一世建立新都洛韦
1546 年	安赞一世下令修复吴哥寺
1557 年	安赞一世 2 万大军攻打暹罗
1594 年	王都洛韦陷落
1623 年	迁都乌栋
1692 年	约 5000 名暹罗人集体流亡柬埔寨
1731 年	萨达二世把柬埔寨南部（现在越南西南部）2 省割让给阮王朝
1757 年	安东国王二世把柬埔寨南部（现在越南南部）2 都 1 省割让给阮王朝
1775 年	安依二世即位。暹罗成为宗主国
1792 年	约 1 万柬埔寨人为挖掘运河被运至曼谷
1795 年	第一宰相巴彦将马德望和暹粒两省划给暹罗
1806 年	安赞二世即位（从暹罗回国），承认越南宗主权
1814 年	暹罗、上丁省等北部省合并
1841 年	阮王朝吞并柬埔寨
1860 年	亨利·穆奥调查吴哥古迹
1863 年	同法国签订柬埔寨保护协议
1884 年	同法国签订柬埔寨协议（强化法国殖民统治）
1893	上丁省、腊塔纳基里省的一部分沦为法国殖民地
1904	穆尔普雷、洞里里普等地成为法国殖民地
1907 年	泰国归还柬埔寨吴哥地区。暹粒（吴哥地区）等西北部 3 省变成法国殖民地

中　国	
公历（年）	事　件
196 年	曹操迎汉献帝迁都许昌
618 年	李渊称帝，建立唐朝，国号“唐”
712 年	唐玄宗即位，开创开元盛世
907 年	唐朝灭亡
960 年	赵匡胤为帝，建立宋朝（北宋）
1127 年	赵构在应天府称帝，改元建炎，南宋建立
1141 年	绍兴和议达成；岳飞遭到冤杀
1271 年	忽必烈建元朝，是首个由少数民族建立的统一王朝
1293 年	京杭大运河全线开通
1368 年	朱元璋称帝，国号为大明
1407 年	《永乐大典》成书
1405 年	郑和下西洋
1433 年	郑和第七次远行返还，郑和下西洋至此结束
1553 年	王直纠合倭寇犯沿海
1578 年	李时珍所著《本草纲目》完成
1601 年	利马窦入京传教
1636 年	皇太极改国号为大清
1644 年	李自成攻入北京。思宗自缢于景山，明朝亡；同年，清军入关
1662 年	郑成功收复台湾
1689 年	中俄签订《尼布楚条约》
1839 年	林则徐虎门销烟
1895 年	与日本签订《马关条约》，割让台湾和澎湖，失去藩属国朝鲜
1900 年	八国联军入侵北京
1901 年	清朝同十一国签订了《辛丑条约》
1912 年	中华民国于南京宣布成立

个政党）参加选举，释放政治犯，人权意识萌发等，可以说在很多领域都发生了翻天覆地的变化。

另外，多个有着数万人口的少数民族遍布柬埔寨全国各地。这些少数民族和柬埔寨的其他国民有着不同的生活习俗，因此他们之间发生冲突和矛盾是无法避免的现实。但是，在选举准备过程中，由于有参选者资格登记和选举活动的成功实施，在立宪议会的选举中，投票率提高到接近90%。这可以看成是有选举权的国民自由表达意愿的结果，选举活动取得了成功。

不可否认的是，UNTAC试图解除各派系武装力量的努力以失败告终。另外，也很难说选举后中立的政治环境已经形成。但是，这次选举有多数政党参与，大多数国民投了票。事实上，这是柬埔寨多元化社会形成的一点星星之火。

● 新生“柬埔寨王国”的诞生

1993年5月，立宪议会选举结果出人意料，奉辛比克党（FUNCINPEC）战胜人民党（CPP）。议会的席位分配为拉那烈领导的奉辛比克党获得58个席位，旧金边政权的人民党获得51个，自由民主佛教党（BLDP）获得10个，莫里纳卡党（柬埔寨民族解放运动）获得1个，这些政党都参与到了之后的政治活动中。6月14日，召开了第一次立宪议会。16日新政府成立之前，以奉辛比克党和人民党联合为基础成立了临时国民政府。之后，各党派继续磋商，为新政府成立做铺垫。9月23日公布了新宪法。随后的9月24日，时隔23年柬埔寨再次组建了统一的政权，建立了新生的“柬埔寨王国”，西哈努克国王担任国家元首。

● 联合政府的政治运作（1993~1996年）

1993年的大选成立了奉辛比克党和人民党共同执政的联合政权。联合政权成立初期，内政比较稳定，但到了1994年，政府内部出现分裂。7月，以夏卡朋（Chakrapong）亲王为中心的人民党发动政变未遂，人民党内部权力斗争开始显露。10月，内阁进行改革，改革派的财政部长桑兰西（Som Raeangsee）被调任，外交部长西里武亲王（Sirivudh）也被迫辞职，动摇联合政权执政根基的事件接连发生。紧接着，1995年6月，桑兰西被驱逐出国会，9月发生宋双派集会地点手榴弹爆炸事件。11月，因被怀疑制造了暗杀洪森第二首相未遂事件，主犯西里武亲王逃亡法国，一系列令政界哗然的大事件此起彼伏，两位首相的争执也随之升级。

1996年6月，波尔布特死亡的流言传出，红色高棉（以下称KR）内部权力争斗公开化。8月，主要成员英萨利脱离KR，与政府军关系迅速升温。之后，KR所属的其他地区士兵以及民间人士也相继大量投靠政府。KR的分裂已成定局，实力逐渐削弱。

柬埔寨的政治·经济

● 从后UNTAC时期的政治局势到1998年大选

1995年之后，奉辛比克党与人民党之间的矛盾加深。到了1997年，政局不稳仍然没有得到控制，7月5日，两个党派在金边发生了武装冲突。人民党军队占领全国，将拉那烈第一首相从联合政权中驱逐出去，宋双第二首相实际掌控了政权。虽然宋双声称维持现行宪法和联合政权，宣布该政府是合法政府，但仍受到国际舆论的谴责，部分国际援助活动被叫停，同时错失了加盟ASEAN（东南亚国家联盟）的机会。1993年联合国主导下实现的和平濒临崩溃。之后，洪森逐渐接受国际社会的条件，根据宪法，于1998年实施了宣称“自由公正”的选举。

1998年7月举行了第二次大选，投票率高达93.7%。公布的选举结果是，人民党获得64个席位，奉辛比克党获得43个席位，桑兰西党获得15个席位。然而桑兰西党党首对此次选举结果提出质疑，并组织了大规模的反洪森游行等活动。不过一直持续到10月，各党之间也没有达成协议，联合政权迟迟无法建立。直到西哈努克国王介入才产生了效果。11月下旬人民党和奉辛比克党均在政治上退让，成立了以洪森为首相的新政府。另外，1998年4月，波尔布特死亡，12月红色高棉最高领导人乔森潘和农谢向政府投降，红色高棉宣告解体。

● 国家开发时期的政治走向

2003年举行的第三次大选中，洪森领导的人民党以成功取得议会中的73席获胜，巩固了政治基础。奉辛比克党和桑兰西党分别只获得26和24个席位，反对党势力很难再撼动执政的人民党。2008年7月，在第四次大选中，人民党惊人地以 58.11% 的得票率和 90 个议会席位的优势，大幅领先反对党再度获胜。桑兰西党较第三次大选增加了 2 个席位，最终获得了 26 席，可是奉辛比克党由于党内斗争和分化，只获得 2 席。彼时，虽然人民党名义上还与奉辛比克党、桑兰西党组立联合政府，实际上洪森在阁僚位置上全部安排了人民党的人，是一种事实上的人民党一党专政，进一步巩固了其执政的地位。

另外，经过两次选举，拉那烈亲王领导的王室派势力式微，原来能与人民党单独对抗的反对党，此时也逐渐销声匿迹。在 2004~2008 年间，柬埔寨的经济增长率高达 10% 以上。经济持续发展给人民党创造了有利的大环境。有观点认为洪森的经济成长战略是柬埔寨快速发展的主要推动力，受到国民的欢迎。但是经济发展的同时，政府官员的贪污腐败现象，打压工人申诉正当权益等践踏人权的事件也频频报道，遭到反对党及 NGO 的强烈批评。

● 进入 2010 年后的政治社会的变化

2009~2013 年，柬埔寨的政治社会环境显著改善。随着经济的快速发展，2012 年柬埔寨担任 ASEAN 主席国，洪森首相发挥其领导才能，成功举办了 ASEAN 首脑峰会，向国际社会展示了柬埔寨的政治稳定。在 6 月举行的地方评议会的议员选举中，人民党获得了超过 7 成的席位，进一步稳固了地方执政根基。在这样的良好局面下，10 月 15 日，远在北京疗养的 89 岁的西哈努克前国王去世。自 2004 年 10 月他退位以后，就再也没有登上政治舞台，但是在国民中的威望一直很高。西哈努克前国王去世后，柬埔寨国内规定了 10 天的哀悼期。其间，全国各地的人民聚集在王宫前，吊唁前国王。2013 年 2 月举行了国葬仪式。随着柬埔寨现代史中最大的主角西哈努克前国王的黯然离去，柬埔寨那段跌宕起伏的历史似乎也已经渐行渐远。

2012 年 10 月，最大的反对党桑兰西党与人权党合并，成立了柬埔寨救国党。桑兰西任主席，宫桑达任副主席。由于桑兰西被判 12 年刑罚而一直流亡海外，国内在主席缺席的情况下实行了反对党的整合。2013 年 7 月，在第五次大选中，对人民党有利的呼声十分强烈，但是在终选阶段，桑兰西被特赦，在投票截止的 1 周前回国，救国党由于迅速获得了以都市年轻人为主的选民的支持，扩大了影响力。选举结果是人民党 68 个席位，救国党 55 个席位，人民党的优势大幅缩水。在得票率上，人民党 48.83% 对救国党 44.46%，前者仅以微弱优势领先。救国党巧妙地利用社交软件展开选举攻势，控诉洪森长期政权中的腐败，公务员贪污日趋严重及贫富差距不断扩大等问题，同时提出劳动者最低工资及公务员最低待遇标准，给老人发放养老金等政权的政治承诺，获得了广泛的支持，尤其是取得了年轻人的信任。

2017 年 6 月举行了地方评议会议员选举，相对于人民党 50.76% 的得票率，救国党获得了 43.83%，由于国民对人民党独裁统治的不满，反对党的势力大增。就这样，到了 9 月，反对党救国党党主席金速卡因涉嫌叛国罪被逮捕。政府方面宣称他与美国密谋颠覆国家政权，向最高法院起诉停止救国党的活动，同时解散该党。11 月，柬埔寨最高法院宣布终审判决结果，柬埔寨救国党被解散，同时 5 年内停止原议员从政。洪森政权在 2018 年 7 月来临的大选前，对反对党的打压之势可见一斑。2018 年 7 月，洪森领导的柬埔寨人民党获得胜利，继续取得执政权。

另外，2006 年 7 月开始组建的柬埔寨法院特别法庭审判波尔布特政权犯下的种族灭绝罪等罪行。2012 年 2 月二审判处前红色高棉 S21 监狱狱长康克由 35 年有期徒刑。2014 年 8 月一审判决法庭判处国家主席团前主席乔森潘和民主柬埔寨全国人大常委会前委员长农谢终身监禁。特别法庭的审判仍在继续，而试图获取国民和解的努力也在同步进行中。

● 国家开发时期的经济

1991 年联合国决定参与援助柬埔寨。1992 年 3 月后，西方多国的援助活动正式启动，道路、桥梁、饮用水与排水管道等社会基础设施的工程有序推进。市场经济进一步发展，以城市为中心的经济活动日趋繁荣。1991 年后开始了由计划经济体制向市场经济体制的转变，金边等地开始出现巨大变化。流通行业和进出口贸易等主要经济领域均被华人和部分柬埔寨人垄断，出现局部性的经济繁荣景象。国内生产总值（GDP）从 1992 年的 2509 亿瑞尔上涨到 1995 年的 7200 亿瑞尔，经济增长率也从 1993 年的 4.1% 猛增至 1995 年的 7.6%。

社会经济体制的急速转变也引发了政府内部的混乱。中央集权制和行政机构内人才不足等问题的弊端开始显现，导致政府部门无法顺畅运转。同时，也形成了财富向部分政府高官聚拢的现象。士兵和公务员的工资发放迟缓已成顽疾，外企员工与公务员之间的工资差距逐渐拉大。因此，公务员兼职成为常态，部或局等基础组织部门行政功能低下。1997 年发生武装冲突导致国外援助暂时停止，实际的经济增长从 1996 年的 6.5% 下滑到 1997 年的 2.1%，国内的经济形势逐步恶化。不过 1998 年的大选成立了新政府，经济状况有所好转。

● 全球化的进展

1999 年 4 月，柬埔寨正式加入 ASEAN，因此投资随之增加。进入 21 世纪，柬埔寨的国际化水平进一步提升。2004 年 10 月加入 WTO（世界贸易组织）后，不仅首都金边和旅游城市暹粒的经济快速发展，这种经济效益还辐射到了首都周边及地方城市。在金边，大规模的高层建筑和高级住宅区的开发如火如荼地进行，地价水涨船高。西哈努克市和白马市等泰国湾沿岸城市的高级度假区开发也在紧锣密鼓地开展。另外，还有一些地方城市的郊区及柬泰、柬越边境地区的工业区也在迅速增加。人均 GDP 在 1998 年只有 255 美元，2000 年也不过 288 美元，到了 2005 年，这个数值已经跃升至 455 美元，2010 年达到 814 美元，随后的 2012 年实现了 971 美元，2013 年为 1011 美元，2017 年更是达到 1390 美元。2004~2008 年间，柬埔寨年均经济增长率超过 10%，2017 年也维持了 6.9% 的高增长态势。

在这种背景下，以农民为主的柬埔寨社会也开始出现变化。金边和其他城市的常住人口不足全国总人口的 20%，大约 80% 的人口生活在农村。但是，农业人口的比例已经下降了。2002 年三大产业的就业人口比重分别为：第一产业 70%，第二产业 10.5%，第三产业 19.5%。其中，虽然农业水产领域的从业者从 1993 年的 319.2 万人（81%）上升到了 2002 年的 448 万人（70%），从业人口数在增加，但是比重反而下降了。相反，第二产业的从业人数从 3.0% 增长到 10.5%，其中制造业从 2.3% 增加到 8.7%。第一产业在 GDP 中的比例 1993 年为 46.8%，2003 年进一步下降到 38.8%，2005 年则为 32.4%，2012 年减到了 29.4%，呈逐年下降的趋势，以农业为中心的社会经济结构正在发生变化。

近年来，随着土改的开发，无论城市、农村，围绕土地所有权的土地纠纷等问题屡屡发生。也有一些将居民从居住地强行搬迁，强行没收土地等错误的政府开发行为，法制与人权问题在当地深受质疑。

柬埔寨的文化

● 东南亚的文化中心

现在的交趾支那地区，早在公元前后印度贸易船便借助季风的作用航行到此地，这里也作为连接中国和印度的海上中转站而繁荣发展起来。受印度文化影响的“扶南”国在这里建国。扶南逐渐融合了印度的宇宙观和本土文化基因，发展出柬埔寨独特的文化。从那以后，一直到吴哥时代的鼎盛时期，柬埔寨影响着周边多国的文化，成为东南亚的文化中心。

可以说柬埔寨拥有深厚的文化积淀。这里的文化涵盖了古典舞蹈、文学、皮影戏、民歌、音乐等多个领域，展现了高棉的独特文化魅力。高棉的传统民族文化在波尔布特政权时期遭到严重破坏，目前仍然处于文化复兴阶段。

● 宫廷文化以及民间文化

柬埔寨文化分为宫廷文化和民间文化两大类。两种文化在不同年代呈现出不同的特点。宫廷文化是指以王室贵族、婆罗门、特定官僚精英层为中心，在王宫内及周边形成并发展的一种文化。这一阶层吸取印度文化的精髓，发展出高棉的独特文化。尤其以宫廷为中心，形成了优雅的文字类文化（王朝年代记录、宗教书籍等）、宫廷舞蹈、面具舞等，这可以说是宫廷文化的一大特征。

吴哥时代之后，宫廷文化最繁荣的时期是 19 世纪的安东国王时代。1847 年登基的安东国王将云游诗人招至身边，不仅编纂王朝历史年表和法律典籍，还亲自创作了 *Chbab Srey*《女子家教》和《卡卡伊》等文学作品，让高棉文化再次得到复兴。

另外，民间文化也吸收了印度文化的营养，因此与宫廷文化也有很多相似之处。民间文化的特点是，把“印度化”之前的本土文化要素融合进了“印度文化”当中，在民众生活的层面上形成了新型的文化形式。皮影戏（斯巴艾克）就是最具代表性的例子。它的内容框架虽然受印度作品《罗摩衍那》的影响很大，但是作品中体现了地域文化的特性，由操作者独自加工剧本，展开剧情。各地区流传下来的“舞蹈”和“民歌”等民俗艺术也是民间文化的代表。

民间文化与宫廷文化的区别在于，民间文化是口口相传的，表现形式和外在形态通过口头代代流传。民间文化不会以文字的方式传承，而是通过身体动作和口头方式，从祖先代代传下来。

● **宫廷舞蹈、面具舞**

宫廷文化的代表有古典的宫廷舞蹈和面具舞。其中以《罗摩衍那》为题材的作品居多，以前，由王室的专业舞蹈演员在特殊日子（寺庙仪式、国王生日等）演绎。到了西哈努克时代，组织了皇家舞蹈团，接待国宾时表演节目。

在暹粒的多家餐厅都能欣赏到阿普莎拉舞

宫廷舞蹈中最著名的是“阿普莎拉舞蹈”（→ p.128）。“阿普莎拉”在印度语中意为“水妖”，但在柬埔寨语中变成了“神女、天使”一类神灵。阿普莎拉出现在了吴哥的浮雕上，据说是为了向天神祈祷而跳舞。也就是说，可以理解成阿普莎拉是人类和天神之间的使者，阿普莎拉舞蹈是献给天神的舞蹈。

根据《罗摩衍那》里的故事改编而成的《苏万·马恰》（金鱼）是古典面具舞的代表之作。该舞描述了忠诚于罗摩王子的白猿哈努曼向统领兰卡岛的美人鱼求婚的故事。音乐响起，动感的舞蹈随即展开。

宫廷舞蹈、面具舞等是柬埔寨国家文化复兴的一个表现之一，被重点保护和振兴。目前皇家舞蹈团等艺术团体将它们作为高棉古典舞蹈的代表作品演绎给大众。

很多孩子在学习阿普莎拉舞（暹粒）

● **大众艺术**

柬埔寨各地流行的民间文化中，有些是至今仍保持着地方特色的大众艺术。在此简单地介绍一些代表性的民间艺术形式：皮影戏、民歌、舞蹈、民俗艺术等。

①斯巴艾克（皮影戏）

在地方的农村盛行一种民间艺术形式——斯巴艾克（皮影戏）。斯巴艾克的意思是“牛皮”，这是因为皮影戏的道具是用牛皮做的，所以称为“斯巴艾克”。斯巴艾克分为大型皮影戏“斯巴艾克·托姆”和小型皮影戏“斯巴艾克·托伊”。无论哪种形式，都是在吴哥古迹所在的暹粒地区，以及特定家庭或团体中流传下来的。以前主要在庆典或水稻丰收后，在寺院内表演。

在白幕后，表演者手持支杆巧妙地操作皮影

其中“斯巴艾克·托伊”更受民众欢迎。以《罗摩衍那》或者佛教神话为题材的内容较多，基本没有剧本。中心内容固定不变，细节则根据现场情况即兴发挥，这是这种皮影戏的最大特点。演员们轻松活泼的你来我往的饰演，经常使观众或紧张屏息，或捧腹大笑。现在，有重大庆典时还会在寺院里举办，通常会彻夜演出。

相比之下，“斯巴艾克·托姆”只取材于《罗摩衍那》的柬埔寨版本《里穆克》（Reamker）。在一幅大型屏幕前，手持 1~1.5 米高的皮影的

左／内战结束后，制作皮影戏的工匠也开始增多　右／将牛皮雕成各种精美、细巧的造型，再用于皮影戏中

男演员配合音乐来回走动，旁边有说书人解说，生动地舞动皮影，叙说剧中的故事。近几年，在剧场上演得比较多，主要是国家剧团表演。

②巧姆林（民歌）和罗马姆（舞蹈）

更加贴近民众生活的是巧姆林（民歌）和罗马姆（舞蹈）。各地都有独特的“巧姆林·普罗奇奥普雷伊”民歌，其中最著名的是“阿亚”（对唱）。“阿亚”类似于一种相亲歌会，年轻男女对唱民歌。歌词主要是求爱、恋爱、失恋等表达男女爱情主题的内容，多为唱者现场即兴发挥创作。男女青年以舞蹈动作和手势互相交流沟通。在结婚仪式等庆典上唱的较多。

另外，在各种庆典上，高棉人经常结合民歌跳一种叫“罗阿姆·蹦”的舞蹈（环形舞）。这是围成一个圆圈跳的舞，类似我国云南傣族的火把舞。有时人们在集会时，只要音乐响起，就会自发地跳起助兴的“罗阿姆·蹦”舞。

另外，地方上流传的知名民间舞蹈还有磅士卑和磅清扬地区的“罗阿姆·安松”（向神明供奉水牛时跳的舞）、柴桢的“特罗拉奥克”（多名手持椰子壳的男人一起跳的舞，是丰收后的节目）、马德望省拜林的“拜林孔雀”（关于寻找宝石和孔雀神话）等。

③民俗艺术

下面简要介绍流传于暹粒省部分地区的“特罗特”。“特罗特”是柬埔寨正月（4月）举办的传统民俗活动。

“特罗特”来源于梵人“特罗特”（意为“破坏”），在柬埔寨是辞旧迎新的意思。民众为了迎接新年的神明，祈祷新年幸福安康，把新旧年比作动物来跳舞。

“特罗特”中有4种动物亮相，其中孔雀和牛代表新年，老虎和鹿代表旧年。戴上动物头造型面具的表演者们以战斗的形式，随着音乐一起跳舞。“特罗特”的表演者一边跳，一边挨家挨户转，领到赏钱后就继续往前走。4种动物轮番战斗，最后代表旧年的老虎和鹿会被猎人射杀，代表新年的孔雀和牛获胜。这样，新年就到了。

“特罗特”是传达新旧年交替的一种民俗活动，也有“求雨”的意味，还可以理解成旱季行将结束，雨季马上来临的意思。在柬埔寨，老虎和鹿是代表旱季的动物，把它们赶走才能迎接新年的雨季。那些领到的赏钱会用在慈善事业中。慈善精神也许是有了佛教因素后才形成的。

“特罗特”原本只是暹粒省部分地区流传的一种艺术形式。这种民俗来源于居住在吴哥地区北部的少数民族索姆莱族（Samre）的风俗习惯，在吴哥时代，索姆莱族每年都会给吴哥王表演“特罗特”。

● 传统工艺——银器、木雕、针织

吴哥古迹墙面上的雕刻中，阿普莎拉像和装饰花纹等细腻的浮雕非常有名。吴哥时代的雕刻技术，在如今的银器和木雕等工艺品中仍然保持着强大的生命力。

银器主要被用作宗教仪式的道具，王室贵族为此专门建立了专业的技术团队，负责打造银器。当初的银器用品技艺传承至今，仍然被银器专业人士继承和使用。装饰花纹等细腻技术从银器的外观即可看出。

吴哥时代以后，木雕技术是从在木材上雕刻佛像开始形成的，并取得发展。木雕工艺除了雕刻佛像外，主要用于佛教寺院中的屋檐、围栏、窗户等场所的装饰。另外，由于“那迦”（蛇神）被当作保护神，因此很多寺院的屋檐、船头都刻有神蛇像。

针织是柬埔寨农村流传下来的一种传统技艺。格罗麻（柬埔寨式围巾）和松陂陀（女性卷腰裙）等纺织品通常由农家自给自足，由女性纺织。高棉人的高脚屋的地板上会有个简单的织布机，农闲时期用这个织布机织布。纺织基本上由母亲传授给女儿，作为农村的一种手工代代相传。在有名的纺织品产地（茶胶省的普农·齐色鲁周边、磅湛省和波萝勉省交界处的布莱克·琼克兰、干丹省的科·达奇）能看到精美细腻、图案丰富的纺织品。王宫、人物、舞者、大象、马等图案都能成为色织的素材，高超的技术至今仍然在使用。在这些地区，织物是农闲时期作为副业由女性手工纺织。这种纺

有学校教授各种传统工艺

市场上的礼品店内也有很多木雕作品

从事纺织的人家聚集在一起，形成村落

各种用途的格罗麻与传统的碎白花布

织技术在柬埔寨农村流传，是颇具代表性的传统文化。

高棉文学

接下来把目光转向高棉文学的世界，着重看看现代文学的基础——高棉古典文学。

关于高棉文学的历史，可以把后吴哥时代到法国殖民之前称为“古典期”。一般认为高棉的古典文学从16世纪左右开始，19世纪才进入真正的古典期。另外，古典文学领域可以细分为宗教书籍、训话（寓言、道德训等）、虚构故事和民间故事、历史典籍、技艺书籍等，“古典文学”期可以定位为承接现代高棉文学的重要时期。

对古典文学产生重大影响的是从印度传来的《罗摩衍那》以及由泰国或斯里兰卡传来的《阇多伽》（Jātaka，本生经）。前者是在“印度化”的过程中泊来，也被吸收到皮影戏或民间故事的题材中，广受民众的喜爱。后者在15~16世纪由僧侣们传播。另外，《罗摩衍那》转向《里穆克》（Reamker，里穆王子的荣誉），《阇多伽》则向《托萨·奇阿多克》（10岁的阇多伽）、《庞涅萨·奇阿多克》（50岁的阇多伽）过渡，这是“柬埔寨化”的过程，这些作品在加入柬埔寨元素的同时，发展成独特的高棉文学。

19世纪的高棉古典文学迎来了全盛期。它的特征是继续取材于《里穆克》《奇阿多克》，多用梵文、巴利文的单词，采用韵文的形式。内容上多为王族的冒险故事及佛教的因果报应，主要由宫廷相关人员创作。

另外，《里穆克》《奇阿多克》等古典文学也深得民众喜爱，主要由口头传承为民众熟知。民众文学基本由口头传承，以民间故事、古老传说、训话等为中心，代代相传。在这类文学中，拟人化的兔子、鳄鱼、蛇等动物频频登场是其特征。

此外，民众熟悉的口头文学中，有一部被称为“奇巴普”的训话集。“奇巴普”以收集来的佛教道德和社会训话等内容为主。这些训话主要用于寺院的社会教育。农村的高棉人一边听着僧侣讲述训话和故事，一边接受教育。

在成为法国殖民地后，柬埔寨与邻国越南相比，民族主义发展相对迟缓。进入20世纪30年代以后，民族主义运动才开始活跃起来。尽管如此，20世纪30年代后半期开始，高棉人的民族意识迅速觉醒，文学获得了新的读者。1931年，诞生了柬埔寨第一部小说《托库·洞列萨普》（洞里萨的水），高棉文学从此进入了新时期。莫里哀、高乃依等人的法国文学作品也出版了柬埔寨语版本。之后，从独立到1975年，高棉文学在小说、戏曲、诗歌等多个领域开始开花、繁盛。

“高棉”和“柬埔寨”的称呼

“柬埔寨”的称呼是从碑文“坎布加”一词衍生出来的。柬埔寨人读作“坎普奇阿”。“高棉”也出自同一词源，柬埔寨人读作“库玛爱”。在柬埔寨，“坎普奇阿”和“库玛爱”同时使用，并行不悖。一般而言，表达与民族、文化相关领域的时候，使用“高棉”。例如，“高棉人”“高棉文学”“高棉语”等；而“柬埔寨”则在涉及政治、国际问题时使用较多。

柬埔寨的民族

● 柬埔寨的民族构成

2013年柬埔寨政府发布的人口统计数据显示，柬埔寨全国总人口为1470万，比2008年国情调查时增加了近128万，人口增长率为9.5%。其中高棉族约占80%，其他还包括占族、越南人、华人（华侨）、山区少数民族等，全国共20余个民族。

1970~1991年的内战期间，波尔布特政权实施了大规模的人口迁徙和种族屠杀，结果直接导致20世纪90年代后柬埔寨的民族构成和居住区域发生变化。

进入21世纪，城市人口在总人口中的比重呈现上升迹象。1998年为18.3%，到2008年只有19.5%，但2013年升至21.4%。经济发展带来的是城市工厂及服务业用工需求增加，这为从农村到城市的人口迁移提供了机遇。这样的社会经济变化也可能对今后的民族人口构成产生影响。

● 柬埔寨人（高棉人）

5~6世纪，高棉人开始从湄公河中游、老挝的占巴塞地区南下，向中南半岛迁移。大约在7世纪，在现在的柬埔寨中部地区（磅同省）、森河流域的核心区定居下来。柬埔寨人属于南亚语系民族。

柬埔寨的主要产业是农业，至今保留着传统的耕作方式

现在，高棉人数量占柬埔寨总人口的80%左右，几乎遍及柬埔寨全国各地，其中湄公河流域的磅湛、波萝勉、干丹、茶胶、马德望和暹粒等省尤其集中。北部及东北部的上丁、腊塔纳基里、蒙多基里等省由于始于20世纪50年代的移民垦荒，高棉人数量有所增长。而越南南部的湄公河三角洲地区至今仍生活着约90万被称作“库迈·克劳穆”（低地高棉人）的高棉人。

高棉人是柬埔寨政治、经济和社会生活中的主角，传统产业是以水稻种植为主的农业。高棉语中，农民被称为“耐阿库·司腊艾”（地里的人）。据称柬埔寨目前有约80%的人从事农业，农民在1~3公顷的土地上，以家庭为单位种植水稻。

洞里萨湖周边，很多柬埔寨人过着居住在水上的打鱼生活

宗教方面，大部分高棉人信仰小乘佛教，特别是农村的高棉人，多是虔诚的佛教徒。每月4天的“佛日”，人们上香拜庙，未曾停断，还会布施僧侣行善积德。柬埔寨盛行成年男子短暂出家的习俗，去寺院修行的人很多。而柬埔寨农民生活在信仰神灵的世界，尤其信奉被称为“涅阿库塔”的土地公。“涅阿库塔”被供在大树、大石头附近的小祠堂内（→ p.358）。

高棉人的家庭形态一般为夫妇和未婚子女组成一个核心家庭，家庭成员大致5~7人。家庭制度遵从双系血缘制度的原则，但母系色彩依然浓厚。男女婚后暂时在女方家居住，许多夫妻会在孩子出生后均分到一部分土地，从而实现独立生活。在农村，土地的分配一般采用均分继承。由于柬埔寨国内流行最小的女儿赡养父母，因此父母的田地和剩下的部分由她继承的概率最大。

● 占族人

在柬埔寨生活的占族人据悉是公元前后，越南中部兴起的海洋贸易国家“占婆王国”（林邑）的臣民的后裔。15世纪以后，随着越南的

柬埔寨男性有一生中必入一次佛门的习俗

柬埔寨也有不少虔诚的穆斯林。上图为金边万谷湖附近的清真寺

在洞里萨湖，很多越南人过着水上生活

“南进”，占婆王国的领地被侵占，不得不逃向柬埔寨，并繁衍至今。

今天，占族人分散居住在越南和柬埔寨，在柬埔寨境内的人口数量为30万~40万人，主要分布在洞里萨湖周边和磅湛省等湄公河流域。他们的传统产业是渔业和冶炼业，现在民众从事多种职业。在磅湛省的湄公河沿岸地区，他们还种植经济作物。

占族人信仰伊斯兰教（大部分是逊尼派），因此也被称为“回教占族”。在波尔布特时期，占族人被视为异教徒，遭到种族屠杀。众多“阿訇”（伊斯兰教中带领穆斯林集体礼拜的人）被杀害，大部分清真寺被破坏。这次浩劫夺去了数万占族人的生命，其中绝大多数是被屠杀。他们是当今世界遭受种族灭绝的民族之一。

20世纪90年代以后，受到伊斯兰多国和伊斯兰团体的资助及加深人员往来后，当地的伊斯兰教得以复兴。近期有占族人开始前往麦加朝拜。

● 越南人

17~19世纪的柬埔寨时常处于越南的威胁之中。特别是成为法国殖民地前的19世纪40~50年代，柬埔寨一度沦为阮王朝的附属国，王国的存立也危在旦夕。事实上，在成为法国殖民地前后，柬埔寨国内的越南人数量并不多。1874年的人口统计显示，这一数字仅为4700人左右，可谓极少。20世纪以后法国移民奖励政策使得大量的越南人开始迁移到柬埔寨，从事橡胶种植工作。而法国人雇用越南人做基层官吏的做法则激起了柬埔寨人的反越情绪。

据称1970年以前柬埔寨境内约有40万越南人居住，他们在城市从事修理工、手艺人、小本买卖等职业，也在洞里萨湖及其周边的河流过着打鱼的生活。波尔布特时期，越南人被大量屠杀，不少越南人逃往本国。

1979年以后，越南军队侵略柬埔寨也带来了大量的新移民。如今，柬埔寨国内据悉有约70万越南人常住，他们主要在城市做建筑工人、各行各业的修理工、手艺人、美容师、洞里萨湖及其周边河流的渔民等。越南人的信仰五花八门，包括大乘佛教、小乘佛教、越南高台教、基督教等。

柬埔寨人与越南人的关系一言难尽。双方历史、领土问题纠葛，很多柬埔寨人不信任越南人，同时认为越南是威胁。

● 华人（华侨）

根据中国元朝使臣周达观所著《真腊风土纪》（→p.358）的记载，早在13世纪的吴哥时代，就有华人在都城吴哥从事贸易活动。16世纪以后，华人开始以拓荒者的身份进入越南南部的交趾支那地区，后来又转而接近柬埔寨王室，开展贸易并不断扩大势力。法国殖民前后的时期，华人在数量上超过了越南人，1874年约有10.7万人常住。

法国殖民地时代后期，尤其是20世纪30年代以后，华人人口激增，1950年增加到21.8万人。同时，很多华人和柬埔寨人通婚，产生了很多混血儿。移民多来自广东、福建、海南等。华人居住在商业中心区，垄断了金融业、精米业、物流业等重点经济领域，1953年柬埔寨独立之后更是柬埔寨经济运行的中坚力量。

波尔布特时期是华人的梦魇。波尔布特把城市视作异族掠夺农村财富的据点，否定城市的意义。被强制赶往农村的华人惨遭杀害。

1991年以后，中国香港、中国台湾和泰国的华人与当地的往来密切起来。现在，据称有70万华人居住在柬埔寨，其中广东籍约占80%。大部分华人居住在城市和农村的商业区，从事金融业、商业和物流业等各领域的商业活动。他们利用整个东南亚的华人网络，担任柬埔寨活动的核心角色，对政治的影响力也非常强。

金边有很多中国人居住，中餐厅数量同样众多

加莱族居住在“长屋”内，这种横向建造的屋子可容 6~7 个家庭同时居住

● **其他少数民族**

2008 年各母语语种人口普查结果显示，柬境内山地少数民族人口总计近 18 万。与老挝、越南、泰国的边境处的上丁省、腊塔纳基里、蒙多基里、柏威夏和菩萨等各地的山区居住着被称为“库迈·卢”（高地高棉人）的山区少数民族，这些人被认为是中南半岛的原住民。接下来介绍其中几个主要的少数民族。

● **泰族**

泰族居住在暹粒省东北部至磅同省的广泛区域，属于孟高棉语族。

泰族在法国殖民统治之前就已经定居在铁矿石产地附近（现在的磅同省西北部），精通炼铁技术。当时他们生产的铁器要向柬埔寨王室纳贡，与某些特定的王室成员有很深的渊源。有时甚至介入王室内部的争斗，加入反中央政府的王室中，对抗中央统治。

泰族一直受到高棉文化的影响，现在不断同化到高棉社会中去。泰族人多为从事水稻种植的农民。

● **东奔族**

东奔族主要居住在与老挝、越南接壤的腊塔纳基里山区。他们仍然过着烧山为农的生活，也在山区开采宝石（红宝石等）。近年来也有很多东奔族人从事橡胶种植。他们信奉“万物有灵”。

东奔族女性肩上挂着一条传统的纺织物（腊塔纳基里）

● **斯丁族**

斯丁族居住在桔井省南部到蒙多基里省南部的山区，属于孟高棉语族。他们也过着烧山为农的生活，有的也以打猎为生。过去擅捕大象，是有名的“训象者”。

除此之外，柬埔寨的山区还生活着格楞族、普农族、孟族、桑雷族、加莱族等少数民族。

20 世纪 90 年代后，少数民族生活的山区也受到开发浪潮的波及，这些原住民祖祖辈辈生活的林地急剧减少，给他们生产和生活方式带来巨大的影响。

※ 以上所述人口数量数据来源为 1998 年、2004 年、2008 年和 2013 年柬埔寨政府人口普查等。

柬埔寨的宗教·信仰

柬埔寨目前人口的大部分是高棉人，此外还有华人（华侨）、越南人、占族人以及山区少数民族等。本章节主要讲述占人数近 80% 的高棉人普遍信仰的小乘佛教，以此分析高棉人的宗教信仰。

● **苦难的时代**

民主柬埔寨（波尔布特政权）执政的 3 年 8 个月是柬埔寨人饱受摧残的时期。波尔布特政权（红色高棉）的领导人以“革命组织”（恩卡·巴蒂沃特）自居，对人民实行残暴的专制统治。他们对传统的生活习惯、社会制度、行政组织、经济活动、城市生活和学校教育等全盘否定，特别是禁止了所有的宗教活动，还毁坏了大量的佛教寺院和伊斯兰清真寺，屠杀佛教徒和信奉伊斯兰教的占族人。由于农民日常祈福的寺庙被毁，僧侣被大量屠杀，农民在精神上受到重创。失去了信仰的价值标准以及寄托信仰的圣地，这对高棉农民来说残酷至极。

1978年12月以后，越南军队的入侵及两个政权间的内战致使土地荒废，柬埔寨人民的生活处于水深火热之中，全无稳定的宗教信仰。进入20世纪90年代以后，在UNTAC干预下成立了统一的政权，信仰自由得到保障，宗教重新回归到人们的日常生活中。

● 小乘佛教与高棉人

15世纪后，随着暹罗政治影响增大，小乘佛教（南传佛教）经过泰国进入了柬埔寨，从此小乘佛教成为高棉的民族宗教以及柬埔寨社会的传统。

1863年柬埔寨成为法国殖民地后，由于没有实施大规模的经济开发，城市化进程迟滞，社会未发生急剧变化，王朝和王权同时继续保持信仰小乘佛教的传统。而且在独立后，由于80%的高棉人居住在农村地区，大多数农民对小乘佛教的信仰并没有改变。

柬埔寨宗教界有两大派系：王室派（达摩育特派）和大众派（摩诃尼迦派）。两大派在普通民众眼里并没有明显的区别，但总体来说，摩诃尼迦派的教徒更多。达摩育特派是1864年从泰国传来的教派。

波尔布特政权结束后，佛教开始复活。现在，大部分高棉人信仰小乘佛教。对于高棉人来说，重要的是轮回的思想和积德行善的概念。他们认为现世的身份是前世的结果，这种结果在现世无法改变，于是人们期待来世转变，希望有个好的身份，为此而修行积德。在高棉人看来，各种善行之中向寺院捐赠是现世最重要的功德，甚至有人还为僧侣提供所有的日常用品。高棉生活简朴，却要从日常的节俭中省出钱财供养僧侣。可以说寺院和僧人是农民养活的。

经常能看到穿着橘色僧袍的僧侣

● 佛教寺院和僧侣

柬埔寨的寺院一般由佛殿、佛塔和纳骨堂构成。多数寺院设有修行者居住的房间。高棉人参加在寺院举行的各种佛教仪式、祭祀和葬礼等活动。寺院在高棉人的社会生活中位于中心位置，是他们生活的一部分。从这个意义上讲，高棉农民的生活一直受到佛教的约束。

此外，高棉人的乡村中没有共用土地那样的公共财产，于是寺院在村中便起着公众聚会场所的作用。每逢佛日，村民们聚集在寺院听僧侣诵经布教。从法国殖民之前，寺院就一直在村落中发挥着教育场所的功能。僧侣在村民眼里是圣职，他们也是传授知识的老师，有时还是推进村落公共事业的领导者。

如上所述，村民和僧侣及寺院有着极深的依存关系，也可以说寺院的作用还在于为农村单调生活增添了一丝色彩。

● 高棉农民的宗教生活

高棉人，尤其是高棉农民都是虔诚的佛教徒。他们在每月4天的佛日去寺庙上香礼佛的习惯从不间断。布施僧侣以修功德，成年男人把短暂的出家视为最高修行，希望一生有一次迈入佛门的机会。

观察高棉农民的一年就会发现，寺院的祭祀活动与农作物的耕种周期密切相关。高棉人的一年从4月中旬的正月开始，人们此时身着盛装进寺拜佛。雨季之前的这段时间多有婚礼举办，婚礼上要请来僧侣诵经，同时举行为新人撒圣果等仪式。5月中旬至下旬举行的佛教寺院的重要仪式“沃伊萨卡波奇亚”（纪念佛陀诞生、悟道和涅槃的祭典）隆重盛大。从7月开始，僧侣们进入被叫作“乔沃萨”（雨安居）的修行期（7~10月），在此期间闭门专心修行。9月下旬有“布依穹”，高棉人前往寺院拜佛。10月下旬雨安居结束，僧人们也结束了闭关修行，村民举行为僧侣捐赠僧衣的仪式“卡摊”，所有的这些佛教仪式农民都会热心参与。

此外，被称为“阿恰”的寺院杂役在高棉人的生活中已经是不可缺少的角色。阿恰的词义及其职能都是多重的，可以单指“还俗僧人”，但通常是指在寺院照料僧人日常生活的杂役。另外，阿恰也可能在祛病、守婴等仪式中主持祈祷，担任司仪。

最近人们注意到阿恰可以起到心理医生的作用。现代社会，因社会急剧变化而感到精神不安的人有所增加，此时阿恰可以聆听患者叙说烦恼，对他们进行人生指导，有时甚至会利

柬埔寨很多人都相信卜卦（摄于吴哥寺中央祠堂）

用占卜疏通患者的内心。阿恰治愈了人们的心理疾病。

●“涅阿库塔”信仰的世界

对农民来说，旱灾和洪涝频发的柬埔寨自然环境极其恶劣。这种敬畏自然力量的心理导致了对自然界神灵的崇拜。高棉农民在信奉小乘佛教的同时，还与身边的神灵保持沟通。他们也生活在“万物有灵”的信仰世界里。

高棉人信奉神灵，尤其崇拜“涅阿库塔”（土地公→p.354），为此他们在大树和大石头的附近设立小祠堂用来祭祀。石头作为“涅阿库塔”的象征经常被供奉。高棉人认为石头代表了大地，“大地”即村庄的土地等存在于自己身边的、自己居住的土地。例如，求雨的时候柬埔寨人会在石头上泼水祈祷。总而言之，高棉人认为涅阿库塔是给土地带来恩惠的神灵。

作为涅阿库塔象征的石头还经常被穿上衣服，装扮成人的模样。“涅阿库”的意思是“人”，“塔”在柬埔寨语中是“祖父”的意思。由此看来，祭祀涅阿库塔可以理解成祭祀在远古时期开荒种地的祖先。这时“石头”表示的是开荒的人们，即他们的祖先。祠堂中穿上布衣的石头是祖先的象征，在土地与先祖（人类）的关系中，石头是作为涅阿库塔而被供奉祭祀的。

此外，也有不少祠堂供奉的不是自然石头，而是象征湿婆的林迦（男性生殖器像），这被认为显示与印度教存在一定的关系。

相关书籍推荐

吴哥古迹相关

●《吴哥艺术》

陈履生　著（广西美术出版社）

这个曾经被荒弃400多年的“东方奇迹”，凝聚了高棉民族的智慧与创造，表现了独特的东方精神和艺术审美。《吴哥艺术》作者陈履生用自己独特的视角，将吴哥百年的艺术精华展现给大众读者，具有较高的艺术欣赏价值。

●《吴哥之美》

蒋勋　著（湖南美术出版社）

书里详细描述了吴哥寺的很多情景，引领读者深入了解吴哥遗迹与吴哥王朝的艺术之美，正如作者所说，旅途中有一本书可以阅读，可以反省，可以思考，是无比快乐的事。

●《吴哥石林》

布达让（Bruno Dagens）著　（上海书店出版社）

此书旁征博引，详细地向读者展现了吴哥的神秘和魅力。书中从19世纪末期，西方传教士对吴哥的“发现”打开话题，一步步地深入下去，向世人展示了已经成为废墟的吴哥的面貌，为人们展示了这个曾经极度辉煌的国家、民族，以及其保留至今的独特的文化和艺术。

●《吴哥古迹与柬埔寨历史》

弗奥塔托　著

柬埔寨高僧弗奥塔托面向柬埔寨人写的介绍该国地理历史概况的书籍。

●《高棉雕刻》

布瓦瑟利耶　著

详解金边国家博物馆的24件著名藏品的书籍，对占婆艺术史做了更深入的探讨，并对占婆艺术史的分期和分类做了调整，成为战后占婆考古学和艺术史的最重要著作。

历史与社会

●《真腊风土记》

作者是我国元朝派往吴哥的使臣周达观。书里描写了千年前吴哥鼎盛时期的辉煌和当地的风物。也正是由于这本书被翻译成法文，才使得1861年法国博物学家亨利·穆奥前去吴哥探寻，从而使吴哥再次走入人们的视野。全书原文只有约8500字，读起来也不费力。研究吴哥都绕不开这本书。中华书局曾经出过校注版。

●**《柬埔寨两千年史》**

陈显泗　著（中州古籍出版社）

我国第一部系统的柬埔寨通史，反映了柬埔寨历史发展的全过程。具有较高的学术价值。

●**《波尔布特传》**

大卫·P·钱德勒（法）著

通过卷帙浩繁的史料和人物采访，客观再现波尔布特一生的权威大作。

●**《逃离杀戮场》**

吴汉润（美）著

这是一本描述生活在波尔布特时代的作者，如何逃离祖国的悲壮故事的书。作者是电影《战火屠城》的主演。

●**《西哈努克：悲剧的柬埔寨现代史》**

米尔顿·奥斯本（澳大利亚）著

澳大利亚驻柬埔寨外交官撰写的西哈努克自 1970 年因政变遭驱逐至 1991 年再次回国即位的人物传记。

●**《柬埔寨史》**

多凡·默涅（法）著

系统介绍柬埔寨历史的书籍，作者为法国人。

文学作品

●**《王道》**

安德烈·马尔罗（法）著

女王宫里的雕像非常精美，作家安德烈·马尔罗倾慕其美，偷盗不成后写了小说《王道》。

●**《癞王的神坛》**

三岛由纪夫（日）著

作者三岛由纪夫 1965 年到访吴哥古迹时从当地的癞王传说获得灵感，成就了此三幕戏剧。癞王的原型是阇耶跋摩七世。

旅行中的高棉语

高棉语（柬埔寨语）是柬埔寨的官方语言。高棉语语法的基本结构是"主语+动词+宾语"，没有复杂的词尾变化和助词用法，也没有难发的音调（音调高低），相对容易学。即使只是只言片语，反复使用一定会增加旅行中的乐趣。

记住这些吧

你好！　ជំរាបសួរ ។　巧姆里阿普·斯奥
身体怎样？　សុខសប្បាយជាទេ?　索克·萨巴伊·奇阿·贴
我很好。　សុខសប្បាយ ។　索克·萨巴伊
谢谢！　អរគុណ ។　奥·昆
对不起！　សូមទោស ។　索姆·托霍
不客气！　អត់អីទេ ។　奥托·耶·贴
请。　សូមអញ្ជើញ ។　奥姆·昂琼
再见。　លាហើយ ។　利阿·哈乌伊
是。　បាទ（男性的回答）　ចាំ（女性的回答）　巴托（男性）　恰（女性）
不是！　ទេ　贴

这些是实用的例句

这是什么？　នេះជាអ្វី?　尼西·奇阿·阿维伊
你叫什么名字？　តើអ្នកឈ្មោះអ្វី?　塔乌·涅阿库·奇姆奥霍·阿维伊
我叫～　ខ្ញុំឈ្មោះ ～　库乌姆·奇姆奥霍·～
你多大了？　ខ្ញុំជាជនជាតិជប៉ុន ។?　塔乌·涅阿库·米安·阿由·蓬忙·奇纳姆
我 25 岁了。　តើអ្នកមានអាយុប៉ុន្មានឆ្នាំ　库乌姆·阿由·姆佩伊·普拉姆·奇纳姆

下次再会。 ខ្ញុំអាយុ២៥ឆ្នាំ។	丘奥普·库尼阿·卢克·普拉奥伊
我喜欢柬埔寨。 ជួបគ្នាលើកក្រោយ។	库鸟姆·乔鲁·切特·库玛爱
我不会说高棉语。 ខ្ញុំចូលចិត្តខ្មែរ។ ខ្ញុំមិនអាចនិយាយភាសាខ្មែរទេ។	库鸟姆·蒙·阿依特·尼基阿依·皮阿萨·库玛爱·贴
这个用高棉语怎么说? តើភាសាខ្មែរគេថាដូចម្ដេច?	塔乌·皮阿萨·库玛爱·凯·塔·多依托·姆戴托
我不明白。 ខ្ញុំមិនយល់ទេ។	库鸟姆·约尔·贴
我不知道。 ខ្ញុំមិនដឹងទេ។	库鸟姆·殿·贴
我想~ ខ្ញុំចង់ ~	库鸟姆·琼·~
我会做~ ខ្ញុំអាច ~	库鸟姆·阿依特·~
请你~ សូម ~	索姆·~

什么 អ្វី	阿唯一	父亲 ឪពុក	奥·坡克
什么时候 ពេលណា	佩尔·纳	母亲 ម្ដាយ	姆大依
哪里 កន្លែងណា	康拉恩·纳	哥哥 បងប្រុស	崩·普罗霍
为什么 ហេតុអ្វី	海特·阿唯一	姐姐 បងស្រី	崩·斯蕾
谁 អ្នកណា	涅阿库·纳	弟弟 ប្អូនប្រុស	普昂·普罗霍
多少钱 ថ្លៃប៉ុន្មាន	托来伊·崩曼	妹妹 ប្អូនស្រី	普昂·斯蕾
我 ខ្ញុំ	库鸟姆	孩子（相对于父母） កូន	康
你 អ្នក	涅阿库	孩子（相对于成年人） ក្មេង	库面
他·她 គាត់	夸特	去 ទៅ	塔乌
柬埔寨人 ជនជាតិខ្មែរ	琼·奇阿特·库玛爱	来 មក	马奥库
外国人 ជនជាតិបរទេស	琼·奇阿特·波罗贴黑	吃 ញ៉ាំ	你阿姆
这个 នេះ	尼西	喝 ផឹក	佩科
那个 នោះ	奴夫	买 ទិញ	听
那个（远处的） ឯនោះ	阿爱·奴夫	说 និយាយ	尼基阿依
热 ក្ដៅ	库大乌	走 ដើរ	达乌
凉 ល្ហើយ	鲁哈乌伊	累 ហត់	霍特
美 ស្អាត	思阿特	喜欢 ចូលចិត្ត	乔鲁·切特
好 ល្អ	鲁奥	讨厌 ស្អប់	斯奥普
坏 អាក្រក់	阿库罗库	好玩 សប្បាយ	萨拜伊

数词和星期

0	០(សូន្យ)	松	8	៨(ប្រាំបី)	普拉姆·贝伊
1	១(មួយ)	姆奥伊	9	៩(ប្រាំបួន)	普拉姆·布昂
2	២(ពីរ)	皮	10	១០(ដប់)	多普
3	៣(បី)	贝伊	11	១១(ដប់មួយ)	多普·姆奥伊
4	៤(បួន)	布昂	12	១២(ដប់ពីរ)	多普·皮
5	៥(ប្រាំ)	普拉姆	20	២០(ម្ភៃ)	姆佩伊
6	៦(ប្រាំមួយ)	普拉姆·姆奥伊	30	៣០(សាមសិប)	桑姆·赛普
7	៧(ប្រាំពីរ)	普拉姆·皮	40	៤០(សែសិប)	萨爱·赛普

50	៥០(ហាសិប)	哈·赛普
60	៦០(ហុកសិប)	霍克·赛普
70	៧០(ចិតសិប)	切特·赛普
80	៨០(ប៉ែតសិប)	帕埃特·赛普
90	៩០(កៅសិប)	卡乌·赛普
100	១០០(មួយរយ)	姆奥伊·罗伊
1000	១០០០(មួយពាន់)	姆奥伊·婆安
2500	២៥០០(ពីរពាន់ប្រាំរយ)	皮·婆安·普拉姆·罗伊
10000	១០០០០(មួយម៉ឺន)	姆奥伊·穆恩
周一	ថ្ងៃចន្ទ	托嘎伊·强
周二	ថ្ងៃអង្គារ	托嘎伊·昂奇阿
周三	ថ្ងៃពុធ	托嘎伊·普陀
周四	ថ្ងៃព្រហស្បតិ៍	托嘎伊·普罗霍阿哈
周五	ថ្ងៃសុក្រ	托嘎伊·索库
周六	ថ្ងៃសៅរ៍	托嘎伊·萨乌
周日	ថ្ងៃអាទិត្យ	托嘎伊·阿头特
今天	ថ្ងៃនេះ	托嘎伊·尼西
明天	ថ្ងៃស្អែក	托嘎伊·思阿艾库
昨天	ថ្ងៃម្សិលមិញ	托嘎伊·姆萨鲁·姆因
后天	ថ្ងៃខានស្អែក	托嘎伊·康·思阿艾库

在酒店

还有客房吗？ តើមានបន្ទប់ទំនេរទេ?　塔乌·米安·崩头普·头姆涅·贴

让我看一下房间吧！ ខ្ញុំចង់មើលបន្ទប់។　库乌姆·琼·姆鲁·崩头普

我预约房间了。 ខ្ញុំបានកក់បន្ទប់ហើយ។　库乌姆·帮·可库·崩头普·哈乌伊

请给我换个房间。សូមដូរបន្ទប់។　索姆·多·崩头普

一天多少钱？ ស្នាក់នៅមួយយប់ថ្លៃប៉ុន្មាន?　斯纳克·纳姆·姆奥伊·由普·托来伊·蓬曼

住几天？ តើដំណាក់ប៉ុន្មានយប់?　塔乌·多姆纳克·蓬曼·由普

住 2 天。ពីរយប់។　皮·由普

请给我钥匙。 សុំកូនសោ។　索姆·考恩·萨奥

带早餐吗？ តើមានបាយព្រឹកជាមួយទេ?　塔乌·米安·拜伊·普鲁克·恰·姆奥伊·贴

有热水吗？ តើមានទឹកក្តៅសំរាប់ងូតទេ?　塔乌·米安·头克·库克·索姆拉普·古托·贴

房间	បន្ទប់	崩头普	钥匙	កូនសោ	空·赛伊
单人间	សំរាប់មួយនាក់	索姆拉普·姆奥伊·涅阿库	空调	ម៉ាស៊ីនត្រជាក់	马信·陀罗丘阿克
双人间	សំរាប់ពីរនាក់	索姆拉普·皮·涅阿库	电风扇	កង្ហារ	空哈
淋浴	ទឹកងូត	头库·固特	停电	ដាច់ភ្លើង	戴托·普伦

在餐厅

请给我看一下菜单。 សុំមើលតារាងម្ហូប។　索姆·塔朗·姆霍普

有米粉吗？ តើមានគុយទាវទេ?　塔乌·米安·库依提乌·贴

有什么推荐的？ តើម្ហូបណាឆ្ងាញ់ជាងគេ?　塔乌·姆霍普·纳·奇嘎因·奇安·凯

好吃。 ឆ្ងាញ់　奇嘎因

请给我啤酒。 សុំប៊ីយែរ។　索姆·别

请别放冰块。 សូមកុំដាក់ទឹកកក។　索姆·阔姆·达克·头克·阔克

我没点这个。 ម្ហូបនេះខ្ញុំអត់ហៅទេ។　姆霍普·尼西·库乌姆·奥托·哈乌·贴

结账。 សូមគិតលុយ។　索姆·库特·路易

米饭	បាយ	拜伊	水	ទឹក	头库
筷子	ចង្កឹះ	琼科黑	甜	ផ្អែម	普阿埃姆
勺	ស្លាបព្រា	斯拉普·普利阿	酸	ជូរ	秋
叉子	សម	索姆			

购物

我想买格罗麻。 ខ្ញុំចង់ទិញក្រមា។ 库乌姆·琼·听·格罗麻

多少钱? ថ្លៃប៉ុន្មាន? 托来伊·蓬曼

太贵了。 ថ្លៃណាស់។ 托来伊·纳哈

便宜点儿吧。 សូមចុះថ្លៃបន្តិច។ 索姆·乔霍·托来伊·崩提特

给我看看那个。 សុំមើលអានេះបន្តិច។ 索姆·姆鲁·阿·尼西·崩提特

只是看看。 គ្រាន់តែមើលទេ។ 库罗安·太·姆鲁·贴

我不要。 អត់ត្រូវការទេ។ 奥托·托拉乌·卡·贴

请找零。 សុំលុយអាប់។ 索姆·路易·阿普

市场	ផ្សារ	菩萨	贵	ថ្លៃ	托来伊
大	ធំ	托姆	便宜	ថោក	塔奥库
小	តូច	托伊托	发票	វ៉ស៊ុយ	鲁斯伊
礼品	វត្ថុអនុស្សាវរីយ	奥特·阿奴萨瓦利			

观光

请送我到塔山寺。 សូមទៅវត្តភ្នំ។ 索姆·塔乌·瓦特·普诺姆

到塔山寺多少钱? ទៅត្រឹមវត្តភ្នំថ្លៃប៉ុន្មាន? 塔乌·托列姆·瓦特·普诺姆·托来伊·蓬曼

大概多长时间? តើចំណាយពេលប៉ុន្មានម៉ោង? 塔乌·桥姆纳伊·佩尔·蓬曼·马昂

王宫在哪儿? តើវាំងនៅឯណា? 塔乌·维安·脑·爱·纳

可以拍照吗? តើថតរូបបានទេ? 塔乌·托托·鲁普·帮·纳

真漂亮! ស្អាតមែន។ 斯阿特·面

地图	ផែនទី	帕恩·提	单程	តែទៅ	塔爱·塔乌
机场	ចំណតយន្តហោះ	丘姆诺特·永·霍霍	往返	ទាំងទៅទាំងមក	贴安·塔乌·贴安·马奥克
票	សំបុត្រ	松波特	厕所	បង្គន់	崩空
摩的	ម៉ូតូឌុប	摩托·多普	右	ស្តាំ	思达姆
自行车	កង់	空	左	ឆ្វេង	奇文

邮政·兑换

我想发传真。 ខ្ញុំចង់ផ្ញើទូរសារ។ 库乌姆·琼·普涅阿乌·头鲁萨奥

我想兑换瑞尔。 សូមដូរលុយរៀល។ 索姆·多·路易·利阿尔

1 美元兑换多少瑞尔? មួយដុល្លារដូរបានប៉ុន្មានរៀល? 姆普伊·多拉·多·帮·蓬曼·利阿尔

邮局	ប៉ុស្តិ៍ប្រៃសណីយ	坡堆·普拉伊萨尼	邮票	តែមប្រិ៍	塔爱姆
航空件	តាមយន្តហោះ	塔姆·永·霍霍	明信片	កាតប៉ុស្តាល	卡特·坡斯塔尔
海运件	តាមនាវា	塔姆·尼阿维阿	银行	ធនាគារ	托尼阿吉阿
包裹		空桥普	兑换	ដូរលុយ	多·路易

紧急情况

请叫医生。	សូមហៅគ្រូពេទ្យ។	索姆·哈乌·库鲁·佩托
我想去医院。	ខ្ញុំចង់ទៅពេទ្យ។	库鸟姆·琼·佩托
肚子疼。	ឈឺពោះ។	丘·普奥霍
我发烧了。	ខ្ញុំក្តៅខ្លួន។	库鸟姆·库到·库鲁昂
我受伤了。	ខ្ញុំរបួស។	库鸟姆·罗布奥霍
我的护照丢了。	ខ្ញុំធ្វើបាត់លិខិតឆ្លងដែន។	库鸟姆·头乌·巴托·利凯特·奇龙·达恩
我的钱被偷了。	គេលួចលុយខ្ញុំបាត់។	凯·鲁欧特·路易·库鸟姆·巴托

医院	មន្ទីរពេទ្យ	蒙提·佩特	疟疾	អាសន្នរោគ	阿松纳罗克
生病	ជំងឺ	桥姆古	艾滋病	អេដស៍	爱托
药	ថ្នាំ	头纳姆	保险	លិខិតធានារ៉ាប់រង	利凯特·提阿尼阿·拉普·龙
感冒	ផ្តាស់សាយ	普达哈·赛怡	警察	តំរួត	多姆鲁奥托
拉肚子	រាគ	利阿库	小偷	ចោរ	恰奥
呕吐	ក្អួត	库奥特	被盗证明书	លិខិតបញ្ជាក់បាត់របស់	利凯特·崩丘阿克·巴特·罗波霍
头疼	ឈឺក្បាល	丘·库巴鲁			

项目策划：王欣艳　谷口俊博
统　　筹：北京走遍全球文化传播有限公司　http://www.zbqq.com
责任编辑：王佳慧
封面设计：中文天地
责任印制：冯冬青

图书在版编目（CIP）数据
柬埔寨和吴哥寺/日本《走遍全球》编辑室编著；徐华，吕艳译. --2版. --北京：中国旅游出版社，2019.6
（走遍全球）
ISBN 978-7-5032-6276-0

Ⅰ.①柬… Ⅱ.①日… ②徐… ③吕… Ⅲ.①旅游指南—柬埔寨②吴哥窟－旅游指南 Ⅳ.①K933.59

中国版本图书馆CIP数据核字（2019）第108164号

北京市版权局著作权合同登记号　图字：01-2019-1066号
审图号：GS（2019）1806号　本书插图系原文原图

书　　名：柬埔寨和吴哥寺

作　　者：日本《走遍全球》编辑室编著；徐华，吕艳译
出版发行：中国旅游出版社
（北京市建国门内大街甲 9 号　邮编：100005）
http://www.cttp.net.cn　E-mail: cttp@mct.gov.cn
营销中心电话：010-85166503
制　　版：北京中文天地文化艺术有限公司
经　　销：全国各地新华书店
印　　刷：北京金吉士印刷有限责任公司
版　　次：2019年6月第2版　2019年6月第1次印刷
开　　本：889毫米×1194毫米　1/32
印　　张：11.75
印　　数：1-7000册
字　　数：526千
定　　价：82元
I S B N　978-7-5032-6276-0